아이들의 왕
야누시 코르차크

아이들의 왕
야누시 코르차크

베티 진 리프턴 글

홍한결 옮김

양철북

읽어두기
글쓴이 주는 미주로, 옮긴이 주는 각주로 넣었습니다.

내 아이들, 손주들
그리고
야누시 코르차크의
아이들에게

차례

베티 진 그리고 야누시 코르차크

내 아내 베티 진과 나는 야누시 코르차크의 이야기를 수없이 했다. 어찌나 이야기를 많이 나누었는지 그가 우리 가족처럼 느껴질 정도였다. 아내에게 그는 단순히 자신이 쓰는 전기의 주인공이 아니었다. 아주 특별한 사람이자, 세상 사람들 특히 미국인들에게 꼭 이야기해주고 싶은 사람이었다. 아내는 코르차크의 전기 집필에 대단히 진지하게 임했다. 책을 쓰는 동안 뉴욕 대학에 개설된 전기 연구 강좌도 열심히 수강했다. 강좌를 들으며 알게 되었는데, 다른 전기작가들은 인물의 힘겨운 삶에 오랜 시간 감정이입한 나머지 지쳐버리기도 한다고 했다. 아내는 코르차크의 전기를 쓰는 동안 전혀 그런 것을 겪지 않았다. 아내는 그가 어떤 사람이었는지 조금이라도 더 알기 위해 지치지 않고 탐구했다. 폴란드와 이스라엘에 가서 이전까지 알려지지 않았던 사실들도 찾아냈다. 고뇌하고 갈등하던 코르차크였지만, 그리고 아내가 한 번도 만나본 적 없는 사람이었지만, 그에 대한 아내의 감정은 분명 사랑이었을 것이다.

아내가 코르차크를 처음 접한 것은 폴란드 출신 유대인 친구들, 그리고 그 친구의 친구들을 통해서였다. 그중에는 코르차크와 직접 알았거나 가족을 통해 알고 지냈던 이들이 있었다. 아내는 코르차크가 주위 사람들에게 남긴 큰 영향에 놀랐고, 그가 아이들의 권익을 옹호하고 교육 방법의 근본적인 혁신을 추구했다는 두 가지 면에서 처음부터 각별한 호감을 느꼈다.

1970년대 말 우리 가족이 뮌헨에 머물던 시절, 아내는 그의 삶에 점점 더 많은 관심을 가졌다. 코르차크는 당시 내가 연구하고 있던 나치 의사들에 대한 일종의 해독제와도 같았다. 나치 의사들은 '악의 사회화'가 되어 있었고, 시키는 대로 살육을 저질렀다. 내가 부른 용어로 표현하면 이른바 '사악한 정상 상태'였다. 코르차크는 그와 정반대로 자신의 임무를 삶의 지속, 특히 아이들의 삶을 지속시키는 것으로 보았다. 그는 죽는 순간까지 나치가 만들어놓은 사악한 정상 상태를 거부했다. 내가 나치 의사들을 연구하는 동안 나뿐 아니라 아내도 마음이 무척 힘들었다. 나치의 '의학적 살인'을 파고들던 우리에게 더할 나위 없이 '선한 의사'가 우리 곁에 있다는 사실은 큰 위로가 되었다.

아내는 다양한 관심 분야에서 한결같이 아이들 문제를 파고들었다. 우리가 처음 만났을 때 스물다섯 살이던 아내는 그리스 신화를 아이들이 읽을 수 있게 각색하려고 연구하던 중이었다. 우리 부부가 일본에서 지내던 시절 아내가 일본 신화를 탐독해가며 썼던 아름다운 동화책 시리즈는 지금도 많은 사랑을 받고 있다. 아내는 새 이야기를 쓰면 보통 나를 최초의 '어린이' 독자로 삼아 이야기를 읽어주었는데, 그때마다 내가 보인 큰 관심에 아내는 실제 아이들도 좋아하리라는 자신감을 얻었고 또 실제로 그랬다.

아내는 고통받는 아이들에게 관심이 깊었다. 홀로코스트에 희생된 아이들뿐 아니라 히로시마와 베트남의 아이들에게도 마음 아파했다. 1962년에 우리 부부가 히로시마에 6개월 체류했을 때, 아내는 한 어린이 단체에서 살다시피 하면서 원폭 투하로 가족을 잃은 고아들과 만나 히로시마의 참혹했던 고통을 세상에 알리려는 주민들의 절절한 목소리에 귀를 기울였다. 1967년에 베트남에 몇 주간 머물렀을 때는 아내와 내가 각자의 담력 수준을 고려해 임무를 나누어 맡았다. 나는 주로 사이공에 머물며 베트남 지식인과 전문가들을 인터뷰하여 전쟁의 참상을 취재했고, 아내는 전투 현장에 더 가까이 다가가 민간인, 무엇보다 아이들의 희생 실태를 조사했다.

아내는 입양과 관련해 성인들도 상담했지만, 주된 관심은 늘 친부모와 다양한 형태로 헤어져 살며 입양된 아이들이 겪는 경험이었다. 자신의 출생 배경을 어린 나이에 알 권리는 다른 모든 인권처럼 중요한 인권이라고 아내는 굳게 믿었다.

아내는 그 모든 아이들을 주제로, 감동과 깨우침이 있는 책들을 썼다. 히로시마의 아이들, 베트남의 아이들, 고아와 입양아들. 그들은 모두 '살아남은' 사람들이었다.

이 책은 아이들의 권익 옹호라는 그 주제의 연장선에서, 나치에 살해된 아이들을 다룬다. 그리고 야누시 코르차크는 그러한 신념의 화신이었다. 그는 아내에게 지극히 흥미로운 위인이었을 뿐 아니라, 아내와 공통된 목표를 향해 평생을 싸운 동지였다.

2018년 로버트 제이 리프턴

베티 진 그리고 야누시 코르차크

11

야누시 코르차크는 누구였는가

"위인의 삶은 전설과 같다. 고되지만 아름답다"고 야누시 코르차크는 쓴 적이 있다. 그의 삶도 그랬다. 그러나 그의 이름을 들어본 미국인은 많지 않다. 그는 유대계 폴란드인 작가이자 교육자로서, 유럽에서는 안네 프랑크만큼 잘 알려져 있는 인물이다. 안네 프랑크처럼 그도 홀로코스트에 희생되었고, 일기장을 남겼다. 안네 프랑크와 달리 그는 죽음을 피할 기회가 있었으나, 그 기회를 택하지 않았다.

그는 제2차 세계대전이 나기 훨씬 전부터 가난한 아이들에 대한 헌신으로 명성이 높았지만, 그의 전설이 시작된 것은 1942년 8월 6일, 나치가 바르샤바 게토의 해체 작전에 돌입한 지 얼마 되지 않았을 무렵이었다. 나치는 그의 유명한 고아원을 비우고 강제 이송에 따를 것을 명령했고, 코르차크는 돌보고 있던 200명 남짓한 아이들과 함께 고아원을 나서야 했다. 그는 의연하게 아이들을 이끌고 마지막 행진에 나섰다. 게토의 거리를 지나 그들을 '동부의 재정착지'로 실어 갈 열차를 향해 걸어갔다. 나치가 밝히지 않은 그 목적지는 트레블링카 절멸 수용소였다. 그는 자연인인 헨리크 골트슈미트로 삶을 마쳤지만, 그가 세상에 기억된 것은 필명인 야누시 코르차크로서였다.

야누시 코르차크는 정의로운 공동체를 지향하는 진보적 고아원들을 폴란드 사회에 도입했고, 최초로 전국 단위 어린이신문을 창간했으며, 교사들에게 오늘날 도덕교육으로 불리는 교육 방식을 가르쳤고, 소년법원에서 아이들의 인권을 보호하려 애썼다. 그의 책《아이를 사랑하는 법》과《아이의 존중받을 권리》는 부모와 교사들에게 아이들의 심리를 바라보는 새로운 눈을 틔워주었다. 여러 세대의 아이들이 그의 책을 읽고 컸으며, 특히 고전《마치우시 1세 왕》은 나라를 개혁하려는 소년 왕의 모험과 시련을 그린 이야기로, 폴란드에서는 영어권에서의《피터 팬》과《이상한 나라의 앨리스》만큼 사랑받는 작품이다. 1930년대 중반에는 '노(老)의사'라는 이름으로 라디오 프로그램을 진행하며 청취자들에게 소박한 지혜와 해학을 전했다. 청취자들은 그의 단순한 듯 깊이 있는 이야기에 귀 기울이며 왠지 더 나은 사람이 되는 듯한 기분을 느꼈다.

전쟁 전에 유대인 고아원뿐 아니라 가톨릭 고아원도 운영을 감독했던 코르차크는, 말년에 비유대인 동료와 친구들이 자신을 위험에서 구하려고 내미는 손길을 모두 거절했다. "한밤중에 아픈 아이를 내버려둘 수 없고, 이런 시기에 아이들을 두고 떠날 수 없다"고 그는 말했다.

내가 처음 야누시 코르차크라는 이름을 접한 것은 1978년 여름이었다. 친구들 중 폴란드 출신으로 제2차 세계대전 때 고국을 떠나온 이들이 있는데, 우리 집이 있는 코드곶에 놀러 오면서 바르샤바에서 막 도착한 한 연극 감독을 데리고 왔다. 그녀가 바르샤바 게토에 있던 야누시 코르차크의 고아원에서 공연했던 이야기를 하는데, 내가 코르차크가 누구냐고 물었다. 그녀는 내가 코르차크가 누군지도 모르고 발음도 엉망으로 하는 것에 충격이 이만저만이 아닌 듯했지만, 일단 내 발음부터 정확히 고쳐주고 나서 내 질문에 답을 해주었다.

그날 오후 코르차크 이야기를 나누고 나서, 나는 그가 이상주의자이면서 동시에 실용주의자로서, 아이들의 교육을 통해 더 나은 세상을 만드는 일에 전념한 인물임을 알게 되었다. 또 그가 루이스 캐럴과 제임스 배리로 대표되는, 아이들과 함께 있을 때 가장 편안해하고 아이들을 위해 아이들을 주인공으로 이야기를 쓴 독특한 작가들 중 한 사람이었다는 것도 알게 되었다. 그러나 그들과 한 가지 차이가 있었다. 코르차크의 아이들은 공원의 깔끔한 잔디밭에서 유모들과 뛰어노는 대신, 바르샤바의 어두운 빈민가에서 고통에 허덕였다. 코르차크는 고아원을 만들어 그들을 거두고, 상상 속이 아닌 현실에서 아이들과 함께 살았다. 아이들이 세상을 구원할 존재라고 생각했기 때문이다.

그러나 코르차크는 아이들을 미화하지 않았다. 그 점에서 루소와는 달랐고, 코르차크는 루소를 순진하다고 생각했다. 코르차크는 아이는 누구나 도덕의 불꽃을 품고 있으며, 그것으로 인간 본성의 중심에 있는 어둠을 물리칠 수 있다고 생각했다. 그 불꽃이 꺼지지 않게 하려면 아이를 사랑하고 보살펴야 하며, 아이가 진리와 정의를 믿을 수 있게 해주어야 한다고 보았다. 그 어둠이 나치라는 형태로 나타나 나치 깃발과 광나는 장화와 가죽 채찍을 휘둘러댈 때, 코르차크는 언제나 그랬던 것처럼 유대인 고아들을 어른 세상의 불의로부터 지키기 위해 싸울 준비가 되어 있었다. 그는 게토 담장 밖으로 몸을 피할 기회가 충분히 있었음에도 아이들과 함께 게토 안으로 들어가 살았고, 남은 두 해의 삶을 고아원 안팎의 고아들이 굶주리고 아프지 않게 돌보는 데 바쳤다.

아이들의 왕

연극 감독은 바르샤바 게토의 어느 집 창문 틈으로 그 마지막 행진을 보았다고 했다. 코르차크는 아이들을 이끌고, 고개를 꼿꼿이 들고 걷고 있었다. 그때 그녀의 눈에는 아이들을 구하는 것을 소명으로 알던 그가 결국은 실패한 것으로 보였다. 세상을 더 나은 곳으로 만들려고 했던 그의 소설 속 주인공 마치우시 왕이 실패한 것처럼. 그럼에도 그는, 자신의 신조를 지키고 아이들이 자신을 가장 필요로 할 때 그들을 저버리지 않았다는 점에서 나름의 승리를 거둔 것이었다.

　　코르차크는 인생은 이상한 꿈이라고 말했다. 내가 그에 대해 처음 알아가던 무렵, 가끔 나도 그런 생각이 들었다. 1978년 전까지 나는 홀로코스트와 개인적으로나 작가로서나 전혀 연관이 없었다. 그러던 그해 가을, 나치 의사들의 심리를 막 연구하기 시작하려던 남편 그리고 열세 살 딸과 함께 뮌헨으로 이사하게 되었다. 얼마 안 가 우리의 작은 아파트는 제3제국과 관련된 책들로 가득 찼고, 나는 그 암울한 책 더미 속을 뒤적거리고 있었다.
　　홀로코스트를 다룬 책들 속으로 뛰어든다는 것은—그것도 독일에서—심연 속으로 뛰어드는 것과 같았다. 나는 동시에 두 시대에 살고 있는 느낌이었고, 과거가 현재보다 오히려 더 현실처럼 느껴지기도 했다. 한밤중에 잠에서 깨면 근처 맥주 공장 굴뚝의 연기가 화장터의 연기로 보였다. 지나가는 열차는 가축 화차로 보였다. 바이에른 주민들이 화려한 복장으로 거리를 행진하는 모습은 나치 친위대원들이 정복 차림으로 다리를 척척 들며 거리를 활보하는 모습과 겹쳤다. 한 번도 유대인이라는 정체성을 깊이 고민해보지 않았던 동화(同化) 유대계 미국인인 나는, 제3제국 시절 유럽에서, 아니 더 나아가 모든 시대를 통틀어 유대인으로 산다는 것은 어떤 것이었는지 비로소 진지하게 생각해보게 되었다.

나치 의사들의 학살 행위를 다룬 책들을 읽다 보면, 야누시 코르차크와 아이들의 마지막 행진에 관한 이야기가 종종 언급되었다. 자신이 평생 몸바쳐온 신조를 끝까지 지키기 위해 스스로 죽음을 선택한, 이 선한 의사에 대해 더 알고 싶어졌다. 그 미친 세상에서 그 신조를 지킬 수 있는 힘이 어디서 난 것이었을까?

그러나 또 다른 면에서 나는 야누시 코르차크에게 마음이 갔다. 작가로서 나는 그에게 공감할 수 있는 부분이 많았다. 나는 아이들을 위한 공상소설을 썼고, 동아시아에서 기자로 일하면서 히로시마와 한국, 베트남의 전쟁고아들 이야기를 취재해 보도하기도 했다. 내가 쓴 책 가운데 여러 권이, 모든 아이들은 자신의 뿌리를 알고 전쟁의 위협이 없는 세상에서 자랄 권리가 있다는 주제를 다루었다.

하지만 우연한 계기가 아니었더라면 나는 야누시 코르차크를 더 깊이 탐구하지는 않았을지도 모른다. 남편과 나는 파리에서 교통사고로 몸을 다친 뒤 요양을 위해 시나이반도에 머물렀다. 귀국길에 예루살렘에 들렀는데, 코르차크의 고아원에서 자라고 수련받았던 아이와 교사 몇 명이 이스라엘에 살고 있다는 말을 들었다. 나는, 그 이상한 꿈의 도시 예루살렘에서, 몇 달간 딸과 함께 머물면서 그들을 인터뷰하기로 갑작스럽게 결정했다.

구시가지 담벼락이 내려다보이는 작은 석조 가옥에 세를 얻고, 통역사 한 명을 대동해 돌아다니며 자칭 '코르차키안'들을 만났다. 그들은 적게는 오십 대, 많게는 팔십 대의 나이였고, 1912년에 설립된 코르차크의 유대인 고아원에서 다양한 시기에 살았거나 근무한 이들이었다. 대부분은 시온주의자로 1930년대에 팔레스타인에 이주해 왔기에 홀로코스트를 피할 수 있었다. 몇 사람은 게토와 강제 수용소를 거쳐 살아남았거나, 전쟁 시기를 시베리아의 외딴 마을에서 보냈다. 또 일부는 1967년 제3차 중동전쟁 후에 폴란드에 '반(反)시온주의' 탄압 바람이 일면서 그나마 남아 있던 유대인들이 거의 다 쫓겨날 때 이스라엘로 건너왔다.

"죽은 선생님 이야기 말고 살아 계실 때 선생님 이야기를 하고 싶네요." 하나같이 이런 식으로 말을 꺼내는 코르차크의 제자들은, 그가 살아온 모습보다 그가 죽은 방식을 높이 떠받드는 세태에 불편한 심기를 드러냈다. 그들이 알고 있는 코르차크, 그들이 존경하는 코르차크는 순교자가 아니라, 생기 넘치고 결함도 있는 아버지이자 선생님이었다.

그들의 이야기를 들으며 나는 겸손하고 절제력 강했던, 남들은 버거워할 문제도 위트 있는 한마디로 일축하던 코르차크의 모습을 상상할 수 있었다. 나는 그가 1930년대 중반 팔레스타인에 두 차례 짧게 머물렀을 때 방문했던 키부츠와 도시들을 찾아가 당시 그의 마음 상태를 헤아리려 해보았다. 코르차크는 시온주의자가 아니었지만, 제2차 세계대전 전의 다른 수많은 동화 유대인 작가들처럼 그도 역사의 험한 격랑 속에서 만일의 앞날을 대비해야 했다. 극단적인 폴란드 민족주의가 휩쓸면서 자신이 일생을 바쳐온 과업의 미래가 암울해져가고 있었다. 그는 팔레스타인으로 눈길을 돌렸지만 정착 여부를 놓고 좀처럼 마음을 정하지 못했다. 도망자가 되지 않으려면 "마지막 순간까지 맡은 자리를 지켜야 한다"는 신념으로 바르샤바에 계속 남았고, 결국 나치는 1939년 9월 1일 폴란드를 침공해 그의 선택권을 빼앗았다.

야누시 코르차크는 누구였는가

17

야누시 코르차크는 누구였는가? 내 책상에는 그의 가장 유명한 사진 두 장이 놓여 있다. 하나는 소설 《마치우시 1세 왕》의 권두 삽화로 쓰인 어린 시절 사진으로, 작가가 어린이 독자들에게 자신도 어릴 때 작고 미약한 사람이었음을 보여주려고 실은 사진이다. 또 하나는 눈빛이 강렬하면서 슬픈, 고아원의 한 성급한 아이가 현상소에서 급하게 집어 오는 바람에 대머리가 흰색 배경과 뚜렷이 구분되지 않는 남자의 사진이다.

그것은 야누시 코르차크의 두 모습이다. 아이들을 위해 더 나은 세상을 꿈꾼 이상주의적인 소년 왕 마치우시. 그리고 꿈은 결국 이룰 수 없다는 것을 아는 회의적인 노의사.

이스라엘의 코르차키안들은 "코르차크를 미국인들에게 설명하기는 어려울 것"이라고 말했다. 폴란드에 가니 그곳의 코르차키안들도 비슷한 말을 했지만 이유는 달랐다. 코르차크의 비서였고 지금은 유명한 작가인 이고르 네베를리는 "선생님은 아주 폴란드적이었다"고 말했다. "하지만 선생님은 당대 폴란드 지식층의 일원이면서, 동시에 혼자였어요. 혼자만의 방식과 신념이 있었지요. 따뜻하고 위트가 있는 분이었지만, 동시에 외롭고 슬픈 사람이었어요. 아주 복합적인 사람이었어요. 그걸 담아내셔야 할 겁니다."

그의 복합성을 담아내라는 것은, 코르차크를 폴란드인이자 동시에 유대인으로 바라보라는 말임을 나는 곧 알게 되었다. 소설가 타데우시 콘비츠키가 말했듯, 그 둘 다로 살기는 폴란드인으로만 살거나 유대인으로만 살기보다 힘들다. 단어의 쓰임에서부터 그 문제가 고스란히 드러난다. 가톨릭교를 믿는 폴란드인은 '폴란드인'이라 하지만, 유대교를 믿는 폴란드인은 폴란드인이 아니라 '유대인'이라

아이들의 왕

한다.

제2차 세계대전 이전의 폴란드에서 폴란드인이자 유대인으로 살고자 했던 코르차크의 숙명이었을까, 그는 살아생전 비판에서 자유롭지 못했다. 많은 유대인들은 이디시어나 히브리어가 아닌 폴란드어로 글을 쓰는 그를 변절자라 불렀다. 그런가 하면 우파 폴란드인들은 그가 아무리 폴란드 문화에 동화되었어도 유대인이라는 점을 늘 물고 늘어졌다. 제1, 2차 세계대전 사이의 기간 동안 급진적 사회주의자와 공산주의자들은 정치활동에 적극적이지 않은 그를 보수주의자로 간주했고, 보수주의자들은 사회주의 성향을 지닌 그를 급진주의자로 간주했다. 그를 칭송하고 그의 뜻을 지지하면서도 그를 괴짜로 보는 사람들도 있었다. 결혼하지 않은 데다 비사교적인 그는 말썽쟁이 아이들에게는 한없이 너그러우면서도, 거들먹거리고 과시하는 어른들은 참지 못했다.

나는 바르샤바에서 사람들과 이야기를 나누며 이 야누시 코르차크라는 인물에 관한 책을 어떻게 쓸 것인가 고민했다. 자신의 전기가 쓰이는 것을 원치 않는 사람은 자기가 가진 책과 종이를 불태운다. 코르차크의 경우는 역사가 그렇게 했다. 그가 1940년 말부터 1942년 중반까지 갇혀 지낸 바르샤바 게토는, 그가 죽고 일 년 뒤 게토 봉기가 일어났을 때 독일이 파괴했다. 그때 모든 것이 불길에 사라졌다. 그가 이런저런 생각을 세밀한 글씨로 적어놓은 공책들도. 그가 보관하고 있던 편지와 기념품도. 아이들의 수면 패턴을 관찰한 기록도. 아동발달에 관한 책을 쓰기 위해 30년간 모은 키와 몸무게 차트도. 그가 소장했던 폴란드어, 프랑스어, 독일어, 러시아어 문학책과 과학책들도. 그가 구상하고 있던 책들의 초고도. 모두 사라졌다. 코르차크의 유년기 이야기를 들려주거나 그의 부모와 여동생이 어떤 사람이었는지 알려줄 만한 친척과 어릴 적 친구들은 모두 수용소에서 죽었다.

야누시 코르차크를 찾아 나선다는 것은, 이미 사라진 공간 속에서 이미 사라진 사람을 찾으려 하는 것과 같았다. 그가 살던 다민족 사회는 더 이상 존재하지 않는다. 바르샤바는 한때 동유럽의 파리로 불리며 카페와 고급 레스토랑과 카바레가 즐비한 활기찬 도시였으나, 1944년 바르샤바 봉기 때 독일에 의해 철저히 파괴되었다. 전후에 재건을 거친—그와 함께 러시아가 남긴 달갑지 않은 유산인 바로크풍의 문화과학궁전이 우뚝 솟아 있게 된—바르샤바는 시민들의 정치적, 경제적 불만이 하늘을 찌르고 있었다.

1979년에서 1986년까지 폴란드에 네 차례, 이스라엘에 두 차례 방문해 코르차키안들을 만났고, 그때마다 그들은 기꺼이 기억을 더듬어 코르차크와 관련된 일화를 하나라도 더 끄집어내주었다. 바르샤바와 이스라엘의 미비한 기록 보존소들을 뒤져, 코르차크를 이런저런 관계로 알고 지냈던 이들의 회고가 담긴 책 몇 권을 건져냈다. 또 코르차크의 출판된 소설과 비소설(자전적인 내용을 담은 것이 많다) 24권, 그리고 평생 쓴 1천 건 이상의 신문과 잡지 기사도 있었다. 현재 남아 있는 코르차크의 개인적인 글은, 1920년대 말과 1930년대에 팔레스타인의 지인들에게 써 보내 수신자들이 간직하고 있는 60여 통의 편지, 그리고 그가 절박했던 생애 마지막 몇 달 동안 쓴 일기가 전부다. 일기는 그의 사후에 게토에서 은밀히 반출되어 바르샤바 교외 비엘라니의 가톨릭 고아원 외벽에 밀봉되었다가 전쟁이 끝나고 다시 꺼내졌다.

코르차크는 바르샤바 게토 봉기 한 해 전에 사망했지만, 1983년

4월 게토 봉기 40주년 기념행사 때 전 세계에 흩어져 생존해 있던 그의 유대인 고아와 교사 제자들이 그를 추모하기 위해 폴란드를 다시 찾았다. 고국 방문은 쉬운 결정이 아니었다. 1981년에 계엄령이 선포되고 연대자유노조*가 해산되는 등의 정치 상황 때문에 방문을 꺼리는 이들도 있었지만, 그보다는 참혹했던 기억을 되살려야 하는 두려움, 그리고 그들이 알던 세상의 자취가 이제는 남아 있지 않다는 생각이 그들을 주저하게 했다.

야누시 코르차크를 비롯해 바르샤바에 살던 35만 유대인의 잃어버린 세상. 옛 유대인 거주구역이 있던 자리를 찾아가면 그 뜻을 실감할 수 있다. 나치는 그곳을 담장으로 둘러싸 게토를 만들고, 불태워 살풍경하게 늘어선 폐허를 만들었다. 전쟁이 끝나고 오랫동안 폴란드인들은 그곳을 '황야의 서부'로 불렀다. 잿더미 위로 새 건물이 하나둘씩 들어섰다. 그 비정상적인 풍경의 한가운데에는 '게토 영웅 기념비'가 세워져, 그곳에서 자행되었던 비정상적인 만행을 환기시키고 있다.

바르샤바에 본부를 둔 야누시 코르차크 국제협회는 코르차크의 흉상 제막식에 회원들을 초청했다. 흉상이 놓인 곳은 옛 유대 아동 고아원의 앞마당이었다. 고아원의 흰색 4층 건물은 전란에 내부가 다 타버린 뒤 1950년대 중반에 복원되었지만, 아이러니하게도 노의사가 서재로 썼던 다락방은 복원되지 않았다. 지붕 밑에 우아한 반원 모양으로 나 있던 창문 세 개가 사라지면서, 그가 앞마당에서 노는 아이들을 내려다보고 벗 삼던 참새들에게 모이를 주던 모습을 상상하기 어려운 외관이 되었다. 제막식이 끝나자 코르차키안들은 고

✦ 1980년대 폴란드의 민주화운동을 이끈 노동조합 조직.

아원 건물에 들어가 이곳저곳을 살피며 배회했다. 그들이 찾던 것은 무엇이었을까? 아이로서, 교사 수련생으로서 그곳을 누비던 자신들의 모습? 노의사? 30년간 그와 함께 고아원을 꾸려온 스테파니아(스테파) 빌친스카?

현재 고아원에서 생활하는 폴란드인 고아들은 마치 유령처럼 복도를 지나다니며, 돌아온 원조 유령들에게 길을 비켜주었다. 아이들이 준비한 공연을 관람하기 위해 우리가 앉은 넓은 놀이방은, 코르차크 시절에는 식당 겸 공부방으로도 쓰였던 공간이었다. 아이들은 짧은 연극 두 편을 보여주었다. 하나는 《마치우시 1세 왕》의 한 장면을 유머러스하게 각색한 콩트, 또 하나는 코르차크와 유대인 고아들이 트레블링카행 열차를 향해 걸어간 마지막 행진을 재연한 것이었다. 폴란드인 아이들은—그들이 너무나 이야기를 많이 들었던—비운의 유대인 아이들이 되어 코르차크와 함께 알 수 없는 목적지를 향해 느릿느릿 걸었다. 보이지 않는 가축 화차에 올라타 코르차크의 주위를 둥글게 둘러쌌다. 열차의 움직임에 몸을 흔들어가며, 그가 마지막으로 들려주는, 선이 결국 악을 이기는 이야기에 귀를 기울였다.

숙소로 돌아가는 전세 버스에서 나는 미하우(미샤) 브루블레프스키의 옆자리에 앉았다. 고아원 교사였던 그는 생존자들 중 코르차크의 가장 마지막 모습을 본 사람이다. 그는 그날 게토 담장 밖 일터에 나가 일하고 있었다. 코르차크가 그에게 마련해준 일자리였다. 오후 늦게 담장 안의 고아원에 돌아오니 그곳엔 아무도 없었다.

한참 말없이 앉아 있던 미샤가 내 쪽으로 얼굴을 돌렸다. "사람들이 말이죠, 다들 선생님이 아이들과 열차를 타기로 한 그 결정을 그렇게 대단하게 얘기하는데, 선생님은 평생 도덕적 결정을 하며 산

아이들의 왕

분이에요. 소아과 의사가 되기로 한 결정도 그렇고. 의사와 작가 일을 접고 가난한 고아들을 보살피기로 한 결정도 그렇고. 유대인 고아들과 함께 게토에 들어가기로 한 결정도 그렇고. 트레블링카에 아이들과 같이 가기로 한 그 마지막 결정은, 그분이 원래 그럴 사람이었어요. 그분 자체가 그런 사람이었어요. 지금 사람들이 왜 이렇게 호들갑 떠는지 선생님이 보면 이해를 못 하실 거예요."

  미국에 돌아와 뉴욕시와 코드곶에서 이 책을 쓰면서, 코르차크가 어떤 사람이었는지 내 나름의 답이 떠올랐다. 그는 하시디즘 유대교에서 말하는 '인생의 좁은 다리'를 두려움 없이 걸은 사람이었다. 그리고 고비마다 도덕적 결정을 내려 행동의 등불로 삼은 사람이었다.

야누시 코르차크는 누구였는가

23

개혁가들은 늘 끝이 좋지 않다.
사람들은 개혁가가 죽은 뒤에야
그가 옳았음을 깨닫고 추모비를 세운다.
야누시 코르차크,《마치우시 1세 왕》

1878~1918

응접실의 아이

그가 처음으로 도덕적 결정을 한 것은 다섯 살 때였다.

바르샤바의 고급 아파트 창문으로 건물을 요새처럼 둘러싼 안뜰을 내려다보며, 헨리크 골트슈미트는 외할머니에게 자기 생각을 털어놓았다. 외할머니는 헨리크를 이해해주고, 헨리크의 "세상을 바꾸겠다는 대담한 계획"을 알아주는 유일한 사람이었다. 헨리크는 세상에서 돈을 없애고 싶어 했다. 하지만 어떻게 해야 할지, 또 그다음엔 무엇을 해야 할지는 알 수 없었다. 도무지 풀기 어려운 문제였다. 하지만 목표는 분명했다. 자기가 같이 놀면 안 되는 저 아래 수위 아들과 그 패거리처럼 추레하고 배고픈 아이들이 없도록, 세상을 바꾸는 것이었다.

"아이고 우리 꼬마 철학자." 외할머니는 건포도 한 알을 손자 손에 쥐어주었다.

그는 자기가 태어난 해를 정확히 알지 못했다. 생일은 7월 22일인데, 태어난 해는 1878년인지 1879년인지 분명치 않았다. 바르샤바의 저명한 변호사였던 아버지 유제프 골트슈미트가 아들의 출생신고를 차일피일 미루었기 때문이다. "그래서 곤란했던 적이 몇 번 있었다. 어머니는 아버지가 중요한 책임을 내다 버렸다고 말했다." 코르차크는 훗날 이렇게 적었다.

그의 아버지는 나중에 급작스럽게 정신질환을 앓게 되는데, 그때부터 이미 불안정한 조짐을 보인 것일 수도 있고 일부러 신고를 미룬 것일 수도 있다. 바르샤바는 당시 제정러시아의 영토였다(약백 년 전에 오스트리아, 프로이센, 러시아 3국이 폴란드 땅을 나눠 가졌다). 그래서 아들이 러시아군에 입대하는 것을 미루거나 피할 셈으로 아들의 나이를 허위로 신고하는 부모가 많았다. 아버지 유제프는 첫아들이자 유일한 아들이 태어나자, 출생신고는 하지 않았지만 국내외 지인들에게는 소식을 알렸다. 그리고 파리의 랍비장(長)에게서 축복 서한 받은 것을 굉장히 자랑스러워했다. 축복 서한에는 "아드님이 이스라엘의 큰사람이 될 것입니다"라고 적혀 있었다. 코르차크는 그 편지를 평생 간직했다. 그렇지만 아버지가 어린 시절 코르차크의 모습에서 큰사람이 되리라는 확신을 갖기는 어려웠다.

그는 공상에 빠져 있는 아이였다. 몇 시간이고 혼자 놀 수 있었다. 집안은 식구가 많았고 온통 여자들이 장악하고 있었다. 어머니와 여동생과 외할머니가 있었고, 요리사와 가정부가 있었고, 프랑스인 여자 가정교사 여럿이 거쳐갔다. 바깥은 남자들이 군림하는 세상이었지만, 화려한 무늬가 새겨진 수납장이며 탁자, 부드러운 소파와 동양풍 카펫이 놓인 우아한 아파트 내부는 "엄격한 여군 부대"가 주도하는 세상이었다.

그때는 아이들이 놀 만한 곳이 거의 없었다. 국립극장 바로 뒤, 세나토르스카 거리에 있는 집에서 조금만 가면 도심에 사스키 공원이 있었지만, 안에는 놀이터도 없고 축구장도 없어 아이들이 뛰놀고 기운을 발산할 공간이 없었다. 수위가 지키는 건물 출입문 근처에서 공이라도 튀기는 아이는 대번 빗자루로 얻어맞았고, 덜커덩거리며 거리를 달리는 빨간 철도마차에 뛰어올랐다 내렸다 하며 노는 아이들은 경찰이 쫓아갔다. 좋은 집 아이들은 안뜰에서 놀면 안 되었기 때문에, 예민하고 과보호를 받는 헨리크 같은 아이가 할 수 있는 일은 별로 없었다. 기껏해야 집 안에 앉아 "비밀을 품거나", 식당 창문에 코를 붙이고 아래 안뜰에서 노는 수위 아들 무리를 부러워하는 것이 고작이었다.

가난한 아이들은 지저분한 데다 입이 험하고 머리에 이가 있다고 어머니는 누누이 말했다. 싸움질을 하고, 돌을 던지고, 맞아서 눈을 다치고, 몹쓸 병에 걸린다고 했다. 하지만 헨리크의 눈에 수위 아들과 그 친구들은 멀쩡해 보였다. 아이들은 종일 신나게 뛰어다니고, 우물물을 마시고, 자기는 가까이 가면 안 되는 잡상인에게 가서 맛있는 사탕을 사 먹었다. 아이들이 하는 욕을 들으면 재미있기만 했고, 밑에 내려가 아이들과 노는 것이 프랑스인 가정교사나 여동생 안나와 따분한 집 안에 앉아 있는 것보다 백번 나아 보였다. "아이란 움직여야 하는 존재"라고 그는 후에 적었다. 아이를 움직이지 못하게 하는 것은 "목을 조르고 입에 재갈을 물리고, 뜻을 꺾고 기를 죽여 담배 냄새만 남겨놓는 것과 같다"고 했다.

"쟤는 야망이 없어." 어머니는 여동생의 인형과 숨바꼭질하며 노는 아들을 보며 말했다. 인형을 찾아다니는 아들이 답답한 집 안을 벗어나 전혀 다른 세상에 가 있다는 것을 알지 못했다. "그 인형은 그냥 인형이 아니라, 범죄자에게 붙잡힌 인질이자 숨겨진 시신이었다. 찾아내야만 하는 어떤 것이었다."

그는 나중에 이렇게 적었다. "아이들의 놀이는 시시한 행동이 아니다. 비밀을 밝혀내고, 숨겨진 물건을 찾아내고, 세상에 찾지 못할 것이 없음을 보이는 것, 그것이 놀이의 목적이다."

응접실의 아이

아버지는 몇 시간이고 앉아 장난감 블록을 갖고 노는 아들을 보고 불같이 화를 내며 "저 녀석은 얼간이 아니면 바보 아니면 천치"라고 했다. 아버지는 아들이 짓고 있는 홀로 삐죽 솟은 탑이 훗날《마치우시 1세 왕》과 그 밖의 작품에 등장할, 부모 잃고 집 잃은 아이들의 쉴 곳을 상징하는 탑이라는 것을 알지 못했다. 코르차크는 이렇게 적었다. "분출구를 찾지 못한 감정은 몽상이 된다. 그리고 몽상은 우리 마음속에서 인생의 각본이 된다. 그 해몽 방법만 알면, 몽상은 결국 이루어진다는 것을 알 수 있다. 다만 꼭 생각한 대로 이루어지지는 않는다."

아이는 주방에서 얼쩡거려도 안 되었다. 그래도 헨리크는 부모님이 외출하면 때때로 주방에 슬쩍 들어가 요리사에게 이야기를 해달라고 했다. 상상력이 풍부한 요리사 아주머니는 마치 "실크 방석 위의 애완견이 아닌 한 명의 인간"을 대하듯 헨리크를 자기가 일하는 탁자 옆 높은 스툴에 앉히곤 했다.

"그래, 옛날얘기를 해달라고? 그러자꾸나. 무슨 얘기를 하려고 했더라? 아 그래, 이런 얘기였지. 자 어디 보자, 그럼 시작해볼까." 아주머니는 이야기를 시작하기 전에 헨리크가 마음의 준비를 할 시간이 필요하다는 것을 아는 듯했다.

"그래서 여자아이가 숲을 걷고 있었어요." 아주머니는 이런 식으로 이야기를 시작했다. 마치 전에 하던 이야기를 이어서 하는 것 같았다. "너무 어두워서 아무것도 보이지가 않았어요. 나무도 안 보이고, 짐승들도 안 보이고, 돌멩이도 안 보였어요. 사방이 칠흑같이 깜깜했어요. 아이는 너무 무서웠어요. 성호를 한 번 긋고 났더니 좀 덜 무서웠어요. 성호를 한 번 더 긋고 아이는 계속 길을 걸었어요. ......"

아이들의 왕

아주머니는 언제 이야기를 멈추고 숨 고를 시간을 주어야 하는지, 언제 숨 가쁘게 몰아쳐야 하는지 알고 있었다. 리드미컬하게 반죽을 주무르는 손놀림처럼 몸에 밴 듯 자연스러운, 아주머니의 다정함과 가슴 졸이는 이야기 솜씨는 평생 그의 기억에 남았다. 아주머니는 그가 이야기를 끊고 질문할 때마다 참을성 있게 들어주고, 본인의 이야기에나 이야기를 듣는 이에게나 성의를 다했다. 헨리크는 그런 아주머니가 늘 고마웠다. 그가 나중에 이야기꾼으로서 재능을 꽃피우는 데 결정적인 밑거름이 되어준 사람은 바로 요리사 아주머니였다.

집안에서 일하는 식구들과 좋은 추억만 있었던 건 아니다. 부모님이 공연을 구경하러 가서 집을 비운 어느 날 밤, 프랑스인 가정교사 카트린이 주방에 손님을 들였다. 기다란 장화를 신은, 처음 보는 아저씨였다. 헨리크가 울면서 아저씨에게 가라고 하자, 가정교사는 헨리크에게 사과하라고 했다. 싫다고 하자, 가정교사는 으름장을 놓았다. "사과 안 하면 너 여기에 혼자 놔둔다. 불 끄고 깜깜한 데 놔둘 거야. 그럼 늙은 거지가 와서, 너 콱 잡아서 자루에 넣어 간다."

헨리크는 부모님이 집에 올 때까지 그 자리에 꼼짝 못하고 서 있었다. "아이가 왜 아직 안 자고 있죠?" 어머니는 가정교사에게 묻고 아이에게도 물었다. "너 울었니? 눈이 빨갛네." 아이는 고개를 가로젓고 엄마에게 뽀뽀했다.

응접실도 아이가 가서는 안 되는 곳이었다. 좋은 집의 응접실이 으레 그렇듯이 그늘진 안뜰 대신 집 앞으로 창이 나 있었다. 낮 동안 흰 망사 커튼을 쳐놓아 해는 잘 들지 않았지만, 창 밑의 자갈길을 다가닥거리며 지나가는 마차 소리는 그대로 새어 들어왔다. 응접실은 밤에 손님들이 왔을 때에나 샹들리에의 초가 밝혀지면서 잠에서 깨

응접실의 아이

31

어났다.

가끔 헨리크는 손님들 앞에 불려 가, 착한 폴란드 아이라면 누구나 이럴 때를 대비해 외우고 있어야 하는, 낭만주의 시인 아담 미츠키에비치의 〈아빠의 귀환〉을 암송해야 했다. 창백한 낯빛으로 멋쩍게 서서 시를 외우기 시작했다. "아빠가 안 와요! 아빠가 안 와요!" 시의 화자는 아버지가 출장 갔다 오는 길에 도적 떼를 만나 죽게 될까 봐 걱정하는 아이였다. 도적들은 아이가 아버지를 기다리고 있다는 것에 감동해 결국 아버지를 살려 보내준다. 하지만 손님들은 어린 헨리크를 그냥 보내주는 법이 없었다. 수염이 따가운 남자들이 "거짓 미소"를 지으며 담배 연기를 그의 얼굴에 뿜어댔고, 향수 냄새가 코를 찌르는 여자들이 저마다 그를 무릎에 앉히려고 했다. (뽀뽀를 받을 때마다 얼굴을 손으로 연신 문질러 닦았지만, 그러지 말라고 꾸지람을 들은 뒤에는 그러지도 못했다.) 그는 무의미한 질문과 공허한 웃음소리에 안절부절못했다. "애가 누구 닮았지?" "야, 참 많이 컸네!" "이제 다 컸어!" 아이들은 낯선 사람이 만지거나 뽀뽀하면 싫어한다는 걸 이 어른들은 모르는 걸까? 그 순간은 어머니와 아버지조차 꼭 낯선 사람 같았다.

아버지 유제프는 이미 행동을 종잡을 수 없었다. 아들의 귀를 꽤 세게 잡아당기곤 했는데, 어머니와 외할머니가 아무리 말려도 소용이 없었다. 어머니는 "아이 귀 먹으면 당신 때문인 줄 알라"고 말했다. 한번은 헨리크가 신나는 소식이 있어 서재에 달려가 아버지 소매를 잡아끌었는데, 아버지는 중요한 서류에 잉크가 번졌다며 불같이 화를 냈다. 그러다가도 어떨 때는 자녀들을 친구처럼 살갑게 대했다. 특히 크리스마스 때는 아들과 딸을 데리고 나가 꼭 성탄극을 구경시켜주었다. 아이들이 아버지와 같이 외출하면 어머니는 늘 불안해했다. 사람을 잡아끄는 매력이 있으면서도 변덕이 심한 아버지는 때로는 수위 아들 못지않게 위험한 사람 같았다. 아버지에게선 무모한 남자의 자유로운 분위기가 풍겼다. 기대감과 두려움이 동시에 느껴지는 분위기였다.

헨리크는 어머니가 괜한 걱정을 하는 게 아님을 어느 정도 알고 있었다. 그는 당시를 이렇게 떠올렸다. "어머니가 아이들을 남편 손에 맡기기 꺼려한 데는 이유가 있었다. 하지만 나와 동생이 아버지와 가는 나들이를 환호하며 반긴 데도 이유가 있었다. 아이들에게 그리 미더운 교육자가 못 되었던 아버지가 예리한 촉으로 찾아낸 즐길거리는, 비록 고달프고 파멸적인 결과를 낳았다 해도 우리에게 즐거운 추억이 되었다."

언젠가는 아버지를 따라 어느 고아원에 성탄극을 보러 갔다. 관객들의 열기가 뜨거웠다. 아버지는 "뭔가 비밀스러운 낯선 여자"와 이야기하더니, 아들을 무대가 잘 보이는 맨 앞자리에 다른 아이들과 함께 앉혀주겠다는 약속을 받아냈다. 수많은 사람들로 가득한 공연장의 낯선 분위기에 이미 움츠러들어 있던 아이는, 아버지와 떨어질 생각에 덜컥 겁이 났다. 마귀와 저승사자가 무대를 활보하는 장면에서 늘 무서워 벌벌 떨었던 기억도 났다.

아이는 여자 손에 이끌려 가면서 하릴없이 외쳤다. "아빠!"

아버지는 아들의 마음을 알지 못했다. "그냥 따라가, 바보같이 굴지 말고."

헨리크는 앞자리로 가면서 여자에게 헤롯왕과 마귀가 나오느냐고 계속 물었다. 하지만 여자는 아버지와 똑같이 그의 괴로움을 전혀 알지 못했다. "이따가 보면 알지" 하고 말할 뿐이었다. 나중에 그가 교사들에게 "아이가 원하지 않는데 억지로 놀라게 하지 말라"고 가르친 데는 이유가 있었던 것이다.

준비가 늦어져 한참을 기다린 끝에, 마침내 막이 오르기 시작했다. 헨리크는 막 뒤에서 들려오는 속삭임과 이런저런 희미한 소리에 온 신경이 곤두섰다. 꺼진 등불에서 연기가 피어났다. 아이들은 서로 밀치며 옥신각신했다. "그쪽으로 좀 가!" "손 치워!" "다리 좀 오므려!" "기대지 마!" 종이 울렸고, 정말로 길게 느껴진 시간이 흐른 뒤에, 다시 종이 울렸다.

세월이 지나 그날 일을 떠올리면서, 코르차크는 마귀가 붉은색이었는지 검은색이었는지 기억하지 못했다. 하지만 확실한 것은 그때까지 그런 웃음소리는 들어본 적이 없었고, 그렇게 방방 뛰는 모습도, 그런 삼지창도, 그렇게 기다란 꼬리도 본 적이 없었다는 것이다. "지옥이 실제로 있구나 싶을 정도였다. 충분히 그럴 만했다." 그는 용케 연극이 끝날 때까지 무사히 버텼고, 등불이 다시 켜지면서 바르샤바의 평범한 실내가 눈에 들어오자 어쩐지 자책감마저 들었다. 자욱한 담배 연기에 콜록콜록 기침이 나왔다.

그는 다시 아버지 손을 잡았지만, 집에 오는 길에 아이스크림을 먹었는지 파인애플 과즙 빙수를 먹었는지는 기억이 가물가물했다. 하지만 목도리를 잃어버린 것과, 집에 오니 미열이 나서 사흘간 누워 있었던 것은 기억했다. 어머니는 아버지에게 봄이 오기 전에는 아이스크림을 절대 사 오지 말라고 했고, 사흘째 되는 날 아버지가 누워 있는 아들에게 가려 하자 엄하게 나무랐다. "당신 손 차잖아, 애 근처에도 가지 마!"

아버지는 군말 없이 물러나면서도 아들에게 "은밀한 눈길"을 보냈다. 아들도 "다 알고 있다는 듯한 약은 웃음"을 지어 보였다. 그때가 아버지와 아들 간에 친밀감이 최고에 이르렀던 순간이었다. "그때 우리 두 사람은 머릿속으로, 더 힘있는 쪽은 결국 우리 남자들이라는 생각을 했을 것이다. …… 우리가 주인이지만, 가정의 평화를 위해 져주어야 한다는 생각이었다."

헨리크가 고대하면서도 두려워했던 크리스마스 철의 행사가 하나 더 있었다. 미오도바 거리에서 일이 없어 노는 건설 인부들이 동네에서 공연하는 성탄 인형극이었다. 아버지는 집 안이 흙투성이가 된다는 어머니의 반대에도 아랑곳 않고 꼭 공연자들을 집으로 초대했다. 사내들이 주방 입구로 성큼성큼 다가오면, 가정부는 작은 귀중품들을 감추느라 바빴다. 가정부는 이 연례 방문객들이 다녀간 뒤에 숟가락 두 개가 사라졌다고 믿어 의심치 않았다.

공연자들이 주방에 작은 목조 무대를 설치하는 동안 "여군 부대" 대원들은 늘 초긴장 상태로 지켜보았다. 헨리크는 문간에 서서 구경했다. 그가 일 년 내내 두려워한 것은 아코디언이나 수동식 오르간 연주에 맞춰 활보하는 저승사자나 마귀가 아니었다. 그것은 공연이 끝나고 막이 내린 후 무대 뒤에서 한 노인이 나타나는 순간이었다. 노인의 손에는 모금용 자루가 들려 있었다.

헨리크는 이미 아버지가 시킨 대로 가진 돈을 전부 조그만 동전으로 바꿔놓고는, 두근거리는 가슴을 안고 오들거리며 자루에 동전을 던져 넣었다. 그러나 노인은 안을 들여다보고는 꼭 이렇게 말했다. "부족해요, 꼬마 신사님, 부족해! 조금만 더!"

헨리크는 이 끔찍한 실랑이를 피하려고 일 년 내내 돈을 아끼며, 길거리 거지에게 줄 돈까지 안 주면서 동전을 모았다. 하지만 노인은 밑이 터진 자루라도 들고 있는지 도무지 만족할 줄 몰랐다. "노인의 자루는 마지막 남은 한 푼까지 모조리 털어갔다. 나는 이 정도면 됐다고 하지 않을까 눈치를 보면서 동전을 계속 넣었다."

아무리 넣어도 됐다는 말은 나오지 않았다. 노인이 헨리크에게 가르쳐준 교훈이 있으니, "도저히 불가능한 것을 집요하게 청하고 한없이 요구하는 이에게는 저항해본들 소용없다"는 것이었다.

헨리크는 예수 탄생을 다룬 인형극과 연극에 문화적 의미뿐 아니라 종교적 의미도 담겨 있다는 것은 알지 못했다. 유대인 가문이었지만 부모님이 유대교 신앙의 의식보다는 윤리를 강조했던 터라 헨리크는 아직 "종교라는 불가사의한 문제"와 맞닥뜨릴 일이 없었다. 그런 그를 고민하게 만든 것은 수위의 아들, 그리고 키우던 카나리아의 죽음이었다.

카나리아는 헨리크에게 가장 친한 친구였다. 창살에 갇혀 자유로이 날지 못하는 처지라는 점에서 둘은 똑같았다(새는 밖에 나가면 얼어 죽을지 모르고, 헨리크는 밖에 나가면 몹쓸 병에 걸릴지 모른다고 했다). 그런데 어느 날, 카나리아가 뻣뻣하게 몸이 굳어 새장 바닥에 놓여 있었다. 헨리크는 새를 꺼내 들었다. 부리를 입에 물고 숨을 불어넣으려 했다. 새는 살아나지 않았다. 동생 안나와 함께 죽은 새를 무명천에 싸서 빈 사탕 상자에 넣었다. 새를 묻을 만한 곳은, 내려가선 안 되는 안뜰의 밤나무 아래 땅밖에 없었다. 헨리크는 온 정성을 다해 무덤에 세울 작은 나무 십자가를 만들었다.

"그런 거 하면 안 돼!" 가정부가 말했다. "고작 새 한 마리잖아. 새는 사람보다 천하다고." 헨리크의 뺨에 눈물이 흐르자 가정부는 한마디를 더 보탰다. "새 죽었다고 울면 죄받는다."

하지만 헨리크는 그때부터 이미 고집이 있었다. 상자를 들고, 졸졸 따라다니는 동생을 뒤에 달고 안뜰로 거침없이 내려갔다. 그리고 조그만 무덤을 파기 시작했다. 그때 수위 아들이 나타나 약은 눈빛으로 이 광경을 지켜보더니 십자가를 세우면 안 된다고 했다. 이 아이는 또 다른 이유에서였다. 그 새는 유대교도라고 했다. 게다가 헨리크도 유대교도니, 당연히 안 된다는 것이었다.

헨리크는 그 깨달음의 순간을 평생 잊지 못했다. "나도 결국 유대인이었고, 그는 폴란드인이자 가톨릭교도였다. 그에게는 어떤 천국이라는 것이 있었지만, 나는 설령 그에게 욕 한마디 하지 않았어도, 집에서 설탕을 꼬박꼬박 훔쳐 그에게 갖다줬어도 내가 죽으면 갈 곳은 지옥이 아닐망정 어쨌든 캄캄한 곳이었다. 나는 어둠이 무서웠다……."

"죽음 – 유대인 – 지옥. 캄캄한 유대교의 천국. 분명 생각해볼 점이 많은 주제다."

혈통

헨리크가 맞닥뜨린 이 '유대인 문제'라고 하는 것은, 폴란드인이자 유대인인 사람이라면 누구도 피해갈 수 없는 문제였다. 헨리크가 나중에 알게 되었지만, 그의 친할아버지 헤르시 골트슈미트('헨리크'는 '헤르시'의 폴란드식 이름으로, 할아버지의 이름을 물려받은 것이다)는 그 문제를 푸는 일에 평생을 바친 분이었다. 할아버지는 손자가 태어나기 몇 년 전인 1874년, 루블린 남동쪽의 흐루비에슈프라는 지방 도시에서 예순아홉 살에 세상을 떴다.

헤르시는 공상가이자 행동가였으니, 나중에 손자에게서도 그런 할아버지의 모습을 많이 찾아볼 수 있었다. 헤르시는 19세기 초에 유대인 계몽운동 '하스칼라'의 일원이 되었다. 하스칼라는 유대인이 세속 문화에 동화되는 것을 장려한 운동이었다. 유대인들은 중세 시대 폴란드 왕들의 후의로 폴란드에 정착했지만 여전히 사회에서 고립된 삶을 살고 있었다. 헤르시를 비롯한 하스칼라 운동가들은 유대인 동포들을 열심히 설득했다. 턱수염과 옆머리를 깎고, 기다란 카프탄 대신 양복을 입고, 이디시어◆가 아닌 폴란드어를 모국어로 삼아도 유대인의 정신적 가치를 계승해나갈 수 있다고 했다. 그러나

◆ 당시 동유럽 유대인 대부분이 사용했던 언어.

이러한 설득은 여간 힘든 일이 아니었다. 수백 년간 디아스포라를 겪으며 차별받아온 유대인들은 비유대인에 대한 불신의 뿌리가 깊어, 좀처럼 마음의 문을 열려고 하지 않았다. 이들은 "율법서를 중심으로 울타리를 치고, 울타리 바깥의 것과는 상종하지 말라"는 금언을 지키며 살았다.

유리 직공이자 토끼 가죽 상인인 아버지를 둔 헤르시는 용케 울타리를 넘어가 의대에 진학했다. 학위를 받고 나서 2년 후배인 하나 에이세르와 결혼한 뒤 흐루비에슈프의 작은 유대인 병원에 첫 의사로 부임했다. 하스칼라 정신에 충실했던 헤르시는 세 아들과 두 딸에게 모두 히브리식 이름 외에도 기독교식 이름을 지어주었고, 마을 인구의 절반을 차지했던 3천 명 유대인 지역사회의 리더로서 기회가 있을 때마다 폴란드인과 유대인이 협력할 것을 장려했다. 영세한 병원의 운영 기금을 모금하려고 히브리어로 발행되는 지역신문에 글을 쓰기도 했다. 늙은 랍비 두 명이 병약한 몸을 이끌고 곤궁한 형편에도 "걸인"처럼 돌아다니며 모금해준 노고에 감사하고, 이들을 돕느라 "수고를 아끼지 않은" 모금위원회의 비유대인 위원들에게도 고마움을 나타냈다.

헤르시는 유대인 자녀가 세속 교육을 받는다고 해서 유대 신앙을 저버리고 개종하는 불상사는 없을 거라고 했다. 그러나 이런 주장은 1849년에 그의 장남 루드비크가 열여덟 살에 개종하면서 신뢰를 잃고 말았다. 러시아의 압제에 저항하는 폴란드인들의 봉기 열기가 뜨거웠던 당시에 유대인들의 개종은 드문 일이 아니었다. 하지만 헤르시 본인은 끝까지 유대 신앙을 유지하면서 유대인과 폴란드인 간에 다리가 되어줄 여러 사업에 힘을 쏟았다.

헤르시가 걸은 길이 그토록 험난했던 것은 비단 동포들의 완

고함 때문만은 아니었다. 폴란드인들은 유대인이라고 하면 아무리 계몽된 사람이라 해도 폴란드인으로 보지 않는 경우가 허다했다. 1844년 코르차크의 아버지 유제프가 태어났을 때, 헤르시는 유대인 증인을 두 명 데리고 '비기독교 종교 사무소'에 가서 아들의 출생을 신고해야 했다. 모자 직공과 여관 주인이 함께 가주었다. 4년 뒤에는 유대교 회당 관리인과 전문 도축업자를 데리고 가 셋째 아들 야쿠프의 출생을 신고했다. 유제프와 야쿠프는 큰형과 달리 개종하지 않고 아버지의 동화운동을 이어가며, 가난한 유대인들을 폴란드 사회의 주류에 편입시키기 위한 온갖 사업에 일생을 바쳤다.

하스칼라 운동가들은 자녀에게 세속 교육을 하기 전에 먼저 율법서의 기본을 가르쳐야 한다고 믿었기에, 유제프는 어린 시절 흐루비에슈프에서 히브리 학교를 다녔다. 폴란드인들이 봉기를 일으켰던 1863년 무렵에는 루블린에서 폴란드의 중등교육기관 김나지움에 다녔다. 그곳에서 폴란드의 19세기 낭만주의 시인 3인방(아담 미츠키에비치, 율리우시 스워바츠키, 지그문트 크라신스키)의 애국시를 암송했고, 나중에 이 시들과 함께 러시아 치하의 폴란드 해방이라는 염원을 아들에게 고스란히 물려주게 된다.

유제프 골트슈미트가 건강이 나빠지기 전 한창 일하던 시절의 자료는 본인이 쓴 평론과 저서 외에 전해지는 것이 거의 없다. 아들의 흰 피부와 벗어진 머리, 애국적 열정이 아버지에게서 물려받은 것인지 짐작할 사진 한 장조차 남아 있지 않다. 코르차크는《게토 일기》에 이렇게 적었다. "아버지 이야기에는 많은 지면을 할애해야 마땅하다. 나는 아버지가 힘을 쏟았던, 그리고 할아버지가 그토록 힘겹게 추구했던 목표들을 실천하려고 노력했다." 하지만 코르차크는―자신처럼 젊은 시절 문학에 야망을 품기도 했던―아버지를 향한 복잡한 감정을 끝까지 털어놓지 않았다.

유제프가 〈이스라엘 민족〉이라는 갓 창간된 진보 성향의 폴란드어 격월간지에 처음으로 글을 기고한 것은 스무 살 때였다. 법학을 공부하러 대도시에 올라온 청년의 불안감을 적은 글이었다. 수도 바르샤바는 당시 가로수가 즐비하고 인파로 분주한 인구 50만의 도시였고, 주민 여섯 명 중 한 명꼴이었던 유대인들은 폴란드 사회에 동화된 일부 계층을 제외하고는 누추한 빈곤 속에 살았다. 러시아 총독이 관저로 삼고 있는 왕궁에, 스카이라인을 수놓은 거대한 러시아 성당의 양파형 돔들에, 마차와 짐수레며 짐꾼과 노점상으로 빼곡한 자갈길까지 바르샤바는 막 상경한 촌뜨기에게 위압감을 불러일으키기에 딱 좋은 도시였다. 차분히 묵상할 조용한 곳을 찾던 유제프의 발걸음은 다니워비초프스카 거리의 한 유대교 회당에 접어들었다. 회당도 이 도시의 다른 모든 것처럼 지방의 회당보다 규모가 웅장했다. 하지만 바로 옆, 못 공장에서 들려오는 철컹철컹거리는 소음에 묻혀 음악과 기도 소리가 들리지 않았다. 그는 분개하여 "성스러운 예배당에서 이런 일이 일어나도록 내버려두어서야 되겠는가"라고 적었다. 이것이 그의 첫 성전(聖戰)이었고, 이것이 마지막이 아니었다.

당시 많은 폴란드인들은 반란이 거듭 실패하면서 무력투쟁에 환멸을 느끼고 있었다. 유제프도 폴란드의 국력을 키우는 유일한 길은 경제의 내실을 다지는 것이라고 믿었다. 유대인들도 그 길에 동참해야 한다고 생각해, 법학 공부를 하는 틈틈이 루블린과 바르샤바에 있는 폴란드어 기술학교 몇 곳의 운영 기금을 모금했다. 가난한 유대인 아이들에게 기술을 가르쳐 폴란드 사회의 어엿한 일꾼으로 만들고자 하는 학교들이었다. 형을 따라 법학도가 된 동생 야쿠프도 형과 함께 이 기술학교들을 홍보하는 글을 썼다.

두 형제는 공동으로 《유명한 유대인들의 초상》이라는 단행본 시리즈를 집필하기도 했다. 덕망 높은 유대인 위인들을 대중에게 알리고자 하는 의도였다. (나중에는 유명한 폴란드인들도 소개했다.) 제1권의 주인공은 모지스 몬티피오리, 정력적인 자선가이자 빅토리아 여왕의 재정 고문이었던 인물이다. 그는 아내와 의사를 마차에 태우고 전 세계를 다니면서 가난한 유대인들에게 거금을 쾌척해 병원과 고아원을 짓게 했고, 그 나라의 군주나 황제에게도 가난한 백성들에게 쓰라고 돈을 쥐어주는 것을 잊지 않았다고 한다.

"몬티피오리 경은 유대인이었고, 그 사실을 평생 잊지 않았다. 그러나 그는 또한 영국인으로서, 칼이 아닌 덕(德)의 힘으로 싸우는 조국의 모범 시민이기도 했다." 유제프는 화려한 19세기 폴란드어 문체로 이렇게 썼다. 그 메시지는 유제프와 야쿠프 형제가 자신들이 쓴 모든 글에서 힘주어 강조한 메시지이기도 했다. 충실한 유대인이 되면서 동시에 충실한 자국민이 되는 것이 가능하다는 것이었다. 몬티피오리는 예루살렘의 동포 유대인들이 다시금 극심한 어려움에 처했다는 소식을 듣고는, 여든네 살의 병든 노구를 이끌고 주저 없이 고생스러운 여행길에 올랐다. "위험한 여행길이라 해도 나를 막을 수는 없다. 평생을 내 동포들에게 바쳤는데, 이제 와서 그들을 저버릴 수는 없다." 유제프가 인용한 몬티피오리의 말이다.

'골트슈미트 형제'로 알려졌던 유제프와 야쿠프는 글쓰기를 통해 폴란드인들과 유대인들의 의식을 일깨우고 북돋우려 했다. 두 사람은 수없이 많은 글을 기고해 유대인 교육 세속화와 유대 아동 고아원을 개선해야 할 필요성을 강조했고, 시급한 사회문제를 부각하고자 소설 쓰기까지 시도했다. 유제프는 가난한 유대인들을 위한 의료제도의 필요성을 주제로, 야쿠프는 매춘으로 내몰린 여성들의 비참한 처지를 주제로 소설을 썼는데, 그 어색하고 딱딱한 소설들을 읽어보면 유대인의 삶을 다룬 소설을 폴란드 문학의 한 갈래로 자리잡게 하려고 했던 이들의 꿈이 왜 실패할 수밖에 없었는지 충분히 짐작이 간다.

골트슈미트 형제는 폴란드인과 유대인으로 이루어진 좁은 진보적 지식인 사회에서 발이 넓었다. 당시 최고로 유명했던 폴란드인 작가들과 친분이 두터웠고, 그 작가들은 소설 속에 폴란드인 독자들이 공감할 수 있는 유대인 인물을 곧잘 등장시켰다. 야쿠프가 폴란드어로 발행되는 유대교 〈책력〉의 편집장이 되자, 친한 폴란드인 작가들이 글을 기고해 유대인과의 우애를 증명하기도 했다. 야쿠프에 따르면 책력을 발행하는 목적은 "유대인과 유대교에 관한 기독교인들의 이해를 높이고 여전히 유대인들을 가로막는 벽을 허무는 데 기여하는 것"이었다. 그러나 야쿠프는 이 간행물에 실은 글 하나로, 작지만 힘있는 동화 유대인 사회를 이끌던 재력가들을 단단히 화나게 했다. 그들의 "영적 빈곤"을 비판하면서, 그들을 "아무것도 믿지 않는 종교적 위선자 계급"으로 규정하고, 가난한 유대인 서민들에 대한 책임을 회피하고 있다며 날을 세운 것이다.

유제프의 마지막 주요 저작은 1871년에 발표한, 자신의 전공 분야인 탈무드 이혼법에 관한 논문이었다. 논문 앞머리에 실린 바르샤바 대학 법학과 지도교수의 찬사에 따르면, 난해한 주제를 폴란드인들에게 쉽게 풀어 소개한 최초의 글이었다. 논문의 목적은 탈무드에서 신비의 장막을 걷어내는 데 있었던 것으로 보인다. 당시 폴란드인들은 유대인들의 기이하다 못해 '사악'하기까지 한 행동은 탈무드에서 비롯된 것이라고 단정하는 이가 많았다. 그런가 하면 다른 동화 유대인들은 성경이 유대인을 퇴보하게 만든다며 폴란드인들과 한목소리로 성경을 비판했다. 그러나 유제프는 자신의 논문에서, 11세기부터 19세기까지 폴란드의 유대인들이 유대법을 어떤 형태로 지켜왔는지 독일어와 히브리어 문헌을 인용해가며 해박하게 개괄하고 있다.

유제프 골트슈미트가 아내 체칠리아 겡비츠카를 언제 어떻게 만났는지에 관해선 기록이 없다. 다만 1874년, 유제프가 폴란드 서부의 오래된 공업도시 칼리시에 유대 결혼법을 강의하러 간 일을 계기로 만나지 않았을까 추측할 뿐이다. 그때 유제프는 서른 살, 체칠리아는 열일곱 살이었다. 아마 누가 유제프를 칼리시의 유력 유대인 가문들에 소개해주었을 것이고, 그중에 체칠리아의 아버지 아돌프 겡비츠키가 있었을 것이다. 아돌프는 성공한 직물 제조업자로서 유대인 사회와 폴란드인 사회에서 두루 왕성하게 활동했고, 의사 아버지를 둔 동화 유대인 가정에서 큰 데다 품고 있는 도덕적 열정까지 유제프와 닮은 점이 많았다(아돌프는 칼리시의 총독을 설득해 낡은 공동주택의 철거를 막아 가난한 유대인들이 길바닥에 나앉을 처지가 되는 것을 막았고, 그로 인해 칼리시의 유대인들에게 민중의 영웅 비슷한 대접까지 받고 있었다). 그다음 해, 아돌프는 쉰셋의 나이에 "참나무처럼 쓰러지더니 몸이 마비되었다"(부고에 적힌 표현). 아돌프는 아내 에밀리아, 아들과 함께 바르샤바로 이사했는데, 이 무렵 이미 유제프와 결혼했거나 약혼한 딸의 곁으로 거처를 옮긴 듯하다. 아돌프가 2년 뒤 세상을 떠나자, 에밀리아는 딸과 사위의 신혼집으로 들어가 살았다.

코르차크는 자기가 알고 지낸 유일한 조부모이자 집안에서 자기를 "이해해준" 유일한 사람이었던 외할머니 이야기를, 《게토 일기》에 깊은 애정을 담아 적었다. 하지만 어머니와의 복잡한 관계에 대해서는 말을 아꼈다. 그는 어머니의 사진을 평생 동안 책상 위에 간직했다. "내 어머니. 어머니 이야기는 다음 기회에 적겠다"고 했다. 그러나 다음 기회는 끝내 오지 않았다.

혈통

나비의 고백

나는 삶에 취한 한 마리 나비다.
어디로 날아올라야 할지는 모른다. 하지만 삶이
내 화려한 날개를 꺾도록 내버려두지는 않으리라.
《나비의 고백》

헨리크는 당시 교양 있는 집안 아이들이 다 그랬듯이 일곱 살 때까지는 집에서 가정교사에게 배웠다. 그런 다음 "엄격하고 따분하고 억압적인" 러시아 초등학교에 들어갔다. 학교에서는 폴란드어와 폴란드 역사를 가르치는 게 금지되어 있었다. 교사들은 체벌을 일삼았다. 아이들의 귀를 잡아당기는가 하면, 자 또는 아홉 가닥 채찍으로 때렸다.

　　장난으로 칠판지우개에 오줌을 눈 아이가 있었는데, 수위가 책상 위에 아이를 엎드리게 하더니 다리를 꽉 붙들었고, 작문 교사가 회초리를 들고 옆에 섰다. 그 장면은 헨리크의 기억에 평생 남았다. "나는 공포에 질렸다. 그 아이가 다 맞고 나면 그다음은 내 차례일 것만 같았다. 게다가 수치스럽기도 했던 게, 아이는 맨 엉덩이를 홀랑 까인 채 맞고 있었다. 반 아이들이 다 보고 있는 앞에서 선생님이 아이의 옷 단추를 다 풀어버린 것이었다."

아이들의 왕

헨리크가 학교 가는 것을 워낙 두려워하자, 부모님은 아들을 몇 달 만에 학교에서 빼주었다. 그렇지만 그 학교에서 배운 교훈 하나는 머릿속에 남았다. 아이는 어른의 존중을 받지 못한다는 것. 아이들은 전차 안에서 마구 발에 밟히고, 아무것도 아닌 일에도 고함을 듣고, 길에서 실수로 누구와 부딪치면 뺨을 맞기 일쑤였다. 그리고 늘 협박을 받고 살았다. "흉악한 노인한테 갖다 팔아버린다!" "자루에 넣어버린다!" "거지가 와서 잡아간다!" 아이들은 무력하고 억압받는 계층이자, 큰 사람들의 종족에 예속된 작은 사람들에 불과한 처지라고 그는 후에 적었다. "예민한 아이에게 어른들의 세상은 어지럽게 빨리 돌아간다. 그 무엇도, 아무도 믿을 수 없다. 어른과 아이는 서로를 이해하지 못한다. 마치 서로 다른 종의 생물처럼."

헨리크가 열한 살이던 1889년, 아버지의 정신병이 처음으로 발병했다. 이후 7년간 아버지가 정신병원 입원과 퇴원을 거듭하면서 집안 살림은 거덜 날 정도로 기울어간다. 뒤숭숭한 집안에 흐르는 긴장감에서 벗어나고자, 소년은 상상의 세계 속으로 더욱더 깊이 빠져들었다. 열세 살에 시를 쓰고, 여러 방면으로 시야를 넓혀갔다. 외국어를 배우고, 여행을 다니고, 동식물 연구가가 되고, 작가가 될 생각이었다.

열네 살 때 외할머니가 돌아가시면서 그런 꿈을 함께 나눌 사람이 사라져버렸다. 한동안은 유대인 묘지의 외할아버지 묘 옆에 놓인 외할머니 묘에 가서 위안을 찾았다. 유대인은 폴란드인과 마찬가지로 묘지를 회합의 장소로 여겼다. 묘지는 집의 연장과도 같은 곳이자, 먼저 세상을 떠난 가족이 늘 고민을 들어주고 어쩌면 생전보다 더 큰 지혜로 조언해주는 그런 곳이었다.

나비의 고백

헨리크는 바르샤바 근교, 비스와강 동쪽의 프라가라는 곳에서 러시아 김나지움에 다녔지만(그 무렵 넉넉하지 못한 집안 형편에 다닐 수 있는 유일한 학교였을 것이다), 엄격한 학교교육에 흥미를 느끼지 못했다. 그런 그에게 독서는 구세주와도 같았다. "세상은 사라지고 오직 눈앞의 책만 존재했다." 그는 일기를 쓰기 시작했고, 나중에 일기에 적은 글을 손봐 《나비의 고백》이라는 짧은 소설을 쓰게 된다. 소설에 담긴 낭만적 염세주의 정서는 당시 많은 폴란드 학생들처럼 헨리크도 열독했던 작품, 《젊은 베르테르의 슬픔》을 떠올리게 한다.

《나비의 고백》에 묘사된 슬픔과 사랑은 모두 헨리크 본인이 열세 살에서 열여섯 살까지 느꼈던 감정인 것으로 보인다. 하지만 소설의 화자는, 그 자신의 표현에 따르면 북쪽 지방 출신의 냉정한 슬라브인이다. 그런데 어느 날 길에서 눈동자가 짙은 아름다운 유대인 여인을 마주치고는 마음이 끌리며 혼란을 겪는다. 그녀에 대한 관심은 "수수께끼 민족" 유대인에 대한 호기심으로 이어진다. 그러나 그가 열망하는 것은 연애보다는 화해, 곧 폴란드인과 유대인 간의 화해다. 어린 헨리크는 이미 가톨릭 사회인 폴란드에서 동화 유대인으로 살아가려면 피할 수 없는, 어떤 내적 분열을 겪고 있었던 것으로 보인다. 소설의 화자를 폴란드인으로 설정하고 그의 눈을 통해 유대인을 바라봄으로써, 폴란드인이면서 유대인이라는 자신의 이중 정체성에 새로운 관점으로 접근해보려고 한 것이었다.

헨리크와 마찬가지로, 이 소설의 화자도 정신적으로 불안정한 아버지를 두었을 뿐 아니라 낯설고 혼란스러운 성적 경험에 고민한다. 발기와 몽정을 경험하면서 남자로서 "품위를 잃었다"고 생각한다. 자위행위가 광기를 유발한다는 생각에 정신이 이상해질까 봐 걱

아이들의 왕

정하기까지 한다. 의사는 그에게 자위행위는 병이 아니라 결점일 뿐이라고 안심시키면서 앞으로 삼가라고 조언한다. 뿐만 아니라 지나친 자극을 일으킬 수 있는 모든 것, 즉 "니코틴, 알코올, 몽상, 그리고 80퍼센트가 병에 감염된 매춘부"를 피하라는 말도 덧붙인다. (코르차크는 자위행위가 해롭다는 믿음을 계속 지니고 있었기에, 고아원 남자아이들이 자위하는 습관을 고치려고 애썼다. "본능을 이겨내면 스스로를 이겨내는 것"이라면서.)

주인공은 절제하는 삶을 살겠다고 결심하지만, 하녀의 "유혹에 굴복한" 친구를 말리지는 못한다. "그는 지금 나락의 언저리에 서 있다고 감히 말할 수 있다." (헨리크는 "위험하고, 건강에 나쁘고, 점잖지 못한" 섹스가 아버지의 병과 무관하지 않다고 생각했는지도 모른다. 마음 한편으로 아버지의 병이 매독이 아닐까 의심했을 수도 있다. 당시에는 매독이 널리 퍼진 데다 뇌에 문제를 일으킨다고 알려져 있었다.)

한편 주인공은 스타호라는 또래 남자아이에게 "우정이 아닌, 여자아이에게만 느낄 수 있는 사랑 비슷한 감정"을 느낀다. 스타호는 심장병을 앓고 있어 여자아이처럼 섬세한 면이 있는 친구다. 주인공은 쉬는 시간에 스타호의 어깨에 손을 올리기도 하고, 같이 손을 잡고 도시 곳곳을 걷는다. 일몰을 함께 보며 두 사람은 눈물을 글썽인다. "왜 눈물을 결혼반지처럼 교환할 수 없는 걸까? …… 우리 두 영혼은 말없이 하나가 되었다. 제단의 촛불 대신, 태양만이 불타고 있었다. 축복을 내리는 사제 대신, 하늘만 펼쳐져 있었다. 겉으로만 축하를 보내는 하객들 대신 전나무와 박달나무, 참나무만 서 있었다. 오르간 연주 대신, 바람소리만 들려왔다. …… 내 생애에서 가장 아름다운 시간이었다. 나는 왜 울고 싶었을까?" 코르차크는 나중에

나비의 고백

《게토 일기》에서 이 소년에게 느꼈던 벅찬 감정을 떠올렸다. "열네 살…… 스타호에게 느꼈던 우정(사랑)."

주인공은 아버지의 병세가 심해지면서 집에서 아버지 곁을 지키는 시간이 많아진다. 그가 아버지가 되어가고, 아픈 아버지는 아들처럼 되어간다. 한밤중에 가슴이 너무 뛰어 잠에서 깬 그는, "유년기의 무덤 앞에서 울고 있는" 듯한 감정을 느낀다.

어느 날은 아버지와 카드 게임을 하면서 아버지 기분을 좋게 하려고 일부러 져준다. 그리고 그날 밤 이렇게 기도한다. "하느님, 아버지가 오래 살게 해주시고, 제게 아버지를 도울 힘을 주세요." 그러면서 아버지도 한때 자기와 같은 소망을 가졌을 것이라고 생각해본다. 하지만 "이제는 아무것도 남은 것이 없다."

1890년대 초 즈음, 유제프 골트슈미트의 병세가 악화되어 집에서 그의 행동을 통제하기가 어려워졌다. 그는 결국 정신병원에 수용되었다. 장소는 아마 바르샤바에서 남쪽으로 약 30킬로미터 떨어진 트보르키에 벽돌로 지은 신축 병원이었을 것이다. 러시아 황제가 막대한 비용을 들여 지은 이 트보르키 정신병원에는 러시아제국 곳곳에서 온 환자 420명이 수용되어 있었다. 담으로 막아놓은 별도의 구역에는 재판을 기다리는 범죄자들도 수감되어 있었다. 구내는 나무 한 그루 없이 황량했고, 주위엔 붉은색 벽돌담이 높게 쳐져 있었으며, 담장 밖은 더러운 습지로 둘러싸여 있었다. 이곳은 러시아제국을 통틀어 가장 현대적인 시설을 갖춘 정신병원으로, 처음으로 전기가 들어온 곳이기도 했다. 부지 내에는 큰 러시아정교회 성당과 작은 가톨릭 예배당이 우뚝 서 있었다. 병동은 매독과 알코올중독, 조현병, 조울증 들을 앓는 환자로 꽉 차 있었다. 치료는 유럽식을 기본으로 하여 목공 같은 작업 활동 위주였다. 약이라 할 만한 것은 약초와 화학물질, 바르비투르산염이 거의 전부였다. 유제프처럼 사회적 지위가 있는 환자들은 담으로 둘러싸인 특별 구역에서 지내게 했고, 가꿀 텃밭도 조금씩 주었다. 그리고 독서와 목공 작업을 장려했다. 상태가 나빠져 통제가 불가능한 환자들은 구속복을 입혀 침대에 묶어놓았다.

트보르키에 가려면 바르샤바-빈 왕복 열차를 타고 프루슈쿠프라는 소도시에서 내린 다음, 질척거리고 바퀴에 패인 흙길을 마차로 3킬로미터를 더 가야 했다. 간호사들은 고맙게도 폴란드인들이었지만, 헨리크는 아버지를 담당했던 의사의 "생색내는 듯한" 미소에 모멸감을 느꼈던 듯하다. 소년은 아버지가 왜 정신을 추스르고 가족이 있는 집으로 돌아오지 못하는지 이해할 수 없었다.

아버지가 입원해 있는 동안 병원비는 눈덩이처럼 불어났고 어머니는 그 돈을 다 마련할 길이 없었다. 집안의 그림과 도자기가 하나둘씩 사라져 전당포로 넘어갔다. 영원할 것 같던 응접실 풍경 속 물건들이 죄다 중고품으로 가게에 내걸렸다. 한번은 헨리크와 여동생이 전당포 앞을 지나가다 아버지의 망토가 걸려 있는 것을 보았다. 그 걸려 있는 모습이 너무나 익숙했다. 주인이 걸치고 법원 청사로 출근하거나 동네 카페로 나들이 가주길 기다리며, 집 현관에 걸려 있던 모습 그대로였다. 남매는 어머니에게 아무 말 하지 않고, 돈을 모아 망토를 깜짝 선물로 사 오려고 했다. 하지만 겨우 돈을 모아서 가보니 망토는 사라지고 없었다. 코르차크는 훗날 "전당포는 인생과 같다"고 적었다. "전당 잡힌 물건은—안락과 안전의 대가로 내준 이상과 명예는—절대 되찾을 수 없다." 코르차크는 꼭 필요한 것만 소유하려고 늘 노력했고, 꼭 필요한 그것들을 잃는 일이 없도록

나비의 고백

늘 신변을 정리하며 살았다.

헨리크는 가족을 부양하기 위해 부유한 집 아이들의 가정교사 일을 시작했다. 그는 몇몇 어머니가 하인 대하는 말투로 자신을 대했을 때 느낀 수모를 잊지 못했다. 그리고 종일 집 안에서 지내 얼굴이 창백하고 운동이 부족해 살이 처진, 과보호받는 부잣집 아이들의 모습에서 자신의 모습이 보였던 충격도 잊지 못했다.

그는 아이들을 편안하게 해주는 요령을 곧 생각해냈다. 서류 가방을 들고 가서 천천히 내용물을 꺼내며, 아이에게 하나하나 살펴보고 궁금한 것을 묻게 했다. 그런 다음 옛날이야기 한두 개를 들려줘 넋을 빼놓고 나서, 흥미가 덜 동하는 문법이나 역사, 지리 같은 공부로 넘어갔다. 이 일을 하면서 헨리크는 아이들을 상대하는 일이 즐겁다고 생각했다. 또 아이들의 불안감에 집중하는 동안은 자신의 불안감도 잊을 수 있었다.

헨리크는 가정교사 일을 하면서 떠오른 생각들을 주제로, 교육에 관한 글을 처음으로 기고했다. 〈고르디우스의 매듭✦〉이라는 제목의 수필이었고, 삽화가 들어가는 인기 주간지 〈가시〉에 실렸다. 이때 그의 나이는 겨우 열여덟이었다. 1인칭으로 쓰인 이 글에서, 그는 자신의 질문에 답해줄 사람을 찾아 "세상을 헤매고 있다"고 말한다. 이런 질문이었다. 어머니들이 옷 걱정을 그만하고 공원을 여유롭게 거닐 날이 과연 올까? 아버지들이 자전거와 카드 게임에 그만 골몰하고 가정교사들 손에 맡겼던 자녀를 손수 키우고 가르칠 날이 과연 올까? 근엄한 노인에게 이 질문을 하자, 노인은 이미 휘발유와

✦ 알렉산드로스 대왕이 단칼에 잘랐다고 하는 전설 속의 매듭. 고정관념을 과감히 벗어나야 풀 수 있는 문제라는 뜻으로 쓰인다.

전기, 철도에다가 에디슨과 드레퓌스 같은 사람들을 낳은 19세기의 "기적"을 눈으로 직접 보지 않았느냐고 한다. 그러니 그런 날도 틀림없이 올 것이라고, 최신작 소설보다 교육학책을 더 좋아할 신세대 어머니들이 분명히 등장할 것이라고 한다. 헨리크는 그런 멋진 날이 구체적으로 언제 오느냐고 노인에게 묻고는 독자에게 두 가지 결말 중 하나를 고르라고 제시한다. 노인이 대답을 하려던 순간 쓰러져 죽는다는 결말, 아니면 노인이 손바닥을 내밀더니 3루블을 내라고 하는 결말. 풋내기 작가 헨리크는, 진지한 논의에도 꼭 아이러니와 위트를 더하는 본인의 취향을 벌써부터 드러내 보이고 있었다.

그가 고민한 문제는 이런 것이었다. 어떻게 하면 부모들의 의욕을 북돋아 부모가 자녀의 정신과 인격을 형성하는 데 주도적인 역할을 하게 할 수 있을까? 어떻게 하면 어른들의 마음을 사로잡는 동시에, 아이들의 "읽고 쓰기뿐 아니라 보고 깨닫고 사랑하기"를 도울 교육법을 개발할 수 있을까? 헨리크는 인쇄되어 나온 자신의 글에 힘을 얻어 더 많은 글을 기고했다. 주간지 〈가시〉의 편집장은 헨리크를 교복 차림에 수줍음 많은 청년으로 기억했다. 사무실에 머뭇거리며 들어와서는 '헨(Hen)'이라는 사인이 적힌, 청하지 않은 원고를 책상 위에 놓고 한마디도 없이 나가곤 했다고 한다. 편집장은 그렇게 놓고 간 원고들 속에 비친 그의 재능에 감탄해 헨리크에게 특별 칼럼을 맡겼다.

유제프 골트슈미트는 1896년 8월 25일, 쉰두 살에 세상을 떠났다. 사인은 분명치 않고 스스로 목숨을 끊었을 가능성도 있다. 그의 관을 실은 마차가 유대인 묘지를 향해 떠나는 길에는, 가톨릭교도와 유대교도를 가리지 않고 그와 연을 맺었던 출판사와 자선단체에서 찾아온 동료, 지인들의 운구 행렬이 길게 이어지며 직계가족과 함께 마차의 뒤를 따랐다. 그의 묘는 유대인 지역사회에서 특히 명망이 높았던 이들을 위한 자리인 중앙 통로 바로 옆에 마련되었다. 길쭉한 비석에는 히브리어가 아닌 폴란드어로 글자를 새겨놓았다. 동화 유대인들의 관습이었다. 장식으로는 화환 무늬만 양각으로 새겼다. (지금은 1944년 바르샤바 봉기 때 묘지에서 벌어진 전투의 흔적으로 총알 자국이 곳곳에 남아 있다.)

남편의 장례를 치른 뒤 곧바로 헨리크의 어머니는 집에 하숙생을 받을 수 있도록 교육청에서 허가를 받았다. 지체 있는 집의 과부가 선택할 수 있는, 사회적으로 용인된 생계 대책이었다. 어머니는 〈이스라엘 민족〉지에 광고를 냈고, 필요한 학생에게는 가정교사를 붙여줄 수 있다는 문구도 넣었다. 하지만 가정교사가 열여덟 살짜리 자기 아들이라는 말은 적지 않았다. 그 아들은 이제 집안의 가장이었다.

헨리크는 학업과 가정교사 일을 오가느라 쉴 틈이 거의 없었다. 하지만 이제 하숙생들로 꽉 찬 집에서 유일한 피난처가 된 자기 방에 혼자 앉아 있을 때면, 자신도 결국 정신병원 신세를 질지 모른다는 생각을 떨치지 못해 괴로웠다. 자신은 "광인의 아들"이고, "정신병은 유전"이라는 생각에서 벗어날 수 없었다. 그는 〈자살〉이라는 소설 속에 자신의 고뇌를 쏟아냈다. 소설의 주인공은 "정신이상이 두려워 인생을 증오한" 이였다. 그리고 그런 암울한 정서를 담아 시도 몇 편 쓰다가, "아, 나는 죽으리라/ 아, 나는 살지 않으리라!/ 아, 내 컴컴한 무덤 속으로 걸어 들어가리라!"로 시작되는 시에 어느 유명한 편집장이 매정스럽게 "그러시든지!" 하고 받아친 일을 계기로 그만두었다.

그는 "시인의 가슴에 상처를 입히는 것은 나비를 짓밟는 것과
같다"고 일기에 적었다. "나는 작가가 아니라 의사가 되겠다. 문학은
말뿐이지만, 의학은 행동이다."

나비의 고백

어느 길로?

2년 뒤인 1898년 가을, 새파란 스무 살의 진지한 의학도이자 밝은 청록색 눈과 불그레한 머리카락에 정수리 머리숱이 이미 줄고 있던 청년 헨리크는, 글쓰기를 그만두겠다던 결심을 까맣게 잊은 듯했다. 유명한 피아니스트 이그나치 파데레프스키가 후원하는 극작품 공모전이 있다는 소식을 듣고, 〈어느 길로?〉라는 제목의 4막짜리 희곡을 써냈다. 정신병에 걸려 가정을 파탄에 이르게 한 어느 광인의 이야기였다. 헨리크의 응모작은 가작으로 입선했지만—너무 암울하고 극적 긴장감이 떨어져 심사위원들에게 좋은 평을 얻지 못했음에도—그보다 중요한 것은 이 작품을 '야누시 코르차크'라는 필명으로 썼다는 사실이다.

전해지는 이야기에 따르면, 헨리크는 공모전에 응모하려면 필명을 써야 한다는 사실을 뒤늦게 깨닫고 책상 위에서 눈에 띈 첫 책에서 급히 필명을 땄다고 한다. 그 책의 제목이《야누시 코르차크와 무사의 딸 이야기》였다고. 수많은 역사소설을 쓴 폴란드 작가 유제프 이그나치 크라셰프스키의 책이었는데, 제목에 '야나시(Janasz)'라 해야 할 이름이 인쇄업자의 실수로 '야누시(Janusz)'로 찍혀 있었다는 것이다. 그러나 실제로는 이 공모전에 필명을 써야 한다는 요건은 없었고, 헨리크가 크라셰프스키 책의 등장인물 이름을 따서 쓴 것은 우연이었을 리 없다. 헨리크의 삼촌 야쿠프가 자신의 소설《가족극》첫머리에 적은 헌사에, "스승님, 저를 받아주십시오. 새끼 새를 보살피는 독수리처럼 저를 품어주십시오!"라는 절절한 애원이 쓰여 있는데 그 스승님이 바로 크라셰프스키였다. 젊은 극작가 헨리크 또한 거장이 자신을 거두어주길 바랐던 것으로 보인다.

헨리크의 마음에 와닿은 것은 그 소설의 작위적인 이야기보다는 주인공 야나시 코르차크의 고귀한 품성과 용기였을 것이다. 상류층 혈통의 가난한 고아 출신 야나시는 다리가 부러지는 부상으로 1683년 빈 전투에 참전하지 못하지만, 그럼에도 사랑하는 사촌 동생 야드비가와 왕의 무사인 삼촌을 적군으로부터 구해낸다. 그 뒤, 야드비가에게 청혼하지만 가난한 친척에 불과하다는 이유로 거절당한 야나시는 인내와 정직과 의지로 운명을 개척하는 데 성공, 결국 야드비가를 신부로 맞고 궁정에 입성한다.

헨리크가 필명을 쓴 것은 어쩌면 집안을 드러내고 싶지 않아서였을 것이다. 또 어쩌면 새 인생을 살고 싶었는지도 모른다(그는 나중에 한 인터뷰에서 "나는 정신병원에서 탈출하듯 청년 시절로부터 탈출했다"고 말했다). 그러나 그가 폴란드식 이름을 택한 것은 우연이 아니었다. 성씨가 그 사람의 종교를 드러내는 폴란드에서 골트슈미트는 의심할 여지없는 유대인의 이름, 곧 이방인의 이름이었다. 야누시 코르차크와 같은 옛 상류층 이름을 씀으로써, 헨리크는 웅대했던 폴란드 역사를 연상시키는 이름의 내부인으로 새로 태어날 수 있었다.

그렇지만 새 이름에 정착하는 과정이 쉽지는 않았다. 그 뒤 6년간 그는 수백 편의 평론과 수필을 쓰면서 야누시 코르차크라는 이름을 쓰지 않았다. 그 가운데는 인간 행동의 유머러스한 고찰도 있었

어느 길로?

고, 토지개혁, 의료보험, 교육학, 여성 권리, 빈곤아동의 궁핍상 들을 다룬 진지한 시론도 있었으며, 스위스와 프랑스를 여행하고 쓴 기행문도 있었다. 그러나 그가 쓴 필명은 자신이 지닌 두 자아의 파편이라 할 만한 '헨(Hen)' '리크(Ryk)' '헨-리크(Hen-Ryk)' 'G.' '야누시(Janusz)' 'K.' 따위였다. 마치 자신의 새 정체성을 온전히 받아들이는 데 시간이 필요하다고 말하고 있는 듯하다. 오로지 학술지에 실린 의학 논문에만 일관되게 헨리크 골트슈미트로 이름을 썼고, 거기엔 평생 변함이 없었다.

친구들은 헨리크가 작가의 길을 순탄하게 걷고 있으면서 왜 의사가 되려고 하는지 궁금해했다. 어느 날 레온 리기에르라는 동료 작가도 헨리크에게 그 이유를 물었다. 그때 헨리크는 파란색 진료복을 입고, 사스키 공원에서 보모들 옆에 조용히 놀고 있는 아이들을 구경하고 있었다.

"체호프는 의사이면서도 위대한 작가가 됐어." 헨리크의 대답이었다. "오히려 의사였던 덕분에 창작에 깊이를 더할 수 있었어. 쓸 만한 글을 쓰려면 진단가가 되어야 해." (먼 훗날 그는, 자신이 위대한 사회 진단가이자 임상가였던 체호프에게 가장 많은 빚을 졌다고 말한다.) 그는 말을 이어갔다. "의학을 공부하면 인간의 성격을 더 깊이 이해할 수 있을 거고, 아이들이 노는 것의 본질을 알 수 있을지도 몰라. 저 애들을 봐. 노는 모습이 다 다르잖아? 난 그 이유를 알고 싶어."

리기에르가 위대한 작가가 다 의사는 아니지 않았냐고 하자 헨리크는 쓴웃음을 지으며, 어머니와 여동생을 부양해야 하는 처지에 작가라는 직업은 너무 불안하다는 사실도 무시할 수는 없었다고 시인했다. (친할아버지와 외증조할아버지가 의사였다는 말은 하지 않았다.)

헨리크는 마음잡고 의학도의 길을 가고 있었지만, 그 과정을 견디기는 쉽지 않았다. 그의 눈에 비친 교수들은 대부분 허세만 가득하고 무감각한 이들로, 환자의 고통에 무관심해 보였다. 그가 보기에 의대란 의사들을 비인간화하는 곳이었다. 학생들이 배우는 것은 "죽은 페이지에 적힌 따분한 사실들"에 지나지 않았고, 막상 학위를 받고 나면 아픈 사람들을 어떻게 대해야 하는지 아는 게 없었다. 그의 이런 체제 비판적인 태도를 교수들도 모르지 않았다. 한 교수는 이런 말을 했다. "내 손바닥에 털이 나기 전에 네가 의사가 되는 일은 없을 거다."

학업과 언론에 글 쓰는 일을 병행한 데다 2년에 걸쳐 의무 군사 훈련 시간을 채워야 했기에, 헨리크는 5년 과정인 의대를 6년 걸려 졸업했다. 그조차도 쉬운 일은 아니었던 것이, 그는 당시 많은 젊은 이들처럼 혁명의 열정에 사로잡혀 있었다. 폴란드는 농업사회에서 산업사회로 바뀌어가고 있었다. 바르샤바는 공장이 새로 지어지고 농민 수만 명이 빈민가로 몰려들어 부족한 일자리를 다투면서 풍경이 급변하고 있었다. 성공한 작가들은 노동자와 농민의 권리를 옹호하는 일에 많은 힘을 쏟았다. 스테판 제롬스키의 소설 《집 없는 사람들》은 헨리크와 친구들 사이에서 필독서가 되었다. 주인공인 의사 유딤은 사랑과 개인의 행복을 버리고 가난한 이들과 함께하는 길을 택한 사람이었다. 그는 이렇게 외쳤다. "내게는 책임이 있다! 의사인 내가 이 일을 하지 않으면 누가 할 것인가?"

헨리크도 그 주인공처럼 바르샤바 거리를 떠도는 가난한 아이들을 위해 언제든 희생할 마음 자세가 되어 있었다. 그 아이들은 프

어느 길로?

59

롤레타리아 계급 중에서도 가장 불우한 이들이었다. 누구도 그 아이들의 목소리를 대변해주지 않았으니까. "허름한 신발, 해져서 반들거리는 바지, 짧게 친 머리에 아무렇게나 쓴 모자 차림의 꾀죄죄한 아이들. 기민하고, 왜소하고, 말을 듣지 않고, 누구의 눈에도 띄지 않는 아이들. 아직은 고단한 삶에 나가떨어지지 않은, 아직은 착취에 피폐해지지 않은 이 아이들이 어디서 힘을 얻는지는 아무도 모른다. 가엾은 이 미래의 꼬마 노동자들은 말없이 바쁘게 몰려다닌다."

거리의 이 거지 꼬마들은 점잖게 귀 기울여주는 의대생에게 곧 구름처럼 몰려들었다. 굶고 학대당한 슬픈 이야기들을 쉬지 않고 쏟아내면서, 뭐라도 얻어보려고 저마다 손을 내밀었다. 다른 행인들은 들은 체도 않고 갈 길을 갔지만, 이 형은 늘 뭔가를 주었다. 사탕 하나든, 격려의 말 한마디든, 이마에 해주는 입맞춤이든.

어느 날 헨리크와 함께 길을 걷던 친구는 한 꼬마가 2년 전에 받았던 20코페이카✦를 돌려주겠다고 외치면서 두 사람을 쫓아오자 깜짝 놀랐다.

"그때 제가 돈을 잃어버린 채로 집에 가면 아버지가 불호령을 내릴 거라고 했는데 거짓말이었어요." 아이는 털어놓았다. "이 돈을 돌려주려고 형을 오랫동안 찾았어요."

꼬질꼬질한 손으로 동전을 세는 아이에게 헨리크는 지금까지 그런 수법을 몇 번이나 썼느냐고 물었다.

"여러 번이요."

"수법이 통했니?"

"대부분 통했어요."

✦ 러시아의 화폐 단위. 100코페이카는 1루블.

아이들의 왕

"다른 사람한테도 돈을 돌려준 적 있어?"

"아니요."

"그럼 왜 나한테는 돌려주는 거니?"

"형이 이마에 입 맞춰줬으니까요. 그러고 나니 죄책감이 들었어요."

"입맞춤 받은 게 그렇게 특별한 일이었어?"

"네, 엄마가 돌아가셨거든요. 이제 저한테 입 맞춰줄 사람은 없어요."

"그래도 거짓말로 구걸하는 건 나쁜 짓이라고 얘기해주는 사람이 없었니?"

"신부님이 거짓말하는 건 나쁘다고 하시긴 했는데요, 누구한테나 하시는 말이니까요."

"신부님 말고는, 누가 돌봐주고 충고해주는 사람 없었어?"

"없어요." 소년은 더는 눈물을 참지 못하고 터뜨린다. "아무도 없어요."

헨리크는 자신의 소설 《거리의 아이들》에, 가난 속에 방치되어 이렇게 거짓말과 도둑질을 배울 수밖에 없는 뒷골목 아이들과의 만남을 기록해놓았다. 소설에서 그가 전하고자 한 메시지는 이 아이들을 구하려면 어릴 때 교육의 기회를 주어야만 한다는 것이었다. 그렇지만 누가 이들을 가르칠 것인가? 술에 절고 방탕한 부모들이 가르칠 수는 없다. 부모들 본인이 교육받지 못했으니까. 누군가 그 고리를 끊지 않는 한 대물림의 악순환은 계속될 수밖에 없다.

모든 사람들이 그의 숭고한 뜻을 높이 사진 않았다. 〈가시〉지에 낸 글에 "내 관심사는 그 무엇보다도 아이들의 삶을 개선하는 문제"

어느 길로?

61

라고 썼더니, 편집장은—그의 관심사는 그 무엇보다도 독자들을 즐겁게 하는 것이었으니—그런 관심사를 이야기하려면 다른 매체를 알아보는 게 낫겠다고 했다. 그 뒤로 헨리크는 〈목소리〉지에 글을 실었다. '이동대학'을 중심으로 모임을 갖는 지식인들의 목소리를 세상에 전하고자 하는 잡지였다.

헨리크가 〈목소리〉지의 편집장이자 폴란드 최초의 실험심리학자 얀 브와디스와프 다비트를 만난 것은 이동대학의 수업을 듣는 자리에서였다. 이동대학은 비밀리에 운영되는 대학이었다. 학생들과 교수들이 경찰의 감시를 피해 장소를 계속 바꿔가며 모였기에 그런 이름으로 불렸다. 이동대학에는 전국에서 똑똑한 인재들이 모여들었다. 이들은 모두 사회주의를 지향하면서도, 폴란드 독립을 지지하는 파와 러시아제국 내의 국제사회주의 동맹을 지지하는 파로 노선이 갈렸다. 그래도 폴란드 역사와 문화를 결단코 지켜야 한다는 데는 뜻을 같이했다. 당시 러시아는 폴란드 역사와 문화를 말살하려고 혈안이 되어 있었다. 이들은 경찰에 붙잡히면 수주일, 수개월, 수년간 옥고를 치르거나 시베리아 유배형에 처해지기도 했다.

헨리크를 다비트의 아파트에서 열린 강의에 처음 데려간 것은 친구 레온 리기에르였다. 현관에 외투가 어찌나 많이 걸려 있는지 두 사람은 외투 걸 곳을 겨우 찾았다. 경찰의 눈을 피하려고 블라인드를 치고 촛불을 밝힌 거실로 들어가, 헨리크는 다른 학생들과 첫인사를 나누고 다비트의 부인 야드비가 슈차빈스카가 내주는 차를 마셨다. 그녀는 금속 주전자 사모바르로 정성을 다해 차를 끓였다. 자신과 남편이 몸담은 모든 일들에 쏟는 정성 그대로였다.

이동대학을 처음 시작한 장본인이 바로 야드비가였다. 그녀는 일을 꾸리는 능력이 엄청나게 뛰어났는데, 결혼하기 전에 젊은 여성들에게 폴란드어와 폴란드 문학을 가르치려고 자신의 작은 아파트에서 시작한 일이었다. 이 훌륭한 비밀 사업의 소문이 퍼지자 남자들이 자기들도 끼워달라고 통사정을 했다. 1880년대 중반에 이르러서는 젊은 남녀 약 1천 명이 학생으로 등록해 바르샤바의 다양한 비밀 장소에서 각종 수업을 들었다. 야드비가는 이동대학 학생을 위한 과학도서관까지 크게 차렸다. 그러나 모든 일을 본인이 주도하려는 성격 탓에 많은 교수들이 등을 돌렸다. 남편 다비트도—자기가 옳다고 믿는 일에는 "골리앗 앞의 다윗처럼 싸우는" 것으로 알려진 사람이었지만—아내 앞에서는 맥을 못 춘다고들 했다.

이동대학의 비밀 모임은 배움의 장이었을 뿐 아니라 사교의 장이기도 했다. 조피아 나우코프스카는 해방된 여성이 되고 싶었던 조숙한 열다섯 살 소녀였다(나중에 유명한 소설가가 된다). 그녀는 다비트의 아파트에서 열린 모임들을 일기에 기록으로 남겼다. 그때는 코르차크도 참가하고 있을 때였다. 어느 날 일기에는 여학생들이 멋지게 차려입고 왔지만 자기도 몸매가 돋보이는 갈색 드레스를 입어 누구 못지않게 매력적이었다고 적고 있다. 그러면서 다비트의 강의에 집중하려고 했지만, 수업 전에 자기 공책을 잠깐 빌려갔던 웃음이 멋진 남학생에게 자꾸 눈길이 갔다고 한다.

그런가 하면 "지혜롭고 똑똑한" 이 교수님의 강의가 너무 건조하고 고지식하다며 불만을 드러내기도 했는데, 그런 평가는 조피아만 내린 것이 아니었다. 다비트는 웅얼거리는 말투 때문에 말솜씨보다 글솜씨가 훨씬 나은 것으로 유명했다. 그럼에도 수많은 학생들이 그의 강의를 들으러 모여들었다. 다비트는 실험심리학의 창시자 빌헬름 분트와 함께 독일 라이프치히에서 공부를 했고, 그의 강의는

어느 길로?

당시 유럽과 미국을 휩쓸던 급진적인 교육사상으로 가득했다. 아이들을 과거의 인습적 제약에서 해방시킬 것을 주창하는 사상이었다. 이러한 교육혁명의 길을 일찍이 연 것은 루소였다. 루소는 1762년 가상의 소년 '에밀'을 통해, 아이의 자연스런 성장과 발달을 주변에서 이끄는 과정을 제시했다. 그리고 요한 페스탈로치는 1805년 이베르동에 유명한 기숙학교를 설립해 실제로 아이들을 가르치면서 진보적 교육의 기틀을 닦았다.

코르차크는 특히 페스탈로치를 19세기의 위대한 과학자로 꼽았다. 교육 문제나 노동의 존엄함, 명료한 사고를 위한 명료한 관찰의 필요성 같은 주제에 대한 코르차크의 생각들을 살펴보면, 페스탈로치라는 헌신적인 교육가의 영향은 여실히 드러난다. 그렇지만 그가 "주관성의 여지가 조금이라도 있는" 것은 모조리 배제하고 철저히 과학적으로 아이들을 연구하기로 결심한 계기는 다비트가 벌였던 일련의 실험이었다. 다비트는 다양한 연령의 아이들을 대상으로 심리 반응을 측정하는 실험을 하여, 아동발달이라는 분야의 탄생을 예고했다. 이 무렵에 이미 헨리크의 내면에서는 두 성격의 헨리크가 자리다툼을 벌이고 있었다. 과학자 헨리크는 예술가 헨리크를 항상 의심했다. 과학자는 키와 몸무게 차트 따위를 그리며 예술가를 늘 억눌렀고, 예술가는 그런 자료를 굳이 해석할 생각이 없었다.

젊은 의학도 헨리크에게 큰 영향을 준 또 다른 인물은 조피아의 아버지, 바츠와프 나우코프스키였다. 그는 격한 발언을 서슴지 않는 사회운동가였고 현대 지리학의 개척자이기도 했다. "유명한 폴란드인이 누가 있는가?" 코르차크는 훗날 나우코프스키에 대해 쓴 글에서 이렇게 물었다. 그리고 그를 가리켜 "넓지 않은 지리학계의 눈부시게 빛나는 별"이라고 했다. 러시아 당국의 검열이 없는 나라에서

아이들의 왕

태어났더라면 세계적으로 유명해졌을 것이라고 했다.

헨리크는 또 스테파니아 솀포워프스카라는 이와 평생 친구가 되었다. 늘 당당한 모습이었던 그녀는(그녀의 트레이드마크는 타조 깃털 두 개가 달린 챙 넓은 모자, 바닥에 멋들어지게 끌리는 긴 검정색 드레스였다) 자연사(自然史) 분야의 저술가이자 유대인·농민·노동자의 권리를 지지하는 운동가였다. 문맹을 없애는 데 관심이 컸던 그녀는 '무료 대출 도서관' 설립을 주도하기도 했는데, 이 도서관에서 헨리크는 토요일마다 봉사하며 산만한 아이들에게 독서의 재미를 일깨워주었다. 러시아 당국은 이 도서관이 무신론을 비롯한 반체제 사상을 퍼뜨리고 있다고 보았기에 끊임없이 단속을 벌였다. 이동 대학과 도서관의 불시 단속이 이루어질 때마다, 헨리크는 "감방 신세를 실컷" 지면서 "모난 성격"이 둥글둥글해졌다.

다비트, 나우코프스키, 솀포워프스카 등 세기의 전환기에 활동한 진보적 지식인들은 계급과 민족 간의 분열을 거부하는 민주사회주의를 지지했으며, 어떠한 고초에도 소신을 굽히지 않아 시대의 도덕적 귀감이 되었다. 가식이나 거짓된 꿈을 내세우지 않고 소박하게 살았던 이들은 헨리크에게 "사회 분야의 스승"이 되었다. 훗날 그가 발휘해야 했던 강인함은 이들의 굴하지 않는 도덕성이 상당 부분 그 뿌리가 되었다. 그가 조국으로 삼고 싶었던 폴란드는, 바로 이들이 대표하는 나라 폴란드였다.

어느 길로?

재갈 물린 영혼

인생은 개처럼 우리를 덥석 물곤 한다.

《응접실의 아이》

헨리크 골트슈미트의 이중생활을 아는 사람은 극소수였다. 의대생 헨리크는 홀로 된 어머니를 모시고 가정에 충실한 생활을 했다. 하지만 그의 또 다른 자아, 고뇌하는 작가 야누시 코르차크는 도시의 음험한 뒷골목을 홀로 배회하고 다녔다. 때로는 이동대학 친구 루드비크 리친스키가 그와 함께 방황했다.

　　헨리크보다 4년 선배였던 리친스키는 시인이자 민족지학(民族誌學) 연구가였는데, 늘 밤을 쏘다녔고 누가 주소를 물으면 바르샤바라고만 했다. 세기말의 문학단체 '청년 폴란드' 소속 작가였던 그는 동료 작가들처럼 부르주아 계급의 속물성과 물질만능주의를 비판하는 데 열을 올렸다. 리친스키는 나중에 시베리아 유배 중 결핵에 걸려 젊은 나이에 세상을 뜨고 마는데, 이 무렵엔 헨리크의 좋은 벗이었다. 헨리크에 따르면 리친스키는 "과보호하는 어머니와 함께 조그만 아파트에 살면서, 죽어가고 있는 것만 같았다." 두 사람은 밤이 되면 비스와강의 모래강변을 어슬렁거리며 매춘부들의 영명축일*을 축하하거나 "고약한" 보드카에 취하곤 했다. 리친스키는 이렇게 회

아이들의 왕

고했다. "야누시는 …… 그 사람들의 마음을 참으로 절묘하게 울리는 재주가 있었다. 살인자 리흐타시도 그에게 '자네에게 내 영혼도 내주겠네'라고 했다."

어느 날 밤은 레온 리기에르와 결혼을 앞두고 "마지막으로 놀아보고" 있던 조피아 나우코프스카가 따라왔다. 조피아는 보드카를 병째 마시고, 세탁소 주인의 정부(情夫)에게 키스하고, 리친스키와 시시덕거리며 즐거워했다. 리친스키는 조피아에게 단단히 빠져 있었다. 헨리크도 자유분방한 두 사람과 함께 있으면서, 비록 그들과 종류는 좀 달랐을지언정 어떤 해방감을 느꼈다. "개처럼 울부짖던" 그의 영혼이 속박에서 자유롭게 풀려나는 기분이었다.

"푸들이 된 꿈을 꿨다." 그 무렵 헨리크가 쓰고 있던 자전적 소설의 첫머리는 이렇게 시작됐다. "나는 털이 바짝 깎여 있었다. 조금 춥긴 했지만 주인이 내 모습에 흐뭇해했으므로 즐겁게 꼬리를 흔들고 주인의 눈을 충성스럽게 바라보았다. …… 내게는 벼룩도, 근심도, 책임도 없었다. 그렇지만 나는 주인에게 복종하고 충직해야 했고, 또 여느 푸들 못지않게 똑똑하다는 것도 보여주어야 했다."

그러다가 지나가던 한 행인이 감탄 대신 동정하는 눈길로 푸들을 바라보는데, 그 눈빛이 꼭 이렇게 말하는 듯하다. "이 개는 영혼에 재갈이 물려져 있군." 푸들은 크게 상심하고 의기소침해서 밥도 못 먹고 잠도 못 자는 지경이 된다. 걷잡을 수 없는 혼란에 빠진 푸들은 주인의 손을 물고 만다. 푸들이 주인의 총에 맞기 직전, 소설의 화자는 꿈에서 깨어난다.

《응접실의 아이》라는 제목의 이 소설은 각성을 주제로 한 이야

✦   가톨릭에서 자신의 세례명에 해당하는 성인의 축일.

재갈 물린 영혼

67

기다. 주인공 야네크(야누시의 애칭)는 자신이 지금까지 부모의 기대에 맞춰 일생을 죽은 사람처럼 살아왔다는 사실을 깨닫는다. "영혼을 잃어버린" 것만 같아 삶을 포기하고 싶은 심정으로, 부모에게 "절 가만히 좀 놔두세요! 제발요! 안 그러면 물어버릴 거예요!"라고 외치고 집을 나온다.

그는 자물쇠 제조공과 마부의 가족들이 사는 셋방의 열 개 침대 중 하나를 겨우 빌리고, 마지막 남은 돈을 털어 술집에서 다 써버린 다음, 거리에서 구걸하다가, 한 매춘부를 따라 그녀의 집으로 간다. 하지만 여자를 유혹하는 데는 관심이 없고, 같이 침대에 누워서는 "이야기 하나 해달라" 한다. "당신 참 따분하다"는 여자의 대답. 그는 "당신 처지가 안됐다"고 말하며 이불을 혼자 다 차지하고는, 예전에 친구 스타시와 논의했던 매춘부 갱생 방안을 이야기한다.

야네크는 빈민가의 소외되고 학대받는 아이들에게 관심이 간다. 건물 뒤 후미진 구석에는 "창백한 피부가 굽은 뼈 위에 얇은 양피지처럼 붙어 있는" 아이들이 있었다. 그는 다리 밑에서 아이들에게 사탕과 약을 나눠 주면서 인간의 선함에 대한 믿음을 심어주려고 한다. 아이들이 사는 누추한 집에 따라가 이야기를 들려주고 글 읽는 법을 가르쳐준다. 질서 있는 문법을 가르치면 사고에도 질서가 잡힐지 모른다는 생각에서다. 크리스마스이브에는 성 니콜라우스 차림을 하고, 자기가 사는 공동주택의 이 집 저 집을 다니며 아이들에게 작은 공과 사과, 사탕 따위 선물을 나눠 준다. 어둠 속에 혼자 앉아 있는, '당근 머리'로 불리는 빨간 머리 꼬마의 목에는 십자가를 걸어준다. 꼬마가 그에게 진짜 성자냐고 묻자, 어린아이가 그런 질문을 한 것에 좀 놀라며 "맞다"고 대답한다.

그 순간 야네크는 자신이 변화된 것을 깨닫는다. "보이지 않는

아이들의 왕

68

새 힘"이 몸속에서 자라나, 앞으로 그의 앞길을 "환히 밝혀주는" 불빛이 된다. 그는 책의 쓸거리를 찾아다니며 자기 일에만 몰두하던 작가에서, 같은 인간에 대한 책임을 느끼는 영적 신념의 소유자로 거듭난다.

글쓴이의 인생을 관통했던 모든 주제가 이 소설에 담겨 있다. 유년기의 억압, 자살과 정신이상에 대한 공포, 성의 회피, 사회 개혁가가 되겠다는 결의, 아이들에 대한 헌신……. 소설의 끝에 이르러 야네크는 갖고 있던 환상이 대부분 깨지고 말지만, 두 고아 소녀가 삼촌에게 성적 학대를 받았다는 사실을 알고 분노를 참지 못한다. 빈민가의 야간 경비원이 그에게 집으로 돌아가라고 하자, 그는 전에 자신의 부모에게 그랬던 것처럼 울부짖는다. "꺼져! 안 그러면 물어버릴 테니! 물어……버린……다고!" 절규하는 그의 외침은 알아듣기 힘든 횡설수설로 변해간다.

《응접실의 아이》가 야누시 코르차크라는 이름으로 〈목소리〉지에 연재되고 있을 때, 헨리크 골트슈미트는 유대인 어린이병원에서 상주 의사로 근무를 시작했다. 그러나 그는 1905년 3월에 의사 자격을 취득하자마자 러시아제국군에 군의관으로 징집되어 러일전쟁에 투입된다. "힘없는 꼭두각시처럼" 느닷없이 끌려온 신임 소위 헨리크는 시베리아 횡단철도를 달리며 하얼빈과 선양을 오가는 병원열차에서 근무하게 된다. 수세기 동안의 고립에서 벗어나 근대국가로 떠오르고 있던 일본은 만연한 부패와 무능한 지휘관, 보급마저 엉망인 탓에 사기가 땅에 떨어져 있던 러시아군을 상대로 육지와 바다에서 모두 승전을 거두고 있었다.

젊은 군의관 헨리크는 "전쟁은 온몸의 질병을 드러낸다"는 것을 곧 알게 되었다. 비가 주룩주룩 오던 근무 첫날, 기차역에 줄지어 서 있던 환자들은 마치 위염과 장염, 성병, 만성질환 따위로 치료를 기다리는 "죄수들"처럼 보였다. 그들의 병은—마치 만주와 한반도를 놓고 벌어지던 열강들의 싸움처럼—"드러나지 않은 오래된 뿌리"에서 비롯된 것이었고, 거기에 특효약이란 존재하지 않았다.

상태가 특히 중한 환자는 기차에 태워 치료했다. "기차는 미친 사람들로 가득하다"고 그는 〈목소리〉지의 독자들에게 전했다. "어떤 이는 자기 이름도, 나이도, 가는 곳도 알지 못한다. 또 어떤 이는 역시 아무것도 알지 못하는 데다가, 아내가 왜 자기 담배 파이프를 빼앗아갔는지 끊임없이 고민한다. 그런가 하면 '멍청이'로 불리는 어떤 이는 음란한 노래를 입에 달고 산다."

더 이상 군인이라 할 수 없는, "아픈 사람들"에 불과한 그들의 모습은 러시아 사회의 곪아 터져가는 염증을 훤히 드러내고 있었다. 일자무식에 가까운 러시아인, 우크라이나인, 폴란드 농민, 거친 카자크인, 가난한 유대인 등 출신이 다양한 환자들을 상대로 그는 몸과 마음의 약을 모두 처방했다. 이야기를 들려주면 반응이 좋아 러시아 옛날이야기를 들려주곤 했다. 유대계 폴란드인 의사가 압제자의 언어인 러시아어로 환자들을 위안하고 있는 아이러니한 현실이었다. 그의 러시아어는 러시아 김나지움을 다니며 반복 교육으로 갈고닦은 터라 완벽했다.

젊은 소위 헨리크 골트슈미트는 짬이 날 때마다 폐허가 된 중국인 마을과 소도시를 돌아보았다. 그러고는 "내가 중국에 간 게 아니라 중국이 내게 왔다"고 또 다른 글에 적었다. "중국이 겪고 있는 기아 사태, 고아들의 참상, 수많은 인명 피해…… 전쟁은 몹쓸 짓이다. 굶주리고, 학대받고, 위험에 방치된 아이들이 얼마나 되는지 아무도 말하지 않기에 더더욱 그렇다."

그는 '이워야'라는 네 살 아이를 만나, 아이가 "아둔한 학생에게 엄청난 인내심으로 중국어를 가르쳐주는" 모습에 감탄하고, 동양 언어 교육기관을 세울 필요성을 절실히 느꼈다. 뿐만 아니라 누구나 동양의 어느 마을에서 일 년을 살면서 네 살 아이에게 말을 배워야 한다고 생각했다. 그는 이 아이를 통해, 아직 "문법을 의식하지 않고 소설과 교과서, 학교 따위에 물들지 않은" 어린아이야말로 언어의 본바탕을 제대로 전할 수 있음을 깨달았다.

마을의 한 학교에 갔다가, 보드카와 아편 냄새가 풀풀 풍기는 선생이 아이들 발뒤꿈치를 두꺼운 자로 때리는 장면을 목격하고 충격을 받기도 했다. 교실 한쪽에는 먹으로 "배우지 않는 사람은 벌 받아 마땅하다"고 쓰여 있고, 다른 한쪽에는 "배우는 사람은 슬기로워진다"고 쓰여 있었다. 골트슈미트 소위는 자를 자기에게 팔라고 하여 겨우 샀다. 물론 선생은 며칠 지나지 않아 또 하나 새로 만들 게 틀림없었다. 전쟁이 끝난 뒤 그는 고아들에게 막대기와 공으로 하는 '팔란트'라는 놀이를 알려주면서, 중국 아이들은 외모가 다르고 쓰는 글자가 다르지만 모든 아이는 똑같다고 했다.

그렇게 병원열차가 부상병을 싣고 바삐 오가던 격동의 1905년, 일본의 승전 소식이 전해지면서 광대한 러시아제국 곳곳에 "잠복해 있던" 질병들은 더욱 악화되기 시작한다. 여러 공업도시에서 노동자 파업과 학생 시위가 연일 터져 나왔다. '혁명'이라는 말만 들어도 무언가가 치밀어 올랐던 병원열차의 근무자와 환자들은, 표결을 벌여 철도 노동자 파업에 함께하기로 결정했다. 반역 군인을 처벌하기 위해 파견된 군 대표단이 도착하자, 열차의 군인들은 헨리크 골트슈미트 소위에게 나서달라고 부탁했다. 헨리크는 자신의 나라도 자신의

재갈 물린 영혼

전쟁도 아닌 이 상황에 개입하고 싶지 않았지만, 군인들의 간곡한 설득에 마지못해 동의한다. 그러나 연단으로 삼은 궤짝 위에 올라선 그는, 파업도 혁명도 아닌 아이들의 고통을 이야기했다.

그는 어안이 벙벙한 대표단 앞에서 이렇게 말했다. "어떤 이유에서든 전쟁에 나서기 전에, 다치고 죽고 고아가 될 무고한 아이들을 먼저 생각해보십시오." 그가 일생 동안 지닌 철학을 구체적으로 표현한 순간이었다. 그 어떤 대의도, 그 어떤 전쟁도 아이들이 행복을 누릴 타고난 권리를 빼앗아야 할 만큼 중요할 수는 없다는 것이었다. 아이들은 그 어떤 정치적 이념보다 우선되어야 하는 존재였다.

아이들의 왕

어린이병원

아이들은 작고 약한 인간으로서 시장가치가 거의 없다.
《아이의 존중받을 권리》

1906년 초에 바르샤바로 돌아온 헨리크 골트슈미트 소위는, 자신이
《응접실의 아이》를 쓴 작가 야누시 코르차크로 유명해져 있다는 것
을 알고 깜짝 놀랐다. 비평가들은 그를 폴란드 문학의 샛별로 칭송
하며 "가난의 빛깔, 악취, 절규, 배고픔"을 잘 담아냈다고 호평했다.
사람들은 유명 인사로 떠오르기 직전 전장에 불려 나갔다가 이제 막
돌아온 대담한 청년 작가를 집에 초대하고 싶어 안달이었다.

그러나 유명한 야누시 코르차크나 무명의 헨리크 골트슈미트
나, 도통 만나보기가 어려운 건 똑같았다. 바르샤바는 아직 혁명의
열기로 들끓고 있었고, 그는 그동안 일어났던 일들을 파악하느라 바
빴다. 〈목소리〉지는 이미 3개월 전에 폐간되었고, 얀 다비트를 비롯
한 많은 지식인들은 크라쿠프◆로 유배를 가 있었다. 그러나 승전보
도 기다리고 있었다. 당시 한창이던 등교 거부 운동의 여파로 움츠
러든 러시아 정부가, 비록 비인가 학교일망정 폴란드어로 수업할 수

◆　폴란드의 옛 수도이자 바르샤바에 이은 폴란드 제2의 도시.

있는 사립학교의 운영을 허용한 것이었다. 이미 '과학교육회'라는 이름으로 공개 운영되고 있던 이동대학(나중에 '폴란드 자유대학'의 모체가 된다), 그리고 바르샤바 대학의 일부 학과도 폴란드어로 수업하는 것이 허용되었다.

코르차크는 친한 친구들의 초대 외에는 모두 거절했고, 실리스카 거리에 있는 어린이병원의 상주 의사 자리—"단조롭고 고된 일"—로 다시 돌아갔다. 부유한 베르손 가문과 바우만 가문이 함께 설립한 이 어린이병원은 유대인 지역사회의 자랑이었다. 병원은 울창한 나무 그늘이 드리워진 단층 스투코 건물로, 7개 병동에 43개 병상을 갖추었고, 수술실과 연구실, 외래 진료소가 한 곳씩 있었다. 외래 진료소에서는 종교에 관계없이 어린이 환자를 무상으로 진료해주었다.

그는 차츰 병원 일과에 정착해갔다. 그가 맡은 업무는 성홍열과 티푸스, 홍역, 이질, 결핵 환자의 치료는 물론 장서 1천4백 권의 의학 도서관 도서 목록을 정리하는 일까지 다양했다. 그의 어머니—"우리 노인네"—는 아들이 병원에서 제공받은 아파트를 월세 15루블에 세 놓았다. 그의 연봉은 200루블(지금 돈으로 약 300만 원)이었고, 개인 진료로 버는 100루블과 이따금씩 받는 원고료로 수입을 보충했다. 어머니는 아들이 자주 마차를 타고 왕진을 다니는 것에 놀랐다. "즈워타 거리까지 마차를 타고 간다고? 20코페이카에? 돈을 흥청망청 쓰는구나!"

당시는 대단히 부유한 유대인 의사가 아니면 비유대인 환자를 받는 일이 드물었지만, 곧 바르샤바에서 저명하다는 가문들이 그의 개인 진료를 받으려고 줄을 섰다. 사교에 관심 많은 안주인들은 그를 집으로 꾀려면 아픈 아이를 이용하는 방법밖에 없다는 것을 깨달았다. 그는 왕진 요청이 오면 바쁜 가운데도 시간을 내어 응했지만,

아이들의 왕

의사 골트슈미트가 아니라 작가 코르차크를 부른 것이라는 의심이 들면 무례한 언행도 서슴지 않았다. 한번은 남자아이 둘이 아프니 당장 와달라고 해서 갔는데, 아이들 어머니가 접객용 드레스를 입고 있었다.

"선생님, 잠깐만 기다려주시겠어요? 애들 데려오라고 할게요."

"애들이 밖에 있나요?"

"요 근처에요. 공원에서 놀고 있어요. 그동안 차라도 한잔하실까요?"

"전 기다릴 시간 없습니다."

"그래도 저희 율리안 선생님은 항상……. 선생님 최근엔 뭐 쓰고 계신 것 없으세요?"

"유감스럽게도 처방전밖에 안 씁니다!"

그는 그 말과 함께 집을 뛰쳐나왔다. 다음 날 동료에게서 전화가 왔다. "아이고 이보게! 그분들 화가 머리끝까지 났어. 자넨 적을 만든 거야!"

"상관없어!"

그는 유대인 중산층 어머니들에게도 신경질을 내기 일쑤였다. 그들의 모습에서 아마 자기 어머니를 떠올렸을 것이다. 어느 어머니가 아이에게 꼭 차를 마시게 해야겠다고 하자, 그는 이렇게 쏘아붙였다. "아이가 그렇게 꼭 차를 마셔야 된다면 하느님이 부인 한쪽 가슴엔 젖이 나오고 한쪽 가슴엔 차가 나오게 만드셨겠죠." 또 어느 집에서는 누가 봐도 비만인 아이를 둔 어머니에게 이렇게 말했다. "로스차일드*도 아이한테 하루 다섯 끼 이상은 안 먹입니다."

✦   유대계 대부호 가문.

어린이병원

그가 한결같이 다정하게 대하는 환자들은 가난한 이들뿐이었다. 한밤중에도 실리스카 거리 52번지의 지하방으로, 판스카 거리 17번지의 다락방으로 호출을 받고 찾아갔다. 그는 부자에게 받은 진료비를 가난한 이들의 진료에 쓰는, 의료계의 로빈 후드였다. 그렇지만 가난한 이들에게도 20코페이카는 받았는데, "돈을 받지 않는 의사는 아픈 이에게 도움이 되지 못한다고 탈무드에 적혀 있기" 때문이었다. 그리고 "사회주의자, 교사, 언론인, 젊은 변호사, 심지어 의사" 집안 자녀들은 바쁘더라도 꼭 진료해주었다. 야간 왕진을 다니며 진료비를 저렴하게 받고 약을 걸핏하면 공짜로 주는 이 이상주의적인 젊은 의사를, 일부 의사와 약품 도매상들은 위험한 미치광이 취급했다.

반면 아이들은 그가 온전한 정신이라는 것을 의심하지 않았을뿐더러, 그의 엉뚱한 장난도 환영했다. 한번은 한 어머니가 병실에 있던 아이와 의사가 사라진 것을 발견하고 놀라서 소리를 질렀다. 그러자 두 사람이 같이 침대 밑에서 고개를 빼꼼 내미는 것이었다. 또 어떤 아픈 아이는 골트슈미트 선생님이 오기 전에는 절대 잠을 자지 않았다. 그는 마치 마법사처럼 손짓으로 사람들을 방에서 내보내고는, 아이의 머리맡에 앉아 손을 어루만지며 손가락 하나하나에 대한 이야기를 들려주었다. 그러면서 손가락마다 숨을 불어 하나씩 잠들게 했다. 열 번째 손가락에 이르면 아이는 언제나 자고 있었다.

나중에 의사가 된 헨리크 그린베르크라는 이는, 어릴 때 왕진을 온 코르차크가 차가운 손으로 이마에 손을 얹어주면 기분이 좋았다고 말한다. 코르차크는 아이가 열이 없을 때는 미리 손을 따뜻하게 덥힌 다음 방에 들어왔다. 그리고 철저히 코셔 음식을 먹는 이 집에 오면 늘 농담을 하곤 했다. "거봐, 너 소시지 몰래 먹더니 하느님께

아이들의 왕

벌 받은 거야. 이제 너희 어머니도 벌로 차를 끓이고 거기에 코냑 몇 방울 타야 된다.”

환자들에게 사랑받는 코르차크였지만, 러시아 보건 당국자들에게는 속을 끓이는 존재였다. 그가 어느 평론에서 격앙된 논조로 병원의 근본적인 개혁을 촉구하면서, 병원 경영을 폴란드인의 손에 맡겨야 한다는 등의 주장을 폈기 때문이다. 그는 “부도덕한 장사치”와 다름없는 의사들을 비판하면서, 부유한 환자와 돈이 안 되는 환자를 차별하는 행태, 환자를 온갖 인생 문제를 안고 있는 인간으로 보지 않고 질병으로만 분류하는 행태를 지탄했다. 유일하게 그가 칭송하는 직업군은 산파였다. 산파들은 인간의 탄생을 돕는 중요한 역할을 하면서도 그 공로를 제대로 인정받지 못한다고 보았다. 그는 유모가 아이를 키우던 시대에 모유 수유를 주장했다. “젖가슴은 어머니의 것이 아니라 아기의 것”이라고 했다.

자신이 일하는 병원에서조차 코르차크는 어린 환자들의 “합리적인” 치료를 위해 싸워야 했다. 그는 다른 의사와 간호사들이 병균을 옮길 수 있다는 이유로 부모에게 장난감을 가지고 오지 못하게 한 지시를 뒤집곤 했다. “조개껍질처럼” 그에게 밀려오는 도시의 아이들은 좀처럼 웃을 일이 없었고, 그는 자신도 어찌해볼 수 없는 한계를 뼈저리게 느꼈다.

그는 훗날 이렇게 적었다. “작은 병원. 추운 겨울의 기억이다. 마차가 도착한다. 부모가 겹겹이 싼 아픈 아기를 조심스럽게 안고 내린다. 초인종이 울린다. 의사를 부르는 소리다. 나는 내려간다. 집에서 가져온 담요 하나, 이웃집에서 얻어온 담요 하나. 가끔은 또 다른 이웃집에서 온 담요 하나 더. 옷가지, 모포, 속치마, 목도리, 냄새 풀풀 나는 병균투성이 포대기. 마침내 아이의 모습이 드러난다. 성홍

열이다. 전염병 환자 병동은 남는 방이 없다. 무작정 애걸한다. 바닥에 엎드려, 복도에서 매달리며 애처롭게 빈다. 선생님, 제가 1루블 드릴게요. 때로는 이러지도 저러지도 못한다. 아이 놓고 갑니다. 아이 받아주셔야 됩니다. 때로는 욕이 돌아온다."

아무 데도 갈 데가 없는 아이, 살 가망이 없는 아이 앞에서 아픈 마음을 감추려면 단호하게 나가야만 했다. 그 와중에도 "죽음 앞에서 더없이 의연하고 성숙하며 현명했던 아이의 모습"은 그의 마음에 깊이 남았다. 그는 나중에 '아동 권리 대헌장'의 제일 첫머리에 아이의 죽을 권리를 올려놓았다. 어머니가 아이를 얼마나 많이 사랑하건 간에, 어머니는 아이가 일찍 죽을 권리를 허락해야 하는 것이었다. 아이는 그 어머니의 아이로 살아갈 운명이 아닌 다른 운명인지도 모르는 일이라고 그는 적었다. "모든 씨앗이 옥수수 이삭이 되는 것은 아니요, 모든 병아리가 건강히 살 수 있는 몸으로 태어나는 것은 아니요, 모든 묘목이 나무로 자라나는 것은 아니다."

그러나 못 말리는 연기자였던 코르차크는 병원의 열악한 현실을 쉽게 인정하지 않았다. 한번은 동료의 딸아이가 "엄마 아빠가 없는 낯선 병원에서 잠을 깬다는 건 생각만 해도 끔찍해요"라고 하자, 이렇게 말해주었다. "아, 그건 다 방법이 있지. 아이들한테는 초콜릿과 휘핑크림으로 만든 베개를 주거든. 잠에서 깼는데 기분이 안 좋으면 베개를 뚝 끊어 먹으면 돼. 그럼 기분이 좋아져."

실제로는 아이가 두려움에 떨며 잠에서 깨면, 의사 선생님이 옆에서 눈을 반짝거리며 아이를 진정시켜주었다. 원장에서 잡역부까지 병원에서 일하는 사람이라면 누구나, 아이들의 병을 낫게 하는 것은 약보다는 골트슈미트 선생이 아이들에게 발휘하는 마법이라는 것을 모를 수가 없었다. 밥을 먹지 않아 몸이 허약해진 조피아라는 여자아이가 머그잔에 담긴 고깃국물을 안 마시겠다고 하자, 그는 그러면 머그잔이 너무 마음이 아플 거라고 했다. 아이가 마셔주지 않으면 머그잔은 데굴데굴 병원 밖으로 굴러 나가, 길에서 철도마차에 치여버릴 거라고 했다. 그 말을 들은 조피아는 머그잔을 움켜잡더니 국물을 한입에 꿀꺽 들이켰다.

의사 헨리크 골트슈미트는 어린이병원에서 7년간 몸담고 일했지만, 작가이자 미래의 교육자 야누시 코르차크는 마음잡지 못하고 방황했다. 의사는 열이 나는 아이를 보살펴 고비를 넘기고 병을 낫게 해주었지만, 교육자는 의사의 손을 떠난 아이가 다시 암흑의 세상 속으로, 의사가 따라갈 수도 고칠 수도 없는 그곳으로 사라져버린다는 것을 잘 알고 있었다. "우리는 도대체 언제 가난과 착취, 무법, 범죄라는 병에 아스피린을 처방하는 현실에서 벗어나게 될까?" 그는 이렇게 동료들에게 고민을 털어놓곤 했다. 그렇지만 과연 무엇을 처방해야 어린 환자들의 삶을 바꿀 수 있을 것인가?

그 좌절감은 오래전 혁명을 꿈꾸던 다섯 살 아이가 느꼈던 답답함과 다르지 않았다. 어떻게 하면 배고프고 추레한 아이들이 없도록 세상을 바꿀 수 있을까? 불의에 항의하는 것만으로는 부족했다. 어린 학생이었을 때 그는 철도마차를 모는 마부에게 왜 말들에게 채찍질을 하냐고 따졌다가 핀잔을 들은 일이 있었다. "그렇게 불쌍하면 학생이 내려가서 직접 끌지 그래. 그럼 말들이 더 편할 거 아냐." 그때 그는 교훈을 마음에 새겼다. "도움 주지 못할 거면 입을 닫자. 더 좋은 대안이 없으면 비판하지 말자."

그는 철도마차 사건을 떠올리며 자신의 처지를 인정할 수밖에 없었다. 불평등한 사회 현실에 불만이 가득했지만, 불우한 아이들에게 더 나은 삶을 안겨줄 방법이 무엇인지는 아직 알 수 없었다.

어린이병원

여름 캠프

아이들은 도시에서 웃던 모습과는
사뭇 다른 모습으로 웃기 시작한다.
《모시키, 요스키, 스룰레》

1907년 여름 어느 날, 야누시 코르차크는 운동복 차림으로 여름캠프 협회의 넓은 안뜰에 서서, 가난한 유대인 소년 150명이 생애 첫 시골 여행을 떠나러 하나둘씩 도착하는 것을 지켜보고 있었다. 가족과 함께 온 아이도 있고, 혼자 쭈뼛거리며 걸어오는 아이도 있었다. 차림이 깨끗한 아이도 있고, 꾀죄죄한 아이도 있었다. 3주간 작별을 앞두고 가족과 인사를 나누는 얼굴 표정에는 불안감이 비쳤고, 두 명씩 짝지어 줄을 맞추는 모습에선 두려움과 부끄러움이 읽혔다. 아이들은 그를 보며 어떤 지도교사일지 궁금해하는 듯했다. 엄한 선생님일지, 만만한 선생님일지?

그는 의대에 다닐 때 이미 캠프협회에 자원봉사를 신청해놓았다. 병원 환경을 벗어나 아이들을 상대해볼 좋은 기회였다. 그가 배정받은 캠프는 바르샤바에서 약 130킬로미터 떨어진 곳이었는데, 어느 동화 유대인 자선가가 운영 경비를 대면서 폴란드어만 사용해야 한다는 조건을 달았다. 캠프장에서는 폴란드의 금지곡이나 애국적인 노래를 축음기로 틀면서 아이들에게 폴란드 문화와 역사를 접하게 해주었다. 러시아가 여전히 폴란드 문화와 역사를 말살하려고 기를 쓰고 있을 때였다.

코르차크는 이 열 살 안팎의 소년들과 지내며 겪었던 일들을 유머와 감동이 있는 책으로 써냈는데, 책 제목이 《모시키, 요스키, 스룰레》였다(세 이름은 흔한 유대인 이름의 애칭들이다). 책에 그려진 코르차크는 영악한 소인들의 나라에서 좌충우돌하며 그들의 모든 것을 새로 배워가는 걸리버와 같은 모습이다. "그곳에서 나는 아이들의 집단을 처음으로 접했고 교육 실무의 기초를 배웠다. 환상에 사로잡혀 있고 경험은 없는 데다 어리고 감상적이었던 나는, 아이들과 뭔가 잘해보려는 마음만 있으면 충분할 줄 알았다." 그에게 배정된 아이들은 30명이었는데, 아직 그 "악동 떼거리"를 다스린다는 게 얼마나 수완이 필요한 일인지 몰랐기에 그 정도면 적당한 숫자겠거니 생각했다. 지도교사는 게임이나 수영, 소풍, 이야기 구연 같은 캠프 프로그램을 마음대로 짤 수 있었으므로, 태평스럽게 축음기와 환등기, 폭죽, 도미노, 체커 게임 따위를 준비하는 데만 신경을 썼다.

그는 이렇게 적었다. "나는 가슴에 꽃이나 꽂고 손에 면장갑이나 낀 집사 같은 마음가짐으로, 굶주리고 학대받고 방치된 아이들과 함께 근사한 기억과 훈훈한 추억을 만들러 떠날 채비만 하고 있었다. 다정하게 웃어주고 폭죽이나 터뜨리는 정도의 수고만 하고 내 임무를 마칠 생각이었다. …… 나는 아이들이 온순할 줄 알았다. 도시의 어두운 뒷골목에서 성격에 결함을 안고 자란 아이들을 상대할 준비가 되어 있지 않았다."

기차에서 내린 아이들이 캠프장으로 이동하려고 대기 중인 달구지들을 향해 맹렬히 돌진하자, 초보 지도교사는 처음으로 당황하

여름 캠프

여 어쩔 줄 몰랐다. 그중에서도 드센 아이들이 제일 좋은 자리를 차지했고, 어벙한 아이들은 가방이니 기도책이니 칫솔 따위를 잃어버렸다. 아수라장 속에서 진땀을 뺀 뒤에야 겨우 인원 점검을 마쳤다. 질서를 유지하려면 예측 능력이 필수라는 것을 깨달은 순간이었다. "예견할 수 있으면 예방이 가능한" 것이었다. 첫날 밤 그는 신경을 바짝 곤두세워야 했다. 좁은 침대에서 혼자 자는 데 익숙지 않던 아이들이, 건초로 속을 갓 채운 매트리스 위를 스르륵 굴러 바닥으로 쿵 떨어졌다. 자면서 앓는 소리를 내는 아이도 있고, 잠꼬대를 하는 아이도 있었다. 그다음 날도 상황은 더 나을 것이 없었다. 아이들은 식탁에 앉는 자리나 잠잘 자리를 놓고 티격태격 싸우는가 하면, 서로 허리띠 버클로 때리며 싸우고, 어둑한 침실 안에서 시끄러운 소리를 내어 선생님을 유인하고는 선생님이 어떻게 하나 지켜보기도 했다. 코르차크는 규율도 질서도 잡지 못하고 무력하기만 한 자신의 모습에 당혹감을 느끼며, 이제부터 시끄럽게 하는 사람은 벌을 주겠다고 으름장을 놓았다. 한 아이가 도전하듯 대담하게 휘파람을 불자 아이를 끌어내 양쪽 귀를 잡아당겼다. 그러고는 아주 사나운 개를 풀어놓은 베란다에 가둬놓겠다고 협박까지 했다.

그야말로 그가 치졸해진 순간이었다. "나는 교육 분야라면 초심자가 아니었다. 여러 해 동안 가정교사를 한 데다가, 아동심리학 책을 수없이 많이 읽은 사람이었다. 그렇지만 그때 나는 속수무책이었다. 한데 모인 아이들에게서 나타나는 집단적 인격의 불가사의함에 당혹스러울 뿐이었다." 그는 "이상"을 가득 품고 왔지만, 아이들의 밝은 귀는 "가짜 동전의 울림 소리"를 귀신같이 구별해냈다. 음모, 반항, 배신, 복수는 그의 "몽상"에 대한 삶의 응답이었다. 그는 아이들에게 신뢰를 얻으려고 애쓰면서, 다시는 아이들에 대해 순진한 낭만을 품지 않겠다고 다짐했다.

첫 주가 지날 무렵이 되자, 전혀 예상치 못했던 아이들이 대장 노릇을 하는가 하면 도통 말을 안 듣던 아이들이 남을 배려하기 시작했다. 폐가 약하고 공장 노동자 어머니와 함께 사는 아론은 공동 주택 안뜰에서 요양할 때 들었던 옛날이야기를 다른 아이들에게 해주면서 신이 났다. 거리에서 총에 맞아 한쪽 다리를 잃은 바인라우흐는 병원에서 체커 게임을 배웠기에 체커 대회를 열었다. 말썽쟁이 하임은 검은 눈동자가 슬퍼 보이는 모르트카를 늘 편들어주었다. 모르트카는 게임에 서툴렀고, 숲속의 뻐꾸기와 대화를 나누었다. 못생긴 안셸은 다른 아이들에게 못된 짓을 많이 당해 심술궂고 뚱뚱한 아이가 되었다고 모두들 생각했다. 공장에서 일하다 온 열두 살 크루크는 성격이 온화했고 캠프에 같이 온 사고뭉치 여덟 살 동생을 잘 보살펴주는 형이었다. 아이들은 그를 귀공자라고 불렀다.

"인생에는 두 왕국이 있다"고 코르차크는 적었다. "하나는 유희, 무도회, 사교 모임, 좋은 옷의 왕국이다. 그곳에선 수백 년간 가장 돈 많고 행복하고 게으른 사람이 귀공자로 통했다. 또 하나는 배고픔, 고난, 노동의 왕국이다. 그곳의 귀공자는 어릴 때부터 빵 1파운드의 값이 얼마인지 알고 어린 동생들을 보살필 줄 알고 일하는 법을 안다. 크루크와 그 친구들은 슬픔과 호밀빵의 왕국에 사는 귀공자다. 대물림된 귀공자인 것이다."

코르차크는 캠프에 온 어린 귀공자들이 건강한 환경에서 무럭무럭 성장하는 모습에 흐뭇했다. "어제는 미개인, 오늘은 의젓한 신사. 소심하고 겁 많고 뻣뻣하던 아이가, 일주일 뒤에는 씩씩하고 주도적이면서 노래를 입에 달고 사는 아이로."

한번은 아이들이 아침나절에 멀리 있는 숲을 찾아가다가 도중

여름 캠프

83

에 기찻길 옆에 앉아 도시락을 먹었다. 불어온 바람에 재가 날려 음식에 떨어졌다. 지나가던 농부가 말을 걸었다. "얘들아, 그렇게 먼지 나는 데 앉아 있지 말고 우리 밭으로 오너라. 여기가 훨씬 좋아."

"그렇지만 저희가 밭에 들어가면 거기 심은 농작물을 다 밟을 텐데요." 한 아이가 대답했다.

"아, 너희들이 맨발로 밟는다고 무슨 탈이 나겠어? 어서 오렴. 내 밭이니 내가 허락하마."

지도교사 코르차크는 농부의 배려에 감동했다. 그는 속으로 이런 생각을 했다. "폴란드 농부 아저씨, 얘들을 한번 잘 보세요. 아저씨가 뭔가 착각하고 있어요. 얘들은 유대인 거지 꼬마들이라고요. 도시의 공원에서도 놀면 안 되는 애들이에요. 마부가 채찍으로 때리고, 행인이 인도에서 밀쳐내고, 수위가 빗자루를 들고 건물 안뜰에서 쫓아내는 애들이라고요. 그냥 애들이 아니라 유대인 꼬마들이에요. 그런데 근처에서 얼씬거리지 못하게 쫓아내기는커녕 밭으로 들어오라고 하다니요?"

"너희들 바르샤바에서 뭐 하고 지내니?" 농부는 아이들에게 물었다. 그리고 잘 익은 베리를 딸 수 있는 곳을 알려주었다.

캠프에 참가한 아이들은 이렇게 주민들과 만나면서 의기도 북돋고 폴란드어 실력도 늘렸다. 바르샤바에서는 폴란드어로 욕밖에 들어보지 못했을 아이들이었다. "유대인 애새끼!" "나가 뒈져라!" 따위. 그러나 시골에서는 "폴란드어가 숲의 푸른빛과 밀밭의 황금빛으로 아이들에게 웃음 짓는다. 그 속엔 새소리, 별빛, 상쾌한 강바람이 섞여 있다. 폴란드어 단어들이 마치 들꽃처럼 초원 위에 펼쳐진다." 이디시어도 마찬가지였다. "바르샤바의 거리에서는 그토록 시끄럽고 욕설로 가득했던" 이디시어가, 시골에서 노는 아이들에게는 훨씬

아이들의 왕

부드러운, 어쩌면 시처럼 들리기까지 하는 언어가 되었다.

어느 날 바르샤바에서 발간된 신문 1면에 자기들의 소식이 실린 것을 보고 아이들은 깜짝 놀랐다. "마멜로크는 창문에 기어올라 주방을 들여다보았다. 헤벨키에와 세키엘레프스키는 카샤[*]를 싫어한다. 보루흐는 동생 모르트카와 싸웠다. 부테르만은 자기를 때린 예이만을 용서해주었다. 프라네크는 줄이 풀려 도망간 개를 잡았다." 신문에는 또 시골을 맨발로 쏘다니는 즐거움에 대한 기사도 실려 있었고, 여름 캠프의 역사를 다룬 기사도 있었다.

좀 큰 아이들은 지도교사들이 만든 신문이라는 걸 눈치챘지만 어린아이들은 자신들의 행동 하나하나가 바르샤바의 신문에 보도되었다는 데 신기함을 감추지 못했다. 이는 물론 코르차크의 아이디어였고, 어린이신문이라는 것의 가능성을 처음 시험해본 것이었다.

그는 또 지도교사 대신 아이들이 서로의 행실에 점수를 매기는 제도를 도입해보았다. 매주 평가 시간을 갖고, 먼저 스스로 자기 점수를 1점에서 5점까지 매기게 했다. 자기 평가를 정직하게 하는 아이도 있고 아닌 아이도 있었다. 모르트카는 개에게 돌을 던졌는데도 자기가 5점이라고 주장했다. 아이들의 결론은 개가 모르트카를 용서해야만 5점을 받을 수 있다는 것이었다. 하지만 개의 마음을 어떻게 알 것인가?

"개는 줄에 묶여 있으니까, 모르트카가 개한테 가서 고기를 줘보는 거야. 개가 모르트카를 물지 않고 고기를 받아먹으면, 용서하고 없던 일로 하겠다는 뜻일 거야." 한 아이가 의견을 냈다. 모두 좋

---

[*] 물이나 우유에 메밀 같은 곡물을 넣어 끓인 요리.

여름 캠프

은 생각이라고 했다. 모르트카로서는 다행스럽게도, 개는 기분이 "아주 좋았다." 모르트카가 다가가자 꼬리를 흔들며 고기를 받아먹었다. 개가 모르트카를 완벽히 용서했다는 결론을 내리고 아이들은 그에게 5점을 주었다. 하지만 모르트카는 죄책감이 든 나머지, 그다음 날 자기 점수를 낮춰달라고 했다.

어린이 법원을 꾸리는 일은 그리 쉽지 않았다. 코르차크는 어렸을 때 이미 아버지처럼 법정에 나가서 노동자들의 권리를 변호하는 자신의 모습을 상상해보았을 것이다. 아버지가 사법제도의 불공평함에 불만을 얘기하는 것도 아마 들어보았을 것이다. 이제 진정한 정의가 구현되는 어린이 법원을 그가 직접 만들어볼 기회였다. 가령 누구나 자기를 못살게 괴롭히는 아이가 있으면 고소를 할 수 있게 하고, 다른 아이들이 판사가 되어 판결을 내리게 했다. 코르차크는 아이들이 어린이 법원에 자기만큼 열의를 보이리라 생각했지만, 실상은 그렇지 않았다. 아이들은 괘씸한 친구를 한 대 쳐서 코피 내는 것보다 고소하는 것이 효과적이라는 개념을 이해하지 못했다. 뿐만 아니라 서로 고자질하는 것을 달가워하지 않았다. 법원은 코르차크가 규칙을 어긴 몇몇 아이를 직접 고소하고 나서야 운영이 시작되었다.

처음엔 무작위적인 방법으로 판사를 정했다. 코르차크는 판사를 하고 싶은 사람은 모두 베란다에서 오후 1시에 만나자고 하고는 일부러 30분 늦게 갔다. 아이들은 기다리다 못해 대부분 자리를 뜬 뒤였다. 꿋꿋이 남아 있던 아이들에게 판사를 시켰다.

매주 한 번 베란다나 숲속 공터에서 민사재판과 형사재판이 열렸다. 지도교사 두 명이 각각 검사와 변호인 역할을 맡았고, 아이 세 명이 판사를 맡았다. 가장 심각한 규칙 위반은 숲속에 혼자 들어간 행위("황소가 달려들 수 있으므로" 금지되어 있었다), 그리고 식사 종을 무시한 행위("한 사람 한 사람마다 코를 잡아 식탁에 끌고 올 수는 없으므로")였다.

'꽃 따러 간 아이들' 사건에서는 꽃 따러 어디론가 사라졌다가 아침 식사에 늦은 아이 둘이 재판을 받았는데, 도시에서는 꽃을 따 볼 일이 없었다는 점과 초범이라는 점이 참작되어 무죄 판결이 내려졌다. 그러나 '솔방울' 사건에서는 판사들이 관대하게 넘어가주지 않았다. 피슈빈이 솔방울 안에 돌멩이를 넣어 다른 아이에게 던지고도 반성하는 기색이 없었기 때문이다. 검사는 그에게 범행 동기를 자백시키려 했으나 쉽지 않았다.

"왜 그랬습니까?"

"솔방울을 너무 많이 갖고 있어서 어떻게 해야 할지 몰라서요."

"그냥 버리면 되지 않습니까?"

"그럼 아깝잖아요."

이 말에 방청객들 사이에서는 웃음이 터졌다.

"솔방울 중에 돌멩이가 섞여 있지 않았던 게 확실합니까?"

"몰라요."

피슈빈은 나이가 어렸으므로 구금 10분이라는 가벼운 형이 선고되었다.

코르차크는 재판 내용과 아이들의 반응을 상세히 기록했다. 그때그때 진행 방식을 조금씩 바꿔보기도 했다. 코르차크도 물론 알고 있었겠지만, 일찍이 18세기 말에 폴란드에서는 어린이 법원이 시험적으로 운영된 역사가 있었다. 국가교육위원회(유럽 최초의 교육 전담 부처였다)에서 학생들이 자신들의 분쟁을 스스로 해결할 수 있

여름 캠프

87

는 '중재 법원'을 개설할 것을 권고한 데 따른 것이었다. 처벌은 예컨 대 축일 행사 때 최상급생에게 제복은 입되 칼을 차지 못하게 하는 것 따위였다. 그러나 여러 지역에 조직된 이 어린이 법원은 폴란드 분할 뒤에 곧 운영이 중단되었다. 어린이 법원은 그 후 반세기가 지나서야 유명한 교육자 브로니스와프 트렌토프스키로 인해 부활되었다. 그는 이런 말을 남겼다. "학생이 규칙을 어기면 또래 학생들에게 판정하게 하라. 사람은 누구나 동등한 상대에게 판정받고 싶기 마련이다. 왕은 왕에게, 과학자는 과학자에게, 아이는 아이에게. 그래야 교사가 내린 판결보다 덜 분할 것이고, 효력도 더 클 것이다." 트렌토프스키의 어린이 법원은 그 전신들과 마찬가지로 오래가지 못했고, 코르차크의 어린이 법원도 캠프가 끝날 때까지 사실 큰 진전을 보지 못했다.

캠프 일정을 모두 마치고 바르샤바로 돌아가기 전날, 아이들 사이에서 '시인'으로 통하던 오이제르는 이런 시를 썼다.

집에 가기 전날 기념 파티를 여는 아이들.
푸른 숲 대신 눅눅한 벽지가 이제 기다리네.
지금은 햇살에 환히 웃는 꽃들도,
겨울이 오면, 시들고 말리.

그날 밤 아이들은 선생님에게 황새 둥지를 선물이라며 내밀어 코르차크를 깜짝 놀라게 했다. 그리고 모두 모닥불 주위에 둘러앉아 마지막 지는 해를 구경했다. 내일 바르샤바에서는 이런 아름다운 광경을 볼 수 없을 거라고, 거리에 늘어선 흉측한 노란색 등불이 전부일 거라고 코르차크는 아이들에게 말해주었다. 도시의 밤은 점등원

아이들의 왕

이 가로등에 불을 붙이면서 찾아왔지만, 이곳의 밤은 해가 직접 빛을 거두고 어둠을 드리우면서 찾아왔다.

지는 해가 차츰 수평선 너머로 사라지자, 아이들은 "없어졌어!" "아냐, 아직 조금 있어!" 하며 번갈아 외쳤다.

"자, 이제 우리 다 같이 손을 잡고, 노래를 부르고 깃발을 높이 흔들면서 힘차게 걸어가자. 바르샤바가 아닌 다른 곳으로." 코르차크가 말했다.

"어디요? 우리 어디로 가요?" 아이들이 궁금해하며 물었다.

"해가 있는 곳으로."

아이들의 눈이 동그래졌다.

"길이 멀지만 우린 갈 수 있어. 들판에서 자고, 노잣돈을 벌면서 가면 돼."

아이들도 마음이 동했다. 게셸이 바이올린을 연주해 우유를 벌고, 오이제르는 시를 낭송하고, 아론은 이야기를 들려주고 빵을 얻으면 될 것 같았다.

"우리 아주아주 많이 걸을 거야. 바인라우흐가 힘들어하면 휠체어를 만들어서 태우고 교대로 밀고 가자."

"그다음엔요?" 아이들이 물었다.

그가 미처 대답을 꺼내기 전에 저녁 식사를 알리는 종이 울렸다. 다음 날, 선생님과 아이들은 기차를 타고 바르샤바로 돌아갔다. 얼마 뒤 코르차크는 폴란드를 떠나 일 년 가까이 유럽에 머물렀다.

그해 가을 코르차크가 소아의학을 더 전문적으로 배우러 베를린으로 떠난 것은, "빛과 지식"을 얻고자 독일로 향했던 얀 다비트를 비롯한 여러 폴란드 지식인들의 발자취를 따른 것이었다. 당시 번영

여름 캠프

하던 독일제국의 수도 베를린은 유럽에서 손꼽힐 만큼 우수한 의료 체계를 갖춘 곳이었다. 특히 공공위생과 유아 및 고아 보육 분야에서 앞선 제도로 유명했다. 유학길에 오르려면 어린이병원을 휴직해야 했고 어머니도 홀로 두고 가야 했기에, 코르차크는 동료들과 독일행의 장단점을 의논해보았다. 도움이 될 것이라는 의견도 있었고 실망할 것이라는 의견도 있었다. 여러 사람이 독일에 가면 주의할 행동을 일러주었지만, 그는 단 두 가지만 명심하기로 했다. 지위 고하를 가리지 않고 누구하고나 악수를 나누는 자신의 습관을 지양하는 것, 그리고 셔츠 칼라를 하루에 두 번은 바꿔 다는 것이었다.

베를린에서 코르차크는 유명 작가가 아닌 가난한 학생일 뿐이었다. 깨끗하고 수건을 꼬박꼬박 갈아주는 저렴한 방을 구했다. 아침은 기본으로 제공되었지만 저녁은 돈이 없어 우유 두 잔과 빵으로 때우기도 했다.

베를린의 우수한 버스 운송 체계(바르샤바에는 그런 것이 없었다)와 하루 열두 시간 개방하는 수많은 무료 도서관은 그의 감탄을 자아냈다. 그러나 도시는 그의 존재에 "무심해" 보였다. 그는 8월부터 9월까지 베를린 의학협회 후원으로 의사들에게 제공되는 하계 보수교육을 받았다. 버스처럼 시간을 정확히 지키는 교수들에게 감탄했지만 강의를 돈 내고 듣는다는 것은 마음에 들지 않았다. 지식을 돈 받고 파는 대학은 "시장"이나 다름없어 보였다. 그럼에도 그는 신경학과 심전도학의 특별 강좌를 신청해 다른 외국인들과 함께 수강했고, 결핵 같은 어린이 질환에 관한 최근 연구 결과도 배웠다. 독일의 소변검사와 혈액검사 같은 발전된 의료기술을 직접 접하면서 폴란드의 뒤떨어진 수준과 내심 비교하지 않을 수 없었다. 그렇지만 두 달간의 교육이 끝날 무렵에는 "공장"에서 일하고 있는 기분이었다. 공책을 죽 훑어봐도, 자신의 현업에는 그리 큰 도움이 될 것 같지 않았다. 성과라면 이미 갖고 있던 생각을 다시 한번 확인한 것뿐이었다. 모든 판단은 자신의 관찰에 근거해야 하며, 자신의 손으로 검증하지 않은 이론은 믿지 말아야 한다는 것.

코르차크는 또 세계적인 유대계 독일인 소아과 전문의, 하인리히 핑켈슈타인과 아돌프 바긴슈키에게서 각각 두 달씩 배웠다. 그리고 지적장애인 보호시설에서 한 달, 테오도어 치엔 박사의 샤리테 대학병원 정신과에서 한 달을 지냈다. 정신병자 수용소와 비행청소년의 구금시설도 여러 곳 찾아가 보다 짧게 머물렀다. 1908년 늦봄에 독일을 떠난 그는, 스위스에 들러 취리히의 신경과 병원에서 한 달간 인턴으로 일했다. 1908년 초여름에 바르샤바에 돌아와보니, 도시는 무척 가난하고 시골티를 벗지 못한 모습으로 다가왔다.

코르차크는 어린이병원으로 돌아가기 전에 폴란드인 소년 150명을 데리고 4주간 캠프를 한 번 더 떠나는 사치를 누렸다. "못 말리는 개구쟁이들이 넘쳐났다." 이번에는 《유스키, 야시키, 프란키》라는 책에 그 이야기를 담아냈다. 이번에도 서투른 안경잡이 지도교사가 자연 속에서 처음으로 마음껏 뛰노는 도시의 뒷골목 아이들과 교감하려고 분투하는 여정을 유쾌하게 그려냈다. 그는 책 속에서 얼뜨기 교사처럼 묘사되었지만, 나름대로 일 년 전 유대인 소년 캠프에서 고안했던 방법들을 보완해 발전시켜나가고 있었다. 술꾼인 아버지와 병약한 어머니 밑에서 보살핌을 못 받기 일쑤였던 빈곤 가정 아이들은 이번에도 그를 골탕 먹일 계략을 짰지만, 그는 이제 준비가 되어 있었다. 아이들의 이름을 꼼꼼히 외우고 첫인상을 기록해두었다. 그중에서도 제일 기가 세서 틀림없이 말썽을 부릴 녀석들

여름 캠프

91

을 마음속으로 가려두었다. 둘째 날, 동이 트기 전부터 아이들 침실에서 시끌벅적한 소리가 나더니, "나는 파란 옷 입은 장관이다!" 하고 외치는 소리가 들렸다. 코르차크는 화를 내는 대신 과장된 몸짓으로 쿵쿵거리며 들어와서는 물었다. "그래, 누가 파란 옷 입은 장관이야?" 일순간 흐르던 긴장감은 그가 폭소를 터뜨리자 한 방에 날아갔다. "마치 단 한 번의 공격으로 전투를 이긴 나폴레옹처럼" 그는 아이들에게서 신뢰를 얻어냈다. 아이들의 신뢰를 얻지 못하고서는 "아이들에 관한 책을 쓸 수 없음은 물론, 아이들을 사랑하고 키우고 관찰할 수도 없는 것"이었다.

어린이 법원도 운영해보았다. 사건 중에는 짓궂은 아이 셋이 허약하고 말을 더듬는 야시에크에게서 베리를 훔친 건이 있었는데, 판사들은 세 아이에게 벌을 내리지 않았다. 이미 다른 아이들이 도둑과는 놀지 않겠다며 이들을 상대해주지 않았기에 충분히 벌을 받았다는 이유에서였다. 세 아이 중 둘은 금방 반성하고 행동을 고쳤지만, 한 아이는 예외였다. 그러다가 "숲의 기도"를 듣고는 마침내 태도를 바꾸었다. 그것은 나무들이 말을 하고 하늘에서 대답이 들려오는 신비한 현상이었다. 그 순간을 경험하는 사람은 누구나 "영혼에 이상야릇한 느낌이 들면서" 슬프지도 않은데 영문을 알 수 없는 눈물이 왈칵 나온다고 했다. 그리고 그다음 날 아침이면 완전히 새사람이 된다고 했다.

교사의 도움에 힘입어 폴란드 아이들이 스스로 문제를 극복해가는 모습을 보며, 그는 유대인 아이들이 거쳤던 과정을 떠올렸다. 세월이 흐른 뒤 〈월간 유대인〉지에서 유대인 아이들과 폴란드인 아이들을 비교해달라고 하자, 그는 사회평론가 존 러스킨의 말을 인용해 아이들 사이에서는 차이점이 아닌 공통점을 찾아야 한다고 했

아이들의 왕

다. 그리고 "진정한 과학자"라면 알코올이 생쥐에 미치는 영향을 알아내려고 생쥐 3만 2천 마리를 여덟 세대까지 실험할 텐데, 자기는 고작 일 년에 아이 200명을 관찰할 뿐이라며 자조 섞인 웃음을 지었다. 또 설령 심리학 실험을 한다 해도 그 결과를 어떻게 믿을 수 있을 것인가? 물론 유대인 아이들이 폴란드인 아이들보다 더 감정적이라는 말은 들었지만, 자기가 봤을 때는 두 그룹의 아이들 모두 같은 영화를 보여주었을 때 기쁨의 눈물과 슬픔의 눈물을 다 흘렸고, 그 눈물방울을 하나하나 세어보기 전에는 어느 한쪽이 다른 쪽보다 더 감정적이라고 단언할 수 없을 것이라고 했다. 자신은 개인적 경험에서 얻은 답을 선호한다는 말도 덧붙였다.

그해 9월 어린이병원에 복직해 다시 일을 손에 잡자 익숙한 절망감이 새삼스레 다시 밀려왔다. 여기서 나는 뭘 하고 있는 건가? 아픈 아이를 낫게 해봤자 무슨 소용인가? 낫고 나면 건강하지 못한 환경으로 다시 돌아가는데? 그러던 무렵, 피부염과 성병 진단의로 명성이 높은 이자크 엘리아스베르크라는 동료가 자기와 아내 스텔라가 속한 '고아구호회'라는 단체의 이야기를 꺼냈다. 코르차크는 관심 있게 들었다. 그 단체에서 어느 보호시설의 기금 모금 행사를 연다고 했다. 그러면서 만약 코르차크가 참석해주면 부유한 자선가들을 부르는 데 도움이 되겠다고 했다.

코르차크는 그러겠다고 했다. 이 일이 어떤 뜻밖의 결과를 낳게 될지는 물론 전혀 알지 못했다. 그곳에서 그는 스테파니아(스테파) 빌친스카를 만나게 된다. 그녀는 가난한 아이들의 이상적인 안식처를 만들겠다는 그의 꿈을 앞으로 함께할 사람, 그리고 그 꿈이 실현되도록 도와줄 사람이었다.

여름 캠프

결심

보호시설은 프란치슈칸스카 거리의 허물어져가는 옛 수녀원 건물에 자리하고 있었다. 코르차크가 도착했을 때는 행사가 이미 진행 중이었다. 코르차크는 뒤쪽에 서서, 시인이자 동화작가 마리아 코노프니츠카의 작품을 소재로 한 공연을 구경했다. 창백하고 가녀린 까까머리 아이들이 깨끗하지만 몸에 맞지 않는 옷을 입고, 한 주 내내 열심히 외운 시를 낭송하고 있었다. 아이들의 수줍은 웃음에 그는 적잖이 감동을 받았고, 흘러나오는 눈물을 좀처럼 참을 수 없었다.

아이들은 모두가 부모 없는 고아는 아니었다. 아버지는 폐결핵이나 영양불량, 과로로 죽고 어머니는 홀로 가족을 먹여 살리려니 어쩔 수 없이 일하는 동안 아이들을 보호시설에 맡긴 경우가 대부분이었다. 나이가 좀 있는 아이들은 벌써 세상 물정에 밝고 강단이 있었다. 푹 들어간 눈과 불안 섞인 새된 웃음소리에는 슬픔이 깃들어 있었다. 그가 바르샤바 뒷골목의 폴란드인 고아들—"열 살 인생의 무게를 훌쩍 뛰어넘는, 여러 세대의 짐을 영혼 깊숙이 짊어진 보기 드문 아이들"—에게서 익히 보아왔던 그 슬픔이었다.

스테파는 한쪽에 서서 아이들을 지도하고 있었다. 아이들의 대사에 맞춰 자기 입을 움직이고 있었다. 아이들은 저마다 순서를 마치자마자 그녀에게 달려와 안겼다. 치맛자락에 주렁주렁 매달려 그녀의 곁을 떠나지 않았다.

스테파는 젊었던 그 시절에도 미인이라고는 할 수 없었다. 나이가 스물셋으로 코르차크보다 여덟 살 어렸고, 키는 머리 하나는 더 컸다. 얼굴은 넓적하고 이목구비는 수수했지만, 그래도 굳이 꼽자면 눈이 제일 나았다. 진지한 검은 눈동자에는 따스함과 강인함이 배어났다. 그녀의 당시 사진을 보면, 단순한 단발머리와 진지하고 딱 부러진 표정이 앞으로 30년간 수백 명의 아이들을 돌볼 그녀의 운명을 이미 짐작케 한다. 아무 꾸밈없는 납작한 흰색 칼라에 검은색 스웨터, 중년 부인 같은 통통한 몸매도 눈에 띈다.

동화 유대인 가정에서 자란 스테파는 코르차크와 여러모로 성장 배경이 비슷했다. 그녀는 이디시어를 할 줄 몰랐고, 유대교 의례에 대해서도 아는 게 거의 없었다. 그녀는 부모님, 언니 율리아, 남동생 스타니스와프(스타시)와 함께 방 여섯 개짜리 아파트에서 살았다. 아파트가 있던 건물은 어머니가 혼수로 가져온 것이었다. 첫째 언니와 둘째 언니는 이미 결혼해 따로 살고 있었다. 직물 공장 사장이던 아버지는 몸이 병약했기에 아이들 키우는 일은 거의 어머니 책임이었다. 여자가 고등교육을 받는 일이 드물던 시절이었지만, 열렬한 폴란드 애국자였던 어머니는 셋째, 넷째 딸을 모두 야드비가 시코르스카가 운영하는 명문 사립여학교에 보내고(폴란드 문화를 몰래 가르치는 학교였다), 대학은 바르샤바의 러시아 대학 대신 벨기에의 리에주 대학으로 보냈다. 딸들이 유학 가 있는 동안 어머니는 열심히 혼수품을 장만해, 자기 방에 둔 커다란 혼수함에 차곡차곡 채워두었다. 옷 단추 하나하나까지 꼼꼼히 달면서 모든 물건을 철저히 준비했지만(어머니는 옷에 단추가 얼마나 튼튼하게 달려 있느냐로 사람의 인격을 판단하는 사람이었다), 두 딸 모두 평생 시집을 안

결심

95

갈 줄은 꿈에도 몰랐다. 어린 아들과 남편을 보살피느라 집에 매여 있던 이 정력적인 여인은, 철도마차를 타고 도시의 먼 동네를 둘러보고 오는 것으로 좋아하던 여행에 대한 갈증을 풀었다. 그러고 나면 어디 해외여행이라도 갔다 온 것처럼 기분 전환이 되곤 했다. 스테파의 가치관과 살림 꾸리는 능력은, 이 평범치 않았던 어머니에게서 상당 부분 물려받은 것이었다.

스테파는 자연과학이 전공이었지만, 그녀의 진짜 관심은 교육에 있었다. 바르샤바에 돌아온 스테파는 동네에 고아구호회에서 운영하는 조그만 유대 아동 보호시설이 있는 것을 발견하고는, 곧바로 자원봉사를 시작했다. 얼마 지나지 않아 그녀는 보호시설에서 없어서는 안 될 존재가 되었고, 스텔라 엘리아스베르크는 그녀에게 아예 시설 운영을 맡겼다. (고아구호회가 시설을 인수하기 전에 운영을 맡았던 이는 코딱지만 한 지원금을 착복해 좋은 옷과 음식에 제멋대로 썼고, 비쩍 마른 아이들은 누더기를 입고 지저분한 바닥을 기어다니며 던져준 썩은 감자를 먹고 살았다.) 스테파가 밑에 둔 유일한 직원은 다른 고아원에서 지내는 열세 살의 열성적인 소녀, 에스테르카 베인트라우프였다. 에스테르카는 스테파에게 딸과 다름없는 존재가 되었다.

스테파는 또 보호시설 일을 하면서 엘리아스베르크 부부와 무척 친해졌다. 엘리아스베르크 부부에게서 야누시 코르차크가 보호시설의 모금 행사에 온다는 소식을 듣고, 스테파는 유명한 아동복지 옹호론자인 코르차크라면 틀림없이 보호시설 일에 관심을 보일 거라고 생각했다. 하지만 그의 관심이 얼마나 클지는 예상하지 못했다. 코르차크는 그 후로 이따금씩 보호시설에 들러 스테파와 이야기를 나누고 아이들과 놀아주곤 했다. 홀쭉하고 겸손한, 머리숱 적

아이들의 왕

은 의사 선생님이 나타나기만 하면 아이들은 신나서 환호성을 질렀다. 의사 선생님은 늘 주머니에 사탕과 요술 도구가 가득했고, 수수께끼와 옛날이야기가 화수분처럼 끝없이 나왔다. 두 사람은 훌륭한 조합이었다. 스테파는 엉망진창인 모든 것에 질서를 잡는 능력이 있었고, 코르차크는 아이들을 쉽게 다루는 능력이 있었다. 나중에 스스로가 "교육자적 사랑"이라고 부른—감상적이지 않고 상호존중에 기반한—코르차크의 사랑은 모든 아이를 따뜻하게 보듬어주었다. 특히 에스테르카는 상냥하고 남을 잘 돕는 성격으로 스테파뿐 아니라 코르차크의 사랑도 듬뿍 받았다. 나중에 두 사람이 에스테르카를 스테파의 모교인 벨기에의 대학에 보낼 일을 의논하는 모습은, 딸의 장래를 고민하는 부모의 모습과 다를 바 없었다.

보호시설 밖의 삶이 점점 힘겨워지면서 코르차크에게 보호시설 안의 삶은 점점 중요해졌다. 1909년 7월 22일, 공교롭게도 코르차크의 생일이었던 날, 매제 유제프 루이가 서른아홉의 나이에 죽었다. (특이한 성을 가진 이 루이라는 이가 어떤 사람이었는지, 당시 프랑스어 법률 번역가로 일하던 여동생 안나와 어떻게 결혼했는지는 아무것도 알려져 있지 않다.)

누구에게나 힘든 시기였다. 러시아의 탄압이 다시 기승을 부리면서 지식인, 사회주의자, 혁명 당원 같은 폴란드 사회의 지도급 인사 수천 명이 투옥되거나 시베리아로 유배를 갔다. 대학들은 문을 닫았고, 1905년 실패한 혁명 이후 얻어냈던 일부 개혁 조치마저 대부분 철폐되었다. 4년 전 경찰이 〈목소리〉지를 폐간시키자 야드비가 다비트가 뒤이어 창간했던 〈사회〉지마저 정간 처분을 당하고 말았다. 정치적 탄압 때문인지, 남편에게 다른 여자가 생긴 일 때문인지, 아니면 둘 다 원인이었는지 모르지만, 야드비가는 극심한 신경

쇠약에 시달렸다. 그다음 해, 야드비가는 우물에 몸을 던져 자살하고 만다. 그녀의 나이 마흔여섯이었다.

코르차크는 다른 여러 작가들과 함께 검거되어 스포코이나 형무소에 수감되었다. 불행 중 다행히도 이동대학 시절 알고 지냈던 교수, 유명한 사회학자 루드비크 크시비츠키와 같은 감방을 쓰게 되었다. 크시비츠키는 마르크스의 저작을 폴란드어로 번역하기도 한 급진적 사회주의자로, 주옥같은 강의를 펼치던 강의실에서처럼 감방에서도 편안해 보였다. 감방은 그가 강의를 준비하는 공간이었고, 그는 감방을 쉼 없이 드나드는 운명을 마치 일상처럼 불만 없이 받아들였다. 얀 다비트나 바츠와프 나우코프스키 같은 이들이, 정치활동은 폴란드의 내부 문제를 푸는 데 도움이 되지 않는다며 오래전부터 회의를 품었던 것과는 대조되는 모습이었다.

크시비츠키는 "가장 긴 산책"이 일곱 걸음이고 유일한 벗이 파리 한 마리인(그 파리에 관해 아들에게 기나긴 편지를 쓰기도 했다) 비좁고 창 없는 감방 생활에 완벽히 적응한 상태였다. 코르차크는 크시비츠키가 짜증스러운 주변 환경에 신경을 끊고 내면의 자아를 온전히 유지하는 데 골몰하는 모습에 감탄하곤 했다. 크시비츠키 교수는 자료와 지도를 꼬질꼬질한 바닥에 펼쳐놓고 고대 부족의 이동 경로를 손가락으로 짚어가며, 하루하루를 마치 자기 서재에 앉아 있는 것처럼 보냈다. 코르차크는 크시비츠키와 두 달을 함께 지냈는데, 그에게서 목표를 향해 정진하라는 격려를 받았던 것으로 보인다. (크시비츠키에게서 배운 극기와 절제는 코르차크가 나중에 나치 치하에서 수감 생활을 할 때 많은 도움이 되었다.)

코르차크는 얼마 전에 아이를 치료해준 인연이 있던 폴란드 고위직 인사의 탄원 덕분에 감옥에서 풀려났다. 그리고 다시 일상으로

아이들의 왕

돌아가 스테파가 있는 보호시설에서 아이들과 최대한 많은 시간을 보냈다. 그러던 중 엘리아스베르크 부부가, 열악한 현재 건물에서 현대적 시설을 갖춘 큰 고아원으로 아이들을 옮기고 싶다는 꿈을 그에게 귀띔해주었다. 스테파가 관리를 맡기로 했다면서, 코르차크 같은 사람이 함께해 준다면 고아구호회에서 후원자를 더 모아 고아원 설립에 필요한 큰돈을 마련할 수 있을 것이라고 했다. 엘리아스베르크 부부의 제안은 타이밍이 너무나 절묘했다. 정치적 현실에 낙담하고 병원 근무에 여전히 회의를 느끼고 있던 코르차크는 인생의 큰 변화를 시도할 마음의 준비가 되어 있었다.

　1910년, 바르샤바의 시민들에게는 야누시 코르차크가 탄탄대로를 걷던 의사이자 작가로서의 생활을 접고 유대 아동 고아원의 원장이 되려 한다는 다소 놀라운 소식이 전해졌다. 원대한 뜻을 품은 이 소아과 의사가 이제 의술만으로는 만족할 수 없음을 이해하는 이는 드물었다. 심리학자 에릭 에릭슨이 간디의 변호사 생활을 두고 했던 말을 빌리면, 의사 생활은 "개혁을 꿈꾸는 그의 열망에 부응하지 못했다." 고아원 운영은 코르차크에게 자신의 교육관을 일부 실천에 옮겨볼 수 있는 기회였다. 그리고 남들 눈에는 그가 고아원을 맡는 것이 개인적 희생을 무릅쓰는 것처럼 보였을지 몰라도, 그는 그렇게 생각하지 않았다. 나중에 그는 어느 인터뷰에서 이렇게 말했다. "제가 교육자가 된 것은 아이들과 함께 있을 때 가장 마음이 편했기 때문이었습니다." 그러나 쉬운 결정은 아니었다. 그는 또 이렇게 적기도 했다. "내가 목표를 이루고자 선택한 길은 가장 빠른 길도 아니요, 가장 편한 길도 아니다. 하지만 내 스스로 택한 길이기에 내게는 최선의 길이다. 나는 그 길을 적잖은 수고와 고통을 치르고서야,

결심

그리고 그때까지 읽은 책이나 남들의 경험과 의견은 하나같이 믿을 것이 못 된다는 사실을 깨닫고 나서야, 비로소 찾을 수 있었다."

결정을 내리기 더 힘들었던 이유는 병원을 떠나 고아원으로 간다면 의술을 저버리게 되는 것이 아닌가 하는 생각 때문이었다(그러한 갈등은 그의 평생 숙제로 남았다). 의술을 버리고 교육을 택한다기보다, 그 두 분야를 결합할 수 있으리라 믿고 싶었다. 고아원을 임상 관찰의 장으로 삼아, 교육 분야에서도 구체적인 증상에 근거를 둔 진단 체계를 만들고 싶었다. 마치 의사가 환자의 증상을 보고 병을 진단하는 것처럼 교사도 학생의 기분을 알아챌 수 있어야 한다는 생각이었다. "의사가 환자의 열, 기침, 메스꺼움을 대하듯 교사도 학생의 웃음, 눈물, 빨개진 얼굴을 대해야 한다"는 것이었다. 또 의학의 관심사는 아픈 아이를 낫게 하는 것뿐이지만, 교육은 아이의 모든 면을 조화롭게 길러줄 수 있지 않은가. 교육자가 된다면 "아이의 영혼을 다듬는 조각가"가 될 수 있을 것 같았다.

그가 만들어갈 작은 공화국은, 자신이 한때 비스와 강변을 거닐며 구상했던 '인생 학교'만큼 야심찬 형태는 아니었다. 그때 생각했던 인생 학교는 하나의 이상적인 종합 시설로, 집 없는 사람들의 생활시설, "교육의 필수 요건"이라 할 몸의 고통을 이해하도록 도와줄 병원, 금전을 관리하는 실용적 지식을 가르칠 은행, "본질적이지 않은 것들의 덧없음"을 가르쳐줄 전당포를 모두 갖춘 곳이었다. 그렇지만 그의 공화국은 어린 시민들이 직접 의회나 법원, 신문사를 운영할 공정한 사회였다. 아이들이 함께 협력하는 과정에서 배려와 공정함을 배우고 타인에 대한 책임의식을 길러, 나중에는 그런 자질을 지니고 어른들의 세상에 나가게 되리라는 생각이었다. 고아들에게 타인에 대한 존중을 가르침으로써 자존감을 키워나갈 바탕을 마련

아이들의 왕

해주려 했다는 점에서, 코르차크는 오늘날 '도덕교육'의 개념을 개척한 선구자였다. 그의 관심사는 아이들에게 읽고 쓰는 법을 가르치는 것이 아니었다. 그런 것은 공립학교에서 배우면 되었다. 그의 관심사는 도덕의 문법을 가르치는 것이었다.

어린이 공화국의 바탕에 깔린 철학은 이런 것이었다. 어린이는 미래의 사람이 아니라 현재의 사람이다. 어린이는 중요한 존재로 대접받을 자격이 있다. 어린이는 어른에게 다정하고 공손하게, 주종 관계가 아닌 동등한 관계로 대우받을 권리가 있다. 어린이에게 자신의 운명이 이끄는 대로 성장하도록 시간과 기회를 주어야 한다. 한 아이 한 아이마다 그 속에 담고 있는 "미지의 인간"이 곧 우리 미래의 희망이니까.

직접 선택할 수 있었다면, 코르차크는 어린이 공화국을 유대인과 가톨릭 아이들이 혼합된 집단으로 구성했겠지만 그건 불가능했다. 종교 교파마다 아이들의 교육을 따로 맡고 있는 현실에서, 고아구호회는 엄연히 유대인 자선단체였다. 그럼에도 코르차크는 종교 간에 거리를 좁히고자 폴란드 교사협회에서 활발히 활동하며 자신의 연구 사례를 폴란드인과 유대인 아동 보호시설에 모두 적용할 수 있는 모델로 제시하곤 했다.

고아원 부지는 가톨릭교와 유대교 주민이 섞여 사는 빈민가, 크로흐말나 거리 92번지에 마련되었다. 수백 년 동안 유대인과 폴란드인이 뒤섞여 부대끼며 살아온 바르샤바의 거리들이 다 그랬지만, 크로흐말나 거리도 두 가지 상반된 모습을 지니고 있었다. (크로흐말나 거리 10번지에서 자란 소설가 아이작 바셰비스 싱어는 이 거리를 가리켜 "내가 끝내 파헤치지 못한, 고대 유적지의 깊숙이 묻힌 층"이라고 했다.) 악명 높은 아랫동네에 널브러진 공동주택에는 도둑과

결심

101

협잡꾼, 매춘부 들이 살았고, 싱어의 아버지를 비롯한 가난한 하시디즘⁺ 랍비들과 독실한 가정주부들도 살았으며, 짐꾼, 구두장이, 직공 같은 바르샤바의 30만 빈곤 유대인들도 꽤 많은 수가 살았다.

그에 반해 윗동네는 퍽 한산했다. 고아원이 들어설 땅에는 작은 과수원까지 있었다. 부지 주위에는 작은 공장과 가게, 목조주택 들이 있었고 소박한 가톨릭 성당도 하나 있었다.

고아원을 설계하는 일은 코르차크에게 "큰 의미가 있는 경험"이었다. 그는 일주일에 며칠 저녁은 엘리아스베르크 부부의 집에서 건축가 두 명과 만나 설계를 논의했다. 그러면서 처음으로 "기도하듯 일한다는 것과 실제적 작업의 아름다움"을 이해하게 되었다. 그는 그저 벽과 창문이 있는 건물을 설계하는 것이 아니라 영적인 공간을 창조하고 있었다. "닭장 같은 도시의 아파트"나 "수녀원과 막사의 단점을 한데 모은" 비위생적인 보호시설에서 최대한 벗어난 건물을 만들고 싶었다. 그의 목표는 널찍하고 밝고 바람이 잘 통하는, 그 어떤 아이도 부족함을 느끼지 않는 공간을 만드는 것이었다. 그는 "지금 도면 위의 사각형 하나가 나중에 홀이 되고 방이 되고 복도가 된다"는 것에 신기함을 감추지 못했다. 하지만 너무 들뜬 나머지 신중함을 잃어서도 안 되었다. "순간적으로 내리는 결정 하나하나가 건축가에게는 영구적인 형태로 구현하라는 지시"가 되었다. 모든 아이디어는 예산과 구현 용이성, 유용성에 비추어 그 가치를 저울질해야 했다. 그는 자신 같은 교사는 건축 자재에 통달하지 않고서는 그리 유능한 설계자가 될 수 없음을 깨달았다. "작은 선반 하나, 금속판

⁺ 신비주의적 유대 신앙 부흥운동. 계율을 철저히 지키고 사회적으로 격리되어 생활한다.

하나, 알맞은 곳에 박은 못 하나가 중대한 문제를 해결할 수 있었다."

엘리아스베르크 부부의 네 딸 중 맏딸인 헬레나는, 재미있는 의사 선생님이 저녁에 건축가들과 작업하러 오는 날을 자매들이 손꼽아 기다렸다고 말했다. "우리는 그런 어른은 처음 보았다. 아저씨는 우리 집에 오면 마치 숙녀 앞에서처럼 우리 손에 입을 맞추었고, 가끔씩 우리한테 놀러 와 웃고 농담하기도 했다. 자기 대머리에 도면에 쓰던 색연필로 낙서를 하게 해주기도 했다."

고아원이 지어지길 기다리는 동안 코르차크는 파리에서 반년 정도 지내며, 3년 전 베를린에서 지냈던 때와 비슷하게 소아과 전문의들 밑에서 수련을 받고 고아원과 구급시설을 돌아보았다. 파리는 예전부터 폴란드 작가와 예술가가 망명지로 자주 택한 곳이었으니, 그런 이들을 찾아가 만났음 직도 하다. 센 강변을 산책하고 미술관과 박물관을 구경한 이야기를 나중에 지인들에게 들려주기도 했다. 파리에서 지내면서 그는 자신이 기질로 보면 독일인보다는 프랑스인에 더 가깝다는 것을 깨달았다. 베를린은 그에게 "모든 일을 단순화하고 사소한 일을 창의적으로 할 것이며, 이미 알고 있는 것에 차근차근 집중하면서 거기서부터 체계적으로 나아가라"고 가르쳤지만, 파리는 그에게 "우리가 모르지만 알고 싶고 알아야 하며 알게 될 것들을 생각해보라"고 가르쳤다. 베를린이 종일 사소한 문제로 고민하고 애쓰는 오늘이라면, 파리는 번뜩이는 예지와 강렬한 희망, 뜻밖의 성취가 있는 기쁨의 내일이었다. 파리에서 그는 프랑스 임상의들이 쓴 "경이로운" 책들을 탐독하며 흥분에 들떴고, 언젠가 아이들에 관한 권위 있는 책을 쓰겠다는 꿈을 꿨다.

결심

1911년 1월에 코르차크가 바르샤바에 돌아온 것은 스테파 빌친스카의 부친상 때문이었을 것이다. 새해 시작부터 찾아온 어두운 소식이었다. 얼마 후 2월에는 이동대학 시절 지도교수였던 바츠와프 나우코프스키가 거리에서 쓰러져, 며칠 뒤 병원에서 세상을 떴다. 쉰다섯이었다. 나우코프스키의 죽음은 그나마 근근이 유지되고 있던 바르샤바의 지식인 사회에 충격으로 다가왔다. 다비트는 당시 크라쿠프에서 유배 생활을 하며, 야드비가를 잃은 쓸쓸함 속에서 종교체험의 심리학에 관한 책을 쓰고 있었다. 이제는 나우코프스키도—자신의 소신을 굽히지 않아 친구도 많고 적도 많았던 이 듬직한 교수도—코르차크에게 더 이상 힘이 되어줄 수 없었다. 코르차크는 장례식에서 이런 추도사를 읽으며, 구름처럼 모인 폴란드 애국 시민들을 위로했다.

어느 행복한 사람이 세상을 떠났습니다. 자기가 원하는 대로 세상을 살다가, 자기가 원하는 대로 병상에서 세상을 떴습니다. 그는 비겁하게 오늘에서야 그를 칭송하는 이들에 의해 죽임을 당하지 않았습니다. 그는 자신의 사상의 부스러기를 받아먹으며 살을 찌운 이들에 의해 죽임을 당하지 않았습니다. 그는 그의 훌륭함을 깨닫지 못했던 이들에 의해 죽임을 당하지도 않았습니다. 그는 그런 이들과 싸우지 않았습니다. 고개를 돌리고 무시할 뿐이었습니다. 나우코프스키를 데려간 것은 죽음의 사자(使者)였습니다. 우리 모두, 그가 폴란드 땅에 살았던 것을 기쁘게 생각합시다.

남편을 여읜 나우코프스키 부인(그녀는 지질학자였다)을 도와 나우코프스키의 원고를 정리하고 고아원 설계의 막바지 세부 점검을 하면서도, 코르차크는 별로 기운이 나지 않았다. 그는 1911년 6월 14일에 고아원 착공식을 열자마자 영국으로 떠났다. 영국의 고아원을 탐방하는 것이 주된 목적이었지만, 우울한 기분을 떨치려는 생각도 있었을 것이다. 영국에서의 경험은 그가 자신의 삶의 방향을 보다 명확히 정한 계기가 되었던 것으로 보인다.

런던을 출발해 근교의 포리스트힐을 찾아가는 여행길은 쾌적하기 그지없었다. 그는 노면전차의 큰 창과 넓은 좌석, 부드러운 승차감에 놀랐다. 포리스트힐에 도착해서는 부유한 근교의 풍경과 끝없이 펼쳐진 푸른 잔디밭에 다시 한번 놀랐다. 정원사들이 기다란 장대 끝에 달린 가위로 생울타리를 손질하는 광경을 신기해하며 구경했고, 잔디 깎는 기계가 돌아가는 모습을 물끄러미 바라보기도 했다. 자신이 시골 촌뜨기처럼 느껴졌다.

하지만 가장 놀라운 것은 고아원이었다. "아담한 단층집 두 채가 쌍둥이처럼 사이좋게 놓여 있었다. 한 채는 남자아이 30명, 한 채는 여자아이 30명의 보금자리였다." 포리스트힐 같은 부유한 동네에 왜 고아들이 있을까? 이런 곳에서는 사람들이 무엇 때문에 죽을까? 의문이 머릿속에 스쳤다. 원장은 그를 정중히 맞으며 시설을 구경시켜주었다. 그 태도에서는 "독일인의 거만함도, 프랑스인의 지나친 격식도 찾아볼 수 없었다." 남자아이들이 일을 배우는 목공 작업장을 구경했고, 여자아이들이 실습하는 세탁실과 재봉실, 자수 공방도 둘러보았다. 아이마다 텃밭에 자기 땅이 있어서 토끼나 비둘기, 기니피그 들을 길렀다. 학교 건물 옆에는 박물관까지 하나 있었는데, 소장품 중에는 작은 미라 한 구도 있었다.

둘러보고 떠나면서 방명록에 "야누시 코르차크, 바르샤바"라고 사인했다. 말은 없어도 사람들의 머릿속 생각이 보이는 듯했다. '바르샤바? 누군지 참 멀리서도 찾아오셨네. 왜 저렇게 구석구석 뚫어지게 보고 다닐까? 학교? 아이들이 있으니 학교야 당연히 있어야지. 고아원? 고아들이 있으니 지낼 곳이 당연히 있어야지. 수영장? 놀이터? 다 당연히 있어야 하는 것들인데.'

남루한 옷과 해진 구두 차림을 한 자신의 모습이 지나가다 우연히 걸어 들어온 거지처럼 느껴졌다. 노면전차 정류장으로 다시 걸어 돌아가는 길, 눈부시게 펼쳐진 푸른 잔디밭과 깔끔하게 관리된 공원, 널찍한 주민 수영장이 다시금 그를 압도했다. 불현듯 자신의 삶이 "어수선하고 쓸쓸하고 차갑게" 느껴졌다. 자신이 소외되고 고독한, 추레한 이방인처럼 느껴졌다. 그때 갑자기 선명한 깨달음이 왔다. 광인의 아들이자 "러시아 치하에서 유대계 폴란드인으로 살아가는 노예"인 자신은, 세상에서 아이를 낳아 키울 자격이 없었다.

그 깨달음은 "칼날처럼 내 가슴을 파고들었다"고 그는 훗날 적었다. 동시에 "스스로 목숨을 끊은" 기분이 들었다. 그가 낳아서 키웠을지 모르는 아이는 그 순간 그와 함께 죽었다. 그러나 그 자리에는 "새 생명을 얻은" 사나이가, 자신의 아이 대신 "어린이를 위해, 어린이의 권리를 지키며 살겠다는 결심"을 한 사람이 있었다. 그토록 많은 일들에 마음을 정하지 못했던 그였지만, 이 순간 아이를 갖지 않겠다고 확고하게 결심한 것이었다. 자신의 아버지가 실패했던, 그리고 사실 코르차크 자신도 그때까지 관심을 보인 적이 없었던, 결혼하고 가정을 꾸린다는 일의 책임을 포기한 것이었다. 영원히 아이로 살 수는 없지만, 아이의 세계에서 살리라 결심했다(아버지와 달리 "책임 있는 교육자"로서). 이때 그의 나이 서른셋. 그가 태어났을 때 아버지의 나이와 비슷한 나이였다.

아이들의 왕

그는 나중에 "우리는 제정신이 아닌 영혼으로부터 제정신인 행동을 빚어낸다"고 적었다. 그에게 그 행동은 "어린이를 소중히 받들고 어린이의 권리를 수호하겠다는 맹세"였다. 어떤 종교도 그에게 그러한 맹세를 요구한 적 없었다. 그러나 그는 그 어떤 성직자보다 더, 그 맹세를 성실하게 지키며 살아갈 운명이었다.

결심

어린이 공화국

아이는 백 개의 탈을 쓴 노련한 배우다.
엄마, 아빠, 할머니, 할아버지에게 보여주는 모습이 다르다.
엄한 선생님과 너그러운 선생님에게, 요리사와 가정부에게,
친구들에게, 부자와 가난한 사람에게 보여주는 모습이
모두 다르다. 순진하면서 교활하고, 겸손하면서 거만하고,
온순하면서 복수심에 불타며, 고분고분하면서 제멋대로인
아이는, 위장에 워낙 능해 우리를 쥐락펴락할 수 있다.
《아이를 사랑하는 법》

고아원이 제때 완공되지 않아 아이들의 입주 날짜는 1912년 10월로
미루어졌다. 원래 있던 보호시설은 비워줘야 했던 터라, 아이들은
당분간 시골의 한 임시 거처에서 지내야 했다. 북적거리는 도시 빈
민가 소음에 익숙한 아이들에게, 여름 휴가객이 떠난 지 오래된 적
막한 숙소는 왠지 으스스했다. 주변 숲속에 식인종이나 야생동물이
득시글거릴 것 같았다. 마침내 어느 비 내리던 오후, "몸은 꽁꽁 얼고
마음은 들뜬, 시끄럽고 버릇없는" 아이들이 크로흐말나 거리 92번지
에 도착했다. 아이들 손에는 숲에서 갖고 놀던 나뭇가지와 막대기가
그대로 들려 있었고, 행색에선 야생의 느낌이 물씬 풍겼다.

아이들의 왕

흰색 4층 건물이 마치 동화 속의 집처럼 고아들 앞에 모습을 드러냈다. 바르샤바에서도 최신식 건물만 갖추었다는 중앙난방과 전기 시설이 완비된 건물이었다. 1층의 널따란 강당에 발을 들여놓은 아이들은 넋을 잃고 여기저기 돌아다녔다. 두 층을 터서 만든 높은 천장에, 벽면엔 창문이 길쭉길쭉하게 나 있었다. 앞으로 아이들의 식당과 공부방, 놀이방으로 쓰일 공간이었다. 타일 깔린 화장실을 발견한 아이들은 두 눈을 의심했다. 변기는 수세식이고, 반짝거리는 사기 재질의 세면대에서는 더운물과 찬물이 다 나왔다. 악취가 나고 쥐가 들끓던, 평소에 알던 집 밖 변소와는 달라도 너무 달랐다. 타일 깔린 주방까지 구석구석이 다 깨끗하고 예뻤다. 아주 귀한 사람이 살 집 같았다.

아이들은 저녁을 먹고, 커다란 사기 욕조에서 목욕을 했다. 그런 다음 따뜻한 잠옷으로 갈아입고, 남아 생활관과 여아 생활관의 각자 배정된 침대를 찾아갔다. 두 생활관 사이에는 유리벽으로 된 작은 방이 있었다. 코르차크는 그 방에 앉아서 아이들을 지켜보기도 하고 무서워하는 아이를 달래주기도 할 생각이었다.

아직 어린 아이들에게는 나무 난간이 있는 철제 침대를 주었다. 나무 난간은 코르차크가 미리 설계한 대로, 밤에 아이가 깨면 누군가가 보이게 큰 구멍이 가운데에 나 있었다. 그래도 큰 아이 작은 아이 할 것 없이 다들 무서워했다. 늘 꾀죄죄한 거적 위에서 두 언니와 다닥다닥 붙어 잤던 여자아이는 울음을 터뜨렸다. 흰 시트가 깔린 침대를 처음 본 남자아이는 시트 밑으로 파고들었다. 코르차크와 스테파는 이 침대 저 침대 돌면서 아이들을 쓰다듬어주고 입 맞춰주며 안심시켰다. 그렇게 하여 모든 아이를 다 재웠다.

나중에 코르차크가 말하길, 아이들의 공화국을 꾸리는 일은 하

어린이 공화국

루 열여섯 시간을 휴식도 없고 주말이나 휴일도 없이 꼬박 매달려야 하는 일이었다고 했다. 스테파도 처음 몇 해는 너무 바빠서 바깥 생활을 할 짬이 나지 않았다고 한다. 바르샤바에 사는지 시골 마을에 사는지 알 수 없을 정도였다. 그렇지만 두 사람의 머릿속엔 이 공동의 실험이 실패하지 않아야 한다는 생각뿐이었다.

코르차크는 이 '고아들의 집'에서 보낸 첫해가 인생에서 가장 힘든 한 해였다고 이야기했다. 캠프 지도교사를 해본 뒤, 이제 다시는 뜻밖의 상황에 당황할 일이 없을 줄 알았다. 오산이었다. 아이들은 새 보금자리를 감사히 여기고 공동생활의 규칙을 수용하기는커녕, "선전포고"를 하기에 이르렀다. 그랬다는 것도 코르차크는 한참 뒤에야 알았지만. 또다시 그는 거친 아이들 무리를 상대해야 했고, 또다시 앞이 깜깜했다. 아이들은 그가 정한 이런저런 규칙에 질려 무조건 반항할 태세였다. 아무리 회유해도 소용없었다. 강압은 원성을 살 뿐이었다. 아이들이 그토록 기다렸던 새 보금자리였건만 이제는 지긋지긋할 뿐이었다.

아이들에게 익숙한 생활 방식을 바꾼다는 것이 얼마나 어려운 일인지, 코르차크는 시일이 지나서 깨달았다. 이전에 살던 보호시설이 아무리 누추하고 부족했어도, 빛도 안 들고 제대로 갖춰진 게 없었어도 아이들은 그곳이 그리웠던 것이다. 아이들은 새 환경의 "으리으리함에 기가 눌려" 있었다. "누구나 똑같이 수행해야 하는" 규칙적인 일과는 그들의 존재를 "지워버리는" 듯했다. 대장 노릇을 하던 아이들이 무기력해져 제구실을 하지 못했다. 협조적이었던 아이들이 사사건건 반항했다. 노동의 존엄함을 외치는 코르차크의 숭고한 가르침에("식탁을 반질반질하게 닦는 것이 공책에 단정하게 필기하는 것만큼 중요하다") 아이들은 아무 감흥이 없었다. 그가 대결레와 빗자루를 귀중한 예술품이라며 생활관 문 옆 좋은 자리에 모셔놓는 것을, 아이들은 의심 가득한 표정으로 지켜보았다.

아이들은 대걸레와 빗자루 따위에 순종할 생각이 없었다. 반항하고 꿍꿍이를 꾸몄다. 세면대에 돌멩이를 집어넣고, 종 치는 줄을 끊어놓고, 벽에 낙서를 잔뜩 했다. 점심 식사 때는 수프에서 벌레가 나왔다고 거짓말을 퍼뜨리며 식사를 거부했다. 식탁에서만 먹으라고 한 빵을 가져다 베개와 매트리스 밑에 숨겼다. 걸핏하면 물건들이 사라지거나 엉뚱한 곳에 가 있었다. "누가 그랬어?" "누가 엎질렀어?" "누가 깨뜨렸어?" 아이들은 꿀 먹은 벙어리였다.

"또 훔치는 거냐! 내가 좀도둑 가르치려고 이 고생을 하는 줄 알아?" 고함을 지르다 보니 목소리가 갈라지고 답답함에 눈물이 핑 돌았다. 자기 같은 풋내기 선생이 이런 시련의 시간을 겪는 건 당연하다고 생각하며 스스로를 위안했다. 하지만 아무리 시달리고 힘들어도, 꼬맹이들을 손안에 쥐고 있는 것처럼 보여야 했다. 어떤 일이 있어도 "버럭 화를 내지" 않겠다고 다짐했다. 한 말썽꾸러기가 값비싼 사기 소변기를 청소하다 깨먹어도, 같은 녀석이 며칠이 지나지 않아 간유♦가 5리터 넘게 든 단지를 또 깨뜨려도 그는 참고 참았다. 그런 보람이 있었다. "동지"가 생기기 시작했다. "집단적 양심"이 서서히 깨어났다. 날마다 아이들 몇 명이 그의 편으로 새로 넘어왔다.

여섯 달이 지나고 모든 아이가 조금씩 자리를 잡아갈 무렵, 아이 50명을 새로 받아들였다. 새로 들어온 아이들은 또 반항하고 권위에 저항했고, 공동체는 다시금 혼란에 빠져들었다.

새로 충원한 교사들도 문제였다. 자선가들이 고아원 안에 학교

___

♦ 생선 간에서 추출한 노란 기름. 서양에서 예전에 아이들 영양제로 많이 썼다.

를 차려주었는데, 채용되어 들어온 교사들이 하나같이 "귀족"처럼 걸어 다녔다. 스스로를 상전 취급하며 기존에 있던 요리사, 수위, 세탁부와의 사이에 건널 수 없는 "깊은 골"을 만들었다. 글줄 좀 읽었다고 뻐기는 꼴을 절대 봐주지 못했던 코르차크는 교사들을 되돌려 보냈다(그는 갓 졸업한 간호사에게 아이를 맡기느니 닭만 5년 키운 노파에게 맡기겠다는 말을 자주 했다). 일꾼들이 없으면 고아원은 하루도 돌아가지 않지만, 그에 비해 교사들은 사실 덜 중요한 존재라고 생각했다. 아이들은 인근 학교들에 보내기로 하고, 숙제를 도와줄 교사 한 명만 남겼다.

코르차크와 스테파가 어린이 공화국의 기반이 좀 잡혔다고 판단한 것은 일 년 가까운 시간이 지났을 때였다(그는 "기초가 없으니 건물이 지붕째 주저앉지"라는 말을 버릇처럼 했다). 몸은 고됐지만 골치 아픈 교직원 없이 고아원을 꾸리고 있다는 점에서 뭔가 해낸 기분이 들었다. 이제는 아이들이 "이 집의 손님이자 일꾼이자 주인"이 될 수 있었다.

이곳 고아들이 모두 가난한 집 출신은 아니었다. 바이올린 신동인 그리고리 슈무클레르는 의사인 아버지가 죽고 열두 살에 고아원에 들어왔다. 음악을 좋아했던 코르차크는 고아원 후원자들의 집 응접실에서 그리고리의 모금 연주회를 조촐하게 열기도 했다. 그리고 밤에 아이들이 자기 전에 그리고리를 두 생활관 사이 유리방으로 불러, 글루크의 곡이나 폴란드 민요를 아이들에게 연주해주도록 하기도 했다. 불이 꺼지면 코르차크는 어둑한 유리방에 홀로 앉아 글을 썼다. 승무원들의 안전을 지키는 조종석의 파일럿 같은 모습이었다. 소곤소곤 들려오는 아이들의 낮은 말소리도 듣기 좋았다. "아이들은 속닥거리는 비밀 이야기, 아련한 추억 이야기, 진심 어린 조언을 영혼 깊숙이 열렬히 갈망한다"는 것을 그는 잘 알고 있었다.

그는 무슨 이야기가 오갔는지도 궁금했다. "어젯밤에 자면서 무슨 이야기 했어?" 하고 다음 날 물어보기도 했다.

아이들은 아무렇지 않게 선선히 알려주었다.

"우리 아빠가 살아 계실 때 얘기를 했어요."

"폴란드인은 왜 유대인을 싫어하는 거냐고 물어봤어요."

"걔한테 네가 조금만 더 열심히 하면 선생님이 너한테 화 안 내실 거라고 했어요."

"이다음에 크면 에스키모들 사는 곳에 가서 글 읽는 법도 알려주고 우리 고아원 같은 집 짓는 법도 가르쳐주고 싶다고 했어요."

마음속을 터놓는 아이들 이야기를 코르차크는 다정하게 들어주었다. 인생의 모순성을 코르차크만큼 잘 아는 사람도 없었다. 코르차크는 아이들에게 꿈은 대범하게 꾸되, 그 꿈이 이루어질 가능성에 대해서는 현실적으로 생각해야 한다는 것을 알려주고 싶었다. "과감하게 꿈꾸라. 그러면 무엇이건 소득이 있을 것이다." 원대하면서 비현실적인 목표를 품은 세 아이의 이야기를 그린 그의 소설 《영광》에 나오는 말이다. 또 그의 소설 《불운한 일주일》에는 헨리크 골트슈미트를 꼭 닮은, 상상력이 풍부한 소년이 나온다. 소년은 선생님과 부모님이 그의 마음을 알아주지 않아 학교에서도 집에서도 제대로 할 줄 아는 것이 없다. 이 책의 이야기는 대중의 큰 관심을 끌었다. 그때까지만 해도 폴란드 소설에서 아이란 늘 주변 인물로 등장해 부자연스러운 말투를 쓰는 존재였지만, 코르차크는 처음으로 아이를 주인공으로 내세우고 구어체 말투를 쓰게 했다.

코르차크는 평소에 고아원 아이들이 쓰는 말들을 있는 그대로 기록했다. 하지만 아이들이 가장 내밀한 속마음을 드러내 보이는 것은 자고 있을 때였다. 낮 동안 억눌렸던 감정들이 드러나는 것이었다. 그는 불 꺼진 생활관 안을 돌아보며 "아이들 숨소리의 교향곡"에 귀를 기울였다. 아이들이 편안한 자세로, 또 괴로운 자세로 꿈꾸는 모습들을 살펴보았다. 기침 소리가 나면 기관지의 문제인지 아니면 그냥 긴장돼서 내는 소리인지 걱정하면서 어린이의 잠에 관한 "본격적인 책"을 쓰기 위해 메모를 남겼다. 그러면서 이런 생각도 들었다. 아이들이 무방비 상태에 노출되어 있을 때 내가 이렇게 관찰할 권리가 있는 걸까? "비밀을 뭐 하러 들쑤시나? 숨어 있는 것은 숨어 있는 대로 두자"고 적기도 했다. 하지만 교육자 코르차크가 윤리 문제로 고심하는 와중에도, 과학자 코르차크는 꿋꿋이 비밀을 캤다.

가끔은 괴로운 심정으로 유리방 안에 우두커니 앉아 있기도 했다. 부모의 죽음을 슬퍼하는 아이, 헤어진 형제자매를 보고 싶어 하는 아이는 어떻게 다독여줄 방법이 마땅치 않았다. 눈물은 어쩔 수 없다 해도, 속절없이 목메어 흐느끼는 소리는 도저히 듣고 있기 힘들었다. 자신도 그 나이 때 아픈 아버지 때문에 그렇게 숱하게 흐느꼈던 것이 생각났을 것이다. 아이마다 다 흐느끼는 소리가 달랐다. "남이 들을까 소리를 죽인 흐느낌에서부터, 변덕스럽고 가식적인 흐느낌, 걷잡을 수 없는 흐느낌까지 다양했다." "구슬피 우는 것은 아이가 아니요, 수백 년의 역사"라고 그는 공책에 적었다.

한번은 여덟 살 남자아이가 밤에 이가 아파 깼다. 아이는 코르차크의 손을 붙잡고 괴로움을 토해냈다. "…… 그리고 엄마가 죽었어요. 누가 할머니 집으로 보내줬는데, 할머니도 죽었어요. 그리고 누가 이모 집에 데려다줬는데 이모가 없어서, 추운 데서 기다렸어요. 이모부가 들여보내줬어요. 집이 아주 가난했어요. 배가 고팠어

요. 사촌들이 병에 걸려서, 저도 병 옮는다고 저보고 창고에서 살라
고 했어요. 밤만 되면 이가 아팠어요. 그러다가 어떤 아줌마가 데려
가서 그 집에서 잠깐 살았어요. 그런데 아줌마가 저를 광장에 데려
다놓고 없어졌어요. 깜깜해져서 무서웠는데, 어떤 애들이 막 밀쳤어
요. 그러다가 경찰 아저씨가 경찰서에 데리고 갔어요. 전부 폴란드
사람이었어요. 아저씨들이 다시 이모 집으로 데려다줬어요. 이모가
저한테 소리 지르면서, 그동안 있었던 일을 선생님한테 말하지 않겠
다고 맹세하라고 했어요. 저 여기 계속 있어도 돼요? 그래도 돼요?
제가 잔디밭에 공 던져서 화나셨어요? 그러면 안 되는 줄 몰랐어요."

"아이는 잠들었다. 말로 설명할 수 없지만, 잠깐 동안 분명히, 지
친 여덟 살 아이의 얼굴 주위에 광채가 어렸다. 그런 것은 이전에 딱
한 번 본 적이 있었다. 아무도 이해할 수 없을 것이다. 고요한 한밤
중, 큰 고아원 생활관에 있어보지 않은 사람은 절대 이해할 수 없다."
그는 이렇게 적었다.

온종일 그의 인내심을 시험한 최악의 말썽꾸러기도 밤이 되면
마음이 약해졌다. 모이시가 흐느끼는 소리를 듣고, 코르차크는 아이
의 침대로 황급히 갔다. "울지 마. 다른 애들 깬다." 그러고는 침대 옆
에 무릎 꿇고 앉아 나지막한 소리로 달래주었다. "내가 너 사랑하는
거 알지? 그렇지만 네가 잘못한 걸 못 본 체할 수는 없잖아. 유리창
이 바람에 깨진 게 아니야. 네가 깬 거지. 그리고 애들 노는 데 훼방
놓고, 저녁도 안 먹고, 생활관에서 다른 애한테 싸움 걸고. 선생님이
화나서 그러는 게 아니야……."

달래주면 눈물이 더 왈칵 쏟아지곤 했다. "위로의 말은 정반대
의 결과를 낳기도 한다. 아이의 감정이 누그러지지 않고 더 심해지
기도 한다." 모이시의 흐느낌은 더 격렬해졌지만, 그 대신 금방 잦아

들었다.

"배고프지 않아? 빵 하나 갖다줄까?"

아이는 싫다고 했다.

"이제 자야지. 푹 자." 코르차크는 속삭이면서 아이를 다독여주었다. "잘 자렴."

코르차크는 그 순간 자신의 한계를 뼈저리게 느꼈다. 아이들을 위험으로부터 완전히 막아줄 수만 있다면, 혼자 힘으로 날 만큼 강해질 때까지 "고스란히 품고 있을" 수만 있다면 얼마나 좋을까. "독수리나 암탉이 새끼를 품고 있는 것은 쉽다. 인간인 나로서는, 더군다나 내 아이가 아닌 남의 아이를 맡은 교사인 나로서는 일이 더 복잡하다. 나는 아이들이 하늘 높이 날기를 간절히 바란다. 아이들을 완벽하게 키우고 싶다는 슬픈 염원을 남몰래 품고 있다. 하지만 마음 한편으로는 알고 있다. 아이들은 능력이 되는 순간 바로 날아가리라는 것을. 배회하든, 방황하든, 도적질을 하든, 먹을 것과 즐거움을 찾아 바로 떠나리라는 것을."

실제로 아이들은 고아원을 벗어나 잠깐씩 방황하기도 했다. 여자아이 몇 명은 프란치슈칸스카 거리의 옛 보호시설이 그리워 찾아갔고, 세 형제는 옛날에 살던 시 외곽의 집과 함께 놀던 숲을 찾아갔다. 아이들은 허락 없이 고아원 구내를 벗어나선 안 된다는 규칙을 어겼고 저녁 식사 시간에 늦었기 때문에 어린이 법원의 재판정에 서야 했다(어린이 법원은 제1차 세계대전이 일어나기 전인 처음 두 해 동안은 비정기적으로 운영되었다). 판사들은 관대한 판결을 내렸고, 코르차크는 "아이들도 향수가 있다. 한때 곁에 있었으나 다시는 돌아오지 않는 것들을 아이들도 그리워한다"고 적었다.

아이들의 왕

미래에는 교사들을 가르치는 대학에도 '교육용 저널리즘' 강좌가 개설되리라 생각한 코르차크는 고아원 신문을 창간했다. 그러고는 이 신문을 가리켜 "인생의 알파벳"이라고 불렀다. 한 주와 그다음 주를 이어준다는 점에서, 또 아이들을 하나로 묶어주는 효과가 있다는 이유에서였다. 이런 말도 했다. "신문이 있으면 요즘 일어나고 있는 일을 다 알 수 있어. 처음엔 손글씨로 적어서 간단히 만들면 돼. 그러다가 나중엔 타자기로 칠 수도 있고, 인쇄할 수도 있겠지."

토요일 오전엔 코르차크 선생님이 신문에 실린 자신의 특별 칼럼을 소리 내어 읽어주었다. 아이들이 늘 기다리는 시간이었다(코르차크의 고아원을 나온 수많은 아이들은 그의 흥미진진한 글솜씨와 다정한 목소리를 생생히 기억했다). 한 칼럼은 이런 내용이었다. "여러분, 이곳에 처음 왔을 때 생각나세요? 친한 친구가 하나도 없어서 슬프고 외롭지 않았나요? 어떤 아이가 밀치고, 때리고, 무엇을 내놓으라고 해서 시키는 대로 했던 것 기억하세요? …… 지금 새로 온 아이들도 그때 여러분하고 똑같은 기분일 거예요. 무슨 일을 하려고 해도 막막하겠지요. 여러분이 새 친구들을 잘 보살펴주면 참 좋겠습니다." 또 이런 내용도 있었다. "기다렸던 일이 지금 일어나고 있습니다. 아이들이 우리 고아원에서 선물을 가져다가 가족들에게 나눠주고 있습니다. 본지는 아이들이 과연 무슨 선물을 준비했는지 궁금했습니다. 바늘이나 연필, 아니면 비누일까요? 아니요, 전혀 그런 종류가 아니었습니다! 한 여자아이는 이곳에서 들은 옛날이야기를 오빠에게 해주었습니다. 또 한 남자아이는 최근에 배운 노래를 불렀습니다. 그런가 하면 한 아이는 설거지 솜씨를 뽐냈습니다. 몇 아이는 우리 신문에서 읽은 기사 내용을 전해주었습니다."

가족이 있는 아이들은 토요일 점심을 먹고 오후에 가족을 찾아가는 것이 허락되었다. 그때마다 아이들은 '선물'을 가지고 갔다. 아이들이 혈육과 연락이 끊겨서는 안 된다는 것이 코르차크의 신념이었다. 그는 "가족이 없는 아이는 스스로 한계를 느끼기 마련이다. 나쁜 가족이라도 없는 것보다 낫다"고 했다. 그러나 혹시나 건강에 문제가 생길 수도 있어서 자고 오는 것은 허락하지 않았다. 아이들이 저녁 7시에 고아원으로 돌아오면 몸에 이가 있는지부터 검사했다.

바르샤바의 유대인 사회에서는 '고아들의 집'이 "너무 폴란드적"이라는 불만의 목소리가 일었다. 사람들은 코르차크가 "동화주의(同化主義) 공장"을 운영하고 있다며 비판했다. 그러나 고아원에서는 유대 율법에 맞게 조리된 코셔 음식을 먹었고 안식일을 비롯한 유대 휴일을 다 지켰다. 매년 유월절⁺ 만찬에는 후원자들을 여럿 초대하기도 했다. 그리고리 슈무클레르는 고아원에서 처음 치른 유월절 만찬 때 랍비가 와서 행사를 집전했던 일을 기억하고 있었다. 선구자 엘리야가 들어올 수 있게 문을 열어놓았는데, 문밖으로 아이들과 함께 달려 나가봤지만 아무도 없어서 실망했다고 한다. 그래도 식당 수납장에 숨겨져 있던 무교병⁺⁺을 찾아내고 상으로 사탕을 받기도 했던, 즐거운 추억이었다.

아이들은 금요일 저녁 안식일 만찬을 손꼽아 기다렸다. 예전에 가족들과 살 때 안식일 만찬을 늘 중요하게 치렀던 기억 때문이기도 했지만, 무엇보다 코르차크가 아이들을 너무나 재미있게 해주었기 때문이다. 만찬 전에 아이들은 깨끗이 목욕을 하고, 코르차크의 인솔에 따라 길게 줄지어 계단을 오르내리며 건물 안을 돌아다닌 다

⁺　이스라엘 민족이 이집트에서 탈출한 것을 기념하는 유대교의 축제일.
⁺⁺　누룩을 넣지 않고 만든 빵.

음, 안식일 양초를 밝히고 성대한 저녁 식사를 했다. 그런 다음 빙고 게임을 해서 상으로 사탕을 받고 나면, 잠옷을 입고 잠자리에 누웠다. 그러면 코르차크가 순서에 따라 남아 생활관이나 여아 생활관에 와서 이야기를 해주었다.

코르차크는 매번 새 이야기를 지어내는 것도 전혀 어렵지 않았지만 이미 있던 옛날이야기를 즐겨 들려주곤 했다. 특히 《장화 신은 고양이》 이야기를 자주 해주었다. 아무 쓸모없어 보이는 고양이가 기지와 재주를 발휘해 가난한 주인에게 공주와 왕국을 얻게 해주는 이야기를 몇 번이고 아이들에게 들려주었다. 사회의 냉대에 자존감을 잃은 아이들에게, 부모가 죽었거나 가난해 보살핌을 받지 못해 분노와 무력감에 차 있는 아이들에게 역경을 극복하도록 도와줄 신비한 힘이 세상에 존재한다는 믿음을 주고 싶었다.

그는 이렇게 적기도 했다. "나는 세상을 늘 장애물의 관점에서 생각했다. 배를 타고 항해하다 보면 폭풍을 만나기 마련이다. 어떤 일을 맡아서 하다 보면 처음엔 어려움을 겪다가, 마지막에서야 성공하기 마련이다. 처음부터 일이 잘 풀리면 재미없지 않겠는가?" 옛날이야기는 언제나 장애물이 있고, 주인공이 장애물을 의지와 끈기로 극복해나가야 한다는 점에서 인생과 닮은 점이 많았다. 그가 옛날이야기를 좋아했던 이유다.

한번은 마법사와 용, 요정, 마법에 걸린 공주가 나오는 이야기를 해주고 있는데 한 아이가 물었다. "진짜 있었던 이야기예요?" 그러자 다른 아이가 짐짓 어른스러운 목소리로 대신 대답했다. "선생님이 동화라고 하셨잖아, 못 들었어?" 코르차크는 아이들이 현실성을 어떻게 판단하는가 하는 문제를 곰곰이 생각해보고는 이런 결론을 내렸다. "아이들이 이야기가 현실이 아니라고 생각하는 이유는 오직 하나, 어른들이 동화는 지어낸 이야기라고 했기 때문이다."

코르차크는, 동화 속에는 늘 착하고 순수한 사람이 선한 성품 덕분에 결국 보상을 받고 악한 사람이 벌을 받는다는 교훈이 담겨 있는 점이 마음에 들었다. 그는 아이들 앞에서 신나게 이야기를 펼쳤다. 폼 나는 승마바지에 긴 장화를 신고 모자에 깃털을 멋들어지게 꽂은 고양이의 모습, 왕의 전차가 나중에 가난한 주인의 신부가 될 공주를 태우고 등장하는 순간의 긴장감……. 그리고 혹여 이야기가 한창일 때 어린아이가 꾸벅거리다 잠드는 일이 있어도 섭섭해하지 않았다. 자기 입으로 자주 말했듯이, 여름 캠프에서 양 떼에게 배운 "겸손의 교훈"이 있었기 때문이다. 나들이를 갔을 때였는데, 아이들이 옛날이야기를 해달라고 졸라댔다. 선생님을 바닥에 앉히고, 서로 선생님 옆에 앉겠다고 옥신각신한 뒤, 선생님 이야기를 한마디라도 놓칠세라 귀를 쫑긋 세우고 들었다. 제일 흥미진진한 대목에 막 접어들려고 하는데, 양 떼가 매애 하고 울면서 먼지를 일으키며 지나갔다. 옷 단추를 늘 잃어버리는 아이 브롬베르크가 벌떡 일어나 외쳤다. "저기 봐, 양이다!" 모든 아이가 그 자리에서 일어나, 이야기하는 선생님은 아랑곳 않고 양 떼 쪽으로 달려갔다. 머쓱하게 혼자 앉은 코르차크는 처음엔 기분이 썩 좋지 않았다. 하지만 나중에는 양 떼 덕분에 자신이 "덜 자만하고 더 나아가 겸손해질" 수 있었음을 깨달았다.

바르샤바의 진보적인 고아원이 아이들의 자치를 시험하고 있다는 소식이 폴란드를 넘어 다른 나라에까지 전해지자, 코르차크는 수많은 문의에 응대해야 했다. 특히 외국 공무원과 교육자의 방문 행렬이 끊이지 않았다. 러시아 건축가들로 이루어진 방문단이 며칠에 걸쳐 건물 구조를 샅샅이 파악해 가기도 했다. 그러나 이렇게 명성을 얻은 어린이 공화국도, "문틈으로 스며드는 거리의 사악한 속삭임"에서 자유로울 수는 없었다.

고아원이 지어지고 있던 1910년, 반유대주의의 폭풍이 거세게 몰아쳤다. 그 선봉에 선 인물은 우파 민족민주운동을 이끄는 정치인 로만 드모프스키였다. 그는 "비스와강 유역에 두 인종이 살아갈 자리는 없다"고 딱 잘라 말했다. 당시 바르샤바에 사는 유대인이 30만 명으로 도시 전체 인구의 3분의 1에 달했는데, 이를 겨누어 한 말이었다. 그는 유대인은 폴란드 사회의 이질적인 요소이며 민족 해방을 지지하지 않는 세력이라고 주장했다. 한 과격한 민족주의자는 코르차크와 커피를 놓고 마주 앉아, 체념 섞인 투로 말했다. "저도 다른 방법이 없습니다. 유대인들이 저희 무덤을 파고 있는데 어떡합니까." 또 다른 폴란드 지인은 이렇게 한탄했다. "선생님의 덕망이 저희한테는 사형선고나 마찬가지예요."

논리정연한 호소의 글로 거세지는 반유대주의의 물결을 막을 수 있으리라는 생각이었을까, 코르차크는 〈세 개의 지류〉라는 제목의 글을 폴란드의 주요 전문지에 기고했다. 그는 폴란드인과 유대인의 관계는 늘 복잡했다는 사실을 인정하면서, 또 양쪽이 서로 반목하고 있는 현실을 직시하면서 양쪽이 함께 만들어온 공동의 역사에 대한 믿음을 호소했다.

그는 폴란드 사회의 큰 물줄기를 이루는 지류 세 개가 있다고 했다. 첫 번째 지류를 이루는 이들은 이름이 '-스키'와 '-이치'로 끝나는 폴란드 귀족들로, 그들은 이름이 '-베르크' '-존' '-슈타인'으로 끝나는 이들과 섞여 사는 것을 항상 싫어했다. 바로 그 두 번째 지류를 이루는 이들은 "유럽에서 가장 오래된 귀족 계급이자 십계명을 문장(紋章)으로 삼았던 입법자, 사상가, 시인들 즉 솔로몬, 다윗, 이사야, 마카베오, 할레비, 스피노자의 후계자들"로서, 그들 역시 자기들끼리 살고 싶어 했다.

그런가 하면 또 다른 지류가 있었으니, 여기에 속하는 이들은 항상 이렇게 주장했다. "우리는 같은 흙으로 빚어진 아들들이다. 오랜 세월 함께 겪은 고난과 성공 덕분에 우리는 같은 사슬로 묶여 있다. 우리는 같은 태양의 햇살을 받고, 같은 우박에 농사를 망치고, 같은 땅에 조상들의 뼈를 묻었다. 비록 우리 역사에는 웃음보다 눈물이 많았지만, 그건 우리 누구의 잘못도 아니다. 우리 함께 하나의 불을 밝히자. ……" 코르차크는 개인적 선언으로 글을 맺었다. "나는 세 번째 지류에 속하는 사람이다."

반유대주의는 폴란드 민족주의의 그늘 속에서 곰팡이처럼 계속 자라났다. 코르차크와 스테파가 1912년에 고아원을 연 지 얼마 되지 않았을 무렵, 비스와강 위에 다리를 짓고 있는 러시아 노동자들이 반유대인 폭동을 계획하고 있다는 소문이 돌았다. 유대인 거주구역의 불을 다 꺼버리고, 유대인들이 입는 헐렁한 겉옷 차림으로 위장해 침입할 거라고 했다. 그래서 지금 중고품상을 통해 유대인 옷을 부지런히 사들이고 있다는 것이었다. 코르차크는 만일의 폭력 사태를 대비해 건물 옆벽의 작은 문을 잠그지 않고 두었다.

1913년에는 '베일리스 재판'이라는 사건까지 겹치면서 반유대주의의 광풍을 더욱 부채질했다. 키예프의 건물 수위였던 멘델 베일리스가 기독교인을 살해해 그 피를 유월절 의식에 쓰려고 했다는 혐의로 기소된 사건이었다. 지난 수백 년간 동유럽과 중유럽에서는 유대인이 이런 식의 혐의를 받는 일이 한둘이 아니었지만, 이 소식은 폴란드 전역에 들불처럼 퍼져나갔다. 그리고리 슈무클레르는 등하

곳길에 자기와 고아원 친구들에게 "베일리스! 베일리스!" 하고 외치며 돌을 던지는 아이들이 있었다고 기억했다. 베일리스가 배심원단의 무죄 평결을 받고 난 뒤에도 아이들의 비난은 그치지 않았다. "유대인들에게 개를 풀어라!"

코르차크는 동네 아이들과 좋은 관계를 유지하려고 방과 후에 아이들을 초대해 고아원 아이들과 놀게 하기도 했다. 1914년에는 저명한 독일 철학자 헤르만 코엔이 동유럽 유대인 지역사회를 순방하던 중 마지막 방문지로 바르샤바를 찾아왔다. 그는 코르차크의 고아원이 그토록 어려운 환경에서도 많은 성과를 이루어낸 것에 놀라워했다. 당시 서유럽의 동화 유대인들은 동유럽의 동포들을 중세 사람 보듯 멸시하는 경우가 많았지만, 코엔은 철학자 마르틴 부버가 편집장으로 있던 〈유대인〉지에 이렇게 극찬하는 글을 썼다. "나는 본받을 만한 고아원 몇 곳을 방문하고 깊은 감동을 받았다. 그중에서도 특히 바르샤바의 골트슈미트 선생이 이루 말할 수 없는 애정과 선구적 식견으로 운영하고 있는 고아원을 손에 꼽고 싶다."

그해 봄과 여름, 전쟁이 임박했다는 소문이 바르샤바의 카페마다 무성할 무렵, 코르차크는 새로운 외교정책을 시도했다. 고아구호회를 설득해 아이들이 이웃에 나눠 줄 화분 200개를 구입하게 한 것이다. 바르샤바 시민들이 전쟁이 일어날까 노심초사하는 와중에도, 크로흐말나 거리 윗동네에는 집집마다 붉은 제라늄이 햇살 아래 활짝 피게 할 생각이었다.

어린이 공화국

아이를 사랑하는 법

1914년 8월, 세계대전이 일어나면서 제라늄을 나눠 주려던 계획은 추진할 수 없게 되었다. 지방에서 피난민들이 밀려들고 주민들이 너도나도 음식과 생필품을 사재기하면서 바르샤바 일대는 혼란에 빠져들었다. 크로흐말나 거리 아랫동네의 정통파 유대교도들은 이것이 성경에 예언된 '곡'과 '마곡'이 벌이는 지상 최후의 전쟁이며, 이 전쟁이 끝나면 메시아가 오리라 굳게 믿었다. 코르차크도 꼭 그런 식은 아니더라도 비슷한 일이 있기를 간절히 바랐다. 전쟁이 지나가면 밝은 세상이 찾아오길 기원했다. 그러나 러시아제국군에 다시 군의관으로 입대하라는 명령을 받은 코르차크는 앞으로 장장 4년이라는 피비린내 나는 세월 동안 새 세상도, 고아원 아이들도 만날 수 없으리라는 생각은 하지 못했다.

폴란드인에게 이 전쟁은 더할 나위 없는 비극이었다. 폴란드인은 러시아군에 80만 명, 오스트리아군에 40만 명, 독일군에 20만 명으로 세 점령국에 모두 징용되어 동족 간에 서로 총구를 겨누고 싸워야 했다. 지식인들조차 러시아, 독일, 오스트리아 중 어느 나라가 최대의 적인지를 놓고 의견이 엇갈렸다. 폴란드가 통일되려면 그 세 나라가 다 망하는 방법밖에 없다며 냉소하는 사람도 있었지만, 실제로 정말 그렇게 될 줄은 아무도 알지 못했다.

코르차크도 바르샤바의 모든 사람들처럼 미친 듯이 뛰어다니며, 자기가 없는 동안 스테파와 고아원 아이들이 잘 지낼 수 있도록 조치하느라 여념이 없었다. 이자크 엘리아스베르크도 징집 명령을 받아 이제 자금 조달책 역할을 해줄 수가 없는 처지였다. 고아원에 들어오는 기부금은 전보다 많이 줄었고, 아이들 수는 늘어나 있었다. 코르차크는 은행의 개인 계좌에 5천 루블이 있었지만, 은행에서 250루블 이상은 인출 요청을 거부했다. 하는 수 없이 만일의 경우를 대비해 출판사 사장 야쿠프 모르트코비치에게 맡겨두었던 100루블을 찾으러 갔다. 예전 호시절에, 코르차크는 모르트코비치의 출판사에 자주 놀러 가 서점 뒷방에서 바르샤바의 문화계 인사들을 자주 만났다. 그리고 출판사와 같은 마조비에츠카 거리에 위치한 인기 문학 카페 '제미안스카'로 자리를 옮겨 카푸치노와 크림케이크를 즐기며 이야기를 나누곤 했다. 동화 유대인인 모르트코비치는 책을 보는 안목이 높아 당대 최고의 문인들이 그의 출판사로 몰렸다. 부인 야니나는—무뚝뚝한 남편과 다르게 말이 대단히 많은 사람이었는데—스테파니아 셈포워프스카와 함께 편집을 맡은 〈햇살〉이라는 어린이잡지에 코르차크의 소설을 싣고 있기도 했다. 문인들은 그렇게 서로 끈끈하게 엮여 있었고, 모르트코비치는 귀중한 작가 코르차크에게 주저 없이 100루블을 내주었다. 코르차크가 떠나 있는 동안 어머니도 자기가 챙겨드리겠다고 했다.

고아원 아이들에게 작별 인사를 하는 일은 쉽지 않았다. 지금까지는 언제나 아이들이 그를 먼저 떠났다. 세상 밖으로 나갈 나이가 된 아이들을 떠나보낼 때마다 그는 늘 의연하게 마음을 다잡고, 새로 오는 아이들에게 관심을 쏟았다. 그러나 이번에는 그가 아이들을 떠날 차례였다. 게다가 지금은 아이들에게 그가 가장 필요할 때였다.

코르차크는 아이들을 안심시켰고, 스테파는 코르차크를 안심시켰다. 그러나 이제 150명으로 불어난 고아들을 혼자 떠맡아야 하는 그녀의 심정은 막막하기 그지없었다. 스테파는 전쟁이 일어나기 몇 달 전, 딸처럼 아끼던 에스테르카 베인트라우프를 벨기에의 대학에 보내는 꿈을 이루었다. 코르차크는 스테파에게 에스테르카를 다시 불러들이는 게 좋지 않겠냐고 했지만, 스테파는 말을 듣지 않았다. 그러나 코르차크는 바르샤바를 떠나기 전, 스테파 모르게 에스테르카에게 편지를 써 스테파가 염려된다고 전했다. 그의 바람대로 에스테르카는 학업을 중단하고 바람처럼 달려왔다. 에스테르카는 그 후 2년간 스테파의 곁을 지키며, 독일 점령군 치하의 어려운 여건 속에서도 아픈 아이를 등에 업고 병원을 찾아다니는 등 밤낮으로 고아원 일에 매달렸다. 1916년, 유행하던 티푸스에 걸려 에스테르카가 죽자, 스테파는 친딸을 잃은 엄마의 고통을 겪어야 했다. 비통함에 실성하다시피 한 그녀는 고아원 일을 그만둘 생각까지 했다. 하지만 자기만 바라보고 있는 아이들이 너무 많았기에 이를 악물고 계속해 나갔다. 그러나 스테파는 그 뒤로 다시는, 어떤 아이에게도 그토록 깊은 정을 주지 않았다.

코르차크는 동부전선의 한 사단 야전병원에 배속되었다. 러시아와 오스트리아-헝가리 제국의 군대가 무방비 상태인 동유럽 마을들을 이리저리 휩쓸고 지나가는 가운데, 코르차크는 무거운 러시아 군복과 군화 차림으로 묵묵히 소임을 다하면서 생각했다. 이 잔혹한 전쟁 속에서, 병사들은 그저 "칼이라는 시곗바늘"에 맞춰 앞으로 앞으로 나아가는 존재일 뿐이었다. 그것은 차라리 "광란의 환각 속에 진군하는 악마들"의 모습과도 같았다. 하지만 도대체 무엇을 위해?

주민들이 모두 떠난 마을에 진을 치고 하룻밤 머무는 중에, 한 눈먼 유대인 노인의 모습이 코르차크의 눈에 들어왔다. 노인은 지팡이를 짚고 호송용 말과 마차 사이를 비집고 다니고 있었다. 가족과 친구들이 말리는데도 회당과 묘지를 지키겠다며 피난을 떠나지 않고 홀로 남은 노인이었다. (25년 뒤 코르차크는 바르샤바 게토에 고아원 아이들과 함께 남기로 결심하면서 이 눈먼 유대인 노인에 자신을 빗댄다.)

그럼에도 코르차크는 보편적인 관점을 유지하려고 노력했다. "고통받는 이들은 유대인뿐만이 아니다. 온 세상이 피와 화염에 덮여 있고, 눈물과 곡소리로 가득하다. 고통 속에 고귀함을 지킬 수 있는 사람은 없다. 유대인이라 해도 마찬가지다."

동유럽의 전장에서 일진일퇴를 거듭하는 군대를 따라 야전병원을 계속 옮겨 가면서, 밀려오는 절망감을 이겨낼 무언가가 필요해서였을까, 그는 나중에《아이를 사랑하는 법》이라는 책이 될 원고를 쓰기 시작한다. 자신이 소아과 의사, 캠프 지도교사, 교육자로서 경험한 것을 집약한 "아이들에 관한 종합서"가 될 책이었다. 반년간 파리로 유학을 갔을 때 언젠가 꼭 쓰겠다고 꿈꿨던 바로 그 책이었다. 대포 소리가 귀청을 찢는 야전 기지 안에서, 병사들이 휴식하는 숲속의 나무 그루터기에 앉아, 들판의 소나무 그늘에 앉아 그는 계속 원고를 써나갔다. 머릿속 생각 하나하나가 다 중요해 보였다. 혹시라도 잊을세라 그때그때 공책을 꺼내 연신 기록했다. "이걸 잊어버리면 인류의 돌이킬 수 없는 손실이지." 그는 당번병에게 농담하듯 말하곤 했다.

이름이 '발렌티'라고만 전해지는 당번병은 매일같이 코르차크가 적어낸 원고를 타자로 치는 일을 맡았다. 그는 무던히도 참을성이 좋은 부하였던 듯하다. 아동발달에 관한 원고를 타이핑하는 일은 일반적인 군대 업무와 한참 거리가 멀었다. 하지만 코르차크에 따르면 그가 반항한 일은 딱 한 번이었다. 일과 중에 잠깐 쉬는 동안 일을 시키자 이렇게 투덜댔다고 한다. "30분 동안 쳐봤자 얼마나 치겠습니까?" 코르차크는 길게는 한 달 동안 원고 작업에서 손을 떼기도 했다. 마음속에 자기 자신에 대한 회의가 가득할 때였다. 책을 내봤자 놀림거리만 되지 않을까? 그는 "진정한 지혜를 아는 자는 백 명에 불과하다"고 적었다.

《아이를 사랑하는 법》은 원래 부모와 교사를 위한 소책자로 계획했던 책이지만—전쟁이 너무 길어져서인지—원고가 결국 수백 쪽에 이르게 되었다. 이 책의 주요한 메시지 중 하나는, 아이를 사랑할 수 있으려면(자기 아이건 남의 아이건) 먼저 그 아이를 본인의 운명이 이끄는 대로 커갈 절대적 권리를 가진 독립된 존재로 여겨야만 한다는 것이다. 그리고 아이를 이해할 수 있으려면 먼저 자기 자신을 제대로 알아야 한다는 것이다. "당신도 아이다. 당신 스스로 알아가고 키우고 깨우쳐줘야 할 아이다."

코르차크는 기질상 이론가라기보다는 예술가였기에, 체계적인 저술보다는 아이가 성장해나가는 순간순간의 모습을 책에 담아내려고 했다. 그는 짐짓 겸손한 척, 독자가 궁금해할 대부분의 질문에 "나도 모른다"는 답밖에 해줄 수 없다고 말한다(그러면서도, 허무해 보이는 그 대답에 "새로운 돌파구"의 무한한 가능성이 담겨 있다고 교묘하게 덧붙이고 있다).

"내가 모르는 부모에게 내가 모르는 아이를 내가 모르는 환경에서 어떻게 키워야 하는지 알려준다는 것은 불가능하다"면서, 어머니

아이들의 왕

만큼 자기 아이를 잘 알 수 있는 사람은 없으니, 아이의 어머니는 자신이 직접 보고 듣고 느낀 것을 믿을 줄 알아야 한다고 했다. "남에게 교과서적 예측을 요구하는 것은 모르는 여자에게 자기 아이를 낳아 달라고 하는 것이나 마찬가지다. 자기가 직접 겪은 고통을 통해서만 얻을 수 있는 혜안이 있는 법이며, 그것이 무엇보다 귀중하다."

천상 예술가인 코르차크의 글은 상징적인 표현으로 가득하다. 아이를 상형문자가 빼곡히 적힌 양피지에 비유하며, 부모가 평생 해독할 수 있는 것은 그 일부에 지나지 않는다고 말한다. "당신의 아이라는 그 타인에게서 당신의 드러나지 않았던 부분을 찾아보라." 또 소아과 의사로서, 아기의 발달 정도는 세상의 다른 것들처럼 측량할 수 있는 대상이 아님을 강조하며 상식적으로 판단하기를 촉구하고 있다. "아기가 언제 걸음마를 하고 옹알이를 하는 게 정상이냐고? 할 때가 되면 알아서 한다. 아기가 언제 이가 나는 게 정상이냐고? 날 때가 되면 알아서 난다. 아기를 몇 시간 재워야 하냐고? 자는 만큼 재우면 된다."

이러한 코르차크의 주장은 그냥 나온 것이 아니다. 인간의 발달 과정에서 영아기의 중요성을 처음으로 인식한 당대의 선각자 중 한 명이었던 코르차크가, 아동심리 연구가로서 고심한 끝에 내린 결론들이다. 당시는 프로이트가 아직 성인 환자를 통해 아동기에 관한 정보를 모으고 있을 때였지만, 코르차크는 아기를 직접 관찰해야 할 필요성을 이미 알고 있었다. "나폴레옹은 파상풍을 앓았고, 비스마르크는 구루병을 앓았으며, 두 사람 다 어른이 되기 전 젖먹이 시절이 있었다. 그들이 가진 생각, 감정, 야망의 근원을 파헤치려면 그 젖먹이에 주목해야 한다."

그는 아기를 보고 있으면 "타고난 기질, 강점, 지능 따위로 이루어진 뚜렷한 성격"이 보인다고 했다. 요람 백 개를 들여다보면 그 속에는 "사람을 잘 믿거나 의심하는 성격, 착실하거나 변덕스러운 성격, 명랑하거나 침울한 성격, 주저하는 성격, 겁 많은 성격, 적대적인 성격"이 다 있다. 그러나 저마다 기질은 다를지언정, 모든 아기는 미지의 힘과 맞서 이기려고, 좋은 신호와 나쁜 신호를 골고루 보내는 알쏭달쏭한 세상의 비밀을 파헤치려고 애쓰고 있다. "아기는 비록 보잘것없지만 자기가 가진 지식과 수단의 범위 안에서 제 할 일을 한다. …… 아기는 아직 젖가슴, 얼굴, 손이 엄마라는 한 단위를 이룬다는 사실을 모른다."

아기가 보내는 메시지를 알아채기 위해 엄마가 할 일은 아기를 사심 없이 관찰하는 것뿐이다. 뚫어져라 쳐다보는 아기의 눈빛은, 뭔가를 묻는 것이 아니면 무엇이겠는가? 아기는 말은 아직 못 해도 "표정이라는 언어, 이미지와 정서적 기억이라는 언어"를 통해 말한다. 아기가 새로 시도하는 동작 하나하나는, "바른 마음가짐과 완벽한 자기 통제력을 갖추어야만 곡을 연주할 수 있는 피아니스트의 손놀림"과도 같다.

저자는 아이에게 엄마의 사랑은 약이 되기도 하고 독이 되기도 한다는 것을 보이면서, 필요한 대목마다 개입하여 수호천사처럼 아이의 목소리를 대변한다. 그는 교사에 대해서도 마찬가지로 경계의 시각을 거두지 않는다. 교사에게 위로의 메시지를 보내면서도("당신은 기계가 아니라 인간이니 늘 실수를 하기 마련이다") 한편으론 준엄히 꾸짖는다("아이들은 웃고 움직이고 장난치는 것을 무척 좋아한다. 교사여, 비록 당신에게는 삶이 무덤 같을지라도, 아이들은 삶을 푸른 들판으로 생각하게 놓아두라").

아이들의 왕

130

아이를 사랑하는 법에 대한 책을 쓰고 있는 코르차크였지만, 정작 본인은 사랑할 아이가 없었다. 1917년 2월, 야전병원이 갈리치아의 타르노폴이란 도시가 내려다보이는 언덕 위에 당분간 정착하는 것으로 결정되었을 무렵, 코르차크의 마음은 약할 대로 약해져 있었다. 바르샤바에 고아들을 두고 떠난 지 3년이 돼가고 있었다. "총칼과 검열관과 첩자들의 삼엄한 감시망"을 뚫고 찾아온 구깃구깃한 짧은 편지를 겨우 받아본 지 여섯 달이 되었다. 근무를 끝내고 난 밤, 그는 병원 밖에 앉아 먼발치에서 하나둘 꺼져가는 도시의 불빛을 우두커니 지켜보곤 했다. 고아원의 소등 시간과 그 후 사방에 깔리던 적막감이 떠오르면서 아련한 향수에 젖었다.

몇 시간 짬이 나자 곧바로 타르노폴시에서 마련해놓은 고아 보호소에 찾아가보았다. 그곳의 환경은 경악스러웠다. 보호시설이라기보다는 차라리 "아이들을 전쟁 쓰레기처럼 던져 넣는 쓰레기통이었다. 그곳의 아이들은 부모가 이질과 장티푸스, 콜레라로 죽고―아니 아버지는 더 좋은 세상을 만든다고 싸우러 가고 어머니는 죽고―버려진 폐기물과 다름없었다."

유독 스테판이 그의 눈에 들어온 것은 왜였을까? 어쩌면 그 아이만 혼자 떨어져 서 있었는지도 모른다. 아니면 코르차크의 동정 어린 눈길이 우연히 그 아이의 눈과 마주쳤는지도 모른다. 두 사람 사이에는 곧 대화가 활발하게 오갔다. 스테판이 뭐든 기술을 배우고 싶다고 하자, 코르차크는 병원 구내에 목공소가 있다고 말해주었다. 아이에게 자기를 따라가서 목공 일도 배우고 글 읽는 법도 배우지 않겠냐고 묻고는, 곧바로 후회했다. 아이에게 느닷없는 제안을 해서는 안 된다는 평소 지론을 스스로 어겼기 때문이다. 그는 재빨리 덧붙였다. "오늘은 말고. 월요일에 다시 올게. 형한테도 물어보고, 천천히 한번 생각해봐." 그러나 집 없는 아이 스테판 자그로드니크에게 천천히 생각해보고 말고 할 것은 사실 없었다. 생각이 필요한 사람은 코르차크였다.

그는 전에 일기에 적었듯이, 아이들을 백 명 정도의 집단 단위로 상대하는 데 익숙했다. 그의 한마디 한마디가 백 명에게 영향을 끼쳤고, 그의 움직임 하나하나를 백 명이 유심히 지켜보았다. 말이 통하지 않는 아이들도 있었지만, 최소한 몇 명은 말이 통했다. 어떤 경우에도 "완패"란 없었다. 그는 한 아이만 놓고 지도하는 것은 그럴 만한 보람이 없는 일이라고 평소에 말하곤 했다. 집단 교육을 하다가 그만두고 개인 교육으로 전향하는 교사들을 경멸하곤 했다. 오직 돈이나 일신의 안위를 위한 선택이라고 했다. 하지만 이제 본인이 아이 한 명에게 "몇 시간, 며칠, 몇 달"을 고스란히 바치게 될 참이었다.

월요일 저녁, 코르차크가 발렌티와 함께 개가 끄는 썰매를 타고 아이를 데리러 왔을 때 아이는 이미 목이 빠지게 기다리고 있었다. 당번병 발렌티는 아이를 데려오겠다는 코르차크의 말을 들은 순간부터 뾰로통한 상태였다. 원고 타이핑하는 일도 모자라, 이제는 웬 우크라이나 떠돌이 꼬마를 모셔다놓고 요리와 청소까지 해주어야 할 판이었다. 설상가상으로, 스테판은 발렌티를 만난 지 몇 분도 안 돼서 발렌티를 이름으로 편하게 부르기 시작했다. 발렌티의 기분을 아는지 모르는지, 스테판은 난생처음 달빛 아래 눈 위를 썰매로 달리면서 성당이며 기차역이며 객차와 화차, 다리 따위를 구경하느라 여념이 없었다.

코르차크는 처음 며칠은 아이에게 특별한 주문을 하지 않았다. 발렌티를 정중한 호칭으로 부르게 해야겠다고 생각은 했지만, 말은

아이들의 왕

하지 않았다. 바르샤바 고아원에서도 비슷한 일을 겪어서 수위와 요리사, 세탁부 같은 일꾼들이 아이들이 "이름만 달랑" 부르면 속으로 불쾌해한다는 것은 알고 있었다. 그렇지만 스테판에게 자기 스스로 발 뺄 자리를 보고, 행동을 고민하고, 신뢰를 쌓아갈 기회를 주고 싶었다.

스테판은 일곱 살 때 엄마가 죽었는데, 엄마 이름도 기억을 못했다. 엄마가 기침할 때 입에서 피가 나왔고, 병원에 갔다가 돌아오지 않았다는 것 정도만 기억했다. 아빠는 지금쯤 전사했을지, 아직 전장에서 싸우고 있을지, 포로수용소에 갇혀 있을지 알 길이 없었다. 스테판은 타르노폴에서 열일곱 살인 형과 한동안 같이 살다가, 군인들 몇 명과 같이 살다가, 그다음 고아 보호소로 보내졌다. 그곳에서 코르차크에게 발견된 것이었다.

처음엔 발렌티의 불길한 예감이 적중한 듯했다. 스테판이 이곳에 온 지 하루 만에 배탈이 심하게 난 것이다. 군부대 매점에서 사다 준 차가운 소시지에, 형한테 작별 선물로 받은 50코페이카로 자기가 산 잼케이크와 사탕까지 한꺼번에 먹고는 탈이 나고 말았다.

고아원에서는 아이가 아프면 일이 그만큼 많아졌고 분위기도 긴장이 감돌았다. 하지만 스테판이 병이 난 계기로 두 사람은 오히려 더 가까워질 수 있었다. 가족 중에 누가 병이 났을 때와 다르지 않았다. 코르차크는 스테판을 침대에 왕처럼 반듯이 앉혔다. 아이가 쓰기 연습을 할 수 있도록, 발렌티가 재떨이용으로 개조한 깡통 안에 잉크병을 단단히 고정했다. 그 깡통을 다시 특별히 마련한 큰 박스 안에 놓고, 박스가 움직이지 않게 한쪽은 베개로, 한쪽은 다른 박스로 막아 고정했다. 스테판이 방긋 웃으며 고마워하는 모습을 보고, 코르차크는 집단 보호시설에서는 이런 사치가 불가능하겠구나 싶었다. 또 수많은 아이들 속에서 한 아이의 미소란 너무 희미한 신호라 그동안 알아채지 못했겠구나 싶기도 했다. 이제야 비로소, 아이의 미소도 유심히 살펴야 할 중요한 신호로 다가왔다.

코르차크는 스테판에게 읽는 법을 가르치겠다는 교육자로서의 목표에 힘을 쏟았다. 그날그날 학습에 얼마나 진전이 있었는지 자세히 기록했다. 마치 스테판에게 폴란드어의 복잡한 문법을 가르칠 수만 있으면 두 사람의 세상이 다시 돌아오기라도 할 것처럼. 스테판은 자기가 쓴 문장을 아무것도 모르는 상태에서 이렇게 저렇게 고치려고 애쓰곤 했다. 그 모습에서 코르차크는 이런 생각이 들었다. 아이는 "문법적 지각"을 타고난다. 그런데 교사의 복잡한 설명이 오히려 그 발목을 붙잡는 것인지 모른다.

아이의 머릿속은 숲이다. 나무 꼭대기는 서서히 흔들리고, 가지는 서로 얽혀 있고, 잎은 파르르 떨며 서로 맞닿는다. 가끔 한 나무가 옆의 나무를 스치면서 다른 나무 백 그루, 천 그루, 아니 숲 전체의 떨림이 전해진다. 그러나 교사가 "맞았어" "틀렸어" "정신 차려" "다시 해봐" 할 때마다, 아이의 머릿속은 갑작스레 불어닥친 돌풍으로 아수라장이 된다.

스테판은 처음 한 주는 갈팡질팡했다. 하지만 이윽고 "떨림"을 느낀 것이었을까. 마치 밖에서 눈썰매를 타는 것처럼—웬만한 장애물도 이제는 끄떡없이 돌파해가며—매끄럽게 책을 읽어나가기 시작했다. 이제 "공부도 운동처럼 위험을 무릅쓰고" 할 줄 알게 된 것이다. 그런가 하면 잔머리도 굴려서, 가끔 스승을 손안에서 주물렀다. 공부를 조금이라도 덜 하려고 체커 게임 중에 눈속임을 하려고 했다. 허락 없이 포탄 탄피를 목공소에 가져다놓고는, 캐물으니 거짓말로 둘러댔다.

코르차크는 여느 아버지처럼 뾰족한 대책이 없었다. 정신을 바짝 차리는 수밖에. "아이가 나를 갖고 놀도록 내버려두면, 아이는 나를 깔보는 버릇이 들기 마련이다. 물러서지 말고 맞서야 한다. 권위를 유지해나가되, 절대 꾸짖지 말고 본보기를 보여 이끌어야 한다." 그리고 마치 스스로를 설득하기라도 하듯 이렇게 덧붙였다. "아이들은 어느 정도 강압을 받는 것을 좋아한다. 강압이 있으면 하기 싫은 마음을 이겨내는 데 도움이 된다. 선택을 내리느라 머리를 끙끙 쓰지 않아도 된다."

코르차크가 병동의 환자 217명을 돌보는 동안 스테판은 목공소에서 일했다. 환자들은 전염병에 걸린 이들도 있었고, 전장에서 부상을 입고 막 실려 온 이들도 있었다. 근무시간 중 목공소에 잠깐 들렀더니 목수는 아이의 성실함을 칭찬했다. 하지만 코르차크는 아이가 흔들거리는 널빤지를 톱질하려고 안간힘 쓰는 모습을 보고 있기가 힘들었다. 손가락 조심하라고 한마디 하고 싶은 마음을 꾹 참았다. 이미 그는 아이에게 "맨발로 나가면 안 돼!" "끓이지 않은 물 마시면 안 돼!" "춥지 않니?" "배 아픈 거 아니야?" 따위 이래라저래라 훈계를 늘어놓으며, 자신이 책 속에서 조롱했던 안달하는 엄마들 모습을 닮아가고 있었다.

심지어 발렌티도 스테판을 나서서 챙기기 시작했다(잡일이 너무 많다느니, 다 괜한 헛수고라느니 입은 아직 궁시렁대면서도). 아이가 눈썰매 타느라 저녁 수업 시간에 늦으면 자기가 나가서 불러오곤 했다. "가족과 다를 바 없는" 모습이었다.

코르차크는 자신의 내면에 있는 아이가 스테판에게도 보였으면

아이를 사랑하는 법

했지만, 스테판의 눈에 자신은 나이 많고 머리 벗어진 서른아홉 살 군의관 아저씨일 뿐이라는 것을 알고 있었다. 그래도 스테판은 코르차크를 우러러봤다. "저도 K 자를 그렇게 쓰고 싶어요" 하고 말했다. 그 말에서 코르차크는 고아원 아이들도 자기가 쓰는 글자 모양을 똑같이 따라 쓰던 것이 생각났다. 그런가 하면 자신도 대문자 W를 아버지처럼 쓰려고 숱하게 연습했던 것도 생각났다.

스테판이 묻는 질문들을 이해하려고 하면서, 아이는 사물을 인식하는 방법이 어른과 많이 다르다는 생각을 했다. 스테판이 "양귀비씨는 뭘로 만들어요?" "양귀비씨 색은 왜 까매요?" "밭 하나에서 나는 양귀비씨로 접시를 가득 채울 수 있어요?" 하고 묻는 것을 들으며, 코르차크는 아이가 생각하는 밭의 개념은 네 가지 아니면 다섯 가지쯤의 관념으로 이루어진 반면, 자기가 생각하는 밭의 개념은 백 가지, 심지어 천 가지 관념으로 이루어졌다는 것을 깨달았다. "아이들이 왜 그렇게 말이 안 돼 보이는 질문을 하는가 하는 근본 원인을 여기서 찾을 수 있다. 어른들은 아이와 공동의 언어로 소통하는 일이 쉽지 않다. 쓰는 말은 같아도, 그 말에서 아이들이 떠올리는 내용은 우리와 전혀 다르다. '밭' '아빠' '죽음' 같은 말들이 스테판에게는 나와 다른 의미를 갖는 것이다." 어른과 아이는 서로의 말을 이해하는 척할 뿐이라는 게 그의 결론이었다.

밤이었다. 스테판은 이미 기도도 하고 코르차크의 손에 "뽀뽀"도 했다. 코르차크가 고아원에서는 허락하지 않았던 폴란드식 관습이지만, 스테판에게는 가족과 살 때 늘 했던 것이라 하게 해주었다. 스테판은 눈을 똘망똘망 뜬 채 말없이 누워 있었다.

"궁금한 게 있는데요, 머리카락이나 털은 한 번 밀면 다시 안 난

아이들의 왕

136

다던데 정말이에요?"

아이는 코르차크가 기분 상할까 봐 그의 대머리를 직접 지칭하지 않고 물은 것이었다.

"그렇지 않아. 턱수염은 깎아도 계속 나잖아."

"어떤 군인은 턱수염을 허리까지 길렀어요. 유대인처럼요. 왜 그러는 거예요?"

"관습이지. 그런가 하면 영국인은 면도를 말끔하게 해."

"독일인 중에 유대인이 많다던데 정말이에요?"

"좀 있지. 유대계 러시아인도 있고, 유대계 폴란드인도 있고."

"유대계 폴란드인이요? 폴란드인이 유대인이에요?"

"아니, 폴란드인은 원래 가톨릭이야. 그렇지만 폴란드어를 하고, 폴란드 사람들이 행복하게 잘 살기를 바라는 사람이면 그 사람도 폴란드인이야."

그것은 코르차크가 가족에게서 물려받았고 바르샤바 고아원 아이들에게도 전해준 믿음이었다.

여전히 초롱초롱한 눈으로 누워 있는 스테판을 보며, 코르차크는 고아원에서도 밤에 불을 끄고 나면 추억과 상념이 떠오르던 생각이 났다.

"아빠가 나이가 어떻게 되셔?" 그는 스테판에게 물었다.

"사십이. 지금은 사십오 살이에요."

"아빠가 너 못 알아보시겠다. 너무 많이 커서."

"저도 아빠를 알아볼 수 있을지 모르겠어요."

"사진 가진 거 없어?"

"사진을 어디 가면 구할 수 있죠?" 침묵이 흘렀다. "군인 중에 아빠처럼 생긴 사람이 되게 많아요."

아이를 사랑하는 법

아이를 데려오고 7일째 되는 날, 발렌티가 식당 당번을 하고 오느라 저녁을 늦게 차려주었다. 그 때문에 코르차크는 다른 숙사에서 카드 게임이 열리는 자리에 늦었고, 자정 무렵 돌아와서까지 기분이 썩 좋지 않았다. 불을 켰는데 자고 있어야 할 스테판이 보이지 않았다. 깜짝 놀라 밖으로 뛰쳐나와 보니, 아이가 자기 쪽으로 달려오고 있었다.

"어디 갔었어?"

"주방에요. 언제 끝나시는지 궁금해서 주방 창문으로 내다보고 있었어요. 그런데 문득 보니 없어지셨어요. 그래서 얼른 쫓아서 뛰어왔어요."

"무서웠니?"

"무서울 게 뭐가 있어요?"

코르차크는 아이가 무서움이 아니라 애정 때문에 자기를 기다렸다는 걸 알고 "아이에 대한 고마움으로 가슴이 벅찼다." 이 아이는 왜 자신을 사로잡는 묘한 힘이 있는 걸까 곰곰이 따져보았다. "특별할 게 없는 아이다. 눈에 띌 만한 특징이 없다. 평범한 얼굴, 어설픈 몸놀림, 보통 정도의 머리, 빈약한 상상력, 다정한 구석이라고는 없는…… 사랑스러운 아이의 특징이라곤 하나도 없다. 그러나 그것은—길가에 자라는 관목처럼 보잘것없는 이 아이를 통해 우리에게 말을 건네고 있는 것은—바로 자연이다. 자연의 영원한 법칙이자, 하느님이다. 고맙다. 지금 그 모습대로 있어줘서. 그저 평범한 그 모습으로 있어줘서."

그는 이렇게 다정하게 덧붙였다. "내 아이야, 이 고마움을 어떻게 다 전할까?"

8일째 되는 날, 그는 난로 곁에 서서 그날의 교훈을 생각하고 있었다. 이미 자려고 누워 있던 스테판이 말했다. "저한테 약속하신 거 있는데요."

"뭐였지?"

"옛날이야기요."

스테판이 먼저 이야기를 해달라고 한 것은 처음이었다.

"새 이야기 해줄까?"

"아뇨, 알라딘 이야기 해주세요."

스테판에게 그때까지 《신데렐라》《장화 신은 고양이》《알라딘》세 가지 이야기를 해주었는데, 그중에서도 자신의 현재 삶과 가장 닮은 이야기를 고른 것이었다. "램프의 요정이 가난한 소년에게 나타나 마법으로 운명을 바꿔준다. 현실에서는 군의관인 낯선 의사가 나타나 자신을 보호시설에서 구출해준다. 이야기에서는 노예들이 황금 쟁반에 산해진미를 들고 나른다. 현실에서는 발렌티가 빵을 들고 들어온다."

11일째 되는 날, 스테판이 말했다. "저 이제는 형 생각 안 해요."

"저런. 아빠와 형 생각을 계속해야 해." 그날 밤 코르차크는 일기에 적었다. "이 몹쓸 전쟁."

코르차크의 오른쪽 눈에 염증이 생기지만 않았다면, 두 사람은 언제까지라도 계속 같이 지냈을지 모른다. 코르차크는 처음에 염증을 무시했지만, 스테판이 안과 진료소에 가보라고 재촉했다. 코르차크가 진료소에 갔다가 파란 안경을 끼고 돌아오자, 스테판은 숨죽인 목소리로 물었다. "그거 많이 아파요?"

스테판은 램프의 요정이 눈병으로 결국 입원하게 되자 눈물을 흘렸다. 직업적 거리를 단호하게 유지하던 코르차크는 아이의 걱정을 진심이라 믿지 않으려 했다. "아마 병원에 입원했다가 죽은 가족 생각이 났을 것이다."

스테판이 발렌티와 함께 문병하러 왔다.

"여기 다른 장교들도 다 아파서 온 거예요?"

"응."

"눈병 때문에요?"

"아니, 여러 가지 병이지."

"카드 게임을 하던데 돈 걸고 하는 거예요?"

코르차크는 한 아이만을 데리고 가르쳐보겠다는 결심을 하면서, 일기에 이런 질문을 적었다. "결국 무슨 보람이 있을까?" 그 뒤로 그는 그 질문에 굳이 답하려 하지 않았다. 그가 스테판에게—그리고 고아원에서 특히 그가 아꼈던 장난꾸러기 소년들에게—품었던 다정한 마음은, 프로이트 학설을 지지하는 독자들에게는 루이스 캐럴이 소녀 앨리스 리들에게, 또는 제임스 배리가 피터 팬의 모델이었던 루엘린 데이비스 형제들에게 품었던 마음처럼 의심스러워 보일 수도 있다. 코르차크는 좁은 공간에서 아이와 함께 지내다 보니 어릴 적 자기 모습이 떠올랐는지도 모른다(그런 생각이 글에 나타나 있기도 하다). 아니면 평생 아이를 갖지 않기로 결심했으면서도 부성애가 샘솟았는지도 모른다. 아니면 그가 평생 억압하고 살았던, 실제로 어린 소년에게 끌리는 감정이 일어난 것인지도 모른다. 아니면 그 세 가지가 다 섞여 있었는지도 모른다. 어찌 되었건, 그는 스테판과 함께 지낸 경험을 하나의 교육학적 실험으로서 기록했다. "한 아이를 관찰해도 여러 아이를 관찰하는 것만큼 괴로움도 크고 만족감도 크다는 것을 알게 되었다. 한 아이를 놓고 보면 더 많은 것이 보이고, 더 미묘한 것들을 느낄 수 있고, 모든 사정을 더 꼼꼼히 고려할

아이들의 왕

수 있다. 집단 교육에 지친 사람이라면 이런 식의 '윤작'을 시도해볼 만하다. 아니 반드시 그렇게 해볼 필요가 있다."

그는 이렇게 짤막하게 글을 끝맺었다. "그 아이와 지낸 기간은 두 주에 불과했다. 나는 몸이 아파 그곳을 떠나야 했지만, 아이는 그 뒤로도 한동안 머물렀다. 그러다가 전선이 이동하기 시작했고, 당번 병은 아이를 보호소로 되돌려 보냈다."

아이를 사랑하는 법

슬픈 부인

인생은 기껏해야 불완전한 해방이 있을 뿐이다.
성취란 기껏해야 단편적으로 이룰 수 있을 뿐이다.
《교육의 순간》

스테판이 떠나간 1917년 3월, 발렌티도 코르차크의 곁을 떠나갔다. 야전병원이 이동하면서 발렌티도 같이 이동해야 했던 것이다. 코르차크는 눈병이 나은 뒤 키예프에 주둔 중인 한 연대에 배속 신청을 해 허가를 받았다. 키예프는 그가 전부터 마음에 두고 있던 곳이었다. 2년 전에 3일간 휴가를 그곳에서 보낸 적이 있었다.

키예프는 오랜 역사를 지닌 도시이자 우크라이나의 수도였다. 17세기 말까지는 폴란드의 지배를 받았던 곳이라 아직도 폴란드인 동포들이 많이 살고 있었다. 그가 키예프를 처음 찾은 것은 1915년 크리스마스 전날이었다. 기차에서 내려 소개장 하나를 들고 곧장 폴란드 최초의 여학생 김나지움 설립자인 바츠와바 페레티아트코비치를 찾아갔다. 그녀는 의심이 가득한 눈길로 문을 열었다. 경찰이 딸 야니나를 잡으러 올까 봐 불안해하고 있던 터였다. 그러나 그 자리에는 러시아 군복 차림을 한 왜소한 남자가 서 있었다. 입고 있는 점퍼가 너무 길어 보였다. 그는 자기를 헨리크 골트슈미트라고 소개했다. 하지만 페레티아트코비치 부인과 그 딸은 곧 그가 유명한 작가이자 교육자, 야누시 코르차크라는 것을 알아차렸다.

페레티아트코비치 부인은 코르차크에게 한 적십자 고아원을 찾아갈 수 있게 일러주었다. 고아원은 바르샤바가 독일 손에 넘어가기 전 바르샤바에서 데려온 폴란드 소년 60명의 보금자리였다. 마리나 팔스카라는 폴란드 여성이 최근에 원장으로 부임해 있었다. 코르차크는 곧장 보곤토프스카 거리로 찾아갔다. 빈민가 공동주택의 풍경을 상상하고 갔는데, 놀랍게도 드네프르강을 내려다보는 산비탈의 숲속에 큰 별장이 있었다. 평화로운 주변 풍경과 다르게 건물 안은 난장판이 따로 없었다. 아이들은 낯선 환경에 적응하지 못해 마구 날뛰고 있었다. 새로 온 원장의 말은 귓등으로도 듣지 않았다. 마리나 팔스카는 자신도 개인적으로 힘든 처지인 데다 사정 딱한 아이들까지 맡고서는 어디서부터 손을 써야 할지 모르고 있었다. 그녀는 그날 불쑥 고아원에 찾아온 이 똑똑한 군의관이 앞으로 자신의 삶을 변화시키고 이끌어줄 존재가 되리라는 상상은 하지 못했다.

그가 고아원 문에 발을 들여놓는 순간 벌써 심상치 않은 일이 벌어지고 있었다. 복지 담당관이 방금 도착해 손목시계를 훔친 혐의로 열세 살 남자아이를 데려가려 했다. 코르차크는 자기가 아이에게 이것저것 묻고 조사를 좀 해보겠으니 시간을 달라고 하더니, 곧 아이의 무죄를 입증했다. 아이들은 뭔가 권위 있어 보이는 이 낯선 아저씨가 자기들과 한편이라는 것을 감지하고는 금방 조용해졌다.

1915년의 그 크리스마스 휴가 중 남은 이틀 동안, 코르차크는 아이들에게 자치에 대한 관심을 심어주고, 어린이 법원을 운영하는 법을 가르치고, 자신이 첫 기사를 쓴 손글씨 신문까지 발간하게 했다. 그가 타르노폴의 부대로 복귀해야 할 때가 다가오자, 원래 수줍

슬픈 부인

음이 많고 속마음을 잘 터놓지 않는 마리나 팔스카는 고마움을 어떻게 표현해야 할지 알 수 없었다. 그저 그가 시작해 놓은 일들을 자기가 꼭 이어가겠다고 확실하게 약속할 뿐이었다. 코르차크는 그 특유의 매력과 유머로, 만만치 않게 내성적인 그녀의 경계를 허문 몇 안 되는 사람 중 하나가 되었다.

마리나는 이곳의 폴란드인 망명자 사회에서 '슬픈 부인'이라는 악의적인 별명으로 불리기도 했고, 그녀를 두고 여러 소문이 돌았다. 이곳에 와 있는 사람이면 누구나 복잡한 과거가 있기 마련이지만 그녀만큼 비밀에 싸여 있는 사람은 많지 않았다. 소문에 따르면 '슬픈 부인'은 몇 년 전 남편을 잃어서 눈에 그리도 슬픔이 가득하고, 앙다문 입술에 비장함이 감돌며, 긴 검은색 드레스를 입고 있다고 했다.

그녀는 원래 이름이 마리아 로고프스카였고, 1877년 2월 7일 폴란드 남동부의 두브노 포들라스키에서 지주 가문의 딸로 태어났다. 교사가 되려고 공부하다 오빠들을 따라 지하활동에 가담했다. '힐다'라는 가명으로 활동하면서 불법 인쇄소를 운영해 폴란드 사회당을 지원한 혐의로 여러 번 구속되었다. 나중에 독립된 폴란드의 국가원수를 지낸 유제프 피우수트스키와 한때 같은 감방을 쓰기도 했다.

폴란드인 의사였던 남편 레온 팔스키를 언제 어떻게 만났는지는 알려진 바가 없지만, 아마 두 사람이 정치범으로 쫓기다가 런던으로 몸을 피했을 때였던 것으로 보인다. 두 사람은 폴란드로 돌아왔고, 마리나는 자신의 임신 사실을 감출 수 있을 때까지 감췄다. 팔스키는 리투아니아의 가난한 소도시이자 백 년 된 유대인 전문학교로 유명한 발라지나스라는 곳에 의사로 처음 부임했다. 폴란드인, 리투아니아인, 유대인을 모두 진료하며 바쁜 병원 생활을 했다. 그는 가난한 유대인 학생들을 무료로 진료해주고, 랍비들과 철학을 논하고, 지주들과 사냥을 즐겼다. 그러나 마리나가 정치활동을 벌일수 있는 다른 도시로 옮겨 살자고 하자 아내의 뜻을 따르기로 했다. 두 사람이 이주 계획을 짜고 있을 때 티푸스가 크게 유행했다. 어느 늦은 밤에 한 노파가 아픈 식구를 봐달라며 찾아오자, 마리나는 남편에게 왕진을 가보라고 떠밀었다. 남편은 환자에게서 티푸스가 옮아 며칠 만에 죽고 말았다. 이로써 마리나는 자기가 남편을 죽게 했다는 죄책감에 평생 시달리게 되었다.

마리나는 죄책감에 괴로워하면서도 남편의 장례식에 참석하는 것을 끝내 거부했다. 그녀는 철저한 무신론자로서, 독실한 가톨릭 신자였던 어머니와도 종교 문제로 연을 끊은 사람이었다. 자신이 반대했음에도 사제, 랍비, 목사가 장례식을 공동 주관하기로 한 것을 용납할 수 없었다. 그토록 환자들에게 헌신하며 존경받던 의사의 죽음을 추모하고자 지주와 소작농, 유대인 할 것 없이 온갖 사람들이 한자리에 모이는 보기 드문 광경이 펼쳐졌다. 그러나 홀로 남은 부인과 두 살배기 딸은 덧문을 걸어 잠그고 집에서 나오지 않았다.

마리나는 딸을 데리고, 친한 지인들이 있는 모스크바로 이주했다. 그러나 혹독한 겨울 추위에 딸을 제대로 먹일 형편이 되지 않아 고통스러운 시간을 보내야 했다. 2년이 안 되어 딸은 죽고 말았다. 전쟁 통에 바르샤바에 돌아갈 수도 없게 되자, 그녀는 키예프에서 적십자가 운영하는 폴란드 고아원의 원장 자리에 지원했다.

1917년 코르차크가 키예프의 적십자 고아원을 2년 만에 다시 찾았을 때, 마리나는 그가 잡아주었던 틀에 맞춰 고아원을 운영하고 있었다. 아이들도 마리나도, 그를 다시 보게 되어 기뻐했다. 마리

슬픈 부인

나는 그간 새로 마련한 작업장들을 그에게 보여주며 뿌듯해했다. 제화, 재단, 제본, 배관, 재봉 따위를 할 수 있는 공간이었다. 식구도 늘어서 이제 남자아이들뿐 아니라, 가족과 헤어져서 오게 된 어린 여자아이들도 몇 명 있었다. 또 인근 대학에서 나와 자원봉사를 하고 있는 여학생들도 몇 명이 함께했다.

코르차크는 고아원 아이들이나 마리나와 보낼 수 있는 시간이 많지 않았다. 그는 이곳의 러시아 행정 당국에서 일하는 한 폴란드 지식인이 힘을 써준 덕분에 우크라이나 고아들을 수용하고 있는 시립 보호소 세 곳에서 소아과 보조의로 근무하게 되어 있었다. 사방이 포위당한 도시 키예프의 주민들은 생활이 궁핍했다. 코르차크도 고아원 지하실을 거처로 삼고, 종종 식사를 거르고 다녔다. 시장에서 파는 것이라곤 카샤와 돌처럼 딱딱한 빵밖에 없었다. 빵은 모래가 섞여 있기 일쑤였다. 고아원 아이들이 직접 구운 빵을 갖다주기라도 하면, 아이들 먹을 것을 뺏지 않으려고 되돌려 보냈다. 한번은 싸구려 식당에서 소의 양(膵)을 먹으며 고향 생각이 떠올라 "눈이 통통 붓도록 울었다."

이곳 생활은 힘들고 외로웠다. 게다가 보호소라는 곳들은 전에 스테판을 데려왔던 '쓰레기통' 보호소보다 더 여건이 나빠, 그를 더욱 절망하게 했다. 고아들은 온몸이 헐고 딱지투성이였다. 눈병에 걸리고 굶주린 상태였다. 영양실조와 학대에 시달리고 있었다. 코르차크는 할 수 있는 일을 다 했다. 아이들을 달래주려고 보호소에서 자고 갈 때도 많았다. 보호소가 전혀 제대로 운영되고 있지 않은 것에 분개했다("자수 공예 강사"한테 맡겨도 그보다는 잘 운영했을 것 같았다). 이에 항의하자 부패한 소장들은 몹시 노했다. 코르차크로서는 "아이들을 살리려는" 의도였지만 소장들은 코르차크가 자신들의 권위를 위협하고 있다고 보았다. "그들은 병든 말을 쏘아 죽이는 권총을 내게 겨누며, 여기가 어딘 줄 알고 까부냐는 경고의 메시지를 보냈다. 부정부패! 극악무도! 인간의 어떤 언어로도 그 상황의 부조리함을 다 표현할 수 없다."

그렇다 해도 전쟁의 포화 속에서 야전부대를 따라다니는 것보다는 키예프에서 아이들을 살려내는 일이 더 나았다. 게다가 이 "더 없이 푸르른 도시"의 아름다운 풍광은 마음을 편안하게 해주었다. 드네프르 강변의 가파른 언덕 위에는 고색창연한 성당과 궁전들이 있었다. 또 키예프에는 바르샤바를 닮은 곳들도 있었다. 특히 드네프르 강변을 따라 빈민 노동자 거주구역이 자리한 모습은 그에게 비스와강의 모습을 연상시켰을 것이다. 포딜이라 불리던 유대인 거주구역은 정통파 유대교도들로 북적거렸다. 옆머리를 기르고 헐렁한 겉옷을 걸친 유대인들의 모습이 크로흐말나 거리 아랫동네의 풍경과 흡사했다.

가끔은 도시 이곳저곳을 걷다가 카페에도 들어가곤 했다. 카페에는 폴란드인·유대인 작가와 지식인들이 가득했다. 1905년 러시아 혁명 후에 키예프에 설립된 폴란드 대학을 구심점으로 모여든 사람들이었다. 카페 안에는 온갖 종류의 정치적 성향을 띤 사람들이 다 모인 데다가 이 편 저 편에 고용된 스파이들까지 섞여 있었다. 전쟁 초기에 독일이 우크라이나에서 맹위를 떨치면서 폴란드인 수십만 명이 동쪽으로 피난을 갔는데, 그중 상당수가 키예프에 와서 혁명주의자로, 또 반혁명주의자로, 이곳 다문화 망명자 사회의 일원이 되었다. 누구나 자기 의견을 함부로 말하지 않으려고 조심했다. 이곳에선 밥 먹듯 일어나는 게 살인이었고, 아무도 여기에 토를 달지 않았다. 어느 정파는 키예프를 독립된 우크라이나의 수도로 삼고 싶어

슬픈 부인

했고, 어느 정파는 우크라이나가 러시아에 병합되길 원하는가 하면, 또 어느 정파는 우크라이나가 다시 폴란드 땅이 되길 희망했다.

매일같이 거리에서는 포격과 전투가 벌어졌다. 시신을 한가득 실은 달구지는 흔한 풍경이었다. 코르차크는 당시 상황을 이렇게 묘사했다. "키예프, 혼돈의 도가니. 어제는 볼셰비키. 오늘은 우크라이나인. 독일은 점점 접근해 오고, 러시아는 나라 전체가 혼란에 빠져 있다고 한다."

이 모든 혼란 속에서도 그는 《아이를 사랑하는 법》의 집필 작업을 "단 하루도 거르지 않고" 계속했다. 페레티아트코비치 부인이 그에게 최근 문을 연 몬테소리 학교를 좀 평가해달라고 부탁하자, 그 일에도 시간을 냈다. 이탈리아 교육자 마리아 몬테소리가 유아에게 읽고 쓰기를 가르치고자 개발한 몬테소리 교육법은 당시 이미 유럽의 주요 도시에 퍼져 있었다. 코르차크로서도 한번 배워볼 좋은 기회였다. 야누시 코르차크와 마리아 몬테소리는 일생 동안 서로 만날 기회가 없었지만 공통점이 많았다. 두 사람 모두, 아이의 영혼을 논하는 의사였다. 두 사람 모두 유아기 경험의 중요성을 강조했으며, 두 사람 모두 페스탈로치의 감각훈련 이론에 영향을 받았다(감각훈련이란 아이가 손, 눈, 귀를 쓰게 해 발달을 돕는 방법이다). 하지만 공통점은 거기까지였다. 몬테소리는 특정한 용구로 구성된 교구 세트를 개발하는 데 주력한 반면, 코르차크는 아이의 사회적 상호작용에 주로 관심을 가졌다.

코르차크는 몬테소리 유치원에 이틀간 방문해 두세 시간씩 수업을 참관하기로 하고, 본인의 장비를 들고 갔다. 종이와 연필이었다. 코르차크의 계획은 이 기회를 이용해 교사들의 교육에 필요한 노트테이킹 기법을 개발해보려는 것이었다. 그는 눈으로 본 것을 기

아이들의 왕

록할 수 있는 능력이야말로 모든 교사가 갖추어야 할 필수 소양이라고 생각했다. "노트 속에 숲과 옥수수밭으로 자라날 씨앗이 숨어 있으며, 샘물을 이룰 물방울이 담겨 있다. …… 노트는 우리 인생의 대차대조표를 작성하는 데 쓸 자료이며, 우리가 인생을 낭비하지 않았다는 증거의 기록이기도 하다."

코르차크는 자신이 관찰할 무대를 살펴보았다. 큰 방 안에 피아노가 한구석에 있고 책상 여섯 개가 놓여 있었다. 책상마다 의자가 네 개씩 있었다. 장난감 상자가 있고, 몬테소리 블록 따위 교구가 있었다. 이제 그는 행동을 개시할 준비가 되었다. 키예프의 그 어느 첩보원도 노트 필기를 그렇게 꼼꼼하게 하는 사람은 없었을 것이다. 그에게 바깥에서 펼쳐지고 있는 정치 상황은 이곳 실내에서 펼쳐지고 있는 드라마에 견주면 아무것도 아니었다. 만약 그가 적고 있던 종이를 경찰이 압수하기라도 했다면, 이게 도대체 무슨 암호인가 하며 수상해했을지도 모른다. 그의 노트는 대본 형식으로 되어 있었다.

| 등장인물 |
매력 넘치는 주인공 헬치아(세 살 반): 평소 지성과 미모를 뽐내는 아이로, 다른 아이들 몇 명과 지혜를 겨룬다.
유레크(세 살): 악명 높은 폭군으로, 엄마를 채찍으로 때리려고 한 적이 있다.
한나(다섯 살): 장난꾸러기지만 분별력이 있어 눈치를 봐가며 행동할 줄 안다.
니니(여섯 살): 속으로 꿍꿍이를 꾸미는 유형으로 성격을 규정하기 어려우며, 자기보다 어린 아이들과 노는 것을 좋아한다.

슬픈 부인

| 제1장 '아이들이 뭘 하려는 걸까?' |

헬치아: (그림을 보며) 개가 혀가 빨갛네. 왜 그렇지?

니니: 개니까 그렇지.

헬치아: 개는 혀가 빨개? 가끔씩?

관찰자: 아이가 개의 그림을 볼 때는 개의 꼬리, 귀, 혀, 이빨 들을 각각 따로 관찰하리라 짐작할 수 있다. 물론 어른은 그런 것을 일일이 자세히 보지 않는다. 그렇지만 어른도 미술관에 그림을 구경하러 가면 그런 식으로 자세히 들여다보기 마련이다. 어른들이 아이의 관찰력에 계속 놀라는 것은—아이를 무시하는 것이기도 하며—아이가 인형이 아니라 사람이구나, 하고 놀라는 것과 다름없다.

헬치아가 니니에게 개의 혀에 관해 물은 것은, 자기보다 사회적 위치가 높은 니니와 무슨 얘기든 나누고 싶어서였을 것이다. 내게 단서가 된 것은 헬치아가 뜬금없이 덧붙인 "가끔씩"이라는 말이다. 어른도 좀 덜 똑똑한 사람이 자기보다 사회적 위치가 높은 사람과 대화할 때는 자기도 똑똑하다는 걸 보이기 위해 괜히 별 관계가 없거나 엉뚱한 말을 한마디씩 덧붙일 때가 있다.

| 제2장 | 유레크와 한나가, 헬치아가 갖고 있는 블록을 빼앗아가려고 움켜쥔다. 인생은 매정하다는 것을 아는 헬치아는 소심한 목소리로 애걸할 뿐이다. 헬치아에게는 충분히 마음에 상처가 될 만한 일이다. 그렇지만 당하고만 있을 헬치아는 아니다. 지금 중요한 건 무슨 말을 하느냐가 아니다. 침착하면서도 구슬프기 짝이 없는 목소리, 얼굴 표정, 몸의 자세다. 세상의 그

어떤 배우보다 더 실감나게 애원한다. 도와달라고, 봐달라고, 불쌍히 여겨달라고……. 그럼 그녀의 입에서 나온 말은? 이보다 더 적절할 수 없다. "한나, 내 블록 가져가지 말아줘."

그러나 한나의 인생에 동정이란 없다. 블록을 가져간다. 그러자 헬치아는 마지막 남은 블록으로 한나의 머리를 때린다. 그러고는 이제 보복이 두렵다. 카랑카랑한 목소리로 비장하게 "이거 받아!" 하며 마지막 블록을 유레크의 손에 꾹 쥐어준다. 죽어가는 기수(旗手)가, 적의 손에 군기를 빼앗기지 않기 위해 바로 옆 전우에게 군기를 전해주듯이.

이 광경을 보고만 있던 유레크는, 나를 바라보며 절절한 목소리로 애원한다. 모든 것을 빼앗긴, 억울한 헬치아를 도와달라는 것이다. 손에는 마지막 블록을 들고 어찌할 바를 모르는 표정이다. 유레크가 나를 바라보는 행동은, 헬치아에게 공감과 지지를 보내면서 자기도 한나가 나쁘다고 생각한다는 뜻을 전하는 것이다.

한나도 그 뜻을 이해했다. 블록으로 맞은 머리를 그냥 살살 문지를 뿐이다. 보복할 생각은 없어 보인다. 죄책감에, 가져간 것보다 더 많이 블록을 돌려주고, 유레크에게 용서를 구한다.

코르차크는 첫날 관찰을 마치고 나서 이렇게 평했다. "아이들의 감정은 어른보다 훨씬 풍부하다. 아이들은 감정으로 생각하기 때문이다." 그는 아이들의 동작과 몸짓을 일일이 기록할 수 없어 말만 적으면서, 아이들의 말은 "아름답도록 단순하고, 반복으로 힘을 더한다"고 썼다. 헬치아는 유레크에게 블록을 건네주면서 "이거 받아"라고 세 번을 말했고, 유레크는 헬치아가 가진 블록이 하나도 없다고

슬픈 부인

두 번 말했으며, 한나도 블록을 돌려줬다고 반복해 말했다. "작가나 배우도 극적인 상황에서 더 큰 효과를 내려면, 장황하게 늘어놓는 것보다는 단순한 반복을 구사하는 것이 유리할 수 있을 듯하다."

코르차크는 아이들 놀이에 개입하지 않고 관찰하는 것이 중요하다고 강조하면서, 자신도 중요한 장면을 일부 놓쳤다며 반성했다. 예컨대 헬치아의 책상에 어떻게 블록 상자가 갑자기 나타났는지 알 수 없었던 것이다. 그리고 "연극 비평 형식"으로 적은 자신의 설명이 일부 명확하지 않은 부분이 있다고 보았다. "셰익스피어나 소포클레스의 작품에 대한 비평을 읽는 독자는 햄릿이나 안티고네라는 인물을 알고 읽는 것이지만, 이 경우 독자는 주인공인 헬치아도, 이 연극 자체에 대해서도 모르는 상태다."

노트테이킹 기법을 개발하려던 계획은 여러 이유로 결실을 보지 못했다. 하지만 코르차크는 유용한 교육적 "공식"을 우연찮게 발견하는 수확을 거두었다. 사소한 디테일을 보다 큰 틀에서 바라봄으로써 일반적인 문제의 한 예시로 삼는 기법이었다. 코르차크가 전쟁을 통해 얻은 전리품이라면 바로 이 기법, 그리고 《아이를 사랑하는 법》의 원고였다.

1918년 1월 8일, 우드로 윌슨 미국 대통령이 14개조 평화원칙의 하나로 폴란드의 자유와 독립을 주창하자, 키예프에 피난해 있던 폴란드인들은 기쁨에 환호했다. 이윽고 3월에는 러시아와 동맹국 사이에 맺어진 브레스트-리토프스크 조약에 따라 우크라이나가 독립을 얻었다. 그 후 코르차크의 친구들이 나서서 코르차크가 바르샤바에 돌아가는 데 필요한 여행 서류를 발급받을 수 있게 도와주었다. 늦은 봄, 마침내 서류가 발급되었다.

코르차크는 마리나와 아이들에게 작별 인사를 했다. 그의 반짝거리는 눈과 가벼운 발걸음으로 보아 그가 고향에 돌아갈 생각에 얼마나 부풀어 있는지 모두들 잘 알 수 있었다. 코르차크는 아이들에게 너희들도 조금만 기다리면 바르샤바로 돌아갈 수 있다고 안심시켜주었다. 마리나가 기다리고 있는 서류만 도착하면, 마리나가 아이들을 데리고 바르샤바로 함께 갈 예정이었다. 아이들은 이제 곧 바르샤바에 있는 혈육과 다시 함께 살 수 있었다. 그러나 마리나는 자신에게 어떤 미래가 기다리고 있을지 알 수 없었다. 어릴 적 살던 바르샤바에 돌아가면 이제 어떤 일을 구할 수 있을지 막막했다. 하지만 한 가지는 분명했다. 고아는 숱하게 많을 터였다.

슬픈 부인

1919~1930

독립

폴란드—농토와 탄광과 삼림과 군수공장뿐 아니라,
그 무엇보다도 중요한, 폴란드의 아이들.
〈아동 보육〉

코르차크의 어머니는 "아들 돌아올 날"만 기다리며 산다고 주변에
늘 얘기하곤 했다. 그 아들이 마침내 4년 만에 어머니 앞에 나타났
다. 군살이 없고 근육이 붙은 모습이, 그동안 고생한 것치고는 건강
도 괜찮아 보였다. 창백한 긴 얼굴엔 불그레한 수염이 빙 둘러서 나
있었고, 콧수염과 턱에 기른 염소수염은 단정히 정돈돼 있었다. 눈
병이 아직 완전히 낫지 않아 충혈된 두 눈엔 여전히 의뭉스러움이
어려 있었다. 어릴 적 아들 모습 그대로였다.

바르샤바엔 아직 독일군이 남아 있었지만, 곧 몇 달 안으로 휴
전이 선포될 예정이었고, 점령군은 이제 짐을 싸서 돌아갈 일만 남
아 있었다.

크로흐말나 거리 92번지 고아원의 아이들은 코르차크가 돌아오
기 전날 밤 잠을 이루지 못했다. 코르차크에 대한 기억이 날똥말똥
하거나 전혀 없는 아이들도 마찬가지였다. 다음 날 아침, 아이들은
스테파와 교사들과 함께 안뜰에 줄지어 서서 코르차크와 엘리아스

베르크 두 사람을 기다렸다. 고아구호회 회장 엘리아스베르크도 동부전선에서 막 돌아온 터였다. 이윽고 두 사람이 도착했는데 한 사람은 큰 키에 머리와 콧수염이 검었고, 또 한 사람은 왜소한 체구에 머리가 벗어지고 콧수염과 턱수염이 불그레했다. 누가 누군지 아리송해하는 아이들이 많았다. 뒤에 온 사람이 안경 너머로 장난기 가득한 눈빛을 보내는 것을 보고서야, 아이들은 그가 코르차크임을 확실히 알았다. 아이들은 환호성을 지르며 그에게 달려갔다.

"내가 전쟁이 끝나고 돌아오자, 아이들은 구름같이 달려와 나를 둘러쌌다"고 그는 일기에 적었다. 하지만 아이들을 너무 잘 알아서일까, 자조하는 유머를 곁들여 이렇게 덧붙인다. "그렇지만 나 대신 흰 생쥐나 기니피그가 갑자기 나타났다면 어땠을까, 더 좋아하지 않았을까?" 그는 아이들을 안고, 흔들고, 간지럽히고, 쓰다듬고, 또 아이들과 농담을 주고받으며 기쁜 마음을 가누지 못했다.

코르차크가 스테파에게 무어라고 재회의 인사를 했는지는 전해지는 기록이 없다. 스테파는 여전히 한쪽으로 빗어 넘긴 단발머리를 하고, 언제나처럼 검은 드레스에 흰 칼라, 흰 소맷부리 차림으로 서 있었다. 오로지 강한 정신력 하나로, 고된 세월 동안 굶주림과 병마와 궁핍과 싸우며 아이들을 꿋꿋이 건사해낸 그녀였다. 스테파는 돌아온 코르차크 앞에 그가 떠나기 전 상태 그대로 고아원을 간수해 내놓았다.

그날 저녁, 엘리아스베르크의 네 딸은 문간으로 달려 나와 코르차크를 맞았다. 예전에 색연필로 낙서하라고 자기 대머리도 내주었던 다정한 아저씨가 전쟁이 끝나고 돌아온 것이다. 소녀들은 4년 동안 외모는 많이 변했어도(이제 헬레나는 열여덟, 이레나는 열여섯, 안나는 열셋, 마르타는 아홉 살이었다), 아저씨를 보고 싶어 하는 마

아이들의 왕

음은 변함이 없었다. 아저씨가 현관에 들어서면 옛날처럼 장난스럽게 자기들을 번쩍 안아주리라 기대했던 헬레나와 이레나는 코르차크가 자기들을 공손하게 "…… 양"으로 부르며 가볍게 악수만 나누고는 끝까지 별 관심을 주지 않자 충격이 이만저만이 아니었다. "우리는 이제 아저씨의 관심 밖이었다"고 헬레나는 떠올렸다. 둘은 이제 아이가 아니었던 것이다. 소녀들은 그날 밤 슬피 울었다.

1918년 11월 11일, 고아원 아이들은 빨간색과 흰색인 폴란드 국기를 건물 곳곳에 내걸고, 이웃 주민들과 함께 독립을 축하하는 국기의 물결에 동참했다. 코르차크는 아이들을 모아놓고 소설보다 더 소설 같은 이야기를 들려주었다. 120년간 열강의 지배를 받아온 조국 폴란드가 자유를 되찾았고, 일생을 독립투쟁에 바친 열혈 애국지사 유제프 피우수트스키가 새 국가수반이 되었다고 했다.

코르차크는 모든 부모가 자녀들에게 이러한 상황을 자세히 설명하지는 않으리라 보았다. 그래서 〈햇살〉지에 '세상에선 지금 무슨 일이?'라는 제목으로 칼럼을 연재하기 시작했다. 아이들에게 독립이란 무엇인지, 탐욕스러운 이웃 나라들이 어떻게 폴란드를 집어삼켰는지, 파리 강화회담에서는 무엇을 결정하려 하는지, 선거는 어떻게 치러지고 의회는 어떻게 구성되는지를 알려주고자 했다. 그는 세계 정치를 간단하게 풀어 설명해주었다. "나만의 서랍이나 벽장이 있으면 참 좋습니다. 그러면 나 혼자만 쓸 수 있고, 아무도 내 허락 없이는 물건을 마구 넣을 수 없으니까요. 나만의 텃밭, 나만의 방도 참 좋은 것입니다. 우리 가족만 살고 아무도 우리 가족을 방해하지 않는 우리 가족의 집도 참 좋은 것입니다. 그런데 안타깝게도, 어떤 힘센 사람이 지나가다가 쑥 들어옵니다. 그리고 내 물건을 뺏어갑니다.

독립

내 방을 마구 더럽히고, 내 말을 듣지도 않습니다."

아이들을 대상으로 한 이런 식의 저널리즘은 최초였다. 칼럼은 큰 인기를 끌었고, 곧 교사들도 이 칼럼을 참고해 아이들에게 세계 정세를 실감나게 가르치기 시작했다. 그러나 아이들에게 이러한 상황을 완전히 이해시킬 순 없다는 것을, 코르차크 본인이 누구보다 잘 알았다. 조각난 폴란드를 복구하는 일은 깨진 달걀을 다시 맞추는 것만큼이나 어려운 일이었던 까닭이다. 백 년 이상 독립을 쟁취하려고 발버둥 쳤던 폴란드인이었지만, 이제는 독립을 감당하려고 발버둥 쳐야 했다. 공장이 폐허가 되고, 농토가 황폐화되고, 인플레이션이 전쟁 때보다 더 기승을 부리는 등 전란이 할퀴고 간 상처도 컸지만, 오랜 분할 지배의 역사를 거치는 동안 나라가 제각각으로 분열되어 있었다. 법률 체계가 네 가지였고, 통화가 여섯 가지였으며, 철도 체계는 세 가지였다. 각각 따로 달리는 세 선로는, 이 나라가 앞으로 진정한 통합을 이루려면 이어 붙여야 할 곳이 많다고 말하는 듯했다.

엄청난 재건 작업을 눈앞에 놓고 폴란드 국민들이 위안으로 삼을 것은 오로지 해방의 기쁨뿐이었다. 고아원 구석구석에 깔린 굶주림과 추위의 그늘이 코르차크의 마음을 돌처럼 무겁게 했다. 누가 외상을 주는 사람도 없었고, 돈도 없었다. 미국에서 보내주는 구호품과 쌀, 밀가루, 면직물 따위에 의존해 고아원과 같은 기관들은 겨우 버텨나갔다. 하지만 그것으론 부족했다.

그때 기적이 일어났다. 이제 막 초겨울 추위가 "슬금슬금 다가올" 즈음, 인근 탄광의 광부 노조에서 화차 한 량 분량의 석탄을 기부해준 것이다. "돌도 감동해 울 만한" 인정이었고, "광부들의 시꺼먼 손과 해맑은 영혼에 하느님의 축복이 있기를" 기원할 고마운 일이었다. 그는 광부들 본인들도 형편이 어렵다는 것을 알고 더더욱 가슴이 뭉클했다. 석탄은 당시 워낙 귀해 "검은 금" 취급을 받았다. 코르차크는 벼락부자가 된 기분이었다. 그러나 한 가지 난관이 있었다. 기부받은 석탄을 기차역에서 곧바로 운반해 와야 하는데, 실어 나를 운송수단이 없었던 것이다.

그때 기적이 또 일어났다. 이웃 주민들이 모두 힘을 보탰다. 어디선가 별안간 짐마차들이 나타났고, 이내 고아원의 텅 빈 지하실에 석탄이 쌓이기 시작했다. 아이들도 외바퀴 손수레와 바구니, 양동이에 석탄을 담아 날랐다. 어린아이들까지 "자기들 머리만 한" 석탄 덩이를 들고 날랐다.

길 아래쪽 빵집 주인은 이 소식을 듣고 갓 구운 빵을 보내왔다. 빵값은 '검은 금'으로 치르면 되었다. 구루병을 앓아 두 다리가 휘어진 아이가 있었는데, 석탄을 나르며 혼자서 빵 한 덩이를 거의 반을 먹고 남은 반은 시꺼멓게 만들어놓았다. 힘이 났는지 기차역으로 씩씩하게 돌아가면서 "나 이제 바구니 백 개도 나를 수 있어!" 하고 외쳤다. 바구니는 남은 게 없었고 양동이는 무거워서 그 아이에게 무리였기에, 코르차크는 주변에 굴러다니는 유일한 빈 용기를 주었다. 요강이었다. 비틀거리며 신나게 가는 아이를 바라보며, 코르차크는 어떻게든 간유를 구해서 저 다리를 펴주어야겠다고 마음에 새겼다.✦

1919년 초, 마리나 팔스카가 바르샤바에 돌아온 직후였다. 코르차크는 교육부 장관에게서 바르샤바 남쪽 25킬로미터 근교의 프루

✦ 간유는 서구권에서 구루병을 예방하기 위해 아이들에게 권장하는 식품이었다.

슈쿠프라는 소도시에 폴란드인 노동자 자녀들을 거두어 키울 고아원을 설립해달라는 부탁을 받았다. 내용을 듣자마자 마리나가 원장으로 딱 적격일 것 같았다. 마리나도 흔쾌히 수락했다. 키예프에서처럼 코르차크의 구상을 바탕으로 고아원을 운영하는 일이었다.

프루슈쿠프에서 장소를 물색하던 두 사람은 공립학교 부근의 조그만 3층짜리 아파트 건물을 힘들게 찾아 낙점했다. 하지만 건물을 사들이는 것은 고사하고 집기를 마련하기에도 돈이 모자랐다. 크로흐말나 거리의 고아원을 지원해주는 고아구호회처럼 새 고아원을 도와줄 자선단체도 없었다.

두 사람은 고민 끝에 기발한 아이디어를 생각해냈다. 이 지역의 노동조합 몇 곳에 도움을 청하는 것이었다. 노조원 가운데는 자녀를 남기고 전사한 이들이 많았다. 그래서 노동자들은 고아원 차리는 일을 자기 일처럼 열심히 도와주었다. 작업장과 공장마다 놓아둔 모금함을 꽉꽉 채워주고, 처음 입소할 고아 50명을 선별해주기까지 했다. 집기도 책임지고 마련해주었다. 침대를 빌릴 수 있는 곳을 알아봐주었고, 식탁과 의자를 구해주었고, 주방 기구를 찾아내주었다. 줄서서 빵과 감자를 배급 받아주고 밀가루를 구해 와 챙겨주는 사람들도 있었다.

그해 11월의 어느 청명한 날, 아이들이 처음으로 고아원에 입소했다. 고아원 '우리들의 집'은 크로흐말나 거리의 고아원에 비하면 비좁기 짝이 없었다. 방들이 워낙 코딱지만 해 생활관은 침대 사이에 걸어 다닐 틈조차 없었다. 하지만 아이들 눈엔 이렇게 웅장한 곳이 없었다. 아이들은 수돗물이 나오는 걸 처음 보고 신기해했고, 1층에 놓인 목조 변기를 보고 무척 흡족해했다. 수세식 변기인 줄은 알지도 못했다. 조그만 화장실은 그간 보아온 냄새 고약한 뒷간보다

아이들의 왕

162

훨씬 나았고, 청소하면 작업 점수도 딸 수 있었다.

　노조원들의 도움에도 먹을 것을 구하기는 쉽지 않았다. 마리나는 주방에 놓인 사발에 간식용으로 작은 빵 조각을 꼭 담아놓으려 했다. 어떤 아이는 빵을 한 조각 집어먹을 때마다 빵에 입 맞추곤 했다. 농민들이 감자를 자루에 담아 가져다주었지만 늘 부족했다. 마리나는 석탄과 감자를 싼값에 파는 곳을 찾아다니느라 애를 많이 썼다. 그녀는 훗날 "우리는 아직 예금계좌라는 게 없었다. 장난감 살 돈도, 장난감을 만들 색종이 살 돈도 없었다"고 적었다. 그러나 마리나 팔스카는 불굴의 여인이었다. 키예프에서 원장으로 일했던 경험을 바탕으로, 창문 수리 같이 부득이 사람을 써야 할 때 업자를 상대하고 인부들과 실랑이하는 요령을 잘 알고 있었다. 가게마다 직접 가서 값싼 먹을거리를 찾고, 자루를 등에 메고 고아원으로 날랐다. 아이들 옷은 미국에서 구호품으로 보낸 헌옷으로 입혔다.

　프루슈쿠프의 고아원에는 침대 하나를 더 놓을 공간도 없었지만, 있었다 해도 코르차크는 그곳에서 자고 갈 여유가 없었다. 크로흐말나 거리의 고아원 아이들도 돌봐야 하는 데다가, 복지단체들에 새 고아원 차리는 방법을 조언하느라 바빴다. 거리를 헤매는 수많은 전쟁고아들에게 머물 곳이 절실히 필요한 때였다.

　그는 또 〈폴란드 가제트〉지에 어른들에게 경각심을 일깨우는 논설도 쓰고 있었다. 폴란드는 이제 자유였지만, 그는 지금까지 고통과 피를 숱하게 봐온 의사로서 앞날을 낙관할 수만은 없었다. 11월 11일 휴전 선언과 함께 평화는 찾아왔어도 싸움이 끝난 것은 아니었다. 동부 지역에서는 분할 점령국들이 붕괴한 뒤 혼란이 극심한 가운데, 유대인들을 표적으로 한 폭동과 학살이 빈번히 일어났다. 심지어 할레르 장군이 이끄는 폴란드군의 일부 부대, 그리고 민

독립

간 무장조직들까지 반유대인 폭동에 가담했다. 베르사이유에 모인 연합국 대표들이 갑론을박하며 분할 이전의 영토를 회복시켜달라는 폴란드의 요구를 논의하는 와중에도, 유제프 피우수트스키는 본인 나름의 방법으로 역사와 싸우고 있었다. 동쪽 국경에서는 소비에트를 상대로, 갈리치아 지역에서는 우크라이나를 상대로 충돌이 벌어지고 있었고 체코, 독일과도 영토 분쟁이 벌어지고 있었다. 인간은 과연 더 나은 세상을 만들 수 있을까? 그 일을 인간의 본성에 맡겨도 되는 것일까? 코르차크는 물었다. 항구적 평화가 폴란드의 국가적 목표가 되어야 한다고, 그는 독자들에게 힘주어 외쳤다.

"역사가 아무리 나라의 운명을 지배할지라도, 역사는 부정직한 선생이요, 형편없는 교육자다. 질서정연한 척, 진보하는 척 시늉만 할 뿐이다"라고 그는 어느 논설의 서두를 열었다. "역사에 지배되지 말고, 우리가 역사를 지배해야 한다. 그러지 못하면 전쟁과 폭력이 반복될 뿐이다. 칼, 독가스, 앞으로 또 무엇이 등장할지 모른다. 피를 보는 방법이 어려울 게 있는가. 몸에 구멍만 하나 뚫으면 철철 나온다. 펜대 굴리는 사람도 대야 한가득 뽑아낼 수 있다. 신문에 글 쓰는 것만으로는 부족하다. 나서서 건물을 짓고, 밭을 갈고, 나무를 심어야 한다. 나서서 고아들을 먹여 살리고, 가르쳐야 한다. 나서서……군이 더 말할 필요가 있겠는가!"

물론 코르차크는 거기서 그치지 않고 열변을 이어나갔다. 그에겐 더 중요한 할 말이 남아 있었다. 그것은, 폴란드 국민들이 아직 더 원하는 것이 무엇이건 간에—항구이건, 새로운 국경이건—이제는 합법한 방법으로 분쟁을 해결해야 한다는 것이었다. "우리는 아이들에게 책임이 있다. 지금까지 벌어졌고 앞으로도 벌어질 전쟁에 대해, 그리고 최근 전쟁에서 목숨을 잃은 수만 명의 아이들에 대해 책임감을 느껴야 한다. 그러니 아직은 봄의 축제를 즐길 때가 아니다. 지금은 여전히 위령의 시간이다. 전쟁에 희생된 아이들의 영혼을 위로해야 할 때다.”

“기억하자. 우리는 지금 겨우 20년 살려고 폴란드를 재건하고 있는 것이 아니다”라고 그는 독자들에게 충고했다.

한편 피우수트스키 국가원수는 1919년 3월 전국적으로 징병제를 실시할 것을 선언하고 군사력 증강에 온 힘을 쏟고 있었다. 러시아와 독일 사이에 끼어 있는 처지인 폴란드로서는 강한 국력을 추구해야만 한다고 굳게 믿고 있던 그는, 우크라이나를 비롯한 몇몇 작은 나라와 연합해 폴란드공화국이라는 연방을 구축하려는 계획을 밀어붙였다. 그러나 소비에트 연방이 동유럽의 혼란을 틈타 영토를 확장해나가면서 피우수트스키의 계획은 난관에 부닥쳤다. 그해 4월, 피우수트스키는 병력을 출동시켜 자신의 고향이자 리투아니아의 오랜 수도인 빌뉴스를 소비에트로부터 탈환했다. 폴란드군은 별다른 저항에 부딪히지 않고 동쪽으로 계속 진군해, 1919년 여름에는 민스크를 비롯한 대도시 몇 곳을 점령하기에 이르렀다. 이른바 폴란드-소비에트 전쟁의 시작이었다.

1919년 말, 코르차크는 폴란드군에 예비역 소령으로 복무하라는 명령을 받는다. 그는 다시 한번 주변에 작별 인사를 하고 떠났으나, 다행히 이번에는 그리 멀지 않은 바르샤바 남서쪽의 공업도시 우치에 배속되었다. 그곳에 있는 전염병 전문 군병원에서 근무하다가, 얼마 뒤 바르샤바의 비슷한 기관으로 전출되었다.

그는 전염병 병동에서 근무를 마치고 숙소로 돌아오거나 어머니나 고아원 아이들을 만나러 갈 때면 늘 몸을 깨끗이 씻고 옷을 갈

독립

165

아입었다. 그런데 어느 날 늦은 오후, 입원 중인 한 중위의 가족들이 자신들까지 환자와 함께 격리된 것은 부당하다며 항의하자 결국 못 이기고 퇴원 서류에 서명을 해주었다. 그러고는 몸을 깨끗이 씻지 않은 것이 실수였다.

그 후 얼마 안 되어 침대에서 눈을 떴는데 눈앞의 사물이 둘로 보였다. 탁자가 두 개였고, 전등도 두 개, 의자도 두 개였다. 옷이 땀에 흥건히 젖어 있었다. 몸이 불처럼 뜨거웠다. 머리가 지끈거렸다. 그가 익히 알고 있는, 티푸스 증상이었다. 중위의 가족들도 감염되었던 것이 틀림없었다. 코르차크의 어머니는 아들을 곁에서 간호하겠다고 고집했다. 며칠 동안 그는 의식이 혼미했고, 어머니에게도 병이 옮은 것은 알지 못했다. 그가 의식을 되찾았을 때 어머니는 이미 돌아가신 뒤였다. 어머니가 마지막으로 남긴 말은, 아들이 모르게 자기 시신을 뒷문으로 옮겨달라는 부탁이었다.

코르차크는 어머니가 돌아가셨다는 소식을 듣고 비통함에 실성할 지경이 되었다. 자기가 어머니를 죽게 한 것이라 생각했다. 비록 본의는 아니었더라도 자신의 경솔함 때문에 어머니가 돌아가신 것이다. 아버지 말씀이 옳았다. 그는 "바보 얼간이"였다. 자신의 어리석음 때문에 무고한 어머니가 희생된 것이다. 영국의 의학자 해블록 엘리스는 비슷한 상황에서 어머니를 성홍열로 잃고, 이렇게 자신을 합리화했다. "그래도 더없이 행복하게 가신 것이다. 당신이 바라시던 대로, 자식을 돌보는 본인의 소임을 다하시다가." 코르차크의 어머니도 같은 상황이었다고 할 수 있겠으나, 코르차크는 그런 데서 위안을 찾지 않았다. 그는 아버지의 죽음 후에도 자살 충동을 느낀 적이 있었다. 이제 다시, 그는 자기 손으로 삶을 끝낼 생각을 했다.

"동생이 파리에서 돌아오자 나는 같이 자살하자고 했다. 세상

아이들의 왕

어디에도, 인생 어디에도 내가 있을 자리는 없었다." 그는 후에 이렇게 적었다.

동생은 그 제안에 별로 공감하지 않았던 듯하다. 그에 대한 코르차크의 냉소 섞인 설명은 이랬다. "그 계획은 의견 차이로 실행되지 않았다." 그러나 그는 그 후 평생 염화수은과 모르핀 알약을 서랍 속 깊숙이 보관해놓고, 어머니 묘에 찾아갈 때만 꺼내서 들고 갔다(어머니의 묘는 유대인 묘지의 외딴 구석, 티푸스로 사망한 이들을 위한 곳에 마련되어 있었다). 처음 몇 번 묘를 찾았을 때는 알약을 삼킨 것 같기도 하다. 그는 "자살 미수만큼 끔찍한 일은 세상에 없다. 이런 일은 계획을 철저히 세워 확실하게 성공해야만 할 것이다"라고 적었다. 그러고는 으스스한 유머를 섞어, 왠지 빈말이 아닌 느낌이 드는 이런 말을 던졌다. "자살의 기쁨과 환희를 다 경험해본 사람은 다시 시도하려는 유혹을 느끼지 않고 늙을 때까지 잘 살기 마련이다."

티푸스로 고열을 앓던 중 그는 "환상"을 보았다. 미국 어딘가에서 자신이 전쟁의 참상, 굶주림과 고아를 주제로 연설하고 있었다. 옆에선 통역사가 그의 폴란드어를 영어로 부지런히 통역했다. 갑자기 그의 목소리가 갈라졌다. 장내엔 정적이 흘렀다. 강당 저 뒤쪽에서 울부짖는 소리가 들렸다. 미국에 시집온 고아 레기나가 그를 향해 달려오고 있었다. 그녀는 연단 앞에 멈춰 서서, 손목시계를 풀어 단상에 던지더니 외쳤다. "선생님께 드릴게요, 다 가지세요!" 곧이어 지폐와 금, 은이 단상 위에 우르르 쏟아졌다. 사람들이 반지며 팔찌며 목걸이를 던졌다. '고아들의 집' 소년들이 단상 위로 뛰어올라 보물들을 전부 주워 매트리스 안에 쑤셔 넣었다. 참석한 사람들은 깊이 감동해 박수 치고 환호하며 눈물을 흘렸다.

독립

코르차크는 사경을 헤매면서도 고아들에게 "무한한 물질적 부"를 가져다주고 싶은 갈망을 품고 있었던 것이다. 그는 그때부터 이미 알고 있었다. 자기를 필요로 하는 아이들이 있는 한, 자신은 마음대로 자살할 수 있는 처지가 아니란 것을.

그는 나중에 이렇게 적었다. "내가 계획을 머릿속으로 다 구상해놓고도 늘 실행을 미룬 것은, 마지막 순간에 늘 또 새로운 공상에 빠져, 그것을 일단 붙잡고 구체화시켜야만 했기 때문이다. 하나하나가 단편소설의 주제가 될 법한 것들이었다. 나는 그 공상들을 〈기이한 일들〉이라는 제목으로 모아놓았다."

코르차크는 힘들 때마다 잠자리에 들기 전에 이러한 "공상"에 살을 붙여나갔다. 공상은 계속 이어지는 이야기와도 같았으며, 그가 가장 무력감을 느낄 때 힘이 되어주었다. 그중엔 이런 것도 있었다. 자신이 마법의 주문을 발견해 빛의 지배자가 되었다. 하지만 그는 그러한 권력을 휘두르는 것은 오만이 아닐까 고민하며 잠들곤 했다. "왜 나지? 나보다 더 젊고 현명하고 이 일에 더 적임인 사람들이 있는데. 난 계속 아이들과 함께 있고 싶어. 난 사회 연구가가 아니라고. 내가 맡으면 다 망쳐버리고 말 거야. 일도 그르치고 나도 망신당할 거야."

공상도 도움이 되지 않을 때는 하느님에게 의지했다. 그는 계율을 지키는 유대인은 아니었지만 늘 신앙을 갖고 있었다. 코르차크가 믿었던 하느님은 스피노자의 신처럼 자유로운 정신이자, 우주를 관통하는 신비한 힘이었다. 그는 전에 이렇게 쓴 적이 있었다. "하느님은 시작도 끝도 없다는 말이 나는 전혀 놀랍지 않다. 나는 하느님을 끝없는 조화(調和)로 보기 때문이다. 내게 창조주의 존재를 말해주는 것은 성직자가 아니라 하늘의 별들, 우주 자체다. 나는 나 나름대로의 신앙을 찾았으며, 하느님은 존재한다. 인간의 머리로는 하느님이 어떤 분이신지 알 수 없다. 떳떳하게 행동하고, 선행을 하라. 기도하라. 하느님에게 무엇을 부탁하려는 기도가 아니라 하느님을 잊지 않으려는 기도를. 하느님은 모든 곳에 계시니."

그러나 이제 코르차크는 비통에 잠겨, 지금까지 믿어온 하느님에게 버림받은 기분을 느꼈다. 어머니의 죽음에 무슨 의미가 있는지 알 수 없었고, 왜 자신이 아니라 어머니가 죽어야 했는지 알 수 없었다. 그는 비애감과 버림받은 심정을 담아《하느님과 홀로 마주하며—기도하지 않는 사람을 위한 기도문》이라는 기도 모음집을 썼다. 마르틴 부버도 그런 말을 했지만, 이렇게 친밀하게 하느님과 이야기하는 사람이라면 하느님과 아주 가까운 사람일 것이다.

코르차크의 기도 모음집에는 18편의 기도문이 수록되어 있다. 그중 상당수는 어려움에 처한 다른 사람들의 목소리로 쓰여 있다. 한 어머니가, 내려주신 아기를 다시 데려가지 말아달라고 하느님에게 애원한다. 한 소년이 "아버지가 저한테 자전거를 사주게 해주시면 기도할게요" 하면서 하느님과 협상을 벌인다. 한 노인이 이제 데려가시는 곳으로 갈 준비가 되었노라고 하느님에게 고한다. 한 예술가가 자기는 하느님이 술에 취해 만드신 것이 아니냐고 묻는다(예술가를 제정신으로 만들 수는 없다며). 한 교육자가 자신은 아무것도 필요 없고, 다만 아이들에게 하느님의 인도와 축복이 있게 해달라고 청한다. 모든 기도문은 그 기도를 하는 사람이 쓸 만한 입말로 적혀 있지만, 그 속에는 야누시 코르차크의 목소리가 담겨 있다. 책 앞머리에 쓴 헌사에서 그는 어린 헨리크 골트슈미트의 목소리로 이렇게 기도한다.

독립

"사랑하는 엄마 아빠. 우리는 다시 만나기 위해 잠깐 헤어졌지요. …… 엄마 아빠가 겪은, 우리 선조들이 겪은 고통의 돌로, 사람들을 지켜줄 높은 탑을 쌓고 싶어요. 제가 죽은 자와 산 자의 속삭임을 들을 수 있게 가르쳐주셔서 고마워요. 죽음의 아름다운 마지막 순간에 삶의 비밀을 깨우칠 수 있게 해주셔서 고마워요."

1920년 여름, 폴란드는 그 어느 때보다 기도가 절실히 필요한 상황이었다. 러시아가 공세에 나서면서 폴란드-소비에트 전쟁의 형세가 불리하게 기울어갔다. 폴란드군은 5월에 점령했던 키예프에서 퇴각해야 했고, 악명 높은 미하일 투하쳅스키 장군은 폴란드군을 쫓아 폴란드 국경을 넘더니 이내 바르샤바 근교까지 진격해 들어왔다. 누가 봐도 이제 폴란드는 운이 다한 것처럼 보였다.

유제프 피우수트스키는 숱한 고비를 운 좋게 넘긴 사람이었다. 모진 시베리아 유형에서 살아남고, 러시아제국의 정신병원과 감옥에서 탈출하고, 러시아제국의 열차를 과감히 습격해 막대한 재화를 털기까지 했다. 그런 그의 운은 다행히도 아직 다하지 않은 듯했다. 1920년 8월 16일 볼셰비키군이 바르샤바 코앞까지 쳐들어왔을 때, 피우수트스키는 적의 예상을 깨고 남쪽에서 역습을 감행해 적의 후방 공급선을 차단하고 이틀 만에 적을 완전히 포위했다. 훗날 '비스와강의 기적'으로 불린 이 기습 공격에, 러시아군은 혼비백산하여 자국 국경으로 달아났다.

폴란드를 구해낸 것이다. 바르샤바를 지켜낸 것이다. "더럽고 분열된, 무정하고 방치된 바르샤바, 가슴은 구시가지에 있고, 머리는 벽돌과 기와 한 장 한 장에, 그리고 신문팔이 소년 한 명 한 명에게 있는 도시"라고 코르차크는 적었다. 그 바르샤바가 그에게 어느 때보다 소중하게 다가왔다. "바르샤바는 내 것이고, 나는 바르샤바의 것이다. 우리는 하나다. 이 도시와 나는 기쁨과 슬픔을 함께했다. 바르샤바의 날씨는 내 날씨였고, 바르샤바의 비도, 바르샤바의 흙도 내 것이었다. 우리는 함께 자랐다. …… 바르샤바는 내 작업장이었으니, 내 모든 기념비와 내 모든 무덤이 이곳에 있다."

독립

마치우시 왕의 정신

폴란드-소비에트 전쟁이 끝난 뒤 코르차크는 동원 해제되어 "장난 꾸러기들"이 있는 곳으로 돌아왔다. 그리 멀리 떠나 있었던 건 아니지만, 그동안 자신이 많이 변한 것 같은 기분이 들었다. 그도 이제는 고아였다. "어른에게는 어머니가 필요하지 않을 거라고 아이들은 생각하지요. 어른도 어머니나 아버지 생각을 얼마나 많이 하는데요. 자기 말을 들어주고, 자기를 용서해주고, 안쓰러워해주기도 하는 사람은 부모님밖에 없을 것 같은 생각이 든답니다." 그가 나중에 어린 독자들에게 쓴 글이었다.

절제력은 지금까지 그를 지탱해온 힘이었다. 그는 이제 다시 그 힘에 의지해 일상생활을 해나갔다. 크로흐말나 거리 고아원의 4층 다락방으로 들어가 수도승처럼 살았다. 책으로 빼곡한 그 방에서, 아버지가 쓰던 커다란 참나무 책상에서 글을 쓰고 좁은 철제 간이 침대에서 잠을 잤다. 가끔씩 창문 위 통풍구로 참새가 날아들고, 찬장 밑에 사는 "숫기 없는" 암컷 생쥐가 놀러 왔다(생쥐에게는 "파고들기꾼"이라는 이름을 붙여주었다). 어머니의 죽음과 조국의 재탄생을 겪으며 그의 내면에서는 오랫동안 잠자고 있었던 상상의 아이, 마치우시 왕이 깨어난 듯하다. 그는 낮에는 유대인 고아 백 명과 폴란드인 고아 백 명을 보살피는 의사였지만, 밤이 되면 다락방에 기어올라가 작가가 되었다. 그리고 펜 끝으로 상상의 왕국을 만들어냈다. 그 왕국은 한때의 폴란드처럼, 탐욕스러운 세 이웃 나라에 둘러싸여 있었다.

"그러니까 이렇게 된 일이었어요"로 시작하는 《마치우시 1세왕》은 시대를 초월한 우화다. 왕이 된 아이 마치우시는 아이와 어른이 모두 공정한 법으로 대우받는 이상적인 사회의 건설을 꿈꾼다. 그것은 물론 공상이었다. 세상을 바꾸고 싶어 했던 아이 헨리크 골트슈미트가 품었던 공상처럼. 마치우시는—코르차크 자신처럼—살아서 꿈을 이루지 못하지만, 코르차크는 이 어린 왕과 자신을 무척 동일시한 나머지 어릴 적 자기 사진을 책의 권두 삽화로 쓰기까지 했다. 사진에는 이런 설명이 곁들여 있다.

저는 이 사진 속 꼬마일 때 이 책에 나오는 걸 다 해보고 싶었어요. 그런데 미처 해보지 못하고 이제 늙어버렸네요. 이제는 시간도 없고 기운도 없어서 전쟁에 나가지도, 식인종 나라를 찾아가지도 못해요. 이 사진을 실은 이유는, 제가 마치우시 왕 이야기를 쓸 때 모습 말고 정말로 왕이 되고 싶었을 때의 모습이 중요해서예요. 저는 왕이나 탐험가, 작가 같은 사람들의 사진을 보여주려면 다 크고 늙었을 때보다는 어렸을 때 사진을 보여주는 게 좋다고 생각해요. 안 그러면 그 사람들이 처음부터 뭐든 다 알았던 것 같고, 어린 시절도 없었던 것 같잖아요? 그럼 아이들은 '나는 정치가, 탐험가, 작가가 못 되겠구나' 생각하겠지요. 얼마든지 될 수 있는데 말이에요.

사진 속 아이의 나이는 대략 열 살, 코르차크 소설에 등장하는

마치우시 왕의 정신

주인공들 대부분의 나이다. 빳빳하고 높은 흰색 옷깃과 나비 모양 리본이 달린, 소공자 스타일의 긴 재킷을 입고 화분이 놓인 벤치에 빳빳한 자세로 앉아 있는 아이는, 사진사가 아니라 자기만의 어느 먼 곳을 바라보고 있다. 코르차크가 평생 지녔던, 먼 곳을 응시하는 시선이다. 아이는 그곳에 있으면서도, 그곳에 없는 듯하다. 한 손은 무릎 위에 살짝 올려놓았고, 다른 한 손은 신호만 하면 바로 일어나려는 듯 벤치 모서리를 잡고 있다.

이 사진을 찍을 무렵, 소년은 가족과 종종 빌라누프궁에 나들이를 가곤 했다. 17세기에 지어진 빌라누프궁은, 폴란드 왕국의 영토가 발트해에서 흑해까지를 모두 아우르고 모스크바까지 넘보던 찬란했던 황금기에 왕의 여름철 거처로 쓰였던 곳이다. 바르샤바시 경계를 살짝 벗어난 그곳에서, 소년은 시대를 훌쩍 뛰어넘는 체험을 했다. 으리으리한 가구에서는 "서늘한 아름다움"이 느껴졌고, 주위에서는 왕이 아직도 걸어 다니고 있는 듯한 "으스스한 기운"이 느껴졌다. 그가 마음속에서 마치우시 왕이 된 것은 아마 그때부터였을 것이다.

《마치우시 1세 왕》은 코르차크의 《에밀》이라는 평가를 받는 작품이다. 이야기는 왕비가 죽은 지 얼마 안 되어 늙은 왕이 죽으면서 시작된다. 홀로 남겨진 마치우시가 읽고 쓸 줄도 모르는 천진한 아이에서 이상주의적인 개혁가로 커가면서 꿈과 현실의 괴리를 깨닫는 한편, 자신을 다스리고 나라를 다스리려고 분투하는 성장 과정을 그린 소설이다. 꿈 많은 어린 왕의 모험 이야기로 읽을 수도 있지만, 근본적으로는 영적 권력과 세속적 권력에 관한 철학적 고찰이다.

부왕의 서거로 갑작스레 왕위에 오르게 된 마치우시의 눈앞에는(이는 아버지의 죽음으로 갑자기 어른의 세계에 발을 내딛었던 헨리크의 상황과도 비슷하다), 이상한 나라에 빨려 들어간 앨리스 못지않은 혼란이 펼쳐진다. 어른들이 주위에서 정신없이 우왕좌왕하는 모습은 흰토끼가 안절부절못하는 모습과 비슷했고, 나라의 혼란상은 이제 막 탄생한 폴란드공화국의 상황과도 다르지 않았다. 당시 폴란드는 수많은 정당들이 우후죽순 생겨나고, 내각이 계속 교체되고, 정부가 들어섰다 해산되기를 어지럽게 반복하던 상황이었다. 마치우시가 사태를 나름대로 파악하려고 애쓰는 와중에도, 저자는 아수라장 속에서 갈피를 못 잡는 관료들을 은근히 조롱하는 시선을 감추지 않는다. 그의 풍자적 시선은 무엇 하나 그냥 지나치지 않는다. 어린 왕은 이내 여러 가지를 깨닫는다. 외교란 적이 내 속을 모르게 늘 거짓말로 둘러대는 것이며, 내정 혼란이란 장관들 사이에 싸움이 난 것을 가리키는 말이었다. 마치우시가 사는 곳은 상상의 왕국이지만, 그가 씨름하는 것은 쓰디쓴 현실 그 자체였고, 그가 고민하는 것은 폴란드의 피우수트스키 국가원수와 신임 장관들이 골머리를 앓던 것과 똑같은 문제들이었다. 열차를 보수하고, 공장을 짓고, 깨진 창문을 수리하고, 군비를 갖추려면 그 돈을 어떻게 마련해야 하는가? 학교를 세우고, 병원을 짓고, 사회의 기틀을 제대로 갖추려면 어떻게 해야 하는가?

마치우시에게 그보다도 더 중요한 고민은—마치우시 자신도 아이였기에—아이들의 복지에 관한 문제였다. 아이들에게 자존감을 키워주고 자유롭게 사는 방법을 가르치려면 어떻게 해야 하는가? 아이들을 괴롭히는 빈곤과 불의, 질병, 굶주림을 없애려면 어떻게 해야 하는가? 마치우시가 모든 문제를 한꺼번에 해결하려다가 앓아 눕자, 왕가의 건강을 돌봐온 늙은 어의가 이런 말을 해준다. 많은 사람이 그런 문제들을 풀려고 오래 고심했지만, 지금까지 아무도 영구

마치우시 왕의 정신

175

적인 해결책을 찾지 못했다고.

나라가 적의 침략을 받자, 마치우시는 신분을 속이고 근위병의 아들인 친구 펠레크와 함께 한낱 병사로 전투에 참여한다. 그리고 전쟁의 참상을 몸소 경험한다. "왕 노릇을 하면서 전쟁을 치른다는 것은 참으로 어려운 일이구나. 나는 내가 백마를 타고 출정에 나서면 백성들이 꽃을 뿌리는 광경만 생각했어. 이토록 많은 사람이 죽는다는 건 생각도 못 하고." 그의 독백이다.

마치우시는 식인종의 나라도 찾아간다. 그리고 야만인이라 해도—비록 고상하지는 않을지 몰라도—이른바 문명인보다 더 문명적인 면이 있음을 깨닫는다. 식인종 나라의 왕 붐드룸과 당돌한 말괄량이 공주 클루클루는 마치우시에게 가장 의리 있는 친구가 된다.

저자의 시선은 아이러니하지만 냉소적이지는 않다. 마치우시는 일이 잘 풀리지 않아도 비통해하지 않는다. 다만 좀 슬퍼할 뿐이다. 그 점에서는 세 이웃 나라 중 한 나라의 왕인 '슬픈 왕'도 마찬가지다. 슬픈 왕이 바이올린을 켜면 현들이 구슬피 우는 것 같았다. 슬픈 왕은 마치우시에게, 어쩌면 마치우시의 어의를 떠올리게 하는 말투로—즉 야누시 코르차크를 떠올리게 하는 말투로—"극장 같기도, 성당 같기도 한" 자기 나라 국회를 구경시켜주며 개혁가로 산다는 것의 어두운 그늘을 이야기해준다.

마치우시, 내가 이야기 하나 해주겠네. 우리 할아버지는 백성들에게 자유를 주었지만, 그 결과는 좋지 않았네. 할아버지는 암살당하셨다네. 백성들은 전보다도 더 불행해졌고. 우리 아버지는 자유를 기리는 기념비를 크게 세우셨네. …… 하지만 그게 무슨 소용이 있겠는가. 여전히 전쟁이 있고, 가난한 백성들이 있고, 불행한 백성들이 있는데. 나는 저 큰 국회 건물을 지으라고 지시했네. 하지만 아무것도 바뀐 게 없네. 모든 게 그대로야.

그러나 슬픈 왕은 어린 왕의 희망을 꺾지 않으려 했다. "마치우시, 우리는 어른들을 위한 개혁을 하려고 해서 늘 실패했어. 아이들의 힘으로 한번 해보게. 그럼 성공할지도 몰라." 아이들에게 정치를 맡기면 어른들보다 더 슬기로움을 발휘할지도 모른다는 슬픈 왕의 생각은 다분히 낭만적이다. 하지만 코르차크 안의 노련한 의사는 무슨 일이든 잘하려면 경험이 필요하다는 것을, 그리고 아이들에게 없는 것이 바로 그 경험이라는 것을 모르지 않았다. 마치우시는 아이들의 왕이 되기로 결심하고, 아이들의 국회와 어른들의 국회를 세운다. 두 건물은 모든 면에서 똑같았지만, 아이들의 국회는 문손잡이를 낮게 달았고 의자도 낮은 것으로 놓았다. 의원들이 지루하면 창밖을 내다볼 수 있도록 창문도 낮게 냈다. 그러나 마치우시는 어린이 국회에서 벌어지는 말다툼과 싸움을 몇 차례 지켜보고는, 아이들도 어른들과 똑같이 터무니없이 굴기 일쑤라는 것을 금방 깨닫는다.
마치우시의 왕국은 기자로 위장한 이웃 나라의 첩자(배신이 판치는 어른들의 세계를 상징하는 인물)로 인해 몰락을 맞게 된다. 첩자는 어린이 담당 총리에 오른 펠레크에게 접근해 설득한다. 아이들이 어른들보다 일을 더 잘할 수 있다는 것이었다. 이윽고 어린이 국회는, 모든 어른은 학교로 돌아가고 아이들은 어른들이 하던 일을 맡으라는 명령을 내린다. 그러자 재미있는 혼란이 많이 벌어지지만, 결국은 나라의 모든 중요 시설이 망가지게 된다. 기차는 운행을 중단하고, 전화는 불통이 되고, 가게들은 문을 닫고, 공장은 폐쇄되고, 군수품은 동이 난다. 이 혼란을 틈타 적국의 왕은 마치우시의 나라

마치우시 왕의 정신

를 침략한다.

마치우시는 어른들을 일터로, 아이들을 학교로 되돌려 보내고 군을 재정비하지만 이미 때는 늦었다. 그래도 마치우시는 끝까지 싸우리라 다짐한다. 자신을 따르는 병사들에게 "승리 아니면 죽음이다!" 하고 외친다. 펠레크 들과 함께 최후의 저항을 위해 사자 우리로 후퇴했지만 패색이 짙어지자, 마치우시는 클루클루를 이렇게 위로한다. "울지 마. 우린 아름다운 죽음을 맞을 테니까." 죽음 앞에 의연할 수 있다면, 운명은 자신의 손안에 있는 것이다. 그러나 그의 뜻은 이루어지지 않는다. 그는 수면 가스에 정신을 잃고 감옥에서 깨어난다.

그리고 자신에게 총살형 판결이 내려졌다는 소식을 듣는다. 슬픈 왕이 다른 두 이웃 나라 왕을 막판에 겨우 설득하여 사형 집행을 유예시켰다는 것은 알지 못한다.

이야기 마지막 장면에서 마치우시는 금 사슬로 묶인 채 자신이 다스리던 왕국의 거리를 지나 형장으로 호송되어 간다. 작가의 운명을 예고하는 섬뜩한 전조라 해야 할까. "화창한 날이었다. 햇빛이 눈부셨다. 백성들이 모두 왕을 마지막으로 한 번 더 보려고 나와 있었다. 눈물을 글썽거리는 이들이 많았다. 하지만 마치우시는 그 눈물을 보지 못했다. …… 그는 하늘의 해를 바라보고 있었다."

마치우시는 고개를 꼿꼿이 들고 있다. 적보다 강인한 인격을 지녔음을 보여주려는 것이다. "진정한 영웅은 역경 속에서 드러나기 마련"이라고 그는 되뇐다. 눈가리개도 거부한다. "아름답게" 죽는 것이 여전히 그의 유일한 소망이다. 그러나 그 순간에도 그는 자신의 장례식이 어떻게 치러질지 궁금하다. 사형 집행을 유예받고 나폴레옹처럼 무인도 유배형에 처해진 그는 고마워하기는커녕 분노한다.

아이들의 왕

속편《무인도의 마치우시 왕》은 마치우시의 영적 성장을 다룬, 전편보다 더 진지한 이야기다. 마치우시는 배로 향하는 호송 열차에서 탈출하지만, 자기 때문에 전쟁이 일어날지도 모른다는 것을 알고는 자발적으로 섬에 가기로 결심한다. "이제는 포로나 노예로 가는 것이 아니라 내 자유의지로 가는 것이니 기꺼이 가겠다"고 선언한다. 자신의 갈 길을 스스로 정하는 사람은 포로일 수 없다는 코르차크의 철학이 다시 한번 드러난다.

이야기 나눌 상대라고는 간수들, 카나리아 한 마리, 어머니 사진 한 장밖에 없는 무인도에서, 마치우시는 복잡한 생각들을 가다듬고 마음을 수양한다. 그가 가장 좋아하는 간수 발렌티는 터벅터벅 걸으며 "인생은 쓰디쓴 것이지" 하고 혼잣말을 하는데, 우리가 아는 발렌티와 꼭 닮았다. 마치우시는 바다에 돌을 던지며 삶과 죽음을 생각한다. 카나리아가 죽자 언덕 위 야자수 밑에 무덤을 파고, 어린 시절 헨리크 골트슈미트처럼 나무 십자가를 세울까 말까 고민한다. 그러고는 무덤 두 개를 더 파고, 어머니와 아버지를 이곳에 옮겨와 모시겠다는 생각을 한다. 가끔은 배를 저어 등대로 가서 어린 고아 알라, 알로와 놀아준다. 두 아이는 폭풍이 몰아칠 때 해안에 떠밀려 온 것을 한쪽 팔이 없는 등대지기가 구해주었다. 작가 코르차크처럼, 마치우시도 아이들에게서 마음의 위안을 찾는다.

마치우시는 어느 날 섬 한가운데를 이리저리 걷다가 언덕 위에 돌로 된 탑이 있는 것을 발견한다. 탑을 바라보고 있는데 큰 돌 하나가 움직이더니 탑의 내부가 드러났다. 안에는 사다리 일곱 개가 일렬로 세워져 있었다. 사다리마다 가로대가 일곱 개씩 있었는데 올라갈수록 폭이 넓어졌다. 한 노인이 끈을 동여맨 긴 회색 법복을 입고 사다리를 날듯이 미끄러져 내려왔다. 이 "긴 수염의 방랑자 노인"은

마치우시 왕의 정신

슬픈 왕보다도 더 슬픈 눈빛으로 마치우시를 바라본다. 마치우시는 왠지 모르게 이런 생각이 든다. "이 사람은 성공하지 못한 개혁가구나."

발렌티가 가고 그 자리에 가학적인 간수가 들어온 지 얼마 안 되어 마치우시는 섬을 탈출한다. 섬에 올 때와 마찬가지로 자유로운 의지에 따른 행동이었다. 왕궁에 돌아와 잠깐 동안 젊은 왕을 만나 전쟁을 취소하도록 설득하고, 한때 적이었던 그에게 덕분에 유배 생활을 경험하고 의지를 다질 수 있었다며 고맙다는 인사까지 건넨다. 그러고는 왕위를 포기하여 국민들이 이제 대통령을 선출할 수 있도록 한다.

마치우시는 코르차크와도 비슷하게, 부를 포기하고 봉사하는 소박한 삶을 택한다. 그는 공장에 취직해 일을 시작한다. 착취에 시달리는 가난한 노동자들과의 연대를 표명하기 위해, 그리고 공장주들을 부끄럽게 해 노동조건을 개선하도록 유도하기 위해서다. 밤에는 학교에 가거나 다락방에 앉아 아이들을 위한 동화를 쓴다. 평화롭게 살아가던 어느 날, 권력을 잃고 의기소침한 펠레크가 허름한 행색에 뚱한 표정으로 마치우시의 집에 찾아온다. 마치우시는 펠레크를 자신의 집에 묵게 하고 공장에 일자리를 구해준다. 그러나 펠레크가 공장장에게 시비를 걸어 싸움이 벌어지고, 마치우시는 싸움을 말리려다가 공장의 기계에 몸이 끼어 들어가고 만다. 몸을 크게 다친 마치우시는 숨을 거두기 전 짧은 시간 동안 펠레크를 용서하면서, 그에게 클루클루와 함께 클루클루의 나라로 가서 더 나은 세상을 만드는 데 힘써달라고 부탁한다.

마치우시는 무인도의 언덕 위 묘지, 카나리아가 묻힌 자리 옆에 나란히 묻힌다. 알라와 알로가 꽃을 들고 찾아오고, 카나리아들이

아이들의 왕

그의 무덤 위에서 지저귄다. 그는 폴란드의 진정한 낭만적 영웅답게, 행동하는 삶과 영적 변화의 삶 사이에 갈등하면서도 도덕적 승리를 거두었다. 비록 자신은 죽었지만, 다른 이들에게 그 투쟁을 이어가고자 하는 열망을 심어주었기에.

《마치우시 1세 왕》은 "모든 숭고한 개혁가의 영원한 비극"을 다룬 이야기다. 오늘날 이 책을 읽는 독자는 알 수 있을 것이다. 슬픔과 회의에 찬 글쓴이에게, 자기라고 해서 마치우시보다 특별히 더 잘하리라는 환상은 없었다는 것을. 그런가 하면 코르차크의 삶이 정신의 승리를 표상하게 된 오늘날, 그의 책은 그러한 앞날을 예고하고 있는 것으로도 읽힌다. 한편 그 짙게 깃든 비관에도, 마치우시의 이야기는 인간적 희극으로도 충분히 읽을 수 있다. 유머와 온정, 그리고 인간으로 살아간다는 것에 대한 연민을 담은 이야기로.

마치우시 왕의 정신

백 명의 아이들

백 명의 아이들, 백 명의 사람들. 훗날의 사람도 아니고,
미래의 사람도 아닌, 지금 바로 현재, 이 순간의 사람들.
《아이를 사랑하는 법》

"마치우시 왕은 왜 어린이 군대는 안 만들었어요?" 코르차크가 생활
관에서 아이들에게 책을 시험 삼아 읽어주던 중 한 남자아이가 물
었다.

"아이들이 공 던져서 궁궐 유리창 깨는 것도 막지를 못하는데,
최전선에서 아이들을 어떻게 통제하겠니?" 코르차크의 대답이었다.

아이들은 깔깔 웃었다. 일주일도 지나지 않아 한 아이가 공을
쳤는지 던졌는지 고아원 담장을 넘겨, 옆 건물인 숟가락 공장의 유
리창을 깼다. 설상가상으로, 성미 고약한 독일인 공장 주인은 공을
절대 돌려주지 않았다.

"클루클루 공주는 왜 마치우시처럼 피부가 희지 않고 검어요?"
한 여자아이가 이렇게 물었다.

코르차크는 잠깐 대답을 궁리했다. 이곳 아이들은 흑인을 한 번
도 본 적이 없었다. 당시는 바르샤바 전체에 흑인이라곤 단 한 명뿐
이었다. 한 외교관이 이전 해외 근무지에서 데리고 온 운전사였다.

아이들의 왕

코르차크는 이렇게 설명해주었다. "클루클루가 사는 지역의 아이들은 피부가 검단다. 선생님이 중국에 가보니 그곳 아이들은 피부가 황색이었고. 하지만 피부색은 어떻든 아무 상관이 없어. 클루클루는 마치우시 나라의 백인 아이들 대부분보다 훨씬 똑똑했고, 마치우시가 적에게 공격받았을 때도 끝까지 곁에 있어주었단다."

그는 한 챕터가 끝나면 아이들이 더 읽어달라고 사정해도 들어주지 않았다. 원고를 들고 다락방으로 올라가 아이들이 흥미를 보이지 않았던 부분을 고치거나 새 책을 작업했다. 얼마 후 그는 아이들에게 '꼬마 잭' 이야기도 들려주기 시작했다. 잭은 자기가 다니는 학교에 협동조합 매점을 차린 미국인 소년이었다. 비록 잭이 꾸려가는 세상은 마치우시의 왕국보다 훨씬 작았지만, 잭도 돈 관리와 장부 기입 같은 어른들의 일을 배워야 했다. 매점은 다른 사람들이 일을 잘 못하는 바람에 망하고 말았지만, 그 경험을 통해 잭도 마치우시처럼 큰 자산을 얻게 되었다. 그것은 세상에서 가장 귀중한 보물인, 자신에 대한 앎이었다.

코르차크는 아이들을 재우고 다락방으로 올라가기 전에 생활관 안을 어슬렁거리며 아이들의 잠자는 자세를 기록하곤 했다. 언젠가 쓰려고 하는 '아이들과 밤'에 관한 책의 자료로 삼으려는 것이었다. 가끔은 스테파도 그와 함께 했다. 그러나 예전에 전쟁이 나기 전 두 사람이 고아원 일에 하루 열여섯 시간씩 매달렸던 때와는 상황이 많이 달라져 있었다. 스테파는 여전히 무뚝뚝한 표정으로 온종일 돌아다니며 아이들을 하나부터 열까지 보살피는 어머니 역할을 하고 있었지만, 코르차크는 프루슈쿠프 고아원의 마리나 팔스카와도 같이 일하고, 교육연구 기관 두 곳에 강의도 나가고, 전문적인 글쓰기와 이야기 창작도 병행하는 등 복잡한 일과를 소화하고 있었다.

고아원에는 침대가 106개 있었다. 남아 생활관에 50개, 여아 생활관에 56개였다. 아이들은 일곱 살에 고아원에 들어와 초등학교를 마칠 때까지 머물렀다. 초등학교 7년은 무상교육이자 의무교육이었다. 아이들은 유대인 아이들만 다니는 공립학교 몇 곳에 다녔다(이 학교들은 '안식일 학교'라는 이름으로 불렸는데, 유대교의 안식일이 일요일이 아니라 토요일인 데서 비롯된 이름이었다). 수업은 폴란드어로 이루어졌고, 교육과정은 유대교 관련 과목 외에는 폴란드인 학교와 별다를 바가 없었다.

독립한 폴란드도 여전히 가난한 유대인 아이들 천지였다. 유대인들은 평등한 권리를 헌법으로 보장받았고 소수민족 보호조약에 따른 보호도 받았지만, 폴란드인들과 마찬가지로 전란 후 경기침체로 고통받고 있었다. 더군다나 정부는 폴란드인 중산층을 키우기 위해 폴란드 토착 기업과 상인들에게 유리한 보호주의 정책을 폈다. 이로 인해 유대인은 공공기관이나 우체국, 철도 회사 같은 곳에 고용되는 길이 사실상 막혀 있었기에, 수만 명의 가난한 유대인 노동자들은 시골에서 올라온 가난한 폴란드인 노동자들과 일자리를 다투어야 했다. 폴란드인과 유대인의 관계가 좋아질 수 없는 상황이었다.

스텔라 엘리아스베르크는 '고아들의 집' 입소심사위원으로 유대인 극빈 가정을 찾을 때면 눈물이 났다. 눅눅한 지하방에 병색이 뚜렷한 아이 서넛이 지저분한 거적을 깔고, 혹한에 얇은 누더기만 걸친 채 누워 있곤 했다. 비슷한 광경을 아무리 보아도 볼 때마다 심란했다. 하나같이 누가 돌봐주지 않으면 살아남지 못할 아이들이었지만, 가족당 한 아이만 데려갈 수 있었기에 늘 죄책감에 시달렸다.

선택받은 아이도 다 입소할 수 있는 것은 아니었다. 코르차크의 지시에 따라 심리 전문가들에게 검사를 받은 뒤 지적장애나 정서장

애가 있다고 판정되면 입소가 불가능했다. 코르차크는 마치 "꽃밭이 잡초로 무성해지지 않게" 경계하는 정원사처럼, 공동체에 피해를 줄 가능성이 있는 아이는 애초부터 들이지 않으려 했다. 그가 이런 입장을 갖게 된 데는 정신질환에 대한 본인의 불안감이 어느 정도 작용했는지도 모른다. 그러나 그가 내세운 명분은 따로 있었다. 그는 당시 우생학자들이 골몰하던 유전 관련 수수께끼를 거론했다. 그것은 결국 유전이냐 환경이냐 하는 문제였다. 나쁜 유전자를 갖고 태어나면 어찌해볼 방법이 없는 것인가, 아니면 좋은 환경에서 자란다면 유전자가 지운 운명에서 벗어날 수 있는가? 아이가 신경과민인 것은 부모에게서 그런 성격을 물려받아서인가, 아니면 그런 부모가 키웠기 때문인가? 건강한 부모가 왜 허약한 아이를 낳는 것이며, 반대로 평범한 부모에게서 왜 비범한 아이가 태어나는 것인가? 그리고 아동 권리 옹호가인 엘렌 케이가 지적했듯이, 청량음료 가판대를 차리는 데도 면허가 필요한데 아이를 낳는 데는 왜 면허가 필요 없는가? 코르차크는 이렇게 적었다. "우리는 아이를 생각 없이 낳는 습관을 버려야 한다. 아이가 태어나기 전부터 아이에 관한 문제를 생각해보아야 한다. 이제는 아이를 창조해야 할 때다."

고아구호회에 고용된 심리 전문가들에게 미미한 지적장애를 보이는 아이들의 기회를 빼앗아버린다는 것은 쉽지 않은 결정이었다. 당시 그 일을 했던 헬레나 메렌홀츠는 아이의 사정이 워낙 딱한 나머지 동료들과 모의해 검사 결과를 조작한 일도 있었다고 털어놓았다. "아이가 잘 먹고 좋은 환경에서 지내면 발달 상태가 정상을 되찾을 수도 있을 것 같았어요." 계략이 먹혀들 때도 있었지만, 코르차크가 결과를 의심할 때도 종종 있었다. 그럴 때 코르차크는 마리아 그제고제프스카 부인에게 재검사를 요청했다. 코르차크는 그녀가 운영하는 특수아동 기관에 일주일에 두 번 강의를 나가고 있었다. 그러면 그녀 역시 아이가 완벽히 정상이라고 알려줄 때가 더 많았다. "부인의 기관에서 바보 자격을 인정받기는 하늘의 별 따기네요." 코르차크가 그제고제프스카 부인과 둘 사이에서만 하던 농담이었다.

고아원은 국가에서 고정된 금액을 보조받긴 했지만 주로 자선가들의 지원에 의존해 운영되었다. 그런데 자선가들 중에는 특정 아이를 입소시켜달라고 요청하는 이도 있어서 코르차크를 몹시 분노하게 했다. 그는 "기부자의 유일한 권리는 돈을 줄 권리"라고 말하곤 했다. 그리고 아이들에게 말하기를, 부자들 중에는 진짜로 고아들의 복지에 신경 쓰는 사람도 있지만 대부분은 그리 숭고하지 않은 이유에서 기부를 한다고 했다. "어떤 사람은 죽어서 돈이 이제 필요 없으니 기부를 하고, 또 어떤 사람은 하느님에게 잘 보이려고 기부를 하고, 그런가 하면 또 어떤 사람은 자기가 덕이 높다고 자랑하고 다니려고 기부를 하지." 그는 아이들에게 절대 어떤 상황에서도 사탕을 받아먹거나 심부름을 하지 말라고 단단히 당부했다.

코르차크는 자선가들이 언제 방문할 수 있다는 규칙을 세세히 정해놓았다. 또 자선가들에게 아이들 눈에 띄지 않게 고아원에서 좀 떨어진 곳에 마차를—그리고 나중에는 리무진을—세우고 걸어오게 했다. 정장 재킷에 빳빳한 옷깃 차림으로, 자기의 지원을 받는 유명한 교육자 얼굴 좀 보려고 예고 없이 들른 기부자들은, 평소처럼 녹색 작업용 덧옷을 편하게 걸친 코르차크를 보고 흠칫 놀라곤 했다. 그때는 기다란 직함을 뽐내고 거들먹거리는 분위기를 풍기는 것이 유행이었던 시절이다. 하지만 코르차크는 그런 가식을 전혀 떨지 않음으로써 사회를 비웃었다. 당시 사회 기준으로 보면 제대로 된 어른 행세를 하지 못하는 셈이었다.

고아원을 찾아온 자선가는 실제로 코르차크를 수위로 착각하기도 했고, 그럴 때마다 아이들은 즐거워했다. 특히 거만을 떨던 어느 방문객은 코르차크에게 외투를 받으라고 건네고는 손에 동전 하나를 쥐어주었다. 또 어떤 자선가는 안뜰에서 코르차크를 보고는 물었다. "코르차크 선생님은 어디 계시오?" 그러자 코르차크는 안으로 들어가 덧옷을 벗고 재킷을 입은 다음 돌아와서 손을 내밀었다. "네, 어떻게 오셨습니까?" 자선가는 너무 부끄러운 나머지 한마디도 하지 못하고 줄행랑을 쳤다.

자선가들 중에는 그의 이런 장난을, 사람들과 어울리지 않는 그의 태도와 한데 묶어, 오만해서라고 생각하는 이들도 있었다. 하지만 자선가들 대부분은 그가 권력욕이나 명예욕이 털끝만큼도 없는 사람이란 것을 알았기에 그런 것을 문제 삼지 않았다. 엘리아스베르크 부부와 모르트코비치 부부 같은 절친한 친구들은 그의 장난에 즐거워했다. 그들은 코르차크라는 이 특이한 친구가 도도하다기보다는 사실 숫기 없는 사람이라는 걸 잘 알고 있었다.

고아원은 결원이 발생할 때마다 금요일 오후 2시에 새 고아들의 입소가 이루어졌다. 이스라엘 진그만은 이곳에 보통 입소하는 나이인 일곱 살보다 좀 많은 아홉 살이었지만, 그 성장 배경이나 입소 전의 불안감은 다른 아이들과 다르지 않았다. 이스라엘은 아이들과 싸우고 철도마차 뒤꽁무니에 매달리고 학교를 빼먹는 따위 말썽이 심해 홀로 된 어머니의 골치를 썩이는 아이였다. 어머니가 아들에게 유명한 골트슈미트 선생이 운영하는 시설에 들어가게 되었다고 하자 친구들은 보나마나 감옥에 가는 것이라며 겁을 주었다. "경찰이 보이고 철창살 달린 문이 보이면 무조건 죽어라 도망쳐."

그는 크로흐말나 거리 92번지에 어머니와 함께 찾아갔던 날을 아직도 생생히 기억한다.

아니나 다를까 철문이 눈앞에 나타났다. 하지만 경찰은 보이지 않았다. 안뜰에 들어서니 위아래로 까만 옷을 입은 덩치 큰 아줌마가 이쪽으로 온다. 아줌마는 얼굴에 까만 사마귀가 커다랗게 나 있었다. 나는 방금 전까지 남자다운 척하다가 바로 겁먹은 꼬마가 되어 엄마 뒤에 숨었다. 아줌마는 자기가 스테파 선생이라고 했다. 스테파가 엄마에게 물었다. "아이 이름이 뭐죠?"

"이스라엘이요."

"그 이름은 안 되는데." 스테파가 무뚝뚝하게 말했다. "이스라엘이 지금도 두 명 있어요. 얘는 시야라고 하죠."

나는 황당했다. 평소에 이름 좋다는 소리를 많이 듣던 나였다. 그런데 웬 아줌마가 떡 나타나서 다짜고짜 내 이름을 바꾸라니. 벌써부터 이 선생님이 싫었다. 여긴 내가 갈 곳이 아니다, 절대 안에 들어가지 않으리라 속으로 다짐했다.

그때 예기치 않았던 일이 일어났다. 엄마가 나를 한참 설득하고 있는데, 내 모자가 벗겨진 것이다.

스테파가 날카로운 쇳소리를 질렀다. "머리가 아직도 있네! 아이 머리 안 깎였어요?"

엄마는 당황한 표정이었다. "그런 말은 못 들었는데……."

머리를 깎이려고 하면 틀림없이 감옥이라고 했던 친구들 말이 생각났다.

"나 갈 거야!" 소리 지르고 도망치려는데 엄마가 옷자락을 붙들

아이들의 왕

188

었다.

"있어보면 마음에 들 거야. 골트슈미트 선생님은 누구나 다 좋아해." 엄마가 나를 구슬렸다.

"그래서 그 선생님이 어디 있는데?" 내가 닦달했다.

"난 이러고 있을 시간 없어요." 스테파는 대뜸 이러더니, 옆에 서 있던 남자아이에게 손짓으로 나를 봐주라고 하고는 어디론가 사라졌다.

아이는 내게 안으로 들어가자고 부추겼다. 나는 계속 버티다가, 엄마가 같이 들어가주겠다고 하자 마지못해 응했다. 아이를 따라 현관문으로 들어가 넓은 식당으로 갔다. 그곳에선 여러 가지 일이 벌어지고 있었다. 나는 식당 문간에 서서 엄마 옆에 거머리처럼 찰싹 달라붙었다. 아이들이 옆을 지나가면서 뭐라고 잘난 척 한마디씩 했다. 아이들의 태도가 영 싫었다. 이곳은 뭔가가 확실히 수상했다.

그때 작업용 덧옷을 걸친 아저씨가 와서 자기를 골트슈미트 선생이라고 소개했다. 별로 특별해 보이지 않았다. 그냥 나이 많은 아저씨, 주변에서 흔히 보는 아저씨였다. 그는 엄마에게 우리를 기다리고 있었다고 하고는, 나를 보며 이랬다. "네 얘기 많이 들었어."

나는 엄마를 쳐다봤다. "이 선생님한테 내 얘기를 뭐라고 했어?" 선생님은 내가 고집불통이라는 소문을 듣고 자기 눈으로 직접 확인하러 왔다고 했다. 그러고는 나를 보지 않고 엄마와 이야기를 나누기 시작했다. 그러면서 손으로는 계속 내 머리를 다정하게 쓰다듬었다. 그때의 기억은 왠지 강한 인상으로 남았다. 선생님 손바닥은 부드러웠고, 그 따뜻한 느낌이 좋았다.

백 명의 아이들

"이쪽으로 오세요." 선생님은 우리를 위층에 있는 작은 방으로 데려가더니, 이렇게 말했다. "옷을 벗으렴." 내가 꼼짝하지 않자 다시 말했다. "옷을 좀 벗어볼래?"

나는 그래도 꼼짝하지 않았다. 선생님이 직접 내 윗옷을 위로 들어 벗겼다. 나는 좀 추웠지만 순순히 협조했다. 선생님은 귀를 내 가슴에 갖다 댔다.

"안뜰에서 무슨 일 있었니?" 선생님이 물었다.

이름을 바꾸라고 해서 기분이 나빴다고 했다.

"네 이름이 뭐지?"

"이스라엘이요. 그런데 아까 그 선생님이 시야로 바꾸래요. 길 거리에 사는 어떤 바보 천치 아저씨 이름도 시야거든요. 제가 시야라고 하면 사람들이 다 웃을 거예요."

"그래도 이스라엘이라는 애가 벌써 둘이나 있어서 곤란한데. 이 스라엘이 나쁜 짓을 했다고 하면 누구를 말하는 건지 알 수 없 잖아?"

엄마가 끼어들었다. "그럼 사미라고 해요."

"아니요, 사미는 아이 맘에 안 들 거예요." 선생님은 그러더니 이렇게 제안했다. "여기서 쓰는 별명을 스타시에크로 하면 어떨 까?"

성자의 이름이다. 너무 좋은 이름이었다. "어, 제가 그런 이름을 써도 돼요?"

"그럼, 되지."

그 순간 선생님은 내 최고의 친구가 됐다. 난 이제 엄마가 가도 괜찮다고 했다.

"밖에서 또 무슨 일 있었어?" 선생님이 물었다.

아이들의 왕

190

내가 머리 이야기를 했다. "애들은 다 머리가 길던데요. 왜 저만 깎아야 돼요?"

"깎기 싫으면 깎지 마. 그렇지만 나중에 나한테 뭐라고 불평하지 말고."

"무슨 불평이요?"

"새로 온 아이들 중에 너만 혼자 튀어 보일 거거든. 그러면 애들이 너보고 염소 스타시, 아니면 수탉 스타시라고 부를 거야. 그런다고 나한테 와서 뭐라고 하지 마."

나는 말문이 막혔다.

선생님이 주머니에서 사탕을 하나 꺼내 내밀었다. 나는 관심이 없었다. 내 머릿속은 머리 깎일 걱정뿐이었다. 무섭고 불안했다. "이발소가 어디 있어요?" 나는 미심쩍어하며 물었다.

"이발소는 왜 찾아?" 선생님이 장난스럽게 되물었다.

선생님이 이발사였다.

"알았어요, 깎으세요."

"여기 앉으렴."

그는 가위를 집어 들었다. 나는 순식간에 까까머리가 됐다.

머리를 짧게 깎이는 첫 경험은 여자아이들에게는 더 충격이 컸다. 긴 머리를 예쁘게 땋은 아이라면 말할 것도 없었다. 하지만 아이들에게 티푸스를 옮기는 이를 퍼뜨리지 않으려면 위생 조치의 일환으로 머리를 꼭 짧게 깎아야 했다. 일단 머리를 깎게 한 뒤 개인위생을 잘 지키는 아이는 머리를 기를 수 있게 해주었다.

아버지를 잃은 지 얼마 안 되어 고아원에 온 사라 크레메르도 '이발사'와 나눈 첫 대화를 기억한다.

"아빠가 없으니까 기분이 어때?" 선생님이 물었다.

"슬퍼요." 내가 기어들어가는 소리로 말했다.

"그래, 그렇지……." 선생님이 한 손을 내 어깨에 올리고 다정한 목소리로 위로했다. 그러고는 머리를 깎아야 한다고 했다.

"그럼 엄마가 저를 어떻게 알아봐요?" 나는 울먹였다.

선생님은 위생 문제로 그렇게 해야 한다고, 이가 확실히 없게 하려고 그러는 것이라고 했다.

새로 온 아이들이 대부분 그랬지만, 사라도 머리 깎는 시간이 그렇게 많이 힘들지는 않았다. 코르차크가 이발을 놀이하듯이 했기 때문이다. 그는 모든 일을 그런 식으로 했다. 머리를 한 가닥 깎고는 그것이 크로흐말나 거리라느니, 무슨 동물이라느니, 아이 이름의 어느 글자라느니 했다. 아이의 마음을 편안하게 해주려고 그런 요령을 쓰면서도, 코르차크는 이발 작업에 의료 시술만큼 진지하게 임했다. 이발 도구를 의사의 수술 도구처럼 청결하고 날이 잘 들게 관리했다. 그리고 고아원에서 일할 사람을 뽑을 때는 어떤 지원자든 가위를 분해하고 청소하는 테스트를 꼭 치르게 했다. 머리를 감길 때도 마찬가지로 철두철미했다. 그는 교육생들에게 이렇게 가르쳤다. "마사지는 엄지손가락으로만 하는 게 좋습니다. 이마 언저리, 귀 뒤쪽, 그리고 뒷머리를 문질러주세요. 비누 땟물이 그런 곳에 남았다가 마르면 곰팡이가 생깁니다."

스타시에크와 사라는 첫날 몸무게도 쟀다. 아이들은 그렇게 매주 몸무게를 쟀고 결과는 개인별 체중 기록표에 꼼꼼히 기록되었다. 코르차크는 체중계를 가리켜 "분별 있고 냉철하고 공정한, 거짓말을 하지 않는 제보자이자 조언자"라고 했다. 아이들 몸무게 재는 일은

아이들의 왕

의사로서 하는 일이기도 했지만 그에게 "성장의 아름다움을 느끼게" 해주는 즐거운 작업이기도 했다. 체중 재는 시간은 수다와 농담이 오가는 시간이었을 뿐 아니라(한 남자아이는 자기가 키우는 화분의 몸무게를 달아달라고 가져오기도 했다), 더불어 아이의 눈을 자세히 보고, 목구멍을 들여다보고, 가슴에 귀나 나무로 된 청진기를 대보고, 체취를 맡아보고, 기분 상태가 어떤지 알아볼 수 있는 시간이기도 했다. 평소 활달하던 아이가 움직임이 굼뜬 것은 병의 조짐일 수도 있었다.

코르차크는 아이와 관련된 물건이라면 아무리 사소한 것에도 주의를 기울였다. 때 묻은 손수건을 눈여겨 살펴보고, 주인 없는 장갑을 일일이 챙기고(장갑을 잃어버린 아이는 동상에 걸릴 수 있으므로), 아이들에게 구두를 반짝거리게 닦는 법을 놀이하듯 가르쳐주었다. 구두와 직접 대화하면서, 왜 이 구두약을 쓰려고 하는지, 왜 구둣솔로 문지르려고 하는지, 왜 구두의 협조가 필요한지를 구두에게 설명해주었다. 그러면 설명이 다 끝나기도 전에 아이는 자기가 해보고 싶어 안달을 했다.

금요일 오후 목욕을 마치고 나면 스타시에크와 사라처럼 새로 온 아이들은 번호가 적힌 옷을 받았다. 한 아이의 물건에는 모두 같은 번호를 표시해 다른 아이 물건과 구분했다. 그다음부터는 아이가 자기 옷을 얼마나 잘 관리하느냐에 따라 받는 옷의 질이 달라졌다. 코르차크가 전쟁 때 고아원을 비운 동안, 스테파는 아이들의 청결 등급을 1에서 4까지 매기는 제도를 도입했다. 깔끔한 아이에게는 기증받은 옷이나 재봉실에서 만든 옷 같이 제일 좋은 옷을 주었고, 조심성 없이 자꾸 옷을 찢어먹거나 더럽히는 아이에게는 거친 천으로 된 옷이 돌아갔다. 도바 보르베르고프는 태어나서 처음으로 자기만의 원피스와 속옷 상하의를 갖게 됐을 때의 기쁨을 아직도 잊지 못한다. "토요일 오후에 집에 갈 때 길에서 계속 치마를 들추면서 갔어요. 남자애들이건 누구건 다 제 예쁜 속옷을 봐줬으면 했어요." 말괄량이였던 한나 뎀빈스카는, '착한 애들'은 예쁜 원피스를 입고 보란 듯이 돌아다니는데 자기는 우중충하고 볼품없는 민소매 원피스를 자루처럼 걸치고 다니면서 기가 죽었던 기억이 생생하다. (등급은 노력하면 올릴 수 있었지만 습관을 바꿔야 하는 일이라 보통 여러 해가 걸렸다.)

그날 저녁, 새로 온 아이는 흰 식탁보 위에 꽈배기 모양의 할라 빵이 놓인 안식일 만찬 자리에 낯선 얼굴들과 함께 앉았다. 아이는 하룻밤만 자면 가족들을 볼 수 있다는 사실에 마음의 위안을 얻었다. 아이들을 토요일마다 집에 보내는 일정은 변함없이 지켜지고 있어서, 점심을 먹고 출발해 저녁 7시까지 지내다 오게 되어 있었다. 고아원에 돌아올 때는 보통 어머니나 할머니, 할아버지 등 가족이 데려다주었지만, 가족이 위층까지 올라올 수 있는 때는 하누카나 부림절이나 유월절 행사 때뿐이었다.

새로 들어온 아이에게는 첫 3개월 동안 '후견인'이라는 이름으로 몇 살 위인 아이가 배정되어 고아원 생활에 적응하는 것을 도와주었다. 후견인은 자기가 맡은 아이에게 고아원의 일과를 하나하나 가르쳐주고, 아이의 질문에 답해주고, 아이의 행동을 관리하는 책임을 졌다. 이곳 아이들은 학교 다니랴 그 밖의 활동 하랴 늘 바빴으므로, 새로 온 아이와 후견인 간 소통은 서면으로 하도록 권장했다. 코르차크는 어느 아홉 살짜리 말썽꾸러기 남자아이와 열두 살 후견인 여자아이가 나눈 서면 대화를 특히 마음에 들어 했다.

소년: R이랑 집 얘기를 했어요. 제가 우리 아빠는 재단사라고 했어요. R네 아빠는 제화공이래요. 그런데 지금 우리는 감옥에 있는 것 같다고 했어요. 여기는 집이 아니니까요. 아빠 엄마 없이 사는 건 사는 것도 아니에요. 아빠가 저한테 단추 사 오라고 심부름시키던 얘기도 했어요. R은 아빠가 못 사 오라고 심부름시켰대요. 그런 얘기를 했어요. 나머지 얘기는 생각이 안 나요.

후견인: 글을 좀 더 명확하게 쓰세요.

소년: 저한테 조언 좀 해주세요. …… 수업 시간에 나쁜 생각이 자꾸 나요. 물건 훔치는 생각을 해요. 하지만 사람들 속상하게 하는 건 싫어요. 저도 잘해보고 싶고, 그런 생각 말고 다른 생각을 하려고 진짜 노력하고 있어요. 탐험을 떠나서 신대륙을 발견하는 상상도 하고, 미국에 가는 상상도 하고, 열심히 일해서 자동차를 사서 전국을 여행하는 상상도 해요.

후견인: 나한테 글 쓴 것 아주 잘한 거예요. 우리 대화를 좀 하죠. 내가 조언을 해줄게요. 하지만 내가 하는 말에 상처받지는 말아요.

소년: 저 벌써 많이 좋아졌어요. G랑 친구인데 걔가 잘 도와줘요. 저 진짜 열심히 하고 있어요. 그런데 저 2주에 한 번보다 더 자주 나가면 안 돼요? …… 저 빼고 다 그러잖아요. 할머니가 매주 오라고 했는데 저만 안 된다고 하기가 창피해요.

후견인: 남들만큼 자주 못 나가는 이유를 본인이 잘 알고 있을 텐데요. 물어는 보겠지만 아마 안 될 거예요.

후견인은 새로 온 아이를 돌보는 부모 역할을 했으므로, 둘은 이곳의 독특한 가계도에서 1촌 관계인 셈이었다. 그 아이가 시간이 지나 또 누군가의 후견인이 되면, 이전 후견인은 새 아이의 조부모가 되었다. 그리고 또 한 세대가 지나가면 증조부모가 되었다. 이와 같은 가족 관계는 이곳에서 중요한 개념이었다. 가족들끼리 매년 같이 사진도 찍었다.

코르차크의 고아원은 아이들을 때리고 굶기는 고아원이 많았던 시절에 획기적일 만큼 진보적인 보육기관이었지만, 요즘 기준으로 보면 대단히 철저한 틀 안에서 운영되었던 것으로 보인다. 아이들은 틀 안에서 자유를 주기만 하면, 일정한 틀이 있을 때 몸과 마음이 더 건강해진다는 것이 코르차크의 믿음이었다. 고아원의 하루는 정확히 일과에 맞춰 돌아갔다. 코르차크는 시계를 체중계와 온도계만큼 중요하게 여겼다. 시간을 잘 지키지 않는 사람은 좋은 일꾼이 될 수 없다고 믿었다.

아침마다 6시만 되면 여지없이 자명종이 울렸다. 굼뜬 아이들은 특별히 15분 더 예비 시간을 줬고, 자명종 소리에 바로 일어나는 아이들은 특별 상점을 줬다. 그리고 늦는 게 습관인 아이들은 생활기록부에 기록했다.

아이들은 세수하고 옷 입고 침구를 정돈한 다음 7시에 아침을 먹으러 아래층으로 내려갔는데, 아침 메뉴는 보통 코코아, 빵, 과일이 나왔고 가끔 달걀도 나왔다. 그리고 등교하러 나서는 길에 챙겨 가라고 커다란 광주리에 샌드위치가 가득 담겨 있었다. 아이들은 그걸로 오전 간식을 해결하고 2시쯤 점심 먹으러 다시 고아원으로 왔다. 등교하러 가기 전에는 복장 점검도 받아야 했는데, 스테파가 문간에 서서 귀가 깨끗한지 구두가 깨끗한지 검사하고 구두끈은 묶었는지 단추는 다 제대로 달려 있고 채워졌는지 일일이 확인했다.

학교를 마치고 돌아오면 하루 중 제일 배불리 먹는 식사를 차려 주었는데 메뉴로는 고기가 한 점씩 든 수프, 죽, 면류나 감자, 그리고 채소가 나왔다. 스텔라 엘리아스베르크가 보통 아래층 주방에서 수프를 직접 맛보며 간을 하고 식사 운반기에 실어 위층 식당으로 올려 보냈다. (식사 운반기는 널빤지에 음식을 싣고 도르래로 오르내릴 수 있게 되어 있는 장치였는데, 아무리 못 하게 해도 꼭 말썽꾸러기 하나가 기어이 같이 타고 올라가곤 했다.) 식사를 마치고 테이블을 치우고 나면 아이들은 그 테이블 앞에 앉아 학교 숙제를 한 다음 저마다 맡은 일을 하러 갔다. 늦은 오후엔 운동이나 놀이, 음악 수업 같은 다양한 활동을 했다. 일부 자선가들 요청으로 히브리어와 이디시어 수업도 했는데 의무 사항은 아니었다.

코르차크는 바쁜 일이 없으면 돌아다니면서 아이들이 뭐 하고 있나 들여다보았다. 그러면서 "별일 없어?" "기분이 안 좋아 보이네?" 하며 짐짓 가볍게 툭툭 물어보았다. 아이들은 질문 받는 걸 좋아하지 않으니 "네" "기분 괜찮은데요" 하고 건성으로 또는 마지못해 대꾸한다는 걸 이미 잘 아는 그였다. 관심을 확인시켜주려고 지나가면서 툭툭 두드려주기도 했다. 아이들은 호들갑 떨며 예뻐해주는 것도 싫어한다는 것 역시 그는 잘 알고 있었다. 얼굴빛이 창백하거나 벌건 아이가 있으면 꼭 "혀 좀 보자"고 했다. 가끔은 줄넘기나 '빙빙 돌아라' 놀이를 하는 아이들 사이에 끼어 같이 놀기도 했다. "착한 아이 로마지아는 주머니에 구멍이 났대요" 하고 노래를 부르며 손을 잡고 둥글게 돌았다. 코르차크는 자기가 걸려서 원 가운데에 들어가게 되면 그다음 사람으로 꼭 아이들 사이에 인기가 없거나 격려가 필요한 아이를 지목했다.

아니면 아이들과 함께 안뜰의 밤나무 그늘 밑 벤치에 앉아 다른 아이들이 뛰어다니거나 노는 것을 구경했다. 아버지 없는 고아였던 사비나 담은 이렇게 회상했다. "전 늘 선생님과 단둘이 있고 싶었는데 아이들이 선생님을 가만히 놔두지 않아서 도저히 기회가 없었어요. 그래서 선생님이 앉으시면 의자 뒤로 가서 뒤에서 끌어안았어요. 그 위치가 제일 좋았거든요. 그러면 '나 숨 막혀!' 하고 비명을 지르셨죠." 가끔은 어린아이가 무릎 위에 올라와 염소수염을 만지며 놀다가 선생님 가슴팍에 고개를 묻고 잠들었다. 그럴 때면 코르차크는 이렇게 말했다. "나한테 애들이 엉겨 붙은 게 고목나무 가지에 새들 앉은 것 같지 않아?" 아이들은 놀이가 끝나면 선생님 주위에 모여, 자는 아이를 안고 있는 선생님을 놀렸다. "유모다! 유모!" 그러면 그는 터무니없다는 듯 인상을 쓰며 아이들을 꾸짖었다. "쉬, 조용히 해. 애가 피곤해서 자잖아. 이렇게 푹 쉬어야 내일 또 놀 힘이 나지."

스테파는 좀처럼 놀이를 함께 하지 않았다. 그날그날 일과를 처리하느라 눈코 뜰 새가 없었다. 이제 삼십 대 중반인 그녀는 세월의 풍상에 유순해졌다기보다는 노숙해졌다는 말이 어울렸다. 늘 까만색 옷차림을 하고 퉁퉁한 몸을 쉴 새 없이 움직였다. 진지해 보이는 큰 눈은 여전히 이목구비 중 제일 나았고, 무뚝뚝한 태도 속에 꽁꽁 숨겨둔 다정함이 배어 나왔다. 그녀는 얼굴이 "발효 케이크처럼 넓적했고 건포도처럼 사마귀가 뿌려져 있었다." 코 옆에 난 사마귀가 제일 컸는데 화가 나면 올렁올렁 흔들렸다. 아이들은 늘 그 사마귀를 만지고 싶어 했다. 아이들이 만지려고 손을 뻗으면 스테파는 그 손에 입을 맞추기도 했다. 아이들은 스테파의 안경이 미끄러져 내려가 그곳에 딱 걸리면 재미있어했다. 스테파는 억척스러운 어머니였다. 아이 106명의 꽁무니를 따라다니며 입을 맞추기도 하고 손바닥

아이들의 왕

으로 찰싹 때리기도 했다. 아이들은 스테파 때문에 골이 나면 식사를 거부했다. 스테파가 아이 살 빠질까 봐 안달복달할 걸 알고 그러는 것이었다. 한번은 사진사가 스테파의 사진을 찍으려는데 스테파가 도통 웃지를 않았다. 아이를 무릎 위에 올려놓자 그제야 얼굴이 환해졌다. 사진사는 놓칠세라 얼른 셔터를 눌렀다.

야수를 길들이다

인생은 서커스 공연이다. 화려한 순간도 있고
그렇지 않은 순간도 있다.
〈이론과 실제〉

고아원의 아침이다. 아이들이 식당에 내려와 식전 기도를 짤막하게
하고는 들떠서 자리에 앉는다. 오늘은 새로 온 지 한 달 된 아이에 대
한 투표를 하는 날이다. 코르차크가 다니면서 한 아이마다 카드 세
장씩을 나눠 준다. 카드 한 장은 플러스(+), 한 장은 마이너스(-), 한
장은 영(0)이 적혀 있다. 투표함이 돌아가고, 아이들은 투표 대상자
가 맘에 들면 플러스 카드, 아니면 마이너스 카드, 관심이 없으면 영
카드를 집어넣는다. 집계된 카드 수에 따라 이 아이의 시민 등급이
결정된다.

친구 관계가 원만한 아이라면 플러스가 가장 많이 나오기 마련
이고, 그러면 '원우(院友)' 등급이 부여된다. 플러스가 그래도 웬만큼
나왔으면 '주민', 플러스가 몇 표밖에 안 나왔으면 '무관심 주민', 플
러스가 한 표도 안 나왔으면 '까칠이 주민' 등급이 주어진다. 원우 등
급을 받은 아이는 당연히 이런저런 특권이 주어져서, 의회 의원직을
맡고, 영화 관람 기회도 더 많이 주어지고, 개인별 담당 작업도 자기

아이들의 왕

마음대로 고를 수 있다. 아주 드물게 플러스만 받은 아이는 왕이나 여왕의 칭호를 받고, 무슨 일에든 우선권이 주어진다.

아이들이 이렇게 서로에 대해 투표하는 것은 어린이 공동체의 자치를 실천하는 한 방법이기도 했다. 이곳 아이들은 어른의 판단에 무턱대고 좌우되기보다 또래의 눈으로 자기 자신을 바라보는 습관을 길렀다. 아이들은 더 나아가 고아원의 어른들에 대해서도 투표할 권리가 주어졌다. 어른들은 공화국의 어린이 시민들을 깍듯이 대해야 했다.

첫 투표 이후 다음 투표는 6개월 뒤에 진행됐고, 그다음부터는 일 년마다 실시됐다. 코르차크는 투표 결과에 지대한 관심을 보였다. 특히 등급이 이례적으로 낮게 나오는 경우가 흥미로웠는데, 폴라라는 여자아이가 그런 경우였다. 아이들은 어른의 눈은 속여도 서로의 눈은 절대 속이지 못했다. 폴라는 예의 바른 아이 같아 보였는데, 가만히 들어보면 아이들이 이런 말을 자주 했다. "그거 폴라 거야, 만지지 마."(코르차크가 하던 말인 "똥은 냄새나니 만지지 말라"와 취지가 거의 같은 말이었다.) 왜 다들 폴라를 피하냐고 물었더니 이런 대답이 돌아왔다. "걔는 잔잔한 물이잖아요, 모르세요?"(겉으로는 정직하고 상냥해 보이지만 속으로는 꿍꿍이를 품고 있다는 뜻이었다.)

코르차크는 폴라처럼 낮은 시민 등급을 벗어나지 못하는 아이는 집단의 인정을 받고 싶어도 그 방법을 모르는 것이라고 보았다. "성격에 결함이 있는 아이는 결함을 극복하고 싶어도 도무지 방법을 모른다. 곁에서 도와주는 사람이 없으면 혼자 몇 번 변화를 시도해보고 크게 실패한 뒤에 포기하고 만다"고 했다. 그는 자신의 고아원을 "치료소"라고도 부르면서, 그곳을 "치유"의 장소로 만들고자

야수를 길들이다

힘썼다. 고아원은 "마음을 건강하게 하는 보양(保養) 시설"이 되어야 하며, 그러지 못하면 오히려 "전염병의 온상"이 될 수 있다고 보았다.

그러나 뒷골목에서 거칠게 자란 아이들에게 목욕을 시키고 깨끗한 옷을 줄 수는 있다 해도, 그들의 "어두운 기억, 잘못 배운 버릇, 아픈 경험"까지 씻어낼 수는 없다는 것을 코르차크도 모르지 않았다. 자신이 할 수 있는 일에는 한계가 있었다. "내가 아이들에게 정직과 정돈, 노력, 성실 따위를 요구할 수는 있지만, 사람을 근본적으로 바꿀 수는 없다. 박달나무는 영원히 박달나무요, 참나무는 참나무요, 엉겅퀴는 엉겅퀴인 것이다. 설령 내가 영혼 속에 잠재된 뭔가를 일깨울 수는 있다 해도, 없는 것을 새로 만들어낼 수는 없다."

코르차크의 바람이라면 아이들이 자기 자신과의 싸움에서 이기도록 도와주는 것이었다. 그러면서 아이의 자존심도 지켜주어야 했다. 예를 들어 아직 감정 조절이 서툰 아이는 가슴속에 쌓인 울분을 어떻게든 발산할 필요가 있다고 보아 싸움을 허용했다. 단 싸울 사람들은 사전에 이름을 적고 신청을 해야 했고, 맷집이 너무 차이 나는 상대와 싸우는 것은 허용되지 않았다. 코르차크는 아이들에게 이렇게 말했다. "누구를 꼭 때려야겠으면 때려. 하지만 너무 세게는 말고. 꼭 버럭 화를 내야겠으면 내. 하지만 하루에 딱 한 번만이야." 그는 자신의 교육 방법이 그 몇 문장 안에 다 들어 있다고, 특유의 위트를 담아 말하곤 했다.

코르차크는 동료 의사들이 걸핏하면 입에 올리던 정신분석 용어를 되도록 쓰지 않으려고 했다. 정신분석은 아이를 너무 단순하게 공식화한다는 생각이었다("'누가 세탁과 세탁부에 대한 두 권짜리 책을 썼다 해도 정신분석에 대한 책만큼 진지하게 취급받지 못할 이유가 없다'고 하면 사람들은 씩 웃으며 수긍하거나, 아니면 눈살을 찌푸리며 경멸할 것이다"). 프로이트에 대한 그의 태도는 양면적이고 모순적이기까지 했다. 그는 프로이트가 성(性)을 강조하는 것은 아이의 "명예를 훼손"할 뿐 아니라 아동기를 단순히 성심리적 발달 단계로만 보는 우를 범하는 것이라고 보았다(한 친구에게 쓴 편지에서는 프로이트를 "위험한 미치광이"라고 했다). 그러면서도 같은 편지에서 프로이트가 "헤아릴 수 없이 깊은 무의식의 세계"를 드러내 보인 것은 "진심으로 감사해야" 할 일이라고 인정하기도 했다.

코르차크는 본인이 이론가보다 실천가임을 자랑스럽게 여겼다. 그러면서도―다분히 역설적으로―그 둘은 차이가 없다고 생각하기도 했다. "이론을 통해 무언가를 알 수 있다. 실천을 통해 무언가를 느낄 수 있다. 이론은 지성을 풍요롭게 하고, 실천은 감성을 풍부하게 하며 의지력을 강하게 키워준다."

아이를 다루는 코르차크의 창의적인 방법들은 다 그냥 나온 것이 아니었다. 그는 여러 해 동안 현장에서 경험한 덕분에 아이들의 심리를 꿰뚫어보고 있었다. 프로이트처럼 성인 환자를 상대하는 대부분의 의사들에게는 없는 경험이었다. 코르차크는 한 친구에게 이렇게 말하기도 했다. "나는 공부하다 보니 의사가 되었고, 어쩌다 보니 교육자가 되었고, 열정이 있어 작가가 되었고, 필요에 의해 심리학자가 되었네." 씩씩거리는 두 아이에게 싸울 날짜를 잡으라고 하는 것도 다 이유가 있었다. 기다리다 보면 화가 식기도 하고, 꼭 싸울 만한 일인가 생각도 해보게 되고, 싸움 방식도 충분히 고민해볼 수 있다. 그는 한 방법이 먹혀들지 않으면 또 다른 방법을 자신의 "교육용 무기고"에서 꺼내 들었다.

야수를 길들이다

금요일 오후. 강당에 아이들이 길게 줄을 서 있다. 아이들의 줄은 조그만 비품실로 이어진다. 비품실은 매주 금요일마다 도박장으로 변신하는 곳이다. 안에는 딜러 한 명이 앉아 있다. 딜러는 물론 코르차크다.

첫 번째로 줄을 선 아이는 여덟 살짜리 악동 소년 예지다. 코르차크가 예지에게 묻는다. "자, 뭐에 걸래?" 아이마다 자신의 나쁜 버릇 하나를 고친다는 데 내기를 거는 것이다. 성공하면 덤으로 사탕이나 초콜릿 몇 개도 받을 수 있다.

"다음 주에는 딱 한 번만 싸운다는 데 걸게요."

"그건 안 될 것 같은데." 코르차크가 내기를 기록하는 장부에서 눈을 떼지 않고 말한다. "너한테 너무 불리해."

"왜요?"

"네가 질 게 뻔하니까. 네가 이번 주에 다섯 명을 팼고, 저번주에는 여섯을 팼는데, 어떻게 그렇게 갑자기 줄인다는 거야?"

"할 수 있어요."

"네 번 어때?"

"두 번이요."

흥정이 오간 뒤 두 사람은 세 번으로 합의를 본다. 코르차크는 내기 내용을 장부에 적고, 예지에게 격려하는 뜻으로 바구니에서 초콜릿 하나를 꺼내 준다. 예지는 내기에서 이기면 다음 주 금요일에 초콜릿 세 개를 더 받는다. 만약 지면 코르차크가 동정하는 눈길로 격려의 말을 건네고, 위로하는 뜻에서 초콜릿 하나를 주기도 한다. 예지는 자기가 결과를 어떻게 보고하든 코르차크가 따로 확인하지는 않는다는 걸 알고 있다. 서로를 믿고 자율적으로 시행하는 방식이다.

아이들의 왕

다음 차례는 안테크다.

"넌 뭐에 걸래?"

"다음 주에는 욕을 다섯 번만 할게요."

"너무 적다."

"여섯 번이요."

"하루에 한 번씩 일곱 번 어때?" 코르차크가 제안한다. 안테크는 수락하고 그 정도야 쉽다는 듯 의기양양한 표정으로 돌아간다.

다음은 폴라다.

"자, 넌 뭐에 걸래?"

"수학 숙제를 날마다 한다는 데 걸게요."

"3일 어때?"

폴라가 어깨를 으쓱한다. "뭐 그러죠, 3일 할게요."

코르차크는 내기 내용을 기록하고, 초콜릿 하나를 내주고, 다음 아이를 맞는다. 마지막 줄 선 아이까지 다 끝나면 그날 도박장 운영은 종료된다. 줄이 아직 남았더라도 안식일 목욕 시간을 알리는 징이 울리면 그것으로 운영은 끝나고, 아이들은 생활관으로 종종거리며 올라간다.

한 아이에게 통했던 방법이 다른 아이에게도 통하리라는 법은 없다. 유달리 말을 듣지 않는 말썽꾸러기인 경우는 먹혀드는 방법을 생각해내느라 애를 먹기도 했다. 코르차크의 목적은 아이를 변화시킨다기보다 아이들로 하여금―코르차크 자신이 그랬던 것처럼―강한 의지력을 키울 수 있게 해주는 것이었다. 그러려면 아이의 강박을 치유해주고 상처가 나을 시간을 주어야 했다. "해결책은 심리학뿐 아니라 의학, 사회학, 민족학, 시, 범죄학, 기도서, 동물 조련서 할

야수를 길들이다

것 없이 다 들여다보고 찾아야 한다"고 그는 적었다. 마지막에 언급한 동물 조련서는 농담으로 한 말이 아니었다. 실제로 그는 서커스 조련사의 동물 조련을 유심히 관찰하면서 자기 내면의 야수를 길들이는 기술을 많이 배웠다고 했다. "동물 조련사의 작업은 아주 단순하면서 기품이 있다. 맹렬한 야성이 인간의 단호한 의지력 앞에 고개를 숙이고 만다." 그러면서 그는 이렇게 덧붙였다. "나는 아이에게 완전한 굴종을 요구하지 않는다. 나는 아이의 몸가짐을 길들일 뿐이다."

교육자는 배우이기도 해야 한다고 믿었던 코르차크는, 도저히 구제불능인 아이 앞에서 버럭 화를 내는 척 연기하기도 했다. 얼굴부터 반질반질한 정수리까지 온통 시뻘게지면서 호통을 쳤다. 하지만 하는 말은 "부끄럽지도 않니!"라든지 "그러지 마!"처럼 보통 야단칠 때 하는 말과는 거리가 멀었다. 대신 자기 머릿속의 "호되게 꾸짖는 말 사전"에서 적당한 말을 골라 사용했다. "이 어뢰야! 이 허리케인아! 이 영구기관아! 이 쥐 인간아! 이 전등아! 이 식탁아!"

똑같은 말을 너무 자주 하면 위력이 떨어진다는 것을 알고 있었기에 레퍼토리를 끊임없이 보충했다. 자연이나 예술에서 단어를 착안하곤 했는데, 이런 식이었다. "이 까마귀야! 이 백파이프야! 이 양금아!" 그리고 아이마다 잘 먹히는 말을 찾기 위해 시행착오를 거듭했다. 개구쟁이 하나가 있었는데 무슨 말을 써봐도 통하지 않았다. 온갖 종류의 명사를 다 동원해봤지만 소용이 없었다. 그러다가 불현듯 아이디어가 떠올랐다. "야, 이 바장조야!" 아이는 그날 하루 동안 잠잠해져 말썽을 피우지 않았다.

또 이런 방법도 썼다. 사고를 친 아이한테 이렇게 말하는 것이었다. "나 너한테 점심때나 저녁때까지 화나 있을 거야." 지은 죄가 중벌감이면 그만큼 형을 늘려서 그다음 날까지 잡았다. 그리고 그동 안은 아이와 말을 하지 않았다. 아이의 친구가 중간 전달자로 나서 서 "쟤가 공 가져가도 되느냐는데요?" 하고 물으면, "작은 공은 가져가 도 되는데, 발로 차는 건 안 된다고 전해" 하는 식이었다. 이렇게 하 면 아이는 자기가 벌 받고 있다는 것을 잘 알았고, 일정한 시간이 지 나면 용서받고 새 출발을 할 수 있다는 것도 잘 알았다.

이렇게 코르차크는 자신의 "약전(藥典)"을 뒤적여가며 "투덜대 기, 닦달하기, 나무라기, 혼꾸멍내기" 같은 다양한 약제를 처방했다. 그리고 어떤 경우에도 "내가 백번은 말했지!" 같은 말은 하지 않았 다. 정확한 사실도 아니고 잔소리로 들리기만 한다는 이유에서였다. 또 어차피 아이에게 아니라고 반박당할 게 뻔했다. 그 대신 이렇게 말했다. "내가 월요일에도, 화요일에도, 수요일에도 말했지." "내가 1월에도, 2월에도, 3월에도 말했지." "내가 봄에도, 여름에도, 가을에 도, 겨울에도 말했지." 그러면 내용도 정확하고 아이도 수긍할 수 있 을뿐더러 동시에 야단맞는 아이에게 요일 이름, 달 이름, 계절 이름 을 가르쳐 어휘력을 늘게 하는 부수적인 효과도 줄 수 있었다.

드물게 어떤 방법도 다 통하지 않을 때는 강당 끄트머리 연단 위에 놓인 피아노 뒤 구석에 가서 앉아 있게 했다. 시간은 짧으면 5분, 길면 한 시간이었다. 말썽쟁이 소년이었던 요한 누트키에비치 는 그 자리에 앉아 다른 아이들이 근처에서 노는 것을 지켜보며 늘 "감옥에 갇힌" 기분이었다고 말한다. 한나 뎀빈스카는 학교에서 일 주일간 정학을 받은 벌로 피아노 뒤에 한 시간을 앉아 있어야 했다. 그런데 밖으로 몰래 빠져나가 엄마한테 받았던 동전 몇 개로 건포도 빵을 사서 들어왔다. 뻔뻔하게 다시 앉아 빵을 먹는데, 건포도 틈에 앉았던 벌 한 마리가 얼굴을 쐈다. 한나의 얼굴은 띵띵 부어 보름달

야수를 길들이다

만 해졌다. 코르차크는 한나를 병원에 데려가면서 다정하게 말했다. "너 사람 만들려면 아직 갈 길이 멀구나."

아무리 구제불능인 아이라 해도 코르차크는 다른 고아원들처럼 때리거나 굶기는 방법에는 절대 의존하지 않았다. 그런 것은 "야만적이고 비윤리적이며 범죄"에 해당하는 처벌 방법이라고 보았다. 하지만 어떤 방법을 써도 소용이 없는 아이는 볼기 때리기를 고려해야 했는데, 그럴 때 코르차크는 참담한 심정이었다. 아이를 때리는 것은 어디까지나 교육의 수단이지만 어른이 거기에 중독될 위험이 있다고 보았기 때문이다. "그러나 꼭 때려야만 한다면, 반드시 사전에 경고를 했다는 전제에서, 불가피한 경우에 한해, 딱 한 대만 때려야 한다. 그리고 때리면서 화를 내면 안 된다."

아이의 볼기를 때리는 교육자는 "불치병과 씨름하는 외과 의사"와 같은 입장이라고 보았다. 즉 "과감한 수술만이 환자의 생명을 살릴 가망이 있는 상황"인 것이다. 그럴 때는 위험을 감수해야 했다. 반드시 세 차례 사전경고를 했다. 그리고 마지막 경고도 소용이 없을 때에만 볼기 때리기를 실시했다. 실제로 벌을 줄 생각 없이 엄포만 놓아서는 절대 안 된다. 또 교사는 침착하고 용의주도하게 볼기를 때려야 하며 절대 화를 내서는 안 된다고 했다.

코르차크가 직접 볼기를 때린 경우 중 두 번은 아이가 "감화받고 새사람이 되었다." 하지만 다른 두 번은 아이가 파괴적인 행동을 그치지 않아 결국 고아원에서 퇴소시켜야 했다.

아이가 행동을 개선하거나 무슨 일을 더 잘하게 되면 코르차크의 사인이 적힌 그림엽서 한 장을 상으로 주었다. 별 진전이 없어도 더 열심히 하라고 격려하는 뜻으로 한 장을 주기도 했다. 그림엽서는 화려하면서 값이 싸다는 장점이 있었다. 그리고 부피가 작아서 아이가 보관하고 간직하기도 좋았다. 카드를 누가 받느냐는 의회 의원 20명이 결정했다. 의원은 그해에 부정직한 행위로 소송을 당한 적이 없는 아이들 중에서 뽑았다. 그림엽서의 그림은 언제나 상을 주는 이유와 연관된 것으로 했다. 겨울에 아침 종이 울리자마자 일어난 아이에게는 눈 내린 풍경 그림을 주었다. 봄에는 봄 풍경으로 주었다. 감자 껍질을 한 자루나 깎은 아이에게는 꽃 그림을 주었다. 싸웠거나 다퉜거나 말을 안 듣는 아이에게는 호랑이 그림을 주었다. 생활관 감독 당번 일을 성실히 수행한 아이에게는 바르샤바 전경 그림을 주었다(코르차크는 '고아들의 집'을 바르샤바의 한 '구'로, 아이들을 '시민'으로 여겼다).

한 여성 방문객이 "돈 몇 푼이면 아무 데서나 살 수 있는 엽서가 뭐가 그리 특별한가요?" 하고 묻자 코르차크는 이렇게 대꾸했다. "같은 물건도 귀중히 생각하는 사람이 있고 그러지 않는 사람이 있죠. 자기 어머니 사진을 냄비 받침으로 쓰는 사람도 봤으니까요."

코르차크는 아이들과 관련된 것이라면 무엇이든 소중히 여겼다. 아이들의 젖니까지 버리지 않고 다 모았다. 아이가 방금 빠진 이를 들고 그에게 달려오는 모습은 흔한 풍경이었다. 코르차크는 빠진 이를 살펴보면서 구멍이 몇 개 나 있는지, 전체적인 상태는 어떤지 품평을 하고는 아이와 흥정하여 값을 치르고 사들였다. 아이에게 용돈을 좀 쥐어줄 좋은 기회이기도 하고, 젖니가 빠진 중요한 사건을 기념하는 통과의례이기도 했다. 코르차크는 사들인 이를 위층으로 갖고 올라가 자기가 짓고 있는 '이의 성(城)'에 접착제로 붙였다. 당시 고아원 생활을 했던 어떤 이는 이렇게 말했다. "우리는 그 성이 마치 우시 왕이 살던 성이라고 생각했어요. 다들 자기 이가 어서 흔들거리기만 기다렸지요." 코르차크에게 와서 입을 벌리고는 이가 언제쯤 빠질지 좀 흔들어보고 알려달라는 아이들도 있었다. 아이가 달랑거리는 이를 성급히 팔려고 하면 코르차크는 "난 확인 안 된 물건은 안 산다"고 했다. 이가 완전히 빠지기 전에는 절대 값을 다 치러주지 않았지만, 얼마 정도는 선금으로 미리 주기도 했다. 한번은 한 남자아이가 돌멩이를 갖고 와서 자기 이라고 내밀었다가, 코르차크가 수상하다는 표정으로 어디서 빠진 이인지 입안을 좀 보자고 하자 웃음을 터뜨리며 실토했다.

아이가 모으는 모든 것이 코르차크에게는 중요했다. 끈, 구슬, 우표, 깃털, 솔방울, 밤, 철도마차 표, 마른 잎, 리본 같이 얼핏 쓸모없어 보이는 물건이라 해도 다 뭔가 사연이 있거나 정서적으로 소중한 것이었다. "그런 것들에는 다 과거의 추억이나 미래의 염원이 깃들어 있다. 조그만 조개껍질은 바닷가에 놀러 가보고 싶은 꿈이다. 작은 나사못과 철사 몇 가닥은 비행기이자, 비행기를 조종하고 싶은 원대한 꿈이다. 오래전에 망가진 인형의 눈은 곁을 떠나간 소중했던 사람의 유일한 흔적이다. 또 그중에는 엄마 사진도 있을 수 있고, 돌아가신 할아버지가 선물로 주신, 분홍색 리본으로 감싼 동전 두 개도 있을 수 있다."

그 보물들을 쓰레기 버리듯 감히 내버리는 개념 없는 교사가 있으면 코르차크는 작심하고 혹독하게 혼을 냈다. "엄청난 권력 남용이고 야만스런 범죄일세. 이 막돼먹은 사람아, 자네가 뭔데 남의 물건을 함부로 처분하나? 무슨 낮으로 그런 범죄를 저지르고는 아이한테 사물을 존중하고 사람을 존경하라고 가르치나? 자네는 지금 종이 쪼가리를 태운 게 아니라 소중한 유산과 아름다운 미래의 꿈을 불살라버린 거야."

아이들이 중요한 물건을 잘 보관할 수 있도록 강당 겸 식당에 사물함도 두었다. 아이마다 자물쇠와 열쇠가 딸린 작은 서랍을 하나씩 배정해주었다. 자기 보물을 다른 아이와 교환하고 싶은 아이는 사물함 근처 게시판에 글을 써 붙였다. 게시판은 공고문, 주의 사항, 요청 사항, 일정표, 그림, 감사 편지, 십자말풀이, 신문기사, 일기예보, 몸무게와 키 기록표 따위가 빼곡하게 붙어 마치 살아 있는 생명체 같았다. 아이들은 시간 날 때마다 게시판에 들러 가게 유리창 너머로 물건 구경하듯 유심히 살펴보곤 했다. 글자를 못 읽는 아이도 자기 이름은 곧 알아볼 줄 알게 되었고, 다른 글자도 읽고 싶어 조바심을 냈다.

코르차크는 분실물 보관함도 두어 "아무리 사소한 물건도 다 임자가 있음"을 잊지 않게 했다. 아이들은 분실물 보관함을 보면서 자기들의 하찮은 소지품도—그리고 자기들도—버려지지 않게 누가 챙겨준다는 것을 알고 마음이 든든했다.

1921년, 코르차크는 고아원 아이들과 여름 캠프를 떠나는 꿈을 이루었다. 엘리아스베르크 선생의 설득 덕분에, 루자라는 딸을 잃은 어느 부유한 부부가 바르샤바 남쪽 20킬로미터 교외의 고츠와베크라는 곳에 1천 평 남짓한 땅을 흔쾌히 내주었다. 캠핑장 이름은 '장미'를 뜻하는 딸아이의 이름을 따서 '꼬마 장미'로 부르기로 했다. 코르차크는 고아구호회의 도움으로 부지 옆에 텃밭 농사를 지을 땅도 빌렸다. 축사도 지었고 젖소와 염소 각 한 마리, 말 두 마리, 닭 몇 마리를 장만했다. 딱 하나가 아쉬웠는데, 부근에 연못이나 강이 없어서 멱을 감고 싶으면 기차를 타고 다른 마을까지 가야 했다.

시골 생활은 도시 생활보다 여유로웠다. 아침을 먹고 나면 코르차크는 버터 바른 빵 쪼가리를 들고 돌아다니며 "아이스크림이요! 아이스크림! 아이스크림 먹을 사람!" 하고 외쳤다. 아이들을 살찌울 간식이었다. 매일같이 놀이와 운동을 하고, 부근의 소나무와 너도밤나무가 우거진 숲으로 나들이를 가서 들꽃과 베리를 땄다. 코르차크가 모래바닥에 팔자 좋게 누워 있다가 입을 벌리면 아이들이 베리를 입에 쏙 넣어주기도 했다. 아이들을 인솔할 때는 장난감 트럼펫을 불었는데 아이들은 그때마다 무척 즐거워했다(그는 음악 애호가였지만 연주에는 재능이 없었다). 그는 개미를 퍽 흥미로워했다. 아이들과 몇 시간씩 앉아 개미를 구경하곤 했다. "개미의 부지런함과 조직 능력은 배울 게 많다"고 아이들에게 말하기도 했다. 밤이면 밤대로 배울 게 많았다. 종종 아이들을 데리고 나가, 작은 곤충과 식물들이 발하는 인광(燐光)으로 숲이 은은하게 빛나는 모습을 보여주었다. 아이들은 도깨비불이 유령 때문이 아니라 자연의 작용임을 깨달았다.

여름 내내 아이들은 보다 여유로운 생활을 만끽했지만, 어린이 공화국은 도시에서와 똑같은 틀과 규칙에 따라 운영되었다. 아이마다 맡은 작업이 있었다. 어린아이들은 닭 모이를 주고 쓰레기를 주웠고, 힘든 농장 일은 큰 아이들이 거의 도맡았다. 꽃밭과 채소밭에 거름을 주고 씨를 심고 돌봐야 했고, 넓은 유리온실의 토마토와 오이도 마찬가지로 돌봐야 했다. 축사 청소도 해야 했고, 염소가 밭에 못 들어오게 지키는 사람도 있어야 했다. 큰 아이들이 너무 덥다거나 너무 힘들다고 하소연하면, 코르차크는 "비둘기구이가 하늘에서 떨어지는 줄 알아? 다 일을 해야 나오는 거야" 하며 아이들을 재촉했다.

대문부터 죽 이어진 길을 따라 사과나무가 늘어서 있었는데, 그 사과를 다 딸 일에 엄두가 안 났던 아이들은 주저앉아 농성을 벌였다. 코르차크는 시위하는 일꾼들을 불러 모아, 그러면 어린아이들이 하는, 꼬챙이로 쓰레기 찍어서 줍는 일을 하면 어떠냐고 제안했다. 아이들은 동의했지만 막상 그 일을 하려니 체면이 서지를 않았는지 블루베리 숲에 숨어서는 킥킥거리며 베리를 따 먹고 놀았다. 코르차크는 아이들을 발견하고는 다시 불러 모아 회의를 했다.

"얘들아, 너희는 힘든 일도 싫다, 쉬운 일도 싫다는 거야? 그럼 도대체 뭘 하고 싶은지 말해봐."

아이들도 뾰족한 답이 없었다. 그때 한 남자아이가 제안을 했다. 베란다 앞 자갈길이 맨발로 걸으면 발이 아픈데, 그 길을 흙길로 바꾸면 어떻겠냐는 것이었다. 코르차크는 동의했다. 한 주 내내 아이들은 공사에 땀을 쏟았다. 주변 밭에서 단단한 흙을 파서 외바퀴 손수레에 실어 와 자갈길 위에 쏟았다. 작업을 마치고 나니 부드러운 길이 완성되었다. 발도 아프지 않았고 게이트볼 놀이를 하기에도 안성맞춤이었다. 그러나 비가 한 번 오고 나니 길은 진흙탕이 되었다. 아이들은 자갈의 유용성을 깨달았다. 평소 깊이 생각해보지 않은 것에도 다 이유가 있다는 교훈도 얻었다.

한번은 새벽 3시에, 큰 남자아이 몇이 각다귀 때문에 잠을 못 자겠다고 투덜거리는 소리가 들렸다. 코르차크는 아이들에게 얼른 옷 입고 감자 창고 앞에서 보자고 속삭였다. 창고 문이 잠겨 있었기에, 코르차크는 제일 덩치가 작고 날씬한 스룰리크에게 "창문으로 들어가서 문을 따달라"고 했다. 코르차크와 소년들은 감자를 챙겨서 평소 소풍 장소였던 숲속 빈터로 향했다. 놀이도 하고 옛날이야기도 하다가 불을 피워 감자를 구워 먹었다. 한 아이가 스룰리크에게 감자 없어진 걸 누가 알면 어떡하냐고 했다. 코르차크가 대신 대답했

야수를 길들이다

다. "지금 이건 다 스룰리크가 아니라 내 책임이야."

　일행은 아침 식사 시간이 훌쩍 지나 캠프로 돌아왔고, 코르차크는 곧바로 자기에 대한 재판을 신청했다. 죄목은 일과 시간 이후 구내를 벗어나고 허가 없이 음식을 가져간 것이라고 적었다. 소년들도 공범이었으므로 다 자기 이름을 올렸다. 어린이 법정은 바르샤바에서처럼 토요일 아침에 개정했다. 판결은 전원 유죄였다. 그러나 판사들은 동기가 선량했다는 이유로 코르차크를 용서해주었고, 소년들에 대해서는 그날 아침을 못 먹은 것으로 이미 충분히 벌을 받았다고 판결했다.

정의 실현을 위해

법정(法庭)은 버럭 화를 내지 않는다.

욕설을 퍼붓지도 않는다. 차분한 목소리로 말할 뿐이다.

《아이를 사랑하는 법》

"소송 사건 하나를 지켜보면 아이를 한 달간 관찰하는 것보다 아이에 관해 더 많은 것을 알게 된다"고 코르차크는 말하곤 했다. 그는 어린이 법정이야말로 자신의 교육 방식을 지탱하는 근간이라고 생각했다. 그는 전쟁 중에, 어린이 판사들이 판결의 지침으로 삼을 '법전'을 작성했다. 코르차크의 법전은 폴란드 사법제도의 바탕이 된 나폴레옹 법전과도 어쩌면 크게 다르지 않았지만, '용서'를 강조하고 있다는 점에서 중요한 차이가 있었다.

법전의 전문(前文)을 보면 법에 대한 그의 철학을 잘 알 수 있다. "나쁜 행동을 한 사람은 용서하는 것이 최선이다. 몰라서 한 일이라면 이제 알게 되었을 테고, 고의로 한 일이라면 앞으로는 더 조심할 것이다. …… 그러나 법정은 완력을 휘두르는 자에게서 약자를 보호해주어야 하며, 성실한 자가 무성의하고 게으른 자 때문에 피해를 보게 해서는 안 된다."

동시에 코르차크는 아이들에게 정의란 무엇인지―그리고 정의란 완벽하지 않다는 것도—알려주고자 했다. 사람도 정의로운 사람이 있고 그렇지 않은 사람이 있는 것처럼, 법도 정의로운 법이 있고 그렇지 않은 법이 있음을 일깨워주고 싶었다. 전문은 이렇게 이어진다. "법정이 곧 정의는 아니다. 그러나 법정은 정의가 실현되도록 힘써야 한다. 법정이 곧 진실은 아니다. 그러나 법정은 진실을 밝히는 것을 목표로 한다." 정의란 판사로 대표되는 '인간'이 판단하는 일이니만큼, 코르차크는 이런 경고도 잊지 않는다. "판사도 실수할 수 있다. 자기 자신도 짓고 있는 죄를 다른 이에게 적용해 처벌하기도 한다. 그러나 판사가 정의롭지 않은 판결을 알면서도 내린다면 이는 부끄러운 일이다."

판사는 다섯 명이었고, 피소되어 계류 중인 사건이 없는 아이들 중에서 매주 새로 선정했다. 판사들은 법전의 1조부터 1000조까지 조항 중 하나를 자유로이 인용할 수 있었다. 1조에서 99조까지는 경미한 위반을 다루었으며, 피고에게 완벽한 사면을 내리도록 규정했다. 이를테면 다음과 같은 문구로 되어 있었다. "피고는 잘못된 행동을 했지만 잘못임을 알지 못했다." "처음 잘못한 것이고 다시는 그러지 않겠다고 약속했다." 100조는 '용서'에서 '꾸짖음'으로 넘어가는 경계로, 이런 문구로 되어 있었다. "본 법정은 피고가 혐의를 받고 있는 행위를 실제로 저질렀다고 판단하며 그 행위를 사면하지 않는다." 다만 100조의 경우는 사면을 내리지 않는 것 자체가 처벌이었고 다른 처벌은 없었다.

그다음 이어지는 조항들은 번호가 100단위로 올라갔고, 뒤로 갈수록 점점 엄해졌다. 200조에서 800조까지는 유죄 판결을 받은 아이의 이름을 고아원 신문 또는 게시판에 공고하거나, 일주일 동안 온갖 특권을 제한하고 가족을 고아원에 호출하도록 규정했다.

900조는 법정이 "희망을 포기했다"는 심각한 경고 문구를 담고 있었으며, 피고에게 본인을 변호해줄 다른 아이를 반드시 찾아 내세우도록 했다. 최후의 조항인 공포의 1000조는 퇴소 판결이었다. 퇴소된 아이는 3개월 뒤 재입소를 신청할 수 있었지만, 자리가 비는 그날로 새 아이가 들어왔으므로 재입소가 실제로 이루어질 가능성은 거의 없었다.

코르차크는 새로 마련된 법전에 아이들이 큰 관심을 보이리라 생각했지만, 아이들은 좀처럼 소송을 걸려고 하지 않았다. 시일이 상당히 지나서야 복도 곳곳에서 "너 고소할 거야!" 하는 외침이 울려 퍼지기 시작했다. 자기가 부당한 일을 당했다고 생각하는 아이는 식당 게시판에 붙은 소송 양식에 내용을 적게 했다. 그러면 법원 서기 역할을 맡은 스테파가 그 내용을 소송 기록부에 옮겨 적었다. 하지만 재판 날을 기다리는 동안 소송을 제기한 원고는 화가 누그러질 때가 많았다. 법정에서 스테파가 소송 내용을 읽고 나면 소송을 취하하겠다고 하는 경우가 많았다. 처음 몇 주 동안 열린 재판에서는 원고들이 거의 다 피고를 용서해주었고, 그런 경우 판사들은 제1조를 인용해 "소송이 취하되었음"을 선언했다.

법정은 토요일 오전 동안 개정했는데, 많으면 하루에 150건까지 재판이 진행됐고, 피고들에게는 대부분 100조 아래의 조항이 선고되었다. 재판이 열리는 장소는 '정숙실(주중에 아이들이 혼자 있고 싶을 때 가는 방)'이었고, 판결에 걸리는 시간은 사건의 난이도에 따라 달랐다. 사소한 사건의 예로는 욕하기, 밀치기, 놀리기, 남의 물건 뺏어가기, 문 꽝 닫기, 허락 없이 원내를 벗어나기, 나무에 오르기, 잉크병 깨기, 폭언하기, 기도할 때 웃기는 표정 짓기, 체커와 빙고 놀이판을 제자리에 갖다놓지 않기 따위가 있었다. 판사들은 피고에게 "지금까지 몇 번이나 그랬습니까?" "피고가 가장 최근에 피소되었을 때는 몇 조 처분을 받았지요?" 같은 질문을 하고 나서 판결을 내렸다.

100조 위의 조항으로 처벌을 받는 경우는, 예컨대 안뜰에 사람 내보내고 못 들어오게 문 잠그기, 일하는 사람 방해하기, 공부 시간에 말썽 피우기, 손 안 씻기, 놀이 중 속임수 쓰기 따위가 있었다. 범인을 특정할 수 없는 경우에도 재판은 진행되었고, 어린이 공화국 전체의 수치로 판결된 경우는 애도의 뜻으로 검은색 띠를 게시판에 달았다.

한 교육자는 어린이 법정을 "아동심리에 대한 지식을 바탕으로 한 심리 드라마"로 평했다. 그러나 고아원 외부의 코르차크 비판자들은 재판제도가 아이들에게 소송을 일삼는 버릇만 심어줄 거라고 했다. 코르차크는 이에 반론하며, 재판제도를 통해 아이들은 법과 개인의 권리를 존중하는 법을 배우고, 오히려 소송이란 얼마나 "불편하고 무익하며 무의미한" 것인지 깨달을 것이라고 되받아쳤다.

하지만 코르차크도 평소 골치를 썩이던 아이들이 그렇게 다짜고짜 짜증을 부리고 재판에 훼방을 놓을 줄은 몰랐다. "내가 왜 쪼그만 애한테 재판을 받아야 돼요?" "재판 좋아하시네! 그냥 내 귀 잡아당기고 손등 때리세요!" 몇몇 선동꾼들이 계속 재판제도를 비난했는데, 다 꿍꿍이가 있었다. 재판제도가 없어져야 자기들 운신의 폭이 더 넓어지리라는 속셈이었다. 이들은 유죄 판결이 난 피고를 그 자리에서 교수형시키라고 유세를 벌이는가 하면, 자기들이 주장하는 사형선고가 내려지지 않았다고 괴성을 지르며 난리를 피웠다. 방해 공작은 효과가 있었다. 아이들은 법정에서 허구한 날 싸움만 하는 꼴이 보기 싫어 남을 고소하지 않으려 했고, 판사들은 서로 짜고 죄의 경중에 관계없이 무죄 판결이나 관대한 판결을 남발했다. 급기야 양심에 따라 재판을 진행하려던 한 판사를 다른 판사가 때리는 일이 벌어지자 코르차크의 고민은 깊어졌다. "비이성적으로 다투는 대신 차분히 생각하게" 만들려고 도입한 재판제도가 오히려 질서가 아닌 무질서를 낳고 있음을 인정할 수밖에 없었다. 재판제도란 고아원에 해로운 것이 아닌가 하는 생각까지 들었다. 그는 아이들에게 설문지를 돌려 돌아온 대답들을 보고 심증을 굳혔다. "법정은 필요하지만 제구실을 전혀 못 하고 있다." "어떤 아이한테는 유리하고 어떤 아이한테는 불리하다." "앞으로는 유용할지 몰라도 지금은 아니다." "지금과는 다른 모습이 되어야 도움이 될 것 같다."

코르차크는 여전히 법정이 꼭 필요하다고 믿었다(50년 뒤에는 모든 학교에 법정이 있을 거라고 믿기도 했다). 하지만 자신의 고아원 아이들에게는 아직 시기상조임을 인정할 수밖에 없었다. 법정 운영을 무기한 중단하고, 일기에 이렇게 뼈아픈 한마디를 적었다. "이 아이들은 자유롭게 살기보다 노예로 살기를 원한다고밖에 볼 수 없다." 그 후 지켜보니 어떤 아이들은 귀찮은 감시꾼이 사라졌다는 데 안도하는가 하면, 또 어떤 아이들은 법정이 필요 없다는 것을 증명하려고 이전보다 더 행실을 바르게 했다. 몇몇 아이는 법정이 언제부터 다시 운영되느냐고 계속 물었지만, 대다수의 아이는—"모든 인간관계가 그렇듯"—이미 사라진 제도에 거의 관심을 보이지 않았다.

법정은 4주 만에 운영이 재개되었다. 단 이번에는 아이들의 요구 사항 세 가지가 반영되었다. 첫째, 피고는 판결을 받고 3개월 뒤에 항소가 가능했다. 둘째, 판사 두 명과 어른 한 명으로 구성된 3개월 임기의 재판위원회를 비밀투표로 선출해 특별히 어려운 사건을 맡게 했다. 셋째, 아이에게 고아원의 어른 교직원을 고소할 권리가

정의 실현을 위해

주어졌다. 마지막 규정에 대해 코르차크의 비판자들은 다시 날을 세웠다. 어떻게 아이가 어른을 법정에 세울 수 있다는 말인가? 하지만 코르차크는 아이들의 요구를 존중했다. "세상에 입방아 찧는 사람은 많지만 정작 머리로 생각하는 사람은 많지 않다"며 자선위원회 위원들을 안심시켰다.

심지어 한 남자아이가 자기 그림을 찢어버린 초등학교 교사를 고소했을 때도 코르차크는 아이의 결정을 지지했다. 교사는 체면상 법정에 출두할 수는 없다고 통보해왔고, 재판은 궐석으로 진행되었다. 코르차크는 학교에 찾아가 판결 결과인 제300조, "본 법정은 피고의 잘못된 행동을 꾸짖는 바이다"를 교사 휴게실 벽에 붙였다. 교사는 종이를 벽에서 떼어버렸고, 교장이 개입하고 나서야 아이에게 사과문을 보내왔다.

코르차크는 6개월 동안 자진하여 법정에 다섯 번 출두했다. 한 번은 어떤 남자아이의 뺨을 때렸다고 자백했고, 그다음은 어떤 남자아이를 생활관에서 쫓아냈다, 한 아이를 모퉁이에 세워놓았다, 판사를 모욕했다, 어떤 여자아이를 도둑으로 몰았다고 차례로 자백했다. 그리고 매번 자신의 행동을 변호하는 변론서를 제출했다. 첫 세 사건은 제21조, 즉 "본 법정은 피고가 그러한 행동을 할 권리가 있었다고 판단한다"를 선고받았다. 네 번째 사건은 제71조 "본 법정은 피고가 자신의 행동을 후회하므로 피고를 용서한다", 마지막 사건은 제7조 "본 법정은 피고가 죄를 시인하므로 이를 수용한다"가 선고되었다.

그러나 노련한 교육자 코르차크도 용서받지 못한, 전설로 남은 사건이 있었다. 어느 구름이 짙게 낀 음침한 날, 그는 외출에서 돌아와 아이들 기분을 살펴보려고 고아원을 둘러보았다. 작은 방 한쪽에 헬렌카라는 여자아이가 혼자 서 있었다. 수줍음이 너무 많아 방 안의 다른 아이들과 어울리지 못하고 있는 것이었다. 코르차크는 소란을 좀 피워보기로 했다. 방 안으로 돌진하더니 아이를 번쩍 들어서는 수납장 위에 올려놓았다. 아이가 "내려주세요! 내려주세요!" 소리를 쳤지만 코르차크는 뒤도 돌아보지 않고 태연히 사라졌다.

예상했던 대로 방 안의 다른 아이들이 헬렌카에게 일제히 관심을 보였다. 아이들은 뛰어내리라며 응원했지만 헬렌카가 못 한다고 하자 코르차크에게 와서 어서 내려달라고 했다. 그는 처음에는 모른 척하다가 아이들이 몰려와 아우성을 치자 수납장으로 다시 가서 헬렌카를 내려주었다. 헬렌카는 얼굴이 밝아졌다. 그런데 몇몇 아이가 코르차크를 고소하라고 보챘다. 갑자기 쏟아지는 관심에 들뜬 아이는 알겠다며 고소를 했다.

코르차크는 기나긴 변론서를 써서 법정에 제출했지만, 판사들은 헬렌카의 손을 들어주었다. 코르차크의 경솔한 행동 때문에 헬렌카가 창피하고 무서웠을 거라고 했다. 내려진 판결은 제100조였다. 용서받지 못한 것이다. 코르차크는 짐짓 크게 낙담한 시늉을 했고, 그 후 한동안은 '세트카' 즉 '백(百)'이라는 별명을 달고 살았다.

드문 경우였지만, 작정하고 스스로를 파멸의 길로 몰아넣는 아이에게는 코르차크도 재판위원회도 제1000조가 선고되는 것을 막지 못했다.

아브라함 피에크워란 아이가 있었다(아이의 성 피에크워는 공교롭게도 '지옥'이란 뜻이었다). 빨간 머리에 얼굴이 주근깨투성이인 아이였는데, '꼬마 악마'라는 별명답게 못된 짓만 했다. 아픈 아이를 야유하고, 이불에 오줌 싼 애를 조롱하고, 장애가 있는 아이를 괴

정의 실현을 위해

221

롭혔다. 코르차크는 충격 요법을 시도했다. 본인도 말로 타격을 받아봐야 한다고 생각해 좀 센 욕을 퍼부어주었다. 망나니, 골칫덩어리, 사고뭉치, 천벌받을 놈……. 아이는 처음엔 말대꾸하다가 나중엔 들은 체도 하지 않더니, 결국은 신경 쓰이게 한다며 코르차크를 법정에 세웠다. 모두의 예상을 깨고 법정은 세트카에게 세트카를 한 번 더 선고했다. 아이를 학대한 죄라고 했다. '꼬마 악마'는 악독한 만큼이나 매력적인 구석이 있어서, 무뚝뚝한 스테파도 아이의 다리에 붕대를 감아주다가 아이의 이런 질문에 표정을 누그러뜨렸다. "머리를 세게 맞으면 왜 움푹 들어가지 않고 볼록 튀어나와요?" 그러나 꼬마 악마는 가학적인 행동을 그치지 않아 결국 제1000조 처분을 받았다. 아무도, 심지어 코르차크도 아이가 떠나게 된 것을 슬퍼하지 않았다. 코르차크는 어느 한 아이보다 공동체 전체의 행복이 먼저라고 생각했다.

코르차크는 어린이 공화국을 정의로운 사회로 만들려고 최선을 다했지만, 아이들은 학교에 가거나 가족을 만나러 고아원 밖으로 나갈 때면 정의롭지 못한 사회 속에서 어른들의 즉흥적인 결정에 휘둘려야 했다.

어느 토요일 오후, 스타시에크(원래 이름이 이스라엘이었던 아이)는 가족을 보러 집에 갔다가 애완용으로 키우던 야생 오색방울새를 데리고 고아원에 돌아오는 길이었다. 새를 데리고 가는 것은 미리 코르차크에게 허락을 받아놓은 상태였다. 스타시에크는 무척 들뜬 마음으로 새장을 들고 노면전차에 올랐다. 전차가 승객으로 만원이어서 문밖 승강대에 서서 가야 했다. 그런데 다음 정거장에서 경찰관 한 명이 전차에 타더니 스타시에크를 눈여겨보았다.

"얘, 너 그 새 어디서 났니?" 경찰관이 의심스러운 표정으로 물었다.

"이거 제 새예요!"

"야생 새를 새장에 가두는 건 불법이야. 날려줘야 하니 내놔."

스타시에크는 울기 시작했고, 경찰관은 아이를 다음 정거장에서 끌어 내렸다. 아이의 팔을 끌고 경찰서 뒤 안뜰로 데려가서는 새장 문을 열고 새를 날려주었다.

"됐어, 가봐." 경찰관이 명령했다.

스타시에크는 그 자리에서 꼼짝도 하지 않았고, 경찰관은 다시 아이의 팔을 잡고 고아원으로 데려갔다. 아이가 엄마 손에 이끌려 처음 고아원에 왔던 날과 비슷한 광경이었다. 스테파도 그때처럼 안뜰에서 두 사람을 맞으며 아이에게 버럭 소리를 질렀다.

"너 뭘 잘못한 거야? 왜 경찰 아저씨가 새장을 들고?"

경찰관은 아이가 야생 새를 갖고 있어 날려주었다고 스테파에게 설명했다.

"잘하셨네요. 하여간 얘는 처음 왔을 때부터 말썽이었다니까요." 스테파가 맞장구를 쳤다.

경찰관은 차려 자세를 하고 스테파에게 경례했다.

바로 그때 저 위쪽 다락방 창문에서 남자 목소리가 들려왔다. "거기 잠깐만요!"

스테파는 자리를 떴고, 스타시에크는 울기 시작했다.

"저분 누구시냐?" 경찰관이 물었다.

"야누시 코르차크 선생님이요!" 스타시에크가 기세등등하게 대답했다.

코르차크는 내려와서 무슨 일이냐고 물었고, 경찰관은 얼굴에

정의 실현을 위해

불안한 기색이 역력했다.

"이 아이가 야생 새를 갖고 있었는데 법에 저촉되는 행위라서 제가 놓아줬습니다."

코르차크는 경찰관을 엄한 눈빛으로 쏘아보았다. "무슨 법 말이오? 어른들 법을 얘기하고 계신데, 그 법은 아이들에게 적용되지 않소. 아이들은 법도 따로 있고 재판제도도 따로 있소. 나랏일을 하는 분이 그 정도는 아셔야 하지 않소? 제가 아이에게 새를 직접 놓아주는 법을 가르치려 하고 있었는데, 경솔한 행동을 해서 일이 다 틀어졌잖소?"

스타시에크는 경찰관이 선생님에게 야단맞는 것을 보고 기분이 짜릿했다. 경찰관은 크게 미안해하면서 사과의 뜻으로 어쩌겠다고 우물거리더니 급히 자리를 떴다. 그러고는 30분 뒤에 종이 봉지 하나를 들고 나타났다. 봉지 안에는 시장에서 사 온 오색방울새 한 마리가 들어 있었다. 코르차크와 스타시에크는 새로 얻은 새를 새장에 넣고 어느 방 창가에 두었다. 스타시에크가 새를 돌보는 책임을 맡았다.

"저 새가 노래하고 있는 것 같니?" 새장 안에서 파닥거리는 새를 함께 바라보며 코르차크가 아이에게 물었다. "슬퍼서 울고 있는 거야. 옛날 폴란드에 이런 법이 있었어. 라틴어인데 한번 외워보렴. '네미넴 캡티바비무스 니시 유레 빅툼(Neminem captivabimus nisi jure victum).' 외워서 스물다섯 번 말할 수 있으면 뜻을 알려줄게."

스타시에크가 3일 걸려 라틴어 문장을 완전히 외우자, 코르차크는 그 뜻을 알려주었다. "법으로 그리 판결된 경우가 아닌 한 그 누구의 신체도 구속해선 안 된다." 그리고 이렇게 설명을 해주었다. "한번 생각해보렴. 사람은 자기를 변호할 수 있지. 그래도 그렇게 법으로 보호를 받았어. 저 새는 아무 죄가 없고, 자기를 변호할 줄도 몰라. 새는 양심이 수정처럼 맑아. 그리고 삶에 다른 낙이 없어. 영화도 안 보고, 자전거도 안 타니까. 오로지 자유가 저 새의 유일한 낙이야. 그런데 네가 그걸 뺏은 거야.”

“하지만 선생님도 카나리아를 키운 적 있다고 했잖아요.” 스타시에크가 반론했다.

“응, 나도 카나리아를 키웠지. 하지만 그건 달라.” 코르차크가 설명했다. “카나리아는 개나 고양이처럼 길들여진 동물이야. 자유롭게 놔주면 친구도 먹이도 찾지 못해. 오백 년 전 처음 이 땅에 카나리아를 들여온 사람들은 죄를 지은 거야. 이미 일어난 일이니 그걸 어쩔 수는 없지만, 이렇게 하면 어떨까. 이 오색방울새는 오래 고생했으니까 지붕에 올라가서 날려주자. 그리고 새 한 마리를 또 사서, 두 주 키운 다음에 또 날려주는 거야. 그렇게 계속하는 거지. 새 살 돈은 우리 신문에 네가 기사를 써서 벌면 되고.”

스타시에크는 새장 문을 열며 감정이 북받쳤다. 새가 횃대에 앉은 채 날아가지 않고 자기를 쳐다보고 있어 더욱 그랬다. 그러다가 새가 열린 문으로 갑자기 쌩 빠져나가 저 멀리 사라지자, 스타시에크는 이루 말할 수 없는 만족감을 느꼈다. 두 사람은 이런 식으로 멋쟁이새, 홍방울새, 푸른머리되새를 차례로 놓아주었다. 스타시에크는 그 후 카나리아를 키우고 싶었지만, 시장에서 파는 카나리아 값이 너무 비싸 살 수가 없었다. 그러자 코르차크는 대신 비둘기 두 마리를 사고 비둘기집을 처마 밑에 지어주면 어떠냐고 했다. 그 후로는 비둘기들이 고아원에 생긴 보금자리에 자유롭게 드나들었다.

스타시에크는 새는 쉽게 놓아주었어도, 뒷골목에서 배운 나쁜 버릇은 쉽게 버리지 못했다. 욕하고 싸우고 규칙을 어겨 하루가 멀

정의 실현을 위해

225

다 하고 고소를 당했다. '꼬마 장미' 여름 캠프에서였는데, 스타시에크는 다른 남자아이 넷이 꼬드기자 홀랑 넘어가서 함께 동네 농부의 밭에 과일 서리를 하러 갔다. 다섯 아이는 모두 붙잡혀 어린이 법정에 섰다. 다른 아이들은 모두 강한 꾸짖음에 해당하는 제300조, "본 법정은 피고가 잘못된 행동을 했다고 판결한다"를 선고받았다. 하지만 스타시에크는 워낙 전과가 많다 보니 위험천만한 조항, 제900조를 선고받았다. "본 법정은 피고에게 앞으로 2일 이내에 본인을 변호해줄 사람을 찾을 것을 명한다. 그렇게 하지 못할 경우는 퇴소 처분을 내리는 것으로 한다"는 내용이었다. 판결 내용은 법원 신문에도 실렸다.

스타시에크는 자기를 변호하겠다고 증언을 약속했던 아이가 증언을 취소하자, 그 배후에 스테파가 있지 않나 의심했다. 스테파는 스타시에크의 어머니에게 당장 아이를 데리러 오라고 전갈까지 보냈다. 그때 코르차크는 바르샤바에 가 있었기에 코르차크에게 선처를 호소할 수도 없었다. 코르차크는 일주일에 몇 번은 강의하고 생필품을 사러 바르샤바에 갔다 오곤 했다. 사탕 가게를 했던 스타시에크의 어머니는 억척같은 여인이었다. 아들을 계속 있게 해달라고 스테파 앞에서 울고불고 사정했지만 허사였다. 어머니와 아들은 캠프장을 떠나야 했고, 이미 마음을 접은 아들에게 어머니는 이렇게 말했다. "여기서 기다려. 내가 바르샤바에 가서 코르차크 선생님을 찾아올 테니까. 이 나무 밑에서 한 발짝도 움직이지 말고 기다려."

몇 시간 뒤 어머니는 코르차크와 함께 돌아왔고, 코르차크는 스타시에크에게 변호해줄 사람을 다시 구하고 행동을 개선할 기회를 주었다. 스타시에크는 말썽을 피우지 않으려고 최선을 다했지만, 그래도 자기도 모르는 새 주먹이 나가곤 했다. 싸움질했다는 이유로 다시 고소를 당하자, 스테파는 집행유예 기간에 사고를 친 것이니 퇴소해야 한다고 못 박았다. 이번에는 아이의 어머니가 코르차크에게 도움을 청할 수도 없었다. 코르차크는 몇 주간 바르샤바를 멀리 떠나 어느 시골 여관에 묵으며 글을 쓰고 있었다. 그렇게 하여 스타시에크는 퇴소당하고 말았다. 스타시에크는 자신의 퇴소에 스테파의 책임이 있다고 생각해 영원히 스테파를 용서하지 못했다.

대다수 아이들은 고아원에서 7년의 기한을 꽉 채웠다. 아이가 초등학교 7학년을 마치고 고아원을 떠날 때가 되면, 코르차크는 "내일은 아이를 일곱 살에 집에서 데려왔다가 때가 되면 돌려보내는 것"이라고 말하곤 했다.

열네 살에 코르차크의 품을 떠나는 아이는 예전과 전혀 다른 사람이 되어 있었다. 폴란드어 실력은 유창했지만, 바깥세상에서 매일 같이 벌어지는 부조리를 감당할 준비는 되어 있지 않았다. 스테파와 코르차크는 "인생이라는 긴 여정"의 발걸음을 떼는 아이들을 위해 챙겨줄 수 있는 모든 것을 챙겨주었다. 부모나 친척을 불러 아이의 앞날을 상의하고, 앞으로 당분간 입을 옷을 넉넉히 챙겨주고, 기념 그림엽서 한 장을 주고, 모든 아이에게 공통으로 전하는 코르차크의 작별 인사말을 건네주었다.

안타깝지만 우리가 해줄 수 있는 건 고작 이 몇 마디뿐이구나. 우리는 네게 남들을 사랑하는 마음을 줄 수 없단다. 사랑은 용서 없이는 불가능하고, 용서하는 법은 누구나 스스로 깨우쳐야 하니까. 우리가 줄 수 있는 건 단 하나, 더 나은 삶에 대한 갈망이란다. 아직은 아니더라도 언젠가는 이루어질, 진실하고 정의

정의 실현을 위해

로운 삶에 대한 갈망. 그 갈망을 품고 살다 보면 하느님과 조국과 사랑을 찾게 될 수도 있을 거야. 잘 가렴. 부디 잊지 말고.

다 잊어버리고 "바람처럼" 사라지는 아이들도 있었지만, 아이들 대부분은 자신을 그토록 정성으로 보살피며 키워준 고아원에 깊은 애착을 느꼈다. 운 좋은 몇 아이는 도우미 자격으로 남기도 하고 고아원에서 점심을 먹을 수 있게 허락을 받기도 했지만, 보통은 토요일 오전에만 방문이 허용되었다. 찾아온 아이들은 코르차크가 고아원 신문을 읽어주는 것도 듣고 스테파와 이야기도 나누곤 했다. 아이들에게 고아원은 언제나 두 선생님이 있는 곳, 선생님들에게 고민을 이야기하고 조언을 받을 수 있는 곳이었다. 그런가 하면 자기침대에서 다른 아이가 잔다는 사실에 마음이 착잡했다. "진짜 가족은 제가 집을 떠나도 제 침대는 계속 비워두잖아요" 하고 말한 아이도 있었다.

아이들은 바깥세상에 버려진 기분이었고, 앞으로 세상을 헤쳐나갈 일이 막막했다. 간혹 스테파나 코르차크가 이발사나 목수 밑에서 견습생으로 일할 자리를 마련해주기도 했지만, 아이들 대부분은 앞일이 어떻게 될지 모르는 채로 고아원 문을 나서야 했다. 여자아이들은 가정교사나 가정부, 보모 자리를 알아보았다. 남자아이들은 대개 심부름꾼이나 가게 점원 일을 했다. 스테파가 아끼던 한 아이는 도축장에 겨우 일을 구했다.

이츠하크 벨페르는 당시를 이렇게 떠올린다. "고아원에서 지내던 시절이 정말 그리웠어요. 저녁때면 그냥 고아원에 켜진 불빛을 보러 건물 밖을 어슬렁거리곤 했지요. 아이들은 혼자 있기 싫어서 다른 아이들과 함께 지낼 방을 빌리려고 알아보기도 했고요."

아이들의 왕

요한 누트키에비치가 1929년 어느 금요일 오후에 '고아들의 집'을 떠났을 때, 바깥세상은 인구의 4분의 1이 실업 상태였고 반유대주의 분위기가 짙어지고 있었다. 그에게 남은 가족은 없다시피 했다. 아버지는 고아원에 들어가기 전에 결핵으로 세상을 떴고, 어머니는 고아원에 있는 동안 자살했다. 시집간 누나가 스테파의 독촉에 못 이겨 요한이 일자리를 구할 때까지만 데리고 있기로 했다. 하지만 누나는 저녁 7시에야 일이 끝났다. 요한은 누나가 올 때까지 낯선 도시를 이리저리 돌아다니는 것밖에 할 일이 없었다. 그는 당시를 이렇게 기억한다.

"돌아다니다 결국 강가의 공원 벤치에 누워 잠이 들었어요. 누가 막 쿡쿡 찔러서 깼더니, 경찰관이 이러는 거예요. '야, 유대인 꼬마, 여기서 뭐 해? 공원 벤치에서 자면 불법인 거 몰라?' 저는 상황을 설명했지만, 경찰관은 눈 하나 깜짝하지 않더군요. '당장 일어나서 꺼지지 않으면 소년원에 처넣는다.'"

"그때까지 훌륭한 가치들을 배우면서 컸는데, 갑자기 모진 세상 한복판에 떨구어진 기분이었어요. 그 자리에 멍하니 앉아 생각했죠. 이제 다른 세상이구나. 이게 현실이구나."

7시에 누나와 매형이 사는 좁은 단칸방에 돌아왔지만 그곳도 사정은 열악했다. 세수를 하고 싶다고 하자 누나가 한심하다는 듯 말했다. "네가 무슨 왕자인 줄 아니? 지금 씻으면 주인아줌마 깬다고. 그럼 우리 다 쫓겨나."

요한이 그날 두 번째로 받은 충격이었다. 충격은 거기서 그치지 않았다. 박스 공장에 다니다가 주급 2즈워티를 제때 달라고 사장에게 요구했다는 이유로 잘렸다. 그러자 누나가 말했다. "공정함 같은 소리 하고 있네! 세상이 어떤 세상인지 다른 애들은 다 아는데 어떻게 너만 모르냐!" 요한은 자기가 다른 아이와 다르다는 것을, 그리고 "온실" 속에서 컸기에 더욱 취약하다는 것을 차츰 절실히 느꼈다. 고아원을 나온 다른 아이들과도 사회 경험담을 나눠보고 깨달았다. 고아원 출신 아이들은 하나같이 드세지 못했고, 남들을 "밀어내야" 하는 상황에서 경쟁 욕구가 크지 않았으며, 주변 사람들이나 자기 자신에 대해 이상적인 기대를 하는 경향이 있었다. 코르차크와 스테파에게서 받은 인성교육이 아니었더라면, 세상에 정의가 있다는 것을 알 기회조차 전혀 없었을 것이다.

코르차크는 모든 아이가 공정한 법으로 보호받아야 한다는 신념을 고아원 담장 안의 작은 세상에서만 실천한 것이 아니었다. 낡은 회색 양복 차림의 구부정한 모습으로, 일주일에 한 번 지방 소년 법원에 나가 자문에 응했다. 판사들은 코르차크가 비행 아동들에게 성심을 다해 헌신하는 모습은 물론, 자문료에 아랑곳 않는 모습에 감탄하곤 했다. 코르차크는 청구서를 한 번도 보내는 법이 없었기에, 다른 고문들이 일을 마치자마자 경리과로 직행하는 모습과 대조가 되었다. 이 유명한 교육자의 유일한 문제점은 피의자의 복리(福利)를 법원의 복리보다 우선하는 듯한 자세였다. 한번은 코르차크가 지치고 굶주린 범법 아동에게 음식을 먹이고 며칠간 쉬게 해주기 전에는 신문을 하지 않겠다고 선언하자, 판사는 그런 가책을 느끼지 않는 다른 의사를 대신 투입했다.

코르차크는 늘 가난한 아이들의 편에 섰다. 그는 어떻게든 좀도둑질로 입건된 아이들 대부분이 암울한 바르샤바 소년원에 수감되는 형을 받지 않게 하려고 했다. 그는 이렇게 적었다. "비행을 저지른 아이도 아이다. 아직 희망을 버리지 않았지만 자신이 누구인지 모르는 아이다. 형벌을 내리면 아이의 향후 자의식과 행동에 나쁜 영향을 줄 수 있다. 아이를 저버려서 이렇게 행동하게 만든 것은 사회이므로, 법정은 범법자가 아니라 사회구조를 규탄해야 마땅하다."

코르차크는 어느 소년이 살인 사건을 저질렀을 때조차 소년을 변호하며 이와 같은 입장을 지켰다. 1927년, 스타니스와프 람피시라는 학생이 자신의 고등학교 교장을 총으로 쏘아 죽인 사건이었다. 세간의 눈에는 사건 자체도 충격이었지만, 야누시 코르차크 선생의 법정 진술도 만만치 않게 충격이었다.

코르차크는 구속된 람피시를 상당히 오랜 시간 조사했고, 법정에 출두해 30분 이상 진술을 펼쳤다. 그는 배심원들에게, 시골 마을에 살다가 이모가 있는 바르샤바에 올라와 고등학교를 다니던 외톨이 소년의 상황을 생각해보라고 호소했다. 소년의 유일한 친구는 같은 반의 한 여학생이었다. 졸업을 고대하고 있던 소년은 졸업식 며칠 전 사소한 교칙을 위반했고, 교장인 립카 박사는 그 벌로 그에게 정학을 내리고 머리를 빡빡 깎으라고 명령했다. 람피시는 몹시 당혹스러웠다. 그렇게 되면 이모 집에서 쫓겨나고 여자 친구도 잃게 될 것이고, 수치스러운 꼴로 고향에 돌아갈 수밖에 없었다. 람피시는 교장에게 다른 처벌로 바꾸어줄 것을 간청했지만, 교장은 그의 고충을 아랑곳하지 않고 거절했다.

인생이 풍비박산 났다고 여긴 람피시는 자살하기로 마음먹었다. 보드카를 마시고 총을 챙겨 비스와강 다리를 건너며 자살할 장소를 고르고 있었다. 그때 공교롭게도 립카 교장 선생과 마주쳤다. 람피시는 마지막으로 한 번 더 간청해볼 생각으로 교장의 손에 입을 맞추려 했지만, 교장은 뒤로 몸을 뺐다. 그러자 람피시는 자살하려고 총을 꺼내 들었다가 교장을 쏘고 말았다. 람피시는 다시 스스로

정의 실현을 위해

에게 총을 겨누었고, 땅에 쓰러져 죽음을 기다렸다. 경찰이 다리 위에 쓰러져 있는 두 사람을 발견하고 병원으로 급히 옮겼다. 경상을 입고 목숨을 건진 람피시는 교장이 죽은 것을 알고 자신의 행동을 후회했고, 자신 대신 교장이 죽은 것에 괴로워했다.

"제가 보기에 이 사건에서는 그 어떤 범죄도 성립하지 않습니다"라고 코르차크는 자신의 결론을 밝혔다. "립카의 죽음은 화학물질을 부주의하게 섞다가 폭발로 사망한 화학자의 죽음과도 같습니다. 수술 중 패혈증에 걸려 사망한 외과 의사의 죽음과도 같습니다. 그리고 기억해주십시오. 람피시가 립카를 쏜 것은, 스스로를 향해 쏜 것이었습니다."

재판은 정오에 잠시 휴정한 뒤 속개되었고, 판사 두 명이 평결을 발표했다. 유죄였다. 코르차크가 감동스런 변론을 펼쳤음에도 엄중한 형이 선고된 것에 많은 사람이 놀랐다. 상습범들을 수용하는 특수 교도소에서 징역 5년이었다.

살인 사건 재판에서 피고인의 심리를 변호하며 피해자의 잘못을 지적한 코르차크의 시도는 시대를 앞서갔다고 할 수 있겠지만, 이 사건에서 코르차크는 람피시를 오히려 피해자로 여겼다. 배려할 줄 모르는 어른으로 인해 황폐화된 아이라고 보았다. 그는 립카가 교장으로서 학생이 왜 그토록 힘들어하는지 이해하려 노력하고 도움의 손길을 내밀 책임이 있었다고 보았다. 코르차크는 이러한 극단적 입장을 취함으로써 자신의 확고한 신념을 다시금 입증해 보였다. 그것은, 아이는 자신을 통제할 권한이 있는 어른에게 목소리를 전하고 동시에 존중받을 권리가 있다는 믿음이었다.

아이들의 왕

청어여 영원하라!

마음속으로는 주판알이나 튕기고
머릿속에는 교육학 이론만 담아놓고,
하루아침에 교사가 될 생각은 하지 말라.
《아이를 사랑하는 법》

1920년대 중반, 스테파와 코르차크는 아이들 돌보는 일을 거들어줄 일손이 절실히 필요했다. 코르차크는 방법을 강구했다. 교육 실습생을 받아 숙식과 주 1회 수업을 제공하는 대신 하루 몇 시간씩 아이들을 돌보게 하면 좋을 듯했다.

　고아원에는 이내 지원자들이 몰려들었다. 유명한 야누시 코르차크 선생 밑에서 일해보고 싶어 찾아온 이들이었다. 지원자들 가운데는 코르차크가 강의를 나가는 바르샤바의 교육대학 두 곳에서 그의 아동심리학 강좌를 이미 들은 학생들도 있었다. 코르차크는 아이를 다루는 방법 못지않게 강의 방식도 독특한 것으로 유명했다. 한 강좌에서는 첫 강의 제목이 "아이의 심장"이었는데, 어린이병원의 엑스레이실에 수강생들을 모이게 했다. 놀랍게도 코르차크는 어린 남자아이를 데리고 나타났다. 아이는 코르차크의 손을 꼭 붙잡고 있었다. 코르차크는 한마디 말없이, 아이의 웃옷을 벗겨 검사장치 뒤에 세우고는 실내조명을 껐다. 스크린에 뜬 영상 속에 아이의 심장이 콩닥콩닥 뛰고 있었다.

코르차크가 말했다. "지금 이 영상을 앞으로 절대 잊지 마세요. 아이에게 손찌검을 하기 전에, 어떤 벌이든 내리기 전에, 겁먹은 아이의 심장을 마음속에 떠올리세요." 그는 다시 아이의 손을 잡고 출입문으로 발걸음을 돌리면서 이렇게 말했다. "오늘 수업은 여기까지입니다."

코르차크의 과목은 교과서도 없었고 시험도 없었다. 과제는 어린 시절의 기억을 글로 써보는 것 정도가 다였다. 학생들은 과제를 하면서 놀라곤 했다. 지금까지 기억에 남아 있는 일들은 대부분 슬픈 기억이었고, 대개 부모나 교사가 어린 자신의 감정을 헤아려주지 못한 것과 관련이 있었다. 학생들은 저마다 내면의 연약한 아이와 마주하면서, '어른은 아이의 고통에 무심하다'는 코르차크의 기본 전제를 보다 쉽게 이해할 수 있었다.

페이가 립시츠는 러시아의 소도시에서 바르샤바로 이제 막 유학 온 열일곱 살 학생이었다. 그녀는 룸메이트들이 코르차크의 수업이 있는 날이면 아침에 벌떡 일어나 "오늘 코르차크 선생님 수업 있어!" 하며 신나서 부산을 떨던 모습을 지금도 기억한다. 늦게 가면 강의실 밖에서 들어야 했기에 다들 급히 서둘렀다. 코르차크가 '꼬마 장미' 여름 캠프의 지도교사로, 그리고 자격이 되는 경우 고아원에서 교사 수련생으로 일할 학생 세 명을 구한다고 공고하자, 페이가는 용기를 내어 면접을 신청했다. 그런데 실망스럽게도 면접 자리엔 코르차크가 아닌 스테파가 기다리고 있었다. 그러나 스테파는 머리를 길게 땋은, 아이 티를 벗지 못한 이 여학생에게 곧바로 마음이 갔다. 전쟁 중 티푸스로 죽은 에스테르카 베인트라우프와 닮았던 그녀를,

스테파는 주저 없이 합격시켰다.

'부르사'로 불린 교사 수련단을 꾸리는 일은 쉽지 않았다. 코르차크와 스테파가 사람을 고르는 기준이 서로 달라서 더 어려웠다. 주로 심사를 맡았던 스테파는 옷을 잘 입고 아이에 대한 사랑이 넘쳐흐르는 지원자에게 마음이 끌렸다. 반면 코르차크는 지원자의 외양에는 전혀 관심이 없었으며 "변덕스러운 낭만가" 유형은 절대 곱게 봐주지 않았다. 그런 사람은 불우한 아이들을 돌보는 일이 얼마나 힘든지 깨닫자마자 내뺄 것이라고 보았다. 교육자의 사랑이란, 껍데기뿐인 감상이 아니라 진정으로 자신을 바치는 행동이라고 했다. 보모 할머니와 건설 인부가 웬만한 심리학 박사보다 교육자 노릇을 더 잘할 거라고 보았다. 한번은, 장래 교육자감을 알아볼 수 있느냐는 질문에, 누가 좋은 교육자가 될지는 몰라도 좋은 교육자가 못 될 사람은 훤히 보인다고 했다. (코르차크만큼이나 이런 것에 촉이 좋은 아이가 하나 있었다. 네스카라는 아이였는데, 매년 캠프 때마다 어느 지도교사가 아이들에게 표를 많이 받아 크로흐말나 거리의 부르사에 합류하게 될지 정확히 예측했다. 이런 식이었다. "저 선생님은 겨울엔 못 보겠네요." "그 선생님은 내년엔 안 올 거예요.")

코르차크 밑에서 교육자 수련을 받는 일은 쉽지 않았다. (그는 '교사'보다 '교육자'라는 말을 선호했다. 교사가 시간당 얼마씩 돈을 받고 아이에게 무언가를 주입하는 사람이라면, 교육자는 아이에게서 무언가를 이끌어내는 사람이라고 했다.) 코르차크는 수련생들에게도 본인만큼 헌신적인 태도를 요구했다. 그는 때로 보는 사람이 불안할 만큼 강렬한 눈빛으로 자신의 속마음을 완벽히 감추곤 했다. 그럴 때면 수련생들은 그가 지금 진담을 하는지 농담을 하는지 알아서 판단해야 했다. 그러나 늘 반어적 표현을 구사하는 코르차크였기

청어여 영원하라!

에 이는 쉬운 일이 아니었다.

수련생들은 입소하자마자 아무런 오리엔테이션 없이 곧바로 고아원 일과에 맞춰 움직여야 했다. 어린이 공화국의 규칙은 어른이 아니라 아이의 필요를 위해 만들어졌다는 것도 이내 깨달았다. 아이들과 똑같이 바닥 대걸레질, 감자 깎기, 창문 닦기 같은 자질구레한 일도 맡았다. 교육자는 아이에게 시키는 모든 일을 본인도 할 줄 알아야 한다는 것이 코르차크의 생각이었다. 수련생들은 또 아이들에게 투표를 받아야 한다는 것, 그리고—가장 쉽지 않은 부분이었지만—아이들에게 고소당해 법정에 설 수 있다는 것도 받아들여야 했다.

이다 메르잔은 폴란드 동부 흐루비에슈프 부근의 소도시에서 온 수련생이었다. 입소 첫날, 한 수련생이 와서 수련생 몇 명이 함께 쓰는 방을 안내해주고 식사 시간에 절대 늦지 말라고 했다. 그러고 나서 그녀는 혼자 남겨졌다. "처음 며칠은 정말 힘들었어요. 코르차크 선생님이 복도에서 계속 제 길을 막곤 해서 당황스러웠어요. 어떨 때는 장난스럽게, 어떨 때는 화를 내며 그러시는데, 왜 무슨 뜻에서 그러시는지 알 수가 없었어요. 나중에야 알게 됐는데, 제가 규칙을 어기고 있던 거였어요. 그 복도는 일방통행이었거든요. 그런데 아무도 저한테 말해주지를 않았던 거예요."

첫날 저녁, 식당에 들어가자 아이들은 이미 식탁 앞에 앉아 있었다. 식탁 하나마다 아이가 여덟 명씩 앉고, 한쪽 끝에는 교사가 한 명씩 앉아 있었다. "어디로 가야 할지 몰라 두리번거리고 있는데, 스테파가 손으로 아홉 번째 식탁을 쓱 가리켰어요. 코르차크 선생님이 앉은 식탁을 지나갈 때 웃음소리가 들렸지만 선생님은 고개를 들지 않았어요. 나중에 알게 됐는데, 식당도 통행하는 방향이 정해져 있어서 그날 당번을 맡은 아이들이 서로 부딪치지 않고 일을 할 수 있게 돼 있었어요. 배식을 맡은 아이가 다니는 길과 식기를 치우는 아이가 다니는 길이 달랐어요."

미샤 브루블레프스키는 민스크 출신의 수련생이었다. 그 역시 입소 첫날 당황했던 기억이 생생하다. 학교에서 아이들이 돌아오면 무슨 활동이든 함께 해도 된다고 해서, 아이들을 두 편으로 나누어 경주를 시켰다. 그런데 양편 아이들이 격렬한 말다툼을 시작하자 그는 당혹스러웠다. 급기야 두 남자아이가 주먹다짐을 벌이자 어찌해야 할지 알 수 없었다. 다른 아이들이 바닥에 앉아 구경하는 것을 보고 자기도 그렇게 했다. 두 아이는 금방 지친 듯 차츰 주먹 대결에서 욕 대결로 옮아갔다. 이제 경주를 다시 진행시키려고 미샤가 자리에서 일어나는데, 저녁 식사를 알리는 징이 울렸다. 아이들은 순식간에 손을 씻으러 흩어졌다. 그런데 코르차크가 문간에 서서 지켜보고 있는 것이었다. 미샤는 자기가 수련 첫날부터 잘리는구나 싶었다.

코르차크는 그날 저녁 미샤에게 아무 말도 하지 않았다. 수련생들은 밤 10시에 식당 뒤쪽 "계단 밑"에 모여 다과 시간을 갖는 관습이 있었다. 그 자리에서 코르차크는 미샤를 한쪽으로 부르더니 말했다. "아까 정말 잘했네. 완벽했어. 그런데 말이네, 경주하다 말고 애들이 싸울 때 왜 그냥 두었나? 왜 나서지 않았지?"

미샤는 얼굴이 달아올랐다. 코르차크가 묻는 뜻이 무엇인지, 어떻게 답해야 할지 알 수 없었다. 그냥 솔직하게 말하기로 했다. "그때 말리지 않은 이유는 다른 아이들처럼 저도 많이 지쳐서 그랬습니다. 그냥 좀 앉아서 쉬고 싶었습니다. 애들이 서로 싸운다고 무슨 큰일이 날 리도 없었고요."

코르차크는 대머리를 긁적이고는 긁은 자리를 톡톡 두드렸다. 그가 생각에 잠겼을 때 하는 특유의 동작이었다. 그러고는 마치 혼자 읊조리기라도 하듯 나직한 소리로 말했다. "아이들과 나이가 비슷하면 아이들과 같은 감정을 느낄 수 있지. 그때 말리지 않은 건 잘한 일이야. 아이들은 언제까지 해야 충분한지 우리보다 더 잘 안다네. 자기들끼리 저절로 일어난 싸움은 아이들 덩치가 비슷하고 몸을 상하게 하는 싸움이 아니라면 개입하지 않는 게 최선이야. 말려봤자 나중에 다른 데서 계속 싸우기 마련이지."

"그때 싸움을 말리지 않은 건 제가 이룬 최초의 교육적 성취였어요. 그 일로 코르차크 선생님과 처음 대화를 나누게 되기도 했고요. 선생님은 남자들이 여자들보다 유치원 교사로 적합한 면이 있는데, 아이들이 서로 주먹을 날려도 적절히 용납할 자세가 되어 있기 때문이라고 하셨어요." 그러나 그날 대화에 그토록 진지하게 몰두했던 코르차크는, 책을 쓰고 있을 때는 정신을 빼놓은 사람처럼 보였다. 복도에서 미샤를 하루에 여러 번 마주치면서, 마치 그날 중 처음 마주친 것처럼 번번이 쾌활하게 손을 내밀며 인사하곤 했다고.

유제프 아르논은 열여덟 살 때 우크라이나 리비우의 한 도서관에서 코르차크가 쓴 교육 관련 책을 읽었다. 그리고 코르차크에게 수련 기회를 청하는 편지를 써 보냈다. 정중한 답장이 왔는데, 된다 안 된다 언급은 없었지만 고아원에 방문해달라고 초대하는 내용이었다. 아르논은 짐을 싸서 바르샤바로 떠났다.

고아원에 도착하니 검은 옷차림의 몸집 큰 여자가 나왔다. 코르차크와 약속하고 왔느냐고 퉁명스럽게 묻더니, 현관문 옆 자기 사무실에 붙은 작은 방에서 기다리라고 했다. 30분 뒤 코르차크가 아이들 한 무리를 달고 급히 찾아오자 아르논은 깜짝 놀랐다. 안뜰에서 무심코 지나쳤던, 녹색 덧옷을 걸친 남자였다.

"악수를 나누고는 저를 식당 끝에 있는 작은 창고 방으로 데리고 가셨어요. 조그만 탁자를 사이에 두고 앉았는데, 그 진지한 파란 눈으로 저를 바라보면서 아무 말씀도 안 하시는 거예요. 어떻게 해야 하나 고민하고 있는데 갑자기 질문을 쏟아내셨어요. 왜 교사가 되려고 하느냐, 왜 다른 일이 아니고 굳이 교사냐, 여기서 뭘 하고 싶으냐, 그런 질문이었어요. 제가 뭐라고 답했는지는 기억이 잘 안 나는데, 선생님이 빙긋 웃더니 웃옷을 벗으라고 하시는 거예요. 순간 제 귀를 의심했지요. 제 건강검진을 하시려는 거였어요. 차가운 귀를 제 가슴에 대고 심장과 폐 소리를 들으시더니, 어릴 적 앓았던 병을 물으셨어요. 병원에 온 기분이었어요. 검진이 끝나서 웃옷을 다시 입고 나니까, 이러셨어요. '자, 그럼 좋은 결과 있기를 한번 기다려보죠.' 저는 어리둥절했어요. 교육과 아이들에 관해 깊이 있는 대화를 나누게 될 줄 알았는데, 이건 뭐, 너무 별게 없는 거예요."

코르차크의 면접을 마친 아르논에게 불안한 소식이 기다리고 있었다. 스테파의 면접도 보아야 최종 결정이 내려진다는 것이었다. 잔뜩 움츠러든 채로, 위풍당당한 검은 옷 여인의 사무실에 들어섰다. "가진 돈 좀 있어요?" 여기는 무급이니, 지낼 돈이 있냐고 묻는 것이었다. "여기는 요구 사항이 많은데, 알고 있어요?" "이곳 규칙 다 잘 지킬 거죠?"

아르논은 스테파가 내건 모든 조건에 동의했지만, 최종 합격 여부는 한 달 뒤에나 알려준다고 했다. 순진하게 바로 시작할 수 있을 줄 알았는데, 임시로 지낼 방을 구해야 했다. 그러나 다행히도 두 주

청어여 영원하라!

만에 합격 통지를 받았다. 스테파는 웬만한 지원자는 일단 기다리게 해서 합격을 더 감사히 여기게 했다. 하지만 아르논이 스테파를 편안히 여기게 되기까지는 두 주보다 훨씬 긴 시간이 걸렸다.

모든 수련생이 그랬지만, 아르논도 처음엔 아이들과 함께 할 활동을 알아서 정하라는 코르차크의 말에 당황했다. 고심 끝에 히브리어를 가르치기로 했다. 혈육 중에 팔레스타인으로 이주하려고 하는 이들이 있는 아이들을 대상으로 했다. 아르논은 코르차크가 새 수련생들에게 모호한 지침을 주는 것은 다분히 의도적임을 알게 되었다. 코르차크는 교육하는 법을 가르친다는 것은 불가능하며, "누구나 아이에게 이르는 자기만의 길을 찾아야 한다"고 믿는 사람이었다.

아르논은 코르차크가 아이의 행동 뒤에 숨겨진 비합리적 이유를 찾는 모습, 그리고 공상의 세계를 통해 아이에게 다가가는 모습에 사로잡혔다. 이곳 아이들은 음식을 자기가 원하는 양만큼 받아서 먹는 대신 절대 남겨서는 안 되었다. 그래서 아르논은 같은 식탁에 앉은 할린카라는 일곱 살 여자아이가 빵 껍질을 먹지 않겠다고 하는 것을 보고 어리둥절했다. 그런데 어느 날 식사 시간이 끝날 무렵, 코르차크가 지나가다 이를 보고 빵 껍질을 달라고 하더니 자기 입에 털어 넣는 것이었다. 아이들은 마치 광대와 같은 코르차크의 익살스러운 행동에 즐거워했다. 나중에 코르차크는 아르논을 한쪽으로 불러, 평소 행실이 바른 할린카가 왜 빵 껍질을 먹지 않는 것 같냐고 물었다. 아르논은 코르차크에게 잘 보이고 싶은 마음에 이런저런 이유를 들어보았지만 코르차크는 모두 아니라고 했다. "할린카는 아마 빵 껍질에 어떤 신비스러운 힘이 있다고 생각하는지도 모르네. 그 가능성을 한번 생각해보자고." 코르차크는 말했다.

코르차크는 할린카를 구슬려 속마음을 털어놓게 했다. 아이는 빵 껍질 속에 마녀가 살고 있을까 봐 무섭다고 했다. 할머니가 그렇게 이야기해준 것이었다. 이제 아이에게 그렇지 않다고 설득해야 했는데, 그러면서도 아이에게 남은 유일한 혈육인 할머니의 말을 부정하지 않는 방법을 찾아야 했다. 코르차크는 아이에게 이렇게 말해주었다. "그렇지 않아, 마녀는 이 빵 껍질에 안 산단다. 마녀는 우리 고아원처럼 누추한 곳에서는 절대 식사를 하지 않아. 마녀는 여기서 아주 멀리 있는 산속의 성이라든지 옛날에 왕이 살던 궁궐 같은 곳에서 캐비아를 먹거든. 그러니까 이 빵은 다 먹어도 돼."

코르차크는 평소에 수련생들을 멀찍한 곳에서 지켜보는 관찰자의 역할에 머물렀지만, 예상치 못한 순간에 개입해 의견을 내기도 했다. 한번은 한 수련생이 안뜰에서 아이의 머리를 쓰다듬으면서 다른 아이와 이야기하고 있는데, 뒤에서 다가와서는 이렇게 말했다. "이보게 선생, 자네가 쓰다듬고 있는 건 강아지가 아니야, 사람이지." 또 한번은 새로 들어온 수련생이 아이가 신발 끈을 풀어달라고 하니 풀어주는 것을 보고 이렇게 물었다. "선생, 자네는 교육을 평생할 생각인가 아니면 잠깐 취미로 할 생각인가?" 그러고는 몸을 굽혀, 아이가 신발 끈을 스스로 풀 수 있게끔 가르쳐주는 시범을 보였다. 수련생에게 아이의 자립심을 키우는 법을 가르쳐준 것이었다. 코르차크는 아이들에게 늘 이렇게 이야기했다. "혀에 박힌 가시, 궁둥이에 박힌 가시는 내가 빼줄게. 하지만 너희가 혼자 뺄 수 있는 곳에 박힌 가시는 절대 안 빼줄 거야."

얀카 주크는 아이들을 열심히 보고 있는데 코르차크가 느닷없이 나타났던 순간을 아직도 기억한다. 식당 청소 시간 동안, 그녀는 식당 곁방에 아이들 80명을 바글바글하게 넣어놓고 아이들과 뛰어다니며 재미있게 놀고 있었다. 그때 코르차크가 말 한마디 없이 자

청어여 영원하라!

기 쪽으로 다가오고 있는 게 보였다. 얀카는 그와 부딪치지 않으려고 계속 뒤로 물러나야 했다. 코르차크는 두 수납장 사이 좁은 공간으로 그녀를 몰고 가서는, 주머니에 손을 넣은 채 장난기 어린 눈을 하고 이렇게 말했다. "자, 이제 가만히 서 있게. 그냥 바라만 보게. 뭐가 보이나?"

얀카가 아무 대답을 못 하자, 코르차크는 계속 풍자조로 말을 이었다. "아이 80명이 이렇게 좁은 공간에서 싸우지도 않고 서로 때리지도 않고 잘 노는 게 신기하지 않아? 이렇게 가만히 있어보면, 무슨 일이 벌어지는지 눈에 다 들어오지." 코르차크는 아이들이 어울리는 모습을 관찰하는 얀카를 5분쯤 지켜본 뒤 그녀를 놓아주었다.

그때 얀카가 직접 경험하며 알게 된 것은, 관찰 기술이야말로 교사 수련생이 배워야 할 필수 능력이라는 점이었다. 아이가 무엇을 도와달라거나 알려달라고 부탁하면 몰라도, 그러지 않는 한 아이들이 자연스럽게 노는 데 간섭해서는 안 되는 것이었다. 코르차크는 얀카에게 "아이에 관한 진실은 책 속에 있지 않고 삶 속에 있다"고 말하곤 했다. 얀카는 또 그의 불친절한 겉모습 뒤에는 따뜻한 속마음이 감춰져 있고, 자신이 믿는 사람에게는 그 마음을 드러낸다는 것도 알게 되었다. 그리고 그가 버럭 성질을 내는 것조차 교육 방법의 일환이라는 것도 알게 되었다. 그녀가 복도를 내달리며 그를 지나칠 때면, 그는 "달려라, 달려!" 하고 외치면서 이렇게 말했다. "언제까지 그렇게 진을 빼려고 그래? 앞으로 35년은 더 일해야 하는데!" 그러나 수련생들을 답답해하는 듯한 그의 태도는 연기에 불과할 때가 많았다. 나중에 그는 한 수련생에게 이런 글을 써 보내기도 했다. "내가 자네에게 고함을 칠 때는 잘 관찰해보게. 입으로만, 그러니까 혀와 목구멍으로만 치는 고함인지, 아니면 가슴속에서 치는 고함인지. 정말로 화난 것인지, 아니면 화난 척하는 것인지 잘 보게. 내가 꾸짖는 건 자네를 사랑해서 그러는 것이네."

수련생들 가운데는 코르차크가 아버지 같기도 하고 지도교수 같기도 하여 종잡을 수 없다고 생각하는 이들도 많았다. 그런가 하면 아이들에게는 천사 같은 인내심으로 대하면서 자기들에게는 그러지 않는다며 불만인 이들도 있었다. 코르차크는 수련생들이 젊은 성인이라는 연령 특성상 신뢰와 진실성이 부족하다고 보았다. 숨김없고 솔직한 어린아이들과는 다르다고 보았다. 그는 자기와 스테파가 아무리 꾸짖어도 일부 수련생들이 여전히 식사 시간에 늦게 오고 밤늦게 고아원에 돌아오는 행태를 곱게 보지 않았다. 늦잠꾸러기들이 못 들어오게 식당 문을 아예 잠근 적도 몇 번 있었다. 귀원 시간인 평일 밤 10시, 주말 밤 11시 30분을 넘겨서 돌아오는 수련생에게는 그보다 더 두려운 심판이 기다리고 있었다. 미샤는 현관문 앞에서 기다리고 있는 스테파를 보고 얼어붙었던 기억이 아직 생생하다. "아무 말 없이 째려보는 그 눈빛만으로도 오금이 저렸죠."

코르차크는 부르사가 수도원과 사실 다르지 않다고 했다. 부르사의 엄격한 규율은 자신과 스테파가 요구하는 것이 아니라 "비인격적 당위, 즉 삶 그 자체"가 요구하는 것이라고 했다. "우리도 자네들에게 더 많은 걸 허락하고 싶네. 바르샤바 생활을 즐기고 싶은 마음도 잘 알고. 하지만 밤늦게까지 나돌아 다니면 그다음 날 피곤해서 아이들의 쌩쌩한 기운을 따라갈 수가 없어."

코르차크는 이따금씩 인내심을 잃기는 했을지언정, 좀처럼 유머 감각은 잃지 않았다. 그가 쓴 〈부르사의 수난〉이라는 콩트에는 한 수련생이 등장해 이렇게 불평을 늘어놓는다. "난 코르차크 선생님이 젊고 잘생긴 사람일 줄 알았어. 함께 대화도 나눌 줄 알았어. 내

청어여 영원하라!

243

가 아프면 머리맡에 앉아 자기 이야기책을 읽어줄 줄 알았어. 의사
니까 안 될 것 없잖아? 그런데 늙은 데다가 대머리지 뭐야. 선생님은
일상생활이 다 시(詩)일 줄 알았어. 그런데 기도만 하고 구두만 닦지
뭐야."

이고르 네베를리는 코르차크의 개인 비서로 2년간 일하다가
1928년에 고아원에 입주해 아이들에게 목공을 가르쳤다. 아버지는
러시아군 장교, 어머니는 폴란드 귀족 집안 딸이었던 그는, 폴란드
와 러시아를 오가며 살다가 스물다섯 살 때 바르샤바로 왔다. 생계
를 위해 비서 일을 배웠고, 가족의 지인이 감사하게도 그를 코르차
크에게 소개해주었다. 그는 날마다 오전 두 시간씩 코르차크가 불러
주는 개인 서신이나 기고문, 소설을 받아 적었다. 그 자신도 작가의
꿈을 품고 있었기에, 코르차크가 문장 하나하나를 꼼꼼히 다듬어 글
자만 딱 남겨놓는 과정을 지켜보면서 귀중한 경험을 했다. 그러나
어느 날 아침, 네베를리는 최근에 실패한 연애로 낙담하여 자살할까
에티오피아로 떠날까 고민하며 침대에 누워 있었다. 코르차크에게
그날 출근을 못 한다고 알릴 생각도 하지 않았고, 코르차크가 자기
가 걱정되어 찾아오리라는 생각은 전혀 하지 못했다. 그날 늦은 오
후, 아직 잠옷 차림이던 그는 코르차크가 찾아오자 섬찟 놀랐다. 코
르차크는 "자네 무슨 일인가, 어디 아픈가?" 하고 물었다.
　네베를리는 "예"라는 말이 입에서 나오자마자 자기 상사가 의
사라는 사실이 생각났다. 코르차크는 그를 진맥하고 여기저기 좀 살
피는 듯하더니 동정 어린 말투로 물었다. "무슨 고민 있나?" 네베를
리가 실연의 아픔을 털어놓자 코르차크는 이렇게 말했다. "해결책은
하나뿐이네. 수도원에 들어가는 거지."

아이들의 왕

244

"수도원이요?" 네베를리가 놀라서 물었다.

"응, 우리 고아원. 거기나 수도원이나 결국 마찬가지네. 징 소리와 일과표에 맞춰 규칙적인 생활을 하는 거야. 그리고 대학 다니면서 수업도 듣고."

"전 공부할 돈이 없습니다." 네베를리가 털어놓았다.

"우리는 숙식이 무료고, 아이들에게 뭔가를 가르치면 150즈워티 받을 수 있네."

"하지만 전 교사가 아닙니다. 잘할 줄 아는 게 없어요."

"그럼 좋아하는 일은 뭔가?"

"손으로 하는 일이요. 손재주가 있어서 뭐든 조금씩은 다 합니다."

"그럼 잘됐네. 목공실을 하나 차리게. 고아원에 필요하거든."

"그렇지만……." 네베를리는 뭐라고 말해야 할지 몰랐다. 자신은 유대인이 아니었으니, 유대 아동 고아원에서 자연스럽게 섞여들어 일할 수 있을지 불안했던 것이다. "아이가 저한테 이디시어로 말을 걸면 어떻게 합니까?"

코르차크가 껄껄 웃으며 대답했다. "우리 고아원에서는 다 폴란드어를 쓰잖나. 이디시어는 나도 못 한다네."

네베를리의 불안은 여전히 해소되지 않았다. "하지만 아이들이 절 안 좋아하면 어떻게 하죠?"

"조금만 지내보면 알 거네. 새로 온 교사는 석 달 일하고 나면 아이들이 투표를 하거든. 남을지 떠날지는 아이들 결정이야."

결정권자는 물론 한 명이 더 있었다. "시간 되는 대로 바로 들러서 스테파를 한번 보고 가게." 코르차크가 한마디 덧붙였다.

네베를리는 처음 코르차크의 비서 일을 시작했을 때 스테파만

청어여 영원하라!

보면 묘하게 겁이 났다고 한다. 그때까지는 스테파와 서로 관여할 일이 없었다. 스테파에 대해서는 고아원을 떠받드는 거대한 기둥 같다는 생각 말고는 해본 적이 없었다. 그러나 면접은 잘 치렀다. 기지를 발휘해 농담을 건넸더니 스테파가 깔깔 웃었는데 그때 얼굴을 보니, 예쁘진 않았지만 의외로 훈훈했다. 그녀는 생각했던 것처럼 무서운 사람이 아니었다. 네베를리는 며칠 안 되어 고아원에 입주했고, 폴란드 자유대학의 사회학 강좌도 수강을 신청했다. 코르차크의 오랜 친구이자 감방 동료였던 루드비크 크시비츠키가 가르치는 과목이었다. '수도원'의 온갖 규칙들에 익숙해지는 일은 쉽지 않았다. 특히 아침 식사 시간에 자꾸 지각해 애를 먹다가 결국 자명종 시계를 장만했다. 식당이 내려다보이는 위층의 작은 발코니에 목공실을 차렸고, 아이들에게 투표를 받을 때가 되자 여느 수련생처럼 초조해졌다. 천만다행히도 표는 대부분 '플러스'였다. 그는 고아원 교사들 중에서 가장 인기 있는 축에 드는 교사였다.

수련생들은 자기가 맡은 아이들에 관해 날마다 관찰 일지를 적고, 본인들이 하고 싶은 질문이 있으면 그것도 같이 적게 되어 있었다. 스테파가 매일 밤 일지를 점검하고 여백에 답변을 적었다. 코르차크는 금요일 저녁 9시 부르사 수업 시간 전에 질문들을 읽어보고, 언급할 만한 주제들을 주머니에 넣어 다니는 작은 메모지에 적어두었다.

유명한 교육자 코르차크에게서 학술적으로 탁월한 강의를 기대했던 일부 수련생들은 코르차크의 절제된 강의 방식에 실망하곤 했다. 그는 종종 생각에 잠긴 채로 조용히 강의실에 들어와서는, 작은 탁자가 놓인 자기 자리에 앉아 학생들을 주의 깊게 살펴보곤 했다.

그러고는 작은 종이쪽지를 꺼내놓고 이야기를 시작했다. 그의 강의는 즉흥적이었다. 자신의 이런저런 경험담을 워낙 자유로이 넘나들어서, 이야기가 때로는 맥락을 잃은 듯하다가 강의가 끝날 무렵에 별안간 원래 맥락으로 이어지기도 했다. 한 수업 시간 내내 일지에 적힌 한 가지 질문만 놓고 이야기하기도 했고, 전주에 하던 이야기를 이어가기도 했다.

"레이부시의 귀는 누구의 것일까요?" 한번은 수업 시간에 코르차크가 이렇게 묻더니 아홉 살 레이부시의 귀가 더럽더라며 학교 보건교사가 보내온 쪽지를 읽어주었다. 얀카 주크는 얼굴이 귀까지 빨개졌다. 레이부시는 유일한 혈육이던 할머니가 최근에 돌아가셔서 우울한 아이로, 얀카가 맡은 아이였다. 생활관 감시 당번이 아침마다 아이들이 세수하는 것을 확인했지만, 맡은 아이의 용모가 청결한지, 옷을 따뜻하게 잘 입었는지, 샌드위치를 챙겨서 등교하는지 확인하는 것은 수련생의 일이었다.

"어디서 잘못된 걸까요?" 코르차크는 말을 이어갔다. "우리가 다 자기 맡은 일을 했다면, 무엇이 잘못된 걸까요? 하루 동안 레이부시는 여러 사람의 손을 거쳤습니다. 레이부시의 귀는 고아원을 나설 때부터 더러웠던 걸까요, 아니면 학교에서 더러워진 걸까요?"

논의는 누구의 잘잘못을 따진다기보다는 레이부시의 귀는 누구의 소관인가 하는 철학적 고찰로 접어들었다. 레이부시의 귀는 어떻게 모든 사람의 눈에서 벗어날 수 있었을까? 얀카는 그다음 날도 코르차크가 스테파에게 레이부시의 더러운 귀에 대해 열심히 이야기하는 것을 우연히 엿들었다.

코르차크는 무슨 일이든 정확성에 기초를 두는 것을 자랑으로 삼았다. 아이 귀를 관리하는 것도 예외는 아니었다. 이다 메르잔은

청어여 영원하라!

247

코르차크가 수련생들에게 "자주" "가끔" "많이" "조금" 같은 모호한 말을 쓰지 못하게 했던 것을 기억한다. 이런 식이었다. "그 애가 저 애를 정확히 몇 번 때렸나?" "그 애가 얼마 동안 울었나?" 처음엔 대답을 우물거리던 수련생들도 그다음부터는 정확히 답을 했다.

그런 코르차크였지만 수련생이 뭔가 실수나 잘못을 하고 나서 너무 걱정하면 안심시켜주기도 했다. "큰 걱정거리는 줄여서 작은 걱정거리로 만들고, 작은 걱정거리는 줄여서 없애야 돼. 그렇게 하는 게 편해."

어느 금요일 수업에서 코르차크는 톡 쏘는 절인 청어를 마른 빵에 얹어 먹는 것이 심심한 완두 수프보다 맛있다고 말했다. "풍족하지만 따분한 삶보다는 분투하며 고통받는 삶이 더 낫습니다. 힘든 삶은, 비록 고통스럽다 해도, 청어의 톡 쏘는 맛이 있지요."

스테파는 평소처럼 강의실 뒤에 앉아 수련생들의 일지를 훑어보고 있다가, 10시가 되자 손목시계를 보더니 이렇게 말했다.

"이제 한 시간쯤 했네요. 내일 일정이 바쁘니까 여기서 마무리하시죠." 여느 때처럼 스테파의 언질을 받은 코르차크는 이렇게 말하며 수업을 마쳤다. "청어여 영원하라!"

아이들의 왕

마담 스테파

1928년 어느 날 아침, 마흔두 살의 스테파는 자리에서 일어나 평소처럼 검은 드레스에 흰 칼라와 흰 소매 옷을 입었다. 아래층으로 내려가 게시판으로 향했다. 그리고 이렇게 공고문을 붙였다. "오늘부터는 저를 '마담 스테파'로 불러주세요. 이렇게 아이가 많은 여자가 '미스'로 불리는 것은 적절치 않습니다."

미샤 브루블레프스키는 수련생들끼리 이렇게 농담했다고 전한다. "어떤 용감한 남자가 애들을 이렇게 많이 낳아준 거야? 스테파가 어떻게 그런 남자를 구했지?" 아무도 스테파의 결정에 토를 다는 사람은 없었지만, 스테파는 시종일관 단호했다. '마담 스테파'라고 부르지 않으면 대꾸를 하지 않았다. 아이가 한밤중에 울면서 '미스 스테파'를 찾으면 아무도 오지 않았다. 이제 그녀는 확실히 마담 스테파였다.

하지만 그녀는 여전히 평소의 스테파 그대로였다. 아침마다 6시에 일어나, 아침 식사 전에 붕대를 말고, 아이들 다친 곳을 살피고, 약을 나눠 주었다. 가끔은 코르차크가 그녀와 함께 했다. 아이와 조용히 이야기 나누거나 말썽 부린 녀석을 토닥거려줄 좋은 기회였다. 그래도 아이들은 아프면 스테파를 찾았다. 의사는 코르차크여도, 아이들의 건강 담당자는 스테파였다. 열이 나서 독방에 따로 누워 있었던 남자아이는 코르차크가 다 나았다고 해도 스테파의 허락이 있을 때까지 방에서 나오지 않았다. 아이들은 병이 나 스테파의 관심을 독차지할 기회를 고대하기도 했다. 어떤 이는 이렇게 기억한다. "아프기만 하면 정말 좋았죠. 스테파가 음식을 특별히 따로 만들어주고 옆에서 안달복달했으니까요. 다들 아파서 스테파한테 간호받게 되기를 은근히 바랐어요." 장난이 심해 평소 스테파의 눈 밖에 나 있던 요한 누트키에비치는, 한번은 고열이 나서 까무러친 뒤 의식이 왔다 갔다 했다. 가끔씩 눈을 뜰 때마다 스테파가 기쁘게 웃으며 자기를 내려다보고 있었다.

낮 동안 스테파는 고아원 살림 하나하나를 다 맡아서 했다. 예산을 짜는 것도 그녀였고, 겨울에 땔 석탄이나 보건실의 약이나 주방의 식재료를 주문하는 것도 그녀였고, 침구를 점검하고 단추가 떨어졌는지 옷이 찢어졌는지 신발 밑창이 제대로 있는지 확인하는 것도 그녀였다. 서커스나 영화 구경 나들이를 준비하는 것도, 법정의 회의록을 적는 것도, 게시판을 정리하는 것도, 수련생들 일지를 점검하는 것도 그녀였다.

스테파는 걸음걸이가 사뿐사뿐해 아이들을 깜짝깜짝 놀라게 하기도 했다. 마치 "느리게 갈수록 빨리 닿는다"는 자기 어머니의 말을 실천하기라도 하듯이 느릿느릿 걸었다. 그녀는 비 오기 전에 귀신같이 알고 창문을 닫았다. 아이들은 마담 스테파는 모르는 게 없고, 못 보는 게 없고, 못 듣는 게 없다고 했다. 아무리 조그맣게 속삭이는 소리도 다 들었고, 머리 뒤에도 눈이 달려 있었다. 시내에 심부름이라도 나갔다가 돌아오면, 연필을 들고 돌아다니며 규칙을 어긴 아이들의 이름을 적었다.

그녀는 열쇠 바구니를 항상 가지고 다녔다. 이츠하크 벨페르는 이렇게 기억한다. "스테파가 지나갈 때는 배 한 척이 유유히 지나가는 것 같았어요. 철저히 정비하고 무장한 군함이랄까요." 그녀는 사람들과 약속이 거의 없었다. 수요일 저녁마다 어머니와 언니가 사는 집에 가서 같이 식사하는 정도였다. 고아원에 찾아오는 사람이라곤 남동생 스타시밖에 없었다. 엔지니어로 일하던 스타시는 다리가 길어서 아이들이 다리 사이를 지나다니며 놀았고, 여행 가방에 세계 여러 나라의 스티커들을 잔뜩 붙이고 다녀 아이들이 볼 때마다 신기해했다.

아이들에게 스테파는 "가슴이자 머리이자, 보모이자 엄마"였다. 코르차크만큼 그 사실을 잘 아는 사람도 없었을 것이다. 그는 이렇게 말하곤 했다. "나는 아버지 같은 존재네. 아버지가 상징하는 온갖 부정적인 뜻을 다 포함해서 말일세. 늘 바쁘고, 시간이 없고, 어쩌다가 머리맡에서 옛날이야기나 들려주는 아버지 말이지. 하지만 스테파는, 물론 일마다 다 옳은 건 아니지만, 그 사람 없이는 아무것도 되질 않네."

두 사람은 손발이 척척 맞았다. 스테파는 에누리 없는 어머니, 코르차크는 보다 너그러운 아버지 역할이었다. 한 사람이 혼을 내면 다른 사람이 달래주었다. 코르차크는 스테파와 아이가 대립할 때면 아이 편을 드는 일이 없었다. 그런데 한번은 지나가다 사라 크레메르가 울고 있는 것을 보았다. 스테파가 아이에게 죽을 다 먹기 전엔 식당에서 못 나간다고 으르며 지키고 있는 참이었다. 코르차크는 아이 옆에 앉아 장난스러운 표정으로 집게손가락을 세워 입술에 갖다 대더니, 자기가 죽을 꿀꺽 먹어치웠다. 스테파는—아이들 못 듣게 말할 때 늘 그랬듯이—프랑스어로 몇 마디 중얼거리더니 씩씩거리며 성큼성큼 걸어 나가버렸다. 그래도 나중에 몇몇 수련생과 그

마담 스테파

251

일을 이야기하며 웃었다고 한다. "딱한 아이를 보고 선생님이 그냥 지나칠 수 있었겠어." 스테파는 마치 코르차크의 행동을 용서한다는 듯 말했다.

사라는 이렇게 회상한다. "처음 고아원에 왔을 때는 스테파가 무서웠어요. 엄마가 너무 보고 싶었어요. 토요일에 집에 가면 고아원에 돌아가기 싫다고 울었어요. 그럴 때면 엄마는 '가렴. 고아원에 있는 게 너한테 좋단다' 하셨는데, 그 말씀이 맞았어요. 엄마는 늘 그 자리에 있었지만, 엄마랑 살았으면 지금의 저처럼 크지 못했겠죠. 저는 스테파에게서 엄마는 가르쳐주지 못했을 지식과 가치를 배웠어요." 사라는 스테파가 다른 여자아이들과 자기를 목욕시키고 머리 감겨주었던 일을 즐겁게 떠올린다. "스테파는 제가 머리 빗어주는 걸 좋아했어요. 가르마를 똑바로 타야 해서 시간이 오래 걸렸지요. 지금 생각하면, 스테파에겐 누군가가 어루만져주는 손길이 필요했을 거예요."

한나 뎀빈스카는 이렇게 말했다. "스테파는 저희 엄마를 아마 질투했을 거예요. 저희 엄마는 부족한 게 많았지만 그래도 딸이 있었는데, 스테파는 없었으니까요. 스테파는 저한테 아무리 잘해줘도 제 엄마가 될 수는 없었지요." 마치 자기도 이런 것을 다 안다는 듯이, 스테파는 자신이 아이들에게 얼마나 소중한 존재인지 순순히 인정하려 하지 않았다. 고아원을 떠난 아이들이 토요일마다 찾아올 때도—처음에는 고민거리와 자랑거리를 들고, 나중에는 남편과 아기를 데리고—그녀는 이렇게 말하곤 했다. "내가 필요하니까 찾아오는 게지."

스테파는 어린 수련생들, 특히 생전 처음 집을 떠나 타지에서 생활하는 여자 수련생들에게도 여러모로 어머니 같은 존재였다. 한

아이들의 왕

수련생은 이렇게 기억한다. "스테파는 우리를 아이처럼 대했어요. 코르차크 선생님은 우리를 어른으로 여겼고요. 10시에 계단 밑에서 모이는 간식 시간에 우리들이 너무 안 먹는다고 걱정하면서 소시지며 빵이며 약과 따위를 가져오곤 했어요." 스테파와 수련생들 사이에 소통은 대부분 일지에 적어주는 답변으로 이루어졌지만, 수련생들이 물건을 함부로 쓰는 것 같으면 스테파는 꼭 바로 한마디를 했다. 한 여자 수련생이 스타킹을 신으면서 중심을 잡으려고 깽깽이를 뛰자 이랬다고 한다. "나는 꼭 앉아서 신는데. 그러다 스타킹 찢어먹으면 그게 다 돈이야."

수련생들은 스테파를 보고 많은 것을 느꼈다. 무슨 일이든 철저히 정리 정돈하는 법을 배웠고, 엄청나게 많은 일을 해내는 모습에 감탄하곤 했다. 모두들 외출해 조용한 토요일 오후, 스테파가 아이들 옷을 살피고 있는 것을 보고 이다 메르잔이 물었다. "선생님은 쉬질 않으세요?" "쉬는 방법은 많아. 한 가지 일을 하다가 지치면 다른 일을 하면 돼. 그러면 마음이 달래져." 스테파의 대답이었다.

스테파가 그렇게 고된 일과를 묵묵히 수행하게 하는 힘은 코르차크일까 아이들일까? 수련생들은 궁금해하곤 했다. 이다 메르잔은 이렇게 말한다. "스테파가 자기를 마담 스테파로 불러달라고 한 그 마음 뒤에는 얼마나 한이 맺혀 있었을지, 이제는 알 수 있어요. 인생은 흘러가고 나이는 들어가면서 속으로 얼마나 여러 생각과 감정이 들었을까요."

코르차크에 대한 스테파의 마음이 극진했음은 의심의 여지가 없었다. 코르차크가 강의하거나 출판사에 들르러 시내에 나갈 때면, 스테파가 늘 문간에 서서 넥타이는 똑바로 맸는지, 손수건은 챙겼는

마담 스테파

지, 돈은 있는지, 우산은 챙겼는지 확인했다. 코르차크는 그럴 때면 귀찮은 듯 가라고 손을 내젓곤 했다. 그가 아이들에게는 절대 보이지 않는 모습이었다.

코르차크가 때로 스테파를 그렇게 무례하게 대하는 모습에 여자 수련생들은 마음이 불편했다. 하지만 스테파는 그런 것쯤에 전혀 기죽지 않았다. 한번은 코르차크가 쌀쌀한 날씨에 얇은 옷차림으로 외출하자 스테파는 혼자 이렇게 중얼거렸다. "저 큰 아이를 어찌할꼬? 저렇게 기침을 하면서 스웨터도 안 입고 갔으니." 수련생들은 스테파가 아이 107명을 본다고 농담하곤 했다. 코르차크까지 포함해서 센 숫자였다.

이다 메르잔은 스테파가 코르차크의 스웨터를 사려고 애먹은 이야기를 하며 웃던 것을 기억한다. 지금 입는 카디건과 똑같은 것을 사주지 않으면 안 입는다는 걸 알고 있었기에 온 동네 가게를 뒤졌다고 한다. 겨우 하나를 찾았는데, 통으로 된 스웨터가 더 세련돼 보인다고 우기는 점원과 실랑이를 해야 했다. "털 많은 큰 아이한테 입힐 거예요. 그런 건 입다가 털이 다 헝클어져서 안 돼요." 스테파는 웃음기 하나 없이 그렇게 말했다고.

코르차크에게 스테파가 꼭 필요한 존재였다는 것도 의심의 여지가 없었다. 그녀가 있었기에 그는 고아원 운영에 피할 수 없는 자질구레한 일들에서 벗어날 수 있었다. 그녀 덕분에 고아구호회 연례 무도회와 관련해 정신없는 갖가지 일들에 시달리지 않아도 되었다(수익금으로 고아원 운영에 필요한 돈을 마련하는 행사였다). 그녀는 그의 뚱한 기분도, 잦은 외출도 다 포용해주었다. 스테파 앞에서라면 코르차크는 자신의 원래 모습으로 있을 수 있었다. 뭔가에 정신이 팔리고, 생각에 잠기고, 무심한 모습으로. 그때는 연기도, 가면도 필요하지 않았다.

하지만 스테파는 그런 그에게 아쉬움이 없었을까? 스테파가 수요일 저녁에 외출하면, 코르차크는 10시 간식 시간에 여자 수련생들에게 이렇게 농을 걸곤 했다. "마담 스테파 없으니까 우리 바람피워도 돼." 하지만 스테파가 있을 때는 두 사람이 손 한번 다정히 잡는 모습도, 서로 편하게 부르는 모습도 본 사람이 없었다. 두 사람은 서로를 늘 정중한 2인칭 대명사 또는 '의사 선생님(판 독토르)' '스테파 선생(파니 스테파)'으로 불렀다. 한 지붕 아래 살았지만 함께 있는 일도 좀처럼 없었다. 식사 시간에는 각자 다른 식탁에 아이들과 함께 앉았다. 침실은 서로 다른 층에 있었다. 같이 외출하는 일도 거의 없었다. 어쩌다가 일요일에 스테파의 언니 율리아를 함께 보러 가는 정도였다. (율리아는 바르샤바 근교에서 시설 좋은 여학생 여름 캠프를 운영하고 있었다.)

스테파에게는 아픈 개인사가 있다는 소문도 있었지만, 소문마다 그 내용이 달랐다. 약혼자가 전쟁 중에 죽었다고 하는 사람도 있었는데, 어느 전쟁인지는 아무도 몰랐다. 스테파 본인은 그런 이야기를 전혀 하지 않았다. 아니, 자기 사적인 이야기라곤 꺼내는 법이 없었다. 장식이라곤 쪼그만 선인장들밖에 없는 단출한 방에는 아무도 들이지 않았다. 유일한 예외는 그녀가 가장 아끼는 수련생 페이가 립시츠, 그리고 자기 가족들이었다. 엔지니어로 잘나가던 남동생 스타시는 엘리아스베르크가의 둘째 딸 이레나와 결혼했는데, 부부가 금요일 저녁에 종종 놀러 왔다. 이레나는 자기 부모처럼 고아원 일에 관여하지도 않았고, 남편처럼 스테파가 보고 싶지도 않았다. 그랬기에 안식일 만찬 직전에 바닥을 청소한 뒤 남아 있는 독한 세제 냄새 때문에 고아원에 오는 것을 끔찍이 싫어했다. 아이들이 아

마담 스테파

255

직 식사 중일 때 부부가 오면, 스테파는 식탁에 앉은 채 손을 흔들어 두 사람을 반기고는 위층으로 데려갔다.

"스테파의 휑한 방에 앉아 있으면, 우리 집의 호화로운 커튼이며 벽에 걸린 그림, 실크 의자가 생각났죠." 이레나의 말이다. "그렇게 가진 것이 없어도 만족하며 살 수 있다는 게 놀라웠어요. 그리고 스테파는 절대 뭘 받지 않았어요. 선물을 받지 않는 게 시어머니와 똑같았지요. 저는 명절만 되면 참 답답했어요. 시어머니도 재산이 하나도 없으셨어요. 1920년대 초에 아파트 건물을 잘못 파시고 그 후 금융위기 때 돈을 잃으셨거든요. 다행히 사시던 아파트는 계속 갖고 있어서 하숙생을 몇 명 받으셨어요. 스테파와 스타시는 어머니에게 보태드리고 싶어서 하숙생들을 설득해 월세를 더 내달라고 하고 차액은 몰래 갚아줬어요. 스테파는 남에게는 줘도 자기는 받지를 않는 사람이었어요. 그래도 자기 일에 정말로 행복해했던 것 같아요. 아이들 자랑에 코르차크 선생님 자랑을 듣다 보면 어떨 때는 참 지루했어요."

스테파와 코르차크 사이에 오간 편지는 전해지는 것이 없다. 아이들과 수련생들의 지켜보는 눈이 없을 때 서로 어느 정도 친밀하게 대했는지 가늠할 종이쪽지 하나 남아 있지 않다. 유일하게 전해지는 글은 《마치우시 1세 왕》 견본에 코르차크가 손수 정교한 필체로 적은 헌사로, 날짜는 1922년 10월 25일로 되어 있다. 내용은 위트가 있다. 코르차크는 자기를 고아원의 51번째 남자아이로 지칭하고 있다.

미스 스테파에게
51번 남자아이는 피부병이 없소. 출생증명서는 붐드룸 왕국에 놓고 왔고, 고아원에서 맡을 일은 쓰레기 줍기를 청한다 하오.

아이들의 왕

몸은 깨끗하오("제발 그러기를!"). 주민등록지는 바르샤바요.

골트슈미트

유쾌 발랄한 글투에서 낭만적이라기보다는 장난스러운 둘의 관계가 엿보인다. 스테파가 다스리는 현실의 왕국에서 코르차크는— 번호도 있고 맡은 일도 있고 바르샤바 주민증도 있는—현실의 소년이다. 그러나 그의 진정한 고향은, 그가 태어난 곳은, 상상 속에만 존재하는 환상의 왕국이다. 스테파가 갈 수 없는 머나먼 곳이다.

코르차크와 스테파는 연인 관계였던 적이 한 번도 없었을까? 사람들이 종종 묻는 질문이다. 스텔라 엘리아스베르크에 따르면, 1909년에 코르차크를 프란치슈칸스카 거리의 보호시설에 처음 초대했을 때, 코르차크는 스텔라가 자기를 스테파와 연결시켜주려고 하는 게 아닌가 의심했다고 한다. 그는 나중에 스테파에게 그 일을 이야기했고, 두 사람은 한바탕 웃으며 자기들이 사랑에 빠진 것은 틀림없다, 아이들과 사랑에 빠졌다고 결론지었다.

이고르 네베를리의 생각은 좀 다르다. 그는 스테파가 코르차크를 짝사랑한 것이 그녀 인생의 비극이었다고 생각한다. 한번은 네베를리가 코르차크의 다락방에 혼자 앉아 편지를 타이핑하고 있는데, 코르차크가 외출 중인 것을 아는 스테파가 문을 열고 들어왔다. 그녀는 네베를리를 보고 화들짝 놀라더니, 한마디도 없이 뒤돌아서 황급히 방을 빠져나갔다. 네베를리는 그 순간 스테파에게 연민을 느꼈다. "선생님이 외출하셨을 때 틀림없이 선생님 방에 자주 들어왔을 거예요. 아마 그냥 책상을 둘러보며 무슨 작업을 하시나 구경하고, 모든 게 이상이 없나 확인하고 했겠지요. 그런 식으로 조금이나마 선생님과 친밀감을 느끼려고 했을 거예요."

마담 스테파

257

네베를리는 스테파 이야기를 계속 이어갔다. "제가 고아원에 들어오고 몇 달 안 됐을 때였어요. 지하 작업실에서 남자아이들이 가지고 놀 게임 도구를 만들고 있는데, 스테파가 갑자기 제 옆에 서 있는 거예요. 스테파는 워낙 사뿐사뿐 걸어서 왔는지도 모를 때가 많았으니까요. 어깨에 두른 양털 숄을 매만지면서 '뭘 만드시나?' 하고 물었어요. 배를 가지고 하는 전쟁 게임이라고 했더니 사회학도가 게임에 빠져 있는 건 이상하지 않냐더군요. 그래서 제가 열두 살 때 저희 어머니도 그런 말을 했다고 했지요. 그랬더니 뭔가 아주 흐뭇한 일을 떠올리는 듯한 표정으로 빙긋 웃더니 이랬어요. '하긴 판 독토르도 열네 살 때까지 블록을 갖고 놀았다지.' 그러고는 지금 밤 11시라며 저보고 내일 시험 있지 않냐는 거예요."

"'아니 선생님은 어떻게 모르는 게 없으세요?' 그랬더니 이랬어요. '그냥 보고 기억해두는 거지. 자네가 며칠 전 게시판에 쪽지를 붙이지 않았나. 금요일에 시험이 있어서 목공실 문 안 연다면서. 어서 가서 자게.' 그날 밤 자려고 누웠는데, 스테파가 코르차크 선생님 이야기를 하면서 얼굴이 환해지던 모습이 계속 생각나더라고요."

아이들의 왕

모든 진실을 나팔로 불 수는 없다

스테파가 자신을 '마담 스테파'로 불러달라고 한 건 마리나 팔스카가 '마담 마리나'로 통하던 것과는 상관없는 결정이었을지도 모른다. 하지만 스테파는 틀림없이 마리나를 의식하긴 했을 것이다. 그해, 1928년은 마리나가 운영하던 '우리들의 집'이 새 건물로 옮겨갈 준비가 되었던 해이기도 했다. 코르차크가 설계를 도운 건물이었다.

마리나의 고아원 이전은 한 엄청난 후원자를 끌어들인 덕분에 가능했다. 바로 유제프 피우수트스키의 둘째 부인 알렉산드라 피우수트스카였다. 전쟁 전에 지하 운동가로 용맹을 떨쳤던 수완 좋은 여인이었는데, 남편에게 '모호한 상황'을 만들지 않으려고 정치와 관계없는 사회사업 분야에 매진하기로 마음먹었다. 프루슈쿠프의 열악한 고아원 시설이 성에 차지 않았던 그녀는, 바르샤바 근교의 숲이 우거진 비엘라니라는 곳에 현대적인 시설의 고아원을 크게 새로 지을 생각을 하고 기금 마련에 나섰다. 워낙 인맥이 막강했던 터라 나라에서 술과 담배를 파는 작은 매장의 운영권도 받았고, 거기서 난 수익금을 '우리들의 집'에 지원했다. 또 마리나를 도와 연례 자선 무도회를 열기도 했는데, 성황리에 치러졌음은 물론이다.

마리나는 코르차크가 처음 키예프에서 만났을 때의 성격 그대로였다. 속마음을 드러내지 않고 살가운 구석이란 없는 사람이었다. 스테파처럼 여전히 계속 검은색 옷만 입었는데, 그 세대 여자들 중에는 1863년의 실패한 봉기를 기념하는 뜻에서 검은색 옷을 입기 시작했다가 독립이 되고도 계속 입고 있는 사람들이 많았다. 스테파와 마리나는 사회복지에 헌신하고 있는 점이나 코르차크와의 끈끈한 유대 등 공통점이 많았지만, 만날 일은 거의 없었다.

두 사람이 자리를 함께 한 일은 단 몇 번뿐이었는데, 그중 한 번은 새로 이전한 '우리들의 집' 개원식 때였다. 알렉산드라 피우수트스카가 주관한, 바르샤바에서 아주 큰 행사였다. 언론은 넓은 땅 위에 지어진 이 신축 고아원을 가리켜 "아이들의 궁전"이라고 표현했다. 당시 다른 고아원에서는 구경하기 힘들었던 수도와 전기 같은 온갖 설비가 갖춰져 있었기 때문이다. 건물은 전체적인 모양이 비행기를 닮아서, 몸통에 해당하는 관리동에서 생활동 두 채가 날개처럼 직각으로 뻗어 나온 형태였다. 4세에서 14세의 원아 120명을 넉넉히 수용할 수 있는 규모였다.

우파 반유대주의 신문들은 이 고아원을 "수도의 심장부에 세워진 프리메이슨과 잠재적 공산주의의 새 터전"으로 규정짓고, 예배당이 없다는 사실을 비판했다. 한 언론인은 칼럼에 이렇게 썼다. "다른 사람도 아니고 코르차크다. 유대인이 이사장으로 있는데 뭘 기대하겠는가?" 코르차크가 건물 설계에 예배당을 포함시키려고 마리나를 열심히 설득했다는 사실을 아는 사람은 거의 없었다. 코르차크는 크로흐말나 거리의 유대 아동 고아원에는 방을 하나 따로 두어, 아이들이 아침 식사 전에 들러 부모를 위해 기도할 수 있게 했다. 아이들은 누구나 슬픔을 표현하고 하느님과 대화하는 시간이 필요하다고 여겼기 때문이다. 자신도 아이들과 함께 기도실에 앉아 야물커*를 쓰고, 기도책을 무릎에 놓고 눈을 감은 채 명상을 하기도 했다. 그러나 마리나의 생각을 바꿀 도리는 없었다. 철저한 무신론자로서 남편 장례식에도 참석하기를 거부했던 마리나는 예배당 문제를 결코 양보하지 않았다.

스테파가 혼자 맡아서 하던 일들을 마리나는 대부분 직원을 두어 해결했다. 예전 헨리크의 집처럼 '여군 부대'라 할 만한 조직이었다. 직원들 가운데는 키예프 시절부터 마리나를 알고 지낸 충성스러운 지인들이 많았다. 카롤리나 페레티아트코비치(미스 카라)는 어머니가 키예프에서 여학교를 운영했던 이로, 마리나의 행정 보조를 맡았다. 그녀는 아이들에게 사랑받는, 따뜻하고 모정이 넘치는 여인이었다. 마리아 포드비소츠카(미스 마리아)는 재무를 맡아보았다.

역시 키예프 시절부터 알고 지낸 동료 에우겐카는 이렇게 말한다. "우리는 다 친하게 지냈는데, 마리나는 우리와도 거리를 유지했어요. 업무와 관련된 질문에는 답을 해도 자기 개인적인 생각은 말하는 일이 없었지요. 딱 한 번 저한테 속을 털어놓은 적이 있어요. 전쟁 초기에 마리나가 실의에 빠져 있을 때였는데, 죽은 남편과 친구들이 곁에 있는 게 종종 느껴진다면서, 유령들이 살아 있는 사람보다 더 생생하게 느껴진다고 했어요."

마리나의 일과는 스테파와 큰 차이가 없었다. 날마다 아침 5시 30분이나 6시에 일어났고, 정해진 일과에서 벗어나지 않았다. 7시에는 주방에서 아이들의 아침 식사를 감독했고, 늘 문간에 서서 등교하는 아이들을 배웅하며 단추와 칼라와 책가방을 확인했다. 방들을

✦ 유대인들이 쓰는 동그란 모자.

모두 점검하고, 자기 사무실로 가서 요리사와 함께 식단을 정하고, 자질구레한 일들의 계획을 짰다. 2시에 아이들이 점심을 먹으러 돌아오면, 늘 자기 자리인 U자 모양의 식탁 가운데 자리에 앉아 아이들을 감독했다(1층 원장실 문에 달린 유리창으로 지나가는 아이들을 관찰하기도 했다). 오후 3시에서 5시 사이에는 자기 방에 들어가 나오지 않았는데 그때는 방해해서는 안 되는 것으로 모두들 알고 있었다.

금요일 오후 5시는 아이들이 '고백 시간'이라고 부르는 시간이었다. 그 주에 잘못을 저지른 게 있는 아이는 누구든 원장실로 와서 그곳에 놓아둔 고백 장부에 사인을 하게 했다. 마리나는 고아원에 사람을 초대하지 않았지만, 금요일 저녁에는 예전부터 알던 친구들을 친척 집으로 불러 만났다. 토요일 저녁에는 아이들을 목욕시키고 자기도 목욕한 다음, 나쁜 버릇 고치겠다는 아이들 약속을 코르차크처럼 장부에 받아 적고 밀크초콜릿을 주었다. 그러고 나면 난롯가에 앉아 이야기를 들려주었다.

마리나의 말투는 나지막하고 신중했다. 한마디 한마디를 고르는 듯했다. 그녀는 아이들과 수련생들에게 흠모와 두려움을 동시에 자아냈다. 아이들과 수련생들의 행동을 슥 보기만 하면 속마음을 훤히 들여다보았다. 이고르 네베를리는 이렇게 말했다. "마리나 선생님은 코르차크 선생님처럼 너그럽지 않았어요. 에누리가 없었어요. 누구든 자기 행동에 책임을 져야 했지요. 지각하면 변명은 통하지 않았어요. 마리나에게 잘못 보이면 모든 게 힘들어졌어요. 강인한 여인이었지요." 원아였던 마리아 타보리스카의 기억에 따르면, 마리나는 창백한 얼굴에 "얼음 조각 같은" 파란 눈으로 사물을 응시했지만, 때로는 다정한 몸짓도 취할 줄 알아서 복도에서 마주치는 여자

아이들 머리를 쓸어 넘겨주기도 했다. 그녀 곁에 가까이 갈 수 있던 아이는 그녀가 늘 로뮬레크라는 애칭으로 부르던 한 남자아이밖에 없었다. 누가 봐도 그녀의 총애를 받는 아이였다. 하지만 그 아이도 말을 안 들으면 성(姓)으로 부르며 눈물을 쏙 빼곤 했다.

마리나는 때때로 큰 아이들을 데리고 고아원 뒤쪽 숲으로 산책을 갔다. 마리나가 담배를 마는 것을 보고 아이들은 놀랐다. 고아원 안에서는 아이들에게 담배 피우는 모습을 보인 적이 없었다. 그녀는 옛날 정치운동에 몸담았던 시절을 회상하곤 했다. 수감 생활, 망명 생활 이야기도 했다. 그러면서 아이들에게 인생의 난관을 두려워하지 말라고 했다.

이고르 네베를리는 '우리들의 집'에서 일 년간 목공을 가르치던 시절을 떠올리며 이렇게 말했다. "마리나는 검은 드레스에 빳빳한 칼라, 풀 먹인 흰 소매 차림으로 아이들의 세상 속을 걸어 다녔지요. 마치 바깥세상으로부터 자신을 지켜주는 갑옷으로 무장한 듯, 수녀복 입은 수녀처럼, 법복 입은 판사처럼 그렇게 다녔어요. 아이들이 사소하면서 나름 중요한 문제를 호소하러 오면 상냥하게 웃었지만, 엄하게 다문 작은 입의 살짝 올라간 입꼬리가 그리 편안해 보이지는 않았어요. 가끔은 경계를 풀고 유쾌하게 웃을 때도 있었지만, 유머 감각은 없었어요. 날카롭고 진지한 눈길로 우리가 못 보는 것들을 보았지만, 코르차크 선생님처럼 명료하게 표현하지는 못했어요. 마리나는 제가 평생 본 가장 외롭고 고립된 사람이었어요."

한번은 네베를리가 고아원에 부활절 선물로 기증할 궤짝을 마무리하느라 목공실에서 밤늦게까지 일을 했다. 그런데 지저분한 바닥을 치우지 않고 자러 간 것에 마리나가 단단히 화가 났다. 마리나는 목공실을 직접 청소했고, 네베를리는 마리나가 그 후로 워낙 자기를 쌀쌀맞게 대해 어쩔 수 없이 고아원을 나와야 했다. 일 년 뒤에 코르차크가 와 있던 어느 날 네베를리가 아이들을 보러 들렀을 때에야, 마리나는 다시 편하게 손을 내밀어 악수를 청했다.

'우리들의 집' 아이들은 창가에서, 또는 대문가에서 코르차크를 기다리곤 했다. 덜렁거리는 이를 팔려는 남자아이도 있었고, 바깥 미장원에 가서 머리 깎는 것을 허락받으려고 코르차크에게 도움을 청하려는 여자아이도 있었고, 그냥 업어달라고 하려는 아이도 있었고, 늘 사탕이 들어 있는 그의 주머니 속을 구경하려는 아이도 있었다. 코르차크는 어떤 주에는 평소보다 일찍 와서 마리나와 직원들과 이야기를 나누면서, 노면전차 요금을 아끼려고 비엘라니까지 걸어왔다고 자랑하기도 했다. 또 오다가 마르샤우코프스카 거리 모퉁이의 작은 커피숍에서 신문을 다 읽어서 돈을 아꼈다고, 현관 계단에 걸터앉아 쉬며 이야기하기도 했다.

건물관리인 브와디스와프 치호시는 아이들만큼이나 코르차크가 오는 것을 기다렸다. 코르차크는 이렇게 말하곤 했다. "자네한테는 몸 건강하라고는 하지 않겠네. 좀 아파서 누워 쉬기도 하고 그러게. 자네는 일을 너무 많이 해." 그러고는 이렇게 덧붙였다. "그렇다고 많이 아프면 안 되고, 감기라든지 그런 것 말야."

이곳 아이들도 크로흐말나 거리의 아이들처럼 신나서 코르차크에게 매달렸다. 코르차크는 아이들을 하나하나 살펴보며 농담을 했고, 쪼그만 여자아이들 손에 입을 맞추며 숙녀에게 예를 차리는 흉내를 내기도 했다. 그는 아이들에게 "너희들 꼬리가 초록색인 젖소 본 적 있어?" 하는 식으로 물으며 장난치기를 좋아했다. 그랬더니 한 여자아이가 "그럼 선생님은 청어가 속에 든 케이크 본 적 있어요?"

아이들의 왕

264

하고 되받아쳤다는 이야기를 그는 친구들에게 두고두고 들려주었다. 코르차크는 일주일에 하루만 '우리들의 집'에서 자고 갔지만, 노동절이나 부활절 같은 명절에는 꼭 얼굴을 내비쳤다. 크리스마스이브에는 트리 주위를 돌며 아이들과 춤을 췄다.

한번은 어떤 아이가 왜 선생님은 부인이 없느냐고 물었다. 코르차크는 셋이나 있다며, "마담 마리나, 마담 스테파, 미스 카라"라고 했다. 그러나 '우리들의 집' 여성 직원들이 모두 코르차크를 편하게 생각했던 건 아니었다. 에우겐카는 이렇게 말했다. "저는 선생님을 존경하긴 했지만, 좋아했다고 하기는 어려워요. 선생님은 확실히 좀 특이했어요. 선생님이 저한테 뭘 물으시면, 꼭 뭔가 재치 있게 대답해야 할 것 같았어요."

마리아 포드비소츠카는 코르차크와 밖에 나가는 것을 꺼렸다. 거지가 다가오면 무조건 주머니를 뒤져 돈을 내주는 그의 버릇이 불편해서였다. 한번은 용기를 내어 물어보았다. "왜 그렇게 꼭 돈을 주세요? 이 사람들 아마 선생님보다 더 부자일걸요."

"그런 사람도 있겠죠. 그렇지만 돈이 없는 사람도 있지 않겠어요." 그의 대답이었다.

마리아는 코르차크가 추구하는 목표에 절대 의문을 제기하지 않았고, 그러는 사람이 있으면 늘 두둔하고 나섰다. 한 친구가 코르차크가 아이들을 험한 바깥세상에 대비시키지 않는다고 지적하자, 마리아는 분개하며 이렇게 말했다. "넌 아무것도 몰라. 선생님도 세상이 불공정하다는 것 다 아시거든. 그래서 선한 안식처를 만드신 거야. 선생님 목표는 악행을 절대 못 하는 아이들, 선의 힘으로 악과 싸울 아이들을 키우는 거야."

'우리들의 집'은 비엘라니로 옮겨 간 뒤 수련생 20명을 받을 여

모든 진실을 나팔로 불 수는 없다

265

유 공간이 생겼다. 크로흐말나 거리의 수련생들처럼 이곳 수련생들도 저명한 교육자 야누시 코르차크와 함께 일하게 될 기대에 부풀어 있었다. 그리고 그들 역시, 그의 종잡을 수 없는 행동에 당황스러워했다. 수련생 스타니스와프 로골로프스키가 마리나 팔스카와 원장실에서 면접을 볼 때였다. "턱수염 기른 작은 체구의 남자"가 구석 탁자 앞에 앉아 공책에 뭔가 적고 있었다. 로골로프스키는 마리나에게 좋은 인상을 주고 싶은 마음에 자기가 문제아동을 돌보는 데 관심이 많다고 힘주어 말했는데, 턱수염 난 남자가 의자를 뒤로 밀치며 이렇게 고함쳤다. "그런 일은 특수 기관이 있지 않나!" 로골로프스키는 면접을 마치고 나오는 길에 한 아이에게 물어, 자기에게 고함친 남자가 유명한 코르차크 선생임을 알았다. 마음속으로 다 포기하고 있었는데, 놀랍게도 부르사에 합격되었다는 통지가 왔다.

'우리들의 집'도 신입 수련생들에게 오리엔테이션이라곤 거의 해주지 않았다. 수련생이었던 헨리카 켕지에르스카는 "버티거나 무너지거나 둘 중 하나였다"면서, 실망스러웠던 코르차크와의 만남을 떠올린다. "회색 덧옷을 걸친, 마르고 평범한 외양의 나이 든 남자"가 새 수련생들과 악수하고, 금속 테 안경 너머로 무심하게 흘끗 보더니 자기 갈 길을 갔다. 마담 마리나는 신입 수련생들의 업무를 몇 마디로 간단하게 말해주고는 기존 수련생 한 명을 불러 안내해주게 했다. 매주 목요일 밤에는 아이들이 잠자리에 든 뒤에 코르차크 선생의 수업이 있다고 했다.

"코르차크 선생님이 사무실에서 나오면 아이들이 곧바로 몰려와 암탉 주변의 병아리들처럼 에워쌌다." 헨리카는 일기에 이렇게 적었다. "그러면 그 퉁명스럽던 양반은 아이들과 함께 웃고, 얼토당토않은 소리들에 유심히 귀를 기울였다. 새 수련생들에게는 단 몇

아이들의 왕

분도 내줄 시간이 없는 양반이 말이다." 그녀는 목요일 밤 수업에 처음 참가하면서, 코르차크가 마침내 새 수련생들에게 따뜻한 환영의 말을 조금이라도 하겠구나 싶었다. 하지만 "어림없는 기대였다." 코르차크는 새 수련생들에게 아무 관심을 보이지 않았다. 마치 그들이 보이지 않는 듯, 전주에 이야기하던 주제를 그냥 계속 이어서 했다. 그날 밤 그녀는 일기에 이렇게 적었다. "그 철학자라는 양반, 진짜 미친 괴짜다."

헨리카는 3학년생들의 숙제를 도와주는 일 외에 3층 생활관 앞 복도 청소도 맡고 있었다. 다른 사람이 물청소하고 나서 광내는 일을 맡았다. 걸레와 빗자루를 들고 일을 시작하려고 복도를 내달리다가 코르차크와 마주쳤다. 왠지 겸연쩍어, 바닥을 비로 쓸기 시작했다. 그는 가던 길을 멈추고 그녀를 잠깐 지켜보더니 이렇게 물었다. "새로 왔나?"

"빗자루요, 사람이요?" 그녀가 바로 되받아쳤다.

"사람." 그도 장난스럽게 대답했다.

순간 말을 너무 버릇없게 했나 걱정되어, "네, 새로 온 수련생입니다"라고 제대로 대답했다. 그러고는 당돌하게 또 이렇게 덧붙였다. "어제부터 낯선 환경에서 헤매느라 애먹고 있는 수련생입니다." 그랬더니 코르차크가 호탕하게 웃는데, 그의 장난기가 발동하는 신호라는 것은 알지 못했다.

"그렇구만. 지금 뭐 하고 있나?" 그가 유쾌하게 물었다. "지금까지 평생 살면서 바닥 닦아본 적은 있나?"

"네, 그렇지만 제가 닦았던 방은 이 복도에 비하면 코딱지만 했죠." 그녀는 계속 당돌하게 나가보았다.

코르차크가 밝은 색으로 칠한 자기 손톱을 살펴보자 그녀는 다

모든 진실을 나팔로 불 수는 없다

267

시 불안해졌다. 무슨 생각을 하는지 알 수 없었지만, 그는 친절한 목소리로 이렇게 말했다. "수련생이니까 내가 일하는 법을 좀 가르쳐주지. 우선 그 걸레는 이 넓은 복도를 닦기에는 너무 작네. 담요를 쓰는 게 좋겠어." 그리고 그녀의 침대에서 담요를 가져오라고 했다. 커버는 벗겨서 오라고 했다.

코르차크는 헨리카가 가져온 담요를 길게 한 번 접더니 한쪽 끝에 앉게 하고는 자기가 다른 쪽 끝을 잡고 끌었다. 그녀가 "썰매 타듯" 담요를 타고 몇 번 끌려다니고 나자, 복도는 거울처럼 광이 났다. 끝나고 그가 담요를 건네주는데 거의 걸레가 되어 있었다.

코르차크가 갑자기 짓궂은 표정을 짓더니 경악스럽다는 듯이 이렇게 외쳤다. "이거 봐라, 이거 봐. 신입 직원이 고아원 물건을 이렇게 막 쓰네! 새 담요를 10분 만에 걸레로 만들어놨어! 충격이네! 부끄럽구만! 담당자에게 당장 알리겠네!"

"선생님이 하라고 하셨잖아요." 헨리카가 기어들어가는 소리로 항의했다.

그러자 코르차크는 이제 진짜로 화가 난 듯했다. "이런 천진난만한 아기가 있나! 지금 장난하나? 다 남 잘못이다 이거지?" 그러더니 바쁜 걸음으로 가버렸다.

헨리카는 영문을 모른 채 멍하니 그 자리에 서 있었다. 코르차크에게 왠지 모르지만 단단히 찍힌 것 같았다. 하지만 다음 목요일 수업 때 코르차크는 그 일을 까맣게 잊은 듯했다. 몇몇 수련생이 아이들에게 부당하게 고소당했다며 불평한 것을 두고 이야기했다.

"그러니까 아이들에게 고소당해 법정에 서게 됐다, 도대체 이유가 뭐냐, 이거네요. 자기는 무고하다, 자기는 잘못 없고 남 잘못이라는 거죠." 그의 목소리는 점점 높아졌다. "현명한 사람을 바보짓 하게 만들 수는 없습니다. 거절하는 용기도 필요해요."

다른 수련생들은 코르차크가 다른 이야기로 빠지자 무슨 뜻인지 이해하지 못했지만, 헨리카는 자기를 두고 하는 말이라는 것을 알았다. 코르차크는 그녀를 시험해본 것이었다. 권위를 어디까지 맹종하는지 본 것이다. 그녀는 시험에 실패했지만, 그 일로 교훈을 얻었다. 앞으로는 생각하고 행동하리라, 자신의 판단에 따라 행동하리라 다짐했다.

스테파처럼, 마리나도 수련생들과 일지를 통해 소통했다. 마리나는 어떤 주제에 관해 강한 의견이 있을 때는 여러 쪽에 걸쳐 의견을 적기도 했다. 1929년, 수련생 스타니스와프 제미스는 스카우트 캠프에서 남자아이들이 욕설을 해 화가 났던 일을 일지에 적었다. 자기가 꾸짖자 아이들은 시간을 주면 버릇을 고치겠다고 했고 점점 좋아지고 있었는데, 비엘라니에 돌아오니 욕설을 다시 하기 시작했다며, 아이들에게 좀 따끔하게 말해줄 수 있느냐고 마담 마리나에게 부탁했다.

마리나는 일지에 이렇게 답변을 적었다. "답하기 쉽지 않은 문제네요. 여자아이들은 욕하는 걸 들어본 기억이 없어요. 아마 제가 무서워서 제 앞에서는 싸우지 않는 거겠죠. 하지만 판 독토르는 남아 생활관 옆에 방이 있으니 아이들 욕하는 게 들릴 텐데 아무 말도 하지 않으세요. 그러면 아이들은 당연히 그래도 되는구나 생각하겠지요. 요즘은 제가 남아 생활관에 가서 아이들 잠들 때까지 지키고 있었더니 많이 좋아졌어요. 저는 매사 정리 정돈을 잘해라, 욕하지 말아라 엄하게 말합니다. 그런데 딱 하룻밤 안 들렀더니 화장실 문을 빗자루로 막아놨더군요. 그걸 보면 남자아이들도 여자아이들처

모든 진실을 나팔로 불 수는 없다

럼 제가 무서워서 제가 옆에 있으면 행동이 달라진다는 걸 알 수 있습니다. 제가 뭐라고 하리란 걸 아는 거죠. 그리고 뭐라고 하는 게 맞습니다. 판 독토르처럼 지켜보고만 있어서는 올레크처럼 행패 부리는 애들이 약한 애들 위에 군림하는 행동을 바꿀 수가 없어요."

마리나는 의견을 한 페이지 더 썼지만 그 부분은 선을 그어 지웠다. 코르차크에 대해 너무 비판적으로 적었다는 생각에서 그랬던 듯하다. 마리나는 바로 전해에도 (코르차크의 자치제도에 바탕을 둔) '우리들의 집' 교육 방침을 소개하는 소책자를 만들면서 코르차크의 찬사가 담긴 서문을 싣기도 했지만, 행동이 과격한 아이들을 나서서 조치하지 않는 코르차크의 태도를 점점 받아들이기 힘들어하고 있었다. 마리나는 말썽쟁이가 알아서 고아원의 바른 시민이 되어야겠다고 반성할 때까지 마냥 기다려야 한다는 데 동의하지 않았다. 그녀는 사실 코르차크의 방식에 동의하지 않는 부분이 많았다. 아이들이 서로에 대해 그리고 교직원에 대해 투표하는 제도(그녀는 이 투표제도를 나중에 곧 중단하고 좋은 행동을 하면 상점을 주는 제도로 대체했다), 아이들이 어른을 법정에 세울 수 있는 제도 같은 게 불만이었다. 수련생들은 마리나가 이런 문제들을 놓고 코르차크와 다투는 소리를 종종 들었다. 사임하고 고아원을 코르차크에게 넘기겠다고 으름장을 놓은 적도 최소한 몇 번 있었다. 한 수련생에 따르면, 코르차크가 마리나를 달래는 모습에 다들 그가 "마음이 여리구나" 생각했다. 하지만 코르차크는 자신의 교육 방법을 전혀 바꾸지 않았다.

스타니스와프 로골로프스키는 수련생들이 물은 몇몇 질문에 코르차크가 좀처럼 긴 답을 하지 않는 것을 보고 대단히 의외였던 것을 기억한다. "뭐라 확답을 하시지 않고, '모르겠네' '그럴 수도' '나도 아직까지 풀지 못한 문제라 답을 해줄 수가 없네' 이런 식이셨어요. 아니면 이러셨고요. '내가 한 가지 해석을 제시할 수는 있는데, 적절할지는 모르겠네.' 우리가 다그치면 이런 말도 하셨어요. '모든 진실을 나팔로 불 수는 없네.'"

그런가 하면 어떨 때는 질문에 답을 확실히 못 박는 경우도 있어 모두 놀라곤 했다. 한 수련생이 말 안 듣는 남자아이에게 욱해서 버럭했던 일을 털어놓았다. 아이가 이렇게 대들었다. "때리려면 때려봐요! 때리면 판 독토르가 길바닥에 쫓아낼 테니까 못 때리죠?" 수련생은 아이 멱살을 붙들고 이렇게 받아쳤다. "내가 때릴 것 같아? 내가 너 한 대도 안 때리고 버릇을 아주 확실히 고쳐주지." 그러고는 지하실로 아이를 끌고 갔다. 지하실에 가둬놓겠다고 협박하며, 그 안에서 쥐들한테 얼마든지 실컷 소리치고 욕하라고 했다. 협박은 효과가 있었다. 아이는 바로 잠잠해졌고, 그 뒤부터 말을 잘 들었다.

코르차크가 여기에 대해 뭐라고 할지, 모두들 숨죽여 답변을 기다렸다. 코르차크는 몸을 움츠리고 있었다. 고개를 어깨 사이에 파묻고는 마치 혼잣말하듯 묘한 목소리로 속삭였다. "말썽쟁이 아이가 말을 안 듣는 이유는 불행하기 때문일세. 불안하기 때문이야. 교사로서 자네가 할 일은 아이가 무엇 때문에 힘든지 알아내는 걸세. 어쩌면 이가 아픈데 치과에 데려갈까 봐 말을 못 하고 있는 걸 수도 있네. 몸에 열이 있는데 내일 영화 보러 못 갈까 봐 말을 못 하는 걸 수도 있고. 죽은 엄마, 멀리 있는 엄마 생각에 잠을 설쳤을 수도 있네. 엄마 꿈을 꾸다가 밤중에 깨어 울었는지도 몰라. 어쩌면 아무도 자기를 좋아하지 않는다고 생각할지도 몰라. 그럴 때면 그 모든 분통함을, 엄마 없는 설움을, 교사에게 되갚아주려고 하는 거네. 멀리 떨

모든 진실을 나팔로 불 수는 없다

271

어져 있고 슬프고 가난하고 분노와 한에 찬 엄마지만 그래도 엄마니까. 반면 자네는 힘도 세고 건강하고 얼굴엔 웃음을 띠고 있지만, 남이지. 말썽쟁이 아이는 선생님이 정말로 자기를 위해주고 있다는 걸 모르네. 자기를 악으로 가득한 냉혹한 세상에서 지켜주려 한다는 걸 모르네. 선생님을 믿고 따르는 다른 아이들이 자기 장난질로 피해를 입지 않도록, 선생님이 애쓰고 있다는 것도 모르네. 지금 자기가 선생님뿐 아니라 자기 자신도 해치고 있다는 걸 모르네. 하지만 자네는 알지 않나. 그러니 깜깜한 지하실로 데려가게! 아주 무서워 까무러치게 만들어버리게! 아이한테 정말로 상처를 주고 싶은 거잖아? 잘못은 잘못으로 갚아줘야지!"

코르차크는 여전히 독백하듯 읊조리고 있었다. "세상엔 끔찍한 일이 많지만, 그중에서도 제일 끔찍한 일은 아이가 아버지를, 어머니를, 선생님을 무서워하는 것이네. 그들을 사랑하지도 믿지도 못하고, 두려워하는 것이네." 이제 코르차크의 목소리엔 아픔과 회한이 서려 있었다. 그는 눈을 감았다. 어색한 침묵이 몇 분간 흘렀다. 수련생들은 어찌해야 할지 알 수 없었다. 선생님이 무얼 하고 있는 걸까? 생각하고 있나? 울고 있나? 자고 있나? 고백한 수련생은 말을 꺼낸 걸 후회했다. 하지만 코르차크는 자고 있지 않았다. 그는 갑자기 이렇게 외쳤다. "하느님, 불쌍한 아이에게 겁을 준 그를 용서하십시오!" 그리고 아무 인사도 없이 자리에서 일어나 강의실을 나갔다.

아이들의 왕

272

가장 행복했던 시절

고아원이 잠든 밤이면 코르차크는 다락방에 들어가 나오지 않았다. 작가 헨리 데이비드 소로가 호숫가에 오두막을 짓고 은신했던 것만큼이나 다분히 "의도적인" 행위였다. 그렇게 수도사처럼 틀어박혀 결혼 생활도 가족도, 카드 게임도 파티도 무도회도 자신을 방해하지 못하는 공간에서, 자신이 생각하는 삶의 본질에 마음 놓고 집중했다. 소로가 "비바람과 눈보라의 감시자"였다면, 코르차크는 아동기의 들판에 몰아치는 폭풍의 관찰자였다.

1925년 어느 날 밤이었다. 그는 책상 앞에 앉아, 지금까지 살아온 삶을 되돌아보았다. 이제 마흔일곱이었으니 세월이 많이 흘렀다. 쉰을 바라보는 나이는 아이들이 좋아할 나이는 아니었다. 언제 자기 몸이 어른의 몸이 되어버렸는지, 생각하면 생각할수록 묘했다. 비록 어른들의 위선적인 세상에서 어른인 척하며 돌아다니지만, 그리고 어른들처럼 "손목시계며 수염이며 서랍 여럿 달린 책상" 따위를 갖고 있지만, 자기는 사실 어른 행세를 하는 사기꾼이었으니까. 수련생들은 나이는 더 어렸지만, 어찌 보면 코르차크만큼 어리지 않았다. 오로지 숫자상 나이로만 더 어렸다. 만약 그들을 모든 감각이 깨어 있던 어린 시절로 되돌아가게 해줄 수 있다면. 만약 그들이 자기 내면의 우는 아이를 차단하려고 쌓아 올린 담장을 뚫고 들어갈 수

273

있다면. 그렇게만 할 수 있다면 그 눈을 뜨이게 할 수 있을 텐데. 비합리적인 듯한 아이들의 행동 뒤에 숨은 원인을 보이게 해줄 텐데. 하지만 어떻게 하면 그들에게 '어림'을—그들의 자아를—되찾아줄 수 있을까?

그는 종이 한 장에 이렇게 썼다. 《다시 아이가 된다면》. 그리고 《마치우시 1세 왕》의 첫 문장과 똑같은 문장을 썼다. "그러니까 이렇게 된 일이었어요." 하지만 이번 이야기의 주인공은 환상의 나라를 다스리는 어린 왕이 아니라 중년의 교사였다. 코르차크 자신과도 아주 닮은 이 교사는 침대에 누워 이런 상상을 한다. 내가 다시 아이가 된다면 어떨까? 지금 알고 있는 것을 모두 아는 채로 아이가 될 수 있다면, 그리고 내가 어른이었다는 걸 아무도 모른다면? 아이들은 어른들이 얼마나 불행한지 알면 절대 어른이 되고 싶지 않을 것이다. 어른은 아이보다 자유는 훨씬 적고, 책임과 슬픔은 훨씬 많으니까. 어른이 울지 않는 것은 울어봤자 소용이 없기 때문이지. 교사는 깊은 한숨을 쉰다.

그때 방 안이 갑자기 어두워진다. 눈부시게 빛나는 둥근 공이 둥둥 떠서 방 안으로 들어오더니, 점점 작아지다가 교사의 머리 위에 내려앉는다. 조그만 사람이었다. 키는 손가락만 하고, 흰 수염을 길게 길렀고, 기다란 빨간 모자를 쓰고 있다. 한 손에는 초롱불을 들었다.

"자네가 '그리움의 한숨'으로 나를 불러냈네. 소원이 무엇인가?" 요정이 말한다.

"다시 아이가 되고 싶습니다."

요정은 말이 떨어지자마자 초롱불을 휘둘러 사방을 눈부신 빛으로 감싼다. 그러면서 뭐라고 중얼거리더니 이내 사라진다.

아이들의 왕

다음 날 아침, 교사가 눈을 뜨니 그곳은 어릴 적 살던 집이다. 어머니가 아들을 아침 먹여 학교에 보내려고 부지런히 움직이고 있다. 자기가 아이로 돌아간 것이다. 그러나 예전과 다른 점은 어른의 기억이 고스란히 있다는 것이다.

처음엔 어색하기만 하다. 어린 시절을 난생처음 겪는 시늉을 해 모두의 눈을 속여야 하는 상황이다. 글을 읽고 쓸 줄 모르는 척해야 한다. 금속 표지판을 손으로 꽝꽝 때리고 입으로 기차 경적 소리를 내면서 내가 뭐 하고 있나 싶다. 그러나 이내 잊고 있던 어린 시절의 신비에 자연스레 젖어든다. 가늘고 맑은 아이의 목소리를 되찾고, 개처럼 컹컹 짖고 수탉처럼 꼬끼오 울면서 즐거워한다. 달릴 때면 예전처럼 말 타고 질주하는 느낌, 바람과 경주하는 느낌이다. 다음 날 아침 눈을 뜨니 "맑고 흰 눈이 눈부시게 내려앉은 황홀한 광경"이 펼쳐져 있다. 어른일 때는 눈이 오면, 녹으면 또 질척거리겠구나, 덧신이 축축하게 젖겠구나, 석탄 구하기 힘들겠구나 걱정부터 했던 생각이 난다.

《다시 아이가 된다면》은 독자를 어린 시절의 놀이터와 지뢰밭 속으로 다시 이끄는, 코르차크 문학의 진수를 보여주는 작품이다. "아이는 어른과 가진 시계도 다르고, 가진 달력도 다르며, 시간을 재는 방법도 다르다"고 아이가 된 교사는 말한다. "아이의 하루는 짧디짧은 초(秒)와 기나긴 세기(世紀)로 이루어져 있다. 아이와 어른은 서로가 신경을 거슬리게 한다. 사람이 어른이 되었다 아이가 되었다 할 수 있으면 얼마나 좋을까. 여름과 겨울, 낮과 밤을 교대로 겪듯이 말이다. 그러면 아이와 어른이 서로를 이해할 수 있을 텐데."

이러한 가공의 설정은 작가이자 교육자인 코르차크에게 이상적인 도구가 아닐 수 없다. 아이이자 어른인 주인공은 필요에 따라 양쪽을 왔다 갔다 하며 한쪽의 입장을 다른 쪽에 설명해주고 있다. 중년의 교사는 아이로 돌아간 지 몇 시간도 안 되어 첫 눈물을 흘린다. 동시에 어린 시절 숱하게 느꼈던 모욕과 부당함을 어른이 되어 모두 잊었다는 걸 깨닫는다. 아이란 어른이 되어본 적이 없으니 부모님과 선생님이 왜 자기 때문에 짜증을 내는지 알 수가 없다. 하지만 어른이면서 아이 행세를 하고 있는 주인공의 눈에는 양쪽 관점이 훤히 다 보인다. 그러다가 어른들과도 아이들과도 몇 번 오해를 겪고 나서, 주인공은 요정에게 다시 어른으로 되돌려달라고 간청한다.

이 책은 아이들을 위한 책이기도 하고, 어른들을 위한 책이기도 하다. 그래서 코르차크는 책에 서문을 두 개 실어놓았다. 아이용 서문에서는 아이들의 친한 친구가 되어, 이 책은 평소 읽던 모험 이야기가 아니라 사람 내면의 심리를 그린 이야기라고 설명한다. 어른용 서문에서는 교육자가 되어 이렇게 충고한다. "아이들과 소통하려면 낮은 곳으로 내려가야 한다는 생각은 착각이다. 높이 올라가야 아이들의 감정과 마주할 수 있다. 몸을 펴고 까치발로 서야 한다."

1920년대는 코르차크의 저작 활동이 가장 왕성했던 시기였다. 나중에 《게토 일기》에 세상이 예전 그대로였던 이때를 떠올리며 이렇게 적기도 했다. "태양에게 멈추라고 말하면 멈출 것 같던 시절이었다." 바르샤바는 여전히 국제적이면서도 아늑한 도시였다. "내 도시, 내 거리, 내 단골 가게, 내 양복점, 그리고 무엇보다 소중한 내 작업장." 그가 사랑하는 비스와강도 그대로였다. 철마다 다른 색 다른 모양으로 도시를 유유히 가로지르는 그 강을 따라, 그는 수없이 거닐었다. 어릴 때나 어른이 되어서나, 혼자서 그리고 친구들과 함께. "회색빛 비스와강, 널 사랑한다. 당당한 템스강과도, 요동치는 나이

아이들의 왕

276

아가라강과도, 신비한 갠지스강과도 너를 바꾸지 않으리. 그 강들은 너보다 백배 더 아름답다 해도, 내게 무슨 말을 하는지 알아들을 수 없으니."

1926년 가을, 코르차크의 '작업장'에서 흥미진진한 새 프로젝트가 시작된다는 소식이 바르샤바의 유대인 아이들에게 전해졌다. 부모들이 보는 시온주의 폴란드어 일간지 〈우리 평론〉에 실린, 그가 아이들에게 보내는 편지를 통해서였다. "미래의 독자분들에게"로 시작되는 이 편지에서, 그는 어린이신문 〈작은 평론〉의 창간을 선언했다. 매주 금요일 본지에 딸린 부록으로 나갈 것이라고 했다. 그는 자신을 《마치우시 1세 왕》을 쓴 야누시 코르차크로 소개하며 신문을 내기로 한 계기를 설명했다. "의사 일을 그만두고 나서 무얼 하고 살아야 할지 알 수가 없었어요. 그래서 책을 쓰기 시작했지요. 하지만 책 쓰는 일은 시간이 오래 걸리는데, 저는 인내심이 부족해요. 게다가 종이도 많이 들고, 쓰다 보면 손이 아파요. 그래서 신문을 내는 게 더 낫지 않을까 생각했어요. 신문은 독자들의 도움으로 만들 수 있으니까요. 저 혼자서는 할 수 없는 일이지요."

그러면서 아이들에게 도움을 청했다. 모두 통신원이 되어 노볼립키 거리 7번지에 있는 신문사로 기사와 편지를 꾸준히 보내달라고 했다. 신문사 건물은 "부근에 정원이 있는 큰 건물로, 지붕 위에는 전 세계 뉴스를 수신하는 안테나가 달려 있다"고 했다. 기쁜 일이나 슬픈 일, 또는 상담받고 싶은 고민거리를 써 보내면 된다고 했다. 전화 제보도 받을 수 있게 전화기 열두 대를 놓아둘 예정이고, 소년 대표와 소녀 대표 편집자 각 한 명씩, 그리고 "일이 잘 진행되도록 도와줄, 안경 낀 늙은 편집자" 한 명이 근무할 것이라고 했다.

그에 따르면 어린이신문을 발간하는 목적은 "아이들을 지켜주

가장 행복했던 시절

기 위해서"였다. 글을 쓸 줄 모르는 사람은 직접 와서 편집자에게 불러주면 된다고 했다. 부끄럽다는 생각도, 놀림당할 걱정도 하지 말라고 했다. 축구, 영화, 여행, 정치 같은 온갖 주제의 기사가 실릴 거라고 했다. 아침판은 어린아이를 대상으로 하며, 사진이 많이 실리고 스위스 초콜릿과 장난감이 걸린 경품 코너도 실릴 예정이었다. 애완동물, 어린이 질환, 취미 생활에 관한 특집기사도 실리고, 특이한 일을 하는 아이들과의 인터뷰, 어느 고아의 일기로 시작하는 주간 연재물도 실린다고 했다. 저녁판은 좀 더 심각한 주제를 다루고, 책이나 손목시계, 영화 티켓 들을 경품으로 주는 코너가 있다고 했다. 신문은 "비정치적이고 초당파적인" 매체가 될 것이라고 했다.

코르차크가 미래의 독자들에게 말하지 않은 것은 이 신문이 그의 오랜 꿈이었다는 사실이었다. 그는 평소 어린이신문을 "인생의 ABC"라고 했다. 한 해 전 〈폴란드 일보〉에 기고한 글에서는 "아이들은 상당한 규모의 사회계층으로, 일이나 가족과 관련된 문제도 많을 뿐 아니라 다양한 바람과 욕구와 의문을 한가득 품고 있다"고 했다. 〈우리 평론〉지가 금요일판 부록의 형태로 지면을 내주겠다고 제의하자, 그는 기회를 거절하지 않았다.

신문의 창간 소식에 쏟아진 반응은 모두를 놀라게 했다. 몇 주만에 전국에서 아이들이 쓴 편지 수백 통이 〈작은 평론〉 편집실에 날아들었다. 코르차크는 독자들에게 이렇게 알렸다. "생일이나 명절 이야기를 담은 즐겁고 신나는 편지들도 있었고, 꿈과 고난과 호소를 담은 슬프고 심각한 편지들도 있었습니다." 한 아이는 성적을 잘 받으면 아빠가 자전거를 사주기로 약속해놓고 약속을 지키지 않는다고 하소연했다. 또 어떤 아이는 엄마가 입고 가라고 덧옷을 만들어줬는데 그것 때문에 학교에서 놀림받고 있다고 불평했다. 카펫 위에

아이들의 왕

서 미끄럼 탔다고 부모에게 뺨을 맞았다는 아이에게, 코르차크는 이렇게 지면으로 답해주었다. "어른들은 일이 안 풀리고 인내심이 바닥났을 때 손찌검을 합니다. 부모님에게 이렇게 말씀드려 보세요. 때릴 일이 있으면 바로 때리지 말고, 시키는 대로 안 하면 30분 뒤에 때린다는 경고를 대신 해달라고요. 그러면 그동안 부모님이 좀 진정이 되실 거예요."

코르차크는 어린이 기자들을 현장에 보내 편지에 쓰인 내용이 사실인지 아닌지 확인하게 했고, 아이들에게 거짓 약속을 하고 아이들의 요구를 외면하는 행동이 얼마나 나쁜지 강조하는 사설을 쓰기도 했다. 부모들은 자기 아이가 쓴 편지가 신문에 실려 온 동네 사람들 입에 오르게 되자 여간 창피하지 않았다. 얼마 안 지나 덧옷 입었던 남자아이는 덧옷에서 해방되었다고 편지를 보내왔고, 다른 아이들도 문제가 개선되었다는 소식을 알려왔다.

창간 후 처음 몇 년 동안 신문은 아무리 사소해 보이는 이야기도 가리지 않고 실었다. 한 아이는 키우던 닭이 죽어서 충격을 받았다고 했고, 또 어떤 아이는 강아지가 기차에 치이는 것을 봤다고 했다. 코르차크는 매주 아이들의 편지에 대한 답장을 실었다. 자기도 어릴 때 고양이가 차에 치이는 것을 보고 몇 주 동안 악몽을 꿨다는 이야기를 했다. 죽은 카나리아를 동생과 함께 묻어준 이야기도 짤막하게 했다. "우리는 카나리아를 묻어주고 들어와서 빈 새장을 보고 울었어요. 저는 그 후로도 끔찍한 일을 많이 봤어요. 사람과 동물들이 아파하는 모습을 숱하게 봤지요. 이제 저는 울지 않지만, 마음은 아주 많이 슬퍼요. 어떤 어른은 아이가 우는 것을 보고 웃기도 하는데, 그러면 안 됩니다. 아이는 고통을 많이 겪어보지 않아서 고통에 익숙하지 않거든요."

가장 행복했던 시절

279

코르차크는 카나리아를 묻어준 일을 계기로 유대인이라는 자신의 정체성을 실감했던 충격적인 경험에 대해선 이야기하지 않았다. 하지만 〈작은 평론〉에는 반유대주의를 경험한 아이들의 편지를 모아 소개하는 특별 칼럼을 실었다. 한 소년은 편지에 이렇게 적었다. "저는 우리 반에서 유일한 유대인인데, 저 혼자 이방인 같은 기분입니다." 어떤 소녀는 못된 급우들이 자기 이름을 유대인식으로 바꿔 불렀다고 썼고, 어떤 소녀는 힘센 아이들이 자기만 보면 "유대인은 팔레스타인으로 꺼져라!" 하고 외쳤다고 썼다.

코르차크는 이렇게 답해주었다. "저는 이 문제의 과거와 현재, 그리고 바람직한 미래상을 잘 알고 있습니다. 우리 신문은 이 주제에 많은 기사를 내보낼 것입니다. 우리가 문제를 해결하겠다거나, 금방 고칠 수 있다는 장담은 하지 못합니다. 어렵고 뼈아픈 문제라는 것을 잘 알고 있으니까요. 하지만 어린이신문이 어린이들을 지켜줄 의무가 있다면, 유대인 어린이신문은 유대인으로 태어났다는 이유로 고통받는 어린이들을 지켜줄 의무가 있습니다."

어린이신문의 저녁판에는 좀 더 큰 아이들이 읽을 정치 관련 기사를 코르차크가 썼다. "지루하지 않을 것이고, 어른들이 쓰는 어려운 긴 단어를 쓰지 않을 것"이라던 약속에 따라, 아이들이 이해할 수 있는 말로 당시의 정치 상황을 설명하려고 애썼다. 아이들에게 유제프 피우수트스키가 정부의 잦은 교체에 지친 나머지 정계 은퇴를 3년 만에 번복하고 1926년 5월 쿠데타를 일으킨 과정을 설명해주었다. 코르차크는 유대인을 비롯한 모든 소수집단을 차별 없이 대우한 피우수트스키를 존경했고, 이제 피우수트스키가 다시 정권을 잡아 폴란드가 더 안정되길 기원했다.

코르차크는 어린이신문을 문예 매체라기보다 치유의 도구로 보았기에, 문법이 어긋나거나 철자가 틀려도 상관하지 않았다. 그는 어린이 기자들에게 시나 소설을 짓기보다 자신의 경험을 쓰도록 권했다. 의사 코르차크는 아이들에게 속에 쌓인 불만을 드러낼 통로를 제공하고자 했고, 교육자 코르차크는 아이들의 삶에 대한 인식이 드러난 자료를 모으고자 했다. 아이들은 이 신문이 자신들의 눈높이에서 말하는 매체이자 다른 아이들과 대화할 통로라고 생각했기에 감정을 있는 그대로 솔직하게 썼다. 〈우리 평론〉지는 부모들이 자녀를 위해 아침판과 저녁판을 모두 사면서 판매 부수가 치솟았다.

열네 살 소녀 마야 젤린게르는 〈작은 평론〉 창간 직후에 기사 하나를 투고했다. 남동생과 비스와강에서 배를 타며 본 것들을 적은 내용이었다. 그런데 야누시 코르차크에게서 집에 좀 찾아가 만날 수 있겠냐는 편지를 받고 깜짝 놀랐다. 집에 찾아온 코르차크를 보고 둥근 안경을 쓰고 수염을 기른 평범한 외모에 실망했지만, 어린이신문의 '공식 서기'가 되어달라는 그의 요청을 받아들였다.

마야는 코르차크가 처음에 이렇게 하라 저렇게 하라는 지시를 전혀 해주지 않아 불안했다. 질문을 하면 "나도 모르겠는데" "두고 보면 알겠지" 이럴 뿐이었다. 코르차크는 투고된 모든 글을 읽어보았고, 가끔씩 글에 파란 색연필로 밑줄을 긋거나 여백에 "어떻게 할지?"라고 적었다. 사무실 안에서 누가 무슨 일을 하는지 아무 관심을 두지 않는 듯했지만, 마야는 그가 모든 것을 지켜보고 있음을 알고 있었다. 그는 말을 천천히 했고, 누구도 칭찬하거나 띄워주는 법이 없었다. 마야는 그가 자기에게 어려운 임무를 맡길 때면 뿌듯했다. 문제를 호소한 아이들의 집안 상황을 조사하는 일도 맡았고, 신문사에 찾아온 아이들에게 조언해주는 일도 맡았다.

가장 행복했던 시절

281

극빈 가정 아이들에게서 편지가 오기 시작하자, 코르차크는 가난한 아이들을 돕기 위한 특별기금을 만들었다. 새로운 프로젝트를 시작하면 늘 그랬듯이, 처음에 온 편지 몇 통에 대해서는 그가 직접 현장에 찾아가 상황을 살펴보았고, 그다음부터는 마야에게 일을 넘겼다. "매주 신문사에서 너한테 돈을 얼마씩 배정해줄 거야. 편지들을 읽어보고 누가 정말로 도움이 필요한지 확인해보렴." 코르차크가 이렇게 말했다.

"그걸 제가 어떻게 알 수 있죠?" 마야가 물었다.

"알 수 있을 거야."

곧 마야는 전국을 돌아다니며 불우한 아이들에게 원조금을 지원해주고 있었다. 해마다 자기가 처리한 지원 건들을 보고서로 작성하기도 했다.

일 년이 채 안 되어, 〈작은 평론〉의 지면은 2면에서 4면으로 늘어났다. 전국에 둔 통신원은 2천 명에 달했다. 〈작은 평론〉은 스포츠 대회를 후원했고, 해마다 네 차례 영화 상영 행사를 주최했으며, 연례 회의도 열었다.

열한 살 소년 유제프 발체라크는 어린이신문사의 연례 회의장에 가서 카메라를 들고 기자인 척하여 용케 입장했다. 안에서는 열띤 토론이 벌어지고 있었는데 그 주제가 너무나 놀라웠다. 르보프스카 거리에 사는 이자라는 여자아이의 흔들거리는 이를 아빠가 뽑아준 사연이 신문에 싣기에 너무 사소한 내용인지 아닌지를 놓고 토론 중이었다. 코르차크는 그 사연을 지지하는 입장이었다. 아이가 글을 쓴 주제는 무엇이건 다 중요하다고 힘주어 말했다. 발체라크는 그때까지 어떤 어른도 '아이도 존중받고 이해받아야 할 사람'이라고 말하는 것을 들어본 적이 없었다.

그는 기사 쓰는 일을 시작했다. 어찌나 열심히 했는지 스스로도 놀라웠다. 그러나 점점 아이디어가 바닥나 고민이었다. 어느 날 코르차크에게 고민을 털어놓았다.

코르차크는 "그럴 리가" 하며 물었다. "너네 집 방에 책상 있니?"

"네, 그런데 제 서랍은 하나뿐이에요."

"정리는 잘돼 있어?"

"아니요, 엉망이에요. 엄마가 늘 뭐라고 해요."

"그래, 그럼 서랍 내용물을 바닥에 쏟고 하나씩 들여다봐. 모든 물건에는 역사가 있어. 물건에 얽힌 사연을 쓰면 쓸거리가 얼마든지 있지."

그렇게 해서 발체라크는 연작 기획 '서랍 속에서 나온 이야기'를 연재하기 시작했다.

발체라크는 코르차크가 기자들과 대화할 때 목소리가 나직하고 부드러웠다고 기억한다. 마치 비밀 이야기라도 하듯 몸을 앞으로 내밀고 속삭였다. 손은 보통 담배를 피우느라 바빴지만, 뭔가가 생각나면 주머니에서 연필과 메모장을 꺼내 재빨리 적곤 했다. 누군가에게 무엇을 물을 때는 안경 너머로 상대방을 유심히 쳐다보았고, 안경에 김이 서리면 손수건으로 정성스럽게 닦곤 했다.

코르차크는 발체라크에게 허락을 받고 그의 비밀 일기를 읽어본 뒤 그에게 겨울 코트가 필요하다는 것을 알고, 직원으로 일하면서 다른 기자들처럼 급료를 받으면 어떻겠냐고 제안했다. 그리고 이렇게 말했다. "고아원에 토요일 오전 11시에, 신문 읽어주는 시간 전에 들르렴. 마담 스테파가 너한테 줄 게 있을 거야." (다른 모든 일처

가장 행복했던 시절

283

럼 어린이신문도 스테파가 경영 관리를 맡고 있었다.) 발체라크의 눈으로 본 코르차크는 "이 세상 사람이 아니라 딴 세상에서 온 사람" 같았다. 발체라크는 〈작은 평론〉이 "세계에서 가장 민주적인 신문" 이라고 생각했다. 누구든 글을 쓸 수 있었으니까.

알렉산데르 라마티는 아홉 살에 브제시치리테프스키주(州)의 수석 통신원이 되었다. 그는 자신이 나중에 작가가 된 것은 그때 경험이 큰 계기가 되었다고 믿는다. 일 년에 몇 번 수석 편집자와 회의하러 바르샤바에 기차를 타고 왔는데, 그때마다 자기가 아주 중요한 사람이 된 기분이었다. 편집실은 늘 크고 작은 아이들로 발 디딜 틈이 없었다. 글 쓰는 아이, 노래하는 아이, 게임하는 아이로 시끌벅적했다. 한번은 일 보러 들른 인쇄업자가 라마티에게 이렇게 물었다. "여긴 뭐 하는 데냐, 병원이냐 클럽이냐 시장 바닥이냐?"

칸막이로 만든 코르차크의 작은 사무실 문에는 "근무시간: 목요일 오후 7~9시"라고 새긴 놋쇠 판이 달려 있었다. 라마티는 코르차크가 회색 양복을 입고 어수선한 책상 앞에 앉아 일하던 모습을 떠올렸다. "선생님 목소리는 늘 친절했는데 가끔은 퉁명스러웠어요. 꼭 아버지 같은 느낌이었죠. 시간에 엄격하고, 누군가가 늦게 오면 손목시계를 힐끔 보시고. 하지만 대화할 때는 동료와 이야기하듯 하셨는데, 그 점은 아버지와 달랐죠."

레온 하라리는 열다섯 살 때 신문사에 찾아가 일자리를 청했다. 어느 목요일 오후 5시에 찾아갔는데, 코르차크가 입을 벌려보라고 해서 어안이 벙벙했다. 코르차크는 그의 이를 검사하고 칫솔을 사라고 권했다. 그날부터 시작된 하라리의 신문사 근무는 오랜 기간 이어졌다. 그는 가난한 뒷골목 아이들이 수완을 발휘해 하루하루 살아가는 이야기를 기사로 썼다.

그는 이렇게 말한다. "우리는 코르차크 선생님을 '통곡의 벽'처럼 이용했어요. 선생님은 우리의 진짜 아버지 같았어요. 다들 집이 가난했고 부모님들은 과로에 시달렸거든요. 저희 집은 애가 여덟이었어요. 아버지는 집에 오면 바로 곯아떨어졌죠. 그런데 선생님은 우리와 대화하고 우리를 이해해줬어요. 선생님 얼굴은 어떤 때는 꿈꾸는 아이 같았고, 어떤 때는 근심이 가득하고 핼쑥했어요. 늘 똑같은 회색 양복을 입으셨고요. 양복점 마네킹 같은 옷을 입은 모습은 한 번도 못 봤어요."

〈작은 평론〉에는 자기 발로 찾아온 비유대인 기자들도 몇 명 있었다. 카지미에시 뎅브니츠키는 열네 살 때 필진에 합류했다. 그는 반항이 심해 워낙 여러 학교에서 퇴학을 맞고 이른바 '요주의 인물 딱지'가 붙은 소년이었다. 그것은 어디를 가도 따라다니는 전과와 비슷한 개념이었다. 그는 그림 그리기 싫다고 팔짱 끼고 두 시간을 앉아서 버티는 통에 한 교사에게 심장마비를 일으켰다는 일로 악명이 자자했다. 주교이던 큰아버지가 힘을 써주어 보수적인 김나지움에 들어갔다. 명문 학교를 표방하며 유대인 학생은 받지 않는 것을 자랑하는 학교였다. 어느 날 생물 선생님에게 "유대인처럼" 구부정하게 앉아 있지 말라는 소리를 듣고 격분한 나머지 집에 가서 〈편견을 가르치는 교사〉라는 제목의 글을 썼다. 그는 돌아가신 어머니가 유대계였기에 차별에 예민했다. 아버지는 아들의 글을 칭찬하며 야누시 코르차크의 〈작은 평론〉에 투고해보라고 권했다. 그러면서 유대인 거주구역에 들어가면 마치 외국에 온 느낌일 거라고 했다. 그곳

가장 행복했던 시절

285

사람들은 옷도 다르게 입고 언어도 다를 뿐 아니라, 유대인들이 풍기는 가난의 냄새는 폴란드인들이 풍기는 가난의 냄새와도 다른데, 음식에 든 향신료 때문이라고 했다.

당시 유대인 거주구역을 둘러싼 유일한 벽은 관습의 벽이었다. 그러나 그 벽을 넘어가자 뎅브니츠키의 앞에는 "멋진 모험"이 펼쳐졌다. 한 어린이 편집자가 그의 글을 읽어보고 채택해주었다. 그리고 '고아들의 집'에 가서 코르차크 선생님을 만나보라고 했다. 그는 크로흐말나 거리 92번지를 겨우 찾아가, 안뜰의 밤나무 밑에서 놀고 있는 여자아이에게 외쳤다. "야 꼬마야, 코르차크 선생님 어디 계시냐?" 아이는 그를 "썩은 달걀" 보듯 쳐다보더니 이렇게 소리쳤다. "네가 가서 찾아봐!"

뎅브니츠키는 그 일이 있은 뒤 한참 지나 〈작은 평론〉 신문사에 들어가고 나서야, 용기를 내어 코르차크에게 그 여자아이가 왜 그리 쌀쌀맞게 굴었는지 물어보았다. 자초지종을 들은 코르차크는 이렇게 말했다. "네가 자기를 아무렇게나 대하니까 그랬지. 왜 '꼬마'라고 불렀어? '고귀하고 우아한 숙녀님' 이랬어야지. 그러면 재미있어서 웃었겠지. 아니면 '아리따운 어린 아가씨' 이러든지. 그러면 으쓱했겠지. 그런데 '꼬마'라고 불렀으니 그런 대접밖에 더 돌아오겠어?"

편집 회의를 마치고 난 목요일 저녁마다 코르차크는 직원들을 길모퉁이의 소시지 가게로 데려갔다. 코르차크와 직원들은 좁은 식당의 몇 안 되는 테이블 하나에 자리 잡고 소시지와 겨자 빵을 시켰다. 아이들은 차를 마셨고, 코르차크는 가끔 맥주 한 잔을 시켰다. 아이들은 코르차크와의 사이에서 아무런 벽을 느끼지 않았다. 그는 마치 "바다 위에 떠 있는 섬"처럼, 얽매인 가족도 없고 언제나 시간을 내주는 어른이었다.

아이들의 왕

어느 목요일 저녁, 코르차크와 어린이 기자 열 명은 고장 난 전등을 수리한 기념으로 소시지 가게에 갔다. 코르차크는 잔을 들며 축배를 제안했다. "지금 이 자리에 우리 〈작은 평론〉 통신원들이 다 함께 하고 있는 기분이 듭니다. 해외에 나가 있는 사람들까지도요. 우리가 바로 대규모 어린이 군대의 사령부입니다."

〈작은 평론〉은 석 달마다 가장 글을 많이 쓴 필자들에게 상으로 극장을 전세 내어 할리우드 영화를 특별히 관람하게 해주었다. 기자 중에 아버지가 극장주인 아이가 있어 가능했다. 코르차크는 찰리 채플린과 버스터 키튼의 영화를 제일 좋아했지만, 아이들이 주인공인 〈보물섬〉〈왕자와 거지〉 같은 공상 모험 영화에도 차츰 흥미를 느꼈다. 코르차크는 그와 같은 영화들에 오락적 가치뿐 아니라 교육적 가치도 있다고 생각했다. 알코올중독자 아버지를 둔 아이라면, 〈챔프〉에서 한때 권투 선수였다가 술로 몰락한 아버지를 어린 아들이 쫓아다니는 장면에서 그 누가 뭉클하지 않을 수 있겠는가. 코르차크는 그 장면에 뭉클했다. 그는 이렇게 말하곤 했다. "나는 세 번의 전쟁을 눈으로 보았다. 총상에 팔다리를 잃은 사람들, 복부가 파열된 사람들, 내장이 밖으로 튀어나온 사람들을 보았다. 하지만 자신 있게 말할 수 있다. 이 세상에서 가장 끔찍한 광경은 주정뱅이 아버지가 무방비 상태인 아이를 때리는 모습, 아이가 술 취한 아버지를 쫓아다니며 '아빠, 아빠, 집에 돌아오세요……' 하고 애걸하는 모습이라고." 그는 〈챔프〉야말로 교사에게 훌륭한 교육 수단이 될 수 있다고 보았다. 수업 시간에 영화를 매개로 그 힘든 주제를 다루며 학생들에게 감정을 드러내 말하도록 이끌 수 있다고 보았다. 그는 이렇게 쓰기도 했다. "아이는 주정뱅이 아버지를 부끄러워한다. 가엾게도 그것을 마치 자기 잘못처럼 생각한다. 자기가 밥을 굶는다는 것, 자기 집이 그토록 가난하다는 것을 부끄러워한다. 찢어진 신발과 해진 옷도 대수롭지 않다는 듯 가볍게 넘기기도 한다. 가슴속 깊은 슬픔을 감추려고 그러는 것이다."

가끔 코르차크는 좋아하는 영화를 본 뒤에 그 자리에 남아 한 번 더 보면서 어린 관객들의 반응을 살펴보기도 했다. 특히 흥미로웠던 반응은 세 살배기 아이가 엄마와 같이 조용히 앉아서 보다가 갑자기 일어나 "강아지다! 와, 강아지!" 하고 외쳤던 것이다. 코르차크는 강아지를 못 봤기에 남아서 한 번을 더 보면서 강아지가 정말 나오는지 확인했다. 놀랍게도, 극적인 장면이 화면 중앙에서 벌어지고 있는 와중에 화면 귀퉁이에 강아지가 아주 잠깐 나왔다가 사라졌다. 아이는 영화의 이야기를 이해하지 못했지만, 그래도 용케 흥미로운 대상을 화면 속에서 찾아냈던 것이다.

코르차크는 〈작은 평론〉에서 후원할 영화를 직접 선정했을 뿐 아니라 종종 극장 입구에서 검표원 역할을 하기도 했다. 키우던 닭이 죽어서 마음 아팠던 아이 지그문트 코라는, 마르샤우코프스카 거리의 아폴로 극장에서 상영하는 〈니벨룽겐〉을 보러 바르샤바로 오라는 초대장을 받고 얼마나 기뻤는지 생생하게 기억한다.

코라는 이렇게 말했다. "일찍 도착해서 주변을 얼쩡거리고 있었어요. 손에는 참가자 명찰 구실을 했던 그림엽서를 들고 있었지요. 어떤 나이 든 아저씨가 다가와서 자기를 야누시 코르차크라고 소개하고는 제 모자를 벗기고 이마에 입 맞춰줬어요. 우리는 오래전부터 알던 사이처럼 이런저런 이야기를 나눴어요. 선생님은 저희 집이 얼마나 가난한지 얘기를 듣고는, 제가 학교를 계속 다닐 수 있도록 활동비를 넉넉히 받는 정식 통신원으로 이름을 올려주셨어요."

바르샤바에는 〈작은 평론〉이 필진은 별로인데 신문은 좋다는 농담이 돌았다. 그러나 코르차크의 심기를 불편하게 한 것은 〈작은 평론〉이 아이들의 철자법과 문법 실력을 망치고 있다고 비판하는 사람들이었다. 어떤 이는 "아이들을 제대로 된 문필가로 키우지 않고 잡문가로 만들고 있다"고 비판했다.

코르차크는 "잡문은 해악이 없다. 해로운 것은 문맹"이라며, "잡문은 문명사회에서 나타나는 건강한 현상"이라고 되받아쳤다. 그리고 자기 아버지 세대의 유대인 계몽운동가들이 품었던 '훌륭한 폴란드어 능력이야말로 유대인과 폴란드인을 한데 묶어줄 끈'이라는 오랜 신념을 밝히면서 이렇게 덧붙였다. "유대인 아이들에게 폴란드어 글쓰기를 가르치는 일은 뿌듯하고 보람차다. 우리 신문 덕분에 모든 연령대의 아이들이 아름다운 폴란드어로 자신의 생각을 표현할 수 있게 될 것이다."

코르차크는 유달리 악의적인 편지 한 통을 신문에 실으며 '〈작은 평론〉을 폐간해야 할까?'라는 제목을 달았다. 편지를 보낸 이는 모든 아이들의 복지를 중시한다고 자처하는 이였는데, 이 신문이 "작은 어깨 위에 머리만 크게 키운다"고 했다. 또 아이들이 자기 편지나 기사가 실릴까 노심초사하며 기다리게 되어 건강에 해로우며, 이는 다 아이들이 신문을 계속 사게 만들려는 수작이라고 했다. 코르차크는 냉소하듯 이렇게 논평했다. "〈작은 평론〉이 정말로 아이들의 건강을 해친다면 깨끗이 없애버리는 게 낫지 않을까요?" 물론 아무도 찬성하지 않을 것임을 알고 하는 말이었다.

그러나 코르차크를 심란하게 한 것은 외부의 비판보다는 신문사 내부의 상황이었다. 나이 어린 기자들이 십 대 기자들에게 차츰 밀려나면서, 정치 기사라든지 청소년의 관심사인 연애와 성 들을 주

가장 행복했던 시절

제로 한 기사가 점점 늘어났다. 반면 코르차크의 관심사, 즉 아이들이 부모와 교사에게 갖는 불만은 거의 다루어지지 않았다. 1930년, 코르차크는 이고르 네베를리에게 편집장을 맡아달라고 부탁했다. 원래 코르차크는 프로젝트를 일단 출범시키고 나면 다른 사람에게 넘기는 스타일이었다. 또 편집장 자리에서 물러나도 기사는 가끔씩 쓰고 정기 회의와 영화 상영에도 참석할 생각이었지만, 그의 사임을 편집 방향의 변화에 대한 항의로 보는 시각도 있었다. 그가 독자들에게 전한 설명은 이랬다. "이런 생각이 들었습니다. 나는 지쳤다. 당분간 〈작은 평론〉은 더 젊고 생기발랄한 사람이 운영을 지켜보게 하자."

1930~1939

갈림길

"다른 고아원들은 범죄자를 길러내지만 우리 고아원은 공산주의자를 길러낸다"고 코르차크는 농담하곤 했다.

유머러스하게 말했지만 사실 그의 고민은 가볍지 않았다. 1930년대 초, 코르차크에게 배우던 여러 수련생이 불법 조직인 공산당의 지하 세포조직 모임에 나가고 있었다. 세계경제가 공황에 빠져들면서 폴란드의 실업률은 급증했고, 이를 구실로 파시스트 우익단체들은 반유대주의 운동에 박차를 가하고 있었다. 수련생들은 종교를 초월한 형제애를 주장하는 국제공산주의에서 문제의 해법을 찾으려 했다. 공산주의 선전 책자를 고아원 아이들 손에 쥐어주며 베개 밑에 숨겨놓게 했다. 아이들이 정치 선전물을 학교에 가져온다는 교사들의 항의가 스테파에게 전해지자, 스테파와 코르차크의 근심은 깊어졌다. 고아원에서 공산주의 활동이 벌어지고 있다는 신고라도 들어가면 고아원 문을 강제로 닫아야 할지도 몰랐다.

정부는 가난해서 살기가 어려워지자 범죄와 성매매가 급증하게 된 책임을 뒤집어씌울 희생양을 찾고 있었다. 또 세력은 작지만 목소리가 큰 공산주의 운동에 위기감을 느끼고 있었다. 그래서 고아원을 나와 떠도는 청년들을 의심의 눈초리로 보았다. 정부는 과격한 그 청년들이 어린 세대를 물들이는 것을 막고자, 고아원 졸업생

중 옛 고아원에 찾아가 아이들에게 올바른 가치관을 심어줄 자원자들을 모집했다. 그러나 이 기획에는 큰 허점이 있었다. 이렇게 결성된 이른바 '고아원 졸업생 봉사단'은 오히려 이 봉사 기회를 이용해 정부가 척결하려고 하는 바로 그 불온사상을 퍼뜨리는 경우가 더 많았다.

크로흐말나 거리를 다시 찾은 고아원 졸업생 봉사단에도 공산주의 선동가들이 섞여 있었다. 직업은 없고 가슴에는 응어리를 품은 졸업생들은 공산주의자 수련생들에게 코르차크 앞에서 당당히 의견을 밝히라고 부추겼다. 코르차크를 가리켜 "순진한 인본주의자" "인민의 적"이라 부르기도 했다.

볼레크 드루키에르는 교육에 관심이 많다기보다는 거처가 필요해 부르사에 합류한 수련생이었다. 그는 이렇게 말했다. "저는 선생님이 선량하지만 무력한 졸업생을 배출하는 전형적인 부르주아 교육가라고 생각했어요. 그 시절 제 눈에는 세상의 좋은 점보다 나쁜 점만 보였지요. 저는 자본주의를 반대했고, 대중을 위한 문화를 만들어가야 한다는 생각이었어요. 그리고 우리의 사상을 관철하려면 과격하고 무자비하게 나아가야 한다고 믿었어요."

코르차크는 한 수련생이 왜 공산당에 동조하지 않느냐고 묻자 이렇게 대답했다. "생각 자체는 좋지만 그건 깨끗한 빗물 같은 것이네. 현실이라는 홈통을 따라 흐르다 보면 더러워지기 마련이야." 또 어떤 수련생이 마르크스를 읽어보라고 권하자 이렇게 쏘아붙이기도 했다. "자네가 태어나기도 전에 벌써 다 읽어봤네."

가끔은 수련생들에게 1900년대 초에 지하운동에 가담했던 경험담도 들려주었다. 1905년과 1917년 혁명의 폭력을 목격하고 나서 이념이란 것에 환멸을 느끼게 된 이야기도 했다. "인생이 늘 그렇지만, 혁명도 약삭빠른 자가 윗자리로 올라가고 순박한 자는 밀려나기 마련"이라고 했다. 혁명 사업이란 "따분할 정도로 독선적"일 뿐 아니라, "사회를 뜯어고치려는 피비린내 나고 참담한 시도"로서, "인간 존엄성을 철저히 무시한다고밖에 볼 수 없는 광기와 폭력, 만용의 집합체"라고 했다.

코르차크는 다른 사람의 생각을 바꾸려고 하지 않았다. 사람은 자신의 경험을 통해 배워야 하며 스스로 보고 느낀 것만을 믿어야 한다고 생각했기 때문이다. 그러나 1931년 5월 1일, 졸업생들이 수련생들에게 새로 출범한 교원노조의 깃발 아래 다른 공산주의자들과 함께 행진하자고 부추기자, 코르차크도 가만히 있을 수 없었다. 그날 저녁 코르차크는 수련생들에게 그 무엇보다 고아원에 충실해줄 것을 요구했다. 다시 말해 정치활동으로 고아원에 위험을 끼쳐서는 안 된다고 했다. 한번은 수련생들이 교원노조에서는 여름 캠프 교사의 하루 근무시간을 여덟 시간으로 못 박고 있다고 당당히 말했다. 여기에 코르차크는 차분하게 대답했는데—그 자리는 월급 받고 일하는 자리가 아니므로 그런 요구를 할 권리도 없지만—설령 그럴 권리가 있다 해도 파업은 교사의 소명에 어긋난다는 것이었다. 스테파의 반응은 보다 직선적이었다. "아니 모든 고아원 교사들이 다 불평 없이 열네 시간 이상씩 일하는데 근무시간 단축이라니 어떻게 그런 말을 꺼낼 수 있어?"

당시 고아구호회 회장이던 막시밀리안 콘은 고아원 내의 갈등을 완화해보려고 졸업생들, 부르사, 경영진을 한자리에 모아 서로에게 가진 불만을 밝히도록 했다. 코르차크는 코와 목이 붓고 눈병까지 나서 기력이 없는 상태로 회의 자리에 나왔다. 그는 예전에 자신이 그토록 아꼈던 아이들이 제1000조를 선고받았던 과격한 아이의

갈림길

295

주장에 휘둘리고 있는 것을 보고 너무나도 안타까웠다.

불만을 품은 이들이 한 사람씩 일어나 코르차크의 잘못을 지적했다. 그가 고아원을 화목한 보금자리가 아닌 과학 실험실처럼 운영한다고 했다. 아이들을 마치 기니피그처럼 무게를 달고 키를 잰다고했다. 일단 졸업하고 나면 관심을 뚝 끊는다고도 했다. 아이들에게 바깥세상에서 먹고살 기술을 가르쳐주지 않았다고 했다.

코르차크는 자리에서 일어나 조목조목 자신의 입장을 변호했다. "우리 고아원이 교육기관일 뿐 아니라 과학기관인 것은 사실입니다. 하지만 저는 우리 고아원의 키와 몸무게 차트가 다른 고아원에도 참고가 되기를 바랐습니다. 다른 고아원에서 아이들을 재보고 우리 고아원 같은 결과가 나오지 않으면, 가령 자기들 급식이 부실하다거나 침실 온도가 적정치 않다거나 실내 공기가 탁하다거나 하는 문제점을 깨달을 수도 있을 거라고 생각했습니다. 아이들에게 기술을 가르치지 않았다는 지적에 대해서는, 저는 아이들이 이곳에 머무는 몇 년 동안 직업 기술보다는 삶의 기술을 배우는 게 더 중요하다고 생각했습니다."

몇몇 졸업생이 그의 말을 가로막으려 하자 그는 강경하게 말을 이어갔다. "버려진 조그만 화분을 가져다 키워서 건강하고 튼튼하게 만들어준 게 잘못이라는 건가요? 물론 그 과정에서 배우기도 했고 실수도 했지만 말입니다. 남을 비판하는 것은 쉬운 일입니다. 하지만 스스로 충만한 사람은 자기 삶의 역경을 교사나 부모의 책임으로 돌리지 않습니다. 기술이 있어도 일을 못 구하는 요즘 같은 마당에 그런 이유로 제 교육 방식을 비난하는 것은 부당합니다."

수련생과 졸업생들은 대부분 잠잠해졌다. 몇몇 골수 비판자들만 계속 투덜거렸다. 코르차크가 자신들의 비판을 진지하게 받아들이지 않았으며, 자신들을 아이처럼 대했다고 했다. 고아구호회 회장이 단호한 결론을 내리면서, 그날 저녁 회의는 응어리를 남긴 채 마무리됐다. 회장은 공산당에 몸담은 청년들에게, 나라를 운영하기에는 아직 어리니 그동안 고아원 운영은 사회에 맡기라고 했다.

그리고 얼마 뒤, 코르차크가 상기된 얼굴로 부들부들 떨며 이고르 네베를리의 아파트에 찾아왔다. 그 무렵 네베를리는 코르차크의 고아원을 나온 바샤라는 수련생과 결혼해 살고 있었다. 네베를리는 파리에 사는 선생님 여동생에게 나쁜 소식이라도 있나 하고 걱정했다. 코르차크는 자리에 앉아 커피를 마시고 나서야 무슨 일이 있었는지 부부에게 들려주었다. 그날 오후 교육대학 강당에서 수업을 하는데, 전에 코르차크에게 수련받았던 학생 한 명이 일어나 코르차크를 공개적으로 비난했다. 코르차크가 연단에 선 채 학생과 대화를 시도하자, 학생은 다른 수강생들을 향해 코르차크는 위험한 사람이며 그에게 아이들 교육을 맡겨선 안 된다고 외쳤다는 것이다. 네베를리는 코르차크가 그토록 냉정을 잃은 모습을 처음 보았다.

그러나 코르차크는 뒤끝이 있는 사람이 아니었다. 그는 비판자들을 이렇게 놀리곤 했다. "혁명이 일어나면 나를 어느 가로등에 목매달 생각인가?" 심지어 어느 모의 재판극에서는 자신이 공산당 관리 세 명의 역할을 맡기도 했는데, 셋 다 야누시 코르차크의 수련생 출신으로 이제 그에게 정치적 심판을 내려야 하는 상황이었다. 세 사람은 모두 서류철에 커다란 글씨로 "유죄"라고 적는다. 첫 번째 관리는 코르차크의 고아원에서 일했던 자기 전력이 드러날까 두려워서, 두 번째 관리는 독한 술에 취해서, 세 번째 관리는 코르차크가 반동적이고 반혁명적 인물이라고 보아 유죄를 선고한 것이었다.

코르차크는 공산주의자 수련생들과 의견 차이가 있었음에도,

볼레크 드루키에르를 비롯한 이들이 취업하러 고아원을 떠날 때 추천서를 써주었다. 그리고 스테파는 여자 수련생들이 정치범으로 수감되면 교도소에 음식을 싸 들고 찾아다닌다고 알려져 있었다. 자신의 교육 방식에 대한 수련생들과 외부의 비판에 답하려는 의도였을까, 코르차크는 고아원이 개원하고부터 21년간 배출된 졸업생들을 추적 조사해 그 결과를 발표하기도 했다. 졸업생들의 직업과 일부 졸업생들이 이민 간 나라(아르헨티나, 브라질, 캐나다, 미국, 중국, 영국, 프랑스, 벨기에, 스페인, 팔레스타인)를 열거하고, 이렇게 보고서를 끝맺었다. "유감스럽게도 전체 졸업생 가운데 세 명은 절도죄로 형을 선고받았고, 두 명은 거지가 되었으며, 두 명은 매춘부가 되었음을 밝힌다."(그 매춘부 중 한 명이 거리에서 그를 미처 알아보지 못하고 호객하려고 했다는 이야기는 적지 않았다.)

시온주의가 유대인 문제를 푸는 해법이라고 믿었던 수련생들 또한 코르차크에게 비판적이었다. 그가 아이들을 팔레스타인에서의 새 삶으로 인도하지 않는다는 것이 이유였다.

코르차크가 시온주의에 회의를 품게 된 계기는 의대 재학 시절로 거슬러 올라간다. 1899년에 스위스를 돌아다니며 여행기를 쓰던 중, 바젤에서 열린 제3차 시온주의자 대회에 참석하는 친구를 만나러 회의장에 "우연히" 들렀다. 그의 눈에 비친 회의장 분위기는 한결같이 "부르주아적"이었고, 동유럽 유대인의 문제를 중동의 사막에서 해결하려 한다는 발상은 지극히 "유토피아적"으로 생각되었다. "허세로 가득한" 연설들은 끔찍했고, 그는 자신의 관심을 끄는 유일한 언어는 아이의 언어뿐임을 깨달았다.

1925년 바르샤바에서 열린 유대민족기금 회의에 참석을 요청

받았을 때도—"아주 대단하고, 아주 용감하고, 아주 어려운 사업"이라는 점을 인정하면서도—같은 이유로 거절했다. 그는 회의 주최 측에 자신들의 계획이 "돌아가려는 것인지 도망치려는 것인지", 또 그 동기가 "과거에 대한 회한인지 미래에 대한 염원인지" 짚어보라고 촉구했다. 자신은 "외로운 길을 혼자 걷는 사람"으로서, 그들의 선전 활동이 목적을 이루는 데 필요한 수단이라는 것은 알지만 반감이 느껴진다고 했다. 메시아는 침묵 속에서 태어나야 한다는 것이 그의 생각이었다.

그는 회의에 참석하는 것을 거부했지만, "유대인의 나라를 건설하려는 형제들"에 대한 연대 표명 차원에서 하루치 급여에 해당하는 금액을 기부해달라는 유대민족기금의 모금 요청서에는 서명했다. 그러나 그는 여전히 보편주의적 입장을 고수했기에 팔레스타인에 사는 지인에게 보낸 편지에 이렇게 적기도 했다. "내게는 '인간'의 문제, 인간이 지상에서 겪는 과거와 미래의 문제에 가려 '유대인'의 문제는 미약해 보이는 면이 있네." 그리고 기독교인과 유대인은 "같은 하느님의 자녀들"이라고 했다. "아무리 숭고한 뜻"도 증오와 인종 갈등에 처참히 짓밟히고 있는 현실은 폴란드나 팔레스타인이나 마찬가지라고 했다(아랍인들과의 갈등을 두고 한 말이다). 인간의 삶이 그렇기 마련이라고 했다. 그리고 그는 늘 물었다. "왜?"

코르차크의 수련생 중에는 하쇼메르 하트자이르✦라는 좌파 시온주의 단체에 가입한 이들도 있었다. 팔레스타인 이주를 준비하는 청년 단체였다. 외부 연사를 초빙하는 일을 맡았던 열아홉 살 모셰 제르탈은 야누시 코르차크에게 교육을 주제로 강연을 부탁하려고

✦   히브리어로 '청년방위대'.

찾아가는 길에 무척 긴장했다. 어두침침한 가로등 불빛 아래서 크로흐말나 거리의 여기저기 부서진 자갈길을 걸으며, 코르차크가 "날개라도 달고 있지 않을까" 상상했다. "작업복 위에 소탈한 덧옷을 걸치고 있는 이 사람이 그 유명한 코르차크 선생이라니 믿기지 않았어요. 거의 수도사 같은 느낌이었어요."

제르탈은 평소처럼 낯선 사람에게 경계심을 내비치며 말을 아끼는 코르차크의 태도에 불안했다. "자네들 모임에서 강연해달라고? 안 되네. 못 하네. 나는 도움 될 말을 해줄 게 없네." 그러고는 "자네들이 나보다 아는 게 많아" 하고 덧붙이는데, 진담인지 농담인지 알 수가 없었다. 하지만 코르차크는 늘 그랬듯이 방문객의 진실성을 시험하기 위한 문을 열어놓았다. "토요일 오전, 고아원 신문 낭독 시간에 와보고 싶으면 와도 좋네."

코르차크에게 다가가려면 아이들을 거쳐야 한다는 사실을 제르탈도 곧 깨달았다. 그는 토요일 신문 낭독 시간에 몇 번 참석한 뒤, 마침내 용기를 내어 코르차크에게 물어보았다. '청년개척단'의 연례 뱃놀이 여행에 고아원 아이들 몇 명을 참가시켜도 되겠냐고 했다. 그날은 캠핑을 하고 모닥불을 피우며 노는 '라그 바오메르'라는 봄철의 유대 명절이었다. 코르차크는 허락했을 뿐 아니라 비스와강 선착장에 아이들을 직접 데리고 나타났다. 제르탈은 이렇게 말했다. "챙 넓은 검은 모자에 둥근 안경을 쓰고 입에 늘 담배를 물고 계신 모습이 무척 인상 깊었어요. 정말 지식인처럼, 그것도 세기 전환기의 폴란드 지식인처럼 보였어요."

하쇼메르 하트자이르 회원들은 1박 캠핑 여행을 떠나러 바르샤바 곳곳에서 모인 수백 명의 유대인 아이들 사이에서 코르차크의 고아들이 불편해하지 않도록 신경을 써주었다. 모든 아이에게 들고 갈

아이들의 왕

텐트와 배낭에 담아 갈 쌀자루가 지급되었다. 코르차크는 한쪽에 서서, 아이들이 짐을 잔뜩 지고 가파른 제방에서 폴짝 뛰어 배의 좁은 디딤판에 올라타는 모습을 날카로운 눈으로 지켜보았다. 그리고 마지막으로 배에 탔다. 술 취한 폴란드인 둘이 비틀거리며 선착장에 올라와 아이들에게 뭐라고 소리치며 시비를 걸었다. 코르차크가 그들의 말씨처럼 거친 폴란드어로 차분하게 뭐라고 말하자, 술꾼들은 조용해져서 갈 길을 갔다.

캠핑을 마치고 돌아오는 배 위에서, 제르탈의 눈에 비친 코르차크의 고아들은 사뭇 달라져 있었다. 고아들 특유의 "징표"와 같던 창백한 혈색, 짧은 머리, 칙칙한 옷 색깔이 이제는 눈에 띄지 않았다. 아이들의 몸가짐은 당당하고 꼿꼿했고, 옷은 들판에서 딴 꽃으로 장식해 화려했다. 얼굴은 웃고 있었고, 뺨에는 화색이 돌았다.

아이들이 파란색과 흰색으로 된 청년개척단 깃발을 고아원에 가져간 것은 물론이었다. 사회 정의를 주제로 한 히브리어 노래도 배워 갔다. 뿐만 아니라 모국에 대한 꿈도 가슴에 품고 갔다. 곧 게시판에는 팔레스타인 지도가 등장했고, 식당에는 히브리어 전용 책상 두 개가 마련되었다.

코르차크는 라그 바오메르 캠핑 여행에서 무척 좋은 인상을 받았고, 종교에 관계없이 모든 아이가 참가할 수 있게 되면 좋겠다고 만나는 사람마다 이야기했다. 그리고 얼마 안 되어 코르차크는 그 무렵 자신이 신뢰하던 제르탈에 대한 개인적인 호의 차원에서 강연을 한 번 하기로 했다. 자녀가 '사막의 아들'이 되는 것을 허락하지 못하고 주저하는 부모들을 대상으로 한 강연이었다. 코르차크가 어떤 강연을 할지 감이 오지 않았던 제르탈은 강연을 듣고 깜짝 놀랐다. 청년운동의 중요성을 주제로 한 감동스럽고 참신한 연설이, "거기에 참여하고 있지도 않은 사람"의 입에서 흘러나오고 있었다.

1929년 6월, 고아원이 계속 유지될 수 있도록 20년간 부단히 힘써온 이자크 엘리아스베르크가 세상을 떠났다. 코르차크는 친구의 머리맡에서 고아원 아이들의 우습거나 재미있는 이야기를 들려주어 친구를 웃게 해주었다. 장례식 추도사에서는 그를 "책임감 있는 열성가"로 지칭하며, 자신이 아닌 타인을 위해 산 사람이라고 했다.

2년 뒤인 1931년 8월, 코르차크의 출판사 사장 야쿠프 모르트코비치가 바르샤바의 아파트에서 스스로 목숨을 끊었다. 평소 기분 변화가 잦았던 그는 출판업계의 불황과 불어나는 빚 때문에 실의에 빠져 있었다. 그는 파리 국제도서전을 참관하고 막 돌아와, 방에 들어가 문을 걸어 잠그고 머리에 총을 쏘았다. 절친했던 두 친구의 죽음으로 침울했던 시기, 폴란드는 세계적인 경제위기에 경제적, 정치적으로 휘청거리고 있었다. 그 시기에 코르차크는 자신의 두 번째이자 마지막 희곡《광인들의 의회》를 집필하기 시작했다. 정신병원을 배경으로 한 작품이었다.

전에 쓴 희곡 〈어느 길로?〉는 아버지의 정신병을 다룬 작품이었지만, 이번 작품에는 아예 정신병원 자체가 사회의 메타포로 등장한다. 그가 다루는 주제들은 예전과 동일하여, 개인과 세상에 내재된 광기, 믿음과 합리성을 향한 인간의 투쟁, 하느님이 선택한 구원자로서의 아이들이다. 그러나 이번에는 작가의 손안에서 광기가 통제되고 있다. 그는 정신병원 원장 자리를—코르차크 자신과 왠지 닮아보이는—선한 의사에게 맡겼을 뿐 아니라, 자신의 아버지도 부활시켜 치유해놓았다. 극의 첫머리에 등장하는 그의 아버지는 자진하여 집에 돌아와 목수 일을 하고 있고, 아버지와 함께 있는 아들 야네크는 장난감 블록을 들고 있다.

민주적으로 운영되는 정신병원은—어린이 공화국과도 비슷하게—자체적으로 간부들을 두고 있고, 의회도 있어서 의원들이 모여 인류의 죄를 심판한다. 극은 관객에게 묻는다. 진정 미친 자는 누구인가? 정신병원 안의 사람들인가? 다시 말해, 모든 음식에 설사약을 곁들여 내려고 하는 식당 주인인가? 아이를 낳으려면 면허를 취득하게 해야 한다고 생각하는 동성애자인가? 노면전차에서 자기에게 무례하게 굴었다고 여자를 총으로 쏜 살인 미수범인가? 마치 성서의 야곱처럼, 정체를 알 수 없는 누군가와 밤새도록 씨름하는 '슬픈 수도사'인가? 끊임없이 "파괴하고 불태우라!"를 외치는 가학적인 대령인가? 그게 아니라면 정신병원 밖의 사람들인가?

그것은 '무엇이 환상이고 무엇이 현실인가?'라고 묻는 이탈리아 극작가 피란델로의 목소리 같기도 하다. 그러나 그것은 정신이상자 아버지로부터 버림받은 과거와 여전히 씨름하고 있는 작가의 목소리이기도 하다. "모든 광인은 연기자일 뿐이오. 차마 현실과 맞서지 못해 쉬운 출구를 택한 것이라오" 하고 유대인 상인은 말한다. 또 한 등장인물은 "정신이상은 우리가 살면서 쓰는 여러 가면 중 하나요. 햄릿처럼, 광인의 가면을 쓰는 것이오" 하고 말한다. 그런가 하면 또 다른 등장인물의 대사에서는 아버지의 병을 물려받을까 봐 여전히 두려워하는 코르차크의 불안감이 드러난다. "이미 미친 사람은 그래도 안심하고 살 수 있지. 미칠까 봐 더는 걱정할 필요가 없으니까."

그런데 이 미친 세상에서 하느님은 대체 어디에 있는 것일까? 어쩌면 자기가 필요 없다고 생각해 도망쳤는지도 모른다. 하느님이 인간의 어리석음을 보다 못해 숨어버렸다는 발상은 코르차크가 머릿속에서만 생각하던 아이디어였으나, 이 극의 서막에서 마침내 구현되었다. 서막은 하시디즘 유대교의 엉뚱하면서 유머러스한 전래

갈림길

설화와 상당히 비슷한 풍으로 전개된다. '슬픈 수도사'('슬픈 왕'과 많이 닮았다)가 무대 전면에 등장해, 하느님이 세상에서 사라지려고 했던 시절 이야기를 어린 야네크에게 들려준다. 사람들은 하느님을 찾으려고 안달하며 신문에 하느님의 행방을 아는 자에게 포상하겠다고 광고도 냈다. 하느님은 지문도 사진도 남기지 않았고, 소문만 무성했다. 새에게 모이를 주는 것을 보았다는 사람도 있었고, 매춘부들과 이야기하는 것을 들었다는 사람도 있었다. 그러다가 어린 여자아이가 종달새 둥지에서 마침내 하느님을 찾아냈다. 그러자 하느님은 황금과 대리석으로 최근에 세워진 신전에 꼭 나타나겠노라고 약속했다. 사람들이 원하는 대로 모두가 볼 수 있게, 왕의 망토를 걸치고, 백마 네 필이 끄는 무개 사륜마차를 타고, 개선문을 통과했다. 하느님은 행차 중간에 마차를 한 번 세웠는데, '믿음'이라는 이름의 노파 앞에서였다. 노파는 눈먼 '정의'와 '소망'과 함께 벽에 몸을 붙이고 서서, "살다 보니 하느님을 내 눈으로 보게 될 줄이야" 하고 중얼거렸다. 하느님은 일어서려고 하는 듯하다가 손만 흔들고 다시 자리에 앉았다. 행차는 성공리에 진행됐고, 불미스러운 일은 절도 몇 건 그리고 군중 가운데 한두 명이 실신한 것밖에 없었다. 신전에 도착한 하느님이 마침내 전한 메시지는 간단해서 좋았다. "내 자녀들아, 서로를 사랑하거라!" 그러나 외무부의 한 고관이 보기에 그 메시지는 너무 모호하고 명확하지가 않았다. 그날 밤, 하느님은 왕좌에서 일어나 한숨을 쉬고, 무거운 망토를 벗어 던지고는 쪽문으로 도망쳤다. 있을 수 없는 일이었다. 사람들이 들인 돈과 정성이 모두 허사가 된 것이다. 다시 추격전이 벌어졌다. 이번에 하느님은 블루베리로 변해 낮잠을 자기도 했고, 짐마차에 타고 마부와 한가로이 이야기를 나누기도 했고, 들쥐를 타고 들판을 가로지르기도 했으며, 도살장에

아이들의 왕

서 슬피 울기도 했고, 은방울꽃의 꽃잎 속에 숨기도 했다. 그러다가 울타리 너머로 아이들이 노는 것을 지켜보던 중 정보기관 요원에게 발견되었다. 그 순간 하느님은 하늘로 올라가, 꽃잎이 되어 비처럼 내렸다. 떨어지는 꽃잎들은 아이들의 가슴속으로 들어갔다.

당시 폴란드의 국민배우였던 스테판 야라치가 한 유명 여배우의 집에서 대본 낭독을 듣고, 자신이 '슬픈 수도사' 역에 적격이라고 생각했다. 첫 리허설은 야라치가 건립해 운영하던 아테네움 극장에서 열렸다. 극장은 비스와강 인근, 구시가지에서 멀지 않은 곳에 있었다. 철도노조의 후원을 받던 극장으로 사회문제를 다룬 연극을 주로 상연했다. 코르차크는 배우들과 함께 큰 원형 탁자 앞에 앉아, 모든 배역의 대사를 낮은 목소리로 표정 없이 읽었다. 입에는 계속 담배를 물고 있었다.

그 자리에 있었던 배우 헨리크 슐레틴스키는 이렇게 기억한다. "남루한 재킷에 인부용 장화 차림인 코르차크 선생의 모습에 우리는 모두 놀랐어요. 우리가 생각했던 유명 작가의 모습과 거리가 멀었거든요. 안경테까지도 둥근 싸구려 금속 테였어요. 안경을 벗으니 잠을 못 잤는지 눈언저리가 벌겋더군요. 대본 낭독이 끝나고 다 함께 의논하고 있는데, 선생이 세상에서 유일하게 흥미로운 사람은 미친 사람과 아이라는 말을 했어요. 그리고 자리를 뜨려고 일어나는데, 손에는 벌써 새 담배 한 개비가 들려 있더군요."

출연진 대부분은 트보르키의 정신병원을 방문해보라는 코르차크의 권유를 따랐다. 병원에 도착하자 앞마당에 나와 있는 환자들이 보였다. 한 환자는 양팔을 옆으로 쫙 펴고 조각상처럼 서 있었다. 열세 살가량의 한 남자아이는 고개를 한쪽으로 꼬고 뻣뻣하게 앉아 있었다. 스테판 야라치는 정신병자들을 실제로 본 뒤 충격에 빠져 심란해하며, 바르샤바로 돌아가는 기차 안에서 한마디도 하지 않았다. 코르차크의 아버지가 한때 그곳에 수감되었을지도 모른다는 생각은 아무도 하지 못했다.

리허설은 매일 밤 11시, 현재 상연작의 공연이 끝나고 무대를 정리하고 나서 진행되었다. 유제프 발체라크는 휑하고 깜깜한 객석에 코르차크와 나란히 앉아 스테판 야라치를 한 시간 반 동안 기다렸던 일을 기억한다. 술꾼에 바람둥이였던 야라치는 걸음을 좀 비틀거리며 나타났다. 코르차크는 고아원 아침 일과 때문에 일찍 일어나야 해서 새벽 2시에 자리를 떴지만, 리허설 구경이 처음이던 발체라크는 새벽 4시까지 자리를 지켰다.

첫 공연 날인 1931년 10월 1일, 코르차크는 관객들의 반응을 관찰하기 좋은 발코니석 맨 뒷줄에 이고르 네베를리와 함께 앉았다. 무대는 황량했다. 칼 모양의 바늘 하나만 달린 시계 밑에, 종이 점토로 만든 커다란 지구 모형이 덩그러니 놓여 있었다. 극에 등장하는 광인들은 엉뚱하고 위트가 있었지만, 극 자체는 내내 차분했다. 그러나 '슬픈 수도사'로 분한 야라치가 무대 전면에 등장해 인류에 축복과 용서의 메시지를 보내는 장면에서, 코르차크를 아는 사람이라면 누구나 그가 곧 코르차크임을 짐작할 수 있었다. "벗이여, 먼 벗과 가까운 벗, 유명한 벗과 이름 없는 벗이여, 형제자매 사촌들이여, 약한 자여, 슬픈 자여, 배고픈 자여, 갈구하는 자여. 그대들은 실수를 저질렀으나 죄를 짓지는 않았노라. 어찌해야 할지 몰라서 그랬으나, 잘못된 길로 빠지지는 않았도다. 내 따스한 손을 그대의 지친 머리 위에 얹어주리니."

공연이 끝나자 관객들은 "작가! 작가!" 하고 외쳤다. 코르차크는 숨어 있던 발코니에서 마지못해 내려와, 야라치를 비롯한 배우들과

아이들의 왕

함께 무대에서 허리 굽혀 인사했다. 바르샤바의 많은 지식인들이 코르차크의 첫 극작품을 성원하러 객석을 찾았다. 그러나 그날 공연장에서의 열띤 반응에도, 평론가들의 평가는 엇갈렸다. 대부분 서막이 본막보다 나았다는 의견이었다.

가톨릭으로 개종한 유대인 가정에서 자란 시인이자, 당시 영향력이 지대했던 연극 평론가 안토니 스워님스키는 이렇게 적었다. "이 연극의 제작진은 훌륭하다—아테네움 극장, 빼어난 배우 야라치, 매혹적인 작가 코르차크. 그러나 만들어진 결과물은 유감스럽다. 코르차크는 현대 세계의 모든 병폐를 두 시간 동안 말로 해결하려고 한다. 그는 하느님 이야기를 숱하게 하지만, 그 하느님이 기독교의 신인지, 이교의 신인지, 유대교의 신인지는 아무도 모른다."

또 어느 평론가는 코르차크의 작품을 폴란드의 저명한 극작가 지그문트 크라신스키와 스타니스와프 이그나치 비트키에비치의 작품과 비교하며, 극의 등장인물들을 이렇게 표현했다. "엄청난 아픔을 안고 있는 철학적 광인들, 수많은 형제들을 구원하고자 스스로 정신이상이라는 짐을 짊어진 인간들 …… 이 광인들이 나서서 뭔가 실제로 하게 만들 수만 있다면, 이 극은 흥미로운 현대극이 될 수도 있을 듯하다." 유대인 극작가라면 언제든 비난할 태세가 되어 있던 어느 우파 평론가는 이렇게 불만을 드러냈다. "야누시 코르차크(골트슈미트)는 광인들 대부분이 우리 사회를 비웃는다고 말하고 있다. 그는 군대를 비판하고, 반정부적 입장을 취하고 있다."

"웃는 도시"로 불리던 바르샤바의 시민들은 철학적 광인이라는 소재를 별로 달가워하지 않았다. 코르차크의 연극은 51회 상연을 끝으로 막을 내렸고, 리비우에서 단기간 상연되었다. 어느 신문 인터뷰에서 희곡을 출판할 계획이 있느냐는 질문을 받고, 코르차크는 미

갈림길

완의 소품이라 다음 기회에 더 다듬을 생각이라고 답했다. 그러나 이고르 네베를리에 따르면, 코르차크는 자신의 메시지가 대중에 호의적으로 받아들여지지 않은 것에 낙담했다고 한다. 세월이 많이 흐른 뒤에야 비로소 사람들은 이 정신병원이 제2차 세계대전 전의 세계를 그대로 반영하고 있다는 사실을, 그리고 책을 불태우고 발명가와 이상주의자, 유대인, 국회의원을 모조리 교수형에 처하라고 외치던 대령은《나의 투쟁》을 쓴 광인과 꼭 닮았다는 사실을 깨달았다.

희곡《광인들의 의회》가 극심한 혼란으로 치닫고 있던 세상에 질서를 부여하려는 시도였다면, 코르차크가 같은 시기에 집필한《인생의 법칙》은 어린이들에게 그들의 세상에 질서를 부여할 방법을 알려주려는 시도였다. 급히 쓰인 이 책에서("중간에 멈추기라도 했다면 원고를 찢어버렸을 것"), 그는 아이들에게 부모와 교사, 형제자매, 친구가 엇갈린 메시지를 보낼 때 어떻게 해야 하는지 조언하고 있다. 그가 이 책을 구상한 계기는 한 소년에게서 받은 편지였다. "저 같은 아이들은 너무 분하고 슬퍼요. 우리는 인생의 법칙을 모르거든요."

책 제목은 아마 톨스토이가 말한 '인생의 법칙'에서 착안한 것으로 보인다. 하지만 그 내용은 코르차크가 직전에 탈고한《아이의 존중받을 권리》와 자연스럽게 이어지는 듯하다. 그 책에서 코르차크는 이렇게 힘주어 말했다. "우리는 아이를 외국인이라고 생각해야 한다. 거리의 지도를 읽지 못하는 외국인, 법규와 관습에 무지한 외국인이다. 그는 가끔 혼자 관광 다니는 것을 즐긴다. 그러다가 뭔가 난관에 부딪치면 주변에 정보와 조언을 청한다. 질문에 친절히 답해줄 안내자를 구하기도 한다."

아이들의 왕

그는 이제 그 역할을 할 안내서를 쓰고자 했다. 그는 어린 독자들에게 본인이 보고 느낀 것을 믿으라고 당부한다. "누구나 자기 안에 온 세상을 품고 있습니다. 세상 모든 것은 두 번 존재합니다. 한 번은 원래 그대로, 또 한 번은 각자가 보고 느낀 대로."

자기만의 꿈을 꾸되, 삶을 있는 그대로 받아들일 줄도 알아야 한다고 했다. "기쁜 날도 있고, 슬픈 날도 있습니다. 성공할 때도 있고 그렇지 않을 때도 있습니다. 햇살이 화창할 때도 있고, 비가 내릴 때도 있습니다. 어쩌겠습니까?"

그렇다면 인생의 법칙은 무엇인가? 그것은 저마다 스스로 찾아내야 한다. 비법이라면 실수에 낙담하지 않고 정직하게 사는 것이다. "진솔하고, 정의를 추구하며, 남을 배려하는 사람이 누구에게나 가장 사랑받는 사람입니다."

몇 년 뒤, 코르차크는 아이들을 대상으로 책을 또 한 권 냈다. 《마법사 카이투시》였다. 악당이 주인공인 모험소설로, 말썽을 피우지 않고는 좀처럼 가만히 있지 못하는 아이들에게 바치는 책이다. 저자는 이렇게 말한다. "인생은 이상한 꿈과 같습니다. 하지만 의지가 굳세고 남에게 봉사하고자 열망하는 사람에게는 그 꿈이 아름다운 꿈이 될 수 있습니다. 비록 목표로 가는 길은 구불구불하고 머릿속은 혼란스럽겠지만요."

카이투시는 코르차크가 특별히 아끼던 말썽쟁이들을 닮은 아이였다. 어느 날 갑자기 마법의 힘을 갖게 된 그는 사람들을 뒤로 걷게 하고, 시계를 마음대로 움직이고, 교통정체를 유발하는 따위 사고를 친다. 그러나 여러 가지 시련을 거치면서 자신의 힘을 현명하게 쓰는 법을 배우게 된다. 그중 가장 힘든 시련은 사악한 마법사의 성탑

갈림길

에 갇힌 것이었다. 그 챕터를 고아원 아이들에게 시험 삼아 들려주었는데 아이 하나가 그의 팔을 붙잡고 울었다. "너무 끔찍해요!"

"마법사 이야기는 원래 무서운 거야." 코르차크가 아이를 달랬다.

"그래도 이건 너무 무서워요." 아이가 몸서리치며 말했다.

그 아이가 그날 밤 악몽을 꾸었기에, 코르차크는 아이가 무서워했던 부분을 모두 줄을 그어 지웠다. 출판된 책은 그 챕터의 여러 쪽이 비어 있었고, 무서운 대목을 왜 삭제했는지 설명이 적혀 있었다.

카이투시의 시련은 마법사의 성에서 탈출한 뒤에도 끝나지 않는다. 그는 한 마리 개가 되어 겸손을 배우게 된다. 다시 인간으로 돌아갈 자격을 얻고 나서는 중국과 아프리카의 병원과 교도소에서 인간의 고통을 목격하게 된다. 에스키모의 나라로 가는 길에, 어느 두려움 없는 자의 무덤에서 이런 목소리가 들려온다. "스스로를 엄히 다스리고 용감하여라!" 그는 "그렇게 하겠습니다" 하고 다짐한다.

대담하면서도 현명한 꿈을 꾸는 법을 배워나가는 주인공 카이투시는, 코르차크의 상상 속에서 창조된 마지막 폴란드인 소년이었다. 이후에 쓴 소설에는—《헤르셰크의 세 여행》에 나오는 헤르셰크처럼—'약속의 땅'을 꿈꾸는 유대계 폴란드인 소년들만 등장한다.

아이들의 왕

팔레스타인

할 수만 있다면, 반년은 팔레스타인에 살면서
지난 과거를 묵상하고, 반년은 폴란드에 살면서
남은 유산을 보존하고 싶네.
유제프 아르논에게 보낸 편지, 1933

1929년, 스테파의 머릿속은 팔레스타인 생각뿐이었다. 가장 아끼던
수련생 페이가 립시츠가 팔레스타인으로 이주해 키부츠⁺ 생활을 하
려고 했기 때문이었다. 같이 따라가 몇 달 지내면서 정착을 돕고 싶
었기에, 교사 몇 명에게 자기가 맡고 있는 수많은 일을 죄다 가르쳐
주었다. 타지에서 혹시 무슨 일이라도 날 가능성에 대비해, 자기 방
벽장의 문 안쪽에 이런 쪽지까지 붙여놓았다. "얘들아, 내가 죽으면
울지 말고 학교에 가거라. 내 시신은 의학 연구에 기증해주시오."

　그러나 스테파는 페이가와 팔레스타인에 가려던 계획을 막판에
접었다. 어머니의 병세가 깊어졌기 때문이다. 묘하게도 어머니가 돌
아가신 날, 페이가의 첫 편지가 팔레스타인에서 날아왔다. 스테파는
이렇게 답장을 썼다. "자네와 같이 갔더라면 정말 한스러웠을 것이

＋　농업과 생활 공동체.

네. 어머니란 소중한 분이지 않나. 그래도 이제는 마음 편하게 여행 계획을 잡을 수 있네. 언니와 남동생은 내가 필요 없고, 고아원은 내가 없어도 잘 돌아가니까."

스테파는 어머니를 떠나보내고 정서적으로 소진되어 있었다. 인생의 유한함도 절실히 느꼈다. 페이가에게 보내는 편지에 이런 말도 썼다. "마흔넷이면 이제 노년에 접어들었다는 걸 누가 말해주지 않아도 내가 잘 알고 있네. 나는 지쳤네. 신경은 전쟁 이후로 계속 날카롭고. 이제는 좀 조용한 일을 하고 싶네. 피곤하고 쓸쓸해." 그러고는 자신의 피로감과는 상관없는 얘기인 것처럼, 이렇게 지나가듯 말했다. "선생님은 위층에 틀어박혀 계시네. 새 책을 쓰고 계시거든. 선생님이 없으니 쉽지 않아."

스테파는 페이가가 자기가 간다는 편지를 받고 얼마나 심란해할지 알 리가 없었다. 페이가가 있던 곳은 북쪽 지방의 '에인 하로드' 키부츠였다. 러시아 출신 청년 시온주의자들 300명이 8년 전에 세운 키부츠였는데, 페이가가 예상했던 것보다 여건이 훨씬 더 열악하고 위험했다. 척박한 땅 위에 태양이 사정없이 내리쬐고 아랍인들이 산발적으로 공격해 오는 곳이었다. 페이가는 그곳에서 스테파가 지낼 수 있을 것 같지 않았다.

에인 하로드를 처음 세운 사람들은 이즈르엘 골짜기의 샘(히브리어로 '하로드') 근처에 터를 잡으면 낭만적일 거라고 생각했다. 그곳은 성경에서 기드온이 미디안 군대를 치기 전에 진을 쳤던 자리였다. 그러나 실상은 말라리아가 창궐하는 늪지대였다. 게다가 아랍인들이 길보아산을 넘어와 공격하기 딱 좋은 위치였다. 그 터에서 일년 동안 질병과 자살, 무력 충돌로 백 명이 넘게 죽었다. 포기하지 않고 남은 이들은 터를 옮겨 길보아산을 마주 보는 언덕 중턱에 다시 자리를 잡았다. 요새 같은 콘크리트 건물 두 채를 지어 아이들을 보호했다.

정착민들은 트랙터를 구해 늪지대에 유칼립투스 나무를 심어 땅을 굳혔다. 언덕 위에는 소나무와 삼나무를 심어 바람을 막고, 이 즈르엘 골짜기에는 감귤나무를 심어 식량을 조달했다. 페이가가 이곳을 찾아왔을 무렵에는 처음 지었던 천막집 대신 오두막집을 새로 짓고 있었다. 나무로 간소하게 지은 오두막집들은 사는 데 꼭 필요한 것만 갖춰져 있었다. 페이가는 스테파에게 보낸 편지에서 생활이 너무 힘에 부쳐 아이들을 상대할 여력도 없다고 털어놓았다. "실망스러운 마음도 살다 보면 지나갈 것이네." 스테파는 곧바로 위로하는 답장을 쓰며, 전쟁 중에 자기 혼자 고아원을 짊어지고 고생했던 이야기를 해주었다. "나중엔 고아원에 남은 것이 과연 잘한 일인지 알 수가 없었지. 그렇지만 이미 맡은 일들이 너무 많아서 아무 생각할 겨를이 없었네."

페이가는 스테파가 팔레스타인에 오지 못하게 말려서 2년 동안은 방문을 막았지만, 결국 1931년 후반, 스테파는 편지로 "나 가네!" 하고 알려왔다. 스테파가 도착한 날은 에인 하로드 키부츠가 세워진 지 10주년이 되는 날이었다.

스테파가 이곳에서 잘 버틸 수 있을까 우려했던 페이가의 걱정은 기우로 드러났다. 이미 온갖 풍파를 겪은 스테파는 궂은 환경 따위에 좌절할 사람이 아니었다. 스테파가 찾아온 첫날 밤, 페이가는 스테파에게 차를 대접하면서 스푼을 찾지 못해 허둥거렸다. 이곳에서는 차를 러시아식으로 잼과 같이 마시기 때문에 스푼이 필요했다. 그런데 스테파는 자기가 갖고 온 깡통 따는 칼의 자루 쪽을 이미 스푼 대용으로 잘 쓰고 있었다. 스테파는 의기양양하여 외쳤다. "내가 못 먹고 있을 줄 알았지?"

　스테파는 키부츠에 머무는 석 달 동안 '어린이집'에서 일했다. 어린이집은 어린아이들을 출생 직후부터 보살피는 시설이었다. 어머니들은 밭에서 남자들과 똑같이 일했다. 스테파는 키부츠 주민들에게 실용적인 조언을 쉼 없이 해주었다. 가령 화장실 세면대 높이를 낮추라거나, 수건 양끝에 고리를 달아 어린아이들이 쉽게 걸 수 있게 하라거나 하는 따위였다. 스테파와 페이가는 함께 근무하기도 하고 교대로 근무하기도 하면서, 주민들에게 코르차크의 교육철학을 전파했다.

　폴란드에 돌아온 스테파는 다른 사람이 되어 있었다. 햇볕에 그을린 얼굴에는 생기가 돌았다. 석 달 고아원을 비운 동안 "일상과 그토록 동떨어진 경험을 할 수 있다"는 것에 본인도 놀랐다. 그해 여름 캠프에서 그녀는 흰 반팔 블라우스를 입고 단추도 몇 개 풀었다. 웃음이 더 많아졌고, 마음은 편안해 보였으며, 아이들을 대하는 모습은 거의 장난스러울 정도였다. 그러나 머릿속은 페이가가 있는 팔렌스타인으로 돌아갈 생각뿐이었다. 비자를 받기 어려운 게 문제였다.

　그해 가을, 아이들이 학교에 가 있는 시간 동안 스테파는 히브리어 수업을 들으며 팔레스타인 재방문을 준비했다. 그리고 코르차크에게 키부츠의 실험적 교육 방식에 관해 끝없이 이야기했다. 그에게 그곳 어린이집을 직접 가서 보고, 키부츠닉(키부츠 사람)들이 목말라하고 있는 조언을 꼭 해주라며 좀처럼 물러서지 않았다.

　코르차크는 스테파의 이야기를 잘 들어주었지만, 그는 새 모국을 알아보고 있지 않았다. 그에게는 이미 모국이 있었으니까. 에스테르 부트코라는 예전 수련생과 나눈 편지에서도 그런 뜻을 밝힌 적이 있었다. 부트코는 1920년대 말에 팔레스타인에 건너가 다른 키부츠에 정착해 살고 있었다. 코르차크는 "팔레스타인은 아이들에게 여전히 전설일 뿐"이라고 편지에 적었다. 자기 자신에게도 그렇다는 뜻이었을 것이다. 그에게 이민을 이야기하는 사람들은 원한과 갈망을 잔뜩 품은 듯했다. 폴란드 생활을 체념하고 받아들일 생각이 없는 반항아들이었다. 팔레스타인 망명을 선택한 이들이 적응에 어려움을 겪고 있다는 소식은 그의 심증을 굳혀줄 뿐이었다. 그들을 그 땅으로 이끈 것은 젊음의 환상 그리고 쓰라린 절망이라는 것. 그리고 유럽인들이 이제 와서 잃어버린 과거를 되찾으려 하는 것은 너무 늦은 시도라는 것. "우리의 몸과 마음은 이미 소나무와 눈의 나라에 적응되어 있네. 2천 년 전에 끊어진 끈을 다시 묶으려면 실로 막대한 노력이 들 것이네." 그리고 새로운 환경에 신체적, 정신적으로 적응하려면 10년은 걸릴 텐데, 자신은 그런 세월을 "희생"하기에는 남은 인생이 너무 짧다고 했다.

스테파는 코르차크가 자신은 히브리어를 모르니 아이들과 의사소통할 수 없다고 하는 말에 코웃음을 쳤다. 그러면 주로 젖먹이들을 보고 아직 말 못 하는 어린애들하고는 손짓 발짓으로 소통하면 되지 않느냐고 했다. 어른들과도 대화를 할 수 없다고 반론하자, 거기는 대부분 러시아 아니면 폴란드에서 이민 온 사람들이라고 했다. 어쨌거나 자기는 도움을 줄 수 있는 게 하나도 없다고 주장하니, 여기저기 키부츠에서 그와 상담하려고 줄줄이 고아원으로 찾아오지 않느냐고 했다. 사실 그랬다. 키부츠닉들이 워낙 끊임없이 고아원을 찾아오는 바람에 코르차크 본인도 바르샤바가 언제 팔레스타인 옆 동네가 됐냐고 너스레를 떨기도 했다.

스테파의 설득 덕분이었을까, 아니면 고아들이 기독교인 동네를 지나갈 때마다 놀림받고 얻어맞는 것을 보고 있기가 점점 힘들어 서였을까? 1932년 후반, 코르차크는 한때 그의 수련생이었다가 팔레스타인에 이민 가 있던 유제프 아르논에게 이런 편지를 썼다. "지구상에 아이가 진정으로 자신의 꿈과 두려움을 표현할 수 있는 나라가 하나 있다면 팔레스타인일지도 모르겠네. 그곳에 어느 이름 없는 고아를 기리는 기념비를 하나 세워야 할 것이네." 그리고 이렇게 덧붙였다. "나는 말년을 팔레스타인에서 보내며 그곳에서 폴란드를 그리며 살고 싶은 소망을 아직 버리지 않았네. …… 그리움은 영혼에 힘과 깊이를 더해주는 법이지."

그러나 그다음 해 봄에도, 그에게 팔레스타인 여행은 여전히 막연한 가능성에 지나지 않았다. "만약 운명이 내게 팔레스타인에 가라고 명한다면, 나는 그곳의 사람들을 만나러 가는 게 아니라 그곳에서 내게 잉태될 생각들을 만나러 가게 될 걸세. 시나이산은 내게 무슨 말을 해줄 것인가? 요르단강은? 예수의 무덤, 대학교, 마카베오의 동굴, 갈릴래아는? 나는 2천 년의 유럽사, 폴란드사, 유대인의 방랑을 다시 경험하게 될 것이네. …… 세상에 필요한 것은 노동이나 오렌지가 아니라, 새로운 믿음이네. 모든 희망의 근원인 아이에 대한 믿음." 그가 아르논에게 쓴 편지였다.

1933년 가을, 코르차크는 어느 우파 신문에서 자기가 팔레스타인에 간다는 "싸구려 가십"을 실은 것에 분개하여 겨울에 되도록 빨리 떠나기로 결심했다.

스테파는 지체 없이 에인 하로드 키부츠에 편지를 띄웠다. "코르차크 선생님이 그곳에 몇 주 머물러도 될는지요. 선생님은 탁아소에서 신생아나 더 큰 아기들 보는 일을 했으면 하고, 필요한 일은 무엇이든 하겠다고 합니다. 모르는 일은 가서 차차 배울 겁니다. 어린이집 일은 히브리어를 못 해서 맡지 못할 것 같다고 합니다. 키부츠 생활을 배우고자 하며, 침대와 탁자, 의자 하나씩만 내주시면 된다고 합니다. 바닥 청소라도 하겠다고 합니다."

답장은 예상한 대로였다. 야누시 코르차크 선생님이 찾아주신다면 키부츠의 영광이라고 했다.

그 당시 코르차크의 생활에는 변화가 있긴 했지만, 팔레스타인과는 관계없는 일이었다. 그는 '고아들의 집'을 나와, 유대인 거주구역 변두리의 즈워타 거리 8번지에 있는 여동생 안나의 아파트로 거처를 옮긴 상태였다. 그는 아르논에게 보내는 편지에 이렇게 썼다. "고아원에 있으면 지치고 나이 든 느낌인 데다 내가 도움도 되지 않는 것 같아 나왔네. 더 정확히 말하자면 쫓겨났네. 아마 이해가 잘 안 될 것이네. 다시 설명하고 싶지는 않네." 상당히 비통한 결정이었던 것으로 보인다. "내게 남은 것이라곤 내가 가진 생각, 그리고 미래에 대한 믿음뿐이네. 그 미래를 살아서 볼 수 있을 것 같지는 않지만."

그를 절망하게 한 것은 비단 '고아들의 집'에서 겪은 갈등뿐만이 아니었다. 그는 이렇게 글을 이어갔다. "우리는 백 년이 걸릴 전쟁을 치르고 있네. 지금은 여전히 암흑시대야. 전 인류를 상대로, 특히 아이들을 상대로, 막대한 불의가 행해지고 있네. …… 나는 오랜 세월 감수성 예민한 아이들을 관찰하며, 그들의 무력함과 속에 감춘 슬픔, 그리고 호모 라팍스+의 광포한 무례함을 지켜보았네." 그는 "곱고 여린 모든 것이 마구잡이로 파괴되고 있고, 양들이 늑대들에게 갈가리 찢기고 있는" 것만 같았다. 그는 일에 몰두함으로써 "생각의 세계에서 도망치려" 하고 있다고 털어놓았다. 이발하고 머리를 썼으

✦ 　탐욕스러운 인간.

면서 위안을 찾았지만, 그것도 이제 소용이 없다고 했다.

희망과 절망 사이를 끊임없이 오가던 이 시기에, 코르차크는 새 프로젝트에 몰두하고 있었다. 그는 '우리들의 집'에서 비엘라니 지역의 공립학교 과밀로 인해 학교에 못 다니고 있는 1, 2학년생들을 위해 실험학교를 임시로 세우고, 지난 일 년 동안 그 학교의 운영을 감독하고 있었다. 그는 수업 종, 지정 좌석 따위 아이들을 규제하던 기존 교실의 제약을 없애버리고, 모든 아이가 독립된 개인으로 대우받는 진보적 교육과정을 창설했다. 이 학교 아이들은 하고 싶은 활동을 손수 정하고, 하고 싶은 만큼 할 수 있었다. 독서든, 수학이든, 공예든, 음악이든 상관없었다. 성적은 없었고, 게임 점수처럼 계속 쌓이는 점수만 있었다. 일주일에 한 번은 교사들을 따라 공장이나 농장에 견학을 가서 물건이나 먹을거리가 만들어지는 과정을 배웠다. 코르차크는 이 학교에서 직접 가르치지는 않았지만, 주중에 시간이 나면 들러서 이야기를 들려주기도 하고 구경하기도 했다.

1933년 말에는 코르차크의 사기를 북돋아준 일이 있었다. 폴란드 사회에 기여한 사람들 가운데 소수에게만 부여되는, '폴란드 부흥 은십자 훈장'을 받은 것이다. 시상식은 크로흐말나 거리 고아원 식당에서, 고위 보건 관료들과 기자들이 자리한 가운데 스테판 후비츠키 사회복지부 장관 주재로 엄숙히 치러졌다. 코르차크와 의대 동기인 후비츠키 장관이 코르차크가 빈민가 아이들에게 헌신했던 이야기를 시작하자마자, 코르차크는 자리에서 일어나 밖으로 나갔다. 그 자리의 귀빈들은 코르차크가 그 유명하다는 기벽을 또 선보인 것인지 아니면 일부러 시상식을 모욕한 것인지 알 길이 없었다. 코르차크는 장관의 연설이 끝나고 정중한 박수 소리가 흘러나오는 것을 듣고서야 다시 나타나 청중에 사과했다. 가당치 않은 칭찬이 너무 과해 듣고 있을 수가 없었다고 했다. 그리고 폴란드공화국이 수여하는 그 명예로운 상을 개인에 대한 칭찬이 아니라 더 열심히 하라는 명령으로 알고 받겠다고 했다. 장관은 그를 따뜻하게 껴안았다.

코르차크는 팔레스타인 여행 일정은 아직 잡지 않았지만, 여행을 대비해 고대 그리스와 로마에 관한 책을 읽고 성경을 연구하고 있었다. "그 고대의 땅에서 고작 한 세대의 아이들만 바라보아선 안 되네. 여러 세기의 역사를 꿰뚫어보아야만 하네"라고, 그는 아르논에게 보낸 편지에 적었다. 코르차크가 오기를 눈 빠지게 기다리고 있던 아르논이 팔레스타인의 불안정한 여건 때문에 주저하는 것이냐고 묻자, 코르차크는 답장에 쓰기를, 자신이 품은 의심은 외부 상황에 관한 것이 아니라 자기 자신에 관한 것이라고 했다. 쉰여섯이란 나이는 "아무 목적 없이 또는 그저 평범한 인간적 호기심을 충족시키기 위해 세계를 돌아다니기엔 너무 많은 나이"라고 했다. 그곳 정착민들에게 폴란드에 대해 무슨 이야기를 해줄지, 또 돌아와서 이곳 사람들에게 무엇을 전해줄지 미리 고심해봐야 한다고 했다. "나는 게으른 것도 무심한 것도 아닐세. 다만 내가 자란 곳, 내가 사는 곳은 이곳이라 그러네. 나는 이곳 전통과 관습에 익숙하고 언어에도 능숙하지만, 그곳에서는 모든 것이 낯설고 어려울 것이네." 그렇지만 별일 없으면 8월 중순경에는 가겠다며 아르논을 안심시켰다.

여름이 다가오자 스테파는 코르차크에게 날짜를 확실히 못 박게 했다. 고아원 아이들이 캠프에 가 있고 강의 일정도 없는 7월 중에 가는 것으로 다짐을 받았다. 그러나 코르차크는 출발 직전에 자기는 단 3주밖에 머물 시간이 없다고 고집했다.

팔레스타인

"여행의 목적은 자기 자신을 찾는 것 또는 하느님을 찾는 것"이라고 코르차크는 말년에 적었다. 그러나 아테네를 떠나 팔레스타인으로 향하는 배 위에서도, 그는 아직 자신의 진짜 목적이 무엇인지 알 수 없었다. 당시 아돌프 히틀러는 독일의 수상에 취임해 있었고, 몇 달 전에는 폴란드-독일 불가침조약이 체결되었다. 히틀러가 최근에 특사로 보낸 요제프 괴벨스는 바르샤바에서 성대한 환대를 받기도 했다. 앞으로 폴란드의 유대인들이 처한 상황은 악화될 수밖에 없음을 코르차크는 알고 있었다. 지금 이 여행은—예전에 그가 초기 시온주의자들에게 물었던 것처럼—"도망치는" 것인가? 아니면 "돌아가는" 것인가?

그가 하이파에 도착한 날은 1934년 7월 24일, 쉰여섯 생일을 맞은 지 이틀 뒤였다. 키부츠를 대표해 그를 접대하기로 한 다비트 심호니가 선착장에서 맞아주었다. 심호니의 아내는 페이가와 어린이집 일을 함께 하고 있었다. 두 사람은 에인 하로드로 가는 버스를 기다리는 동안 하이파의 옛 거리를 둘러보았다. 코르차크는 더위에도 기운과 호기심이 넘쳤다. 궁금함을 못 참고 아랍인 노점상에게서 설탕 과자를 사기도 했다. 한번 맛보고는, 지나가던 아랍 소년에게 남은 것을 주었다.

하이파를 출발한 버스가 북쪽으로 달리며 가르멜산을 지나 이즈르엘 골짜기로 접어드는 동안, 코르차크는 곳곳에 줄 치고 메모한 성경책을 무릎에 놓고 역사적인 장소들을 살펴보았다. 차창 밖으로 꽃이 만개한 과수원과 갈아놓은 밭이 보이자, 그는 객관적 시각을 유지하려는 듯 수첩에 이렇게 적었다. "그래서 뭐? 호주의 사막을 개척한 이들도 비슷한 일을 다 하지 않았나? 네덜란드는 밀려드는 바닷물과 줄곧 싸웠고, 일본은 화산 폭발과 늘 싸우지 않았나? 여기는

아이들의 왕

싸울 것이라봤자 늪지대와 모기밖에 없다."

코르차크는 늦은 오후에야 피곤한 몸으로 키부츠에 도착했지만, 정착민들이 열렬히 환영해주는 데 깊이 감동했다. 조그만 자기 방을 안내받고 그가 처음 한 질문은 "어떻게 방문객에게 돈 한 푼 안 받고 이렇게 좋은 숙소를 제공할 수 있나?"였다. 더위에 쪄 죽지 않으려면 코트와 넥타이를 벗으라는 조언에는 "이걸 벗으면 코르차크란 사람은 남는 게 없는데" 하며 너스레를 떨었다. 그래도 시키는 대로 했다. 처음에는 왜 다들 강한 햇볕에 다리를 보호하지 않고 반바지를 입을까 의아했지만, 바짓단을 걷어 올려보니 정말 편안했다.

다음 날 이른 아침, 심호니는 코르차크가 방에 없는 것을 보고 놀랐다. 키부츠를 다 뒤지고 어린이집도 훑었지만 못 찾다가, 마침내 부엌에서 코르차크를 발견했다. 그는 나이 든 키부츠 주민 몇 명과 같이 앉아 감자를 깎고 있었다. 그가 설명하길, 새벽녘에 갓 구운 빵 냄새가 방에 진동했는데, 어릴 적 살던 집이 빵집 옆이었기에 어린 시절 추억에 젖었다고. 빵 굽는 이를 찾아가 이야기를 나누다가, 솥과 냄비가 덜거덕거리는 소리를 듣고 부엌으로 왔다고 했다.

심호니가 좀 더 쉬셔야 한다고 하자, 코르차크는 "나도 밥값을 해야지" 하고 말했다. 그러나 코르차크가 감자 깎는 노인들에게 붙어 실없는 얘기를 나눈 것은 속으로 다 의도가 있었다. 노인들은 일하면서 폴란드어나 러시아어로 그와 대화가 가능했다. 이런저런 키부츠 생활 이야기를 들으면서 행간의 의미도 읽어냈다. "라즈베리도 못 먹는 나라가 나라인가요?"라든지 "죽기 전에 딸기 한 접시 먹어보는 게 꿈이네요!" 같은 농담조의 불평을 들으며, 그는 "옛 모국이자 새 모국"인 이곳에 적응하느라 이들이 치러야 했던 정서적 대가를 헤아려볼 수 있었다. 부엌의 노인들은 이렇게 말했다. "살기가 만

팔레스타인

321

만치 않은 나라인 건 맞지요. 그래도 아이들은 좋아해요."

스테파가 예상했던 대로, 코르차크는 키부츠에 마음을 빼앗겼다. 키부츠는 어쩌면 어린이 공화국과도 비슷했다. 전통적 가족 단위가 아닌 하나의 책임 있는 공동체 단위로 생활하면서, 사회 정의나 아이의 소중함, 노동의 존엄성을 강조하는 점이 그랬다. 그는 유대인들이 농부가 되어 있는 모습을 보고 놀랐다. 태양이 사정없이 내리쬐는 척박한 땅에서 올리브와 포도, 감자, 옥수수 따위를 길러내느라 저마다 땀을 뻘뻘 흘리고 있었다. "유대인들의 두뇌가 쉬고 있다. 이곳엔 유럽인의 지적 우월감은 온데간데없고 톱과 도끼만 바삐 움직이고 있다." 그는 이렇게 적었다.

코르차크는 아이들이 밭에서 어른들을 돕는 것을 보면서, 아이들의 몸놀림이 바르샤바의 고아들과는 다르다는 것을 알 수 있었다. 바르샤바의 고아들은 누가 욕을 하고 돌을 던지면 움츠러들기에 바빴다. "영혼 속에 뜨거운 태양"을, "핏속에 불타는 바람"을 품고 자란 이 아이들은—뿌리를 다른 땅에 둔 부모들과 달리—"생물학적 의미"에서 이 땅의 아이들이었다. 그들은 새로운 종자, 이른바 '사브라'였다. 토종 선인장 사브라처럼 강인하고 끈질겼다.

코르차크는 "첫 수사에 나선 젊은 탐정처럼 열의에 차서" 어린이집들을 이리저리 살피며, 아이를 돌보는 근무자들에게 끝없이 질문했다. 하지만 아이들 앞에서는 언어 장벽 때문에 말수가 적고 조용했다. 그는 곧 상황을 타개하기 위해 언어 아닌 것으로 아이들과 소통하는 방법을 궁리해냈다. 어느 교실에 들어서면서 "셰케트!" 하고 외쳤다. 히브리어로 "조용히"라는 뜻으로, 미리 외워둔 말이었다. 아이들은 놀랐지만, 그의 장난스러운 웃음을 보고 농담임을 알아챘다. 이 재미있는 낯선 아저씨는 아이들이 그림을 그리고 있을 때 책

아이들의 왕

상 옆을 왔다 갔다 하면서 자기 펜으로 옷에 단추를 그려 넣기도 하고, 고양이의 꼬리를 길게 늘이기도 하고, 염소에 뿔을 그리기도 했다. 아이들은 그를 편안해했다. 한 남자아이는 그에게 자기가 만든 미술작품을 기념품으로 주었다.

그런가 하면 또 다른 학급의 일곱 살 아이들은 선생님들에게 미리 예고를 들었다. 영국 대사만큼 유명한 분이 손님으로 와서 아이들과 점심을 같이 먹는다고 했다. 코르차크가 들어와 교사용 테이블의 지정된 자리에 앉는 것을 27명의 아이들은 두려움에 찬 눈으로 지켜보았다. 몸이 딱딱하게 굳어서 숨도 크게 못 쉬었다. 코르차크는 분위기를 바꿔봐야겠다 싶어 근처에 앉은 한 남자아이에게 뒤를 좀 보라고 하고는 아이 앞에 놓여 있던 고기완자 접시를 훔쳤다. 아이는 곧바로 옆에 있는 아이를 의심했고, 곧 아이들은 목소리가 높아지고 주먹이 올라갔다. 싸움이 막 나려고 하는 순간, 코르차크는 절묘한 타이밍으로 사라졌던 접시를 다시 내놓았다. 그러자 긴장된 분위기는 사라졌다. 27명의 아이는 웃음을 터뜨렸고, 그 후로는 그를 편하게 대했다.

키부츠 주민들은 피곤한 일과 후에도 하루걸러 저녁마다 식당에 모여, 바르샤바에서 온 유명한 교육자로부터 아이들을 주제로 한 강연을 들었다. 사람들 앞에 선 코르차크는 약간 구부정한 자세에 반팔 셔츠는 단추가 몇 개 풀려 있었고, 흰 피부는 햇볕에 타 얼룩덜룩했다. 히브리어 통역사를 통해, 자신은 이곳의 언어와 관습을 모르는 탓에 이곳에 와서 여러 질문을 받았지만 답을 해줄 수 없다고 겸손하게 말했다. 자신의 경험을 바탕으로 몇 가지 제안을 할 수 있을 뿐이라고 했다.

그의 강연 주제는 평소처럼 아이들의 수면 패턴, 유전, 영양, 아

팔레스타인

323

이들의 유형, 학습장애, 아동기의 성(性), 교육자가 할 일 들이었다. 코르차크는 아이를 존중해야 한다는 것을 워낙 끊임없이 되풀이해 강조했기에, 세월이 흐른 뒤에도 키부츠닉들은 코르차크가 다섯 가지 계명을 남기고 갔다고 말하곤 했다. 아이를 사랑하라(자기 아이만 사랑하지 말고). 아이를 관찰하라. 아이를 압박하지 말라. 아이에게 정직하기 위해 자기 자신에게 정직하라. 무방비 상태인 아이를 부당하게 이용하는 일이 없도록 자기 자신을 잘 알라.

몇몇 부모들은 아무리 밤이 깊어도 끝까지 남아서 어린이집 운영 방법에 관해 조언을 구했다. 에인 하로드는 아이들이 1학년이 되면 어린이집이 아니라 자기 집에서 잠을 자게 하는 몇 안 되는 키부츠 중 하나였다. 문제는 낮 동안 누가 아이를 돌보느냐 하는 것이었다. 특별히 훈련받은 교육자가 맡아야 하는지, 아니면 자원하는 여성이 아무나 맡으면 되는지? 페이가는 오직 전문가만 아이를 맡아야 한다고 주장했다. 그리고 선생님의 생각은 어떠냐고 물었다.

코르차크는 이상적으로는 여성뿐 아니라 남성도 어린이집에서 일하는 것이 바람직하지만(이 제안은 그 후로도 실천되지 않았다), 아이들을 문화적 성향이 각기 다른 여러 양육자에게 맡겨 혼란스럽게 하는 것보다는, 양육 전문가를 몇 명 양성하는 것이 가장 좋다고 대답했다. 그리고 가정에서의 규칙도 어린이집의 규칙과 어긋나지 않게 해 아이가 혼란스럽지 않게 해주는 게 꼭 필요하다고 했다.

장난의 유혹을 참을 수 없었던 코르차크는 자신의 가장 중요한 조언, 즉 모든 문제는 유머를 섞어 풀라는 조언을 편지로 남겨놓고 떠났다. 편지는 자기가 간 뒤에 읽어보라고 했다.

아이들이 자꾸 학교에 지각해서 문제라고 하셨기에, 다섯 가지 해결책을 제안해봅니다.

1. 수탉 한 마리를 닭장에 넣어 방마다 놓으세요. 닭이 울면 아이들이 아침 일찍 깰 겁니다. 만약 효과가 없으면,
2. 대포를 쏘세요. 그런데 잠은 깼지만 걸음이 너무 느려서 그래도 지각을 하면,
3. 비행기로 찬물을 뿌리세요. 그런데 아이들이 너무 좋아하면,
4. 지각한 아이들 이름을 적으세요. 이미 동네가 다 아는 사실이라 상관하지 않으면,
5. 시내의 큰 신문에 공고문을 실으세요. **그래도** 아이들이 "무슨 상관이래, 누가 우리를 안다고!" 이럴 수 있습니다. 기타 등등의 방법들이 있습니다.

위에 제안한 방법들이 적절치 않다고 생각하시면 누가 더 좋은 방법을 제시해주시면 좋겠습니다.
이 편지를 게시판에 붙이셔도 좋지만 한 가지 조건이 있는데, 키부츠 식구들이 다음 문구를 밑에 적어서 붙여주십시오. "우리는 늘 시간을 잘 지키니 아이들도 우리를 본받았으면 좋겠네요."

코르차크는 에인 하로드에서 지낸 3주 동안, 늦은 오후에 종종 성경책을 들고 새로 심은 야자수 밑에 앉아, 하이파 쪽에서 산을 타고 이따금씩 불어오는 산들바람을 기다렸다. 그는 길보아산이 다윗의 저주를 받았을 때부터 줄곧 메마른 산이었음을 알고 있었다. 아들 요나단이 블레셋 사람들에게 죽은 것을 알고 사울이 비통해하며

팔레스타인

칼에 엎드려져 자결한 곳이 길보아산이었다. 다윗(코르차크는 그의 어린 시절을 글로 쓸 계획도 있었다)은 이렇게 한탄했다. "아, 용사들은 쓰러지고 무기는 사라졌구나." 옛 역사는 현재의 역사와 서로 얽혀 있는 듯했다. 초창기 키부츠 정착민들 중 많은 이들도 바로 그 산에서 스러졌다.

어느 날 동이 트기 전, 코르차크는 손전등 불빛에 의지해 돌투성이 언덕길을 3, 4킬로미터 걸어 키부츠 묘지를 찾아갔다. 함께 간 구두수선공이 기념비들을 가리키며 일러주었다. 아랍인들과의 전투에서 전설적 영웅으로 남은 시온주의자 요세프 트룸펠도르 같은 이들을 기리는 기념비들이라고 했다. 코르차크는 이름 없는 묘가 대부분인 것에 마음이 불편했다. "누구는 기억되고 누구는 기억되지 않는다는 건 정의가 아닙니다." 그가 말했다. 그러고는 이름 없는 개척자들의 묘에서 흙을 좀 떠서 폴란드에 가져가려고 챙겼다.

키부츠 체류 일정이 끝나갈 때쯤, 심호니가 팔레스타인 일대를 구경시켜주겠다고 하자 코르차크는 거절하며 이렇게 말했다. "그보다는 이곳 생활을 더 잘 아는 게 중요합니다. 텔아비브에 관심 있는 사람들한테는 텔아비브 그림엽서나 사다 주면 돼요." 그래도 요르단 골짜기와 갈릴래아 관광에는 동의했다. 그는 나자렛에 마음을 뺏겼고, 티베리아에 살고 있는 폴란드인 사제를 만나 이런저런 것을 묻기도 했다. 예루살렘은 둘러볼 시간이 몇 시간밖에 남지 않았지만, 그 시간 동안 좁은 골목길을 돌아다니고 통곡의 벽과 바위의 돔을 구경하면서, 자신이 만약 팔레스타인을 다시 찾는다면 키부츠가 아니라 이 영원한 옛 도시 예루살렘을 찾게 되리라 생각했다.

코르차크는 키부츠를 떠나려고 짐을 싸면서, 가져왔던 침대 시트와 가위, 면도기는 놓고 가겠다고 했다. 심호니 가족에게 준 나름의 선물이었는데, 그 물건들이 유물 취급을 받게 될 줄은 몰랐다. 훗날 심호니는 손님들에게 이렇게 말하곤 했다. "지금 누워 계신 그 침대 시트가 코르차크 선생님이 누우셨던 시트예요." "보세요, 이게 코르차크 선생님이 쓰셨던 가위예요."

다른 키부츠에 살던 유제프 아르논이 코르차크를 배웅하려고 하이파로 찾아왔다. 코르차크는 그에게 "모르지, 혹시 내가 돈을 1천 즈워티쯤 모으면 다시 올지도"라고 하면서 이렇게 물었다. "어쨌든 이제 돌아가면, 바르샤바 사람들에게 팔레스타인에 관해 뭐라고 이야기하면 좋을 것 같나?"

아르논은 주저하지 않고 이렇게 말했다. "폴란드인들에게는 당신들이 '팔레스타인으로 꺼지라'고 내몰았던 유대인들에게 이 나라는 꽤 살 만한 곳이더라고 해주십시오. 그리고 유대인들에게는 새 세상이 이곳에 만들어지고 있다고, 한번 모험을 걸어볼 만하다고 말해주십시오."

"유제프, 난 그런 말은 못 하네." 코르차크가 대답했다. "내 눈으로 보지 않은 것을 말할 수는 없어."

팔레스타인

327

노(老)의사

팔레스타인에 "생각"을 잉태하러 간다고 했던 코르차크였다. 그러나 귀국길 첫 기착지인 그리스로 가는 배에서, 그는 팔레스타인에서 만난 새로운 벗들을 계속 생각하고 있었다. 배에서 하룻밤을 자고, 이튿날 동 트기 전에 저절로 눈이 뜨였다. 왠지 갑판에 올라가 벗들에게 편지를 쓰고 싶은 충동이 일었다. 별 하나 없는 밤, 그의 머릿속에 가득한 것은 연신 뱃전에 부서지며 생동하는 하얀 포말이 아니라, 키부츠의 제빵소에서 피어오르던 연기, 스러진 넋들이 잠든 길보아산의 실루엣, 갈릴래아 호반의 푸른 초원이라고, 그는 편지에 적었다.

바르샤바에 돌아와서는 사람들과 인연을 계속 이어가야겠다는 생각에 한 달에 하루는 편지를 쓰는 데 할애했다. 많을 때는 봉투 30개에 주소를 적었지만, 봉투를 다 채우는 일은 거의 없었다. 심호니의 어린 딸 미아에게 보내는 편지에, 너무 바빠 "한 주가 눈 깜짝할 새에 지나간다"며 자신의 한 주 일정을 소개하기도 했다. 월요일에는 소년법원에 나가 심문을 하고, 화요일과 수요일에는 교육대학 몇 곳에 강의를 나가고, 목요일부터 금요일 정오까지는 비엘라니의 '우리들의 집'에 가 있고, 금요일 오후부터 토요일까지는 '고아들의 집'에 있고, 일요일은 집필 작업을 한다고 했다.

아이들의 왕

어느 벗에게는 마치 변명이라도 하듯, "이곳 일과가 이렇게 빡빡한데 다른 나라에서의 다른 삶을 구상할 겨를이 어디 있겠나?"라고 써 보냈다. 그는 배우 스테판 야라치를 비롯한 벗들에게 이 "용감하고도 진정성 있는 실험"을 찾아가 눈으로 직접 보라고 권했지만, 그 자신도 아직 팔레스타인 방문의 의미를 정리하지 못하고 있었다. 그는 어느 편지에 이렇게 적었다. "내가 팔레스타인 체류를 통해 무엇을 얻었는지 결론을 내리려고 모든 게 잠잠해질 순간만을 기다리고 있네. 쉽지 않은 일이야. 내가 내 감정에 진술했는지 계속 자문하게 되네."

그 "모든 게 잠잠해질 순간"은 금방 오지 않았다. 바르샤바에 돌아온 지 얼마 안 되어, 라디오 프로그램을 하나 맡아달라는 제의가 들어왔다. 거절할 수 없는 기회였다. 그는 1920년대 말에 자신의 소설 몇 편을 라디오용으로 각색하는 작업을 한 뒤로, 교육매체로서 라디오의 가능성에 큰 흥미를 느끼고 있었다. 라디오는 백 명이 아닌 수천 명의 아이들에게 한 번에 다가갈 수 있는 수단이었다. "라디오는 절대 책을 대체하지는 않겠지만, 하나의 새로운 언어"라고 한 인터뷰에서 말하기도 했다. 라디오는 그 어떤 것도 사라지지 않는 세상, 모든 것이 "불멸"이 되는 세상을 가능케 했다. 그러나 라디오라는 새로운 매체는 막중한 책임을 갖고 있기도 했으니, "가정 속으로, 일상 속으로, 사람들의 가슴속으로" 파고들 수 있는 힘이 있기 때문이라고 했다.

어린이 프로그램 편성에 관여하던 코르차크의 친구들은 그에게 또 다른 가명을 쓰게 한다는 조건으로 그의 프로그램 자리를 마련할 수 있었다. 이는 유대인 교육자로 하여금 폴란드 아이들의 가치관을 형성하게 한다는 비판을 받고 싶지 않았던 고위 간부들을 설득하기

노(老)의사

위해서였다(당시 야누시 코르차크가 헨리크 골트슈미트의 가명이라는 사실은 이미 잘 알려져 있었다). 코르차크는 심사숙고한 뒤, 익명으로라도 사람들에게 다가갈 수 있다면 그렇게 하는 것이 낫겠다는 현실적인 결정을 내렸다. 가명은 '노(老)의사'로 한다는 데 동의했다. 그리고 청취자들에게는 의뭉스럽게도 그것이 자신의 지하활동용 별명이라고 했다.

오래지 않아 따뜻하고 친근한 노의사의 목소리는 폴란드에서 유명해졌다. 사람들은 목요일 오후면 이 15분짜리 프로그램을 들으려고 퇴근길 발걸음을 재촉했다. 다른 방송 진행자들의 격식 차린 말투와 달리 좀 삐딱하면서도 마음이 담긴 노의사의 목소리는, 청취자 한 사람 한 사람의 곁에서 이야기를 들려주는 것 같았다. 코르차크의 방송 스타일은 그가 글 쓰는 스타일과 비슷했다. 일반적인 문법 규칙을 무시했고, 말과 생각들을 창의적인 무질서 상태로 나열하다가, 마지막에 가서 마술사처럼 모든 것을 하나로 합쳐냈다. 그 방식은 실로 도발적일 만큼 독창적이어서, 프로그램 중간부터 듣기 시작하던 한 청취자는 방송국에 전화해 진행자가 술이 취한 것 같다고 항의하기도 했다.

코르차크는 돼지가 꿀꿀대는 소리나 수탉이 꼬끼오 하는 소리를 실감나게 삽입해야 할 때면 고아원 아이들 중에서 오디션을 보아 성우를 뽑았다. 오디션을 볼 때면 두 고아원에서 나는 소리는 동물농장이나 다름없었다. 유대인 고아 아담 뎀빈스키는 어느 양복집 도제로 일하는 비유대인 아이와 함께 선발되어 녹음실에 갔던 일을 기억한다. "저는 개처럼 짖는 역할이었어요. 큰 소리로 컹컹 짖고 5즈워티를 받았어요. 너무 좋았지요!"

애청자들은 매번 방송에서 노의사가 어떤 이야기를 들려줄지

아이들의 왕

전혀 예상할 수 없었다. 병원의 어린 환자들이나 여름 캠프의 가난한 고아들을 찾아가 인터뷰할 때도 있었다. 아이와 비행기에 대한 생각을 늘어놓기도 했고, 아이와 어른의 관계나 아이들 간의 관계를 분석하기도 했으며, 시사 문제에 이런저런 견해를 내기도 했다. 어떨 때는 동화를 들려주기도 했다. 《장화 신은 고양이》 이야기는 시간을 조절하기가 어려워 1935년 가을 세 차례에 걸쳐 전파를 타고 나서야 마무리가 되었다.

그는 어느 인터뷰에서 이렇게 털어놓았다. "아이들 앞에서 이야기를 할 때는 속도나 강약 조절이 전혀 문제되지 않습니다. 아이들이 언제 웃을지, 울지, 질문할지를 본능적으로 알고 있거든요. 하지만 좁은 녹음실에 혼자 들어가 재깍재깍 가는 시계를 보고 있으면, 내가 말을 알아듣기 쉽게 하고 있나, 언제가 음악이 들어갈 타이밍인가 신경이 쓰입니다. '말하시오'라고 알리는 빨간 불이 들어오는 순간, 저는 수영할 줄 모르는 사람이 물에 떠밀려 들어간 기분이 됩니다. 그건 전쟁 중에 적의 총구가 자신을 겨눌 때나, 침몰하는 배에 타고 있을 때 느끼는 공포와도 같습니다."

'침몰하는 배'는 1930년대 중반 들어 폴란드 유대인들이 입에 자주 올린 비유이기도 했다. 1934년 9월, 폴란드의 소수민족들(우크라이나인이 가장 많고 그다음이 유대인이었다)에게 두려움이 한바탕 엄습해왔다. 정부가 그들의 평등한 권리를 보장했던 소수민족 보호조약을 폐기한 것이다. 그래도 유제프 피우수트스키가—공식적으로는 군무 장관 겸 군부 총감 자리를 맡고 있을 뿐이었지만—비공식적으로 나라의 실권을 쥐고 있는 한, 소수민족들은 안심할 수 있었다. 피우수트스키는 말년에 들어 국민들의 민주주의 요구에 점점

노(老)의사

환멸을 느끼며 탄압의 수위를 높여가고 있었으며, 내무부 장관이 암살당한 뒤에는 정적들을 잡아 가두는 특별 수용소를 설치해 국민들에게 충격을 안기기도 했다. 그러나 피우수트스키는 폴란드를 다민족 연방국가로 만들겠다는 이상만은 결코 포기하지 않았다. 1935년 5월 12일, 피우수트스키가 예순다섯 살에 위암으로 사망하자, 많은 폴란드 유대인들은 이제 자신들의 미래도 저문 것이 아닐까 우려했다.

피우수트스키의 시신은 방부 처리하여 정복을 입힌 채로 성 요한 대성당에 이틀간 안치된 뒤 이송되었다. 운구 행렬에는 많은 랍비들이 섞여 있었다. 시신이 군 장성들의 호위를 받으며 무개 열차에 실려 크라쿠프로 이송되는 길에는, 300킬로미터 선로를 따라 폴란드 국민 수십만 명이 늘어서 고인의 마지막 길을 배웅했다. 장례식은 폴란드 왕들의 유해가 대대로 안장되어 있는 바벨성(城)에서 엄숙하게 진행되었고, 전국에서 모인 100명의 유대인 대표단이 참석했다.

코르차크는 피우수트스키를 만난 적이 한 번도 없었지만(몇 년 전 그의 전기를 써달라는 요청을 받고 시간이 없어 거절한 적은 있었다), 그에게 경의를 표하고자 '폴란드인은 울지 않는다'는 제목의 애정 어린 대본을 다음 방송용으로 준비했다. 노의사는 그 방송에서, 폴란드의 영웅은 눈물을 보이지 않아야 마땅하지만 유제프 피우수트스키가 두 번 울었다는 사실을 알고 있느냐고 청취자들에게 물으며 이야기를 들려줄 생각이었다. 한 번은 그가 이끄는 군대가 리비우에서 카자크군에 포위당했을 때, 또 한 번은 가장 아끼던 적갈색 말이 죽었을 때였다. 모든 용감한 지도자가 그렇듯 피우수트스키도 인간이었으며 울 줄 아는 사람이었다는 말로, 지금도 애도하며 울고 있을 청취자들을 위로하고자 했다. 그러나 그 전해에 라디오 방송이 국유화되면서 심의 권한을 갖고 있던 검열 당국은, 피우수트스키를 눈물 흘리는 사람으로 묘사했다며 방송을 불허했다. 코르차크의 힘있는 친구들 여럿이 호소했지만 소용이 없었고, 방송하려고 했던 대본은 '아이에 관한 이야기'라는 평범한 제목의 대본으로 교체해야 했다.

코르차크는 크라쿠프에서 열리는 피우수트스키의 추모비 제막식에 고아원 아이들 몇 명을 데리고 가기로 했다. 7월 한 달 동안 크라쿠프행 열차를 이용하는 어른 한 명당 아이 네 명은 표를 무료로 제공한다는 행사 소식을 들은 차였다. 시몬 아가시는 운 좋게 뽑힌 유대인 고아 네 명 중 하나였다. 그에 따르면 나들이 전날, 아이들은 코르차크가 여동생과 함께 사는 아파트에 하룻밤을 자러 갔다. 코르차크와 아이들은 늦게까지 잠을 자지 않고 여행 준비를 했다. 먹을 것도 싸고, 온갖 시나리오에 대비한 코르차크의 황당한 비상 대책 이야기를 들으며 깔깔거리기도 했다. 다 같이 앉을 자리가 없을 땐, 아이 한 명이 코르차크가 있는 객실로 뛰어 들어와 미친개한테 물렸다고 고통스럽게 절규하기로 했다. 그러면 객실의 승객들이 다 도망칠 테니 객실 하나를 통째로 오붓이 차지할 수 있다는 계획이었다. 그러나 다음 날 아침 열차에서, 연기를 맡은 아이가 대사를 하다가 웃음을 터뜨리는 통에 승객들은 한 명도 속지 않았다. 아이들은 코르차크 옆의 한 자리에 돌아가면서 앉아야 했다. 휴대용 체스판으로 체스를 두기도 하고, 코르차크가 담배 마는 것을 도와주기도 하며 시간을 보냈다. 폴란드 시골의 푸른 들판을 지나 옛 도읍지 크라쿠프로 남행 열차를 타고 가는 여섯 시간은 금방 지나갔다.

코르차크는 기차역 안내 데스크에 놓인 숙박업소 목록에서 아

노(老)의사

무 곳이나 하나를 골라잡았고, 일행은 노면전차를 타고 숙소로 향했다. 숙소에 짐을 맡기고 한 식당에 들어갔다. 그곳에서 네 고아는 태어나서 처음으로 먹고 싶은 음식을 직접 고르는 경험을 했다. 아이들은 온갖 음식을 주문했지만, 고아원에서 잔반 처리를 위한 단골 메뉴였던 고기완자는 주문하지 않았다. 다음 날, 일행은 아름다운 르네상스 건축물이 즐비한 옛 도읍지의 자갈길을 걸으며 명소들을 둘러보았다. 시립박물관, 독립운동가 코시치우슈코가 점령국들의 압제로부터 폴란드 민족을 해방시키겠다고 맹세한 광장, 위대한 낭만주의 시인 아담 미츠키에비치의 조각상, 그리고 유제프 피우수트스키가 폴란드 왕들과 나란히 묻혀 있는 바벨성을 구경했다. 추모비 제막식을 참관하다가 코르차크가 아이들에게 손짓했다. 고아원 마당에서 가져온 큰 돌을 함께 추모비 주변에 놓았다. 그제야 아이들은 코르차크가 왜 그 돌을 챙겨왔는지 알게 되었다.

바르샤바로 돌아가는 열차 시각 몇 시간 전에, 코르차크는 아이들을 데리고 공항으로 갔다. 열차에서 광견병 작전을 벌였을 때와 똑같이 진지한 표정을 용케 유지하면서, 창구 직원에게 아이 네 명의 무료 탑승권을 요구했다. 직원이 안 된다고 하자, 코르차크는 항공도 철도처럼 국영사업이니 동일한 할인을 제공해야 하지 않느냐고 시치미를 딱 떼며 물었다. 창구 직원은 다른 직원들에게 물어보았고, 그 직원들은 또 다른 직원들과 머리를 맞대고 웅성웅성 논의했다. 하지만 돌아온 답은 안 된다는 것이었다. 코르차크와 아이들은 그날 밤 바르샤바로 가는 마지막 열차에 올라탈 때까지도 깔깔대며 웃었다.

피우수트스카 부인이 방송국에 압력을 넣고 나서야, 코르차크는 그해 12월 5일 '폴란드인은 울지 않는다'를 방송에 내보낼 수 있었다. 그러나 이 무렵 노의사의 정체를 파악한 우파 신문들은 그의 방송이 폴란드 아이들을 망쳐놓으려는 유대인의 음모라며 공격했다. 그리고 얼마 안 되어, 코르차크는 12월 26일에 예정되었던 방송이 그 주의 크리스마스 특별 편성 때문에 취소되었다는 통보를 받았다. 방송국은 크리스마스 시즌에 유대인의 목소리를 방송에 내보내기가 부담스러웠을 것이다. 갑작스러운 지시에 자존심이 상한 코르차크는 현재 계약이 2월 말까지만 유효하다는 사실을 간부들에게 상기시켰다. 그러나 협박은 효과가 없었다. 노의사는 인기가 있었음에도 재계약을 거부당했다. 1936년 2월 27일 마지막 방송을 끝으로, 노의사는 처음 나타났던 그때처럼 홀연히 애청자들의 삶에서 사라지고 말았다.

코르차크는 방송국 문제와 관련해―아니 나라 안의 어떤 문제와 관련해서도―자신의 괴로움을 남들 앞에 좀처럼 드러내지 않았지만, 유제프 아르논에게 쓴 편지에서는 고뇌와 자기 회의를 털어놓았다. 노의사 방송이 종료를 앞둔 1936년 2월 7일, 그는 이런 편지를 썼다. "망연자실하여 넋이 나가 있을 때, 자신이 불필요한 존재 같고 살아온 일생이 쓸모없어 보일 때, 어느 구석에 숨어 마지막으로 묵상하고 싶을 때, 더 이상 살고 싶지 않을 때 어디선가 다정한 한마디가 들려오네. 과거로부터 상냥한 메아리가 울려오네. 그러면 다급하게 생각을 바꾸게 돼. '말도 안 돼!' 그러다가 또 머뭇거리네. '아무래도!⋯⋯' 백 사람이 백 가지 의견을 보태고 싶어 하니! 자네는 내가 실패했다는 생각이 잘못이라는 거지. 내가 나를 실패했다고 보는 까닭은, 예전에는 기쁨이었던 모든 것이 이제는 참담한 고역이 되었고, 의미 있고 가능성 있어 보였던 모든 것이 이제는 의심과 불안, 수치심만을 낳고 있기 때문이네. 내가 설령 눈곱만큼 이룬 일이 있다

노(老)의사

해도 대단치 않아 보이네. 나는 아이들을 지키고 아이들의 권리를 수호하겠다고 맹세했네. 하지만 내가 할 수 있는 일이라곤 그저 그 불안한 발걸음을 살펴주십사 기도하고 축원하는 일뿐이네."

아르논은 여전히 코르차크에게 팔레스타인 이주를 강하게 권하고 있었고, 코르차크는 여전히 숙고 중이었다. "작고 약한 이들을 (말로) 지켜주기에 이스라엘 땅보다 더 적합한 곳이 어디 있겠는가? 내 마음이 동경으로 가득한 까닭이네. 그러나 슬프게도, 나는 이곳에서 현실의 일에 매여 (그리고 짓눌려) 있고, 그 일은 지금 내리막길이네." 그래도 그는 편지를 끝맺으며, 자기가 "그 나라에 짐"이 되지 않는다는 확신만 가질 수 있다면, 팔레스타인에 가는 것을 꼭 고려하겠다며 아르논을 안심시켰다.

코르차크가 방송이 폐지되어 힘들었던 시기에, 스테파는 신혼인 페이가 부부를 보러 팔레스타인에 가 있었다. (신랑은 러시아 출신 교사였다.) 스테파가 돌아오기로 한 4월이 되자 코르차크는 자기도 모르게 초조하게 스테파를 기다렸다. 그런데 돌아오기로 한 날에도, 그다음 날에도 아무 소식이 없었다. 이렇게 자기한테 연락이 없을 사람이 아니었다. 알 만한 사람들에게 스테파를 보았냐고 물었지만 본 사람이 없었다.

코르차크는 "스테파가 아직 안 온 것 같다"고 나탈리아 비실리츠카에게 알렸다. 나탈리아와 자선가인 그녀의 남편은 코르차크와 여러 해 동안 알고 지낸 절친한 벗이었다. 코르차크는 약속 사이에 시간이 뜰 때 그 집에 들러 이야기를 나누기도 했고, 초대되어 조용한 저녁 식사를 함께 하기도 했다. 코르차크는 "무슨 일이 있는 건지 알 수 없다"고 했다.

아이들의 왕

두 사람이 정원에서 차를 마시고 있는데, 나탈리아의 어린 아들 알프레트가 자기 방에 있다가 자꾸 달려 나와 엄마가 아직 그 자리에 있는지 확인했다.

"애가 엄마를 많이 사랑하네요." 코르차크가 말했다.

"사랑이 아니라 상실의 두려움이죠." 그녀가 어깨를 으쓱했다.

"글쎄요, 사랑이 상실의 두려움 아니면 뭘까요?" 코르차크의 말이었다.

스테파가 소식이 없다며 투덜거리는 코르차크의 목소리에서, 나탈리아 비실리츠카가 감지한 것은 상실의 두려움이었다. 코르차크가 스테파에 대한 강한 애착을 얼마나 꽁꽁 잘 숨기고 있는지, 그녀는 그때 비로소 깨달았다.

며칠이 지나 스테파가 마침내 나타났다. 돌아오는 여행길이 너무나 피곤했다고 했다. 아테네를 거쳐 7일 걸려 왔는데 하룻밤도 제대로 자지 못했다고 했다. 귀국하는 길로 곧장 남동생 집에 가서 목욕하고 24시간을 잤다. 그런 뒤에 아예 사흘을 더 머물며 기운을 충전해 고아원에 돌아온 것이었다.

스테파는 벌써 고아원에서 팔레스타인 기념품 전시회를 열 준비도 하고 있었다. 화려한 스카프와 짚으로 만든 필통, 조개껍데기 같은 예쁜 물건들이었다. 키부츠에서 스테파에게 작별 선물로 준 사진첩을 두 사람이 함께 구경하고 있을 때였다. 스테파가 두 사람의 팔레스타인 이민 이야기를 꺼냈다. 코르차크가 두 사람이 다 없으면 고아원이 어떻게 유지되겠느냐고 물으면서도 자기 제안을 고려할 용의를 보이자 스테파는 놀랐다. 스테파는 코르차크와 함께 방법을 궁리하기 시작했다. 페이가에게 들뜬 편지를 보내 코르차크의 아이디어를 전하기도 했다. 두 사람이 교대로 팔레스타인에서 6개월, 폴

노(老)의사

란드에서 6개월씩 지내며 한 명은 늘 '고아들의 집'을 돌보는 방법이었다. 그리고 "나라가 민족과 종교 문제로 하루하루 점점 시끄러워지고 있다"고 편지에 덧붙였다. 정부의 반유대주의 정책에 항의하는 유대인 노동자들의 파업 사태를 이야기하는 것이었다. "나라에 악한 기운이 감돌고 있어. 그게 경제위기보다 더 심각해. 어떻게 손쓸 방법도 없는 것 같고."

코르차크가 같은 해인 1936년 여름에 장기 체류 가능성을 모색하러 팔레스타인에 6주간 갔다 오기로 결정하자, 스테파는 다시 펜을 들어 페이가에게 알렸다. 이번에는 코르차크도 그 편지 아래쪽에 정교한 필체로 이렇게 장난스럽게 적었다. "나 히브리어 벌써 할 줄 아네. 네츠얀 헤츠얌[능숙하게]. 샬롬, 코르차크."

코르차크는 두 번째 방문길에 올랐고, 이번에는 아테네에서 팔레스타인까지 비행기를 탔다. 그는 라디오와 영화 애호가이기도 했지만 비행 애호가이기도 했다. 일찍이 1920년대 말에 비행기를 타고 여행을 다녔는데, 그런 사람은 바르샤바에서 흔치 않았다. "하늘에서 내려다보면 세상에서 인간이란 얼마나 작은 존재인지 깨닫게 된다"고 친구들에게 말하곤 했다. 이제 하이파 부근의 해안을 내려다보며, 이곳이 바로 "유배 생활의 종착점"이라는 생각이 들었다. "살아서 약속의 땅을 보는 영광"을 다시 한번 누리며, 다시 한번 알 수 없는 묘한 감정에 사로잡혔다.

두 번째 여행에 나선 코르차크는 이전보다 의심이 잦아들어 있었고, 이제 팔레스타인이 여러 면에서 약속의 땅임을 받아들일 수 있었다. 그 땅은 유대인들에게 편견과 소외를 겪지 않고 살면서 일할 수 있는 터전을 약속했다. 아이들에게 밝은 햇살과 건강한 성장을 약속했다. 안심하며 살 수 있는 진정한 공동체를 약속했다. 그러

아이들의 왕

나 이번에 그가 그보다 더 절실히 느낀 것은, 그 땅이 아랍인들에게 한 약속들이었다. 아랍인들이 보기에 그곳은 자신들의 땅이었으니까. 그는 팔레스타인이 진정 유대인 문제를 풀 수 있는 해법이 되려면 아랍인 문제가 해결되어야만 한다고 생각했고, 이는 철학자 마르틴 부버 같은 이들의 생각과도 같았다. 유대인들이 야파에서 일하는 것에 아랍인들의 항의가 많아 텔아비브에 새 항구가 지어지고 있다는 소식을 듣고, 코르차크는 이런 질문을 던져 친구들을 놀라게 했다. "하지만 그러면 아랍 아이들은?" 야파 항구가 폐쇄되면 그곳에 사는 아이들이 굶게 되지 않을까 걱정한 것이었다.

최근 일 년에 걸쳐 팔레스타인 전역에서는 아랍인들의 소요가 일어났고, 그해 여름에는 긴장이 한껏 고조되어 있었다. 코르차크가 도착하기 직전, 아랍 약탈자 무리들이 에인 하로드의 밀밭에 불을 지르고 자몽나무를 베어버리고 산꼭대기에서 주민들을 향해 총을 쏘았다. 코르차크는 키부츠가 군사 요새처럼 변해 있는 것을 보고 놀랐다. 그는 야간에 자신도 보초를 서겠다고 자원했지만 거절당하자 모욕감을 느꼈다.

"내가 세 차례 전쟁에 참전한 폴란드군 장교라는 것을 모르시오?" 그는 키부츠 주민들에게 따졌다. 그래도 결정이 바뀌지 않자 자신의 확률 이론을 설명했다. 사람은 운명에 당할 수도 있지만 그러지 않을 수도 있다는 자세로, 위험과 정면으로 맞닥뜨려야 한다고 했다. 그는 모험을 하고자 했다. 그러나 키부츠닉들은 귀한 손님을 잃을지 모르는 모험을 하고 싶지 않았다.

코르차크는 며칠 뒤 고아원 출신 이주민인 모세스 사데크를 만나러 하이파에 가서 자신의 이론을 뜻대로 시험해볼 수 있었다. 사데크가 버스가 지나다니는 길에서 총격이 벌어졌다는 소문이 있으

노(老)의사

339

니 그다음 날 키부츠에 돌아가지 말라고 그를 말리자, 코르차크는 이렇게 말했다. "내일 내가 갈 때 총격을 한다는 법이 있나? 총격을 한다 해도, 내가 가는 길에 한다는 법이 있나? 그런다 해도, 내가 탄 버스를 쏜다는 법이 있나? 그 버스를 쏜다 해도, 누가 꼭 총에 맞으리라는 법이 있나? 누가 맞는다 해도, 그게 꼭 나라는 법이 있나?" 사데크가 아무 말도 못 하자 코르차크는 잘라 말했다. "위험성이 워낙 적으니 가겠네."

코르차크는 자신이 보초 근무하는 것은 허락받지 못했지만, 큰 아이들에게는 어른들처럼 보초 근무를 서게 하라고 키부츠 주민들에게 촉구했다. 식량이 모자라면 함께 굶고, 고된 육체노동도 함께 하고 있지 않느냐고 했다. "아이들을 솜으로 감싸서는 안 된다"면서, "이곳의 삶을 개척해나가는 투쟁은 그들의 운명"이라고 했다.

그는 이번 팔레스타인 방문 때는 에인 하로드에 머무는 시간을 줄이고, 다른 여러 키부츠에 강연을 다니며 견문을 넓히려고 일부러 노력했다. 누가 봐도 코르차크는 이전보다 더 편안해 보였다. 통역사의 통역으로 강연을 진행하기 전에 준비해온 히브리어 문장 몇 개를 말하면서도 이제는 겸연쩍은 웃음을 짓지 않았다.

그는 특히 키부츠와 달리 시장경제에 기반을 둔 농업공동체 모샤브[+]에 관심이 많았다. 모샤브에서는 농부들이 저마다 개별 소유한 땅에서 주도적으로 일하는 모습을 볼 수 있었다. 예전에 알았던 젊은 남녀들이 흙의 사람으로 완전히 바뀌어 있는 모습은—신체적 변화라기보다 정신적 변화겠지만—아무리 보아도 놀랍기만 했다. 무

[+] 모샤브는 농토는 각자가 경작하지만 그 밖에 비싼 농기구나 크기가 큰 기계는 마을 전체가 공동 소유한다.

아이들의 왕

엇보다 어머니에게서 따뜻한 정을 한 번도 받지 못했던 고아가 잘 살고 있는 모습에 그는 더없이 흐뭇했다. 코르차크는 그 소년이 평생 정신적 장애를 안고 살 것으로 보았지만, 소년은 이곳에서 건설적인 감정의 배출구를 찾은 것이 틀림없었다. 그 일을 계기로 코르차크는 전문가라 해도 아이의 운명이 어떻게 될지는 예측할 수 없음을 깨달았다. 팔레스타인이라는 환경이 그 아이의 숨은 잠재력을 이끌어내, 바르샤바에서는 상상도 할 수 없었던 변화를 가능케 한 것이었다.

그는 이번 방문 중에—마치 다시는 기회가 없으리라는 예감이라도 하듯—쉬지 않고 계속 돌아다니고 싶은 마음이었다. 시베리아 출신 수리공으로 "방랑 생활에 뼈가 굵은" 힐만이라는 이를 만났을 때는, "배낭 하나 걸쳐 메고" 팔레스타인을 함께 걸어서 일주하자고 제안하고 싶은 마음이 굴뚝같았다. 그러고 나면 그 경험을 바탕으로 아이들을 위한 《로빈슨 크루소》 같은 책을 쓸 수 있을지도 모르는 일이었다. 주인공 이름은 '에레츠 이스라엘++ 로빈슨'이 되어야겠지만.

키부츠에서 사귄 길슨이라는 친구를 안내자로 삼아 산에 오르고 싶은 마음도 있었다. 모든 위업은 산에서 이루어졌으니, 옛날에는 아라랏산과 시나이산이 그랬고, 지금은 스코푸스산(히브리 대학교가 있는 곳)이 그렇지 않냐고, 아르논에게 보내는 편지에 적었다. 아랍-유대 문제의 해결책도 나름대로 제시했다. "아랍인에게는 비옥한 골짜기와 바다를 주고, 유대인은 산에서 사는 것으로 하세."

++ '에레츠 이스라엘', 즉 '이스라엘의 땅'은 본래 이스라엘 사람들이 살았다고 일컬어지는 땅을 가리키는 말.

노(老)의사

코르차크의 들뜬 마음은 스테파에게 보낸 편지에도 꽤 묻어났던 모양이다. 그는 한 친구에게 이렇게 말하기도 했다. "스테파는 내가 열의가 넘쳐서 영영 안 돌아올까 봐 걱정하고 있네. 하지만 난 스테파가 나보다 먼저 여기 돌아와서 눌러살 것 같네."

코르차크는 되도록 관리들을 만나는 것을 피했다. 텔아비브도 팔레스타인의 이상과는 관계없는 곳이라고 보아 방문하지 않았다. 텔아비브는 "야욕에 찬 사기꾼들"이 장악하고 있는 "병적인" 도시라고 생각했다. 그의 마음을 가장 잡아끈 곳은 예루살렘이었다. 예루살렘은 시간을 초월한 도시, 유대산을 배경으로 서 있는 석회암 건물들이 분홍색 불빛을 받아 은은히 빛나는 도시였다. 누구든 하늘로 올라가는 꿈을 꾸어도 이상하지 않은 그 도시에서, 그는 편안함을 느꼈다. 그는 구시가지 유대인 거주구역의 좁은 골목길을 훑으며 그곳의 정통파 유대교도들과 어울렸다. 그들의 외양은 크로흐말나 거리 끝에 사는 가난한 유대인들과 별로 다르지 않았지만 사는 환경은 더욱더 누추했다. 그는 이 "은총의 도시"에 있는 정통파 유대교 고아원 한 곳도 찾아갔는데, 그 낙후된 생활상이 잊히지 않았다.

코르차크는 위험하다는 경고에도 아랑곳하지 않고 예루살렘 곳곳을 누비며 기독교의 성소들, 특히 예수의 삶과 관련된 곳들을 찾아가보았다. 성경을 손에 들고, 하루는 프란치스코회 수도사들과 거닐며 예수가 살던 세상을 마음속으로 재현해보기도 하고, 또 하루는 분문(糞門)과 통곡의 벽을 통과하면 나타나는 아랍의 실완 마을을 조망하기도 했다. 한때 다윗왕의 왕궁이 자리했던 그 마을을 바라보며, 다윗의 삶 또한 재현해보려 했다.

코르차크는 팔레스타인에 머무는 마지막 며칠을 청년개척단 캠핑을 같이 갔던 모셰 제르탈과 함께 보냈다. 제르탈은 몇 년 전부터 팔레스타인에 이민 와 살고 있었다. 코르차크가 "나는 노인이네. 생산하는 것은 없고 옆에서 관망할 뿐이지"라며 보내온 마지막 편지를 읽고, 제르탈은 코르차크의 상태를 걱정하고 있었다. 하지만 다행히도 코르차크는 그 어느 때보다 젊어 보였다. 팔레스타인이 잘 맞는 듯했다. 두 사람은 하이파의 작은 호텔에 방을 잡고 도시를 여유롭게 거닐며, 코르차크의 귀국길 첫 기착지인 그리스로 출발하는 배를 기다렸다. 제르탈이 코르차크가 들고 있던 조그만 짐을 가게에 놓고 나중에 가지러 오자고 하자, 코르차크는 그래도 도난당할 염려가 없느냐며 놀라워했다. 코르차크는 더위에 땀을 흘리며 몸은 많이 지쳐 있었지만, 예전의 유머러스하고 해학적인 모습 그대로였다. 해변 근처 어느 집에서 "셋방 있음"이라는 표지판을 발견하고는 장난기를 참지 못하고 문을 두드리기도 했다. 얼결에 통역사가 된 제르탈의 입을 빌려 코르차크는 방을 구하는 이민자인 양 행세하며, 집주인에게 그 집의 일과를 꼼꼼히 묻고 화장실이며 집 앞 베란다 따위를 둘러보았다.

두 사람은 해변으로 다시 돌아와 "아이들처럼 깔깔 웃었다." 제르탈은 코르차크가 그곳에서 사는 새 삶을 마음속에 그려보려 했던 것이라고 생각했다. 두 사람은 말없이 앉아, 부근에서 노는 아이들 소리와 해안에 부서지는 파도 소리에 귀를 기울였다. 제르탈은 궁금했다. 코르차크가 과연 그 새 삶을 살아보기 위해, 언젠가 다시 돌아올까?

노(老)의사

모세의 냉엄한 진리

어린 모세야, 삶을 배우거라. 삶은 힘든 것이니.

《모세》

"경험한 일은 시간을 두고 되새김해야 머리뿐 아니라 가슴으로도 이
해할 수 있습니다." 10월 초, 유대학 연구소에서 팔레스타인 여행을
주제로 강연하는 자리에서 코르차크는 이렇게 말했다.

그는 노의사 방송을 진행할 때처럼, 언뜻 서로 무관해 보이는
일화들을 소개했다. 새벽 6시에 아랍인 모자(母子)가 당나귀 두 마리
와 개 네 마리를 끌고 유대인 마을로 어슬렁어슬렁 걸어와 "마치 그
곳은 과거에도, 미래에도 자기들 땅이라는 듯" 태평하게 우물물을
길어 가던 일. 가까운 도시를 가든 먼 도시를 가든 버스표 값이 똑같
아 놀랐던 일. 모기 때문에 고생한 일(첫날 밤 40군데를 물렸다고).
정착 지역마다 생활수준이 크게 달라서, 과일과 채소와 예쁜 꽃이
풍성한 곳이 있는가 하면 굶주림에 허덕이는 곳도 있더라는 것. 전
사자들의 핏자국이 묻은 돌인 줄 알고 주워 모았는데 도로포장에 쓰
이는 타르 자국인 것을 알고 실망했던 일 들을 들려주었다. 어디나
마찬가지겠지만 팔레스타인도 장단점이 있다며, 그곳에 간다고 현
재 문제에서 벗어날 수 있으리라는 생각은 하지 말라고, 사는 건 어

아이들의 왕

디든지 힘들다고 했다.

스테파는 페이가에게 이렇게 써 보냈다. "선생님이 아주 좋은 강연을 하셨어. 원고를 읽으신 게 아쉽긴 하지만. 선생님이 들떠 있으시더라고. 원고를 보내줄게."

팔레스타인이 처한 정치 상황의 분석을 듣고 싶어 코르차크의 강연에 온 사람들은 실망했을 것이다. 그의 강연 중 정치 상황에 대한 언급은 이런 말뿐이었다. "팔레스타인은 긴 밧줄과 같습니다. 한쪽 끝은 유대인들이, 다른 쪽 끝은 아랍인들이 붙잡고 있습니다. 양쪽은 줄을 당기면서 점점 서로 가까워집니다. 그런데 양쪽이 맞닿기 직전, 제3자가 나타나 줄을 끊어버립니다. 그러면 모든 과정이 처음부터 다시 시작됩니다."

독일 제3제국이 파시즘의 마수를 뻗쳐오는 가운데 악화일로를 치닫던 폴란드인과 유대인의 관계도, 같은 비유로 설명할 수 있었을 것이다. 1935년에는 유대인을 열등한 인종으로 규정한 뉘른베르크 법이 제정되면서, 극단적 폴란드 민족주의 단체들(국민급진기지, 폴란드청년단 들)은 유대인 기업 불매운동과 유대인 대학생의 강의실 좌석 분리(이른바 '게토 벤치')를 소리 높여 촉구하고 있었다.

우파 언론은 코르차크의 팔레스타인 강연을 빌미로 그를 비방하는 기사를 잇따라 실으며, '노의사'의 정체는 야누시 코르차크, 즉 폴란드인으로 행세하고 있는 유대인 헨리크 골트슈미트라고 재차 강조했다. 그리고 이렇게 물었다. 코르차크는 왜 팔레스타인을 찾아간 것인가? 우리는 왜 그가 폴란드 아이들을 교육하도록 내버려두고 있는가?

팔레스타인 방문에 대한 언론의 악랄한 비난이 코르차크를 슬프게 했다면, 비엘라니에서 열린 '우리들의 집' 이사회 회의는 그를 처참하게 만들었다. 지금까지도 1936년 늦가을에 열린 그 회의에서 무슨 일이 있었기에 코르차크가 마리나 팔스카의 고아원에서 손을 떼게 되었는지는 공개적으로 알려진 사실이 거의 없다. 두 사람의 교육철학에 근본적인 차이가 있었던 게 원인이었다고 알려져 있을 뿐이다. 코르차크는 아이들이 가족 같은 분위기에서 안전함을 느끼며 자랄 수 있게 해주고자 했지만, 보다 이념적 관점을 취했던 마리나는 '우리들의 집'이 진보적 노동자 계급의 필요에 부응해야 한다고 믿었다. 코르차크가 반대했음에도 마리나는 도서관과 운동장을 이웃 아이들에게 개방하고 고아원 공간을 지역사회의 여러 활동에 내주고 있었다.

마리나 본인은 반유대주의자가 전혀 아니었다. 한번은 차별적인 발언을 했다는 이유로 한 고아를 퇴소시키려고 해서 코르차크가 말렸던 적도 있었다. 그러나 그녀는 '유대인에게 폴란드 아이들의 교육을 맡기고 있다'는 반유대주의 단체들의 비난에서 자유롭지 못했다. 그날 이사회의 한 이사가 코르차크에게 "당신 시온주의자요?" 하고 추궁했을 때 마리나는 아무 말도 하지 않았다.

코르차크는 회의장의 사람들을 믿을 수 없다는 듯 바라보았다. 그리고 회의장을 걸어 나갔다. 그토록 오랜 세월 동안 함께 일한 사람들이 '당신은 폴란드가 아니라 팔레스타인에 충성하는 사람이오?'와 다름없는 질문을 한 것에 배신감이 몰려왔다. 이사들 대부분은 코르차크의 사임을 대수롭지 않게 받아들였다. 아무리 동화 유대인이라 해도 결국은 유대인이지, 하고 생각했을 것이다. 시끄러운 일을 만들지 않기 위해 이사 명부에는 코르차크의 이름을 그대로 두었다. 고아원 아이들에게는 판 독토르가 이제 자주 못 오게 되었다고만 말했다.

아이들의 왕

피우수트스카 부인은 전쟁 후에 쓴 회고록에서 코르차크가 고아원을 떠난 이유를 설명하며 반유대주의와 관련된 언급을 애써 피했다. "선생의 교육 방법은 우리가 보기에 기이한 면이 있었다. 예를 들어, 코르차크 선생은 아이들에게 젊은 교사에 대한 의견을 묻고 그 말을 토대로 교사를 판단하곤 했다. 교사가 아이들 앞에서 권위가 서지 않으니 큰 혼란이 생겼다. 그래서 우리는 큰 아쉬움을 안고 교육자 코르차크 선생과 결별할 수밖에 없었다. 그러나 선생의 이사회 이사 자격은 계속 유지되었다."

코르차크는 그해에 라디오 방송에서 잘리고 폴란드 아동 고아원에서 해고된 것으로 모자라, 소년법원의 자문 역에서도 해촉되었다. 그가 해임되는 것을 지켜본 어느 변호사는 세월이 흐른 뒤에 이렇게 적었다. "나는 그때 침묵했던 나 자신을 아직도 용서할 수 없다. 폴란드의 법과 정의를 대변한다는 법관들이 코르차크에게 '우리 소년범들을 유대인의 손에 맡길 수는 없다'고 했다."

직업적, 개인적으로 소중했던 일들을 모두 떠나보내면서, 그에게는 어릴 적 겪었던 상실의 고통이 되살아났다. 그는 에스테르 부트코에게 보내는 편지에 이렇게 적었다. "나는 삶에 강한 애착을 느껴본 적이 없네. 삶은 나를 스쳐 흘러갈 뿐이었어. 젊은 시절 이후로는 나 자신이 나이 많고 불필요한 존재로 느껴졌네. 지금 그 느낌이 더없이 확연한 것은 지극히 당연한 일이겠지. 나는 내게 남은 날, 아니 남은 시간을 세고 있네. 팔레스타인 여행은 아마 내 마지막 분투였을 것이네. 그리고 이제는 아무것도 남지 않았네." 그러고는 늘 그랬듯 희망과 절망 사이를 오가며 이렇게 덧붙였다. "나는 인류의 미래를 믿네. 내게 만약 하느님에 대한 순박한 믿음이 아직 있었다면, 나는 아마 아이들이 언제나 먼저 고통받는 이 세상을 구원해달라고 기도했을 것이네. 아이들이야말로 인간의 영적 갱생을 이끄는 주역이 될 것이네. 나는 그 과정에 기여하고자 했지만 방법을 알지 못했네."

또 다른 이에게 보낸 편지에 따르면, 팔레스타인이 그를 구원해 줄 수는 없었다. 자신은 "광야에서 40년을 살" 수 있는 나이가 아니었으니까. 그럼에도 그는 이민에 대한 미련을 버리지 못했다.

스테파는 페이가에게 이렇게 적어 보냈다. "선생님이 워낙 침울한 상태여서 주변 일에 전혀 관심이 없으셔. 글쎄, 이달에 예루살렘에 가겠다고 하시지 뭐야. 그냥 홀쩍 떠나겠다는 거야. 아무에게도 말은 하지 마. 선생님을 잘 모르는 사람은 오해할 수 있으니까. 키부츠가 아니라 예루살렘에서 살 생각이라고 하셨어. 선생님이 처량하니까 보고 있는 사람도 처량해져."

스테파는 자신의 삶도, 코르차크의 삶도 이도 저도 아닌 채 결론이 나지 않고 있는 상황을 견디기 힘들었다. 그녀는 오십의 나이에, 폴란드를 떠나라는 페이가의 권고를 따르기로 결심했다.

1936년 11월 4일, 스테파는 페이가에게 자기가 키부츠에 가입할 수 있는지 알아봐달라고 부탁했다. 만약 가입할 수 있다면, 이민 서류 신청을 도와줄 수 있는지도 알아봐달라고 했다. 시간이 좀 걸릴 것은 알고 있었지만, 하루라도 빨리 일을 진행하고 싶었다.

스테파의 결심으로 코르차크는 더욱 우울해졌던 듯하다. 그러나 이전에 그녀가 사라졌을 때 겪었던 '상실의 두려움' 때문이었을까, 그는 결국 행동에 나섰다. 1937년 3월 29일, 그는 예루살렘에 사는 한 친구에게 이렇게 털어놓았다. "몇 달간 우울함에 빠져 있던 끝에 결국 말년을 팔레스타인에서 보내기로 결심했네. 먼저 예루살렘에 가서 히브리어를 공부하며 키부츠 생활을 준비하려 하네. 이곳의 내 유일한 가족은 여동생이고, 번역가로 생계에 문제없이 살고 있네. 하지만 나는 모아놓은 돈이 워낙 없어서, 그곳에서 생활이 될지 잘 모르겠네." 코르차크의 결심은 꽤 확고했다. 그달 안으로 떠나겠다며, "폴란드의 불안한 상황"을 더는 견딜 수 없다고 했다.

3월 30일, 그는 팔레스타인에 보내는 편지를 몇 장 더 썼다. 모세 제르탈에게 아기가 태어난 것을 축하하며("아이를 낳았다니 기쁘네"), 자신이 결혼하지 않고 아이도 갖지 않는 대신 아이들을 위해 봉사하고 그 권리를 옹호하며 살기로 했던 결정이 잘한 것이었는지 의문이라고 했다. 고아들을 반유대주의의 맹렬한 공세로부터 지켜주지도, 하루하루 제대로 먹이지도 못하고 있는 지금, 자신이 얼마나 순진했는지 뼈저리게 느낀다고 했다. 그들(어둠의 세력)에게는 힘이 있지만, 자기편에는 오직 정의밖에 없다고 했다. 등굣길을 서둘러 가는 고아들을 바라보며, 동네 아이들이 돌을 던지고 주먹질을 해도 아이들을 지켜줄 수 없는 자신의 무력함에 참담해진다고 했다. "아이들에게 행해지는 모든 악의 책임"이 자신에게 있는 것 같았다.

그는 여전히 신앙을 잃지 않으려 애썼다. "그럼에도 나는 인류와 유대 민족과 이스라엘 땅의 미래를 믿고 있네." 하지만 현실은 더 보편적인 관점에서 바라보아야 했다. 그는 가스전을 주제로 한 의사 대상 의무교육을 수강하면서 "중세 시대—흑사병과 온갖 질병— 세상의 종말에 대한 공포"를 떠올렸다. 이제 세상은 가스전의 위협과 세계대전의 공포를 마주하고 있었다. "인간이 아무리 달에 로켓을 쏘아 올린다고 해도, 원자를 한없이 잘게 쪼갠다고 해도, 세포의 비밀을 밝혀낸다고 해도, 그와 같은 신비한 현상들 너머에는 여전히 무언가가 있지 않겠는가?"

모세의 냉엄한 진리

349

그러나 그의 고민은 늘 제자리였다. 팔레스타인으로 이민할 것인가 말 것인가 마음을 정하지 못했다. "내가 살리고자 하는 것은 나 자신이 아니라 내 생각"이라고 그는 적었다. 자신을 둘러싼 폴란드의 현실에서 쉽사리 벗어날 수 없었다. "나는 모든 외침과 모든 소리에 귀를 기울일 것이네. 과거와 현재를 잇는 고리가 되고 싶네. 다른 삶은 상상할 수 없네." 그래도 그는 관광 비자를 신청할지 체류 허가증을 신청할지 결정하는 대로 떠날 생각이었고, 돈 문제도 해결해놓았다. 수중에는 1천 즈워티밖에 없었지만 너무 걱정하지 않기로 했다. "사소한 일이 늘 신경을 쓰이게 하기 마련"이라고 했다. 결정을 내리는 게 가장 어려웠는데 일단 결정을 내리고 나니, 어서 떠나고 싶어 마음이 급해졌다. "내일이라도 당장 예루살렘에 가고 싶네. 내 좁은 골방에 성경, 공부할 책들, 히브리어 사전, 종이와 연필을 놓고 혼자 앉아, '이제 마지막 장(章)의 첫 페이지'라고 말하고 싶네."

또 다른 편지에는 이렇게 적기도 했다. "나는 아이를 존중하라고 외쳤지만, 지금 어른은 존중받는 세상이냐고 누가 내게 물었네. 맞는 지적이었네. 어쩌면 나는 팔레스타인에서라면 정의를 외치는 것이—아니면 동정을 요구하는 것이라도—더 쉬울 거라고 스스로를 속이고 있는지도 모르네." 그러고는 당시 벌어지고 있던 일본의 중국 침략, 이탈리아의 에티오피아 침략, 스페인 내전을 두고 이렇게 덧붙였다. "중국, 에티오피아, 스페인. 나를 비참하게 만드는 곳들이네."

에인 하로드의 벗들에게 보낸 편지에는, 자신이 당장 키부츠에 정착하지 못하는 이유는 오직 히브리어 실력이 부족하기 때문이라고 설명했다. 예루살렘에서 히브리어를 통달하고, 신선한 바람을 좀 쐬고, 기지개를 좀 켜고, 유머 감각을 되찾고 나면, 그곳으로 찾아가

아이들의 왕

겠다고 했다. 그러면서 무슨 생각이었는지 몰라도—결국 이루어지지 못할 일이라는 예감이라도 있었는지—이렇게 덧붙였다. "이해가 안 되는 소리일지 모르겠네만, 내가 만약 지치고 찌든 노인의 모습으로 남은 재주를 나누러 가지 못한다면, 아이의 모습으로 가서 새로이 삶의 방랑을 시작할 것이라 믿네."

그는 아르논에게만, 팔레스타인에 "영구히 정착"한다는 것에 확신이 들지 않는다고 털어놓았다. 새로운 생활과 기후, 언어, 환경에 적응해야 할 것이라고 했다. "나이 예순이면 그 문제는 다른 방법이 없네. 여지가 없어. 사람은 자신의 정신, 자신의 관점에 충실해야 하네. 그것이 그의 작업장이네."

그래도 마침내 가게 되었다는 데 위안을 얻었다. "나 자신에게 물었네. 너무 늦은 걸까? 답은 그렇지 않다는 것이네. 더 일찍 갔다면 탈주자가 된 기분이었을 것이네. 사람은 최후의 순간까지 자리를 지키지 않으면 안 되네."

이 "마지막 순례"를 떠남으로써, 그는 내려놓는 짐만큼 무거운 윤리적 짐을 새로 져야 했다. 그는 유대인들에게 중국과 남아프리카, 미국, 인도의 억압받는 민족들을 도울 "도덕적 책임"이 있다고 보았다. 팔레스타인은 제2의 국제연맹이 되어야 했다. 제네바가 전쟁과 보건, 교육 같은 세속적 업무를 관장하는 의회 역할을 하고 있듯이, 예루살렘은 개인이 영적 삶을 누릴 권리를 대변해야 한다고 믿었다.

그는 5월에 떠날 예정이었지만 떠나지 않고 있었다. 제르탈에게 보낸 편지에, 지금 아이들을 두고 떠나는 것은 양심이 허락하지 않는다고 적었다. 시인 제루바벨 길레아드에게 쓴 편지에는, 자신이 아직 팔레스타인행을 주저하는 이유 하나는 언어 때문이라고 그답게 풍자조로 전했다. "나는 늙었네. 이도 빠지고 머리도 빠지고 있어. 이 히브리어라는 것은 참 깨기 힘든 호두야. 젊고 튼튼한 이로나 깰 수 있겠어."

그는 유대계 폴란드인 시인 율리안 투빔처럼, 폴란드어가 곧 자신의 "모국"이라고 생각했다. 모국어는 "규칙과 도덕규범의 집합이 아니라 우리 영혼이 들이마시는 공기 그 자체"라고 했다.

코르차크는 그해 여름으로 예정된 출발을 준비하는 대신 6월과 7월을 폴란드의 산에서 보내기로 계획했다. "팔레스타인의 산들을 다시 떠올리기 위해서"였다. 산속의 어느 외딴 농장에서 생각하고 글 쓰는 시간을 가졌다. 그의 갈등, 즉 폴란드에 남아 자신의 신념을 위해 투쟁할 것이냐, 아니면 팔레스타인으로 물러나 조용히 명상하는 삶을 살 것이냐 하는 고민이 그가 써낸 두 권의 얇은 책에 깃들어 있었다. 한 권은 루이 파스퇴르, 한 권은 모세에 관한 책이었다.

"위인들의 삶은 전설과도 같다. 힘들지만 아름다운 삶이었다"고, 그는 파스퇴르 책에 적었다. 그 책은 그가 앞으로 써나가려고 한 약식 전기 시리즈의 첫 번째 책이었다. 이어서 페스탈로치, 레오나르도 다 빈치, 피우수트스키, 파브르, 러스킨, 멘델, 바츠와프 나우코프스키, 얀 다비트 같은 이들을 소개할 예정이었다(그의 아버지와 삼촌이 70년 전에 착수했던 기획과 비슷한 취지였다).

코르차크는 여러 면에서 파스퇴르에 공감했던 것으로 보인다. "진리를 찾기 위한 투쟁에 아름다운 삶을 바친" 파스퇴르는 아이를 대하는 태도가 코르차크와 무척 비슷했다. 파스퇴르는 "나는 아이를 바라보며 두 가지 감정을 느낀다. 현재의 모습에 대한 애정, 그리고 미래의 가능성에 대한 존경"이라고 했다. 파스퇴르가 세상에 가르친 손 씻기, 물 끓여 마시기, 창을 열어 환기하기 같은 수칙은 코르차크가 아이들에게 가르쳤던 것들이기도 했다. 파스퇴르는 실험 중에 "나도 모른다"고 말하기를 주저하지 않았고, 아무리 낙담했을 때에도 결코 포기하지 않았다.

코르차크는 파스퇴르 전기를 여동생 안나 루이에게 헌정했지만, 친구들에게는 그 책이 "히틀러의 광기"가 세상의 모든 인간다운 것을 집어삼켜버린 시대에 사는 아이들을 위해 쓴 책이라고 했다. 그는 아이들에게, 세상에는 인간의 삶을 풍요롭게 하는 데 일생을 바친 사람들이 있다는 것을 알려주고 싶었다.

온갖 반대를 무릅쓰고 고집스럽게 자신의 길을 간 과학자이자 치유자 파스퇴르가 코르차크에게 힘든 시기를 견뎌낼 힘을 주었다면, 선지자 "모세의 냉엄한 진리"는 그에게 영적인 힘을 주었다. 모세에 관한 책은 성경 속 영웅들의 초기 생애를 그린 또 다른 시리즈의 첫 번째 책이 될 예정이었다. 다윗, 솔로몬, 예레미야뿐 아니라 예수까지 다룰 예정이었지만 모세로 그 시작을 열기로 한 것은 어찌 보면 자연스러운 결정이었다. 모세는 부모의 손을 떠나 다른 민족 틈에서 지내다가 마침내 자기 민족에게 돌아간 사람이라는 점에서 그랬다.

프로이트가 그랬던 것처럼, 코르차크가 모세에 관한 책을 쓴 것도 말년에 이르러서였다. 그러나 모세의 출신에 의문을 제기한 프로이트[✦]와 달리, 이야기꾼 코르차크가 책을 쓴 목적은 성경에서 대답해주지 않는 질문을 제기하려는 것이었다. 모세의 어머니는 왜 그를

✦   프로이트는 모세가 유대인이 아니라 이집트 귀족 출신이라고 주장했다.

석 달 키운 뒤에 감추려 했을까? 두 달이나 넉 달이 아니라? 모세의 어머니와 아버지는 그의 출생 전후에 서로 무슨 말을 나누었을까?

코르차크는 모세가 4천 년 전에 살았지만 지금의 아이들과 다를 것이 없었으므로 우리는 모세를 이해할 수 있다고 독자들에게 말했다. 우리의 어린 시절을 떠올려보면 우리는 모세가 되어볼 수 있고, 우리가 어른이 되어 겪은 일들을 떠올려보면 모세의 부모가 아이를 포기한다는 그 어려운 결정을 어떻게 내렸는지 이해할 수 있다고 했다.

코르차크는 모세를 사형선고를 받고 공포의 시대에 살던 아이로 보았다. 갈대밭에 버려졌다가 발견되어 적의 왕궁에서 키워진 아이. 잃어버린 가족을 그리워하며 악몽을 꾸던 아이. 코르차크는 아이를 잘 알았기에 모세도 잘 알 수 있었다. 모세도 선지자 이전에 아이였고, 누구나 어린 시절 겪는 감정들을 그도 겪었기에.

코르차크는 책에 이렇게 적었다. "잠들어 있는 모세는, 어머니가 자신을 강가에 버리리라는 것을 알지 못한다. …… 바다가 눈앞에서 갈라지리라는 것도, 자기가 민족을 이끌고 율법을 계시받는 자가 되리라는 것도 알지 못한다. 자신이 광야에서 하느님께 호소하리라는 것도 알지 못한다. '제가 얼마나 당신의 눈 밖에 났으면, 이 백성을 모두 저에게 지워주시는 겁니까? …… 이 많은 백성을 저 혼자서는 도저히 책임질 수 없습니다. 너무나 무거운 짐입니다. …… 차라리 저를 죽여주십시오'라고."

그해 8월에 원고 두 뭉치를 들고 바르샤바로 돌아온 코르차크는 파스퇴르, 모세와 교감을 나누어서인지 기분이 밝아져 있었다. 그해가 갈 때까지 그는 팔레스타인에 가려는 "미약한 시도"를 몇 번 했다. 유제프 아르논에게 보낸 편지에서, 돈과 언어가 여전히 걸림돌

아이들의 왕

이지만, 그 밖에도 먼저 해결해야 할 과제들이 있다고 했다. 자신을 안으로부터 "씻어내야" 하며, 세속적인 모든 것을 머릿속에서 떨쳐내야 하며, 지금까지 경험한 모든 것을 "침묵 속의 침묵을 통해" 되새겨야 한다고 했다. 머리가 "터질" 것 같은 때도 있었다. "세상을 지금 이대로 내버려둘 셈인가"라는 엄중한 질책이 귓가에 들려올 때도 있었다. 그리고 자녀를 갖지 않은 자신의 선택을 다시금 돌아보기도 했다. "내 주어진 운명에 따르다 보니, 지금까지 한 모든 일이 내 가족이 아니라 고아원을 위한 일이었네. 그래서 내가 지금 이렇게 힘든 걸까? 이 또한 끝이 없는 주제네." 그는 자신의 "허무맹랑한" 생각들을 용서해달라고 했다. 제르탈과의 만남에 대해, 스테파에 대해, 그날그날의 구체적인 일들에 대해 써야 하는데 이러고 있다면서. 그러면서도, 언젠가 이런 편지를 쓰다가 "집 없는 모든 인간의 쉼터를 마련해줄 마법의 주문"을 운 좋게 발견하게 될지도 모르는 일 아니냐고 했다.

1937년 11월 4일, 코르차크는 문학 분야에서 뛰어난 업적을 인정받아 폴란드 문학협회로부터 황금월계관을 수상했다. 자신이 아직 폴란드 작가로 인정받고 있다는 사실에 기뻤다.

그리고 이동대학 시절 친구이자 손꼽히는 사회주의 운동가 겸 소설가 안제이 스트루크의 장례식에서 추도사를 하면서도, 자신이 폴란드 문화와 역사의 한 부분이라는 유대감을 느꼈다. 스트루크의 장례식에는 좌익 인사 수천 명이 참석했다. 스트루크는 좌익 운동가들이 러시아제국에 맞서 지하에서 사회주의 운동을 벌이며 싸워온 역사를 소설 《지하의 사람들》에 고스란히 담아낸 바 있었다.

"나우코프스키가 우리 곁을 떠나갔을 때도 잔혹하고 암울하며

모세의 냉엄한 진리

위험한 시절이었지만, 지금은 그때와도 또 다릅니다." 코르차크는 스트루크의 무덤가에서 이렇게 추도사를 시작했다. "그때 우리의 첫 반응은, '이제 어떻게 할 것인가'였습니다." 그는《지하의 사람들》소설의 주인공이 스러져간 동지들의 무덤가에서 했던 말을 조금 바꾸어 이렇게 물었다. "그는 왜 우리를 고아처럼 남겨두고 떠났을까요? 우리에게 그가 가장 필요할 때, 그는 조용히 잠들었습니다. 그럴 수는 없습니다. 우리는 어떻게 합니까?"

"생각과 숨결과 고동치는 심장으로 경계를 늦추지 않았던" 그가 떠나갔으니, 이제는 모든 게 더 힘들어질 것이라고 했다. 세상은 "더 차가운 곳"이 될 것이라고 했다.

아이들의 왕

356

외로움

노년의 외로움은 언제 시작되는 걸까?
라디오 방송, 1938

"난 고아원 외의 삶이 거의 없어." 스테파는 코르차크가 여동생 아파트로 거처를 옮긴 뒤 페이가에게 이렇게 써 보냈다. 한동안 스테파는 몇 가지 변화를 시도했다. 5학년이나 6학년을 마친 아이들을 외부에 내보내 직업훈련을 받게 했고, 아침 식전과 저녁 식후에 하던 기도를 없앴다. 하지만 고아원의 일상은 늘 똑같았다. 자기가 자리를 비운 동안 대신 일할 수 있게 가르쳐놓은 젊은 교사들이 일을 알아서 꽤 잘했다. 이제는 힘이 부치지도 않았고 자기가 꼭 필요하다는 생각도 들지 않았다. 그래서 1937년 1월, 팔레스타인 비자가 나오길 기다리는 동안, 스테파는 고아원 일을 그만두고 방을 하나 구해서 나오기로 했다.

성격상 일을 하지 않고 못 배기는 그녀는 첸토스(CENTOS)라는 사회복지단체에서 시간제 근무 일을 알아보았다. 첸토스는 폴란드 전역의 진보적 고아원 180곳을 후원하는 단체였다. 스테파가 맡은 일은 일주일에 3일 전국을 다니며 온갖 보육기관을 시찰하는 것이었다.

페이가는 스테파가 아이들 돌보는 일을 그만두는 것이 과연 현명한 선택일지 의문을 제기했던 듯하다. 스테파는 "물론 고아원의 내 사무실은 계속 둘 것"이라며 페이가를 안심시켰다. 아이들과 만날 수 있는 장소를 포기하는 일은 절대 없을 거라고 했다. 졸업한 아이들은 여전히 매주 가족을 데리고 그녀를 보러 고아원에 찾아오고 있었다. 전 세계에서 편지를 보내오는 아이들과 서신 왕래도 계속 이어지고 있었다. 하지만 그녀는 이제 자신만의 공간을 원했고, 변화가 필요했다. "솔직히 말하면, 소박하고 조용하고 햇볕 잘 드는 내 방이 점점 마음에 들어. 마침내 혼자 있을 수 있게 된 거야! 이제 방문을 두드리는 사람도 없고, 초대하지 않으면 찾아오는 사람도 없어. 충고해줄 일도, 전화할 일도, 질문에 답해줄 일도 없어. 밤에 자고 싶을 때 자면 되고, 집에 얼마든지 늦게 들어와도 돼. 한 일 년쯤 이러다가 옛 생활로 돌아가겠지만, 지금은 25년 동안 일만 하다가 자유를 만끽하니 엄청나게 좋네."

방 하나에 주방과 화장실이 딸린 스테파의 아파트는 조그맣고 소박했다고, 그곳에 가본 미샤 브루블레프스키는 말했다. 선인장 몇 개 말고는 정을 둘 곳 없는 풍경이 고아원에서 쓰던 방과 별 차이가 없어 보였다. 미샤는 스테파와 앉아 차를 마시면서, 그녀가 가만히 앉아 있는 모습을 보는 것도 처음이고, 함께 제대로 대화를 나눠보는 것도 처음이라는 것을 깨달았다. "그렇게 오래 있던 고아원을 떠나니 힘들지 않으세요?" 미샤가 스테파에게 물었다.

그러자 스테파는 평소처럼 대뜸 잘라 말했다. "생각해보게, 아이들은 몇 년마다 계속 바뀌어. 죽 그러다 보면 새 아이들을 예전만큼 열성으로 대할 수가 없어. 열렬히 사랑하는 마음 없이 아이들을 키운다는 건 안 될 일이지." 그녀가 말하지는 않았지만, 코르차크가 살지 않는 고아원은 전과 같지 않았다는 것이 더 진실에 가까웠으리라고 많은 이들은 생각했다.

스테파는 첸토스 일에 '고아들의 집'에서처럼 헌신적으로 매달리지 않았다. 비자가 나올 때까지 집세와 생활비를 마련하고 "아이들과 손주들" 줄 선물 살 돈이나 벌려고 하는 일이었다. 그녀도 코르차크처럼 고아원에서 받은 봉급이 쥐꼬리만 했기에 모아놓은 돈은 거의 없었다.

새 일에 열정은 없었어도 일하는 솜씨는 능숙했다. 첸토스 산하 고아원들을 평가하는 그녀의 손길에는 자기 성격이 그대로 묻어났다. 그녀는 공정했다. 고아원에 절대 예고 없이 찾아가지 않았고, 원장에게 찾아간다고 미리 알려 손볼 곳이 있으면 손볼 시간을 주었다. 그녀는 예리했다. 고아원마다 몇 시간이 아닌 며칠을 머물며 살펴보았다. 아이들이 먹는 음식뿐 아니라 먹는 모습도 눈여겨보았다. 허겁지겁 집어삼키면 전날 굶주렸다는 걸 알 수 있었다. 아이들이 학교에 가고 나면 생활관을 돌아다니며 침대 시트의 상태를 살펴 얼마나 자주 빨아 썼는지 짐작했다. 화장실 상태를 봐도 전반적인 관리 상태를 짐작할 수 있었다.

스테파는 바르샤바로 돌아와 도무지 어이가 없다며 이런 이야기도 했다. 어느 고아원에서 한 자선가가 여자아이들에게 브로치를 선물로 주고 갔는데, 다른 자선가가 와서 보고는 유치하다며 못마땅해했다고. 그래서 날마다 보초 한 명을 창가에 세워 어느 자선가가 오는지 망을 보게 하고, 그에 맞게 여자아이들이 브로치를 달았다 뗐다 하고 있다는 것이었다.

스테파는 늘 고아원 직원들을 옹호하려 했다. 직원들도 아이들처럼 추운 방에서 지내고 아이들만큼 굶주리고 있었다. 그러나 그

외로움

런 현실을 보면서, 에인 하로드를 보고 나서 느꼈던 기존 보육시설에 대한 환멸감은 더 커지기만 했다. 에인 하로드의 어린이집에서는 아이들이 가족 그리고 공동체와 어울려 활동하며 지냈다. 그 모습을 본 뒤 그녀는 보육에 대한 관점이 바뀌었다. 이제 그녀는 폴란드의 고아원들도 집과 비슷한 형태로 바꾸어 아이들이 혈육과 더 많이 접촉할 수 있게 해야 한다고 믿었다. 만약 그것이 불가능하다면 아이들을 가족 규모의 작은 단위로 보육해야 한다고 생각했다.

스테파는 키부츠 가입 신청서에 이렇게 적기도 했다. "저는 정직하지 못한 사람입니다. 지난 6년간 저희 같은 형태의 보육시설에 마음으로는 분명히 반대하면서도, 타성에 젖어 계속 그대로 일했습니다." 바르샤바의 친구들에게는 이런 농담을 종종 하기도 했다. "난 죽기 전에 꼭 책 한 권 쓸 거야. '보육시설을 철폐하라'는 제목으로."

스테파는 페이가가 8월에 아들을 낳았다는 소식을 듣고 뛸 듯이 기뻐했다(몇 해 전에는 자기는 결혼하지 않았으면서도 페이가에게 아이를 낳으라고 권했다). 비자가 아직 나오지 않아 에인 하로드로 산모와 아이를 보러 달려가지는 못했지만, 그 후 몇 달 동안 편지를 끊임없이 보내 산후우울증을 겪고 있던 페이가를 격려했다. 출산하고 두 달쯤 되었을 무렵엔 이렇게 써서 보냈다. "남들은 이 시기를 다 문제없이 보낼 것 같지만 그렇지 않아. 자네가 힘들어하는 것도 난 놀랍지 않네. 책에서나 출산의 '축복'과 '거룩한 감동'을 예찬하지. 내가 봐서 아는데, 예민해서 첫아이를 낳고 충격에서 벗어나지 못하는 여자가 숱하게 많아. 특히 결혼한 지 5년에서 10년 지나 낳은 아이면 더 그러기 쉽다네." 그러나 스테파도 위로가 필요한 사람이었다. "앞으로 외로움에서 차츰 벗어나고 나도 점점 필요 없게 될 거네."

스테파는 바르샤바의 신문에서 아랍인들이 유대인 정착촌을 공격했다는 뉴스를 볼 때마다 에인 하로드를 걱정했다. "나한테 뭔가 감추고 있는 것 같네"라든지 "내가 걱정할까 봐 비밀로 하고 있는 것 같네"라는 말을 반복하며, "내 마음이 불안하니 엽서 하나라도 좀 띄워달라"고 했다. 페이가는 마치 반항하는 딸처럼, 답장을 쓰지 않고 버티기도 하고 스테파에게 간섭이 심하다고 책망을 하기도 했다. 스테파의 편지는 이런 식으로 시작할 때가 많았다. "나한테 화낼 생각일랑 하지를 말게!" "자네가 화낼지도 모르겠네만……." 그러고는 자기가 무슨 일을 했다거나 무슨 선물을 보냈다고 밝히곤 했다. 한 소포에는 블라우스 세 벌을 보냈는데 이런 쪽지가 들어 있었다. "마음에 안 들 것 다 알고 있네. 첫 번째 것은 색깔이, 두 번째 것은 스타일이, 세 번째 것은 단추가 마음에 안 들겠지."

코르차크에게는 페이가가 각별히 아끼는 제자가 아니었음에도 (페이가는 스테파가 고아원에 기여한 공을 제대로 인정받지 못하고 있다며 불만을 공개적으로 드러내기도 했다), 스테파는 코르차크를 만나면 페이가의 아기 이야기에 여념이 없었다. 스테파는 비자를 기다리는 동안 자진하여 고아원에서 태어난 아기 롬치아를 봐주곤 했다. 롬치아는 수련생 루자와 유제프 슈토크만 사이에서 태어난 딸이었다. 롬치아는 페이가의 아들과 같은 달에 태어났고, 부부는 코르차크가 서재로 썼던 다락방에서 딸을 키우며 살았다. 엄마 루자는 고아원 원아 출신이었고, 주방 일을 맡고 있었다. 롬치아가 태어나자 수련생들은 "아기 태어났어요!" 하고 외치고 다니며 소식을 알렸다. 코르차크는 아기에 마음을 쏙 빼앗겨, 고아원에 오는 날은 꼭 시간을 내서 아기와 놀아주었다. 코르차크와 스테파는 만나면 손녀에 푹 빠진 할아버지 할머니처럼 아기 이야기를 꽃피웠다. 그리고 의외의 협동 작업을 함께 했다. "듣고 웃지 마. 내가 선생님에게 히브리어

외로움

361

를 가르치고 있어. 내가 단어를 소리 나는 대로 폴란드 글자로 적으면, 선생님이 소리를 따라 하고는 자기만의 음성기호로 적으셔." 스테파는 이렇게 페이가에게 알렸다.

1938년 3월, 스테파가 희망을 거의 버리다시피 했을 때 팔레스타인 이민 허가증이 날아왔다. 스테파는 자기가 지금까지 유대인으로서 받아본 가장 좋은 상이라고 말했다. 그녀는 곧장 페이가에게 편지를 써서 침구 커버에 이름을 표시해야 하는지, 어떻게 표시해야 하는지 물었다. 머릿속이 너무 여러 가지로 "핑핑 돌고" 있어서 히브리어 공부는 못 하고 있다고 했다. 그리고 페이가에게 "화내지 말라"면서, 자기 방을 따로 요청하지 않고 다른 사람 집의 한 귀퉁이만 내달라고 요청했다.

그러나 일단 허가증이 나오자 스테파는 마음이 편치 않았다. "선생님을 두고 떠나기가 참 쉽지 않다"고 페이가에게 전했다. 코르차크에게 뒤따라오라고 설득도 했다. "선생님이 저런 성격만 아니었더라면 유대민족기금에 말해서 어느 모샤브에 조그만 땅 하나 받을 수 있을 텐데. 최근에 거기 부회원이 됐거든. 그런데 다시 우울해진 데다가 무심한 상태야."

코르차크의 우울함은 스테파의 출발 날짜가 닥쳐오던 것과 아마 무관하지 않았을 것이다. 그는 스테파에게 팔레스타인의 불볕더위에 아직 적응 못 하지 않았냐며, 쉰두 살의 나이는 그런 고생을 견디기에 무리 아니겠냐고 했다. 이민을 가겠다는 스테파의 의지는 흔들렸다. 페이가에게 이렇게 써 보냈다. "난 이스라엘 땅에 죽으러 가는 노인네들과는 다르지만, 날씨나 다른 여건에 내가 잘 견딜 수 있을지 걱정을 안 할 수가 없네."

스테파는 갈등하면서도 마음을 다잡고 출발을 준비했다. 쳰토

아이들의 왕

스 일을 그만두고, '고아들의 집' 아이들 모두에게 편지하겠다고 약속하고, 팔레스타인 생활 이야기를 글로 써서 〈작은 평론〉에 보내주기로 했다. (그녀는 〈작은 평론〉에서 코르차크의 사임 후 네베를리와 함께 편집자로 잠깐 일한 적이 있었다.) 롬치아와 헤어지기는 특히 힘들었지만, 그곳에 가면 페이가의 아기가 또 기다리고 있을 것이었다. 그녀가 가장 우려한 것은 실제로 떠날 순간이었다. "작별할 일이 두렵고, 가면 환영받을 일이 부끄럽다"고 그녀는 페이가에게 털어놓았다.

스테파는 떠났고, 코르차크는 바르샤바에 남아 있었다. 정치 상황은 암울했지만, 코르차크는 폴란드 사회의 진보 계층이야말로 폴란드의 진정한 얼굴이라는 믿음을 버리지 않았다. 폴란드인들 가운데는 여전히 그를 존경하고 반유대주의를 혐오하는 사람들이 많았기에, 그는 이에 힘입어 믿음을 유지해나갈 수 있었다. 라디오 방송국에 있는 친한 친구들이 방송 시간을 좀 확보할 수 있을 것 같다며 노의사 방송을 다시 해보지 않겠냐고 물었다. 코르차크는 처음에는 "또 처참한 꼴로 끝날까 봐" 주저했지만, 결국 제안에 따르기로 했다. 그는 처음 세 차례 방송의 주제를 외로움으로 잡았다. '아이의 외로움' '청년의 외로움' '노인의 외로움'이었다.
소설가 헨리 제임스처럼, 코르차크도 자신의 외로움은 자신의 "가장 깊숙한 부분"이라고 했을 법하다. 외로움은 그가 출발한 항구이자, 결국 그의 항로가 향하는 항구였으니까. 그는 어른이 된 뒤로 줄곧 아이가 낯선 어른 세상에서 느끼는 외로움을 이야기했고, 이따금은 청소년의 "다급하고 묘한 외로움"을 이야기했다. 그러나 지금 그가 가장 강렬하게 마주하고 있는 것은 자신의 외로움, 곧 노인의

외로움

외로움이었다. 자신을 노의사라 칭하는 것과, 노년을 겸허히 받아들이는 것은 다른 문제였다.

"노년의 외로움은 언제 시작되는 걸까?" 노의사는 자신을 닮은 오래된 보리자나무에게 물었다. "흰머리가 처음 났을 때? 영구치가 처음 빠졌을 때? 첫 손주를 보았을 때?" 나무와 나눈 이 대화는 그의 "일기이자, 고백이자, 대차대조표이자, 유언"이었다. 그는 평생 동안 스스로에게 물어왔던 질문을 했다.

너는 누구니? 순례자, 방랑자, 표류자, 도망자, 파산자, 낙오자? …… 너는 어떤 삶을 살았니? 밭을 얼마나 갈았니? 남에게 빵을 몇 덩어리나 구워 줬니? 씨를 얼마나 뿌렸니? 나무를 몇 그루나 심었니? 벽돌을 몇 개나 놓고 일어섰니? 단추를 몇 개나 달았니? 옷을 몇 벌이나 기웠니? 양말을 몇 켤레나 꿰맸니? …… 흘러가는 삶을 그저 맥없이 바라만 보며 살았니? 항로를 네 스스로 개척했니, 아니면 물살에 쓸려다녔니?

온 나라의 외로운 사람들이 노의사에게 보내는 편지 수천 통이 방송국에 쏟아져 들었다. 그러나 노의사는 폴란드 땅에 굳게 뿌리내린 나무의 목소리로 이야기하면서도, 다른 땅에 옮겨 심어질 방법을 모색하고 있었다. 그는 텔아비브에 사는 옛 수련생에게 보낸 편지에서 "마담 스테파가 떠난 뒤로 이곳에 새로운 일은 없네"라고 하며, 몇 달간 방을 빌릴 하숙집이 좀 있겠느냐고 물었다.

노의사는 '외로움' 시리즈 방송을 마친 뒤 또 다른 프로그램을 맡게 되었다. 프로그램 제목은 〈나의 휴가〉라고 붙였다. 방송은 1938년 6월, 매주 월요일과 목요일 오후 3시 45분에 전파를 탔는데,

아이들의 왕

그는 방송에서 그동안 살아오면서 산과 시골을 여행하며 만났던 아이들 이야기를 들려주었다.

그중 한 방송에서는 어느 날 아이들과 뱃놀이 갔던 이야기를 했다. 그 서정적이면서 신비로운 이야기는, 루이스 캐럴이 앨리스 자매와 50년 전에 떠났던 유명한 뱃놀이 여행을 떠올리게 했다. "나는 아이들과 함께 있을 때 그들의 동반자이고, 그들은 내 동반자입니다." 노의사의 이야기는 이렇게 시작되었다. "우리는 이야기를 나누기도 하고, 가만히 있기도 합니다. 우리 중에 대장은 없습니다. 우리가 부둣가에 함께 있는 시간은 내 시간이면서 그들의 시간이고, 함께 하는 즐거운 시간입니다. 다시는 돌아오지 않을 시간이지요."

다섯 살에서 열네 살에 이르는 아이들이 불안해하는 어머니들과 함께 부둣가에 도착했다.

"취학 전 아이도 받으세요?"

"전 안 받는데, 이 배는 받아줄 겁니다."

배는 튼튼하고 안정되어 보이고, 뱃사공은 노 젓는 솜씨가 능숙해 보였다. 그렇다면 남은 문제는? 날씨, 스웨터, 치즈, 뱃멀미. 그리고 해가림 모자, 축구공, 주머니칼, 강아지를 데려갈 것인가 말 것인가. 저녁 시간 전에 안달하는 어머니들 품에 돌아올 수 있을 것인가.

경적 소리. 배가 출발한다. 아이들이 손을 흔든다. 정적. "전망과 풍경이 바뀐다. 물이 철썩거린다. 수면이 파란빛으로 반짝거린다."

배에 탄 이야기꾼은 아이들을 토끼굴 속으로 이끄는 공상가가 아니라, 현실 세계의 문제를 의심스러운 눈으로 바라보는 과학자다.

"세상에 용이 진짜로 있어요?"

"없을걸."

"옛날에는 있었어요?"

외로움

"역사책에는 안 나와. 선사시대에는 살았는지도……."

그 밖에도 "개구리가 콧물을 흘릴 수 있는가?" "독 있는 나무도 있는가?" 같은 질문을 논하다가, 나중에 숙소에 돌아가 과학 모임을 만들기로 한다. "출석은 자유야. 점심 먹고 나서나 저녁때 모이면 돼. 엄마 허락 받고. 그리고 언제든 졸아도 돼. (나도 과학 회의 자리에서 자주 졸았거든.)"

그렇게 놀다가 그들은 돌아왔다. 물가에서 잃어버린 사람 없이 소풍도 무사히 다녀왔고, 특별한 일도 없었다. 있었다면 한 소녀가 꽃다발에 푸른 잎이 얼마나 잘 어울리는지 알게 된 것과, 한 소년이 개미를 흙으로 덮지 않기로 한 것 정도. "혹시 모르지요. 지금 그 개미가 집에 가서, 구사일생으로 살아난 이야기를 친구들 앞에서 하고 있을지도." 노의사는 이렇게 이야기를 마쳤다.

그의 친구이자 라디오 잡지 〈안테나〉의 편집장이었던 얀 피오트로프스키에 따르면, 노의사는 폴란드 방송에서 접할 수 있는 최고의 휴머니스트이자 지식인이었다. "그는 아이들에게 어른 대하듯 말했고, 어른들에게는 아이 대하듯 말했다. …… 그는 우리를 이해했지만, 그러면서도 한 사람 한 사람의 가슴과 영혼에 청진기를 대곤 했다. 친절한 노의사는 조심스럽게 진단을 내리고 나면 어느새 온데간데없이 사라지곤 했다. 하지만 탁자 위에는 처방전과 동전 한 개를 놓고 갔다. 환자인 당신이, 자신보다 가난하다는 것을 알고 있었기에."

피오트로프스키는 전쟁이 끝나고 코르차크에 관해 쓴 얇은 책에서, "외로움에 관한 아름다운 3부작"을 그의 허락을 받아 〈안테나〉지에 실었던 일을 떠올렸다. "노의사의 세 번째 이야기를 이렇게 마친다"고 적고는, "노의사의 이야기를 언제 또 들을 수 있을까?" 질문을 던졌다고. 코르차크와 라디오 방송국 편성국장에게 보내는, 앞으로 또 프로그램을 기획해달라는 호소였다. 피오트로프스키는 방송국 간부들이 외로움 이야기에 크게 감동받아 "그런 귀재를 아리아인이 아니라는 이유로 공격하는" 우익단체들의 압력에 굴하지 않으리라 기대했다. 피오트로프스키의 호소는 빛을 보지 못했다. 방송국은 또다시 반유대주의자들의 격렬한 비난을 받았고, 노의사는 또다시 방송에서 사라졌다. 몇 달 뒤, 피오트로프스키는 라디오 방송국 편성국장으로부터 "공식적이고 확정된 금지 명령"을 받았다. 노의사에 관한 글을 잡지에 더 이상 싣지 말고 노의사의 방송 내용을 책으로 내려는 계획도 취소하라는 것이었다.

폴란드인들의 세상은 야누시 코르차크를 계속 밖으로 밀어냈고, 유대인들의 세상은 그를 얼싸안았다. 전국의 유대인 주민센터에서 강연을 요청해왔는데 팔레스타인 정착촌 순방과 비슷한 일이라고 생각해 수락했다고 친구에게 써 보냈다. 뭔가 배울 수 있을지도 모르고, 가난하고 정직한 사람들에게 나라가 돌아가는 상황을 설명해주어 사기를 북돋을 수 있을지도 몰랐다.

1938년에 열 살 소녀였던 라헬 부스탄은, 노의사가 오시비엥침(곧 '아우슈비츠'로 알려지게 되는 도시) 근교에 있는 자기 마을의 유대인 주민센터에 강연하러 찾아오자 흥분에 들떴다고 한다. 두 손을 무릎 위에 겹쳐놓고 연단 위에 가만히 앉아 《장화 신은 고양이》이야기를 하는 그의 모습은, 대단한 사람 같은 느낌이 전혀 들지 않았다.

코르차크는 바르샤바에서도, 팔레스타인 비자가 나오기를 기

외로움

다리고 있던 청년개척단 단원들 앞에서 강연을 했다. 그의 관심사는 그들에게 팔레스타인 생활에 도움이 될 말을 해주는 것이 아니라, 그들이 세상에 대한 지적 호기심을 유지할 수 있도록 격려하는 것이었다. 그는 '우리는 모른다'는 제목의 강의에서, "우리는 책에 나와 있지 않은 답을 찾으려고 노력해야 한다. 우리가 찾는 것은 인간과 우주에 관한 보다 큰 진리이기 때문"이라고 했다. 위대한 과학자는 지구의 신비에 대해 모르면 모른다고 인정하는 것을 부끄러워하지 않는다면서, 한 탈무드 연구가의 말을 인용했다. "나는 스승과 동료에게서도 많은 것을 배웠지만, 그 누구보다 제자들에게서 가장 많이 배웠다."

강의가 끝나면 청년개척단 단원들은 혹시라도 그가 거리에서 공격받지 않도록 그의 앞뒤 좌우를 둘러싸고 집까지 배웅해주기도 했다. 폴란드 불량배들이 유대인 행인을 밀치거나 침을 뱉는 불상사가 점점 잦아지고 있었지만, 코르차크는 자기가 험한 일을 당했다고 시인하는 일도, 주눅 드는 일도 없었다. 그가 한번은 한 유대인 고아와 붐비는 노면전차를 타고 가고 있는데, 한 승객이 유대인 외양의 아이를 보고는 코르차크에게 빈자리를 가리키며 이렇게 말했다. "유대인 할배, 앉으시지?" 코르차크는 냉담하게 되받아쳤다. "이 육군 소령은 궁둥이에 종기가 나서 앉지 못하오." 그 반유대주의자 승객은 폴란드군 장교를 모욕한 데 후환이 있을까 두려웠는지 다음 정거장에서 급히 내렸다.

코르차크는 팔레스타인에서 벗들이 찾아오면 함께 발길 닿는 대로 도시를 거닐곤 했다. 모셰 제르탈이 아내와 어린아이를 데리고 하쇼메르 하트자이르 일로 바르샤바에 막 도착했을 때도 그와 함께 길을 걸으며 이렇게 말했다. "지금 폴란드 가을이 아주 좋을 때네. 이

아이들의 왕

렇게 화려한 단풍은 어디에도, 팔레스타인에도 없을 거야." 그러나 "유대인 물건을 사지 말자!"라고 적힌 대문짝만 한 벽보를 마주치자 코르차크의 기분은 가라앉았다. 그는 벽보의 메시지를 음미하듯 잠깐 멈춰 섰다가 발걸음을 떼며 이렇게 중얼댔다. "멍청한 놈들! 자기들이 무슨 짓을 하고 있는지는 알까? 나라를 망치고 있는 놈들이야!" 그는 분노를 쏟아낸 뒤 잠깐 말이 없다가 이렇게 말을 이었다. "암담하네. 암담해. 인간의 가치가 무너지고 있네. 천지가 요동치고 있어."

제3제국에서 밀려오는 충격파는 연일 수위가 높아졌다. 1938년 9월 29일, 독일은 체코슬로바키아 땅이던 주데텐란트를 합병했다. 그 후 폴란드 정부가 국외에 5년 이상 체류한 자국민의 여권을 무효화하는 조치를 실시하자, 나치는 독일에 거주하는 유대계 폴란드인 1만 8천 명을 폴란드 국경으로 강제 이송했다. 상당수 주민은 대대로 그곳에서 살아온 이들이었다. 영사관의 특별 재입국 도장을 받지 못한 유대인들은 국경 지역에 발이 묶인 채 모진 환경에서 신음해야 했다. 파리에 유학 중이던 유대계 폴란드인 헤르셸 그린슈판은 자신의 부모가 독일에서 추방되었다는 소식에 분노해, 파리 주재 독일대사관에서 3등 서기관을 총으로 쏘아 죽였다. 나치는 이에 대한 보복으로 폭동을 꾸몄고, 독일 전역에서 유대인 소유의 상점과 유대교회당들이 파괴되는 가운데 유대인 91명이 사망했다. 이 사건은 훗날 '크리스탈나흐트(Kristallnacht, 깨진 유리의 밤)'로 불리게 된다.

천지가 요동치는 것을 바라보는 무력감 속에서, 코르차크는 무한한 힘을 가진 유대인 소년 영웅들의 이야기를 쓰기 시작했다. 그 중 〈몽상〉이라는 이야기에서는, 이름이 언급되지 않는 소년이 유대 민족을 핍박에서 구하겠다는 꿈을 품는다. 소년은 영국행 비행기에

외로움

몰래 올라타고, 왕에게서 모든 유대인이 팔레스타인으로 이주해도 좋다는 허락을 얻어낸다. 소년은 땅속에 묻힌 황금을 발견해 세계적으로 유명해지고, 히틀러는 유대인들을 쫓아낸 것을 후회하며 다시 돌아와달라고 부른다. 그러나 소년은 히틀러에게 유대인들은 오라고 해서 갔다가 쫓겨나는 고초를 지금까지 한두 번 겪은 게 아니라며, 모국 땅에 그대로 있겠다고 통보한다. 마치 마치우시 왕처럼, 소년은 히틀러가 돈을 빌려달라는 요청을 거부하면서도 굶주리는 독일 아이들에게 우유와 버터를 사 준다.

이 담대한 소년은 코르차크의 상상이 창조해낸 첫 유대인 아이가 아니었다. 코르차크는 1920년대 초에 헤르셰크라는 소년 이야기의 초고를 쓴 적이 있었다. 헤르셰크는 메시아가 되기를 꿈꾸는 네 살짜리 고아였다. 그러나 코르차크가 헤르셰크 대신 모든 아이의 왕인 마치우시 왕의 이야기를 쓰기로 하면서, 헤르셰크는 1930년대 말에야 《헤르셰크의 세 여행》이라는 이야기로 세상의 빛을 볼 수 있었다.

헤르셰크('헨리크'의 히브리식 이름인 '헤르시'의 애칭)는 성지(聖地)를 직접 보는 것을 꿈꾸며, 그곳에 찾아가기 위해 자기가 사는 마을을 세 번 떠난다. 궁궐에 살았던 마치우시와 달리, 헤르셰크는 유리창 없는 다락방에서 살고 있다. 헤르셰크를 가르쳐주는 사람은 궁정 교사가 아니라 주변의 두 사람뿐이다. 형 레이프는 끊임없이 약속의 땅 이야기를 하며, 그곳은 모든 사람이 꿀과 무화과와 생선국수를 먹는다고 말한다. 다리가 불구인 광인은 헤르셰크에게 사람은 저마다 스스로 하느님을 찾아 나서야 한다고 말해준다.

헤르셰크는 세상을 질서 있게 만들고자, 큰 막대기를 칼처럼 들고 호기롭게 걷는다. 그리고 쓰레기장을 뒤지며 해와 달을 찾는다.

아이들의 왕

그는 모세가 되어, 쓰레기 산을 올라 십계명을 받는다. 친구 마우카는 유대 민족이 된다. 마우카는 쓰레기 더미 밑에 서서 하느님의 말씀을 귓등으로 듣는다. 헤르셰크는 칼로 마우카를 치고, 마우카는 울면서 집으로 뛰어간다. 마우카의 엄마에게 야단맞고 나서도, 헤르셰크/모세는 핍박받는 유대 민족을 이끌고 광야를 지나 "빵과 꿀과 포도가 있는" 땅에 이르는 꿈을 계속 꾼다.

백발이 성성한 아브라함이 헤르셰크에게 말한다. "혹시 모르지, 네가 이스라엘 땅에서 유명해질지도." 그리고 이렇게 덧붙인다. "하지만 팔레스타인은 아주 멀단다. 아직은 때가 아니야."

첫 여행에 나선 헤르셰크는 팔레스타인까지는 가지 못했지만 장터와 그 너머 땅까지 도달한다.

소년은 이미 마을을 벗어났다. 이미 광야에 들어섰다. 외로이 홀로 걷는다. 낯선 나라들이 보인다. 강과 다리가 보인다. 배가 보인다. 저 너머에 숲과 조그만 집들, 조그만 젖소와 말들이 보인다. 팔레스타인은 모든 것이 이렇게 작은 줄 몰랐다.
계속 걷다가, 이제 더는 걷기 힘들어진다.
곧 쓰러질 것 같다.
칼로 땅을 친다. 물이 뿜어 나오겠지. 그리고 의식을 잃는다.
깨어나니 집이다. 부유한 수라가 달콤한 흰 우유를 건넨다.
에스테르가 말한다. "개 홍역 걸렸는데, 나을 거야."

메시아가 되고자 하는 소년은 두 번 더 팔레스타인을 찾아가려고 시도하지만 뜻을 이루지 못한다.

외로움

371

1938년 11월 말의 어느 잔뜩 흐린 날, 코르차크가 "맥없이" 고아원에 들어서자, 아이들이 준비해놓았던 깜짝 공연을 해주었다. 기름 먹인 종이 상자와 전구를 이용해 영화를 상영해준 것이다. 그는 유제프 아르논에게 보내는 편지에 이렇게 썼다. "순진하고 원시적이면서 감동스러웠네. 실패할까 봐 조마조마해하며 열중하는 모습, 공연을 기다리는 아이들의 들뜬 모습, 아코디언 반주, 모두 훌륭했네. 굉장한 경험이었어. 애쓰고 노력하고 과감히 도전해, 결국 성공해내더군."

그리고 앞으로의 계획을 묻는 아르논의 질문에 이렇게 답을 달았다. "팔레스타인에서 여름과 초가을은 지내봤으니 이제 겨울을 꼭 지내보고 싶네. 로트 항공사가 비행기표를 반값에 주겠다고 했는데, 그래도 감당할 수가 없네."

코르차크는 팔레스타인에 못 가는 핑곗거리가 늘 있었다. 헤르셰크처럼 그에게도, 아직은 때가 아니었다. 그러나 이제 남은 시간이 얼마 없었다.

아이들의 왕

아이라는 종교

아기가 잠이 드네.

눈도 자고, 입술도 자고,

코도 잠이 드네.

작은 눈망울이 이제 피곤하네.

눈도 잘 자, 입술도 잘 자,

나도 잘 자, 아기야 잘 자.

〈자장가〉

1939년 초, 우익단체들이 유대인 탄압을 선동하느라 바쁠 무렵, 코르차크는 "크로흐말나 일로 바빴다." 자장가도 몇 편 쓰려고 시도했는데 성과는 없었다. "아이들을 위한 글을 쓰려면 조용하고 평온한 분위기"여야 하는데, 당시 폴란드는 그런 분위기가 아니었다. 사비나 담이 팔레스타인에 언제 오느냐고 묻자 코르차크는 말버릇처럼 이렇게 답했다. "누가 알겠나? 누가 알겠어?" 그러면서도 마음은 꼭 가고 싶다고 했다. "적어도 그곳은 형편없는 자가 훌륭한 자에게 유대인이라고 침 뱉는 일이야 없겠지." 그녀가 강의 전날 밤이면 불면증으로 힘들다고 하자 코르차크가 조언을 해주었는데, 여기서는 창의성에 관한 그의 철학이 드러난다. "쉽게 얻는 것은 가치가 없네. 뭐가 쓸 만한 글을 쓰거나 말을 하려면 불안과 자신감 부족, 망설임, 고통이 반드시 필요하네."

　스테파가 에인 하로드에 간 지 일 년이 된 1939년 3월, 독일은 프라하로 진군해 체코슬로바키아를 병합했다. 유럽에 갔다가 키부츠로 돌아오는 사람마다 전쟁이 임박했다는 소문을 입에 올렸기에, 스테파는 코르차크가 걱정되었다. 그녀는 이민을 가기로 했을 때 코르차크가 틀림없이 뒤따라올 줄 알았다. 그런데 오지 않고 있으니, 돌아가 그의 출국 준비를 돕기로 마음을 정했다. 페이가는 그녀를 말리려 했지만, 한번 뭔가를 결심하면 화살처럼 표적을 향해 직진하는 스테파였다. 바르샤바에 돌아가, 코르차크가 무슨 문제로 못 오는지 몰라도 도와서 해결하겠다고 했다.

　스테파의 키부츠 생활은 순탄치만은 않았다. 에인 하로드에 손님으로 있는 것과 실제로 사는 것은 달랐다. 일단 공동체의 일원이 되자 사람들은 날마다 얼굴 보는 사람들끼리 흔히 그러듯, 그녀를 별로 배려해주지 않았다. 25년간 '고아들의 집'을 "태양을 누비는 배처럼" 유유히 돌아다녔던 그녀지만, 그곳에서는 아무런 권위가 없었다. 모든 사안은 떠들썩하게 회의를 해서 결정해야 했고, 회의는 늘 어지기만 할 뿐 결론이 나지 않기 일쑤였다. "키부츠에서 뭔가를 바꾸려면 삼백 년은 걸린다"고 스테파는 불평하곤 했다.

　적잖은 주민들은 "강한 폴란드어 악센트로 서투른 히브리어를 구사하는, 매력 없는 이 신참 주민"이 이런저런 일에 자기 방식을 고집하는 것이 뻔뻔스럽다고 생각했다. 그녀가 헌신적이고 시간관념이 정확하며 코르차크와 함께 일했던 사람이라는 것은 그리 중요하지 않았다. 그녀는 시간 감각이나 일하는 방식이 키부츠 주민들과

아이들의 왕

달랐다. 주민들은 스테파와 페이가가 똘똘 뭉쳐 다른 주민들과 각을 세운다고 생각하기도 했다. 무뚝뚝하고 까다로운 페이가의 성격은 스테파만큼이나 까칠한 인상을 풍겼다. 두 여자는 교육관만 같은 게 아니라 아예 한 자매인 듯도 했다. 아이들의 양육 문제라면 둘 다 주장이 강했다. 페이가는 "대여섯 살 아이는 내게 맡겨만 달라, 옷을 빨리 입게 만들어놓겠다"고 말하곤 했다.

스테파도 자신을 향한 불만의 시선을 모를 수 없었다. 식당에서 그녀를 마주치지 않으려고 피해 다니는 주민도 있었다. 키부츠에 온 지 여덟 달이 되었을 무렵, 스테파는 상황을 타개해보려고 어느 회의에서 발언권을 요청했다. 그녀는 "저는 이곳에 필요 없는 존재처럼 느껴집니다" 하고 솔직한 심정을 말했다. 아이들을 상대하는 자기 방식과 주민들의 방식이 전혀 다르다는 생각이었다. 주민들은 아이들 떠드는 소리에 오후 낮잠을 설친다고 불평할 때 말고는 아이들에게 관심조차 주지 않았다. 스테파는 이어 말했다. "제가 유럽을 떠나 여기로 온 것은 뭔가 보탬이 되리라는 생각에서였습니다. 하지만 여러분의 도움 없이는 제가 제대로 할 수 있는 일이 없습니다." 스테파가 진심 어린 호소를 하고 나서, 뭔가 꽉 막힌 것 같던 분위기는 해소되었다. 키부츠는 누구나 어느 정도 긴장을 안고 생활하는 곳이었고, 그렇게 거침없이 불만을 이야기하는 것은 드문 일이 아니었다. 삶은 계속 흘러갔고, 각자의 개인 문제는 생존이라는 더 큰 문제에 가려 묻혀갔다.

스테파가 바르샤바의 '고아들의 집'에 보낸 편지와 〈작은 평론〉에 보낸 편지를 통해 그녀가 키부츠에 어떤 혁신을 도입했는지 엿볼 수 있다. 그녀는 식당 북동쪽 귀퉁이에 분실물 보관함을 설치했고, 밤중에 용변을 보아야 하는 아이들을 위해 불이 켜진 가까운 곳에 요강을 두었고, 밤에 배앓이나 악몽으로 깨는 아이들을 위해 침대등을 설치했고, 보육사들이 근무조 간에 전달 사항을 주고받을 수 있는 기록 방식을 도입했다. 공사하는 사람들이 전등 스위치와 변기 물 내리는 줄을 너무 높게 달아 아이들이 조작하려고 애쓰다가 물건을 자꾸 부수게 된다며 그들과 말다툼을 벌였다. 그녀는 이렇게 적었다. "어른들에게 일하는 방법을 설명하기가 아이들에게 설명하기보다 더 힘들더라고요. 공사하는 사람들에게 크로흐말나 거리의 우리 고아원에서는 25년 동안 의자 110개 중 딱 한 개만 망가졌다고 말해줬어요. 그리고 그 망가진 의자도 다리가 없는 상태로 재봉실에서 잘 쓰이고 있다고 했지요."

1939년 4월 22일에 스테파가 폴란드로 떠나간 뒤에야 주민들은 그녀가 어린이집에 얼마나 다양한 기여를 했는지 깨달았다. 스테파는 키부츠 주민들의 환대와 너무나 많은 가르침에 고맙다는 편지를 남겨놓고 갔다. "다시 만나게 될지도 모르지요"라면서, 향후 계획을 분명히 밝히지 않았다. 슬픔을 안고 떠났지만 미련은 없었다. 그녀는 아이 때부터 러시아에서 이민 와 키부츠에 살고 있던 제루바벨 길레아드에게 "키부츠닉들은 누가 자기 아이들 교육하는 법을 가르치는 것을 달가워하지 않는다"고 했다.

"키부츠는 스테파를 받아들일 준비가 되어 있지 않았다"고 길레아드는 훗날 말했다.

바르샤바에 돌아온 스테파는 이번에도 에인 하로드에서 가져온 사진첩을 코르차크에게 보여주었다. 코르차크는 여전히 예루살렘에 가고 싶어 했지만, 스테파는 키부츠에서 사는 게 더 안전하다고 고집했다. 둘은 그 주제를 놓고 격한 논쟁을 벌이곤 했다. 코르차크는 팔레스타인으로 떠나는 지인을 배웅할 때마다 꼭 이렇게 말하곤 했다. "예루살렘 구시가지에 방 하나 구할 수 있나 좀 알아봐주게." 그러면 스테파도 지지 않고 그 사람을 한쪽으로 불러 이렇게 말했다. "너무 열심히 찾지 말게. 거기서 사시면 위험해."

모셰 제르탈은 가족을 데리고 바르샤바에 단기 체류하러 왔을 때 코르차크가 인생의 "갈림길"에서 "중대한 자기 성찰"을 하고 있다는 것을 알고 있었기에 그를 방해하지 않으려고 했다. 그러나 코르차크는 제르탈의 어린 아들이 병에 걸렸다는 소식을 듣자마자 전화해 그날 오후에 아이를 보러 오겠다고 했다.

제르탈은 이렇게 떠올린다. "약속한 시간에 선생님이 오셨어요. 그날 오전에 아이들과 여행을 갔다 와서 피곤하셨지만 기분은 좋으셨어요. 곧장 아들 침대로 가서 좀 살피는 듯하더니 아이와 놀기 시작하시더군요. 둘 사이에 오가는 말은 정확히 알아듣기 어려웠어요. 아이는 말을 몇 마디 못 하고 선생님은 히브리어가 서툴렀으니까요. 하지만 무언가 대화가 분명히 되고 있었어요. 떠나면서 이러셨어요. '걱정 말게, 좀 지나면 나을 테니까. 계속 뉘여놓고, 방 건조해지지 않게 큰 냄비에 끓는 물을 담아서 갖다놓게.' 집주인인 저희 어머니가 계신 것을 보고는 빙긋 웃으면서 이러셨어요. '어쩌나, 처방전이 없어서 할머니 맘에 안 드시겠어. 내가 가자마자 딴 의사를 부르시겠는데.'"

코르차크의 예측은 적중했다. 다음 날 "여느 평범한 의사 같은" 의사가 왕진을 와서, 여느 평범한 의사처럼 진짜 처방전 두 장을 놓고 갔다.

제루바벨 길레아드는 팔레스타인에서 소설로 낼 이야깃감을 찾아 그해 봄에 바르샤바로 와서, 코르차크가 사는 아파트부터 들렀다. 그는 단정한 검은 드레스 차림에 몸이 마른 코르차크의 여동생 안나가 문을 열어주자 놀랐다. 그는 코르차크처럼 저명한 사람이면 집에 하인을 두고 있을 줄 알았다.

"어서 와요, 어서 와." 그녀는 따뜻하게 손님을 맞고는 긴 복도를 향해 외쳤다. "선생님, 팔레스타인에서 손님 오셨어."

집에서 법률 번역가로 일했던 안나는, 긴 녹색 덧옷을 걸치고 털모자를 쓴 코르차크가 활기차게 복도를 걸어오자 바로 자리를 떴다. 코르차크는 길레아드를 자기 방으로 데려갔다.

길레아드는 코르차크의 소박한 방을 유심히 관찰했다. 책상 위에 어지럽게 널린 책과 서류 더미, 코르차크가 상으로 받은 피우수트스키의 흉상, 높은 옷장, 조악한 군용 모포가 덮인 철제 간이침대, 벽에 걸린 어머니 얼굴 사진이 눈에 띄었다.

길레아드의 눈길이 펼쳐진 폴란드어 성경책에 잠시 머물렀다. 여백에 메모를 적다 만 상태였다. 그 모습을 보고 코르차크가 말했다. "내가 연재소설처럼 날마다 읽는 소설이네. '성경의 아이들'이라는 연작물을 쓰고 있는데, 읽을 때마다 몰랐던 게 새로 나오더라고. 그런데 왜 그렇게 서 있나? 어서 앉게. 그 앞에 있는 것들 마음대로 먹게." 작은 상에 오렌지 몇 개와 대추야자, 아몬드가 차려져 있었다. "먹으면 집 생각도 덜 나고 기운도 날 거야."

코르차크는 유대인 아이를 주인공으로 한 단편소설들을 길레아드에게 보여주었다. 하쇼메르 하트자이르에서 히브리어로 번역해 기관 잡지에 실을 소설들이었다. 젊은 시인 길레아드는 코르차크의 새 원고를 확인하러 이 집에 종종 들르게 되었다. 두 사람의 대화 주제는 실로 다양했다. 한번은 길레아드가 수줍은 듯 사랑이란 무엇이라고 생각하느냐고 코르차크에게 물었다.

코르차크는 자기가 쓴 어느 책에서 사랑을 아이의 관점에서 논한 적이 있었다. "사랑은 무엇일까요? 사랑은 뭔가 이유가 있어야 하는 걸까요? 사랑은 받을 자격이 있는 사람에게는 늘 주어지는 것일까요? 많이 좋아하는 것과 사랑하는 것의 차이는 무엇일까요? 우리가 누구를 더 사랑하는지 어떻게 알 수 있을까요?" 하지만 물론, 길레아드가 묻는 것은 어른의 사랑이었다.

그는 이렇게 대답했다. "나는 이제 예순이 넘었네만, '사랑이란 무엇이냐?'는 자네 질문에는 나도 모른다고 해야겠네. 그건 수수께끼야. 나는 사랑의 몇 가지 특성만 알고 본질은 모르네. 하지만 어머니의 사랑과 아버지의 사랑이 무엇인지는 알고 있네."

그는 길레아드에게 자신이 전쟁 때 군의관으로 복무하던 중 발칸반도에서 겪었던 몽환적인 경험을 이야기해주었다. "우리 부대가 어느 산골 마을에 주둔하고 있을 때였네. 밤늦게까지 막사에서 일하고 있는데 목이 말랐어. 물 저장통을 찾아 막사 밖으로 나오니 달빛이 휘영청 밝았네. 주변에 서 있는 산들은 컴컴했지만 마을은 몽롱한 안개 속에 은은히 빛났지. 그런데 건너편 막사에 한 젊은 여자가 문간에 기대어 서 있는 거야. 팽팽한 드레스에 몸의 윤곽이 드러났고, 머리는 풍성하게 땋아 올렸고, 고개를 한쪽 맨팔에 기대고 있었네. 가만히 서서 여자를 보고 있는데 이런 생각이 들었어. '바로 저 여자다! 내 아이의 엄마. 이보다 더 완벽한 쌍이 어디 있겠는가. 평원의 남자와 산의 여자.' 모든 것은 잠깐 사이에 일어났네. 여자는 자기 막사의 어둠 속으로 사라졌지만, 나는 그녀를 지금까지도 기억하네. 그게 사랑이었는지는 모르겠지만, 일종의 사랑이었네. 아버지가 되고 싶은 열망이었지."

아이라는 종교

코르차크는 이때 길레아드에게는 그런 말을 하진 않았지만, 나중에 《게토 일기》에 자신이 아버지가 될 뻔했음을 암시하는 듯한 묘한 글을 남긴다. 두 "영감쟁이"가 각자의 삶을 회고하는 가상의 대화인데, 누가 봐도 코르차크 자신으로 보이는 노인이 결혼하여 자식을 여럿 둔 노인에게 이런 이야기를 한다. "나는 여자를 만날 시간이 없었어. 여자란 욕심이 많고 밤새 상대해주어야 할 뿐 아니라 임신까지 하니. …… 안 좋은 습관이야. 나는 한 번 겪어봤어. 씁쓸한 뒷맛이 평생 남았고. 아주 진절머리가 났지. 협박, 눈물……." 두 노인의 대화는 전체적으로 코르차크다운 냉소를 담은 글이지만, 여자와 임신에 관한 저속한 이야기는 코르차크답지 않은 묘한 느낌을 준다. 아이들에게는 늘 시간을 내주었던 이 사내의 호기로운 허세에서, 여자에 대한 그의 두려움과 염증을 짐작할 수 있다. 감춰왔던 비밀을 마침내 털어놓은 것이었을까. (아이의 임신이나 출생 또는 유산 여부는 알려진 것이 없다. 일기의 그 글은 지금까지도 수수께끼로 남아 있다.)

그해 봄 바르샤바 사람들의 화두는 유럽에 임박한 전쟁의 조짐이었다. 폴란드에도 일부 동원령이 내려졌다. 카페에서 도는 이야기로는, 폴란드가 프랑스 및 영국과 상호원조조약을 맺고 있으니 히틀러가 섣불리 침공할 리는 없지만, 만에 하나 쳐들어온다고 해도 연합국 군대가 개입하기 전까지는 폴란드군이 버틸 수 있을 것이라고 했다. 불확실한 분위기 속에서도 바르샤바의 일상은 평소처럼 돌아갔다. 누구나 두려움을 느끼고 있었고 길레아드도 마찬가지였지만, 코르차크의 입에서는 그런 말을 전혀 들을 수 없었다.
한번은 집에 찾아온 길레아드에게 코르차크가 이렇게 말했다.

"자네 뭔가에 정신이 팔려 있는 것 같네. 무슨 일 있나? 집이 그리워?"

원래 폴란드에 6개월 더 머무를 계획이었던 길레아드는 불안감을 최대한 감추려 했다. "아, 키부츠에 어서 돌아가야 할 것 같아서요. 전쟁이 나면 오래 못 살지도 모르니까요."

코르차크가 정색하고 단호하게 나오자 길레아드는 놀랐다. "말도 안 되는 소리 말게. 지금은 농담할 때가 아니야. 사람은 죽고자 할 때만 죽는 법이네. 나는 전쟁에 세 번 참전했어도 다행히 아직 팔팔하게 살아 있지 않나."

코르차크는 길레아드에게 동부전선에서 같이 복무했던 용감한 장교 이야기를 해주었다. 참호에 포탄이 빗발칠 때 그는 태평하게 야전상의의 옷깃을 방어막처럼 세우곤 했다. 그런데 어느 날 밤, 장교는 침울한 모습으로 휴가에서 복귀했다. 아내가 바람을 피우고 있다는 사실을 알게 된 것이었다. 그는 그다음 날 전사했다.

"그러니 집에 가서 아스피린 한 알 먹고 푹 자라"고 코르차크는 권했다. "땀을 좀 빼고 나면 말이 안 되는 생각도 다 날아갈 걸세. 그러고 나서도 심란하면 팔레스타인으로 돌아가게. 하지만 패배감을 안고 가지는 말게."

아스피린만으로는 생각을 돌리기에 부족했는지, 길레아드는 그다음 주에 작별 인사를 하러 왔다. 평소처럼 코르차크의 여동생 안나가 문을 열어주었는데, 이번엔 바로 자리를 뜨지 않고 이렇게 쏘아붙였다. "왜 나하고는 도통 얘기를 안 해요?" 다행히도 바로 그때 코르차크가 활기찬 모습으로 복도를 걸어와 길레아드를 방으로 데려갔다. 코르차크는 처음으로 가르멜산(山) 와인 한 병을 꺼냈다.

"마시고 즐기세." 코르차크가 지난번 대화는 까맣게 잊은 듯이

아이라는 종교

말했다. "이제 작별일세. 오랜 작별은 아닐지도 모르지만, 상당히 멀리 떨어지게 되는 것이지. 나는 배 여행에 익숙한데도 처음엔 늘 속이 메스껍다네. 뱃멀미가 멈추려면 시간이 좀 걸려. 내가 바다에서 먼 땅의 아들이어서 그런지도 모르지. 모르겠네. 어쨌든 마시자고. 르하임✦, 자, 르하임!"

두 사람이 앞으로의 계획을 이야기하던 중, 코르차크가 일어서더니 수납장에서 나무 상자 하나를 꺼내 왔다. 상자 안에는 길쭉한 공책이 여러 권 쌓여 있었다. 공책마다 코르차크 특유의 깨알 같은 글씨가 빼곡했다. "내 일생의 작업이네." 그의 목소리에선 떨림이 느껴졌다. "10년 동안 아이들과 함께 겪었던 일, 연구한 것, 그간 겪은 갈등, 실패, 성공을 기록한 자료야. 〈아이라는 종교〉라는 책으로 써낼 생각이네."

역에 길레아드를 배웅 나온 코르차크는 그에게 봉투 하나를 건네주었다. "기념으로 주는 것이네. 내가 쓸 책의 서문으로 삼을 원고 일부야. 마지막 장(章)은 이스라엘 땅에서 쓰려고 하네. 무사히 잘 돌아가게. 나도 따라가겠네." 그는 길레아드를 따뜻하게 끌어안고 입 맞춰주었다.

기차에서 길레아드는 코르차크가 준 몇 장의 글을 읽어보았다. 한 노의사와 그의 아들이 팔레스타인의 길보아산 기슭에 캠핑 여행을 가서 철학적 대화를 나누는 내용이었다. 아버지와 아들은 그때까지 서로 이야기해볼 기회가 한 번도 없었다. 아들의 어린 딸이 근처에서 놀고 있다. 아이 엄마는 '산의 여인'이었는데 최근에 세상을 떴다. 아들이 아버지에게 어릴 적 아버지에게 느꼈던 애정과 서러움

✦ 히브리어로 '삶을 위해'를 뜻하는 건배사.

아이들의 왕

을 이야기하고 있을 때, 딸아이가 두 사람에게 달려온다. 아이는 조막만 한 한 손을 아빠 손 위에 올려놓고, 다른 손을 할아버지 손 위에 올려놓는다. 아이는 아무 말도 하지 않지만, 아버지와 아들은 아이의 뜻을 이해한다. 두 사람이 서로에게 손길을 내밀어야 한다는 것이다.

이 미완의 이야기에서, 코르차크는 자신의 아버지와 한 번도 나누지 못했던 대화를 구현한 듯하다. 그가 바라는 두 사람 간의 화해는 오직 서로 용서하는 순간 이루어질 수 있으며, 그 용서를 가능케 하는 힘은 아이의 치유력이다. 아이는 다름 아닌, 군의관 코르차크가 발칸반도에서 산의 여인과의 사이에서 갖는 것을 상상했던 아이, 어쩌면 세상에 태어날 수도 있었던 그 아이다.

코르차크는 스테파의 조언을 따라 그해 여름 캠프를 아이들과 함께 하기 전에 6월 한 달 동안 인근 온천에서 소금물 목욕을 하면서 집필 작업을 했다. 시골 여관의 창문으로는 독일과의 국경 부근에 투입될 어린 신병들이 군사훈련을 받는 광경이 보였다.

코르차크에게 '꼬마 장미' 여름 캠프는 소금물 목욕보다 더 좋은 강장제였다. "7월은 황홀했네"라고, 그는 유제프 아르논에게 써 보냈다. "새로 온 아이 20명을 알기 힘든 언어로 쓰인 책 20권처럼 해독해야 했네. 아이들은 군데군데 파손되고 책장이 뜯겨나간 책이자, 수수께끼이자 퍼즐이었지. 옛날로 돌아간 기분이었네. 세상에 걱정할 것이라곤 잃어버린 샌들, 발에 박힌 가시, 그네 터에서의 말다툼, 부러진 나뭇가지뿐이었지. 나는 홍역 걸린 아이들과 함께 격리실에서 잤네. 깜빡 졸 때마다 이런 생각을 했지. 자면 안 된다. 10분만 더 아이들의 숨소리, 기침 소리, 한숨 소리를 듣자. 잠자는 아이들의 기침 소리에 담긴 지혜에 귀 기울여보자. 아이는 염증, 열, 가려움, 파리와 맞서 끊임없는 분투를 벌이고 있으니."

여름 캠프의 마지막은 음악과 춤 공연 그리고 올림픽대회로 장식하는 것이 관례였다. 달리기, 멀리뛰기, 던지기 따위의 종목이 열렸다. 하지만 독일의 침공을 눈앞에 두었던 그해 여름, 아이들은 올림픽 대신 전쟁 게임을 하고 싶어 했다. 폴란드 대 독일의 전쟁이었다. 넓은 모래밭을 전쟁터로 삼아 요새를 짓고 참호를 팠다. 나무를 깎아 산탄총을 만들고 밤을 총알로 썼다. 남자아이들은 밤에 맞으면 쓰러져 죽은 시늉을 하고 게임에서 탈락되었다. 여자아이들은 간호사 역할을 맡아 부상병을 돌보았다.

폴란드가 졌지만, 게임일 뿐이었으니 시무룩해하는 사람은 없었다. 그러나 마지막으로 모닥불놀이를 하러 숲으로 가는 길에 벽돌공장을 지나면서 아이들 사이에는 무거운 분위기가 흘렀다. 아이들도 코르차크도, 캠프 첫날 그 자리에서 술꾼 두 명이 아이들에게 고함치며 위협하던 일이 떠올랐던 것이다. "권총 어디 있어! 히틀러 불러!" 그러나 그날 밤은 보름달 아래 자정이 훌쩍 지나도록 노래 부르고 이야기 나누며 모두 즐겁게 보냈다. 코르차크는 유제프 아르논에게 "매우 들뜨고 기쁨에 겨워" 바르샤바에 돌아왔다고 전하며, "예순한 살의 나이라고 그러지 못하라는 법은 없다"고 썼다.

1939년 8월 말, 코르차크는 에인 하로드 아이들에게 다람쥐를 마련해줄 방법을 찾으려고 골몰하고 있었다. 지난번 팔레스타인에 갔을 때 폴란드 영사에게 폴란드에서 다람쥐 십여 마리를 보내달라고 간청했는데, 영사는 그게 그리 중요한 일이라는 것을 이해하지 못했다. "다람쥐 없는 나무는 슬프고, 생기도 움직임도 없다"는 것을 알지 못했다. 코르차크가 생각해낸 차선책은 에인 하로드 아이들이 영국 정부에 직접 편지를 써서 인도에서 다람쥐를 보내달라고 부탁하는 방법이었다. 그는 길레아드에게 보낸 편지에 이 방법이 성공할 거라고 낙관하는 이유를 적었다. 그가 제1차 세계대전이 끝나고 영국 영사관에 고아원에서 쓸 냅킨을 지원해달라고 부탁한 적이 있었다. 여덟 달 뒤 기대를 다 접고 있을 때 궤짝 하나가 왔는데 냅킨이 10년은 쓸 만큼 들어 있었다고.

코르차크가 이 시기에 다람쥐에 정신이 팔려 있던 이유는, 마침내 오는 10월 〈아이라는 종교〉의 "마지막 장(章)" 집필을 위한 자료 수집차 넉 달간 팔레스타인에 방문하기로 결정했기 때문이었다. 여느 때처럼 "돈만 충분히 있으면"이라는 단서를 달긴 했지만, 이렇게 아르논에게 써 보냈다. "예루살렘 구시가지에 내가 봐둔 흥미로운 헤데르*에서 두 달, 티베리아의 신학교에서 두 달을 지낼 생각이네. 걱정되는 것은 순서대로 관절염, 벌레, 아랍인들 약간, 그 정도네."

1939년 9월 1일, 독일이 폴란드를 침공했다.

9월 2일, 코르차크가 예루살렘에 방을 알아봐달라고 한 데 대한 답장으로 사비나 담이 보냈던 편지가, 이런 문구가 찍혀 되돌아왔다. "팔레스타인과 폴란드 간 일체의 통신 두절로 발신인에게 반송 처리됨."

✦　유대인 전통 초등학교.

아이라는 종교

385

1939~1942

1939년 9월

저는 전쟁이라는 책의 페이지를 읽는 데 통달해 있습니다.
〈호소문─유대인들이여!〉

1930년대 말, 그 "사악하고 수치스럽고 파괴적이던 전쟁 전 시기"에 코르차크를 짓누르던 마음의 동요와 우울은 독일의 침공과 동시에 해소되었다. 그는 번개처럼 행동을 개시했다. 마침내 무언가 할 일이 생긴 것이다. 그는 1920년 폴란드─소비에트 전쟁에서 군의관으로 복무할 때 입었던 퀴퀴한 폴란드군 군복을 꺼냈다. 그리고 입대를 자원했다. 나이가 많다는 이유로 입대를 거부당하자, 여동생 아파트에서 짐을 싸서 나와 크로흐말나 거리 고아원의 다락방으로 다시 들어갔다. 마치 손을 떠났던 배의 지휘권을 다시 잡는 선장처럼.

국립 라디오 방송국에 있던 친구 얀 피오트로프스키가 신설된 라디오 홍보국 '바르샤바 2'에 한자리를 제안하자 코르차크는 주저없이 수락했다. 곧 믿음직스러운 노의사의 목소리가 전국에 울려 퍼지며 국민들에게 격려의 메시지를 보냈다. 그는 청취자들에게 말했다. "어제까지 저는 노인이었습니다. 오늘 저는 열 살, 아니 스무 살더 젊어졌습니다." 유대인이라서 방송에서 해고되었다가 폴란드 애국 시민으로 복귀하게 된 것이 뿌듯했다. 그때는 "살 만한 가치가 없는" 삶이었을지라도, 이제는 "폭풍이 걷히고 숨을 크게 쉴 수 있게 되었다."

독일군이 바르샤바 외곽 지역을 폭격하던 처음 며칠 동안은, 시민들이 도랑을 파고 바리케이드를 세우는 따위의 사전 조치만 제대로 취하면 평소와 같은 일상이 유지될 수도 있으리라는 희망이 있었다. 9월 2일은 토요일이었고, 코르차크는 아이들에게 가족 방문을 허락했다. 한 소년이 〈우리 평론〉에 글을 보내 시국이 뒤숭숭하니 어른들이 아이들을 귀찮은 존재 취급한다고 하소연한 것에 답글을 쓰기까지 했다. "우울함에 빠져서는 안 됩니다. 어리다는 것의 좋은 점을 생각하고 기운을 내세요." 코르차크의 조언이었다.

노의사는 방송에서 아이들에게 남들에게 보탬이 되라고 독려했다. "막연한 두려움에 집 안에서 움츠리고 있거나 울고 있지 마세요. 거리로 나가 소방도로 정비를 도우세요. 폴란드를 위해 싸우다 죽은 무명용사의 묘에 가서 꽃을 올려놓으세요." 고아원 아이들에게는 놀아도 좋지만 조용히 놀라고 말했다. "지금 이 순간에도 군인들이 바르샤바를 지키다가 죽어가고 있어. 이 근방에 사는 군인의 부모들이 자식을 최근에 잃었을 수도 있고. 그런데 너희들이 웃고 노래하는 소리가 들리면 힘들겠지. 이웃의 고통을 배려할 줄 알아야 해."

폴란드는 프랑스, 영국과 상호원조조약을 맺고 있었기에 두 동맹국이 어서 와 구원의 손길을 내밀어주길 기다렸다. 9월 3일에 영국이 참전하자, 코르차크는 영국 대사관 밖에 모인 들뜬 군중에 합류했다. 무엇 때문에 자기가 더 기쁜지 자신도 알 수 없었다. 이제 영국의 도움으로 폴란드가 독일을 물리칠 수 있으리라는 기대일까, 아니면 폴란드인과 유대인이 러시아제국에 맞서 일어났을 때와 제1차 세계대전 때처럼 다시금 "형제처럼 어깨를 맞대고" 있는 광경일까?

아이들의 왕

군중이 폴란드 국가 〈폴란드는 아직 죽지 않았다〉와 시온주의 운동가 〈희망〉을 연이어 부르자 그의 눈에는 눈물이 고였다.

이틀 뒤 정부는 바르샤바를 버리고 퇴각했다. 모든 청년들에게 동쪽으로 가서 징집에 응할 것을 명령한 후였다. 고아구호회에 그나마 남아 있던 소수 회원들은 아이들을 먹여 살리기 어려우니 혈육들에게 보내야 한다고 주장했지만, 코르차크는 고아원 해체는 안 된다고 못 박았다. 아이들은 자신과 스테파와 계속 함께 있는 것이 더 안전하다고 주장했다. 식량과 생필품은 어떻게든 구해보겠다고 했다.

코르차크는 마리나 팔스카가 운영하는 비엘라니의 고아원에 음식을 갖다주는 일까지 했다. '우리들의 집'이 위치한 곳은 최전선이었기에 고아원 식구들은 임시로 다른 건물로 대피해 있었다. 아이들은 군복 차림으로 복도에 서 있는 코르차크를 보자마자 "야, 판 독토르다!" 하고 외치며 달려와 매달렸다. 그에게 입맞춤 세례를 퍼부으며 사탕을 달라고 졸랐다. 수련생이던 안토니 호이딘스키는 코르차크가 아이들을 사방에 매달고 무척 행복해 보였던 것을 기억한다. "선생님은 아이들 이름을 부르면서 '안녕?' '잘 지내?' '요즘 어때?' 하고 안부를 물으셨어요."

코르차크는 자루에서 청어를 꺼내며, 같이 먹을 빵이 없어 미안하다며 대신 오이 통조림을 가져왔다고 했다. 며칠 뒤에는 렌틸콩 한 자루를 가지고 다시 나타났다. 렌틸콩은 유대인들이 많이 먹는 곡물이지만 이 가톨릭 고아원 아이들은 한 번도 먹어본 적이 없었다. 호이딘스키는 이렇게 말했다. "우리는 그걸 성경 속의 음식으로만 알고 있었어요. 선생님은 가게에 가서 굶주리는 폴란드 고아들한테 먹일 렌틸콩을 좀 기부해달라고 하셨다더군요. 거기 갖고 있으면 어차피 독일군이 뺏어갈 거라면서요."

1939년 9월

침공 8일째, 독일군이 바르샤바 코앞까지 진격해 왔다. 바르샤바는 포위당한 요새와 같았다. 거리는 소이탄에 폐허가 되었고, 곳곳에 불길이 타올랐고, 건물들은 잿더미가 되었고, 죽은 말들이 땅위에 널려 썩어갔다. 빵, 휘발유, 전기, 수도 할 것 없이 모든 공급이 끊어졌다. 더군다나 나라 곳곳에서 폴란드군의 기병부대와 보병부대가 독일군의 전차와 비행기에 섬멸되어가면서, 피난민들에다 사기가 땅에 떨어진 군인들까지 도시로 흘러들고 있었다.

코르차크는 불타는 도시를 이리저리 뛰어다니며 무서워하는 아이를 구해주고, 다친 사람을 도와주고, 죽어가는 사람을 편안하게 해주었다. 하루에 몇 번씩 라디오 방송국에 들러 두려움에 떠는 시민들에게 새 소식을 전하거나 용기를 북돋아주었다. 당시 방송국 직원은 그를 "특유의 유머로 폭격에 폐허가 된 도시 곳곳에 생기를 불어넣던, 살짝 구부정한 이"로 기억한다.

그 후 3주 동안 포탄 일곱 발이 고아원에 떨어졌지만, 아이들의 사기는 꺾이지 않았다. 공습 사이렌이 울릴 때마다, 이제 150명으로 숫자가 불어난 아이들은 계단을 뛰어 내려가 지하 대피실로 몸을 피했다. 대피실은 모래주머니를 쌓아 유리창을 모두 막아놓았다. 아버지가 실종되고 엄마와 누이가 눈앞에서 포격을 맞고 죽은 소년도—한쪽 다리를 다친 데다 그나마 남은 한쪽 눈도 아직 낫지 않았지만—재빨리 잘 내려갔다. "성치 못한 그 아이의 얼굴에 언젠가 웃음을 찾아줄 것"이라고, 노의사는 라디오 청취자들에게 말했다.

소이탄 공격이 벌어지면 큰 아이들이 교대로 지붕 근처에서 경계 근무를 섰다. 탄이 떨어지면 약 1초 내로 모래나 물을 끼얹어야 불길이 솟구치는 것을 막을 수 있었다. 한번은 포탄이 식당 바로 밖에서 터져 창문이 전부 산산조각 난 끔찍한 순간이 있었다. 코르차크가 사태를 살피러 밖으로 나가자마자 또 한 차례 폭발이 온 건물을 뒤흔들었다. 아이들과 젊은 교사들은 탁자 밑으로 황급히 몸을 피했다. 대피실로 피할 엄두조차 못 내고 얼어붙은 채, 사랑하는 판 독토르가 죽은 게 틀림없다고 생각했다. 그런데 잠시 뒤 그가 멋쩍은 듯 자세를 낮추고 안으로 뛰어 들어왔다. 모자가 폭발의 충격에 날아갔다고 했다. "얼른 피해야 되겠더라고." 그가 장난기 가득한 표정으로 활짝 웃으며 말했다. "내 대머리는 비행기가 표적으로 삼기에 딱 좋을 테니까."

그러나 슬픈 일도 있었다. 롬치아의 아빠 유제프 슈토크만이 지붕에 난 불을 끄느라 애를 쓴 뒤에 폐에 병이 나 죽고 말았다. 고아원 식구 모두가 묘지에 가서 장례식을 치렀다. 그리고 그의 무덤 앞에서 폴란드어와 히브리어로 "진리, 노동, 평화"를 받들겠노라고 맹세했다.

코르차크는 아이들과 교사들 앞에서 웃음을 잃지 않으려 했지만, 어느 날 밤 속마음을 드러냈던 것을 이다 메르잔은 기억한다. 그녀는 바르샤바 외곽에서 폭격으로 머리에 부상을 입고, 고아원에 들어와 몸을 추스르고 있었다. 어느 날 공습이 벌어지자, 침대에서 일어나 아이들을 뒤따라 대피실로 향했다. 계단에서 코르차크를 만났다.

"침대에 누워 있어야 할 사람이 왜 여기 있나?" 그가 물었다.

"혼자 있기 싫어서요. 슬퍼요." 그녀가 대답했다.

"이런, 슬프지 않은 사람이 어디 있나." 그가 나직하게 말했다. "온 세상이 슬픔 덩어리인데."

이 시기에 예전 수련생과 원아들 중에는 코르차크에게 와서 러

1939년 9월

393

시아 구역으로 피난 가는 것이 좋을지 조언을 구하는 이들이 많았다. 그는 평소처럼 직접적인 조언을 삼가며 "앞일은 아무도 모른다"고 말했지만, 가는 것을 말리지는 않았다.

9월 23일, 유달리 격렬한 포격에 땅이 흔들리며 도시가 송두리째 땅속으로 꺼질 것만 같던 밤을 보내고, 스테판 스타진스키 시장은 훗날 유명해진 라디오 연설을 했다. "바르샤바가 불탈지라도 우리는 당당히 용감한 죽음을 맞으리!" 연설에 이어 라흐마니노프의 피아노 협주곡 2번이 흘러나왔지만, 독일군이 발전소를 폭격하면서 방송은 끊어졌다. 오후 4시의 일이었다. 그 후로는 거칠고 둔탁한 독일어가 전파를 장악했다.

5일 뒤 폴란드는 나치 독일의 손에 넘어갔다. 3주 동안 폴란드 국민들은 불가능에 맞서 용맹히 싸웠지만, 이제 상황은 종료되었다. 도시의 포위가 해제된 다음 날, 스테파의 올케 이레나는 한때 북적거리던 마르샤우코프스카 거리의 폐허 속을 급하게 걷는 코르차크와 마주쳤다. 그는 어린 남자아이를 두 팔에 안고 있었다.

"여기서 뭐 하세요?" 그녀가 물었다.

"신발 가게를 찾고 있네." 그가 대답했다.

"가게는 다 무너졌거나 문을 닫았는데요." 그녀가 황량한 주변을 돌아보며 말했다.

"그럼 구두장이를 찾아야지. 유리 파편 천지에 아이를 맨발로 놔둘 수는 없으니."

"누구예요?"

"모르는 애야. 거리에서 울고 있었어. 뭔가 신길 걸 찾을 때까지 안고 다닐 수밖에."

그는 이레나를 지나쳐 계속 발걸음을 옮겼다. 아이를 안고 계속

아이들의 왕

394

걸어 구시가지로 가서, 출판사 사장 모르트코비치의 딸 한나 올차크의 집 초인종을 울렸다. 그는 종종 그 집에 예고 없이 들러 한나와 달콤한 차를 마시며 그녀의 아버지 이야기를 나누곤 했다. 그럴 때면 한나의 어린 딸 요안나는 발치에서 갈색 스패니얼 한 마리와 함께 놀았다. "참 평화롭구면." 그는 이렇게 말하고는 푹신한 안락의자에서 몸을 일으켜 다시 갈 길을 떠나곤 했다. 그날 한나는 맨발인 아이를 안고 찾아온 그를 보고 놀라지 않았다. 두 사람에게 차를 끓여주고, 코르차크가 다시 신발을 찾아다니는 동안 아이를 돌봐주었다.

나치는 바르샤바에 질서정연하게 입성했다. 단체 급식소를 차렸고, 빵을 공짜로 배급했다. 한동안은 폭격이 사라진 것만 해도 반가웠다. 암울한 상황이었지만, 사람들은 이제 최악의 국면은 지나간 것이길 바랐다. 독일의 이번 점령도 지난번처럼 전쟁에서 진 독일이 물러나면서 끝나길 기대했다.

코르차크는 거리를 돌아다니며 바르샤바의 "강제된 고통"을 돌아보았다. 잿더미가 된 폐허 속 어딘가에서 터져 나오는 아이들의 요란하고 장난스러운 웃음소리에, 아이들의 적응력에 감탄하지 않을 수 없었다. "대학살에도, 인간의 엄청난 파괴성에도, 강한 생명력은 계속 이어진다"고 그는 적었다. "이 전쟁이 끝나면 누구도 창문을 깼다고 아이를 때리지 못할 것이다. 어른들은 아이들 앞을 지날 때 부끄러워 고개를 들지 못할 것이다."

잠잠하던 한때도 잠시, 독일은 곧 폴란드인과 유대인 모두를 새로운 공포에 몰아넣었다. 거리에서 잔혹한 폭력을 행사하고, 사람들을 잡아 가두고, 처형했다. 유대인들은 징발해 작업에 투입했고, 폴란드인들은 독일로 이송해 강제 노동을 시켰다. 유대인 소유의 회사

1939년 9월

와 공장은 몰수했으며, 유대인 학교는 폐교시켰다. 9월 17일 뜻밖에 소련이 침공해 오면서 폴란드는 또다시 분할되는 처지가 되었다. 소련이 동쪽을 차지하고 독일이 서쪽을 차지했다. 이는 양국이 독일-소련 불가침조약을 통해 이미 비밀리에 합의한 결과였다.

고아구호회의 자선가들은 대부분 이미 폴란드를 떠났거나 아니면 회사를 몰수당하고 은행 계좌를 동결당한 상태였다. 코르차크는 날이 갈수록 험악해지는 분위기와 자신의 안전을 우려하는 시선에도, 계속 폴란드 군복을 계급장 없이 입고 다녔다. 그 차림으로 매일같이 곳곳을 돌며 고아원에 필요한 식량과 물자를 구했다. 그는 이내 유대인위원회 직원들 사이에서 낯익은 얼굴이 되었다. 유대인위원회는 독일이 유대인 사회를 간접적으로 통치하기 위해 설치한 행정기구였다. 그는 또 미국유대인공동배급위원회, 그리고 스테파가 일했던 유대 아동 복지기관 첸토스에도 자주 들렀다. 누구나 독일 당국의 눈을 피해 바짝 엎드려 있던 그때, 코르차크가 군복을 입고 찾아오면 사람들은 당황스럽기 짝이 없었다. 첸토스 소장이던 아브라함 베르만은 이렇게 떠올렸다. "우리는 그의 모습에 깜짝 놀라서 도대체 무슨 생각으로 그런 차림을 하고 있느냐고 물었어요. 그랬더니 이러더군요. '나는 독일의 폴란드 점령을 인정하지 않소. 나는 당당한 폴란드군 장교이고 어디든 내가 원하는 차림으로 다니겠소.' 우리는 우리 각자 마음이야 어떻든, 이곳은 막중한 목표를 띤 복지기관이고 선생님이 그런 차림으로 온 게 발각되면 우리도 위태로워진다고 했지요. 하지만 선생님을 설득할 수 없었어요."

네베를리가 군복 차림인 코르차크를 보고 놀라자, 코르차크는 평생 그랬듯 군복에 환상은 없으나 항의의 표시로 입기로 했다고 말했다. 그는 흰 바탕에 파란색 다윗의 별이 그려진 완장을 차지 않겠다는 결심 또한 단호했다. 독일 당국은 1939년 12월 1일부로 11세 이상 유대인은 의무적으로 완장을 차게 했다. 그러나 코르차크는 수치를 주기 위한 명찰 용도로 유대인의 별을 차고 다닌다는 것은 유대인의 별에 대한 모욕일 뿐 아니라, 독일이 자신을 유대인으로 낙인찍어 폴란드인이라는 정체성을 지우려고 한다는 점에서 용납할 수 없다고 했다. 그는 예전에 "나는 교사로서, 임시적인 인간의 법보다 영구적인 법을 중히 여긴다"고 쓴 적이 있었는데 그 입장을 여전히 고수했다.

코르차크는 거리에서 자신을 수상쩍게 쳐다보는 독일군 장교들을 떼어낸 이야기로 친구들을 즐겁게 해주었다. "고래고래 노래를 불러대면서 정신 나간 사람처럼 휘청거리지. 그러면 혐오스럽게 쳐다보다가 갈 길을 가더라고." 커피 한잔하러 카페에 들렀는데 독일군이 쳐다볼 때는 "횡설수설 중얼거리면" 눈길을 돌리더라고 했다. 그러면서 그 역시 거리를 순찰하는 독일군들을 지켜보고 있었다. 임상의의 날카로운 눈으로 그들을 관찰하면서 그 특이한 행동을 진단했다. 그는 사람들에 대한 고정된 편견을 믿지 않았다(베를린 유학시절 같은 반 슬라브인 학생들은 늘 시간을 잘 지키는데, 딱 한 명 있던 독일인 학생이 늘 늦는 것이 재미있었다). 하지만 도시를 활보하는 독일 군인들은 고정관념 속 독일인의 특징에서 한 치도 벗어나지 않은 모습이었다. 능률적이고 무심한 관료의 모습. 질서와 세세한 사항에 연연하는 모습. 그럼에도 그들은 그가 알던 독일인들이 아니었다. 그들의 행동에는 잔학한 날이 서 있었다. 이전에 바르샤바를 점령했을 때의 모습은 지금에 비하면 온화하게 생각될 정도였다.

1940년 1월의 어느 추운 날 밤, "유착, 파열, 흉터"에 만신창이

1939년 9월

397

가 되어 있지만 "여전히 아주 팔팔하게 살아" 있던 코르차크는, 여러 해 동안 미루어왔던 회고록 집필을 시작했다. 그는 "회고담이란 슬프고 우울한 글이 되기 마련"이라고 적었다. 선대의 야심찬 예술가와 학자, 정치가들이 모두 그랬듯 자신도 삶이 뜻 같지 않다는 것을, 살면서 이룬 것이라곤 흰머리와 주름, 침침한 눈, 더딘 혈액순환, 한마디로 고령뿐이라는 것만 절실히 느끼는 기회가 될 듯했다. 그럼에도 작가로서, 남들과는 다르게 삶의 이야기를 쓰고 싶었다. 남들과 다른 삶을 살았으니까. "우물 파듯" 회고록을 쓰기로 했다. 심층에서 시작하는 대신, 표층에서부터 한 삽 한 삽 뜨며 파고들어가 마침내 "지하수의 흐름"에 이르려 했다.

글을 쓰고 있는 그 순간에도 밖에서는 나치 군대가 도시 곳곳을 순찰했다. 그들이 비록 그의 신체의 자유를 구속할지라도, 그의 자유로운 정신과 그들보다 차원 높은 그의 신념을 구속할 수는 없었다. "묵상하고 있는 나는, 세상에서 가장 슬픈 병원의 독방에 앉아 있는 것이 아니라 나비와 메뚜기와 반딧불이에 둘러싸여 있으니, 그리고 귀뚜라미와 하늘 높이 나는 종달새가 합주하는 소리가 들리니. 자비로운 주여!"

코르차크는 아이들에게 먹일 음식을 찾아 헤매면서도 자신의 내면 깊숙이 고요하게 자리한 그곳을 침해당하지 않으려고 부단히 애썼다. 그렇지만 그 후로 2년간은 일기에 아무 글도 쓰지 않았다. 오로지 아이들을 먹여 살릴 돈과 생필품을 구하느라 여념이 없었기에, 쓴 글이라고는 대중에 도와달라고 호소하는 글뿐이었다. 호소문은 현실적인 이유로 그가 필력을 다져야만 했던 장르였다. 코르차크는 전쟁이 나기 여덟 달 전에도 〈우리 평론〉에 민족 감수성을 자극하는 호소문을 실어 일부러 유대인 사회를 도발한 적이 있었다.

늙은이로 살기는 힘들지만, 늙은 유대인으로 살기는 더 힘듭니다. 더 힘든 게 있을 수 있을까요?

아아, 그 늙은 유대인이 무일푼이라면 어떨까요?

그리고 그가 무일푼일 뿐 아니라 수완도 없다면요?

세상에 그것보다 힘든 건 없겠지요?

아닙니다. 그 수완 없는 늙은 유대인이 수많은 아이들을 부양할 짐을 지고 있고, 가슴과 다리와 허리가 아픈 데다가, 날마다 쇠약해져가는 것이 확연하다면 어떨까요?

코르차크가 예상했던 대로 그의 새로운 글투를 달가워하지 않는 사람들도 있었지만, 기부금은 끌어모을 수 있었다. 바르샤바가 독일에 점령된 뒤 그는 다시 한번 글솜씨를 발휘해 고집 센 이들의 마음까지 움직이고자 했다. 자금 조달을 업으로 삼는 사람이라면 누구나 그 글재주를 부러워할 만했다. 그는 "유대인 동포들"을 향해 이렇게 호소했다. "우리는 역사를 외면할 수 없습니다. 이례적인 상황에서는 이례적으로 강한 정신과 분별력, 의지력, 행동이 필요합니다." 고아원을 유지하게 해준 하느님의 은총에 감사하면서 "2천 즈워티를 빌려달라"고 호소하며, "예상보다 더 빠른 시일 내에 갚을 것"이라고 한다(이 대목에서는 마치우시 왕의 낯익은 향기가 느껴진다. 마치우시 왕은 전쟁에 진 세 왕국의 왕들에게 돈을 빌려달라고 요구하며 "욕심쟁이처럼 살지 말라"고 했다). 여기에는 고아원의 미래가 달려 있을 뿐 아니라, "지금까지 쌓아온 아동 구호의 전통"이 달려 있다고 했다. 이 호소에 응하지 않는 사람은 모두 "도덕적 타락"을 겪게 될 것이며, 2천 년의 전통을 무너뜨리게 될 것이라고 했다. 유대인의 "명예"를 지키고자 하는 것이었으니, 누가 그 호소를

1939년 9월

감히 저버릴 수 있었을까?

전략이 성공했는지, 몇 달 뒤에 그는 호소문에 이런 문구를 추가했다. "기쁘게도, 소수의 예외를 제외하고는, 인간이 이성적이고 윤리적인 존재라는 것을 확인했음을 알립니다. 저희 고아원의 원아는 이제 150명으로 늘었습니다."

코르차크는 그다음에 쓴 호소문에서, 사람들에게 가진 것을 독일에 모두 빼앗기기 전에 자기에게 좀 주는 것이 좋지 않겠냐고 했다. 기부를 받으러 방문할 때는 금전 지원뿐 아니라 잘사는 지인의 주소도 요청했다. 관련 서류에는 이렇게 서명했다. "Dr. 헨리크 골트슈미트/ 야누시 코르차크/ 라디오의 노의사."

기부자의 집을 방문하며 거리를 바삐 오가는 코르차크는 여전히 폴란드군 군복 차림이었고, 여전히 다윗의 별 완장을 차지 않았고, 여전히 "광대 행세"를 했다. 사람들은 "우울한 얼굴을 좋아하지 않는다"는 것을 알기 때문이었다. 때로는 친구들이 모여 있는 카페 앞에 서서 걸인처럼 외치곤 했다. "여기 우리 아이들 겨울 동안 먹일 감자 한 자루 줄 사람 없소?" 죽을 사려고 줄 서서 기다리면서, 카운터 보는 여자 점원에게 큰 손녀딸을 닮았다고 농을 걸면서 조금 더 얹어주길 기대했다. 또 한번은 노면전차를 탔을 때 정류장 조금 전에 내리려고 차장에게 이렇게 속삭였다. "내가 젊은 아가씨라면 자네를 안아서 차를 느리게 가게 한 다음에 다음 모퉁이에서 얼른 내릴 텐데." 그가 바라던 대로 당황한 차장은 이렇게 대꾸했다. "저한테 입 맞추실 필요 없습니다." 그러고는 속도를 줄여 그를 내보냈다. 그는 날마다 저녁이 되어 스테파와 아이들에게 돌아가는 길에는 울적한 기분을 떨치기 위해서였는지 군대 시절 배운 외설스러운 노래를 부르며 거리를 걸었다.

아이들의 왕

유대인위원회의 위원장 아담 체르니아쿠프는 오랜 친구인 코르차크에게서 그의 광대 같은 기행 이야기를 듣고 자기 일기에 적었다. 체르니아쿠프는 토목공학을 전공한 이였지만 아이들의 복지에 늘 지대한 관심을 갖고 있었다. 코르차크가 찾아올 때면 체르니아쿠프는 암울하던 일과 중에 반가운 휴식을 취했던 것으로 보인다.

그의 어릿광대 행세를 친구들이 모두 편안히 받아들인 것은 아니었다. 어느 날 밤 레온 리기에르는 폭격에 반쯤 무너진 자신의 아파트에 앉아 있었다. 통금 시간을 얼마 안 남기고 초인종이 울리자 불안감에 휩싸였다. 다행히 친구 코르차크였다.

코르차크는 "자네 얼굴 보니 참 좋네" 하면서 의자에 털썩 몸을 던지더니, 그날 수금하러 다니며 겪은 고생을 대수롭지 않게 이야기했다. "인심이 후한 사람들도 있는데 다 그렇진 않아. 까다롭게 나오면 그냥 외투 단추를 풀어서 군복을 보여주지. 그러면 군복 입은 사람이 집 안에 있는 게 불안한지 뭐라도 쥐어서 내보내려고 하더라고."

리기에르는 괴로움에 말없이 듣기만 했다. 친구가 평소 낯선 사람 앞에서 얼마나 과묵한지, 이런 식의 구걸이 그의 성격에 얼마나 안 맞는지 잘 알고 있었다. 두 사람의 눈이 마주쳤고, 리기에르는 코르차크가 틀림없이 자기 생각을 읽은 것 같았다.

"쉽지 않아." 코르차크가 털어놓았다. "그렇지만 이게 점잔 빼서 될 일인가. 많이 피곤하네." 그는 그 말을 남기고, 통금 시간인 9시 전에 고아원에 들어가려고 서둘러 떠났다.

독일 점령하의 첫 겨울은 몹시 추웠다. 기온이 영하 25도까지 떨어지는 날도 있었다. 고아원에 석탄은 있었지만 폭격에 유리창이 깨지는 바람에 난방 효과가 나지 않았다. 다행히 이고르 네베를리가 유리 시공사 시험에 합격했고, 큰 아이들과 함께 작업하여 곧 모든 유리창을 든든히 고쳐놓았다. 예전 수련생들과 원아들도 와서 손길을 보탰다. 아이들을 봐주고, 매트리스와 스웨터, 속옷을 기증하고, 치과 치료나 보수 작업을 맡아서 해주었다.

스테파에게는 아이들 옷 입히는 일이 큰 문제였다. 옷감값과 재단 비용이 엄두를 못 낼 만큼 비쌌다. 그녀는 수완을 발휘해 고아원 안에 재봉 학교를 차렸다. 스텔라 엘리아스베르크가 활동했던 ORT라는 구호단체의 지원 덕분에 가능했다. 이곳 또는 다른 고아원 출신 졸업생들로 구성된 20명의 학생들이 일주일에 6일 나와서 아침 9시부터 오후 2시까지 재봉 기술을 배웠다. ORT에서는 강사를 지원하고, 재봉틀 두 대와 전기다리미 하나, 의자 30개도 제공했다. 학생들이 한 달 만에 원피스 78벌, 바지 20벌, 남아용 반바지 30벌, 셔츠 13벌을 만들어냈다고 스테파는 뿌듯하게 보고했다.

1940년 4월은 외국 여권이나 외국 입국 비자가 있는 사람이 폴란드를 떠날 수 있는 마지막 기한이었다. 에인 하로드 키부츠에서 국제 적십자사를 통해 스테파에게 연락을 해왔다. 그녀가 팔레스타인에 돌아올 수 있게 필요한 서류를 마련해놓았다는 소식이었다. 그녀는 적십자의 제네바 본사를 통해 이렇게 전보를 전했다. "여러분, 저희는 잘 있습니다. 저는 일을 조금 하고 있고, 코르차크 선생님은 많이 하고 있습니다. 저는 아이들을 두고 떠날 수 없습니다. 기다려주십시오. 모두 잘 계시기 바랍니다. 스테파."

그해 봄, 코르차크를 비롯한 많은 사람들은 연합국이 나치 독일을 금방 물리칠지도 모른다는 희망을 품었다. 절망스럽게도, 독일은 4월에 노르웨이와 덴마크를 침공한 데 이어 5월에는 네덜란드와 벨기에를, 6월에는 프랑스를 침공했고, 영국군은 됭케르크를 빠져나와 퇴각하고 말았다.

독일 당국과 구호품 전달 방안을 논의하던 미국 대표단이 나치의 통제하에 고아원을 방문해도 되겠냐고 문의하자, 코르차크는 처음에는 거절했다. 스테파와 유대인 복지기관 직원들이 채근하고 나서야 이유를 밝혔다. 자기는 늘 덧옷 안에 폴란드군 장교복을 입고 있는데, 그 옷을 벗을 수 없다는 것이었다. 스테파가 목에 스카프를 둘러 군복을 가리는 방안을 내고서야 코르차크는 대표단을 맞는 데 동의했다. 그가 손님을 맞는 태도는 평소처럼 빈정대는 맛이 있었다. 말은 미국인들에게만 하고 독일인들은 보란 듯이 무시했다. 아이들은 손님이 온다는 말을 듣지 못했던 터라 군인 놀이를 하고 있었다. 종이 안전모를 쓰고 나무 막대기를 휘두르는 아이들도 있었다. 미국인 몇 명이 "아이들이 전쟁에 별로 상심하지 않은 것 같다"고 말했다. 대표단은 고아원이 무척 감탄스럽다고 했지만, "상황이 그리 나쁘진 않음"에 실망한 기색이 또렷했다. 코르차크는 "시체와 해골"이라도 있을 줄 알았던 모양이라며, 타인의 불행만큼 익숙해지기 쉬운 것도 없다고 적었다.

고아원을 미국인들이 감탄할 만큼 양호한 상태로 유지하던 코르차크에게 무리하고 있다는 신호가 나타나기 시작했다. 목에 종기가 나서 고통스러웠다. 이다 메르잔은 거리에서 감자 자루를 어깨에 걸치고 가는 코르차크를 마주치고 부둥켜안았는데 그가 얼굴을 찡그려 놀랐다. "여기 멜빵을 좀 제자리로 밀어줄 수 있겠나?" 그가 말했다. 조심스럽게 손을 외투 속으로 넣어 멜빵 위치를 조정해주자, 그는 안도의 한숨을 쉬었다. "됐네, 이제 좀 살겠군." 그는 활기차게 성큼성큼 걸어갔지만, 노인처럼 구부정한 등이 그녀의 눈에 들어

1939년 9월

403

왔다.

종기가 곪아 농양이 되면서 고열이 나자 스테파는 병원에 가자고 재촉했다. 코르차크는 역시나 손을 내저어 거부했다. 패혈증에 걸릴까 걱정되어 스테파는 의사를 불렀고, 의사는 당장 병원에 와서 절개 수술을 받으라고 했다. 코르차크는 거부했다. "수술을 받아도 여기서 받겠소. 다른 곳에선 받을 수 없소." 결국 유명한 외과 의사를 불러 왔는데, 의사는 스테파에게 상당히 깊게 절개를 해야 해서 출혈이 심할 수 있다고 했다. 수술 뒤 출혈이 있으면 곧바로 병원으로 데려오라고 했다. 20분이 지나 출혈이 있자, 스테파는 의사가 만일에 대비해 밖에 대기시켜놓은 마차에 코르차크를 급히 밀어 넣었다.

지난 11년간 이자크 엘리아스베르크의 기일인 6월 1일이면, 코르차크는 늘 스텔라 엘리아스베르크 그리고 그녀의 딸들과 함께 유대인 묘지에 가서 먼저 떠난 친구를 애도하는 기도를 올렸다. 그러나 이해에는 코르차크의 건강이 회복되지 않아 추모 행사를 6월 10일로 미루어야 했다. 코르차크는 목과 한쪽 팔에 붕대를 하고 나타났다. 큰 아이들 여럿을 데리고 왔는데, 두 명씩 짝을 지어 마치우시 왕의 큰 초록색 깃발을 나르고 있었다. 깃발의 한쪽 면에는 흰색 바탕에 파란색 다윗의 별이 꿰매져 있었다. 코르차크는 아이들을 이끌고 중앙 대로를 걸었다. 자기 아버지 묘를 지나, 왼편의 나지막한 둔덕을 찾아갔다. 수수한 묘비 아래 엘리아스베르크가 묻혀 있었다.

당시 죽은 사람이 많았으니 묘지는 조문객들로 가득했다. 조문객들도, 무덤 파는 일꾼들도 아이들의 노랫소리에 함께 귀 기울였다. 코르차크는 아이들에게 원하는 사람은 성경책에 손을 얹고 엘리아스베르크 선생처럼 모든 인간을 사랑하고 정의와 진리, 노동에 몸바칠 것을 맹세하라고 권했다. 모든 아이가 서약을 했다. 아카시아

아이들의 왕

가 활짝 피고 나뭇가지가 새소리에 춤추는 이곳에서, 이 순간 묘지 바깥에서 벌어지고 있는 비극은 차라리 거짓말 같았다. 기도를 읊는 코르차크의 어깨 위로 새 몇 마리가 날아와 앉았다. 헬레나 엘리아스베르크는 그 모습이 새들에게 설교하는 성 프란치스코 같다고 생각했다.

　적잖은 난관에도 코르차크는 그해 여름 아이들의 '꼬마 장미' 캠프 여행을 성사시킬 수 있었다. 독일이 폴란드를 점령한 뒤로 코르차크는 내내 여름 캠프의 운명을 걱정하고 있다가, 첫눈이 내리자 곧 상황을 파악하러 '꼬마 장미' 캠핑장으로 떠났다. 유대인들은 기차 여행이 금지되어 있었기에, 큰 남자아이 둘을 데리고 혹한 속에 40킬로미터에 이르는 거리를 걸어갔다. 캠핑장엔 건물 말고는 남아 있는 것이 없었다. 독일 군인들이 캠프 시설을 약탈해 갔고, 이웃 주민들이 장작으로 때려고 나무들을 거의 다 베어 갔다.
　코르차크와 아이들은 춥고 지친 몸으로 마당의 나무 그루터기에 앉아 황량한 풍경을 우두커니 바라보았다. 무리한 여정에 지친 코르차크는 눈을 감고 한참을 가만히 앉아 있었다. 두 아이는 선생님의 휴식을 차마 방해하지 못 하고 눈치만 봤다. 날이 어두워지기 전에 바르샤바에 돌아가야 할 터였다.
　"판 독토르." 아이들이 나지막한 소리로 불렀다.
　코르차크가 눈을 뜨더니 벌떡 일어났다. 그러고는 말했다. "자, 독일 본부로 가서 이 사태에 항의하는 거야."
　일행은 먼저 그 지역 군수를 찾아갔다. 군수는 그들을 친절하게 맞아주었다. 그런 다음 군수와 함께 독일군 지휘관 슈테펜스 대위를 찾아갔다. 그는 알고 보니 스웨덴 혈통이었고 공학자 출신이었다.

1939년 9월

405

슈테펜스는 코르차크와 독일어로 대화를 나누면서, 캠프를 7월에서 8월까지 열어도 좋을 뿐 아니라 집기들을 일부 교체해주고 식량을 들여오는 것도 허용하겠다고 약속했다.

1940년 그해 여름, 아이들은 한동안 '꼬마 장미' 캠핑장 밖의 세상을 까맣게 잊고 지낼 수 있었다. 하지만 코르차크는 쉴 틈이 없었다. 일주일에 몇 번은 바르샤바에 가서 식량 수급을 확인해야 했는데, 그 결과와 그날 도시에서 겪은 일에 따라 기분이 좋기도 하고 나쁘기도 하여 돌아왔다. 트보르키 정신병원 원장의 아들 비톨트 카차노프스키는 아버지와 같이 말이 끄는 달구지를 타고 코르차크의 캠프에 들렀던 일을 기억한다. 달구지에는 수감자들이 병원 텃밭에서 기른 곡식이 가득 실려 있었다. 아버지는 코르차크와 알던 사람처럼 인사했지만, 곡식을 판매한 것인지 기부한 것인지는 비톨트가 그때 너무 어려서 알 수 없었다.

밤이면 코르차크는 늘 아픈 꼬마들을 자기 방에 데려와 재웠다. 아이들이 밤중에 목이 마르거나 용변을 보고 싶어도 젊은 교사들은 자느라 아이들이 부르는 소리를 못 들을까 봐 그런 것이었다. 하루는 이다 메르잔이 캠프에 찾아왔는데, 코르차크가 아이들 근처에 서서 혼잣말처럼 중얼거리고 있었다. 아니 기도하고 있는 것일까? 그녀는 알 수 없었다.

코르차크가 9월에 아이들과 함께 바르샤바에 돌아왔을 때는 사스키 광장이 아돌프 히틀러 광장으로 이름이 바뀌어 있었고, 모든 공원은 유대인 출입이 금지되어 있었다. 유대인 의사는 이미 아리아인 환자를 진료하는 것이 공식적으로 금지되어 있었고, 모두 게슈타포에 등록하라는 명령이 떨어졌다. 코르차크는 등록 양식에 있는 그대로 썼다. 거주지 주소: 즈워타 거리 8번지 4호. 근무지 주소: 크로흐말나 거리 92번지. 제1차 세계대전 당시 계급: 대위. 현재 폴란드 군 계급: 소령. 종교: 모세 신앙. 전문 분야: 교육자/소아과 의사. 학술 업적: 아동 연구. 그러나 긴장했는지 실수한 곳이 보인다. 그러잖아도 확실치 않은 출생 연도에 100년을 더 보태서 이렇게 적었다. "1978(1979?)년 7월 22일." 그리고 서류에 "Dr. H. 골트슈미트"라고 사인했다.

영국이 베를린 공습에 나서자 바르샤바에는 새로운 희망이 감돌았다. 두세 달이면 전쟁이 끝날 것이라고 내다보는 사람이 많았다. 9월 중순, 코르차크는 아담 체르니아쿠프의 사무실에 들러 한가로이 이야기를 나누었다. 그는 유대인위원회 위원장으로서 독일 치하 바르샤바에서 유대인과 관련된 모든 일을 관장하고 있었다. 체르니아쿠프는 당시 일기장에 온갖 궂은일을 빼곡히 적어놓았지만(살던 아파트에서 쫓겨난 유대인들, 자살 건수 급증, 아들이 강제 노동 수용소에 끌려가 우는 엄마들, 빵에 붙은 세금에 대한 하소연 따위), 그 와중에도 코르차크와 폴란드의 초콜릿 회사 베델과의 사이에서 있었던 일이 무척 재미있었다고 적고 있다. 베델사 사장이 코르차크에게 곡물 120파운드를 판매할 수 없다며 유대인에게는 판매가 금지되어 있다고 하자, 코르차크는 이렇게 말했다고 한다. "그럼 선물로 주시면 되잖소."

몇 주 뒤에 체르니아쿠프는 일기장에 코르차크의 엉뚱발랄한 자금 조달 계획에 관해 적었다. '차디크(의로운 이)'의 무덤가에 탄원의 쪽지를 남긴 모든 사람에게 유대인위원회에서 세금을 부과해, 그 돈을 가난한 이들에게 쓰자는 것이었다.

1939년 9월

체포

중세 때 담을 친 유대인 거주구역을 두었던 다른 유럽 나라들과 달리, 폴란드에는 그런 구역이 한 번도 존재한 적이 없었다. 하지만 이제 곧 바르샤바 게토가 생긴다는 소문이 독일 점령 초기부터 나돌고 있었다.

나치가 내리는 지시가 계속 오락가락했기에 체르니아쿠프도 그 속내를 종잡을 수 없었다. 처음에 유대인위원회에 내려진 명령은 유대인 거주구역 내의 '격리' 구역만 철조망을 치라는 것이었지만, 다시 담을 세우는 것으로 지시가 바뀌었다. 체르니아쿠프는 담을 세우면 상하수도관과 전력선, 전화선이 망가지므로 사실상 불가능한 일이라고 주장했지만 그의 뜻은 결국 받아들여지지 않았다. 담을 짓는데 드는 돈과 노동력은 유대인위원회에서 제공해야 했다. 장벽을 이루는 구간이 20개까지 세워진 1940년 7월, 체르니아쿠프는 독일이 게토를 두지 않기로 결정했다는 소식을 들었다. 그러나 9월 중순에 코르차크를 만났을 때는 다시 게토가 거의 기정사실이 된 것 같다며 체념한 상태였다. 이미 지방에는 소규모 게토가 여럿 만들어져 있고, 바르샤바 근교 우치에는 철조망으로 둘러싸인 큰 게토가 들어서 있었다.

게토를 설치하는 독일의 수법은 기습적으로 계획을 발표하는 것이었다(그렇게 하면 유대인들이 황급히 버리고.떠난 땅과 건물을 압수할 수 있었다). 1940년 10월 12일, 유대인들에게 한 해 중 가장 경건한 날인 대속죄일에, 독일은 바르샤바에 유대인 특별 거주구역을 설정한다고 선언했다. 그전부터 소문은 있었지만, 코르차크를 비롯한 모든 사람들은 방심하고 있다가 허를 찔렸다. 코르차크는 동네에 붙은 게토 지도를 살펴보았다. 놀랍게도 게토의 서쪽 경계선이 크로흐말나 거리를 관통하고 있었다. 고아원이 있는 윗동네는 게토 구역이 아닌 '아리아인' 구역(바르샤바에서 게토에 포함되지 않은 모든 곳을 일컫는 말)이었다. 더군다나 도시 여기저기에 붙은 지도마다 경계선이 다르게 그려져 있어 더욱 혼란스러웠다.

코르차크는 독일 당국이 크로흐말나 거리의 이 유명한 고아원을 게토 구역 안의 다른 건물로 이사하라고 요구할 수는 없으리라 보았다. 그가 이룬 교육 성과는 독일에도 알려져 있었다. 독일 교육자들이 고아원에 찾아오기도 했고 그의 실험적 교육법에 대해 글도 썼다. 아무리 유대인 헨리크 골트슈미트가 싫은 나치라 하더라도 교육자 야누시 코르차크는 존중할 수밖에 없을 것이라고 생각했다. 그는 시간이 없다는 생각에 얼른 방으로 올라가 크라쿠프에 있는 독일 사령부에 보낼 편지를 쓰기 시작했다. 온갖 시설에서 호소하는 탄원서들을 유대인위원회에서 모아 전달할 예정이었다. 코르차크는 위쪽에 "탄원서"라고 크게 쓴 서한에, 고아원이 현재 위치에서 자족적으로 운영되고 있음을 독일 당국에 호소했다.

글은 이렇게 시작되었다. "올 한 해 독일 당국은 저희 고아원에 피해도 고통도 주지 않았습니다. 그럼에도 저희는 숱한 궁핍과 고난을 겪었습니다. 기부를 받고 몹시 애쓰면서 살림을 겨우 유지해 28년째 공동체 생활을 이어오고 있습니다." 코르차크는 고아원의

체포

근면한 직원들(요리사, 요리 보조, 식기 세척인과 교사 두 명)도 모두 고아원에서 자란 이들이라고 했다. 한 직원은 바르샤바 포위 당시 지붕에 난 불을 끄려다가 목숨을 잃기도 했다고 했다. 아이들은 폭격에 산산조각 난 문과 창문의 수리를 도왔고, 샤워실 벽을 회칠했고, 고아원을 청결하게 유지해 전염병이 발붙이지 못하게 했으며, 그 덕분에 고아원은 격리 조치를 당한 일이 없었다고 했다. 코르차크는 재무 보고서와 기타 보고서를 같이 보낸다면서 탄원서를 이렇게 끝맺었다. "사정을 이해해주시리라 믿어 의심치 않으며, 아이들이 이 정든 건물에서 계속 지낼 수 있도록 도와주시기를 부탁드립니다. 그리고 이렇게 서명했다. "감사합니다. 고아원 원장 겸 부르사 단장, Dr. H. 골트슈미트, J. 코르차크."

탄원서는 충분히 승산이 있다고 생각되었지만, 답변을 기다리는 동안 게토 구역 내에 새 고아원 건물로 삼을 만한 곳을 찾아 나섰다. 몇 블록 떨어진 흐워드나 거리 33번지에 상업고등학교가 하나 있었는데 시설이 지금 고아원에는 비할 수 없지만 그런대로 쓸 수 있을 듯했다. 그 학교와 건물 교환 협의를 진행하던 중에 크라쿠프에서 거절 통지가 왔다. 코르차크에게는 다른 대안이 없었다. 곧장 달려가 학교 교장과 협의를 마무리했다. 두 기관은 다시 원래 건물로 돌아올 수 있을 때까지 서로가 시설을 성심껏 관리하기로 약속했다.

코르차크는 그 와중에도 유머 감각을 잃지 않았다. 체르니아쿠프도 아리아인 구역에 있는 자신의 아파트에 계속 살게 해달라는 탄원서를 보냈는데 거절당했다. 그러자 코르차크는 유대인위원회에 자기가 아는 직원이 있으니 그에게 뒷돈을 좀 쥐어주라고 했다. 그러면 위원장에게 게토 안에 좋은 자리를 마련해줄 수 있을 거라며.

폴란드인이나 유대인이나 담장 안팎의 각자 구역에 아파트를 구하거나 맞교환하려고 이리저리 뛰어다니는 대혼란 속에서, 코르차크의 비유대인 친구 여러 명이 고아원에 찾아와 그에게 숨으라고 설득했다. 이고르 네베를리가 일찌감치 찾아왔다. 네베를리는 코르차크와 각별한 사이였지만 이 완고한 스승을 설득할 수 있으리라는 확신은 없었다. 함께 다락방으로 올라가는데, 코르차크의 숨소리가 가빴다. 네베를리는 한때 젊음이 넘쳤던, 그리도 재빠르고 기민했던 코르차크가 날이 갈수록 쇠약해지고 있음을 절실히 느꼈다. 코르차크는 방문을 두드려 참새들이 놀라지 않게 미리 쫓은 다음, 평소처럼 네베를리를 푹신한 안락의자에 강제로 앉히고 자신은 덜 편한 의자에 앉았다.

네베를리는 초조하게 앉아 어디서부터 말을 꺼낼까 고민했다. 코르차크는 담뱃불을 붙이고는 네베를리의 아내와 아이 그리고 공동의 친구들 안부를 돌아가며 물었다. 마치 지금 자기 관심사는 그것뿐이라는 듯이.

"지금 다들 선생님을 걱정하고 있어요. 선생님이 아이들 데리고 게토에 들어가실 일 때문에요." 네베를리가 말했다. "선생님, 말씀만 하세요. 그럼 저희 쪽에서 사실 수 있게 위조 신분 서류를 만들어드릴게요."

"그럼 아이들은?"

"수도원과 가정집에 최대한 숨겨볼게요."

코르차크는 담배를 내려놓고, 둥근 싸구려 금속 테 안경을 벗었다. 그리고 시간을 벌 때 늘 그랬듯, 손수건을 꺼내 안경알을 닦기 시작했다. 그가 마침내 물었다. "지금 우리 아이들이 170명이네. 유대인 아이 170명을 숨긴다는 게 얼마나 힘든 일인지 알고 있나?"

"최대한 해봐야죠." 네베를리가 거듭 말했다.

체포

411

"그렇지만 모든 아이가 안전할 거라고 장담할 수 있나?"

네베를리는 슬픈 표정으로 고개를 저었다. "장담은 못 합니다. 아무것도 장담할 수는 없어요." 그가 잠시 멈췄다가 말을 이었다. "저희들 운명조차도요."

이제는 코르차크가 네베를리를 위로하는 입장이 되었다. "무엇을 아무리 잘 숨기건, 작정하고 찾으려는 사람의 눈을 피한다는 건 불가능에 가깝네." 그는 전에 갈대밭에 숨긴 모세의 이야기를 쓸 때도 그런 생각을 드러낸 적이 있었다. 이집트인들이 히브리 노예들이 숨겨놓은 아기를 찾아 나선 것처럼, 독일인들도 유대인 아이들을 찾아 나설 것이 틀림없었다. 그는 이렇게 적었다. "심문을 받았을 때 거짓말을 한다는 것은 어려운 일이다. 손이 떨리고, 눈에는 불안감이 어리고, 얼굴은 붉어지거나 하얘지기 마련이다." 그리고 이렇게 덧붙였다. "나는 한 번도 아이를 적군으로부터 숨긴 적이 없다."

네베를리는 아이 단 한 명의 안전도 위태롭게 하고 싶지 않은 코르차크의 마음을 이해했다. 아이가 벌로 어두운 벽장이나 지하실에 갇힌다는 상상만으로도 괴로워했던 코르차크였다. 아이들이 나치의 눈을 피해 어두운 곳에 숨어 있는 상상 또한 괴로웠을 것이다. 발견될지도 모른다는 공포에 아이들의 심장은 쿵쾅거릴 터였다. 그는 아이들을 저버리지 않는 아버지였다. "아이들은 내가 데리고 있는 것이 최선이네." 코르차크는 그렇게 말하면서 네베를리에게 손을 내밀어 힘차게 악수했다. 과거에 숱하게 많은 약속과 협조를 얻어냈던 그의 악수였지만, 지금은 허락을 구하는 악수였다.

게토가 유대인 아이들이 있기에 그리 안전한 장소가 아니라고 말할 수 있는 사람은 당시에 없었다. 이른바 '최종 해결책'이라는 것이 나타난 것은 나중 일이었고, 그때만 해도 아무리 지독한 비관주의자라도 그런 일은 상상도 하지 못했다. "걱정 말게. 독일인이 우리를 해치지는 않을 테니까." 코르차크는 네베를리를 안심시키려 했다. "감히 그러지 못할 걸세. 나는 나라 안팎으로 이름이 너무 많이 알려져 있네."

유대인의 게토 이주 마감일인 11월 30일이 다가오면서 바르샤바는 극심한 난리를 겪었다. 누추한 살림을 손수레에 싣거나 등에 진 13만 8천 명의 유대인들이 꼬리에 꼬리를 물고 28개의 게토 관문을 통과해 폴란드인들이 살던 아파트를 찾아갔고, 11만 3천 명의 폴란드인들 역시 정신없이 짐을 싸서 게토 밖으로 빠져나갔다. 폴란드인이나 유대인이나, 가게 위층의 집뿐 아니라 가게까지 함께 잃으면서 생계 수단을 잃은 사람들이 많았다.

코르차크는 고아원을 이전할 방법을 무척 골똘히 고민했다. 아이들이 게토 전입을 두려운 마음으로 치르게 하고 싶지 않았다. 게토 전입은 모두가 함께 헤쳐나갈 새로운 도전이 되어야 했다.

그해 수련생으로 있었던 요나 보치안은 코르차크와 스테파가 모든 사항을 아주 사소한 부분까지 철두철미하게 계획했던 것을 기억한다. 날마다 회의를 열어 누가 무슨 일을 맡을 것인지 결정했다. 도와주고 싶어 하는 기독교인 친구들에게는 아이들 방을 장식할 화려한 그림이나 깔개, 또는 창가 화분에 심을 붉은 제라늄을 구해달라고 했다.

고아원에 들른 한나 올차크에게 코르차크는 고아원을 "마치 거대한 극단처럼" 옮길 생각이라고 했다. 이사 행렬은 마치 공연 홍보나 다름없을 거라면서, "아이들이 조명등과 그림, 침구, 새장, 온갖 동물 우리 따위를 들고 행진하는 일종의 퍼레이드"가 될 것이라고 했다.

체포

413

이삿날로 정한 11월 29일, 아이들은 미리 연습한 대로 안뜰에 줄지어 섰고, 코르차크는 마지막으로 짐수레들을 점검했다. 짐수레에는 그가 날마다 거리를 돌며 고생스럽게 장만한 석탄과 감자가 가득 실려 있었다. 아이들은 폴란드인 수위 피오트르 잘레프스키에게 슬픈 얼굴로 손을 흔들어 작별 인사를 했다. 그는 남아서 고아원 건물을 돌보기로 되어 있었다. 그는 그 전날 고아원의 세탁부와 함께 나치 경찰에 찾아가 게토 전입 허가 신청을 했다가 두들겨 맞아 얼굴이 거의 알아볼 수 없을 정도로 부어 있었다. 경찰은 찾아온 두 사람 중 세탁부는 쫓아버리고 잘레프스키는 가둔 다음 심문했다. 아리아인이 유대인 밑에서 일하는 건 이제 불법인 걸 모르냐고 했다. 그가 고아원은 20년을 일한 곳이라 집이나 다름없다고 대답하자, 독일 경찰들은 그를 채찍과 소총 개머리판으로 흠씬 두들겨 팼다.

잘레프스키는 큰 키에 수염이 없고 몸가짐이 꼿꼿한 이였다. 고아원에서 일하기 전에는 러시아제국군의 특수부대원으로 복무했다. 매년 잘레프스키의 영명축일 때마다 코르차크는 수위실에 들러 보드카 몇 잔을 그와 나누었는데, 그럴 때면 둘은 전쟁 때 겪은 지저분한 이야기로 대결을 벌이거나 아는 욕 늘어놓기 대결을 벌이곤 했다 (코르차크는 두 종목에서 모두 밀리지 않았다). 아이들은 마음껏 옷을 더럽혀도 되는 잘레프스키의 지하 목공실에서 일하는 것을 아주 좋아했다. 아이들은 망치질과 톱질을 하면서, 또 석탄을 삽으로 푸거나 안뜰을 비로 쓰는 그를 졸졸 따라다니면서, 그에게 마음속 고민을 털어놓기도 했다. 그가 가끔 장난삼아 억센 손가락으로 아이들의 코를 너무 세게 꼬집더라도 아이들은 언제나 그를 용서해주었다.

아이들은 몇 안 되는 각자의 짐을 꼭 붙들고 안뜰을 떠나 거리로 나서면서, 노래를 부르려고 애썼다. 유대인의 별이 한쪽 면에 달린 마치우시 왕의 초록색 깃발을 휘날리며, 가두행렬은 북적거리는 인파를 뚫고 그리 멀지 않은 흐워드나 거리 33번지를 향해 나아갔다. 행렬은 이내 담벼락이 흐워드나 거리 중간을 가로막아 아리아인 구역의 끝을 알리는 지점에 도달했다. 관문 앞에 독일 경찰과 폴란드 경찰이 서서 마치 국경 검문소처럼 신분증을 검사하고 있었다.

관문을 지나가는데, 한 독일 경찰이 제일 마지막 짐수레를 압수했다. 감자가 가득 실린 수레였다. 코르차크는 경찰에게 감자를 돌려주지 않으면 이 일을 상부에 신고하겠다고 고함쳤다. 경찰은 요지부동이었고, 코르차크는 하는 수 없이 스테파와 함께 행렬을 이끌고 새 보금자리를 향해 다시 나아갔다. 그날 밤, 아이들이 학교 건물 곳곳을 내달리며 창문과 문이며 새 침실 따위를 떠들썩하게 구경하고 있을 때, 코르차크는 내일 아침 일어나자마자 게슈타포에 항의해야겠다고 생각했다.

다음 날 코르차크는 게슈타포 본부를 찾아갔다. 누더기 같은 폴란드군 군복을 입고 대단히 흥분한 남자가 완벽한 독일어로 자기를 야누시 코르차크라고 소개하자, 근무 중이던 경관은 처음엔 어리둥절했다. 그는 방문객에게 앉으라고 권했다. 그러나 코르차크가 게토 관문에서 일어난 감자 압수 건을 격렬히 성토하자, 독일 경관은 이 폴란드인이 왜 이렇게 유대인 문제에 관심을 갖는지 알 수 없었다.

점점 수상해하며 경관이 물었다. "당신 유대인 아닌 것 맞소?"

"유대인이오." 코르차크가 대답했다.

"그럼 완장은 왜 안 차고 있나?" 경관은 이제 화가 나 있었다.

"그러고 다니면 불법인 거 모르나?"

코르차크는 가슴을 꼿꼿하게 펴고 늘 하던 설명을 시작했다. "인간의 법은 임시적이고, 그 위의 더 높은 법만이 영원한 것이

체포

415

오……." 그러나 그는 설명을 마치지 못했다.

독일 경관은 이 건방진 유대인의 태도에 격분해 경비원들에게 그를 체포하도록 했다. 그들은 그를 구타하고 감방에 처넣었다.

게토에는 야누시 코르차크가 어떻게 되었다는 소문이 무성했다. 게슈타포 본부에서 고문받다가 죽었다는 말도 들렸다. 숲으로 끌려가 총살당했다는 말도 들렸고, 루블린의 수용소에 끌려가 쓰러져 죽었다는 말도 들렸다. 마침내 그가 겨우 몇 블록 떨어진 파비아크 형무소에 있다는 소식이 전해졌지만 스테파와 그의 친구들에게는 위안이 되지 않았다. 파비아크 형무소는 러시아 점령기에 정치범 수용소로 지어진 거대한 붉은 벽돌 건물로, 독일이 운영하는 모든 형무소 중 가장 악명이 높았다. 게토 중심부에 자리 잡고 있었으니, 담을 두른 도시 안의 담을 두른 도시였다. 당시에 그곳에 갇힌다는 것은 사형선고와 다름없었다.

낮 동안 스테파는 의연한 표정을 지었다. 내무부 장관이라는 그녀의 별명은 괜히 붙은 게 아니었다. 흐워드나 거리의 낯선 새집에 갑자기 코르차크 없이 남겨진 그녀는, 코르차크가 제1차 세계대전 중 4년간 자리를 비웠을 때처럼 바삐 움직였다. 소매를 걷어붙이고 교사들과 큰 아이들의 도움을 받아, 모든 것을 제대로 돌아가게 만들었다. 이 공립고등학교의 교실들은 낮에는 여러 활동에 쓰고 밤에는 침실로 쓰기로 이미 결정해놓았다. 바깥세상은 정의롭지 못할지라도, 이곳의 정의로운 사회는 계속 유지되어야 했다. 그녀는 지하실을 격리 병동으로 개조했다. 아이들이 아플 때 게토 병원으로 보내는 것은 그곳에서 티푸스나 콜레라를 옮아 올 수 있어 최대한 피하고 싶었다. 가진 것은 주사기 하나와 모르핀 약병 하나뿐이었지만, 수없이 많은 아이들을 간호하며 써온 자기만의 방법이 있었다. 목이 부었으면 소금물로 헹구고, 통증은 달군 모래를 양말에 담아 문지르고, 모든 방법이 듣지 않으면 자신의 따뜻하고 큰 손으로 어루만져 달래주었다. 그녀는 오직 모두가 잠든 한밤에만, 눈물을 흘리는 사치를 누렸다.

파비아크 형무소는 아직 뇌물로 사람을 빼내는 게 가능했다. 스테파는 코르차크의 친구들과 연락해 의논했지만, 문제는 돈보다도 게슈타포에 줄을 댈 방법이었다. 해리 칼리셰르*라는 수완 좋은 청년이 있었다. 코르차크가 누구보다 아꼈던 고아였다. 칼리셰르는 악명 높은 나치 부역자이자 게토 안에서 엄청난 권력을 누리던 수수께끼 인물, 아브라함 간츠바이흐를 통해 마침내 몸값 협상을 성사시켰다. 총액은 3만 즈워티였다. 일부는 석방 즉시 내고, 나머지는 기간을 두고 내기로 했다.

파비아크 형무소에 수감된 정치범들은 대개 처형되었다. 코르차크가 그곳에 갇혀 있던 한 달 동안 목숨을 부지할 수 있었던 유일한 이유는 다행히도 정치범이 아닌 일반 범죄자들과 함께 수감되었기 때문일 것이다. 12월 말, 코르차크가 창백하고 쇠약한 모습으로 게토의 고아원에 돌아왔을 때 아이들은 그가 1차 대전에서 돌아왔을 때처럼 줄지어 서서 환영했다. 한 여자아이가 대표로 간단한 환영 인사를 하는 것을 듣고 그는 곧장 자기 방으로 향했다. 하지만 아이들에게 오는 토요일 아침에 형무소 이야기를 해주겠다고 약속하는 것은 잊지 않았다.

토요일 아침, 아이들과 교사들뿐 아니라 코르차크의 친구 여러

✦   원래 이름은 헤르셰크인데 해리로 통했던 듯하다.

명도 그가 겪은 이야기를 듣고 싶어 한자리에 모였다. 그는 아이들 앞에서 고생했던 티를 전혀 내지 않았다. 위트와 해학이 넘치던 평소 모습 그대로, 아이들의 질문에 답해주었다.

"독일 사람들 앞에서 어떻게 그렇게 고함을 쳤어요? 무섭지 않았어요?"

"전혀. 오히려 그자들이 날 무서워했지. 독일 사람들은 자기보다 큰 소리로 고함치는 사람한테는 항상 겁을 먹거든."

"감옥 생활은 어땠어요?"

"기막히게 좋았지." 그 말을 하면서 그는 특유의 어깨춤을 추었다. 감방은 죄수들로 비좁았지만—그에 비하면 지금 고아원 건물은 마치 우시 왕의 궁궐 같다면서—그래도 엄청나게 많이 먹고, 잠 잘 자고, 잠깐씩 앞마당에 내보내줄 때 열심히 운동했다고 말했다. 그리고 단 한 번도 병난 적이 없었다고 자랑했다.

아이들은 그의 감방 동료들 이야기를 무척 재미있어했다. 그중 살인죄로 들어와 있는 사람이 있었는데, 독토르라는 호칭이 외과 의사를 뜻하는 줄 알고 자기와 코르차크 둘 다 '칼잡이 맥'이라는 별명으로 부르자고 했다. 죄수들은 그가 유명한 라디오 프로그램의 노의사라는 사실을 알고, 잠자리로 쓰는 꾀죄죄한 짚더미 위에 그를 앉히고 이야기를 해달라고 졸랐다. 그가 들려준 이야기는 흰 장화를 신고 모자에 깃털을 꽂은 고양이가 주인에게 좋은 옷과 궁전을 훔치지 않고서도 마련해준 이야기, 그리고 마법 램프의 요정이 소년의 모든 소원을 이루어주는 이야기였다. 철면피한 범죄자들이 흐느껴 울었다. 어릴 적 어머니에게서 들었던 이야기를 떠올렸다. 그들도 고양이나 요정이 운명을 바꾸어주리라는 꿈을 품었던 시절이 있었다.

아이들의 왕

418

아이들은 아마도 그가 감방에 있는 내내 유머 감각을 잃지 않았다고 믿었을지 모른다. 감방 동료들을 훈련시켜 지긋지긋하던 벼룩을 잡게 한 이야기는 아이들의 배꼽을 잡게 했다. 하지만 스테파를 비롯한 어른들이 보기에 그는 너무나 수척해져 있었다. 코르차크는 굳이 자기가 겪은 고초를 이야기해서 그들의 마음을 무겁게 하고 싶지 않았다. 밤낮으로 울려 퍼지던 비명과 신음, 총살형 집행장에서 들려오던 총성도 이야기하지 않았다. 그러나 불안과 우울은 감추지 못했다.

그는 돌아오자마자 거리로 통하는 출입문을 봉쇄하고 안뜰을 통해서만 고아원에 들어올 수 있게 하라고 고집했다. 또 밤마다 암막 커튼을 확인해 조그만 빛줄기도 근처 관문에 배치된 독일 순찰대의 눈에 띄지 않게 각별히 주의했다.

스테파는 그의 황폐화된 몸과 마음, 어느 쪽을 더 걱정해야 할지 알 수 없었다. 그는 숨을 쉬기 힘들어했고 두 다리는 부어 있었다. 그의 반대에도 불구하고 스테파는 직원 한 명에게 코르차크를 병원에 데리고 가 철저한 검진을 받게 했다. 검진 의사에 따르면, 코르차크는 뺨과 눈이 고열로 불덩이인 와중에도 야전상의와 군화 차림으로 "폴란드 귀족"처럼 위풍당당하게 검사실로 들어왔다. 의사는 그에게 엑스레이를 찍도록 설득하는 데 애를 먹었다. 폐에 물이 차 있어 심부전이 의심된다고 하자 그는 얼마나 차 있느냐고 조용히 물었다. 네 번째 갈비뼈 밑까지 차 있다고 하니 그 정도면 고아원 물자를 구하러 돌아다니는 데 문제가 안 된다고 잘라 말했다.

그토록 호기를 떨던 코르차크였지만, 다시 혼자 거리로 나설 수 있을 만큼 몸을 추스르는 데는 시간이 좀 필요했다. 그리고 이제는, 지팡이 없이는 나설 수 없었다.

체포

419

게토

"게토에서의 삶은 그 누구에게도 1930년대 삶의 자연스러운 연장선이 아니었어요." 게토 시절 코르차크 고아원의 교사 중 유일한 생존자, 미샤 브루블레프스키는 이렇게 말했다. "게토 이전과 게토는 전혀 다른 두 세상이었죠. 갑작스러운, 완벽한 단절이었어요. 50만 명이 담장 친 좁은 구역에 갇혀 음식도 집도 난방도 제대로 공급받지 못하는 상황에서 정상적인 생활이란 불가능하죠. 처음에는 정상이던 사람들도 시간이 갈수록 제정신을 잃어갔어요. 게토는 미친 세상이었고, 우리는 미친 사람처럼 행동했어요."

코르차크는 형무소에서 나오고 처음 몇 주 동안 사람을 거의 만나지 않았다. 가끔 독일 보조 경찰이 거리에 떠도는 아이를 고아원에 데려오면 다른 직원에게 처리를 부탁했다. 그 시기에 그가 새로 교류했던 유일한 친구는 미하우 질베르베르크라는 교사와 그의 아내 헨리에타였다. 부부는 고아원과 안뜰을 같이 쓰고 있는 아파트 건물에 살았다. 질베르베르크는 전쟁 전에 한 히브리 고등학교에서 유대 문학과 유대사를 가르쳤고, 교육자들 모임에서 코르차크를 만난 적이 있었다. 코르차크가 몸을 추스르는 몇 주 동안 질베르베르크는 종종 고아원에 들러 코르차크와 이야기를 나누었다. 두 사람은 면적 3제곱미터의 게토 지도를 꼼꼼히 살펴보았다. 당시 질베르베르크는 학교들이 폐교되어 실직 상태였으므로 게토를 둘러보며 다니고 있었다.

담벼락으로 둘러싸인 게토는 다시 두 구역으로 나뉘었다. 각각 대(大)게토와 소(小)게토라는 이름으로 불렸다. 고아원이 위치한 흐워드나 거리는 소게토에 속했다. 소게토는 이전에 부유한 주택가였기에, 담장 밖에서 고급 저택에 살다가 쫓겨 들어온 부유한 유대인들이 주로 자리 잡고 있었으며 상대적으로 훨씬 덜 혼잡했다. 반면 북쪽의 더 넓은 구역인 대게토는 이곳 인구의 대부분이 밀집된 곳으로, 허술한 건물의 싸늘한 방 한 칸에 아홉 명까지 부대끼며 살고 있었다.

코르차크가 거리로 나설 수 있을 만큼 원기를 회복하자, 질베르베르크는 게토의 안내자를 자처하며 그를 먼저 대게토로 데려갔다. 두 사람은 득시글거리는 인파 속을 겨우 헤치며 나아갔다. 인산인해를 이룬 거리는 암울한 시장 바닥이 되어 있었다. 구걸하는 사람들에 뒤섞여 물건을 팔거나 교환하려는 절박한 사람들이 각종 소지품과 헌옷, 속옷, 굽다 만 빵, 사카린 따위 온갖 물건을 늘어놓고 있었다. 심지어 다윗의 별 완장도 팔았는데 재질에 따라 값이 다 달랐다. 두 사람은 곳곳에 해진 담요를 두르고 다닥다닥 웅크린 사람들을 밟지 않으려고 넘어 다녀야 했다. 지방에서 피난 온 극빈 가족들이었다. (매섭던 그 겨울 추위에 그들은 신문지에 덮인 벌거벗은 송장이 되어 방치되었다가 달구지에 실려 공동묘지로 옮겨지곤 했다. 그러고 나면 또 다른 피난민과 거지들이 그 빈자리를 차지하는 과정이 반복되었다.)

질베르베르크는 지팡이에 몸을 의지한 코르차크의 모습이 게토의 빈민 중 한 명이라 해도 전혀 이상할 게 없다는 생각이 들었다.

게토

421

이 사람이 그 유명한 노의사라고 하면 아무도 믿지 않을 것 같았다. 하긴 여기서는 그 누구도 신원을 알아볼 수 없었다. 이전에 하던 일도 활동도 하지 못하고 법의 보호도 받지 못하는 이 게토의 유대인들은, 역사학자 에마누엘 린겔블룸이 말한 '잉여인간'에 지나지 않았다. 음악이나 연기에 재주가 있는 이들은 거리의 다른 장사치들처럼 그 재주를 팔고 있었다.

질베르베르크는 코르차크를 레슈노 거리로 데려가 눈먼 아코디언 연주가의 공연을 구경시켜주었다. 그는 1920년대에 가슴을 쥐어짜는 곡조로 러시아 점령기의 반유대인 폭동과 독립 초기 폴란드인들의 유대인 습격을 노래해 유명했던 이였다. 이제 그는 그때처럼 통렬한 가사로 게토 생활을 노래해 관심을 끌었다. 눈먼 음악가 주위에는 군중들이 운집해 있었다. 조수 노릇을 하는 금발 미녀가 사람들 틈을 바삐 오가며 음악가가 부르는 노래의 곡과 가사를 팔았다.

나 어디로 가리오?
나 어디로 가리오?
수치와 고통은 이제 너무 힘겹고,
길은 어디나 가로막혀 있으니.
더없이 괴롭고 더없이 서럽노라.
가슴이 흐느끼고 눈물이 흐르도다.
유대인들이여, 나 어디로 가리오,
나 어디로 가리오?

또 다른 곳으로 가니, 몸을 못 쓰는 젊은 여자가 질퍽거리는 길

아이들의 왕

422

한복판을 엉금엉금 기어가고 있었다. 검은 눈동자가 강렬했다. 그녀는 아침마다 힘찬 목소리로 이디시어 노래를 불러 주민들의 잠을 깨우곤 했다. 유명한 문인 I. L. 페레츠의 시 〈세 재봉사〉에 곡을 붙여 절규하듯 부르고 있었다.

벌건 눈자위, 파릇한 입술.
핏기라곤 없는 핼쑥한 두 뺨.
창백한 얼굴에 매달린 땀방울.
뜨거운 입김, 바짝 마른 입안.
세 소녀가 앉아서 재봉질 하네.

모퉁이를 돌자, 반쯤 미친 사내가 난데없이 달려들었다. 그는 두 팔을 휘저으며 이렇게 외쳤다. "빨리빨리 움직여 유대인들아. 점잔 빼지 말고! 부자나 가난뱅이나 이제 똑같은 세상이야!"

"루빈슈타인이에요. 바르샤바 게토의 어릿광대를 자처하는 자죠." 질베르베르크가 말했다. "지방에서 온 피난민이라는 것 말고는 아무도 저이에 대해 아는 게 없어요. 늘 저렇게 거리에서 날뛰면서 자기가 지어낸 타령을 부르고 다니죠."

소게토로 돌아가는 길은 오던 길만큼 나아가기가 어려웠다. 그 수많은 상인과 걸인들 틈을 다시 비집고 나아가야 했을 뿐 아니라, 그 죽은 듯 뒹굴고 있는 피난민들을 또 넘어가야 했다. 모퉁이를 도는데 또다시 루빈슈타인이 길을 막아서더니, 이번에는 두 사람에게 이렇게 협박했다. "동전 한 닢 주고 가! 그냥 가면 소리 지른다!"

"이자가 늘 쓰는 협박 수법이에요." 질베르베르크가 일러주었다. "돈을 안 주면 '총통 물러가라! 히틀러 물러가라!' 하고 외치거든

게토

423

요. 그러면 독일군이 마구잡이로 총을 쏘아대기 시작하죠."

코르차크는 루빈슈타인에게 동전 하나를 주었다.

며칠 뒤 소게토를 돌아보았는데 대게토만큼 돌아다니기 힘들진 않았지만 심란하기는 마찬가지였다. 이 구역엔 지방에서 올라온 피난민들은 더 적었지만 거리는 역시 북적거렸다. 아이들이 어깨에 판매대를 끈으로 걸고 온갖 잡동사니를 팔고 있고, 연주자들 수백 명이 저마다 자리를 잡고 있었다. 그지보프스카 거리의 유대인위원회 건물 근처에서, 코르차크는 한 바이올린 연주자에게 마음을 빼앗겼다. 예루살렘에서 폴란드에 친척을 만나러 왔다가 붙잡혀버린 청년이었다. 코르차크는 지팡이를 짚고 서서, 자신이 살고자 했던 도시에서 온 이 우아한 금발 청년의 연주를 지켜보았다. 그의 푸른 눈은 블로흐의 〈바알 셈 토브〉 같은 히브리 곡들을 연주하는 동안 내내 감겨 있다가 사람들이 던진 동전을 확인할 때만 뜨이곤 했다.

두 사람은 계속 발길을 옮겨 판스카 거리를 따라 실리스카 거리를 향해 걷는 길에 유랑 악단을 여럿 마주쳤다. 그중에는 바르샤바 교향악단 단원들로 구성된 악단도 있어 가는 곳마다 사람들이 구름처럼 몰렸다. 인기 오페라 가수들이 악단과 함께 다니며 사람들이 요청하는 아리아를 불렀다. 코르차크는 안경을 벗고는 가수들의 얼굴을 찬찬히 들여다보고, 또 음악에 푹 빠져 있는 행인들을 유심히 살펴보았다.

두 사람은 또 조금 가다가 폴란드 전국에서 온 유명한 칸토르⁺들을 마주쳤다. 학교와 마찬가지로 회당도 다 폐쇄되었기에, 이들은 실직 상태였다. 게토의 삭막한 현실 속에서 이들도 치열한 경쟁에 내

⁺   유대교 집회에서 성가와 기도를 이끄는 사람.

몰렸다. 어떤 이는 몸을 못 쓰는 아내를 어찌할 수 없어 유모차에 태워 다니며 노래했는데, 동정심을 이용한다는 이유로 다른 칸토르들에게서 따돌림을 당했다. 칸토르 쪽에 모인 군중들도 오페라 쪽 못지않게 열성적이었다. 그들은 냉소적인 유머도 아직 잃지 않았다. 어떤 행인이 칸토르 로센블라트가 같은 노래를 훨씬 잘 부르더라고 중얼대자, 다른 행인이 이렇게 대꾸했다. "아, 맘에 안 들면 뉴욕행 배표 끊고 칸토르 로센블라트 찾아가서 실컷 들으시구려."

두 교육자는 게토 안을 이리저리 돌아다니면서 지인들 여럿과 마주쳤다. 그들을 알고 지냈던 때는 이제 까마득한 옛날처럼 느껴졌다. 코르차크가 한 동화 유대인 자선가와 인사했는데 질베르베르크도 전에 한 번 만난 적이 있던 사람이었다. 여든이 훨씬 넘은 그는, 두 딸은 개종해 비유대인 남편들과 아리아인 구역에 살고 있고 자기만 여기 혼자 산다고 했다.

코르차크가 궁금해하며 물었다. "그럼 게토에 왜 들어오셨어요? 저야 가족도 없고 아이들도 다 여기 있지만 선생님은 아니시잖아요. 밖에서 사실 수 있게 따님들이 조치해 줄 수 없나요?"

노인이 대답했다. "딸들과 같이 살고 싶었으면 그렇게 했지. 나는 고통받는 유대인 동포들과 게토 안에 있기로 했소."

코르차크는 흐뭇해하며 자기도 같은 생각이라고 했다. 두 사람은 이디시어 작가 페레츠 이야기를 시작했다. 페레츠는 이 자선가 노인의 친척이었고, 코르차크도 제1차 세계대전 전에 문인들의 모임에서 만난 적이 있었다. 그때 루빈슈타인이 돌연 다시 나타나 대화를 끊었다.

한 푼 주시오. 푼돈이잖소!

게토

두 푼. 그것도 푼돈이지!

석 푼. 애개, 겨우! 차라리,

넉 푼. 안 주면 겡시아행이오!

그때 바로 그 겡시아 거리의 묘지로 향하는 장례 행렬이 지나가자, 루빈슈타인은 행렬 쪽으로 쏜살같이 달려가며 고래고래 외쳤다. "부자나 가난뱅이나 똑같은 세상!"

"유대인들은 참 특이해요." 코르차크가 고개를 저으며 말했다.

어느 날 밤 11시, 잠자리에 들 준비를 하던 질베르베르크 부부는 나무 계단을 쿵쿵거리며 올라오는 군화 소리에 화들짝 놀랐다. 통금 시간인 7시 이후에는 아무도 집 밖으로 나갈 엄두를 내지 않았기에 두려움을 자아내는 소리였다. 부부는 본능적으로 어둠 속에 몸을 숨기기라도 하려는 듯 황급히 불을 껐다. 그러나 발걸음 소리는 점점 가까워지더니 부부의 아파트 방 바로 앞에서 멈췄다. 초인종이 울렸다.

"누구세요?" 질베르베르크가 외쳤다.

"코르차크네. 문 좀 열어주시게나." 낯익은 목소리가 들려왔다.

질베르베르크는 아내와 안도의 눈빛을 나누고 문빗장을 끌렀다. 그 자리에는 그의 산책 동료가 언제나처럼 낡은 군화를 신고 서 있었다.

코르차크는 놀라게 해서 미안하다며, 고아원 아이들이 다 잠들 때까지 기다렸다가 왔다고 했다. 그는 질베르베르크의 탁자 위에 놓인 책들을 흘낏 보더니 늦게 찾아온 이유를 설명했다. 형무소에서 풀려난 뒤로, 이곳 사람들 모두는 살기 위해 어떤 식으로든 적응해

아이들의 왕

야만 하는 기괴한 세상 속에 살고 있음을 깨달았다고 했다. 고아원 아이들이 밖으로 나가는 것은 너무 위험해서, 사람들을 매주 고아원으로 초대해 그들이 하고 있는 일을 주제로 강연을 청하고 싶다는 것이었다. 이미 강연자로 유대인위원회 간부들, 단체 급식소 같은 시설에서 일하는 직원들, 그리고 역사학자 에마누엘 링겔블룸과 철학자 한 명까지 초빙해놓았다고 했다. 또 어느 변호사 출신 경찰과 학자 출신 수위와도 약속을 잡을 예정이라고 덧붙였다. 질베르베르크가 이 프로젝트에 관심이 있다면, 교사이자 이웃 주민으로서 일을 좀 도와줄 수 있겠느냐는 것이었다. 그리고 첫 강연자로 나서줄 수 있겠느냐고 물었다.

질베르베르크는 두 부탁을 모두 받아들였지만, 강연 주제를 생각할 시간을 좀 달라고 했다. 코르차크가 그 자리에서 당장 정하라고 재촉하자, 그럼 페레츠 이야기를 할까 싶다고 했다. 페레츠는 유명 작가가 되기 전에 교사로도 일했고 고아원도 몇 곳 설립한 사람이었다. 코르차크는 만족스러워했다. "페레츠는 정말 시기적절한 주제일세. 페레츠야말로 바르샤바 시민이지."

질베르베르크가 그다음 주에 고아원에 강연하러 왔을 때 고아원은 "벌집처럼 시끌벅적"했다. 점심 식사를 방금 마친 아이들은 줄지어 식당을 빠져나와 학교 강당으로 쓰이던 큰 홀로 줄지어 들어왔다. 스테파와 교사들이 아이들이 자리에 앉는 것을 도왔다. 코르차크는 아이들과 함께 앉았다.

"오늘 제가 이야기할 인물은 젊은이다운 열정을 늘 잃지 않았던 페레츠입니다. 페레츠는 바로 여기서 멀지 않은 곳에 살았습니다." 질베르베르크가 말했다. "페레츠는 작가 시절 초기에는 폴란드어로 작품을 썼습니다. 가난한 유대인 아이들을 가르치느라 바쁜 와중에

게토

427

도, 가난에 시름하고 러시아인의 폭력에 시달리던 유대인들을 도울 방법을 열심히 찾았습니다. 그는 하시디즘이라는 온정과 기쁨이 넘치는 믿음을 알게 되었습니다. 하시디즘은 유대인들에게 자긍심을 심어주었고 안식일에 모든 사람을 저마다 가정의 왕이 되게 해주었습니다. 페레츠는 그때부터 하시디즘 신봉자들을 위해 이디시어로 글을 쓰기 시작했습니다."

질베르베르크는 폴란드어로 아이들에게 강연했다. 하지만 페레츠의 묘비에 새겨진 시 〈형제〉를 낭송할 때는 폴란드어로 읽은 다음에 다시 원래 쓰인 이디시어로도 읽어주었다. 코르차크가 알겠다는 듯 고개를 끄덕였다. 그 시는 유명한 노래로도 만들어져 있었고 코르차크의 생각과 비슷한 철학을 담고 있었다.

흰색과 갈색, 검은색과 황색,
모든 색을 골고루 섞자.
우리는 모두 형제요 자매이고,
한 아버지와 한 어머니를 두었으니.
우리 모두 하느님의 피조물이고,
온 세상이 우리의 조국이라.
우리는 모두 형제요 자매이고,
이는 만고의 진리일지니.

질베르베르크는 뒤이어 페레츠의 유명한 희곡 《황금 사슬》에 나온 독백을 낭송했다. 이 역시 노래로 만들어져 있었다. 아이들은 하나둘씩 박수를 치고 발을 구르더니 그와 함께 노래를 불렀다.

자, 여기

우리가 간다.

노래하고 춤추며.

더없이 위대한 우리 유대인.

영혼이 불타오른다!

구름이 우리 앞에 갈라진다!

천국이 문을 활짝 열어젖힌다!

영광의 구름을 향해,

영광의 옥좌를 향해!

우리는 빌지 않는다.

우리는 구걸하지 않는다.

우리는 위대하고 자랑스러운 유대인,

아브라함과 이삭과

야곱이 뿌린 씨앗!

더 이상 기다릴 수 없다!

노래 중의 노래를 부르자!

노래하고 춤추며 가자!

질베르베르크와 함께 노래를 부르던 아이들은 노래가 끝나자마자 누가 시키지도 않았는데 앞서 불렀던 〈형제〉를 연달아 불렀다. 아이들은 노래를 부르고 또 불렀다. 형제자매가 되어 손을 맞잡고 박자에 맞춰 몸을 흔들었다. 아이들의 노래는 스테파가 이제 손님을 보내드릴 때가 됐다고 할 때까지 계속 이어졌다. 순서를 마치면서 코르차크는 〈형제〉를 고아원의 원가로 정하자고 제안했고, 아이들은 강당을 나서면서 또 활기차게 노래를 불러 화답했다.

게토

강당이 다시 조용해지자, 코르차크와 질베르베르크는 고아원 밖 바로 몇 집 건너 흐워드나 거리가 담벼락에 가로막힌 곳에서 독일 순찰병들이 행군하는 소리를 들을 수 있었다.

고아원을 찾아온 이들은 그곳을 지옥 한가운데의 오아시스라고 생각했다. 코르차크는 고아원의 일과에 따라 생활하며 평정을 되찾아갔다. 오전조와 오후조로 나뉘어 은밀히 수업이 진행되었고, 누구나 전쟁이 끝나면 팔레스타인에서의 새 삶을 택할 수 있게 히브리어도 주요 과목으로 가르쳤다. 크로흐말나 거리에 있을 때처럼 고아원의 바탕이 되는 어린이 법정과 의회제도는 계속 유지되었다. 토요일 아침이면 여전히 코르차크는 고아원 신문에 실으려고 쓴 칼럼을 읽어주었지만, 예전에 그토록 위트 있게 아이들에게 주의시켰던 위험 요소들도 현재 눈앞에 닥친 위험 요소들에 비하면 사소해 보였다. 가령 그는 손가락을 다림질 기계에 넣지 않도록 주의시키는 칼럼을 쓴 적이 있었다. "기계는 아무것도 모르고 무심합니다. 손가락을 넣으면 싹둑 잘라버립니다. 머리를 넣어도 싹둑 잘라버립니다. 인생도 기계입니다. 경고도 없고 징벌을 미루는 일도 없습니다."

이제 그 기계의 화신(化身)은 독일군임을 모르는 아이는 없었다. 부모가 살해당하거나 굶주림과 질병으로 죽는 것을 눈앞에서 보고 들어온 신입 원아들은 말할 것도 없었다. 토요일 오후에 가족을 방문하거나 바람을 쐬러 밖에 나간 아이들은 거리에서 꼭 뭔가 잔혹한 장면을 목격하지 않을 수 없었다. 코르차크가 무어라고 칼럼을 쓴들 아이들이, 아니 코르차크 자신조차도 그런 일에 노출되는 것은 막을 수 없었다. 아이들을 끊임없는 불확실과 공포로부터 지켜줄 방법이 없음을 인정해야 했다. 그가 할 수 있는 일이라곤 아이들에게 계속 의식주를 공급해주고 미래에 대한 얼마간의 희망을 심어주는 것뿐이었다.

게토 내의 각 건물군(群)마다 주민위원회라는 것이 있어, 건물 유지관리와 세금 납부, 또 피난민들 구호에 필요한 돈을 모으는 일을 했다. 코르차크는 흐워드나 거리 33번지(게토 내에서 깨끗하고 잘 운영되기로 손꼽힐 만한 건물군이었다) 주민위원회의 위원으로서, 부림절과 유월절 사이에 고아원에서 음악회를 열어 돈을 모으자고 제안했다. 어느 날 저녁 9시, 음악회 추진을 논의하기 위한 특별 회의가 고아원에서 열렸다.

회의 참석자는 다양한 성향의 유대인들로, 종교적 신념보다는 한배를 탔다는 공동의 운명으로 묶인 사람들이었다. 그 면면은 폴란드 사회당 당원, 탈무드 연구가, 동화 사업가, 신의 존재 여부를 알 수 없다고 믿는 불가지론자 소아과 의사, 계율을 지키는 기술자, 개종자 등 실로 다양했다. 긴 시간 논의한 끝에 직업 음악가와 거리 공연가 양쪽을 모두 부르기로 결정했다. 하지만 음악회를 어느 언어로 진행하느냐 하는 문제는 격렬한 논쟁을 낳았다. 동화 유대인들은 폴란드어를, 시온주의자들은 히브리어를, 사회주의를 추구하는 분트 주의자들과 정통파 유대교들은 이디시어를 강력히 주장했다.

코르차크도 여느 주민위원회 회의 때처럼 자리에 앉아, 지팡이에 의지해 몸을 앞으로 수그리고 잠자는 듯 눈을 감고 있었다. 그러나 참석자들은 이전의 회의 경험으로 볼 때 코르차크가 다 듣고 있으며 적절한 순간에 의견을 밝히리라는 것을 알고 있었다. 논의가 교착 상태에 빠지자, 한 동화주의자가 위원장을 맡고 있던 질베르베르크에게 쪽지를 건네 코르차크의 의견을 물어봐달라고 했다. 동화주의자는 코르차크가 폴란드어를 지지하리라 생각했다.

코르차크는 의견을 요청받자 평소 생각을 가다듬을 때 버릇처럼 안경을 천천히 벗고는 모여 있는 사람들을 진지하게 둘러보았다. 그러고는 부드러운 말투로 이 문제가 논란이 된다는 게 놀랍다며, 똑똑한 사람들이 어째서 이런 간단한 문제에 이리 시간을 허비하고 있느냐고 말했다.

"그래서 어떻게 해야 합니까?" 다른 위원들이 재촉했다.

"제 생각은 이렇습니다." 코르차크가 말했다. "특정 언어를 배제하자는 주장은 그 언어 사용자들을 배척하자는 것과 다름없습니다. 게토 주민의 절대 다수는 이디시어로 말하고 생각합니다. 죽는 순간조차 이디시어를 입에 머금고 죽습니다. 그것이 엄연한 사실 아닙니까?"

이디시어에 집요하게 반대했던 위원들은 아무 말도 하지 못했다.

"그러니 음악회는 이디시어로 치러야 합니다. 그러지 않으면 영혼 없는 공연이 될 겁니다."

코르차크의 말에 회의장 분위기는 곧바로 바뀌었다. 이디시어에 동의하는 의견이 나오고 재청이 이루어졌다. 음악회 날짜는 두주 뒤로 결정되었다. 질베르베르크는 코르차크가 "매력적이고 신비로운" 방식으로 유대인으로서 정체성을 드러내는 모습에 다시금 놀랐다.

음악회를 찾은 300명의 관객은 대부분 저명하고 부유한 주민들이었으나, 입장권은 따로 판매하지 않았다. 저마다 양심에 따라 기부하게 하는 방식이 유리하다는 것을 코르차크가 위원들에게 설득해놓은 터였다. 직업 배우와 음악가들 중에는 공연료를 받지 않기로 한 이들도 있었다. 하지만 예루살렘에서 왔다가 발이 묶인 푸른 눈의 바이올린 연주자와 코르차크가 거리에서 사귄 민요 가수 몇 명에게는 작은 사례금이 주어졌다.

코르차크가 행사 첫머리에 인사말을 하며 공연자들에게 이렇게 말했다. "음악은 미래의 종교이고, 여러분은 그 종교의 성직자들입니다. 여러분과 같은 예술가들이 앞날을 열어가고 있습니다."

폴란드어와 히브리어로 한 공연도 몇 개 있었지만, 대부분이 동화 유대인이던 관객들에게 가장 열렬한 반응을 이끌어낸 것은 이디시어 노래들이었다. 코르차크는 "운명적으로 이 게토 안에 던져진" 유럽 전역 출신 길거리 공연자들의 공연에 워낙 감동받은 나머지, 공연 중 거리낌 없이 흐느꼈다.

직업 가수 로마나 릴리엔스테인은 반주자와 함께 무대에 올라 아이들이 좋아할 만한 가벼운 선곡으로 공연했다. 그녀는 그날 그 자리에 있던 이들 중 몇 안 되는 생존자 가운데 한 명이었다. "고아원은 깨끗하고 잘 정돈돼 있었지만, 저는 지금까지도 그날 그곳의 복도와 강당에 자욱하던 가난의 기운이 떠올라 괴로워요. 아이들은 다른 모든 사람들처럼 가장 좋은 옷을 입고 기대에 찬 표정을 감추지 못한 채 앉아서 기다리고 있었고, 스테파 빌친스카는 그런 아이들을 주의 깊게 지켜보고 있었어요. 아이들이 진지하게 경청하는 가운데 코르차크 선생님이 편안하고 유머러스한 말을 몇 마디 섞어 개회사를 했어요. 아이들은 무척 배고플 게 뻔했어요. 그 자리에 있던 모든 공연자와 관객들이 다 마찬가지였으니까요. 그런데도 저희에게서 눈을 뗄 줄 모르는 백몇십 명의 그 강렬한 눈망울을 잊을 수가 없어요. 그 당시에 그런 음악회란 얼마나 큰 의미가 있었는지, 말로는 설명할 수가 없어요."

게토

433

그러나 그날 저녁 행사는 불협화음으로 마무리되었다. 박수 소리가 잦아들고 사람들이 가려고 일어설 때 코르차크가 예정에 없던 순서를 진행했다. 자기가 최근에 쓴 짧은 시를 읽고 싶다고 했다. 그러더니 주머니에서 메모지 몇 장을 꺼내 들고 읽기 시작했다.

신랄한 풍자를 담은 그 시는, 실명은 언급하지 않았지만 쥐꼬리만 한 콧수염, 뚱뚱한 뱃살, 구부정한 등, 그리고 멋쟁이 신사를 조롱하는 내용이었다. 그들이 수백만 명의 운명을 손안에 쥐고 있다고 했다. 관객들은 코르차크가 말하고 있는 사람들이 각각 히틀러, 괴링, 괴벨스 그리고 폴란드에서 '신질서' 구축 임무를 맡고 있던, 자신들의 '사형집행인' 한스 프랑크임이 명백해지자 불편해 몸을 뒤척거렸다. 코르차크가 대놓고 그들을 나치 살인자이자 사회의 쓰레기라고 부르자 사람들은 웅성거리며 급히 출구로 빠져나가기 시작했다.

코르차크는 그의 체면을 생각해 자리를 지키고 있는 주민 몇 명을 앞에 두고 시 낭송을 계속했다. 질베르베르크는 관객이 모두 떠날 때까지 기다렸다가 코르차크에게 왜 그런 무모한 일을 했느냐고 물었다. 그 시가 나치 귀에 들어가기라도 하면 모든 사람이 위험해지는 걸 모르냐고 했다.

코르차크는 씽긋 웃더니 이럴 뿐이었다. "중간에 나간 사람들은 바보일세. 두려워할 게 뭐가 있나? 유대인이 유대인들 앞에서 생각을 말하는 게 무슨 문제인가? 여기엔 첩자도 없었고 나를 밀고할 사람도 없었네. 우린 다 한통속 아닌가."

코르차크는 자신의 영역에서 자신의 원칙에 따라 행동할 권리를 주장한 것이었다. 질베르베르크는 코르차크가 형무소에서 출소한 뒤 불안해했던 행동은 일시적인 퇴행에 불과했음을 깨달았다. 오늘 이 모습이야말로 코르차크의 본모습이라는 생각이 들었다. 동포

아이들의 왕

들을 한없이 신뢰하는, 위트와 재기가 넘치는 동화 유대인의 모습.
그러면서도 폴란드인의 반골 기질과 유대인의 풍자적 기질을 묘하
게 겸비한 코르차크가, 그에게는 알 수 없는 수수께끼였다.

게토

만인은 평등하다

코르차크는 독일인들을 빈정대며 풍자했지만, 아이들을 괴롭히는 굶주림에는 더없이 진지하게 대처했다. 날마다 자루를 어깨에 둘러메고 거리로 나섰다. 그 자루는 어린 시절 인형극 공연이 끝나면 "부족해요, 꼬마 신사님, 부족해! 조금만 더!" 하며 동전을 뽑아 가던 노인의 자루처럼 밑 빠진 자루였다. 그때 그 노인처럼 집요하게 구걸하는 것밖에는 방법이 없었다. 그리고 그 노인처럼 절대 만족할 줄 몰랐다. 무엇을 받건 "부족해요, 부족해!" 하고 말했다. 아직 재산이 남아 있던 주민들은 그가 방문하는 것을 두려워했다. 한 주민은 그의 구걸을 가리켜 "양심에 호소하는 갈취"라고 했다. 심지어 유대인 위원회 사회복지국이나 첸토스에서 일하는 그의 친구들조차 그가 오면 애를 먹었다. 첸토스 소장 아브라함 베르만은 이렇게 적었다. "그가 늘 우리 능력 밖의 요구를 해서 곤혹스러웠다. 솔직히 우리는 그의 동료 스테파 빌친스카가 더 상대하기 편했다. 코르차크 대신 그녀가 오면 우리는 안도했다."

한때 거침없던 스테파가 이제는 이성의 목소리를 내는 역할을 했다. 지난 한 해 동안 궁핍했는데도 스테파는 신체적으로 멀쩡해 보였다. 반면 코르차크는 점점 쪼그라들어 "말라비틀어진 건포도"처럼 되어가고 있었다. 늘 주름살이 좀 있긴 했지만 형무소에 갔다

아이들의 왕

온 뒤로는 눈꼬리와 입꼬리에 골이 확연히 패였다. 담배와 커피 그리고 가끔 운 좋게 구하는 보드카에 의지해 버텨나가다 보니 치아는 물론 피부도 누리끼리해졌다.

코르차크가 늘 들르는 곳 중 하나는 우체국이었다. 그곳에 가면 '배달 불가'라고 찍힌 훼손된 소포를 챙겨 올 수 있었다. 주소 딱지가 찢겼거나 수취인이 사망해 임자가 없어진 소포들이었다. 나치는 1941년 12월까지는 식품의 소포 배달을 허용했다. 하지만 배달이 일정치 않은 데다 독일 군인들이 제멋대로 뒤지기 일쑤였다. 다행히 우체국까지 도착한 소포의 내용물은, 전쟁이 났을 때 소련 점령 지역으로 피난 간 친척이 보낸 것이면 빵과 밀가루, 식용유, 곡물 따위였고, 스페인이나 포르투갈 같은 중립국에 이민 간 친지가 보낸 것이면 커피와 초콜릿, 쌀, 정어리, 연유 따위였다. 하지만 중간 기착지에서 오래 방치되어 내용물이 상한 경우도 많았다. 코르차크는 유대인위원회를 설득해 임자 없는 소포를 보육시설에서 가져갈 수 있게 허락을 받아놓고 우체국에 자주 들렀다. 아무리 많이 훼손된 꾸러미라도 건질 만한 내용물이 있을 수 있으니 무조건 받아 갔다. 스테파와 함께 해외의 모든 지인들에게 엽서도 돌렸다. 1920년대에 고아원을 나와 캐나다로 이민 간 레온 글루즈만은 1941년 11월에 타자기로 치고 코르차크와 스테파가 사인한 엽서를 받았다. "여력이 되면 흐워드나 33번지 '고아들의 집'으로 먹을 것 좀 부쳐주게나. 아픈 아이도 많고 이제 막 회복 중인 아이도 많다네. 그리고 다른 사람들에게도 우리 사정을 좀 전해주게나. 특히 어린 시절을 기억하는 이들에게 말일세." 받는 이는 글루즈만, 받는 이 주소는 미국 온타리오주 오타와로 되어 있고 나치 검열 당국의 독수리 도장이 찍혀 있었다.

존 아우어바크는 운 좋게 아버지의 지인을 통해 우체국에 일자리를 얻은 열여덟 살 소년이었다. 1941년 4월 어느 우중충한 아침, 그는 다른 배달부들과 함께 벤치에 앉아 우편물 분류 작업을 기다리고 있었다. 그때 코르차크가 빈 자루를 걸머지고 나타났다.

"선생님, 여기 앉으세요. 아직 분류 작업 시작 안 했어요." 배달부 한 명이 냉큼 일어서면서 말했다.

"난 서 있어도 되네. 자네 다리가 내 다리보다 더 피곤할 텐데." 코르차크가 사양했다.

배달부가 한사코 권하자 코르차크는 벤치에 와서 앉았다. 한 손을 지팡이에 얹고 그 위에 턱을 괸 자세로, 우체국 앞을 지나가는 사람들의 얼굴을 찬찬히 보았다. 사람들은 꺼져가는 판자 바닥 위에 녹은 눈을 철벅거리며 지나갔고, 씻지 않은 몸에서 풍겨오는 냄새가 코를 찔렀다. 작가의 꿈을 품은 아우어바크가 평소 존경하던 코르차크였지만, 많이 늙고 초췌해 보였다. 그래도 그의 두 눈만은 깊게 패인 주름에도 불구하고 예리한 생기를 발했다.

"학생인가?" 코르차크가 갑자기 그를 보더니 말했다.

아우어바크는 어깨를 으쓱했다. "뭐, 학교 다니면 좋겠지만요. 그냥 우체부예요."

코르차크는 여전히 아우어바크에게 눈길을 둔 채 혼잣말하듯 말했다. "세상엔 훌륭한 직업이 셋 있네. 의사, 교사, 판사지. 그중에 고른다면 뭐가 되고 싶나?"

아우어바크는 창구에 자기 번호가 붙었는지 확인해가며 코르차크의 질문에 대답했다. "잘 이해가 안 되는데요. 교사나 의사는 중요하다는 걸 알겠는데, 판사가 뭐가 그리 대단하죠?"

"젊은이." 코르차크가 차근차근 말했다. "의사는 사람의 신체를 다루고, 교사는 사람의 정신을 다루지. 판사는 어떤가, 사람의 양심을 다룬다고 할 수 있지 않은가?"

아우어바크는 가만히 생각해보았지만 그래도 수긍이 가지 않았다. "사람에게 의사와 교사는 꼭 필요하지만, 판사도 그만큼 필요한가요?"

코르차크는 놀라고 실망한 듯한 눈빛으로 고개를 천천히 끄덕였다.

"자네는 아직 많이 어리구먼." 그가 나직한 소리로 말했다. "암, 누구나 판사가 필요하고말고. 아니면 자기가 자기의 판사가 되든가. 판사도 아주 힘들고, 아주 훌륭한 직업일세."

바로 그때 아우어바크는 자기 번호가 붙은 것을 보고 창구로 달려갔다. 그러고 나서 얼마 뒤에, 자기가 그토록 존경하는 "괴짜 턱수염 노인"이 썩은 소포를 자루에 가득 담고 길을 나서는 모습을 먼눈으로 흘긋 보았다.

한 달쯤 지나 아우어바크는 상사에게서 주인 없는 소포 하나를 코르차크의 고아원에 배달해주라는 지시를 받았다. 그는 그날 있었던 일을 지금까지도 무어라 섣불리 판단할 생각이 없다. "까까머리에 헐렁한 덧옷을 걸친 예닐곱 살쯤 된 남자아이가 문을 열더니 커다란 검은 눈동자로 뚫어지게 쳐다봤어요. 그러고는 내빼면서 '소포 왔어요!' 하더군요. 어깨에 졌던 행낭을 내려놓고 소포를 찾고 있는데 어둑한 복도 저편에서 코르차크 선생님이 걸어오는 발소리가 들렸어요. 전에 우체국에서 대화를 나눴던 젊은이인 줄 모르시는 눈치였어요. 사인할 서류를 건네드리자 선생님이 덜덜 떠는 손으로 받으시는데, 독한 보드카 냄새가 확 나서 놀랐어요. 선생님이 제 반응을 눈치채셨는지 동작을 멈추셨고, 우리는 서로를 말없이 바라보며 서 있었어요. 그러고 몇 초가 흘렀는지 모르겠어요. 선생님이 제게 한

발 다가오시더니 양팔을 들어 과장된 몸짓을 하셨어요. 마치 세상을, 시간과 삶을, 배고픈 아이들을, 의사이자 교사이자 판사로서 모두 보듬으려는 듯했어요. 그리고 한 손을 제 어깨에 올리면서 이러셨어요. '사람은…… 그래도 살아야지…… 어떻게든.' 그러고는 찌부러진 소포를 들고 어둠 속으로 사라지셨어요."

그해 봄, 코르차크는 굶주린 아이들을 먹이는 데 도움이 될 사람이면 누구든 찾아가 만났다. 심지어 자신을 형무소에서 빼낼 때 협상 상대였던, 나치 부역자로 의심되는 인물 아브라함 간츠바이흐와도 접촉했다.

간츠바이흐는 휘하에 '십삼(13)'으로 통하는 악명 높은 조직을 두고 있었다. 조직의 본거지가 레슈노 거리 13번지에 있어서 붙은 이름이었다. 이 조직은 게토 안에서 또 하나의 유대인위원회처럼 활동하여 체르니아쿠프 위원장을 경악케 했고, 나치의 한 파벌로부터 지시를 받는다고 알려져 있었다. 간츠바이흐의 조직은 1940년 12월에 바르샤바의 유대인 거주구역에 창설된 '고리대금 및 폭리 근절 사무국'이 그 모태였다. 조직원이 3백에서 4백 명에 달했고, 자체적으로 경찰 조직과 응급 치료소를 갖추고 구급차도 운영했다.

체르니아쿠프는 간츠바이흐를 일컬어 "참으로 가증스럽고 추악한 작자"라고 일기에 적었다. 간츠바이흐에 대해서는 바르샤바 외곽 어딘가에서 불쑥 나타났다는 것 말고는 알려진 사실이 거의 없었다. 달변가로서 폴란드어에 이디시어와 히브리어까지 구사했고, 독일에 협력하는 것이 현명하다는 입장을 설파하고 다녔다. 혹자는 그런 실리적 입장이 유대인위원회와도 다르지 않다고 보았다. 그가 속으로 추구하는 것이 사리사욕인지 이타주의인지는 몰라도, 게토의 지도급 인사들은 간츠바이흐가 사회복지사업을 논의하는 회의에 초대하면 두려움 내지 필요에 의해 대부분 참석했다. 5월 초에 열린 어느 회의는 통금 시간을 훌쩍 넘겨서까지 진행되어, 참석자들은 레슈노 거리 13번지의 본부에서 하룻밤을 묵어야 했다. 체르니아쿠프는 이 "다과회" 참석자 몇 명의 이름을 일기에 적고, 코르차크의 이름 옆에는 느낌표를 몇 개 찍었다. 린겔블룸에 따르면 회의 결과 코르차크는 아동구호위원회의 위원장을 맡기로 했지만, 그것이 무슨 일이었는지, 또 그 단체가 실제로 발족했는지는 알려져 있지 않다.

1941년 6월 초 어느 날 밤, 코르차크와 스테파는 질베르베르크 부부 그리고 건물군 내의 다른 주민들과 함께 고아원에 모여 덧문 틈새를 통해 밖을 주시했다. 텅 빈 거리에는 독일군의 행렬이 밤새 이어졌다. 군대는 흐워드나, 엘렉토랄나, 세나토르스카 거리를 지나 비스와강 다리를 건너 소련 국경을 향해 진군하고 있었다. 전차 옆면에는 "스탈린, 우리가 간다(Stalin, wir kommen)"라고 크게 적혀 있었다.

코르차크는 독일의 러시아 침공을 앞두고 득의양양했다. 거의 누구나 그리 생각했지만, 그도 러시아가 히틀러의 군대를 물리치리라 믿어 의심치 않았다. 그 옛날 나폴레옹 군대도 물리쳤던 러시아였다. 독일이 물러나는 것은 시간문제이고 이제 폴란드는 해방되리라 믿었다. 그러나 전쟁이 시작되고 몇 달이 지나 독일군이 승리했다는 낙담스러운 소식이 들려왔고, 독일 점령 지역의 유대인들이 학살당하고 있다는 소식도 전해졌다. 그리고 게토 안에서는 티푸스가 또 한 차례 휩쓸면서 이미 굶주림에 쇠약해져 있던 주민들 수천 명의 목숨을 앗아갔다.

유대인들은 특유의 냉소적 위트에 의지해 하루하루를 버텼다. 게토 담장 안팎에서 일어나는 모든 일이 다 음침한 유머의 소재가 되었다. 사람들은 만나면 이런 우스개를 하곤 했다. "왜 독일은 런던에 폭격하고 영국은 베를린에 폭격하는 거야? 왔다 갔다 서로 기름만 낭비지. 독일은 베를린에 폭격하고 영국은 런던에 폭격하면 되잖아." 또 이런 것도 있었다. "호로비츠(히틀러를 몰래 일컫는 이름)가 죽어 천국에 가서 예수를 보고 물었다. '어이, 유대인이 왜 완장을 안 차고 있나?' 이 말을 들은 베드로가 말했다. '그분 건드리지 마, 여기 왕 아들이시다.'" 미친 광대 루빈슈타인은 여전히 황당한 소리들을 하고 다녔다. "부자들이 녹고 있다!" "간만에 입에 기름칠 좀 하겠구나!" 또 "만인은 평등하다! 게토 안에서 만인은 평등하다!"고도 외치고 다녔는데, 유대인위원회에서 모든 유대인이 공정한 대우를 받는다고 강조하려고 내건 슬로건을 살짝 비튼 것이었다. 그 말이 워낙 재미있다 보니 인기 공연장인 멜로디 팰리스에서 〈만인은 평등하다〉라는 시사 풍자극까지 상연되었다.

나치의 전술은 통 예측할 수 없었다. 그해 늦여름, 게슈타포는 별안간 유대인위원회에 유대 학교 20곳을 세워 폴란드어, 이디시어, 히브리어로 수업하라고 허락했다. 유대인들은 교실로 쓸 만한 공간을 이리저리 분주하게 찾아 나섰지만(남는 공용 공간은 대부분 이미 급식소로 쓰이고 있었다), 당시 히틀러가 이미 국가보안본부장 라인하르트 하이드리히에게 '최종 해결책'을 실시하라고 명령해놓았다는 사실은 알지 못했다. 지금 이 순간에도 아우슈비츠에서 청산 가스의 살상력 실험이 벌어지고 있다는 것은 꿈에도 몰랐다.

아이들의 왕

442

코르차크는 고아원 아이들에게 고아원 안에서 계속 수업을 받게 했다. 아이들이 밖에서 티푸스에 옮아 올 우려가 있다고 보았다. 하지만 신설 학교의 교사와 교장들을 위한 교육학 강좌를 열어 직접 강의했다. 학교가 신설되어 게토 안의 학령기 아이들 5만 명 중 6천 명이 공부할 수 있게 되었다. 학기를 시작하기 전에 세 언어 그룹이 서로 겨루는 연극 경연을 열기로 결정되었다. 히브리어 학교들은 고대부터 현대에 이르기까지 유대인의 팔레스타인 생활상을 그리는 작품들을 기획했다. 이디시어 학교들은 사회 정의와 노동의 중요성을 강조하는 작품들을 준비했고, 폴란드어 학교들은 유대인과 폴란드인의 조화로운 공존을 그린 폴란드 문학작품의 장면들을 연극으로 구상했다.

미하우 질베르베르크가 운영하는 히브리어 주간학교를 찾은 코르차크는 300명의 학생들이 히브리어로 말하고 노래하고 노는 모습을 보며 팔레스타인에 와 있는 듯한 느낌을 받았다. 코르차크는 학생들이 연극 리허설을 하는 시간에 맞춰 들르곤 했다. 연극 제목은 〈마사다〉였다(독일 당국의 관심을 끌지 않으려고 막판에 제목을 〈반딧불이〉로 바꾸었다). 유대인들이 절벽 위 요새 마사다에서 로마군에 포위된 채 3년간 항거한 끝에 투항 대신 자결을 택했던 일을 그린 연극으로, 유대인은 결코 순순히 굴복하지 않는다는 메시지를 전하고 있었다. 코르차크는 무엇보다 극의 끝을 장식하는 시를 마음에 들어 했다.

사슬은 끊기지 않고,
끝없이 이어지네.
부모에게서 자식으로,

만인은 평등하다

아버지에게서 아들로.

우리 부모들이 춤추었네.
한 손을 옆 사람 등에 올리고,
또 한 손은 율법서를 들고,
암흑 속에 빛을 비추며.

그러니 우리도 춤추리라.
활짝 깨인 영혼으로.
춤추고 또 춤추리라.
사슬이 끊기지 않도록.

아담 체르니아쿠프는 유대 학교들이 신설된 것에 기운을 얻어, 나팔절(유대교의 설날)을 하루 앞둔 9월 20일 정오에 페미나 극장에서 '어린이 달'을 선포했다.

체르니아쿠프는 막강한 권력을 행사하던 유대인위원회 위원장으로서, 자신을 비롯한 위원들이 비리와 부패 혐의로 손가락질받고 있음을 잘 알고 있었다. (이런 구호가 유행하기도 했다. "체르니아쿠프 배때기는 포동포동 산만 하네. 고깃국과 고기완자를 배 터지게 먹는다네.") 그러나 체르니아쿠프에 대한 도덕적 평가가 어떠했든지 간에, 그가 아이들의 복지에 진정으로 관심을 가진 것은 사실이었다. 위원장 일이 점점 힘들어지는 와중에도(최근에 제작한 자기 초상화가 자신을 "아주 늙고 지치고 원통한" 표정으로 쳐다보고 있다고 일기에 적기도 했다), 그는 어린이와 관련된 특별 사업에 점점 힘을 기울였다. 그리고 외아들 야시가 소식이 끊기고 나서는 걱정과

아이들의 왕

외로움을 달래려고 애썼다. 야시는 독일이 폴란드를 침공한 뒤 리비우로 몸을 피했으나, 6월에 독일이 그곳도 점령한 뒤로는 소식을 들을 수 없었다.

　　그날 페미나 극장에서, 체르니아쿠프와 그의 아내 그리고 연사들 몇 명은 배고프고 갈 데 없는 아이들을 위해 마음뿐 아니라 지갑도 열어달라고 참석자들에게 호소했다. 성금 10만 즈워티가 모금되었고, 그 일부는 포스터를 제작하는 데도 쓰였다. 포스터에 적힌 문구는 "우리 아이들, 우리 아이들은 살아야 합니다"와 "어린이는 그 누구보다 성스러운 존재입니다"였다.

　　코르차크는 나팔절과 대속죄일 두 명절 모두 고아원 아이들과 이웃이 함께 하는 예배 의식을 치르기로 했다. 그는 질베르베르크에게 준비를 도와달라고 청하며 "놀랄 것 없네" 하고 말했다. "힘든 시기에 기도는 중요하지. 아이들에게도 힘이 되고 우리에게도 힘이 될 걸세. 아무에게도 참석을 강요하지 않으니 기도하고 싶은 사람만 오면 되네. 주민위원회의 수입도 좀 올릴 수 있을 거고."

　　기도하고 싶은 마음에서였는지 명절 기분에 들떠서였는지 몰라도, 아이들은 의기투합해 강당을 회당으로 완벽하게 둔갑시켜놓았다. 바닥에 카펫을 깔고, 코르차크의 비유대인 친구들이 밀반입해 온 꽃을 곳곳에 장식했다. 화려하게 수놓은 표지의 율법서 두루마리 두 권을 성궤에 담아 강당 한쪽 끝에 두고 양옆에 은촛대를 놓았고, 그 앞에 긴 의자들을 가지런히 일렬로 배치했다.

　　질베르베르크는 어느 소도시에서 이송되어 온 칸토르를 초대해 의식의 집전을 맡게 했다. 그러나 막상 참석한 사람들은 건물군 세입자들 그리고 고아원 아이들과 교직원들이 거의 다였다. 사람들이

만인은 평등하다

몰리면 티푸스가 유입될까 봐 코르차크가 예배 입장권 가격을 높게 정한 탓도 있었고, 막판에 독일 당국이 2년 만에 유대교 회당들의 문을 열도록 허락해주었기 때문이기도 했다.

　코르차크는 낡은 회색 양복에 군화를 신고, 머리에는 실크 재질의 야물커를 쓰고는 강당 뒤편에 서서 명상하듯 깊이 빠져 있었다. 칸토르가 우렁차게 노래를 부를 때 참석한 사람들은 미동도 없이 집중했다.

> 나팔절에 기록되고,
> 대속죄일에 봉인되네.
> 떠나갈 사람이 몇이고,
> 태어날 사람이 몇인지.
> 누가 살고 누가 죽을지.

　코르차크는 나팔절에서 열흘 뒤인 대속죄일에 설교를 하면서, 아이들에게 살다 보면 좋은 날이 올 거라며 용기를 주었다. 예배를 끝내며 전통에 따라 "내년에는 예루살렘에서!"를 아이들과 함께 외쳤다. 그러나 본인의 불안감은 끝내 해소하지 못했다. 질베르베르크는 어서 자기 아파트로 돌아가 단식을 끝내고 싶었지만, 코르차크의 요청에 가지 않고 남았다.

　코르차크는 그에게 이렇게 말했다. "아이들이 걱정하지 않게 하는 건 중요하지. 하지만 난 앞날이 두렵네. 저자들은 무슨 짓이든 할 수 있는 자들이니."

아이들의 왕

446

우리 아이들은 살아야 합니다

나팔절에서 대속죄일로 이어지는 '대축제일' 기간에 독일은 또다시 악랄한 계획을 발표했다. 역사학자 에마누엘 린겔블룸이 일기에 적은 표현을 빌리면, "그놈들은 겨울이 다가오면 몸이 근질근질해"지기라도 하는 듯했다. 작년에는 게토 설치를 공표하더니, 올해는 게토 면적을 줄이겠다고 공표했다. 더군다나 게토에는 외국에서 잡혀 들어오는 유대인들이 점점 많아지고 있는 시점이었다.

급기야 1941년 10월 중순, 흐워드나 거리 33번지와 인근 거리의 주민들에게 나흘 안에 거처를 옮기라는 명령이 떨어졌다. 해당 구역이 이제 게토 바깥에 위치하게 된 것이었다. 코르차크와 스테파에게는 크로흐말나 거리의 건물을 비워야 했을 때만큼이나 청천벽력 같은 소식이었다. 굶주림과 피로에 지친 두 사람은 또다시 이사를 치를 기력이 별로 남아 있지 않았다. 그렇지만 또다시 방법을 찾아 나섰다. 코르차크는 소게토의 시엔나 거리 16번지에서 기업인협회 회관으로 썼던 건물을 겨우 구했다. 한때 부유층의 모임 장소였지만 이제는 담벼락이 앞을 막고 있었다. 길 중간을 가로막고 세운 그 담장은 게토의 새 남쪽 경계였다. 새 건물은 지금 건물보다도 더 좁았지만, 코르차크는 다행히 건물 뒤편, 실리스카 거리 7번지에 직원 기숙사로 쓸 작은 집 하나를 같이 구할 수 있었다.

스테파는 제한된 실내 공간을 고아원의 여러 활동에 적합하게 꾸몄다. 1층의 큰 방에 나무 상자와 수납장으로 칸막이를 세워 낮에는 식당 겸 공부방 겸 놀이방으로, 밤에는 침실로 쓸 수 있게 했다. 하루 일과도 신속하게 짰다. 수업과 식사는 이전처럼 조를 나누어 진행했다. 아이마다 주방 일이나 청소 따위 맡은 일이 있었고 일을 잘하면 상점을 주었다. 성가대와 연극반, 재봉반이 활동했고, 인형 놀이방과 인형 공방도 있었다.

고아원이 이사하기 직전, 미하우 질베르베르크의 아내 헨리에타가 티푸스에 걸려 몸져누웠다. 그녀는 게토에 들어왔을 때부터 이곳 사람들은 결국 다 굶어 죽을 거라고 스테파에게 입버릇처럼 말했고, 날마다 가진 물건을 털어 식료품과 교환하느라 바빴다. 그런 그녀였지만 이제 굶어 죽는 대신 티푸스로 죽을 운명인 듯했다.

아내가 방구석에 누워 혼수상태를 오가던 열흘 동안 질베르베르크는 고아원 아이들에게 병을 옮길까 봐 고아원에 얼씬도 하지 않았다. 간신히 의사 몇 명을 돈 주고 불렀지만, 다들 가진 약이 거의 없었고 아내의 상태는 악화되어갔다. 어느 늦은 오후, 질베르베르크는 아내가 이제 죽는구나 하고 마음을 접고 있었다. 그때 코르차크가 왕진 가방을 들고 찾아왔다. 환자의 상태를 살피더니, 어디서 구했는지 귀한 혈청 주사를 한 대 놓아주었다. 그 후 며칠 동안 뻔질나게 찾아와 주사를 계속 놓아주었다. 그녀는 혼미한 상태에서 코르차크가 자신의 의식을 확인하는 소리를 어렴풋이 들었다. "자기 이름 알아요?" 격려하는 말도 들렸다. "포기하면 안 돼요. 히틀러가 또 이기게 할 수는 없어요." 어느 날 밤, 코르차크가 환자를 몇 시간 보고 나서 이렇게 말했다. "이제 열이 잡힐 것 같네. 살겠어." 그리고 그 말

아이들의 왕

대로 그녀는 회복했다.

헨리에타는 거리에 나서는 것이 이제 너무 위험하다고 여겼기에 남편과 함께 새 건물로 옮긴 고아원에 찾아오지 않았다. 질베르베르크가 본 새 건물은 분위기가 암울했고 시설도 흐워드나 거리의건물보다 열악했다. 주방은 눈곱만 했고, 아이들 150명과 교직원들이 쓸 화장실이 하나밖에 없었다. 하지만 코르차크는 평소처럼 웃으며 맞아주었고, 아이들은 그를 보고 너무 반가운 나머지 누가 시키지도 않은 고아원 원가를 일제히 합창했다.

흰색과 갈색, 검은색과 황색,
모든 색을 골고루 섞자.
우리는 모두 형제요 자매이고,
한 아버지와 한 어머니를 두었으니.

게토의 테두리가 유대인들을 점점 옥죄어들면서, 유대인들은장벽 바깥에 사는 폴란드인 '형제자매'의 부재에서 오는 결핍감을 점점 피부로 느꼈다. 히브리 학자인 하임 카플란조차 일기에 이렇게하소연을 적었다. "우리 영혼이 비유대인의 얼굴을 그리워하고 있다." 그리고 게토 안에서 볼 수 있는 유일한 비유대인 다섯 명을 들었다. 세금 징수원, 달마다 찾아오는 전기·가스 요금 징수원, 그리고유대인용 노면전차의 차장 두 명. 혹시 운 나쁘게 법정에 끌려가면한 명 더 볼 수 있다고 했다. 판사였다.

코르차크의 기독교인 친구들도 마찬가지 결핍감을 느끼고, 코르차크를 찾아가 만날 방법을 궁리하기 시작했다. 11월의 어느 음울한날, 하늘은 잔뜩 찌푸리고 거리는 녹은 눈으로 질척댈 때, 마리아 찹스카는 다른 사람의 통행증을 빌려 게토에 들어올 수 있었다. 게토를 통과하는 유일한 노면전차는 게토 안에 정차하지 않았기에, 그녀는 게토 전 정거장에 내려 관문 밖 검문소에서 독일 경찰과 폴란드 경찰에게 통행증을 보여주고, 다시 관문 안에서 유대인 경비에게 통행증을 보여주었다. 아직 오후였지만 거리에는 벌써 어둠이 내리고 있었다. 그녀는 인파를 헤치며 나아갔다. 담배며 해바라기씨 따위를 파는 행상인들, 팔다리에 동상이 걸린 걸인들, "인간 넝마"인 양 행인들의 주목을 전혀 받지 못하는 헐벗은 아이들 사이를 지나갔다.

코르차크가 고아원 문간에서 맞아주었다. 게토 안에서 팍삭 늙은 그의 모습에 그녀는 흠칫 놀랐다. 마리아는 1920년대 초 학생이었을 때 코르차크의 글에 감동해 그를 찾아온 것을 인연으로, 그의 도움으로 사회사업 쪽에 직장을 구해 일하고 있었다. 두 사람이 아무 말 없이 코르차크의 사무실로 걸어가는데 어두운 복도에 아이들이 줄지어 서 있었다. 책을 반납하거나 대출하려고 도서관 앞에서 차례를 기다리는 아이들이었다. 그녀는 아이들의 어른스럽고 사려 깊은 표정에 놀랐다.

위층의 좁은 사무실에 함께 앉아, 코르차크는 아이들이 준비하고 있는 하누카* 행사 이야기를 했다. 하누카와 크리스마스 공연 때 읽을 기도문 몇 개를 자기가 쓸 계획이라고 했다. 그중 기도문 두 개에 들어갈 탄원문을 두 종교의 전통을 모두 빌려서 쓸 생각이라며, 그녀에게 성모 마리아 호칭기도문을 좀 보내달라고 했다. 해마다 유대인 고아들을 위해 하누카 연극 대본을 썼던 일, 기독교인 고아들과 크리스마스트리 주위를 돌며 춤추었던 일을 떠올리는 그의 표정

---

* 예루살렘 성전의 재봉헌을 기념하는 유대교 명절.

아이들의 왕

은 슬퍼 보였다. 오후의 어둠이 짙어가면서, 두 사람 사이에 흐르는 정적도 깊어졌다. 바깥에선 게토를 관통해 두 아리아인 구역을 잇는 노면전차가 멈추지 않고 달리는 소리가 들려왔다. 눈길을 총총거리는 발걸음 소리, 이디시어로 웅얼거리는 소리도 들려왔다.

마리아 참스카는 고아원을 나서면서 문간에서 발이 떨어지지 않았다. 코르차크를 이제 다시는 못 볼지도 모른다는 생각이 들었다. "정말로, 요즘 기분이 어떠세요?" 그녀가 물었다.

"나비 같아." 그가 말했다. "이제 곧 더 좋은 세상으로 날아갈 나비." 그리고 잠깐 침묵한 뒤, 그는 그녀가 너무나 잘 아는 그 냉소 어린 미소를 지었다. "선견지명인지, 뇌가 굳은 건지는 몰라도."

카지미에시 뎅브니츠키도 다른 사람의 통행증을 구해 게토에 들어왔다. 그는 그날의 충격을 아직도 잊을 수 없다. 그나마 아직 풀과 나무가 있고 숨 쉴 공기가 있던 도시에 있다가 얼어붙은 게토 안 세상으로 발을 디디는 순간, 바글바글한 사람들이 곳곳의 시신들을 눈 더미 넘어 다니듯 아무렇지도 않게 넘어 다니고 있었다. 시엔나 거리와 실리스카 거리 사이에 있는 고아원을 겨우 찾아갔다. 고아원이 그래도 질서정연하게 돌아가고 있는 모습에 안도감이 들었다. 하지만 코르차크와 마주 보고 앉은 그는 독일인들에 대한 분노를 참지 못했다.

"이건 감옥이에요." 그가 내뱉듯 말했다.

"세상에 감옥은 둘이 있네." 코르차크가 차분한 목소리로 말했다. "큰 감옥과 작은 감옥이지. 큰 감옥엔 나무와 꽃이 좀 더 많을 뿐, 누구나 결국 운명은 똑같네." 그리고 이렇게 자조하며 덧붙였다. "사형선고 받은 사람이 감방을 나설 때, 감방이 좁았는지 넓었는지는 아무 상관이 없다네."

우리 아이들은 살아야 합니다

451

뎅브니츠키가 보기에 코르차크는 너무나 수척해져 있었다. 마치 광인처럼 벌건 눈언저리와 거친 눈빛은, 그가 입으로 하는 말과 다른 말을 하고 있었다. 그는 비이성적인 상황을 이성적으로 설명함으로써 균형을 유지하려 하고 있었다. 자신이 군의관 출신임을 뎅브니츠키에게 상기시키며, 게토 안이 아무리 위험하다 해도 최전선만큼은 아니라고 했다.

눈앞의 현실에 연연하지 않고 철학적 관점에서 대화를 계속 이끌어나가는 그의 이야기는 마치 노의사의 방송을 듣고 있는 것 같았다. 그는 다시금 자기를 위로하러 온 사람을 자기가 위로하며, 사물의 밝은 면을 강조하고 앞날을 이야기하려 했다. "히틀러의 공세는 오래가지 못할 걸세. 독일인의 절대 다수가 이런 만행을 용인하지 못할 거야." 뎅브니츠키가 폴란드인들도 너무하다며 유대인을 밀고하고 게슈타포에 고발하는 따위 행태에 울분을 터뜨리자, 코르차크는 이렇게 말했다. "잊지 말게. 그런 짓을 하는 사람보다 남부끄럽지 않게 행동하는 사람이 훨씬 많다네. 인간은 근본이 선한 존재야."

그럼에도 코르차크는, 유대인과 폴란드인 간에 다리를 놓으려고 그토록 헌신했던 자신과 선대의 노력이 독일의 공작에 물거품이 되고 마는 듯한 현실에 크게 상심했다. 그는 일기에 이렇게 썼다. "두 악당이 작당해 범죄를 모의하기는 쉬워도, 같은 가치를 공유하지만 역사가 다른 두 민족이 협력하기는 얼마나 어려운 일인지."

티푸스가 확산되면서 게토 주민들은 급속도로 죽어나갔고, 이제 묘지가 꽉 차 자리가 없을 정도가 되었다. 희생자들의 시신은 신문지 하나 덮이지 않은 채 알몸으로 집단 무덤에 파묻혔다.

앙상한 아이들이 전날까지 혹한의 거리에서 맨팔과 맨다리를

아이들의 왕

드러내고 구걸하다가 그다음 날 시궁창에 얼어 죽어 있는 모습을 계속 지나치면서, 코르차크는 점점 더 극심한 무력감에 사로잡혔다. 죽은 아이들은 대개 이미 티푸스나 굶주림과 추위에 사망한 피난민의 자녀들, 혹은 병으로 죽기 직전에 매장용 수레를 부를 돈이 없는 부모가 길거리에 내놓은 아이들이었다. 아이들의 가녀린 시신 위에는 누군가가 덮어놓은 예쁜 '어린이 달' 포스터가 놓여 있기도 했다. "우리 아이들, 우리 아이들은 살아야 합니다."

때로 코르차크는 죽어가는 아이 옆에 무릎을 꿇고, 손의 온기를 조금이라도 전해주려 어루만지며 몇 마디 격려의 말을 속삭이기도 했지만, 아이는 대개 이미 반응을 보이기 힘든 상태였다. 극심한 굶주림에 몸을 일으킬 기운이 없어 태아처럼 웅크린 자세로, 뜬눈으로 잠자듯 누워 있었다. 그가 옹호했던 아이의 권리 중 하나는 존엄하게 죽을 권리였다. 하지만 이 아이들이 죽어가거나 살아가는 모습에서 존엄함이라고는 눈을 씻고 봐도 찾아볼 수 없었다.

코르차크는 한동안 첸토스에 보호시설을 더 지어달라고 닦달했다. 거리에 내몰린 아이들을 조금이라도 더 살려야 하지 않느냐는 것이었다. 그러나 아무 성과가 없고 협조하겠다던 유대인 경찰의 약속도 진척이 없자, 코르차크는 자기가 나서서 소박한 공간을 마련해 보기로 마음을 먹었다. 죽어가는 아이들이 아주 작은 보살핌의 손길이나마 느낄 수 있도록. 여기저기 다 알아봐도 소득이 없자, 유대인 위원회 보건국에 있는 미에치스와프 코발스키 대령에게 도움을 청해보기로 했다. 코발스키 대령은 폴란드군에서 직업 군의관으로 복무했던 이였는데, 가끔씩 코르차크의 고아원에 비누나 아마포, 연료와 식량까지 제공해주곤 했다. 두 사람은 그때까지 거의 인사치레만 나누는 사이였기에, 대령은 코르차크가 자기를 찾아와 거리의 아이들이 존엄한 죽음을 맞을 수 있게 할 방안을 열심히 설명하자 놀랐다. "병원은 너무 환자가 많아 나을 수 있는 아이도 받아주지 못합니다. 제가 생각하는 방안은 공간도 돈도 많이 들지 않습니다. 포목상 같은 빈 가게면 충분합니다. 아이들을 눕힐 수 있는 선반 장(欌)이 있으면 됩니다. 직원이 많을 필요도 없습니다. 허드레꾼 한 명만 있어도 충분합니다."

죽어가는 아이들이 편안히 마지막 순간을 보낼 장소가 필요하다는 코르차크의 생각은 훗날의 호스피스 운동을 예견한 것으로도 볼 수 있다. 그러나 게토 안은 죽어가는 자 못지않게 살아가는 자들도 힘든 세상이었고, 대령은 이보다 먼저 처리해야 할 일들이 많았다. 코르차크의 기획은 결국 실현되지 못했다.

그러나 코발스키 대령은 본인도, 코르차크도 예기치 못했던 일로 결국 코르차크를 돕게 되었다. 어느 날 코발스키의 귀에 야누시 코르차크가 완장을 차지 않아 경찰에 끌려갔고 파비아크 형무소에 다시 수감되기 직전이라는 소문이 들려왔다. 그는 곧장 독일 보건국의 수석 의사이자 '착한 독일인'으로 알려진 빌헬름 하겐에게 연락했다. 코발스키는 최근에 하겐의 의대 시절 유대인 친구가 다리뼈가 부러졌을 때 접합해준 일이 있었다. 이제 코발스키가 하겐에게 부탁할 차례였다. 그는 코르차크가 파비아크에 투옥되지 않게 진단서를 써달라고 요청했다. 하겐은 그러마 했지만 먼저 코르차크를 검진부터 하겠다고 했다. 계획은 하마터면 크게 실패할 뻔했다. 경찰에 호송되어 코발스키의 사무실에 도착한 코르차크가 하겐에게 검진을 받지 않겠다고 한 것이다. 독일어를 할 줄 모르는 척하면서, 자기는 몸이 건강하니 옷을 벗을 수 없다고 버텼다. 코발스키는 코르차크를 한참 설득해 겨우 옷을 벗게 했다. "얼마나 몸이 앙상한지 깜짝 놀

아이들의 왕

랐습니다. 폐에는 울혈이 있었고, 탈장 증상이 있었고, 다리는 심하게 부어 있었습니다. 그 외에도 성한 곳이 없었습니다"라고 코발스키는 회고했다. 하겐이 진단서를 써주고 나서 코르차크에게 당부했다. "제가 두 번은 못 도와드리니 앞으로는 완장을 차시는 게 좋겠습니다." 그러자 코르차크가 독일어로 바로 대답했다. "내가 완장 차는 일은 절대 없을 것이오."

11월 1일, 폴란드인들이 죽은 이들의 묘를 찾아가 꽃과 초를 놓는 '위령의 날', 코르차크는 출입문 경비에게 뇌물을 주고 게토 밖으로 빠져나갔다. 그의 행선지는 비엘라니였다. 마리나 팔스카와 고아원 아이들이 다 잘 있는지 보러 간 것이다. 먼 길을 걸은 끝에 춥고 지친 몸으로 점심때쯤 도착했다. 그의 몰골에 충격을 받은 마리나와 직원들은 그를 편안하게 해주려고 바쁘게 종종거렸다. 판 독토르가 왔다는 소식을 듣고 아이들이 몰려왔다. 한 남자아이는 입을 벌려 이 빠진 곳을 보여주고 동전을 요구했다. "이 안 주면 돈 못 줘." 코르차크가 명랑하게 되받았다.

코르차크가 아이들을 웬만큼 살펴보고 이야기를 나누고 나자, 마리나가 자기 방에 가서 차 한잔하자고 이끌었다. 둘만 있게 되자 마리나는 고아원에 유대인 아이 셋을 숨기고 있다고 털어놓았다. 폴란드어를 완벽히 하는 아이들이라 고아원에 받을 수 있었지만, 다른 아이들에게는 혹시 본의 아니게 비밀을 누설할까 봐 이야기하지 않았다고 했다.

코르차크도 짐작하고 있었지만, 장벽 밖의 세상도 살기 험한 것은 마찬가지였다. 폴란드인들도 식량과 연료가 부족해 시달리고, 매달 수만 명이 독일에 끌려가 강제 노동을 하고 있다고 했다. 독일의

우리 아이들은 살아야 합니다

손에 죽은 사람도 많았다. 부르사 수련생 출신으로 마리나가 차기 원장감으로 훈련시키고 있던 얀 피엥친스키도 죽었다.

몇 시간 뒤 코르차크가 통금 전에 돌아가려고 일어서자, 마리나는 건물관리인 브와디스와프 치호시를 붙여 게토까지 배웅하게 했다. 걷는 길에 코르차크는 치호시에게 전쟁이 끝날 때까지 마리나와 아이들을 버리지 말아달라고 부탁했다(치호시는 그 약속을 지켰다). 그리고 게토 담장에 가까워지자 그의 이마에 입을 맞췄다. 치호시는 먼발치에서 코르차크가 게토 출입문 너머로 사라지는 것을 지켜보았다.

코르차크가 비엘라니에 갔다 오고 열흘 뒤, 게슈타포에서는 벽보를 붙여 정식 허가증 없이 게토 밖으로 나가는 유대인은 체포해 총살하겠다고 공표했다. 한 주 뒤, 아리아인 구역에서 식량을 밀수해 오려던 여덟 명이 검거되어 사형선고를 받았다. 유대인위원회에서는 이들에 대한 선처와 "법에 따른 재판"을 호소했다. 그러나 독일은 11월 17일 아침 7시 30분에 형무소 마당에서 이들을 처형할 것을 폴란드 경찰에 명령했다. '죄인' 중 여섯 명은 여자였다. 그중엔 열여섯 살 소녀도 끼어 있었다. 소녀는 하느님에게 자신의 죽음을 동포들 대신 희생하는 것으로 받아주시고 더 이상 아무도 죽지 않게 해달라고 기도했다. 형무소 담장 밖에서 수천 명의 군중이 흐느꼈다. 폴란드 경찰들도 명령에 따라 총을 발사하면서 흐느꼈다고 전해진다.

게토 안의 암울한 상황에서도, 사람들은 곧 독일이 패망하고 전쟁이 끝나리라는 희망을 버리지 않았다. 하임 카플란은 유대인들이 그러한 앞날을 워낙 확신하고 있어 그날을 못 볼까 봐 죽지도 못하고 있다고 일기에 적었다. 12월 중순, 마침내 희망의 불씨가 보이기 시작했다. 소련을 침공한 뒤 석 달간 파죽지세로 진격하던 독일군이 모스크바 코앞에서 더 이상 나아가지 못했다. 또 12월 7일 일본의 진주만 공습 후 미국이 독일과 일본에 맞서 참전을 선언했다. 그러나 사람들이 알지 못했던 사실은, 이미 이 무렵 우크라이나 키예프에서 유대인 3만 4천 명, 라트비아 리가에서 유대인 2만 8천 명, 리투아니아 빌뉴스에서 유대인 2만 5천 명을 학살한 독일이 이제 총 없이도 같은 목적을 수행할 수 있는 최초의 절멸 수용소를 폴란드 헤움노에 최근 설치했다는 것이었다.

'빛의 축제' 하누카를 맞은 12월 15일, 주민들의 분위기는 최근에 또 17명이 밀수 건으로 처형된 가운데 더없이 암울했다. 소련의 공습 때문에 밤에 불빛이 새어 나가지 않게 해야 했고, 행사에 쓸 초와 등유를 장만할 수 있는 주민도 거의 없었다. 코르차크는 작년 하누카를 파비아크 형무소에 갇혀 아이들과 함께 보내지 못했기에, 이번 하누카는 아이들을 위해 흥겹게 치르고자 했다. 시끌벅적한 분위기 속에서 아이들은 테이블마다 올릴 촛대며 서로 교환할 선물 따위를 만들고, 몇 년 전 코르차크가 써둔 하누카 연극을 공연하기 위해 연습했다. 하누카는 코르차크에게 특별한 의미가 있었다. 그는 하누카를 가리켜 "수염이 성성한 노인"이라고 불렀다. 형제들과 함께 시리아 군대에 과감하게 맞서 성전을 탈환한 유다 마카베오의 강인함, 그리고 승리를 내다본 그의 명민한 예지력✦을 코르차크는 존경했다.

✦   하누카의 기원이 된 《마카베오기》의 내용. 마카베오는 유대 백성을 구하기 위한 대전투에서 모든 물자가 바닥나 회당에 있는 제단의 거룩한 등잔을 밝힐 기름마저 없었지만 끝까지 싸웠다. 등잔이 꺼져가자 사람들은 이제 전쟁에서 질 거라고 생각했지만, 등잔은 기름을 붓지 않았는데도 8일 동안이나 계속 불을 밝혔다고 한다.

우리 아이들은 살아야 합니다

코르차크도 마카베오처럼 기적이 필요했다. 턱없이 부족한 초로 마카베오처럼 8일을 버텨야 했다.

코르차크의 연극 〈그때가 오리라〉에서, 의인화된 '초'는 남매에게 세상엔 다툼이 이미 너무 많으니 싸우지 말라고 권한다. "평화로 가는 발걸음은 집 안에서부터 시작해야 해. 그러다 보면 언젠가 세상 모든 곳이 평화로워지는 때가 올 거야." 코르차크의 고아원 아이들은 예나 지금이나 초의 약속을 믿었다. "비록 우리 갈 길은 아직 멀지만, 나는 내년에도 또 돌아올게."

축제 마지막 날을 며칠 앞두고, 아리아인 구역에서 온 쓰레기차가 고아원 앞에 섰다. 쓰레기 더미 속에 숨겨진 선물을 보고 아이들은 깜짝 놀랐다. 폴란드 지하조직의 섭외를 받은 청소부 세 명이 코르차크의 친구들이 보낸 음식과 장난감을 아이들에게 배달하러 온 것이었다. 청소부들은 게토에 오는 길에 자기들이 줄 선물로 작은 소나무 한 그루까지 베어서 실어 왔다.

청소부 중 한 명은 그날을 이렇게 기억했다. "코르차크 선생님이 나무를 방 한가운데 테이블 위에 세워놓고 아이들에게 주위에 모이라고 했다. 우리가 가져온 선물들은 그 밑에 놓여 있었다. 아이들은 그냥 말없이 바라보며 서 있었는데, 아이들 같다기보다는 미소 짓는 노인들 같아서 놀랐다. 행복하면서도 슬픔이 가득 깃든 눈빛이었다. 우리가 '하느님, 마음이 선한 이들에게 평화를 내리소서' 하고 아이들에게 크리스마스 캐럴을 불러줄 때, 난 눈물이 났다."

폴란드인 청소부들이 코르차크에게 설명하길, 자기들이 일주일에 두 번 쓰레기를 수거하러 게토에 들어오는데, 그때마다 음식과 편지를 밀반입해 온다고 했다. 가끔은 사람을 밖으로 빼내주기도 한다고 했다. 청소부들이 떠날 때 코르차크가 악수하면서 우편엽서를 손에 쥐어주었다. 그들은 아리아인 구역으로 다시 나와 엽서를 읽어 보았다. "유대인들은 장벽 밖의 형제자매들을 절대 잊지 않을 것입니다."

1941년의 매섭던 겨울, 게토 안에는 또 한 차례 광풍이 불었다. 크리스마스 다음 날 벽보가 붙었는데, 주민들은 가지고 있는 모피를 한 점도 남기지 말고 모두 유대인위원회를 통해 나치에 넘기라는 명령이었다. 기한은 3일이었고, 어길 경우 처벌은 사형이었다.

"나는 두 번 다시 태어나고 싶지 않다"고, 체르니아쿠프는 전달 자기 생일에 일기장에 털어놓았다. 혹한 속에 수천 명의 주민이 자신들에게 유일하게 남은 따뜻한 옷가지를 갖다 바치려고 줄지어 서 있는 모습을 사무실 창문으로 바라보며, 그는 어쩌면 애초에 세상에 태어나지 말았어야 했다고 생각하지 않았을까.

마지막 유월절

1942년 1월 7일, 게토 내에서 발간이 허용된 유일한 폴란드어 신문 〈유대 신문〉에 독자가 쓴 편지 하나가 실렸다. 야누시 코르차크의 고아원을 칭찬했던 지난번 기사에 대한 의견을 편집부에 전하는 글이었다. "'고아들의 집'은 코르차크의 고아원이 아닙니다. 과거에도 그랬던 적이 없고 미래에도 그럴 일이 없을 것입니다. 그런 왜소하고 쇠약하고 가난하고 아둔한 자가 200명에 달하는 고아들을 거두어 먹이고 입히고 재우고 인생 교육을 할 재간이 있을 리 없습니다. ······ 그 위대한 업적은 고아 문제에 개인 식견과 혜안을 지닌 수백 명의 선한 이들이 힘을 합쳐 이루어낸 것입니다. ······ 빌친스카, 포조브나, 코르차크는─굳이 거명하자면─그 귀한 시설의 관리인에 불과합니다." 편지의 발신인은 "J. 코르차크"로 적혀 있었다.

일단 독자의 눈길을 붙잡은 코르차크는 말하고 싶었던 본론을 추신으로 덧붙였다. "파리의 한 묘지에서는 '우리 곁을 떠난 모든 이들을 기리며'라고 새겨진 묘비가 추모객들의 눈길을 끕니다. 후원자들의 제안에 따라 '고아들의 집'에서는 먼저 세상을 떠난 고아원의 벗들, 졸업생들, 교사들을 기리는 추모 예배를 드리고자 합니다. 또한 1월 10일 토요일 정오에는 재미있는 인형극을 야누시 코르차크 선생의 구연으로 공연할 예정이니 많이 와주십시오. 장소는 실리스카 거리 9번지 '고아들의 집'입니다. 입장권 가격은 아이, 어른 모두 2즈워티입니다."

그다음 달에도 코르차크는 이런 식의 해학이 담긴 편지를 유대인위원회에 보냈다. 지엘나 거리 39번지에 위치한, 고아들 1천 명을 수용하고 있는 공공 보호소의 소장 자리에 지원하는 내용이었다. 그는 그 자리의 적임자가 되려고 자기가 도둑놈이라는 소문을 스스로 퍼뜨리고 다닌다고 체르니아쿠프에게 농담하기도 했다. 현재 그 보호소는 모리배들에게 장악되어 "도살장이자 시체 안치소"가 되어 있다고 했다. 지원서에서 그는 자신을 정신 상태가 불안하고 쉽게 흥분하는 덜렁쇠로 묘사하면서, 힘들게 겨우 자제력을 발휘해 남들과 협력해서 일을 한다고 했다. 그리고 자신의 자격 요건을 이렇게 늘어놓았다.

저는 예순네 살입니다. 건강이라면 작년에 수감 생활을 하면서 검증되었습니다. 모진 형무소 환경에서도 저는 단 한 번도 아픈 적이 없었고, 단 한 번도 병원에 간 적이 없었고, 젊은 수감자들조차 겁내는 앞마당 운동 시간에도 단 한 번도 빠진 적이 없었습니다. 저는 잘 먹고 잘 잡니다. 최근에는 보드카 열 잔을 마시고도 밤늦은 시간에 리마르스카 거리에서 시엔나 거리까지 팔팔하게 걸어서 돌아왔습니다. 저는 밤중에 두 번을 일어나서 큰 요강 열 개를 비웁니다.

담배를 피우고, 술은 과음하지 않습니다. 정신 능력은 일상생활을 하는 데 큰 문제가 없습니다.

저는 경험이 있어서 범죄자들이나 바보 천치들과도 상당히 잘 지내고 잘 협력할 수 있습니다. 바보들도 야심 있고 고집 센 자

마지막 유월절

461

들은 저를 피해 다닙니다만, 저는 미안스럽게도 그들을 거리끼지 않습니다. 지엘나 거리 고아원에 기생하고 있는 범죄자들은, 마음에도 없으면서 비굴함과 타성에 젖어 붙잡고 있는 일을 알아서 내려놓고 떠날 것으로 예상합니다.

그리고 4주간의 수습 기간을 제안하면서, 상황이 시급하니 당장 이번 주에 시작할 수 있도록 방 하나와 하루 두 끼를 제공해줄 것을 청했다. "방은 잠잘 수 있는 곳이면 되고, 식사는 혹시 제공되면 좋지만 안 된다면 알아서 하겠습니다." 지원서 아래쪽에는 "골트슈미트-코르차크. 1942년 2월 9일"이라고 서명했다.

지원서는 물론 재미있으라고 적은 것이었다. 유대인위원회의 그 누가 골골거리는 고아 1천 명이 오물 속에 뒹굴며 모두의 무관심 속에 하루 10~12명씩 죽어가는 보호소를 야누시 코르차크가 맡겠다고 하는데 거절하겠는가? 그에게 소장을 맡으라는 승낙이 떨어졌다. 다만 그가 요청한 지원금 2만 즈워티 중 1천 즈워티만 지급되었다.

코르차크는 지엘나 거리 보호소에 일주일에 며칠씩 출근하며 부패한 직원들이 아이들에게 지급된 물자를 빼돌리는 것을 막으려 했고, 직원들은 예상대로 온갖 방법을 동원해 저항했다. 코르차크는 애를 쓸수록 "오물과 피와 악취에 뒤덮이는" 기분이었다. "동시에 영악해지는 기분이다. 나는 살아 있으니까. 잠도 자고 먹기도 하고 가끔 농담도 하니까." 하지만 곧 농담할 수 없는 상황이 되었다. 대다수의 아이를 살릴 수 없음을 그는 깨달았다. 아무리 아이들에게 지급 물자가 제대로 돌아가도록 조치해도 사망률이 60퍼센트였다. 먹을 것과 의약품이 턱없이 부족했다. 코르차크는 자기가 아무리 굶어 쇠약해질지언정, 그곳에서 무엇을 먹는다는 게 죄스러웠다. 그는 일기에 이렇게 적었다. "전쟁이 끝나고 세월이 지나면, 사람들은 서로를 바라보는 눈길에서 이런 의문을 읽지 않을 수 없을 것이다. '당신은 대체 어떻게 살아남았소?' '무슨 수를 쓴 것이오?'"

그는 도움을 구하러 온갖 곳을 수소문했다.

코르차크의 고아원 길 건너편에 '우유 한 방울'이라는 이름의 조그만 구호소가 있었다. 굶주리는 어머니들이 아기를 데리고 와 허기를 달래게 하는 곳이었다. 코르차크는 종종 혼자서 또는 스테파와 같이 그곳에 들러 소장 안나 마르골리스와 이야기도 나누고, 젖이나 음식을 충분히 섭취하지 못한 아기들의 발육 상태도 관찰했다. 그는 관찰한 결과를 굶주림이 아이들의 발달에 미치는 영향을 연구하는 의사들 모임에서 발표해, 이 모든 비극이 의학 지식의 발전에 조금이나마 기여하리라는 한 가닥 고통스러운 위안을 얻었다. 마르골리스는 어린이병원 결핵 병동의 병동장도 맡고 있었기에, 코르차크는 그녀에게 지엘나 시설의 아이들이 몇 명이라도 입원할 수 있도록 조치를 부탁했다. 그녀가 병상 다섯 개를 확보해주었고, 코르차크는 이질과 폐렴, 협심증 등 가장 상태가 심각한 아이들을 골라 입원시켰다. 모두 굶주림과 직접 연관된 질병들이었다. 한 남자아이는 병동으로 이송될 때 자기 만돌린을 꽉 움켜잡았다. 병상 위 선반에 만돌린을 놓아주었지만, 아이는 연주해보지 못하고 죽었다.

코르차크는 지엘나 거리 고아원의 운영을 세세한 부분까지 철저히 살폈다. 아이들 속옷이 아무리 박박 빨아도 더러운 것을 보고, 파비아 거리의 독일인 세탁소에서 배관공 겸 보일러 기술자로 일하는 지인 비톨트 구라를 설득해 밤 근무 때 세탁을 맡겼다. 매주 코르차크는 묵직한 속옷 자루를 구라의 아파트에 갖다놓았고, 구라는 매주 그것을 몰래 세탁소에 가져가 빨아서 다시 자기 아파트에 갖다놓았다. 구라는 코르차크가 아파트를 오가는 수고를 덜어주려고 자기가 보호소에 와서 빨랫감을 수거해 가겠다고 했으나, 코르차크는 듣지 않았다. "자네는 이 일을 해주는 것만 해도 큰 위험을 무릅쓰고 있는 것이네. 그리고 나도 자루 나르면서 운동이 된다네."

코르차크가 늘 부활의 상징으로 여겼던 "폴란드의 푸르고 긴 봄"도, 게토 주민들에게는 딴 세상 이야기였다. 풀과 나무조차 이 삭막한 곳에서는 살 수 없는지, 게토 안의 푸른 것은 모두 시들시들 죽어갔다. 새도 게토 위로는 날지 않는다고들 했다. 바르샤바 게토의 어릿광대를 자처하던 루빈슈타인도 잠잠했다. 티푸스를 한 번 앓고 나더니, 사람들을 응시하는 광기 어린 눈초리는 여전하되, 이제 그 싱거운 타령은 부르지 않았다. 자기가 아무리 미쳐 날뛰어봤자 이 미친 세상의 발치에도 못 따라간다는 체념이라도 한 것이었을까.

한편 나치는 마치 광포한 도시 설계자처럼, 이 거리를 통째로 들어내고 저 거리를 중간에 싹둑 자르면서 게토 땅을 계속 줄여갔다. 유대인위원회에서 새 벽돌담을 빨리 세우지 못하면 독일인들은 일단 판자로 담을 세우고 철조망을 둘렀다.

코르차크는 4월 1일 유월절에 실리스카 거리의 고아원에서 열리는 만찬 행사에 손님들을 초대하면서 "생(生)의 아름다운 시간"을 약속했다.

초대장을 받은 손님들 중에는 전쟁 전 크로흐말나 거리의 고아원에서 매년 열렸던 유월절 만찬 행사를 기억하는 이들이 많았다. 인기가 많은 행사여서 300명에 달하는 사람들이 입장권을 사려고 몰리기도 했다. 코르차크는 히브리어를 하지 못했으므로 의식을 집

전하는 역할은 늘 계율을 지키는 교사 한 명에게 맡겨졌지만, 자신도 아이들이 삶은 달걀과 쓴 나물을 소금물에 찍어 먹으며 이집트 노예 생활의 고초를 체험하는 것을 돕곤 했다. 유월절 만찬 때면 아이들은 그 어느 때보다 수프를 먹고 싶어 안달했다. 스테파가 수프에 든 무교병 경단 중 몇 개에 견과를 숨겨두었기 때문이다. (무교병을 집 안에 숨겨 아이들에게 찾게 하는 유월절 풍습은 고아원이 아수라장이 될 게 뻔해 실시하지 못했을 것이다.) 경단 속에서 견과가 나온 아이에게는 상을 주었다. 하지만 최고의 상은 견과 자체였다. 아이들은 견과를 특별한 기념품으로 간직하곤 했다.

그 마지막 유월절 만찬 때도 견과나 무교병 경단이 등장했는지, 아니 수프를 먹기는 했는지에 대해서는 전해지는 바가 없다. 하지만 참석자였던 헤르만 체르빈스키가 〈유대 신문〉에 기고한 감상문을 보면 "매혹적"이었던 그날 분위기가 전해진다.

새하얀 테이블보가 깔린 긴 테이블 여러 개에, "버려진 것이 아니라 부모의 영혼과 함께하고 있는" 고아 180명이 "환한" 얼굴로 앉아 있었다. 맨 앞 테이블에 코르차크와 함께 앉은 성가대원 16명은, 예식서를 낭독하는 중 팔레스타인 이야기가 나올 때마다 일제히 시온주의 운동가를 합창했다. 손님들은 뒤쪽에 자리했다. 유월절 전통에 따라 가장 나이 어린 아이가 "오늘 밤이 다른 밤과 어떻게 달라요?" 하고 묻자 코르차크가 답해준 몇 마디 말에 그 자리의 모든 이들은 "감동했다." 의식이 끝나자 "접시와 그릇, 머그잔들이 달그락거리는 소리가 났다. 여자들이 음식을 가지고 사방에서 나타났다. 기쁨이 가득한 유월절 기념 만찬이었다."

코르차크가 그날 밤이 다른 밤과 다른 이유를 무어라고 말해 사람들을 감동시켰는지 체르빈스키가 적지 않은 이유는, 아마 나치가 기사를 읽을 것을 우려했기 때문일 것이다. 체르빈스키는 아마 같은 이유로, 그날 예식서 낭독 중 코르차크가 창가에 다가가서 했던 행동도 적지 않는 게 좋겠다고 판단했을 것이다. 마치 하느님에게 아이들의 고통을 알아달라고 절규하듯, 울분에 찬 주먹을 높이 치켜들던 그의 행동을.

훗날 '피의 금요일'로 불리게 되는 4월 17일, 자정에 가까운 시간이었다. 나치 친위대 몇 분대가 독일어를 하는 유대인 경찰 한 명씩을 각기 앞장세워 게토 안 아파트를 돌면서 집 문을 두드렸다. 문을 연 주민에게 정중하게 "안녕하십니까" 하고 인사한 뒤 잠깐 밖으로 같이 나가자고 했다. 안뜰로 나온 주민을 벽에 붙어 서게 하고 총을 쐈다. 시신은 그 자리에 버려두었다. 그리고 정중한 암살단은 목록의 다음 주소로 이동했다. 희생자의 아내가 아우성치거나 계단을 따라 내려오거나 했을 땐, 아내의 시신도 남편과 나란히 피가 흥건히 고인 바닥에 놓인 채 발견되었다.

희생자들은 변호사, 제빵사, 상인, 도축업자, 사업가, 퇴직 관리 등 다양했고, 서로 아무런 관계가 없어 보였다. 사람들은 공포에 떨었다. 대체 무슨 이유로? 다음은 누구 차례가 될 것인가? 시간이 지난 뒤에야 주민들은 살해된 이들의 공통점을 알게 되었다. 그들은 사회주의 단체인 '유대인 노동자 동맹'에서 창간한 불법 정치 소식지 〈다스 블레틀〉을 발행하고 있던 사람들이었다.

게슈타포는 체르니아쿠프 위원장에게 지하활동에 가담한 사람이 아니면 안전을 우려할 필요가 없다고 안심시켰지만, 이틀 뒤 일곱 명이 더 거리에서 총살되었다. 이번엔 백주 대낮에 벌어진 일이었다. 그 후 게토 안에서는 밤낮으로 총성이 울렸다. 바르샤바에서 다른 지역으로 주민들이 강제 이송될 것이라는 소문이 다시 돌았다. 루블린에서는 4만 명이 목적지를 알 수 없는 화물열차에 실려 이송되었다고 했다. 사람들은 무서워 집 밖에 나설 엄두를 내지 못했다. 낮은 목소리로 속삭이며, 누군가가 문을 두드릴까 봐 공포에 떨었다.

마지막 유월절

게토 일기—1942년 5월

제대로 된 지도자들이란 영원히 골고타 언덕에
묻혀 있을 운명인가?
《게토 일기》

피의 금요일로부터 몇 주 뒤, 야누시 코르차크는 침대에 일어나 앉아 일기장을 집어 들었다. 독일의 바르샤바 점령 직후 쓰기 시작했다가 조금 쓰고 만 일기장이었다.

"올해 5월은 춥다"고 그는 써 내려갔다. "그리고 오늘 밤은 유달리 조용하다. 지금은 새벽 5시. 아이들은 잠들어 있다. 200명의 아이들이 있다. 동쪽 동에 마담 스테파와 함께. 내가 있는 곳은 서쪽 동, 이른바 '격리 병동'이다."

그의 침대는 방 한가운데에 있었다. 침대 밑에는 거의 바닥을 보이는 보드카 병이 놓여 있고, 그 옆 작은 탁자에는 호밀빵과 물병이 놓여 있었다. 주위는 아픈 아이들 침대로 둘러싸여 있었다. 한쪽 편에는 제일 어린 모니우시(이름이 같은 아이가 네 명 있었다), 알베르트, 예지크가 누워 있었고, 다른 쪽 편에는 펠루니아, 게니아, 하네치카의 침대가 벽 쪽으로 붙어 있었다. 또 롬치아의 할아버지인 늙은 재단사 아즈릴레비치도 이곳에 자고 있었다. 그는 심장병을 앓고 있어 신음 소리로 코르차크의 잠을 계속 깨우곤 했다.

코르차크는 남은 삶의 마지막 석 달 동안 거의 매일 밤, 아이들이 자는 동안 일기를 썼다. 일기의 글들은 속기록 수준의 간결한 메모인 경우가 많았다. 피로와 굶주림에 피폐해진 그는 죽음이 얼마 남지 않았음을 직감하고 있었지만, 어떤 식으로 죽을지는 아직 전혀 알지 못했다. 가톨릭 국가에 사는 유대인 의사로서, 그는 사제에게 "속삭여 고백하는 행위의 치유력"을 늘 높이 평가했다. 이제 그는 자신의 "고해성사를 받아주고 충고를 해주고 한탄을 들어줄 마음 넓은 이"를 간절히 원했다.

일기장이 그 역할을, 그리고 판사의 역할까지 해주리라 생각했다. 에마누엘 린겔블룸, 하임 카플란, 아담 체르니아쿠프의 일기가 바르샤바 게토 생활의 연대기적 기록이었다면, 코르차크의 일기는 2년 전에 중단했다가 이제 다시 시작한, 자신의 내면으로 떠나는 여정의 주관적 기록이었다. 그는 유대 민족의 역사가 아닌 유대계 폴란드인으로서 자신의 역사에 책임을 느꼈다. 마음에 품은 온갖 분노와 바깥세상에 날뛰는 분노가 뒤엉키던 그 외로운 밤이면, 그는 일기장에 아버지의 광기와 자신의 광기에 대한 두려움을 적기도 하고, 어린이병원 의사 일을 그만둔 것—"못난 유기"—에 대한 후회를 적기도 했다. 그의 펜 끝은 간혹 게토 안에서 일어난 사건을 강렬하게 조명하기도 했지만, 그 섬광은 이내 다시 자신의 과거를 되돌아보는 의식의 흐름 속으로 희미하게 꺼져들곤 했다. 한번은 이렇게 자조하며 적기도 했다. "아, 그러고 보니 언급을 잊을 뻔했는데, 지금은 전쟁 중이다."

아이들 이야기도 물론 빠질 수 없었다. 그의 지난 삶 속에서 아이들이 빠질 수 없었듯이. 아이들은 때로는 기침 소리로, 때로는 자

게토 일기—1942년 5월

469

기들이 쓴 일기글로, 때로는 꽃과 나무가 절실히 필요한 모습으로, 여기저기 불쑥불쑥 등장한다. 카바이드등이 다 타서 꺼지거나 펜이 다 마르거나 아니면 기력이 바닥날 때까지, 그는 멈추지 않고 써 내려갔다. 밤에 적은 일기는 아침에 늙은 재단사의 아들이자 수련생인 헨리크가 타자로 쳤다. 그 옛날 전쟁 때 당번병 발렌티가 그랬던 것처럼.

초기에 적은 글 중엔 이런 것이 있다.

6시 30분.
생활관에서 누군가가 외친다.
"애들아 목욕할 시간이다, 일어나!"
나는 펜을 내려놓는다. 나도 일어날 것인가? 그냥 있을 것인가?
목욕한 지 꽤 오래됐다. 어제 내 몸에서 이를 하나 잡아 눈 하나 깜짝하지 않고 능숙하게 두 손톱으로 짜서 죽였다.
내가 시간만 있었다면 이의 명복을 비는 조사를 썼을 것이다.
이 훌륭한 벌레를 우리는 부당하고 부적절하게 대우하고 있지 않은가.
어느 러시아 소작농은 이렇게 울분을 토하기도 했다. "이는 사람하고 다르지. 피를 한 방울도 남김없이 쥐어짜가진 않으니."

코르차크는 침대에 앉은 채 "생활관이 잠에서 깨어나는 인상 깊은 광경"을 잠시 음미하곤 했다. 아이들의 "졸린 눈, 나른한 움직임, 벌떡 자리에서 일어나는 동작"에 그는 여전히 마음을 빼앗겼다. 아이들은 눈을 비비기도 하고, 입가를 잠옷 소매로 훔치기도 하고, 귀를 만지작거리기도 하고, 기지개를 켜기도 하고, 옷을 든 채 멍하니

허공을 바라보기도 했다. 노의사는 여전히 한눈에 어떤 아이가 오늘 일진이 좋을지 사나울지 훤히 보였다.

그는 "벌집이 윙윙거리기 전에" 군사령관처럼 그날 하루의 전략을 점검했다. 방문할 곳, 써야 할 편지, 조달해야 할 물자를 정리했다. 전날의 성과를 돌아보면서, 잘된 것과 잘 안 된 것을 가리기도 했다.

가령 1942년 5월 23일 토요일의 일기를 보자.

아이들이 몸무게를 재려고 줄 선 가운데 웅성웅성한 분위기로 하루를 시작했다. 그래프를 보니 아이들의 체중이 계속 줄고 있지만 아직 우려할 정도는 아닌 것 같았다. 이어 반가운 아침 식사도, 그에게는 다 일이었다. 음식을 보면 그것을 구하느라 치렀던 고생이 떠올랐다. 아이들이 그 주에 먹고 있는 햄과 소시지, 빵은 그가 어느 고관에게 "구질구질한" 편지를 보내 얻은 것이었다. 이 많은 아이들이 나눠 먹기에는 넉넉하지 못한 양이지만, 그래도 이게 어딘가. 또 감자 200킬로그램이라는 예기치 못한 수확도 있었다("진정한 외교적 승리"). 그러나 성공에 안주하거나 긴장을 늦출 수는 없었다. 자기들 입속에 들어가는 음식 한 덩이 한 덩이의 사연을 알 리 없는 아이들을 지켜보며, 그는 고통스럽게 자문했다. "내가 잘한 건가, 잘못한 건가?"

아침 식사가 끝나고 회의를 열어 어느 교사가 휴가를 갈 것인지, 어떻게 대체 인력을 확충할 것인지 논의했다. 작년 일정과 똑같이 하면 편하겠지만 일 년 동안 너무 많은 변화가 있었다. 새로 들어온 사람과 떠난 사람이 수두룩했다. "모든 건 변한다. 더 말해 무엇 하겠는가."

토요일이었으므로, 고아원 신문을 낭독하고 어린이 법원의 재

계토 일기―1942년 5월

471

판 결과를 공유하는 자리에 모두 모였다. 그는 아이들이 고아원 신문에 예전만큼 관심이 없다는 것을 알고 있었다. 새로 들어온 아이들만 신기해했다. 한 주 동안 누가 잘하고 누가 못했는지 이제는 아무도 별로 신경을 쓰지 않았다. (고아원 안에서 도둑질과 소동이 잦았지만 이제 그런 것은 크게 문제되지 않았다.) 좀 큰 아이들은 고아원 신문을 백날 봐도 자기들의 유일한 의문에 대한 답은 나와 있지 않다는 것을 알고 있었다. 자신들의 앞날은 어떻게 될 것인가? 선생님에게서 무슨 말이라도 듣고 싶어 귀를 기울였지만, 선생님 입에선 그런 말이 나오지 않았다. 그는 아이들을 걱정시키고 싶지 않았다. 아니, 그들의 앞날을 자신도 알 수 없다는 사실을 인정하고 싶지 않았는지도.

점심시간을 알리는 징이 울렸다. 그는 오후 일정을 곰곰이 생각했다. 갈 곳이 세 군데 있었다. 첫 번째 집을 찾아가니 병환 중이었던 고령의 후원자가 외출하고 없었다. 코르차크는 너무 늦게 문안 온 것을 미안해하며 가족들에게 안부 인사를 남겼다. 두 번째 일정은 부근의 한 건물에서 효모와 영양을 주제로 강의를 한 시간 하는 것이었다. 그는 양조장과 제빵소의 차이, 활성 효모와 비활성 효모, 얼마나 오래 두어야 하는지, 얼마의 시간 간격으로 얼마만큼의 양을 취해야 하는지, 비타민 B의 중요성 따위를 죽 설명했다. 그러면서도 머릿속으로는 고민이 떠나지 않았다. 어떻게 하나? 누구에게 알아볼까? 어디서 구하나?

세 번째 방문한 곳은 외국에서 돌아온 사람들 몇 명을 환영하는 파티 자리였다. 수위가 그를 한쪽으로 데리고 가 당부했다. 게슈타포에서 조사하러 나올까 봐 극도로 불안해하고 있었다. "제발 좀 도와주십시오! 그자들이 여기 와서 캐묻지 않게 해주세요." 안에 들어간 코르차크는 귀국자들에게 "지옥에 있다가 이 바르샤바의 천국에" 돌아와서 그런지 편안해 보인다고 농담을 했다.

고아원에 돌아오는 길에 어떤 장면을 목격했다. 나중에 일기에 몇 번 더 언급하게 될 장면이었다.

죽었는지 살았는지 모를 어린 남자아이가 인도 한가운데에 누워 있다. 근처에서 남자아이 셋이 말과 마부 놀이를 하고 있다. 놀다가 고삐가 엉켜버려, 풀려고 이리저리 시도해본다. 답답해하며 용을 쓰다가 누워 있는 아이가 발에 치인다. 결국 한 아이가 말한다. "자리 좀 옮기자, 얘가 자꾸 걸리적거려!" 아이들은 몇 발짝을 이동하더니 다시 고삐를 잡고 씨름했다.

일요일 새벽, 그는 침대에 누운 채 그날 쓸 편지와 방문할 곳 일곱 군데를 생각하고 있었다. 그러나 몸을 꼼짝할 수 없었다. 지금까지 의지력으로 버텨온 그였지만, 이제 몸이 말을 듣지 않았다. 방 안에서 나는 냄새를 무시하려 애썼다. 이제 이틀에 한 번만 씻는 요강에서 나는 암모니아 지린내가 카바이드등의 마늘 냄새와 섞여 진동했다. 방 안의 병상에 누운 일곱 명도 가끔씩 냄새를 풍겼다. "뜸하게 찾아오는 적" 빈대가 다시 기승을 부렸고, 이제 나방과도 씨름해야 했다.

그는 누운 채로 생각했다. "일어나려면, 침대에 걸터앉아야 한다. 속바지를 집어 입고, 단추를 채워야 한다. 다는 못 채워도 최소한 하나라도. 몸을 셔츠에 구겨 넣어야 한다. 허리를 숙이고 양말을 신어야 한다. 그다음은 멜빵을……."

천신만고 끝에 옷을 입고 밖으로 나섰다. 기침이 그치지 않았

게토 일기—1942년 5월

고, 날카로운 이 하나가 혀를 자꾸 찍었지만 무시했다. 무거운 다리를 끌고 보도에서 거리로 내려서고, 다시 보도로 올라섰다. 누군가가 밀치고 지나가자 중심을 잃고 비틀거리다가 벽을 짚고 섰다. 이제는 몸뿐 아니라 의지도 무너지고 있었다. 자신이 "몽유병자, 모르핀 중독자"처럼 느껴졌다. 문득 어딜 가는 길이었는지 생각이 나지 않았다. 가려던 건물에 와서도, 계단 중간에서 멈춰 섰다. "내가 이 사람을 무슨 일로 보러 왔지?"

요즘 자주 있는 일이었다. 그의 오감은 흐릿했다. 사방에 널린 험한 광경도, 충격적인 소리들도 그저 어렴풋이 인식될 뿐이었다. 약속은 연기하거나 취소해도 되었을 것이다.

어깨를 으쓱한다. 이러나저러나 마찬가지다.

나태함. 감정의 결여. 유대인들이 영원히 달고 사는 체념. 그래서? 이제 또 뭐?

내 혀가 쓰라리면 어떤가? 누가 총 맞아 죽었으면 어떤가? 언젠가 죽을 줄 몰랐던 것도 아닐 테고. 이제 또 뭐? 죽어봤자 한 번 죽을 뿐이다.

지나가다 가게 주인이 불평하는 손님에게 대꾸하는 것을 들으니, 현실 감각을 잃은 사람이 자기만은 아닌 것 같았다. "아이고 손님, 이게 물건입니까. 이게 가게예요? 그쪽이 손님입니까? 제가 상인이에요? 지금 제가 뭘 파는 것도 아니고, 손님이 돈을 내는 것도 아니에요. 이 종이 쪼가리가 돈입니까? 잃으실 것도 하나 없고, 저도 득 볼 것 하나 없습니다. 요즘 누가 사기를 칩니까? 무엇 때문에요? 그냥 뭐든 해야 하니까 하는 거죠. 제 말이 틀렸습니까?"

아이들의 왕

그런가 하면 어느 정육점 여주인은 멍하니 얼이 나가 있어 코르차크의 블랙 유머를 받아주지 못했다. "아주머니, 이 소시지 혹시 사람 고기로 만든 것 아닌가요? 말고기치고는 너무 싸네요."

그러자 여주인이 말했다. "제가 어떻게 알아요? 만들 때 제가 본 것도 아니고."

그래도 가끔 오랜만에 누군가를 우연히 마주치거나 하여 잊었던 감정이 일어나면, 아직 감정을 또렷이 느낄 수 있다는 것을 확인하며 안도했다. 하지만 친구의 처참한 몰골에, 자신도 옛날 모습과 얼마나 달라 보일지 짐작이 되었다.

점심 무렵이면 기진맥진해 고아원에 돌아오곤 했다. 그렇게 고생해도 소득은 고작 50즈워티, 그리고 누군가가 매달 5즈워티씩 기부하겠다는 약속 정도뿐일 때도 있었다. 그 돈으로 "200명을 먹여 살려야" 했다. 점심을 먹고는 옷 입은 채 침대에 쓰러져 두 시간쯤 쉬곤 했다. 보드카가 없으면, 생알코올에 물을 같은 비율로 섞고 감미료로 사탕 하나를 넣어 다섯 잔을 마셨다. 그러면 "영감"이 왔다. 노곤하고 기분이 좋아지면서 다리 근육의 쑤심, 눈의 쓰라림, 사타구니의 화끈거림이 잊히는 순간이었다. "흡족하고 평안한" 기분이었다. 가끔 누가 문을 벌컥 열고 들어왔다가 그가 널브러져 있는 것을 보고 물러가기도 했다. 혹은 스테파가 "새 소식이나 문제, 또는 시급히 결정해야 할 사안"을 가지고 와 "고요한 평온"을 깨기도 했다.

코르차크는 자신의 피로와 냉담함이 하루 800칼로리로 연명한 탓에 찾아온 영양실조 증세라는 것을 의사로서 잘 알고 있었다. 그러나 밤에 자려고 하면 한낱 배고픈 인간이 되어 잠을 이루기 어려웠다. 전에는 먹을 것을 밝혀본 적이 없는 그였지만, 이제는 자리에 누우면 힘들이지 않고 삼킬 수 있는 이런저런 음식들이 떠올랐다.

게토 일기—1942년 5월

475

마그다 이모네 텃밭에서 딴 즙 많은 라즈베리, 아버지가 좋아하던 카샤, 키예프에서 맛있게 즐겼던 양(胖), 파리에서 먹어본 콩팥 요리, 팔레스타인에서 먹었던 식초에 절인 음식들…… 아니면 평생 세 번밖에 마셔보지 않은 샴페인에 어려서 아플 때 먹었던 마른 비스킷을 곁들이면 정말 큰 위로가 될 듯했다. 또 어머니가 못 먹게 했던 아이스크림 생각도 나고, 레드와인 생각도 간절했다.

가끔은 메뉴를 짜기도 했다.

타르타르소스를 얹은 생선 요리?

송아지고기 커틀릿?

파테, 그리고 말라가 와인에 절인 토끼고기에 적양배추?

아니 싫다, 전혀 먹고 싶지 않다.

왜냐고?

희한하지만 먹는 것도 일이고, 너무 피곤하다.

코르차크의 정신적 저항 방식은 인간적 한계를 뛰어넘는 일들을 떠맡는 것이었다. 그는 집안의 질서를 유지하고 하루 일과를 유지하면 결국 승리하리라는 자신의 지론에 충실했다. 그러다 보면 전쟁이 끝날지도 모르고, 독일이 패망할지도 모르는 일이었다. 그때까지는 고아원 아이들이 건강히 잘 지내고 티푸스나 결핵에 걸리지 않게 하고, 고아원에 소독 조치를 할 일이 없게 하면 그것이 곧 삶과 죽음의 싸움, 선과 악의 싸움에서 일보 전진하는 것이라고 보았다.

고아원 입소 신청을 검토할 일손이 부족할 때는 코르차크가 직접 나섰다. 스모차 거리 57번지에 가니 한 어머니가 소파에 드러누워 장궤양으로 죽어가고 있고, 어린 아들은 집 밖에 나가 먹을 것을 찾아 헤매고 있었다.

"착한 애예요. 그런데 제 엄마가 죽기 전에 고아원에 가려고 할지 모르겠네요." 이웃 사람이 코르차크에게 귀띔했다.

그러나 어머니는 "아이가 어디 들어가 있기 전에는 못 죽는다"고 했다. "우리 애가 얼마나 대견한지, 저보고 밤에 못 잘까 봐 낮에 자지 말라고 해요. 그리고 밤에는 이래요. '엄마 끙끙대지 마, 그런다고 낫지 않아. 그러지 말고 어서 자.'"

매주 목요일 새 입소 신청을 검토하는 입소위원회 회의 자리에서, 코르차크는 자기뿐 아니라 다른 사람들도 무심해져가고 있음을 어렴풋이 느낄 수 있었다. 심지어 스테파도 다르지 않았다(입소를 거부하는 것은 아이를 죽으라고 하는 것과 마찬가지라며 여전히 우려를 나타내긴 했지만). 논의의 맥이 계속 끊기곤 했다. 누가 중간에 뭐라고 끼어들면 그때부터 다들 삼천포로 빠졌다.

지금 우리가 무슨 얘기 하고 있었던가?
누군가가 말한다. 첫째……
아무리 기다려도 '둘째'는 안 나온다.
물론 원래 말이 장황한 사람들이 있다.
누군가가 의견을 낸다.
이 아이는 입소시켜야 합니다.
입소 결정. 다음 신청 건으로 넘어갑시다. 안 됩니다. 한 명도 아니고 세 명이 동의하잖소. 한 번 더 생각해봐야 하는 경우도 있잖아요.
논의가 갈팡질팡 오리무중에 빠져든다.

게토 일기—1942년 5월

지긋지긋하고 짜증 난다.

이제 그만!

입소가 결정된 아이들은 대부분 부모가 다 없는 고아였다. 아홉 살 기에나도 남은 가족이라곤 열일곱 살 오빠 사무엘밖에 없었다. 하지만 기에나도 오빠가 스테파의 지인을 알지 못했더라면 입소하기 어려웠을 것이다.

전쟁 전에 기에나는 영리하고 활달한 아이였다. 긴 얼굴과 검은 눈이 엄마를 꼭 닮았고, 엄마와 사이가 각별했다. 아빠는 화학자였는데 일하던 공장이 독일의 바르샤바 점령 뒤 폐쇄되었고, 그 후 얼마 안 되어 결핵으로 죽었다. 그리고 일 년이 채 못 되어 언니와 엄마도 티푸스로 죽었다.

엄마는 죽기 전에 오빠에게 동생을 잘 보살펴주라고 부탁했고, 오빠 사무엘은 한동안 그 약속을 열심히 지켰다. 낮에 가구 공장에서 일하는 동안 동생을 같은 아파트에 사는 고모네 식구들에게 맡겼다. 그러나 얼마 안 가 고모는 먹일 입이 너무 많다고 불평했고, 사무엘은 기에나를 맡길 곳을 찾아야 했다. 사무엘은 유대인위원회의 유력한 위원이자 예전에 '고아들의 집' 후원자이기도 했던 아브라함 게프네르의 부인과 친분이 있었다. 부부의 아파트에 하쇼메르 하트자이르 관련 자료를 가지고 갔던 것이 계기였다. 게프네르 부인은 사무엘에게 매주 한 번씩 집에 와 점심을 먹게 했다. 여동생을 보살피기 어려운 사정을 듣고, 스테파에게 받아달라고 부탁해보겠노라 했다.

스테파 앞에 나타난 수척한 여자아이는 푹 들어간 검은 눈에 시름이 가득했고 손은 오빠를 꼭 붙잡고 있었다. 스테파는 자기도 모르게 아이를 안았다. 사무엘에게 아이가 고아원에서 잘 지낼 수 있을 거라며, 여기는 같이 놀 친구들도 있고 규칙적인 일과도 있다고 말했다. 기에나는 떠나는 오빠에게 매달렸고, 그 후 몇 주 동안 울고 밤에는 악몽을 꿨다. 그러나 이내 새 보금자리에 적응하고 친구들을 사귀었다. 스테파와는 각별히 친하게 지냈지만, 코르차크는 거의 종일 밖에 나가 있어 볼 일이 거의 없었다.

사무엘은 토요일마다 작은 선물이나 먹을 것을 들고 기에나를 보러 왔다. 기에나는 가끔 오빠를 따라 게토의 거리를 지나 오빠 집으로 가기도 했고, 한번은 친구 한 명을 같이 데리고 가기도 했다. 오빠가 보기에 기에나는 그 한 해 동안 몸과 마음이 쑥쑥 컸고, 게토의 다른 아이들에 견주어 태도가 진지하고 옷을 잘 입고 있었다. 기에나는 오빠에게 친구들 이야기도 하고, 친구들과 같이하는 놀이 이야기도 했다. 그리고 오빠 이야기도 듣고 싶어 했다. 오빠가 비쩍 말랐다고 걱정했다. 일은 잘하고 있느냐고 물었다. 남매는 가끔 전쟁이 끝난 뒤의 세상을 함께 상상해보았다. 기에나는 당시 상황의 위험성을 잘 알지 못했지만, 사람들이 별 희망이 없다는 것은 느끼고 있었다. 장래 계획을 이야기할 때면 "그때까지 우리가 살아 있으면"이라는 전제를 달곤 했다. 마치 아이가 그런 식으로 말하는 것이 당연한 일인 것처럼.

게토 안의 다른 모든 것처럼 시간도 미쳐 날뛰었다. 과거가 현재 속으로 불쑥불쑥 끼어들었다. 이제 이곳의 유일한 대중교통 수단은 코르차크가 어렸을 때 탔던 것과 같은 철도마차뿐이었다. 일반 마차와 자동차는 사라지고 그 자리를 자전거택시가 대신했다. 자전거 뒤에 조그만 손님 좌석이 딸린 운송수단이었다.

게토 일기—1942년 5월

479

코르차크는 자전거택시를 보면 러일전쟁 때 하얼빈에서 본 인력거가 생각나 처음에는 타는 것을 피했다. 그때 명령을 받고 인력거를 딱 한 번 타본 적이 있었다. 그는 인력거꾼들이 잘해야 3년, 그중 몸이 튼튼한 이는 5년 정도 산다는 것을 알고 있었다. 그러나 부은 다리로 걸어 다니기가 점점 힘들어지자 합리화를 하기 시작했다. "자전거택시 운전사도 벌어먹고 살아야지. 뚱뚱한 모리배 두 명이 짐까지 들고 타는 것보다 내가 타는 게 낫다." 그는 더 건강하고 튼튼해 보이는 운전사를 눈으로 고르면서 늘 불편한 마음이 들었다. 요금에 50그로시⁺씩 더 얹어주면서 자기가 그렇게 "고매하고 우월한" 사람인가 싶어 자멸감이 들었다. 전쟁 전 시절의 "사납고 험하고 시끄럽던" 마부들과 달리, 자전거택시 운전사들은 "마치 말이나 소처럼 온순하고 조용했다."

지엘나 거리 고아원의 장을 맡은 지 넉 달이 지났지만, 코르차크는 아직 그곳 직원들과 씨름하고 있었다. 그는 계단을 닦고 있는 청소부와는 보란 듯이 악수하고, 직원들과는 툭하면 악수하는 것을 "잊음"으로써 직원들의 "충격과 혐오"를 자아냈다. 직원들은 자기들끼리도 서로 어지간히 싫어했지만, 코르차크가 무엇을 추진하려고 투표를 하면 무조건 똘똘 뭉쳐 코르차크를 방해했다. 그들이 보내는 메시지는 이런 것이었다. '우리들 일에 간섭하지 말라. 당신은 남이고 적이다. 당신이 아무리 좋은 걸 제안해도 제대로 안 될 것이고 결국엔 얻는 것보다 잃는 것이 많을 것이다.'
　　직원들은 만만치 않은 강적들이었다. 심지어 게슈타포에 코르

⁺　1즈워티는 100그로시.

차크가 티푸스 발병 건을 보고하지 않았다고 고발하기도 했다. 그것은 사형에 해당하는 중죄였다. 코르차크는 혐의를 벗으려고 높은 자리의 지인들을 부리나케 찾아다녀야 했다. 그 무렵 헌신적이던 간호사 미스 비틀린이 결핵으로 죽자, 코르차크는 "세상의 소금이 녹아 사라지고 쓰레기는 남는구나" 하고 생각했다.

5월 말의 어느 날, 코르차크는 그지보프스카 거리 1번지의 게토 담장과 접한 건물에 기부금을 수금하러 갔다. 바로 전날, 유대인 경찰 한 명이 그 자리에서 밀수꾼들에게 신호를 보내다가 독일 경찰의 총에 맞아 죽었다. "거긴 물건 떼어 올 자리는 아니오"라고 이웃 주민이 한마디 했다. 가게 문들은 닫혀 있었다. 사람들은 두려움에 질려 있었다.

코르차크가 건물 안으로 들어가려고 하는데, 수위의 조수가 아는 체를 했다.

"판 독토르, 저 모르시겠어요?"

코르차크가 그를 바라보았다. 코르차크의 시각적 기억력은 원래도 좋지 않았지만 그 무렵엔 거의 바닥에 가까웠다. "아, 알다마다. 불라 슐츠 아닌가."

"기억하시네요."

"그럼 기억하고말고. 이리 오게. 자네 사는 얘기 좀 해보게."

두 사람은 게토 안에서 개종자들이 다니는 제성(諸聖) 성당 계단에 걸터앉았다.

코르차크는 생각했다. "슐츠가 이제 마흔이군. 바로 얼마 전에 열 살이었던 것 같은데." 이곳 거리에 사는 많은 사람들처럼 그도 밀수꾼 일을 하고 있었다.

게토 일기—1942년 5월

481

"저 애도 하나 있어요." 슐츠가 자랑스러운 듯 말했다. "저희 집에 가서 양배추 수프 좀 드세요. 애도 보시고요."

"나 피곤하네. 집에 들어가는 길이야."

슐츠와 계단에 앉아 30분쯤 이야기를 나누는데, 오가는 가톨릭 개종자들이 자신을 알아보고 "경악해" "몰래 힐끔거리는" 시선이 느껴졌다. 개종자들은 유대인들에게 비판적이었기에(그들은 완장은 차고 다녀야 했지만 반유대적 입장인 것으로 알려져 있었다), 코르차크는 그들의 속마음을 짐작할 수 있었다. "코르차크가 백주 대낮에 밀수꾼과 나란히 성당 계단에 앉아 있네. 고아원에 돈이 엄청 궁한가 보군. 아니 아무리 그래도 어떻게 저렇게 대놓고 뻔뻔하게? 아주 도발을 해요. 독일인들이 보면 어떻게 생각하겠어? 하여간 유대인은 뻔뻔스럽고 짜증 난다니까."

그러는 와중에, 슐츠는 자기가 아이를 잘 건사하고 있다고 자랑했다.

"아침마다 우유 한 잔에다가 빵에 버터 발라서 먹는데, 그거 돈 꽤 들어갑니다."

"왜 그렇게 잘해주나?"

"그래야 아빠 있어서 복인 줄 알죠."

"개구쟁이인가?"

"왜 아니겠어요? 누구 아들인데."

"처는?"

"아주 괜찮은 여자죠."

"부부싸움도 하나?"

"5년을 같이 살았는데 제가 한 번도 언성을 높인 적이 없습니다."

아이들의 왕

482

"요즘도 우리 생각 하나?"

슐츠의 얼굴에 엷은 웃음이 스쳤다. "'고아들의 집' 생각 많이 하죠. 선생님하고 미스 스테파 꿈도 가끔 꾸는걸요."

"지금까지 왜 한 번도 안 찾아왔나?"

"잘살 때는 그럴 겨를이 없었고요. 빈털터리일 때는 너절하고 추접한 꼴로 어떻게 가겠습니까."

슐츠는 코르차크가 일어서는 것을 도왔다. 정답게 입맞춤을 나누며, 코르차크는 이런 생각을 했다. "사기꾼이라기엔 너무 정직한 사람이야. 고아원 생활이 뭔가 선한 씨를 심어주었는지도. 아니면 뭔가를 줄여줬든지."

그다음 날, 간츠바이흐의 '십삼' 조직원들이 거의 모두 제거되었다. 이유는 분명치 않았다. 게슈타포 내의 한 조직이 라이벌 조직을 모조리 없애고 있다는 소문이 있었다. 간츠바이흐는 용케 몸을 피했다. 그다음 달은 슐츠와 같은 밀수꾼들이 표적이 될 차례였다.

기이한 일들

때는 질베르베르크가 나중에 "그 끔찍했던 여름"이라고 부른 여름의 초입이었다. 이제 게토에는 평생 나무나 꽃을 본 기억이 없는 아이들도 있었다. 코르차크는 기독교인 친구들이 간혹 밀사를 들여보내 무엇이 필요한지 물으면 늘 나무가 필요하다고 했다. 그는 이렇게 설명했다. "우리 아이들은 뭔가 몰두할 것이 필요하네. 제라늄이나 피튜니아 묘목을 보살피다 보면 근심을 잊을 수 있을 걸세."

코르차크에게 자연은 몸과 마음의 강장제였다. 아이들이 옛날 여름 캠프의 추억을 그리워하기 시작하자, 코르차크는 제성 성당 계단에 슐츠와 앉았을 때 눈에 띄었던 성당 앞마당의 풀밭이 생각났다. 아이들이 신부에게 직접 편지를 보내 그곳에서 놀게 해달라고 부탁하면 들어줄지도 모르는 일이었다. 세미라는 어린아이를 도와 편지를 쓰게 했다. 마치우시 왕이 쓴 초고라고 해도 될 만큼 절절한 글이 나왔다.

> 존경하는 신부님, 저희가 성당 앞마당에 매주 토요일 오전 몇 번 찾아가는 것을 허락해주시면 감사하겠습니다. 시간은 되도록 이를수록 좋습니다(오전 6:30~10:00).
> 저희는 신선한 공기와 풀과 나무가 그립습니다. 저희가 있는

곳은 갑갑하고 비좁습니다. 자연과 가까이하고 친해지고 싶습니다.

식물들이 다치지 않게 하겠습니다.

저희 부탁을 거절하지 말아주세요.

지그무시, 세미, 아브라샤, 한카, 아로네크

신부 마르첼리 고들레프스키는 전쟁 전에 거침없는 반유대주의자였는데, 코르차크에게 이렇게 말하기도 했다. "우리는 약한 사람들이오. 보드카 한 잔에 몸을 팔아 유대인의 굴레를 스스로 뒤집어쓴다오." 그는 독일의 점령 후 심경에 변화를 일으켰다. 게토 담장 바로 안쪽에 위치한 자신의 성당에 다니는 개종자들을 도와주었고, 유대인들을 돕기 위해 할 수 있는 일을 다 했다. 신부가 아이들의 부탁에 어떻게 응대했는지는 전해지는 바가 없다.

코르차크와 체르니아쿠프의 일기에는 적혀 있지 않지만, (전쟁 전부터 아이들의 복지 일로 만나며 친분을 쌓았던) 두 사람은 아이들이 억눌린 감정을 발산할 수 있는 특별한 장소가 필요하다는 이야기를 분명히 나누었을 것이다. 그런 장소로 놀이터만 한 곳이 또 있을까. 1942년 5월 체르니아쿠프 위원장은 이전에 식량 지원 같은 여타 구호사업을 발표할 때와 마찬가지로 격식을 갖추어, 유대인위원회에서 작은 놀이터를 몇 곳 설치해 아이들이 그네와 미끄럼틀을 타고 마음껏 뛰어놀 수 있게 하겠다는 계획을 발표했다. 1호 놀이터는 위원장 사무실 창으로 내다보이는, 그지보프스카 거리의 어느 폭격 맞은 집 옆 공터에 지어졌다. 놀이터를 짓는 작업단은 최근에 독일에서 강제 이송되어 온 유대인들로 구성되었는데 교사, 공장 주인, 소 장수, 사업가 등 면모가 다양했다. 작업단은 자기 일처럼 정성을 기울여 잔디를 심고 그네와 미끄럼틀을 설치했다. 가끔 체르니아쿠프가 휴식 시간에 담배를 돌리기도 했다. 체르니아쿠프는 동료 위원들에게 폴란드 유대인들도 저렇게 일을 능률적으로 하면 얼마나 좋겠냐며 답답함을 털어놓기도 했다.

6월 7일 아침 9시 30분에 열린 놀이터 개소식에 500명의 귀빈이 참석했고 코르차크도 초대되어 자리에 함께 했다. 유대인위원회 위원들은 주최자석에 앉았다. 코르차크는 따스한 햇살 아래 질베르베르크와 함께 앉아 유대인 경찰 악단이 연주하는 음악에 귀를 기울이며 행사가 시작되기를 기다렸다. 악단이 갑자기 연주를 멈추자, 장내가 일순간 고요해졌다. 모든 시선이 놀이터 입구 쪽으로 쏠렸다. 그곳에 아담 체르니아쿠프가 흰색 정장을 빼입고 흰색 차양모를 쓴 차림으로 등장했다. 악단이 일제히 시온주의 운동가 〈희망〉을 연주하기 시작했고, 참석한 사람들은 일어나 위원장을 맞았다. 위원장 부부는 경찰의 안내를 받아 자리에 앉았다. "우리 왕 멋지지 않나?" 코르차크가 질베르베르크에게 속삭였다. "행사가 근사하구먼."

체르니아쿠프의 열정적인 연설이 폴란드어에서 이디시어와 히브리어로 통역되었다. 그는 이 암담한 시절을 아이들이 버텨낼 수 있게 모두 각별히 힘써달라고 했다. 사는 것이 힘들지만 여기서 포기할 수는 없다며, 끊임없이 방법을 궁리하고 실행에 옮겨나가자고 했다. 이것은 시작일 뿐이며, 앞으로 게토 전역에 놀이터를 짓겠다고 했다. 뿐만 아니라 교원 양성소와 여자아이들이 다닐 발레 교습소도 하나씩 개설할 계획이라고 했다.

그가 연설을 마치자 악단이 행진을 시작했고 어린 학생들과 교사들이 줄지어 관람석 앞을 지나갔다. 노래와 무용, 체조 공연이 펼쳐진 후, 아이들은 모두 게토에서 만든 당밀 사탕이 든 조그만 봉지

아이들의 왕

를 선물로 받았다. 위원장은 그날 일기에 "개소식 행사가 참석자들에게 큰 감동을 주었다"고 적었다. "상처를 어루만져주는 손길. 거리가 웃고 있다!"

체르니아쿠프는 밀수꾼 노릇을 하다가 독일 당국에 검거되어 콩나물시루 같은 소년형무소에 갇혀 있는 아이들 수천 명의 참담한 처지도 개선해보려고 했다. 나치에 범죄자 취급을 받고 있는 그 아이들 중 일부를 놀이터에 와서 놀 수 있게 조치했는데, 거리의 거지들처럼 피골이 상접한 모습에 경악을 금할 수 없었다. 몇 명을 사무실에 데려와 이야기를 나누었는데, 그 "여덟 살짜리 시민들"의 어른스러운 말투에 마음이 찡했다. 아이들에게 초콜릿 바 하나와 수프한 그릇씩을 대접했다. 아이들이 떠나고 그는 오랜만에 슬피 울었다. 그러나 그가 자주 인용하던 찰스 디킨스의 말처럼, "눈물로 시계를 되감을 수는 없는 법"이었다. 그는 빠르게 마음을 가다듬고 하던 일을 계속했다.

체르니아쿠프는 그 암울한 상황 속에서 놀이터에 너무 힘을 쏟고 있다는 사람들의 비판에 아랑곳하지 않았다. 유대인들의 낙천성을 소재로 농담하기도 했다. "유대인 두 명이 교수대 밑에서 집행을 기다리고 있다. 한 명이 말한다. '완전히 절망스런 상황은 아니야. 저들 총알이 다 떨어졌어.'" 그러나 그는 상황이 완전히 절망적이지는 않다고 믿고자 했을지언정 희망적이라고 스스로를 속이지는 않았다. 자신을 어느 영화 속의 선장과 같은 처지라고 보았다. "배가 침몰해갈 때 선장은 승객들의 사기를 떨어뜨리지 않으려고 오케스트라에 재즈를 연주할 것을 명령한다. 나는 그 선장처럼 행동하리라 결심한 상태다."

기이한 일들

6월의 그 첫 두 주도 그랬지만, 때때로 코르차크는 도저히 연필이나 펜을 들어 일기를 적을 엄두가 나지 않았다. 헨리크가 몸이 많이 아파 타자를 칠 수 없기 때문이라고 스스로 합리화했지만, 헨리크 말고도 타자를 칠 수 있는 사람은 있었다. 기운이 좀 있어 일기를 쓰고 있으면 밤이 후딱 지나갔다. 분명히 자정이었는데 금방 새벽 3시가 되곤 했다. 가끔은 아이가 울어 글쓰기를 멈췄다. 멘델레크가 악몽을 꾸자 자기 침대에 데려와 눕히고 잠들 때까지 달래주었다. 고아원 족보로 따지면 멘델레크는 졸업생의 아들이니 코르차크에겐 '손자'인 셈이었다.

코르차크 자신이 "섬뜩한" 꿈을 꾸기도 했다.

어느 날 밤에는 이런 꿈을 꾸었다. "통금 후 프라가(바르샤바의 비스와강 동쪽 지구). 내가 완장을 차지 않고 독일인들과 함께 있다. 잠에서 깼다. 그리고 또 꿈을 꾸었다. 열차 안에서 내가 한 걸음 한 걸음씩 끌려간다. 어느 객실 안에 들어간다. 그곳엔 이미 유대인들 여러 명이 있다. 그날 밤 죽은 사람들도 있다. 죽은 아이들 시체. 양동이에 든 죽은 아이 하나. 또 한 아이는 살가죽이 벗겨져 시체실의 널빤지 위에 누워 있다. 숨은 분명히 아직 붙어 있다."

두 번째 꿈은 당시 끈질기게 나돌던, 루블린에서 열차에 실려간 유대인들이 학살당했다는 소문에 영향을 받았을 것이다. 그 살가죽이 벗겨진 아이는—모든 것을 빼앗기고도 아직 살아 숨 쉬고 있는 그 아이는—코르차크 자신의 고아들 모습과 다를 바 없어 보이지 않았을까. 자신의 고아들도 그러한 운명을 맞을지 모른다는 공포가, 속으로 얼마나 컸을까.

그날 밤 그가 꾼 세 번째 꿈은 아버지 꿈이었다. 그 꿈에서는, 아동 양육에 대한 열렬한 헌신 뒤에 감춰져 있던 그의 갈망이 드러난다. "나는 휘청거리는 높은 사다리 위에 서 있다. 아버지가 자꾸 케이크 조각을 내 입에 밀어 넣는다. 설탕 옷을 입히고 건포도가 박힌, 큼직한 조각이다. 내 입에서 떨어지는 부스러기는 모두 아버지가 자기 주머니에 채워 넣는다."

그는 땀에 젖어 마침내 꿈에서 깼다. "빠져나갈 출구가 전혀 보이지 않을 때, 죽음이란 이렇게 잠에서 깨는 것과 마찬가지 아닐까?" 하고 그는 일기장에 물었다. 그리고 쓸쓸한 유머를 담아 이렇게 덧붙였다. "누구나 5분만 시간을 내면 죽을 수 있다고, 어디서 읽은 적이 있다."

자신을 지키지도, 아이들을 지키지도 못하고 무력함에 빠지는 그런 꿈들을 그는 굳이 해석하지 않았다. 또 그런 꿈들에 아랑곳하지 않고, 독일인들에 저항하고 아이들의 생명을 유지하기 위해 날마다 사투를 벌여나갔다. 그리고 여전히 그에게는 "공상"이란 수단이 있었다. 힘이 필요할 때는 전능한 존재가 되어, 현실을 초월하고 게토 장벽 위로 솟아오를 수 있었다. 수십 년에 걸쳐 그러한 공상들을 〈기이한 일들〉이라는 제목의 공책에 모아 왔지만, 이제 그의 머릿속에선 광적인 적을 제압하는 광적인 환상이 펼쳐졌다.

내가 현미경을 닮은 어떤 기계를 발명했다(심지어 그 복잡한 구조를 상세한 도면으로 그리기까지 했다). 눈금은 100까지 있었다. 조정 다이얼을 돌려 99에 맞추면, 세상에서 인간성을 1퍼센트 이상 갖지 못한 모든 것은 죽게 되어 있었다. 엄청난 양의 연구가 필요했다. 매번 다이얼을 돌릴 때마다 얼마나 많은 인간(생물)이 사라질 것인가, 그 자리를 누가 대신할 것인가, 또 이렇게 정화된 새 세상은 어떤 세상일 것인가를 생각해보아야 했다. 일 년간 심사숙고한 끝에(물론 밤 시간에) 정화 작업을 반쯤 진행했다. 이제 남은 사람들은 반쯤 동물인 사람들뿐이었다. 나머지는 모두 죽고 없었다. 나는 모든 것을 철두철미하게 설계해놓았다. 이 괴상한 시스템에 나는 절대로 걸려들지 않게 되어 있는 것만 봐도 그렇다. 그러나 이 현미경의 조정 다이얼을 조금만 돌리면 나는 내 목숨을 끊을 수 있었다. 그러면 어떻게 되는 것인가?

6월 말, 코르차크는 자신이 쓴 일기의 1부를 읽어보고는 그 난삽함에 낙담했다. 늘 자신의 자랑이었던 문장력이 형편없었다. "회상은 곧 무의식적인 거짓말"이라는 것을 잘 알고 있었지만, 이렇게 자신도 알아보지 못하는 글이라면 남들이 알아볼 수 있을 리가 없었다. 자신의 문제일까, 아니면 자전적인 글이라는 장르 자체의 문제일까? "다른 사람의 회고를, 다른 사람의 삶을 이해한다는 것이 가능한 일인가? 아니 자기 자신의 회상도 사실 이해한다는 게 가능한가?"

일기의 2부는 동생 안나에게 쓰는 편지 형태로 적어볼까 생각도 했다. 하지만 "내 동생에게"라고만 쓰고 더는 적지 못했다. 최근에 동생에게 쓴 답장이 "냉담하고 낯설고 무심하게" 쓰였던 것이 생각나서였다. 자세히 밝히지는 않았지만 두 사람 사이에는 "뼈아픈 커다란 오해"가 있었다.

지금까지도 그늘에 가려진 인물인 안나는, 당시 게토에 살고 있지 않았던 것으로 보인다. 안나는 오빠에게 보낸 편지에서 그가 사교성 방문을 하고 경찰에게 뇌물을 준다고 비난했다. 코르차크는 그런 지적에 마음이 아프고 답답했다. 그는 마치 동생에게 답장하듯,

아이들의 왕

490

"나는 용무 없는 방문은 하지 않는다. 돈과 식량, 정보와 실마리를 구걸하러 갈 뿐이다"라고 일기에 적었다. "고되고 굴욕스런 일이다. …… 나는 내 할 일을 최선을 다해 한다고 생각한다. 나는 내가 도울 수 있으면 누구든 마다하지 않고 돕는다. 경찰에게 뇌물을 준다는 비판은 부당하다."

동생의 동정을 다시 얻기 위해서일까, 그는 이렇게 털어놓는다. "책 읽으며 휴식한다는 것이 이제는 힘들다. 위험한 증상이다. 집중이 잘 안 되는데 그것 자체가 우려스럽다. 바보가 되어버리고 싶지는 않은데."

아이들은 늘 그를 회복시켜주는 힘이 있었다. 일기의 난삽함을 고민한 다음 날, 그는 고아원의 한 교실에서 일기 쓰기를 시도해보았다. 아이들이 두 그룹으로 나뉘어 진지하게 수업을 듣고 있었다. 놀이도, 재미있는 책도, 친구들과의 수다도 마다한 채 자발적으로 히브리어를 배우고 있는 모습에 그는 기운을 얻었다.

그리고 이렇게 일기에 적었다. "그래. 러시아어로는 '다(Da)', 프랑스어로는 '위(Oui)', 영어로는 '예스(Yes)', 히브리어로는 '켄(Ken)'. 이 정도면 한평생이 아니라 세 평생은 바쁘게 살 만하다."

기이한 일들

우체국

훗날 '학살의 밤'으로 역사에 기록된 7월 1일은 그 시작에 불과했다. 그날부터 연일 밤 밀수꾼들이 총살에 처해졌다. 담벼락에 매달려, 거리에서, 안뜰에서, 아파트 건물 안에서……. 학살은 7월 중순까지 자행되었고, 이제 게토 안에 밀수꾼은 누가 봐도 씨가 말랐을 듯했다. 밀수꾼들이 사라지면서 게토에 생필품을 공급하는 젖줄이 끊겼으니, 식량난이 극심해진 것은 당연한 결과였다. 특히 빵이 심각하게 부족했다.

　'학살의 밤'이 있고 얼마 뒤, 코르차크는 〈기이한 일들〉에 자신의 마지막 공상을 적었다. 그리고 그 이야기를 고아원의 막내 시모네크 야쿠보비치에게 헌정했다. 시모네크를 비롯한 고아들을 살려내기 위해 초인적인 힘이 필요하다면, 그때가 바로 지금이었다. 그는 피난처가 될 만한 행성 '로(Ro)'를 창조했다. 그 행성에 사는 천문학자 '지(Zi)' 교수는 노의사가 꿈만 꿨던 아이디어를 구현해놓았다. 바로 열복사 에너지를 '도덕력'으로 변환하는 '우주정신마이크로미터'라는 기계였다. 지 교수의 독창적 발명품인 그 기계는 마치 망원경과 라디오를 합쳐놓은 듯했지만, 음악이나 선전포고가 나오는 대신 '영적 광선'을 쏘았다. 워낙 첨단 장비라 스크린에 영상을 비추고 지진계처럼 진동을 기록하는 기능까지 있었다.

지 교수는 우주 곳곳에 질서와 평화를 주었지만, 유독 "지구라는 저 들썩거리는 불티"만은 어떻게 해볼 수가 없었기에 상심이 컸다. 그는 연구실에 앉아 불안과 무질서가 난무하는 발아래 지구를 바라보며, "저 무의미하고 피비린내 나는 게임을 끝내야 하지 않을까" 고민했다. 지구인들이란 가진 것에 만족할 줄도 모르고 조화롭게 힘을 모을 줄도 모르는 게 분명했다. 하지만 지구에 개입한다는 것은 성숙하지 못한 지구인들을 그들이 아직 걸을 준비가 안 된 길에 올려놓고 그들이 이해하지 못하는 목표를 향해 강제로 나아가게 만드는 것과 같았다. 그들을 노예처럼 다루거나 폭력으로 내리누른다면 그것은 그들이 서로에게 하는 행동과 다를 것이 없었다.

지 교수는 눈을 감고 한숨을 쉬었다. 그가 보고 있는 것을 지구인들은 보지 못하고 있었다. 지구 위를 감도는 은은한 푸른빛과 은방울꽃 향기, 와인 같은 달콤함과 부드럽고 맑은 날갯짓…….

그는 이렇게 생각했다. "그래, 지구는 아직 젊다. 시작에는 늘 고통스러운 노력이 필요한 법이고."

고아원의 일상은 변함없이 계속되었다. 7월의 첫 월요일 저녁 8시에서 9시, 코르차크는 평소처럼 수업을 열었다. 참석해도 되느냐고 묻는 지인들에게는 이렇게 말했다. "오고 싶은 분은 누구든 오세요. 수업을 방해하지만 않으면 됩니다. 저희가 가진 유일한 양식, 영혼의 양식을 드립니다."

그리고 풍성한 메뉴를 제시해 수강생들에게 고르게 했다.

1. 여성 해방
2. 유전

우체국

493

3. 외로움

4. 나폴레옹

5. 의무란 무엇인가?

6. 의사라는 직업

7. 아미엘[+]의 일기

8. 한 의사의 회고담

9. 런던

10. 멘델

11. 레오나르도 다 빈치

12. 파브르

13. 감각과 마음

14. 천재와 환경―상호 영향

15. 백과전서파[++]

16. 작가들의 다양한 작업 방식

17. 국민, 국가, 세계시민주의

18. 공생

19. 악과 악의

20. 자유, 운명, 자유의지

어른들은 이런 지적인 성찬이 구미에 맞았을지 모르지만, 아이들은 무슨 방법으로도 마음을 사로잡기가 어려워지고 있었다. 비교적 멀쩡해 보이는 아이들의 겉모습 뒤에는 "염세, 절망, 분노, 반

[+] 앙리 아미엘. 스위스의 철학자·문학가.
[++] 18세기 프랑스에서《백과전서》를 집필한 계몽사상가들.

항, 불신, 원망, 동경이 도사리고" 있었다. 고아원은 이제 "양로원"
이나 "자기 병에 애착을 느끼는 돈 많고 변덕스러운 환자들이 모인
요양원"과 다를 바 없었다. 아이들은 자기 몸의 열에 집착해 아침마
다 "저 오늘 몇 도예요?" "넌 몇 도야?" 하고 물었다. 자기들끼리 누
가 더 아픈지, 누가 밤에 더 힘들었는지를 놓고 겨루었다. 레온이란
아이는 태어나서 처음 실신이란 것을 해보고 그 원인을 찾느라 골몰
했다.

코르차크는 모든 아이에게 자기처럼 일기를 쓰라고 권했다. 그
러면 아이들이 자신의 감정을 더 쉽게 다스릴 수 있으리라 보았다.
상호존중에 기반해, 아이들 일기를 읽어보는 대가로 자기 일기도 아
이들에게 보여주었다. 그는 일기에 이렇게 적었다. "동등한 상대로
서 아이들에게 내 일기를 보여준다. 아이들과 내가 함께 겪은 경험.
내 경험이 더 묽고 밍밍한 것 말고는 다를 게 없다."

그러나 아이들의 사뭇 진지한 일기 내용에 그는 마음이 아팠
다. 마르첼리는 주머니칼을 발견한 것이 고마워서 가난한 사람들에
게 15그로시를 기부하겠다고 맹세했다. 슐로마는 어느 과부가 집에
앉아 밀수꾼 아들이 돌아오기를 울면서 기다리는 이야기를 썼다. 그
어머니는 아들이 독일 경찰에게 이미 총살된 사실을 모르고 있다고
했다. 시몬은 이렇게 썼다. "우리 아버지는 식구들을 먹여 살리려고
날마다 고생하셨다. 늘 바쁘셨지만 나를 사랑하셨다." 미에테크는
죽은 형이 팔레스타인에서 성년 기념 선물로 받은 기도책을 쌀 표지
가 필요하다고 적었다. 세미는 못을 20그로시어치 샀고 앞으로 또
써야 될 돈을 계산하고 있다고 했다. 야쿠프는 모세를 주제로 시를
썼다. 아부시는 이렇게 적었다. "변기에 조금만 오래 앉아 있으면 나
보고 이기적이라고들 한다. 남들이 나를 좋아하면 좋겠는데."

우체국

495

코르차크는 자기도 파비아크 형무소에서 비슷한 창피를 겪었던 터라 아부시의 고충을 이해할 수 있었다. 그 문제라면 충분히 해결을 시도해볼 만했다. 지긋지긋한 파리 문제까지 한 방에 처리할 수 있는 방법이 있었다. 그는 화장실 이용료 체계를 마련했다고 공지했다.

1. 쉬: 파리 5마리 잡기
2. 응가 이등석(구멍 뚫은 양동이): 파리 10마리
3. 응가 일등석(변기): 파리 15마리

한 아이가 "저 파리 나중에 잡으면 안 돼요? 너무 급해요" 하자 다른 아이가 이러기도 했다. "가서 일 봐. 내가 대신 잡아줄게." 또 한 아이는 이렇게 물었다. "때렸는데 도망간 파리도 잡은 걸로 쳐도 돼요?"

아이들 덕분에 파리도 소탕하고(의무실에서 잡은 파리는 두 마리로 쳐주었다), "공동체의 선한 의지가 발휘하는 막강한 힘"도 확인할 수 있었다.

그러나 일기 쓰기와 파리 잡기로는 부족했다. 아이들이 지금 겪고 있는 고통을 넘어설 수 있게 도와주려면, 자신들과 동일시하고 위안을 찾을 수 있는 무언가가 필요했다. 해결책은 인도의 시인이자 철학자인 라빈드라나트 타고르의 《우체국》이라는 희곡에서 찾을 수 있었다. 이야기의 주인공은 아말이라는 죽어가는 아이다. 아말은 고아인데 심성이 워낙 순수해 마주치는 모든 사람의 삶에 윤기를 준다. 거의 코르차크가 쓴 희곡이라고 해도 될 만큼, 코르차크의 공상 스타일과 아이들을 향한 마음을 빼닮은 작품이었다.

아이들의 왕

496

바르샤바 대학에서 자연과학을 전공하고 부르사에서 수련받고 있는 에스테라 비노그론이 연극의 연출을 맡겠다고 자원했다. 그녀는 코르차크가 아끼는 제자였다. 코르차크가 고아원 아이들을 진료할 때 옆에서 진지한 태도로 보조하여 코르차크에게 깊은 인상을 주었다. 오디션이 열렸다. 주연인 아말 역은 인기 많고 바이올린을 잘 켜는 소년 아브라샤에게 돌아갔다. 3주 동안 연습해서 7월 18일 토요일에 공연을 하기로 했다.

어느 날 오후, 아이들이 이런저런 물건들로 무대와 의상을 만들고 있을 때였다. 스테파 남동생의 기독교인 친구인 니나 크시비츠카가 유대인인 자기 남편에게 식량을 갖다주러 온 길에 고아원에 들렀다. (니나의 남편은 스스로의 선택으로 게토 안에 살고 있었다.) 스테파가 선물을 싫어한다는 것은 알았지만 스테파에게 줄 조그만 선물도 가져왔다. 스테파와는 예전에도 대화가 쉽지 않았다. 스테파는 무엇을 물으면 늘 간단하게 딱 잘라 말했고 질문은 늘 구체적으로 했다. 남동생 스타시 이야기를 하니 그제야 생기가 돌았다. 스타시에게서 오랫동안 소식이 없어 걱정된다고 했다. 두 사람이 이야기를 나누고 있는데 코르차크가 갑자기 문을 뛰쳐나가 이웃 식당 직원들에게 고함을 쳤다. 직원들이 고아원 앞에 쓰레기 자루를 버리고 있었다. 코르차크의 얼굴은 시뻘겠고 입에서는 상스러운 욕설이 튀어나왔다. 니나는 그런 그의 모습에 당황해 급히 떠났다.

니나가 일주일 뒤에 다시 들렀는데, 이때 스테파는 다행히 싱글벙글하면서 아이들의 막바지 공연 준비를 돕고 있었다. 하지만 흰머리가 성성하고 주름이 많이 진 그녀의 모습이 눈에 들어왔다. 주변에서 돌아다니던 코르차크가 정중하게 다가오더니 니나에게 연극을 보러 오라고 초대했다. 코르차크 또한 늙고 지쳐 보였다. 오직 두 눈

우체국

만 생기를 발하고 있었다. 코르차크가 자리를 뜨자마자 스테파가 말했다. "선생님이 몸이 별로 안 좋으셔. 걱정이네." 그 말투에서 그녀에게 코르차크가 얼마나 소중한 존재인지 느껴졌다.

공교롭게도 공연 전날 밤, 집단 식중독이 고아원을 휩쓸었다. 코르차크와 스테파는 깜깜한 어둠 속에서 두통약과 석회수 병을 들고 우왕좌왕하며 토하고 신음하는 아이들을 보살폈다. 직원들에게는 모르핀을 "아껴서" 주었다.

죽어가는 엄마를 두고 온 아이가 히스테리가 너무 심해져서 코르차크는 아이에게 카페인을 주사해주어야 했다. 아이의 엄마는 아이가 입소하자 곧 죽었고, 그 뒤로는 어떤 말로도 아이를 위로할 수 없었다. 아이는 기이한 행동을 하기 시작했고 코르차크는 그 행동을 "양심의 가책"이라 해석했다. 이제 아이는 마치 엄마가 겪었던 고통을 자신도 따라 겪으려는 듯 비명을 지르고 끙끙대면서, 아프다, 덥다, 목이 타 죽겠다고 호소했다.

코르차크는 이 아이 때문에 다른 아이들도 정신이 날카로워질까 걱정되어 생활관을 왔다 갔다 하며 고민했다. 자신은 평정을 유지해야 한다는 것을 알면서도 아이에게 고함치기 시작했고, 심지어 조용히 하지 않으면 계단 바닥에 내쫓겠다고 협박까지 했다. "결국 목소리 큰 놈이 대장인가"라고, 그는 일기에 자조하듯 적었다.

코르차크는 아이들의 식중독 경과를 상세히 기록했다. 그 하룻밤 사이에 남자아이들은 몸무게가 총 80킬로그램이 빠졌고, 여자아이들은 조금 덜해서 60킬로그램이 빠졌다. 원인은 아이들에게 5일 전에 주사했던 이질 예방접종 아니면 전날 저녁에 먹은 오래된 달걀에 들어간 후춧가루일 것으로 짐작했다. 그는 "난리를 일으키는 데 그리 대단한 원인이 필요하지는 않았다"고 체중 기록 옆에 적었다.

아이들의 왕

겨우 회복한 아이들은 몸을 추스르고 다음 날 오후 4시 30분에 예정된 공연을 준비했다. 고아원 1층의 넓은 방은 코르차크 특유의 스타일로 적힌 초대장에 흥미를 느낀 지인과 동료들로 가득 찼다.

저희는 저희가 드릴 수 없는 것을 감히 약속하지 않습니다. 철학자이자 시인인 작가의 매혹적인 이야기를 담은 이 한 시간짜리 공연을 보시면 더없이 숭고한 감정을 경험하실 수 있으리라 믿습니다.

무료입장권을 대신하는 초대장 밑에는 코르차크의 벗인 젊은 시인 브와디스와프 슐렝겔의 글 몇 줄이 적혀 있었다. (슐렝겔은 나중에 게토 봉기 때 사망한 뒤 작가로서 명성을 얻는다.)

이것은 시험을 넘어선, 영혼의 거울입니다.
이것은 감정을 넘어선, 하나의 체험입니다.
이것은 단순한 연기를 넘어선, 아이들의 작품입니다.

관객들은 홀린 듯 공연을 감상했다. 온유하고 상상력 풍부한 소년 아말은 가난한 부부에게 입양되어 살고 있다. 그는 중병에 걸려 방 안에만 누워 있는 신세다. 마을 의사가 집 밖에 절대 나가지 못하게 했기에, 그는 이곳 게토의 고아원 아이들처럼 자연에서 격리되어 불확실한 앞날을 기다리고 있다. 그는 시간과 함께 하늘을 날아 아무도 알지 못하는 그 나라에 갈 수 있기를 간절히 바란다. 그 나라는 순찰꾼이 이야기해준, 동네 의사보다 훨씬 위대한 의사가 그의 손을 잡고 데려갈 나라다.

우체국

아말은 마을 대장이 왕에게서 온 편지라고 속이며 뭔가를 읽어 주자 그것을 믿는다. 편지는 왕이 나라에서 가장 훌륭한 의사를 데리고 곧 찾아오겠다고 약속하는 내용이었다. 왕의 의사가 갑자기 어둑어둑한 방 안에 나타나자 마을 대장과 아말의 양아버지는 기절초풍한다. 의사는 외쳤다. "이게 뭔가? 왜 이렇게 갑갑해! 모든 문과 창문을 활짝 여시오!"

문이 모두 열리고 선선한 밤바람이 흘러들어 오자, 아말은 모든 고통이 사라졌다고 말한다. 이제 어둠 저편에서 반짝이는 별들이 보인다고 한다. 별빛 아래 의사가 아말의 머리맡을 지키고, 아말은 왕이 찾아오기를 기다리며 잠든다. 아말의 친구인 꽃 파는 소녀 수다가 찾아와 아말이 언제 깨어나느냐고 묻자 의사는 이렇게 말한다. "왕께서 오셔서 그를 부르면 바로 깨어날 거야."

연극이 끝났을 때 객석에는 숨 멎는 정적이 흘렀고, 코르차크는 연극이 기대한 목적을 이루었음을 알 수 있었다. 아이들뿐 아니라 어른들에게도 현재의 삶으로부터 해방되는 느낌을 전해준 것이었다. 아말이 기다리는 '왕'이 죽음이라고 믿건 메시아라고 믿건, 아니면 죽음이 곧 메시아라고 믿건(아이작 바셰비스 싱어의 소설에 나오듯), 모든 관객은 잠깐 동안이라도 게토 담장을 넘어, 아니 삶 자체를 넘어 어딘가 새로운 세상에 오르는 체험을 했다.

왜 이 희곡을 골랐느냐는 질문에 코르차크는 아이들이 죽음을 받아들일 수 있도록 돕고 싶었다고 답한 것으로 전해진다. 그는 일기에 그날 공연을 짤막하게만 언급했다. "박수갈채, 악수, 웃음, 정중한 대화를 나누려는 사람들. (위원장 부인은 공연 후 고아원을 둘러보고, 이곳은 비록 비좁지만 코르차크라는 천재는 쥐구멍 속에서도 기적을 만들어내는 능력을 보여주었다고 말했다." 그리고 이렇게

아이들의 왕

덧붙였다. "그래서 남들은 궁전에서 사는 것이겠지.")

　아이들이 워낙 배역을 자연스럽게 소화했기에, 코르차크는 아이들이 만약 그다음 날도 연극 속의 역할을 계속 이어간다면 어떻게 될까 상상해보았다. 예지크가 자기가 실제로 마법사라고 믿고, 하이메크가 자기가 의사라고 믿고, 아데크는 자기가 시장이라고 믿는다면? "수요일 생활관 모임에서 환상이라는 주제를 놓고 이야기해봐도 좋겠다. 인류의 삶 속에서 환상의 역할이라는 주제로." 그는 이렇게 적고 나서 환상의 세계에서 빠져나와 현실 속으로—지엘나 거리의 고아원으로—발길을 옮겼다.

　7월 18일 토요일 코르차크의 고아원에서 〈우체국〉 공연이 열리기 몇 시간 전, 체르니아쿠프 위원장은 일기에 이렇게 적었다. "하루 종일 불길한 예감을 떨칠 수 없다. 월요일 아침에 강제 이송이 실시된다는 소문이 있다." 체르니아쿠프는 다른 지역 게토에서 실시된 열차 이송 건들을 꼼꼼히 기록하고 있었지만, 열차들이 어디로 갔는지는 추정하지 못했다. (노인과 아이들이 총살되었다는 소문도 있고 루블린 교외의 베우제츠와 소비부르라는 수용소에서 수천 명이 가스로 독살되었다는 소문도 있었지만, 소문들을 검증할 유대인들의 조직적인 정보망은 존재하지 않았다.) 그는 100킬로미터 북쪽의 트레블링카라는 마을에 "노동 수용소"를 지을 일꾼들을 보내라는 명령을 받았다고 적긴 했지만, 이를 일상적인 업무로 보았다. 그는 시키는 대로 따르면 게토 주민들이 재앙은 면할 수 있으리라는 한 가닥 믿음으로, 독일의 요구에 최대한 충실히 응하면서, 한편으로는 미래를 위해 놀이터를 짓고 있었다.

우체국

코르차크는 이제는 더 이상 공상에서 위안을 찾을 수 없었다. 매일 아침 잠에서 깨면 또다시 "저주받은 자들의 구역"이었다. 지난 몇 주간 그는 '안락사'라는 제목으로 새 글을 구상하느라 바빴다. 그는 이렇게 적었다. "사랑하고 고통받는 자는 자비롭게 죽음을 택할 권리가 있다. 더 이상 살고 싶지 않을 때 자신의 삶을 끝낼 권리가 있다. 몇 년 뒤에는 그렇게 될 것이다."

"암울한 시간 속에서" 코르차크는 "게토의 젖먹이와 노인들을 죽게—잠들게—하는 것을 생각해본" 적이 한두 번이 아니었다. 하지만 그때마다 "병약한 자를 살해하고 무고한 자를 암살"할 수는 없다며 생각을 떨치려 했다. 의학은 죽음이 아니라 삶을 위한 것이 아닌가. 예전에 암 병동의 한 간호사가 해주었던 이야기도 생각났다. 환자들 머리맡에 약을 치사량 갖다 놓고 한 숟갈 이상 복용하면 독약이 된다고 넌지시 알려주었다고 했다. 단 한 명도 치사량을 복용하는 사람은 없었다.

그럼에도 게토 주민들은 계속하여 자신의 목숨을 버리고 있었다. 창문으로 뛰어내리고 손목을 그었다. 흐워드나 거리의 질베르베르크 집 주방에 살던 과부도 약을 삼켰고, 코르차크가 아는 몇몇 부부도 부모에게 독을 건네 비참한 삶을 끝낼 수 있게 했다. 그렇다면, 삶이 더 이상 의미가 없을 때 사람들이 자기 운명을 자기 뜻대로 선택할 수 있는 적절한 제도가 필요했다. 누구든 죽음을 신청할 법적 권리가 주어져야 했다.

이 '사망 신청'의 규칙을 만들자니 고려할 사항이 끝도 없이 많았다. 건강검진에 심리상담, 그리고 어쩌면 고해성사나 정신분석도 필요할 것이고 죽을 장소도 정해야 했다. 또 언제 어떤 식으로 죽음을 맞게 할 것인지에 대한 규칙도 필요했다. 자면서, 와인 한 잔으로,

아이들의 왕

춤추면서, 음악을 배경으로 깔고, 예기치 못한 순간에 갑자기…….

모든 것이 결정된 뒤, 사망 신청자는 마침내 이런 메시지를 받는다. "이런저런 장소로 가십시오. 그곳에서 신청하신 죽음을 맞으실 수 있습니다." 그러나 신청자가 마음이 바뀌었을 때도 절차를 강제하는 규칙이 있어야 할지 코르차크는 확실히 판단할 수 없었다. 신청자에게 이렇게 고지해야 하는 걸까. "죽음의 집행은 한 달 뒤에, 설령 본인의 의사에 반한다 해도 이루어집니다. 귀하는 서류에 서명했고, 이는 단체와의 계약이며 이 세상과의 약속입니다. 그러니 뒤늦게 철회하는 것은 곤란합니다."

그의 계획은 곳곳에서 황당한 느낌이 들긴 해도 "농담이 아니었다." 안락사 계획은 어디까지나 아이러니한 상상에 머무를 일이라고 생각했지만, 불쑥불쑥 자꾸 떠올라 그를 압박했다. 자신의 미친 아버지, 실현되지 않았던 여동생과의 동반자살 약속, 열일곱 살 때 썼던 미출간 소설 〈자살〉이 계속 떠올랐다.

그는 마지막으로 이렇게 고백한다. "그래, 나는 광인의 아들이다. 유전되는 질병이다. 40년이 넘은 지금까지도 나는 그 생각으로 가끔 고통스럽다. 그러나 나는 내 독특한 면들을 너무 사랑하기에, 누군가가 나를 내 의지에 반하는 방식으로 처리할 가능성이 두렵다."

그는 일기에서, 그리고 광적인 상념으로부터 일주일간 손을 뗐다. 그러나 그 후의 사건들이 그를 계속 극한으로 몰아가는 가운데, 그는 안락사 생각을 거듭 떠올리곤 했다.

열차 40량이 게토 주민 전원을 강제 이송하려고 대기 중이라는 소문이 돌면서 다시 공포의 물결이 요동쳤다. 체르니아쿠프 위원장

우체국

503

은 게토 곳곳을 차로 돌아다니고 놀이터 세 곳을 방문하면서 주민들을 진정시키려 했다. 그는 7월 19일 자 일기에 이렇게 적었다. "나도 힘들다는 것을 사람들은 모른다. 오늘 두통약 두 봉지, 진통제 한 알, 그리고 진정제를 먹었지만 그래도 머리가 빠개질 것 같다. 얼굴에서 웃음을 잃지 않으려 하고 있다."

다음 날 아침 체르니아쿠프는 게슈타포 본부의 이 부서 저 부서를 돌아다니며 소문을 직접 조사하러 나섰다. 최고위층과는 대면할 권한이 없었지만, 만나본 관리들은 하나같이 아무것도 듣지 못했다고 했다. 결국 제3과 부과장인 셰러 중위와 면담을 할 수 있었다. 그도 역시 소문 얘기를 듣고 놀랍다는 반응을 보였다. 무엇보다 바로 그날 밤 열차에 사람들을 실을 예정이라는 최근 소문에는 더욱 놀라워했다. 체르니아쿠프가 그럼 주민들에게 다 근거 없는 소문이라고 알려도 되겠느냐고 하자, 셰러는 그렇게 하라며, 모든 소문은 전혀 말이 안 된다고 했다. 위원장은 크게 안도하여 보좌관에게 명하길, 유대위원회에서 알아본 결과 강제 이송 소문은 실체가 없다고 게토 내 경찰서들을 통해 공표하라고 했다.

게토가 송두리째 사라질 수도 있다는 소문이 아리아인 구역의 코르차크 친구들 귀에 들어가자 그들은 즉시 행동에 나섰다. 아직 고아원에 유대인 아이들을 감추고 있던 마리나 팔스카는, 자신의 고아원 근처에 코르차크가 지낼 안전한 방을 구했다. 이고르 네베를리는 코르차크가 쓸 가짜 신분증을 만들어 상하수도 검사관으로 위장해 게토에 들어왔다. 게토에 일하러 들어온 '자물쇠공'을 다시 데리고 나갈 서류도 꾸며 왔다.

게토에 오랜만에 찾아온 네베를리는 "사형선고를 받은" 주민들이 암울하게 살아가는 광경에 또다시 충격을 받았다. 그리고 "소위

아리아인"으로서 커다란 굴욕감과 수치감을 느꼈다. 고아원의 일상은 평소처럼 돌아가고 있었지만, 아이들은 전보다 더 말이 없고 움직임이 느렸다. 코르차크는 "병약하고 초췌하고 구부정한" 모습이었다.

두 벗은 다시 마주 보고 앉았고, 네베를리는 다시 코르차크에게 돕게 해달라고 간청했다. 네베를리는 이렇게 떠올렸다. "단 몇 명이라도 목숨을 건지려면 이번이 정말 마지막 기회라고 설명드렸어요. 이제는 더 미룰 수 없다고, 선생님이 고아원 폐쇄 결정만 내리시면 아이들과 교사들 일부는 담장 밖으로 몸을 피할 수 있을지도 모른다고요. 결정만 하시면 된다고, 그리고 당장 저와 함께 몸을 피하자고 했어요."

네베를리는 그때 코르차크가 보인 반응을 잊을 수 없었다. "선생님은 저를, 제가 무슨 배신이나 횡령을 제안한 것처럼 쳐다보셨어요. 그 눈길에 제가 고개를 떨구자, 선생님은 눈길을 거두고는 나직하면서도 질책이 섞인 목소리로 말하셨어요. '자네도 잘레프스키가 왜 두들겨 맞았는지 알잖나.'"

네베를리는 코르차크가 무슨 말을 하는지 알고 있었다. 크로흐말나 거리 시절 가톨릭교도 수위였던 잘레프스키도 유대인 아이들과 함께 게토에 자진해 들어가려고 목숨을 걸었는데, 어떻게 아이들의 아버지이자 보호자인 코르차크에게 아이들을 버리고 일신의 안전을 추구하라는 말을 할 수 있는가? 상상조차 할 수 없는 일이었다.

네베를리를 달랠 겸 작별 인사로, 코르차크는 만약 무슨 일이 생기면 일기장을 보낼 테니 잘 간수해달라고 했다. 두 사람은 악수를 나누고, 또다시 헤어졌다.

우체국

505

어제의 무지개

7월 21일 밤, 코르차크는 예순네 살 생일을 하루 앞두고 침대에 앉아 일기를 썼다. 유대력에 따르면 그날은 티샤 바브 전날이기도 했다. 티샤 바브는 유대 역사에서 가장 비극적인 기념일로, 예루살렘의 제1성전과 제2성전이 파괴된 것을 애도하는 날이다. 코르차크가 그 사실을 알았는지, 또 게토가 파국 직전에 놓여 있다는 사실을 알았는지 알 수 없지만, 그는 그런 말을 적지 않았다.

그는 자기 가족의 역사를 되돌아보고 있었다. 아버지가 자신의 출생신고를 미루어 어머니가 무척 짜증을 냈던 것. 자신에게 이름을 물려준 할아버지 헤르시가 아버지와 삼촌들에게 히브리어 이름뿐 아니라 기독교 이름도 지어주었던 것. 유리 직공이던 증조부가 온기와 빛을 세상에 퍼뜨렸다는 생각이 그에게 위안이 되었다. 그는 자신의 첫 시작에 대해 적으며, 자신의 끝을 생각하고 있었다. "태어나기도, 사는 법을 배우기도 어려운 일이다. 내 앞에 놓인 것은 훨씬 쉬운 일, 죽는 일이다. 죽은 뒤에는 또 어려워질지라도, 그건 나중 고민이다. 마지막 해, 마지막 달, 혹은 마지막 시간."

게토에서 거의 두 해를 지낸 코르차크의 몸은 육체적, 정신적 극한에 몰려 무너져가고 있었다. 자신이 이제 그리 오래 버틸 수 없다는 것을 알고 있었다. 하지만 고아들 곁을 어떻게 떠날지가 걱정이었다. 아이들은 그와 달리, 죽음을 인간 삶의 자연스런 귀결로 바라보고 있지 않았다. 어떤 운명이 그들 앞에 놓여 있건, 그 운명과 마주할 정신적 힘을 자신이 주었기를 바랄 뿐이었다. 그리고 자신의 바람을 적었다. "나는 정신이 온전한 상태에서 의식을 유지한 채 죽고 싶다. 아이들에게 무어라고 작별 인사를 해야 할지 모르겠다. 이것만은 분명히 말해주고 싶다. 자신의 길은 자신이 자유롭게 정할 수 있다는 것."

10시경, 암막을 친 창문 밖에서 총성 몇 발이 들렸다. 하지만 그는 글을 멈추지 않았다. "그것(한 발의 총성)은 오히려 정신을 집중하게 한다."

1942년 7월 22일, 코르차크의 생일날 아침, 체르니아쿠프 위원장은 평소처럼 일찍 일어나 7시 30분에 유대인위원회 사무실에 출근했다. 그는 출근길에 놀라운 광경을 보았다. 소게토 담장 밖에 평소의 경비 병력 외에도 폴란드 경찰 부대 그리고 우크라이나, 리투아니아, 라트비아 지원군 부대가 둘러서서 진을 치고 있었다.

급기야 친위대 고위 장교 열 명이 그의 사무실로 들이닥치자 그는 최악의 상황을 직감했다. 무리의 우두머리 헤르만 회플레 소령은 루블린 게토의 해체를 지휘한 자였다. 그들은 즉시 전화망을 차단하고, 길 건너 놀이터에서 노는 아이들을 내보내라고 명령했다. 바로 전날 체르니아쿠프에게 둘러대며 발뺌했던 독일 간부들과 달리, 회플레는 체르니아쿠프와 위원들 앞에서 사실을 숨김없이 당당히 밝혔다. "오늘 자로 바르샤바 유대인들의 소개(疏開)를 개시한다. 알다시피 유대인들 수가 너무 많다. 당신들 유대인위원회에 작업을 일임하겠다. 만족스럽게 임무를 수행하지 않을 경우 당신들 모두 나란히 교수형에 처해질 줄 알라."

성별과 나이에 관계없이 모든 유대인을 동부로 이송할 것이며, 유일한 예외는 유대인위원회 위원들과 그 가족, 그리고 필수 작업자들뿐이라고 했다. 그날 오후 4시까지 체르니아쿠프는 주민 6천 명을 '집하장(集荷場, 움슐라크플라츠)'에 집결시켜야 했다. 집하장이란 게토 북쪽에 인접한 널따란 화물 적재 구역으로, 주민들을 목적지로 실어 갈 화물열차가 그곳에 대기하고 있었다.

그때까지 시키는 일은 무엇이든 순순히 했던 체르니아쿠프였다. 그러나 게토 안에 내붙일 이송 공고문에 위원장의 서명을 하라고 하자, 그는 위원장이 된 뒤 처음으로 공문서에 자기 이름 적기를 거부했다. 그는 아브라함 게프네르를 비롯한 위원들이 그 전날 파비아크 형무소에 갇힌 것이 자신의 협력을 강제하기 위해 인질로 잡아둔 것이었음을 비로소 깨닫고 그들의 석방을 요구했다. 요구는 받아들여졌고, 체르니아쿠프는 유대자율구호회 직원들과 묘지 관리자들, 쓰레기 수거인들, 우체국 직원들, 세입자위원회 위원들에 대해서도 열외 승인을 얻어냈다.

그러나 체르니아쿠프가 고아원과 그 밖의 보호시설에 있는 아이들의 열외를 요청하자, 고려해보겠다는 답만이 돌아왔다. 그러는 동안 유대인위원회는 휘하 총 2천 명의 유대인 경찰력을 동원해 날마다 할당된 수의 주민이 열차에 실리도록 조치해야 했다. 위원회가 조금이라도 저항하는 즉시 체르니아쿠프의 부인을 총살하겠다고 했다.

앞날의 불길한 전조였을까, 코르차크는 생일날 아침에 일어나 늙은 재단사 아즈릴레비치가 죽어 있는 것을 발견했다. 그의 죽음을

아이들의 왕

애도할 새도 없이, 게슈타포에서 집하장에 접한 병원의 철수를 명령했다는 소식이 전해졌다. 회복 중인 어린이 환자 50명 이상이 이미 초만원인 지엘나 거리의 고아원에 옮겨질 거라고 했다. 그는 그 사태를 막기 위해 밖으로 뛰쳐나갔다.

점심 무렵 이미 게토는 발칵 뒤집혀 있었다. 집하장에 인접한 스타프키 거리 부근의 보조 선로 위에 가축 화차들이 대기하고 있는 것이 목격되었다. 난민 보호소와 형무소가 모두 폐쇄되면서, 앙상한 수용자들이 소리 지르고 울부짖으며 거리의 거지들과 함께 훗날 죽음의 수레로 불리게 되는 짐마차에 실려 이송되고 있었다. "자갈길을 달리는 수레의 덜거덕 소리와 말발굽의 다가닥 소리…… 그것이 그 모든 것의 시작이었다!"고, 한 생존자는 그 첫날의 광경을 묘사했다.

유대인위원회에서 발표는 했으되 위원장의 서명이 없는 강제 이송 공고문이 게토 전역의 담벼락에 나붙었다. 사람들은 아파트 건물에서 우르르 쏟아져 나와 공고문을 읽었다. 동부 지역 재정착이라니! 그게 대체 뭘 말하는 것인가? 1인당 현금, 귀중품, 3일간의 식량을 포함해 짐 3킬로그램만 소지를 허용한다고 했다. 명령에 따르지 않는 자는 사형에 처한다고 했다.

바르샤바 게토의 유대인 주민들은 그 짤막한 공고문을 읽고 또 읽었다. 아무리 읽어도 목적지가 어디인지는 나와 있지 않았다. 유대인위원회와 산하 기관들 그리고 병원 직원들을 제외하면 유일한 열외 대상은 독일 공장에서 일하는 노동자들이었다. 곧바로 사람들이 취업 허가증을 내주는 공장에 무조건 취직하려고 아우성치면서 난리가 벌어졌다. 그런가 하면 게토에서 벗어나 차라리 다행이라고 생각하는 사람들도 있었다. 세상 어디를 가더라도 이곳보다 나쁘진 않으리라는 생각이었다. 어디에 가서 재정착을 하든 전쟁이 끝날 때

어제의 무지개

509

까지 살아남을 수 있으리라는 희망을 갖는 수밖에 없었다.

코르차크도 틀림없이 군중 속에 섞여 강제 이송 공고를 읽으며, 이송 대상자들 첫 무리가 마차에 실려 가는 광경을 지켜보았을 것이다. 그러나 그는 그날 밤 일기에 게토 내 광란을 묘사하지 않았다. 대신 그는 "뻔뻔스럽고 후안무치한" 여의사에 대한 분노를 쏟아냈다. 의사가 집하장에 접한 병원에서 회복 중이던 아이들 50명을 코르차크의 지엘나 거리 보호소에 옮겨다 놓은 것이었다. 두 사람은 지난 6개월간 대립 중이었다. 의사는 "고집불통인 건지 멍청한 건지, 오로지 저 편하자고 환자들에게 갖은 분노를 쏟아내는 비열한 짓"을 하고 있었다. 그러더니 이제는 어린이 환자를 받으면 보호소가 너무 과밀해져 모든 아이들에게 피차 해롭다고 반대한 자신의 의견을 무시해버린 것이었다.

코르차크가 자리에 없을 때 그 의사의 명령으로 벌어진 일이었다. 그는 이렇게 일기에 적었다. "바닥에 침 뱉고 손을 떼어버릴까. 나는 그 생각을 오랫동안 해왔다. 아니면 아예 올가미나, 발에 납덩이를……."

코르차크가 그날 일기에 다른 이야기를 적지 않은 것이 놀라울 따름이다. 그는 그날 자기가 어찌할 수 없던 일들을 곱씹으며 무력감에 젖지 않았다. 그 와중에 자기가 할 수 있는 일을 하며 싸웠다. 지난 일 년 동안 "사정없이 신경을 거스르는" 기침과 신음 소리로 코르차크의 잠을 힘들게 했던 늙은 재단사의 죽음이, 말하지 않은 모든 이야기를 대신해주었다. 그는 빈 침대를 보고 이렇게 적었다. "아, 살기는 이리 힘든데, 죽기는 얼마나 쉬운가."

강제 이송 둘째 날인 7월 23일, 게슈타포는 아담 체르니아쿠프의 자동차를 압수함으로써 그에게 남은 한 가닥 권위마저 빼앗아갔다. 그러나 직업학교 학생들과 노동자 아내의 남편들에 대한 열외 요청이 받아들여진 것은 다행이었다. 고아들과 기술학교 학생들을 열외 조치해달라는 요청에 대해서는, 더 고위 관리에게 직접 청원해보라는 답이 돌아왔다.

그날 오후 체르니아쿠프는 사무실 책상 앞에 앉아, 강제 이송 절차가 앞으로 연일 쉬지 않고 이행될 것이라는 정보를 곱씹었다. 일기장을 펴서 마지막 일기가 될 글을 적었다. "게토 전역에서 작업장을 새로 만들려고 난리가 벌어지고 있다. 재봉틀 하나가 목숨을 살릴 수 있다. 지금은 3시. 지금까지 4천 명이 이송 준비되었다. 4시까지 9천 명을 대기시키라는 명령이다."

체르니아쿠프는 그날 집에서 저녁을 먹다가 다시 사무실로 불려 가 이송 업무를 맡은 친위대 장교 둘을 만났다. 차가 없으니 처음으로 자전거택시를 타고 이동해야 했다. 짤막한 전달 사항 중에는 고아들도 예외 없다는 통보가 포함되어 있었다. 생산능력이 없는 이들은 이송되어야 한다고 했다.

독일 장교들이 떠나고 위원장은 참담한 심정으로 의자에 계속 앉아 있었다. 그는 3년 가까이 게슈타포의 모든 명령을 그대로 따르려고 애썼다. 전쟁이 얼마나 오래갈지 모르지만, 협조를 통해 유대인이 나치가 전쟁을 수행하는 데 꼭 필요한 존재가 되면 그들이 내칠 수 없으리라는 생각에서였다. 게토의 이익을 위해 이미 여러 원칙을 굽히고 타협한 그였지만, 아이들의 이송만은 협조할 수 없었다. 그는 당직 근무자를 불러 물 한 잔을 갖다달라고 했다. 그녀가 본 그의 얼굴은 백짓장처럼 하얬다. 잔을 받아 드는 그의 손이 덜덜 떨렸다. 애써 웃어 보이며 "고마워요"라는 말로 그녀를 내보냈다. 그의

어제의 무지개

마지막 말이었다.

코르차크처럼 체르니아쿠프도 독약을 늘 가까이 두고 살았다. 책상의 잠긴 서랍 안에 청산가리 24알을 넣어두었다. 위원회가 양심에 반하는 명령을 강요받는 때가 오면 각 위원마다 한 알씩 돌아갈 수 있게. 이제 그에게 그때가 왔다. 그는 쪽지 두 장을 적었다. 한 장에는 아내에게 먼저 떠나는 것을 용서해달라고, 다른 선택이 없었음을 이해해달라고 적었다. 다른 한 장에는 유대인위원회 동료 위원들에게 힘없는 아이들을 독일에 넘길 수는 없었다고 밝혔다. 자신의 자살을 비겁하다고 생각하지 말아달라고, 지금 일어나는 일들을 더는 견딜 수 없다고 썼다.

잠시 뒤 건물 다른 곳에서 일하고 있던 경리 직원이, 위원장 사무실에 전화벨이 계속 울리는데 아무도 받지 않는 것을 이상하게 여겼다. 조심스럽게 문을 열어보니 아담 체르니아쿠프가 의자에 앉아 죽어 있었다.

그날 밤 게슈타포는 위원들에게 긴급회의를 소집해 새 위원장을 선출하라고 명령했다. 새벽에 체르니아쿠프의 장례식이 급히 치러졌다. 그의 아내, 위원회 위원 몇 명, 그리고 야누시 코르차크를 비롯한 친한 벗 몇 명만이 자리했다. 코르차크는 이렇게 추도사를 했다. "하느님은 아담 체르니아쿠프에게 유대인들의 존엄성을 지키는 중요한 임무를 주셨습니다. 이제 그는 눈을 감았으니 육신은 흙으로 돌아가고 영혼은 하느님에게 돌아갈 것입니다. 동포들을 지킬 수 있게 하신 은혜에 감사하며, 임무를 다한 데 만족하며 돌아갈 수 있을 것입니다."

이미 공포에 떨고 있던 게토 주민들은 체르니아쿠프가 자살했다는 소식을 어떻게 받아들여야 할지 알 수 없었다. 위원장이 유대인들에게 뭔가 뚜렷한 메시지를 남기지 않았다는 점에서 자신들을 배신했다고 생각하는 사람도 많았다. 그다음 해에 일어난 게토 봉기의 생존자 마레크 에델만은, 체르니아쿠프가 자신의 죽음을 개인적용무처럼 치른 것을 비난했다. 그러나 평범하기만 하던—지도력이부족하다고 그토록 손가락질을 받던—체르니아쿠프의 영웅적 자질을 처음으로 알아본 사람도 많았다. 체르니아쿠프는 독일의 침공후 팔레스타인 비자를 포기하고 무보수에다 신변에 큰 위험이 따르는데도 공동체에 봉사하는 일을 선택한 사람이었다. 과거에 늘 위원장에게 비판적이었던 하임 카플란은 일기에 쓴 글에서, 어떤 이들은한 시간 만에 불멸성을 얻지만 체르니아쿠프는 일순간에 불멸성을갖게 되었다고 인정했다.

위원장의 자살에 유대인들 대부분은 재정착이 곧 죽음이라는 것까지는 깨닫지 못했다 해도, 미지의 여행에 더욱더 공포감을 가질수밖에 없었다. '비생산적 인원'은 이송되어야 했기에, 사람들은 하룻밤 사이에 생겨난 수백 곳의 '작업장'에 일자리를 구하려고 몰려들었다. 자진하여 열차에 타는 이들에게 빵 3킬로그램과 마멀레이드1킬로그램을 주겠다고 제안했지만 나서는 사람이 많지 않자, 독일은유대인 경찰을 점점 강하게 압박해 가축 화차를 채우게 했다. 절박한 유대인들은 이제, 역시 할당량을 채우려고 절박하게 뛰어다니는동포 경찰들에게 쫓기는 신세가 되었다. 날마다 거리가 하나하나 봉쇄되는 가운데 이제는 취업 허가증만으로는 목숨을 부지하기 어려웠다. 은신처에 숨어 있던 가족들이 끌려 나갔다. 저항하는 이는 모두 총살당했다. 가게들은 문을 닫았다. 밀수품이 없었다. 먹을 것이없었다. 빵이 없었다. 아무도 함부로 밖에 나갈 엄두를 내지 못했다.

그 혼란스럽던 처음 며칠 동안, 기에나의 오빠 사무엘은 어떻게 해야 할지 알 수 없었다. 나치가 노동할 힘이 없는 아이들을 군이 재정착시키지 않기로 결정해 고아원은 그대로 둔다는 소문을 듣고, 동생이 안전하기만을 빌었다. 하지만 어머니가 창백한 얼굴로 꿈에 자꾸 나타나 "기에나는 어디 있니?" 하고 물었다.

동생을 어떻게 해야 할 것인가? 자기가 사는 방으로 데려온다면, 자기가 낮에 가구 공장에서 일하는 동안, 그리고 밤에 지하 모임에 나가는 동안 동생은 어떻게 지낼 것인가? 그는 노부부가 사는 아파트 세대의 방 하나에 세 들어 살고 있지만, 주인 부부를 잘 알지 못했다. 기에나는 낮 동안 무엇을 하고 있을 것인가? 친구들이 없으면 무섭고 외롭지 않을까? 열 살이란 나이치고 똑똑하고 조숙한 아이였지만, 그래도 아이는 아이였다. 그리고 어떻게 먹여 살릴 것인가? 빵은 귀하고 비쌌다. 그는 돈이라곤 하나도 없고, 가진 건 어머니가 남긴 보석 몇 점뿐이었다. 하지만 지금 그런 걸 누가 빵으로 바꿔주려 할 것인가?

재정착 5일째인 7월 26일, 사무엘은 기에나를 데리고 있기로 결정했다. 직장에 휴가를 내고 조심스럽게 고아원으로 향했다. '작전'이 벌어지고 있는 구역을 지나가다 잡히면 큰일이었다. 기에나는 고아원 1층의 넓은 방에서 다른 아이 둘과 같이 놀고 있었다. 강제 이송이 시작되고 며칠 만에 고아원 분위기는 바뀌어 있었다. 아이들은 표정이 어두웠고 배고픔을 호소했다. 기에나는 오빠를 스테파에게 데려다주고는 하던 놀이를 마저 하려고 자리를 떴다.

사무엘의 요청을 듣고 난 스테파는 사무엘이 뜻대로 결정할 권리가 있음을 인정했다. 그렇지만 그런 요청을 하러 찾아오는 가족들을 자기는 말리고 있다고 했다. 자신과 코르차크는 아이들이 이곳에

아이들의 왕

있는 것이 더 안전하다고 보고 있기도 하고—유대인위원회에서도 게슈타포가 이곳처럼 유명한 고아원을 건드리지는 않을 것으로 본다면서—일부 아이들이 떠나가면 고아원 전체의 사기에도 좋지 않다고 했다. 교직원들은 어떠한 일이 있어도 남기로 이미 표결했다고 했다. 스테파는 사무엘에게 동생과 이야기해보고 최종 결정할 것을 권했다. 퇴소한 아이는 재입소가 허락되지 않는 것이 보통이지만, 기에나는 예외로 해줄 마음이 있다는 말도 덧붙였다.

사무엘은 두 건물 사이의 조그만 안뜰로 기에나를 데리고 갔다. 사무엘은 동생과 벤치에 나란히 앉아, 어머니에게 동생을 지키겠다고 약속했던 이야기를 다시 꺼냈다. 그리고 주민들을 어딘가 알 수 없는 곳으로 이송하고 있는 지금, 남매가 함께 있어야 하지 않겠냐고 했다. 그러나 자기가 일하러 나갔을 때 기에나가 혼자 있을 일이 걱정된다고 했다. 기에나도 어떻게 해야 할지 고민스러워했다. 절친한 친구 두 명도 벌써 친척이 와서 데려갔지만, 자기는 고아원을 떠나고 싶지 않다고 했다. 거리의 구름 같은 인파도 무섭고, 낯선 집에서 혼자 오빠를 기다릴 일도 무섭다고 했다. 하지만 지금은 함께 있을 때라는 오빠의 설득에 결국 이기지 못하고 따르기로 했다.

동생이 무섭고 외로워할 것이라던 사무엘의 우려는 괜한 걱정이 아니었음이 그다음 주에 바로 드러났다. 기에나는 아침에 오빠가 공장으로 출근하러 갈 때마다 겁에 질렸고, 오빠가 돌아오면 눈물이 그렁그렁했다. 친구들이 보고 싶었고, 무엇보다 스테파가 보고 싶었다. 며칠 뒤 기에나는 오빠에게 고아원에 다시 보내달라고 사정했다.

사무엘은 동생에게 나치는 아이들이라고 봐주지 않으니 고아원도 위험할 수 있다는 것, 그리고 지하조직원들 사이에는 재정착이 곧 죽음이라고 우려하는 목소리가 있다는 것을 말해주고 싶은 마음이 굴뚝같았다. 하지만 말할 수 없었다. 어른도 무력하고 혼란스러운 마당에, 아이에게 그런 이야기가 무슨 소용이 있겠는가? 기에나의 슬픈 표정을 보고, 사무엘은 동생이 최악의 상상을 하고 있기는 할까 궁금했다. 아이들이라고 그런 생각을 안 하지는 않을 것이다. 그는 동생을 고아원에 다시 데려다주었고, 동생이 스테파를 와락 안는 모습을 보며 목이 메었다. 곧장 자리를 떠야 했다. 더 있으면 눈물을 참을 수 없을 게 뻔했다. 허리를 숙여 어머니의 눈을 꼭 닮은 기에나의 눈에 입 맞추고는 뒤돌아보지 않고 뛰쳐나갔다.

체르니아쿠프가 죽고 3일 동안 코르차크는 일기장에 손을 대지 않았다. 7월 27일에 다시 일기장을 편 그는, 자신의 든든한 조력자였던 친구의 자살을 언급하지 않았다. "어제의 무지개"라고 그는 글을 시작했다. "집 없는 순례자들의 막사 위로 휘영청 밝게 뜬 달. 나는 어째서 이 박복하고 정신 나간 집안을 평안하게 달래지 못할까?"

여전히 강제 이송에 대해서는 별말을 적지 않았다. 날마다 몇 블록의 주민들이 죄다 건물에서 끌려 나와 가축 떼처럼 채찍에 몰려 거리를 지나 집하장으로 향하는 광경에 대해 한마디도 하지 않았다. 그 대신 그는 씁쓸한 풍자조로, 독일의 그 "명료한 계획"을 최대한 이해해보려는 생각으로, 자신의 희곡 《광인들의 의회》에 등장하는 미친 대령과도 같은 누군가가 할 만한 연설을 적었다.

의사를 밝히라. 선택을 하라. 우리는 쉬운 길을 허락하지 않는다. 당분간은 브리지 카드놀이도, 일광욕도, 밀수꾼들의 피로 치른 맛있는 저녁 식사도 없다. …… 우리는 거대한 사업을 운영

아이들의 왕

중이다. 그 이름은 전쟁이다. 우리는 계획과 규율에 따라 체계를 갖춰 일한다. 당신들의 사소한 관심사, 소망, 감상, 변덕, 요구, 분노, 갈증은 우리 안중에 없다.

유대인들이여, 동쪽으로 가라. 협상은 없다. 이제 문제는 더 이상 당신 할머니가 유대인인지 여부가 아니라, 당신이—당신의 손, 머리, 시간, 삶이—어느 곳에 가장 필요한가 하는 것이다.

우리는 독일인이다. 문제는 상표가 아니라 물건을 만드는 비용, 물건을 보낼 목적지다. 우리는 굴착기다. …… 가끔 당신들에게 미안하기도 하지만, 채찍이나 몽둥이나 연필을 쓸 수밖에 없다. 질서가 있어야 하니까.

유대인도 나름의 장점이 있다. 재주가 있고, 모세와 예수와 하이네와 스피노자가 있고, 진보와 효모와 선구자들과 넓은 도량이 있으며, 장구한 역사의 근면한 민족이라는 것. 다 맞는 말이다. 하지만 유대인들 외에 다른 사람도 많고 다른 문제도 많다. 유대인은 중요하지만, 그건 나중 일이다. 당신들도 언젠가 이해할 것이다. …… 당신들은 역사가 사업의 새 장을 여는 목소리에 귀를 기울여야 한다.

그 사업이라는 것을 이해하는 게 과연 가능한 일일까? 사람은 자기 삶을 이끌어온 사업을 계속할 수밖에 없다. 이제 그는 "나는 왜 테이블을 치우는가?"라고 정자체로 대문짝만 하게 썼다.

식사 후에 내가 테이블을 치우는 것에 불만인 사람이 많다는 걸 안다. 주방 일꾼들조차 싫어하는 듯하다. 자기들이 어련히 알아서 할 일이다. 일꾼 수가 모자라는 것도 아니다. 모자라면 한두 명 충원하는 건 일도 아니고.

나는 심지어 누가 중요한 일로 찾아오면, "지금 일하는 중"이라고 말한 다음 기다리라고 한다.

일하는 게 맞지. 수프 그릇, 숟가락, 접시를 치우는 일.

심지어 더 문제는 내 동작이 굼떠서 다음 음식을 차리는 데 방해가 된다는 것이다. 테이블 앞에 빽빽하게 앉은 다른 사람들과 부딪치곤 한다. 나 때문에 다른 사람이 수프 받침이나 사발을 깨끗이 핥아먹지를 못한다. 나 때문에 음식을 못 받는 사람도 있을 수 있다.

아무도 그에게 "굳이 왜 그러세요? 왜 걸리적거리게 그러세요?" 하고 묻지 않았지만 그는 자진하여 설명한다.

내가 직접 그릇을 치우면 접시에 금 간 곳, 숟가락 휘어진 곳, 그릇에 긁힌 곳들이 눈에 보인다. …… 남은 음식이 어떻게 배분되는지, 누가 누구와 같이 앉는지 볼 수도 있다. 그러면 뭔가를 알 수 있다. 나는 무슨 일이든 생각 없이 하지 않으니까. 이 웨이터 일은 내게 쓸모가 많을 뿐 아니라 즐겁고 재미있다.

하지만 중요한 건 그게 아니다. …… 내 목적은 '고아들의 집'에서는 깨끗한 일도 더러운 일도 없고, 육체노동만 하는 사람도 정신노동만 하는 사람도 없게 하는 것이다.

코르차크의 일기장을 아무 데나 펼쳐 이 글을 읽은 사람이라면, 바르샤바 게토가 송두리째 해체되고 있는 마당에 이 훌륭한 교육자가 자기가 테이블을 치우는 이유를 몇 쪽에 걸쳐 적고 있다는 게 의

아이들의 왕

아할지도 모른다. 하지만 그것이 바로, 그가 주변의 악을 초월하는 방법이었다. 그의 작은 공화국을 흔들리지 않게 굳건히 유지할 유일한 버팀목은, 예전부터 지켜오던 일과와 질서뿐이었다.

연극 〈우체국〉을 연출했던 코르차크의 헌신적인 조수 에스테라 비노그론이 '작전' 초기에 잡혀가자, 코르차크는 자신의 안전은 아랑곳하지 않고 게토 안을 이리 뛰고 저리 뛰며 그녀를 빼낼 만한 힘이 있는 사람을 찾아다녔다.

"어느 곳에서 잡혀갔소?" 사람들이 그에게 물었다.

그도 알지 못했다. 그가 아는 것은, 집하장을 가득 메운 수천 명의 사람들 중에서 그녀를 찾아내 열차에 실리지 않게 해야 한다는 것뿐이었다. 이미 너무 늦었는지도 모른다.

그는 마지막 남은 힘을 쥐어짜 독일군과 우크라이나군 틈을 뚫고, 유대인 경찰 사이를 비집고, 황량한 가게와 창문이 박살 난 아파트 건물을 지나 전진했다. 다음 희생자들의 무리가 채찍과 군견에 떨며 호송되어 가는 가운데 독일군이 저리 비키라고 고함을 치자 담벼락에 붙어 섰다. "배려"를 베푼 것이라 생각했다. 마구 돌아다니다가는 날아다니는 총알에 맞을지도 모르는 일이니까. 그렇게 해서 그는 "담벼락에 안전하게 붙어 서서, 관찰하고 생각할 수 있었다. 생각의 실타래를 풀 수 있었다. 그렇다, 생각의 실타래를."

에스테라가 자기는 전쟁이 끝나고 아무렇게 살거나 쉽게 살고 싶지는 않다고 그에게 속마음을 털어놓았던 것을 생각했다. 자기는 "아름다운 삶을 꿈꾼다"고 했다. 그는 오로지 그녀를 찾겠다는 일념으로 계속 나아갔다. 마치 그녀 한 사람을 구하면 모든 사람을 구하는 마법이라도 일어날 것처럼. 집하장으로 이어지는 출입구 초소에서 젊은 폴란드인 경찰이 어떻게 봉쇄 구역을 뚫고 왔냐고 친절하게 물었다. 그러자 코르차크는 특유의 마력을 최대한 발휘해, 경찰에게 에스테라를 구하기 위해 "무슨 일이든 해줄" 수 없냐고 물었다. 유대인 경찰이든 폴란드인 경찰이든, 심지어 독일인 경찰도 돈을 찔러주면 잡혀간 사람을 빼내주는 경우가 있었다.

"제가 어쩔 수 없다는 것 잘 아시잖습니까"라는 정중한 대답이 돌아왔다.

코르차크는 "친절하게 말해줘 고맙소" 하고 말했다. 인간적인 말을 듣고 느끼는 이 고마움은 "가난과 타락이 낳은 핏기 없는 아이"일 터였다.

그는 에스테라를 구하지 못하는 무력함에 괴로워, "어딘가 다른 곳"에서 나중에 만날 것이라며 스스로를 위로했다. 그 말은 말 그대로였을 수도 있고, 아말이 갔던 "별 너머" 나라를 말하는 것이었을 수도 있다. 어떻게 그녀를 게토에 다시 데려온다 해도, 그게 그녀에게 좋은 일인지조차 확신할 수 없었다. "잡힌 것은 그녀가 아니라 우리인지도 모른다"고 그는 일기에 적었다.

며칠 뒤에 그도 잡혀간 일이 있었다. 스텔라 엘리아스베르크는 코르차크가 어느 날 오후 자기 집 문을 두드리더니 들어와 주저앉던 것을 기억한다. 겨우 입을 뗀 그는, 방금 '작전' 중에 친위대원에게 붙잡혀 죽음의 수레에 내던져졌다고 했다. 집하장으로 실려 갈 뻔했는데 한 유대인 경찰이 그를 알아보고 내려주었다. 지팡이를 짚고 절뚝거리며 떠나가는데 독일군이 돌아오라고 고함쳤지만 들리지 않는 척했다. 코르차크는 스텔라의 아파트에 네 시간 머물며 '작전'이 끝나길 기다렸다. 그러면서 내내 따분한 이야기를 해 미안하다고 하고는 절뚝거리며 고아원으로 돌아갔다.

아이들의 왕

게토 안의 풍경은 날마다 변해가고 있다고, 그는 일기에 적었다.

1. 감옥
2. 전염병 창궐 구역
3. 짝짓기 장소
4. 정신병원
5. 도박장. 모나코. 판돈은 각자의 목숨.

기에나의 오빠는 하루의 검거가 다 끝날 때까지 기다렸다가 늦은 오후에 고아원에 용케 몇 번을 찾아왔다. 이제 독일은 유대인 경찰을 임무에서 배제하고, 무자비한 라트비아 군인과 우크라이나 군인들을 동원해 주민들을 잡아가고 있었다. 스테파는 이제 자기도 고아원의 안전을 자신하지 못한다고 털어놓았지만, 그래도 무슨 일이 있어도 교직원들은 아이들을 버리지 않을 것이라고 사무엘을 안심시켰다.

결국 사무엘의 마지막 고아원 방문이 된 이날, "흰 턱수염을 짧게 기른 구부정한 노인" 코르차크가 지나갔다. 코르차크는 사무엘을 잠깐 뜯어보더니, 어떻게 지내고 있냐고 묻고는 갈 길을 갔다. 코르차크는 아이들 가족과의 대화를 스테파에게 맡기고 있었다. 기에나는 오빠 앞에서 활발한 모습을 보이려 했다. 배고프다는 이야기 대신 읽고 있는 책들 이야기를 했다. 하지만 오빠가 떠나려 하자 오빠를 끌어안더니 이렇게 속삭였다. "오빠 몸조심해야 해. 날 위해서."

8월 1일 토요일 아침, 코르차크는 잠자리가 너무 푹신하고 따뜻해 일어나기가 힘들었다. 30년 만에 처음으로 아이들 몸무게를 재고 싶은 마음이 들지 않았다. "몸무게가 조금 늘었을 것"이라며, 전날 저녁 메뉴에 왜 생당근이 나왔을까 하고 생각했다. 그는 다시 눈을 감고 깃털 요에 대한 논문을 쓸까도 생각했다.

하지만 일어나야 했다. 아이들 몸무게는 재지 않더라도, 아지오라는 "모자라고 지독하게 버릇이 없는" 남자아이 문제를 처리해야 했다. 그는 고아원을 "그 아이의 감정 폭발에 따른 위험"에 노출되게 하고 싶지 않았기에, 이미 유대인 경찰에 편지를 써서 그를 데려가라고 해놓은 상태였다. 전쟁 전 시절과 마찬가지로, 그에게는 공동체의 평안이 언제나 먼저였다.

코르차크는 경찰에 아지오를 넘기면 집하장으로 끌고 가 "동부에 재정착"시키지 않으면 어떻게 할 것으로 생각했을까? 그는 일기장에 아지오에 대한 언급에 이어, 지엘나 거리 고아원에서 쓸 석탄 1톤을 확보했다고 뿌듯하게 적고 있다. 날마다 열차가 수천 명의 유대인들을 알 수 없는 목적지로 싣고 가는 와중에도 그는 겨울을 날 준비를 하고 있었다.

지난 일주일간, 그는 유대인위원회의 친구 아브라함 게프네르에게 자신의 두 고아원을 공장으로 바꾸어 독일군 군복이든 뭐든 필요한 것을 만들게 하는 방안을 의논하고 있었다. 아이들이 쓸 만한 일꾼이라는 것을 입증하면 지금 있는 곳에 있게 해주지 않을까 기대했던 것이다. 게프네르는 여전히 게토 안에서 힘이 있었고(체르니아쿠프는 그를 가리켜 "보급부대의 심장이자 영혼"이라고 말하기도 했다), 다른 사람이면 몰라도 그라면 작업장을 차릴 수 있을 만했다. "코르차크는 공장을 차리면 아이들을 구할 수 있으리라는 착각에 끝까지 빠져 있었다"고 스텔라 엘리아스베르크는 회고했다. "그래서

아이들의 왕

522

모든 것을 평소처럼 돌아가게 하려고 했던 거예요. 아이들을 불안하게 만들거나 공포 분위기를 조성하지 않으려고요. 하지만 결과적으로, 작업장 하나를 차릴 시간도 없었어요."

독일보다 한 발짝 앞서 나가려고 애쓰던 코르차크였지만, 모든 이들의 사기가 떨어지는 것은 이제 막을 재간이 없었다. "이런 일이 정말 일어날 줄이야" 하고 그는 일기에 적었다. "사람들이 가지고 있던 물품을 팔았다. 등유 1리터, 곡물 1킬로그램, 보드카 한 잔과 바꾸려고." 게토 전체가 하나의 거대한 전당포가 되어 있었다. 그리고 문명사회에서 늘 당연하게 여겨지던 모든 것이—믿음, 가족, 모성 할 것 없이—타락해가고 있었다.

매일같이 너무나 많은 "기이하고도 험한 일들"을 겪다 보니 이제는 꿈도 꾸어지지 않았다. 그는 마음을 진정시키고자 마르쿠스 아우렐리우스의《명상록》을 읽고, 평소 종종 했던 것으로 짐작되는 인도식 명상도 했다. 어느 날 밤 "세상에 축복을 빈" 지 오래되었다는 생각에, 시도해보았다. 잘되지 않았다. 무엇이 잘못된 것인지조차 알 수 없었다. 앉아서 숨을 깊이 들이쉬고 정갈한 떨림과 한 몸이 됨을 느낀 뒤 축복을 빌려고 두 손을 들었지만, 손가락에 힘이 없었다. 손가락에 기(氣)가 흐르지 않았다.

새벽녘에 자신이 살아온 삶을 돌아보는데, 모든 것이 실패로 끝난 것처럼 생각되었다.

일본 전쟁에 참전했을 때. 패배—파국.
유럽 전쟁에서—패배—파국.
세계대전에서…….
승리한 군대의 군인이 어떤 기분인지, 나는 모른다…….

어제의 무지개

523

늙은 재단사가 누웠던 코르차크의 옆자리에는 이제 율레크가 누워 있다. 아이는 폐렴을 앓고 있어 늙은 재단사처럼 숨을 헐떡거렸다. 늙은 재단사처럼 관심을 끌려는 "이기적이고 과장된 욕구"로 신음하고 몸부림쳤다. 율레크가 일주일 만에 처음으로 조용히 밤을 보내자 코르차크는 비로소 잠을 좀 잘 수 있었다.

8월 5일 새벽 5시 30분, 코르차크는 잠에서 깼다. 잔뜩 찌푸린 하늘을 바라보았다. 한나가 벌써 일어나 있는 것을 보고 "좋은 아침"이라고 인사했다.

한나는 놀란 표정으로 쳐다보았다.

"웃어보렴." 그가 청했다.

아이는 "결핵 환자 같은 창백한 미소"를 지었다.

다른 모든 아이처럼 한나도 배가 고팠다. 살기 위해 꼭 필요한 양식, 빵이란 게 전혀 없었다. 하느님에게 호소하는 코르차크의 목소리에는 이제 분노와 함께 체념과 비애가 서려 있었다.

하늘에 계신 우리 아버지…….

이 기도는 굶주림과 비참함으로 빚은 기도입니다.

우리의 일용할 양식.

양식.

아이들의 왕

마지막 행진—1942년 8월 6일

중요한 것은 이 모든 일이 실제로 일어났다는 사실이다.

《게토 일기》

8월 6일, 코르차크는 평소처럼 아침 일찍 일어났다. 창턱에 기대 "가 없은 유대인 고아원 화초들"의 바싹 마른 흙에 물을 주는데, 시엔 나 거리를 가로막은 담벼락 앞에 버티고 선 독일군 보초가 또 자기 를 쳐다보고 있었다. 평화로운 광경에 보초가 짜증이 났을지 감동했 을지 궁금했다. 아니면 저자의 대머리가 표적으로 삼기 딱 좋겠다고 생각하고 있을지도. 저 보초는 소총도 있으면서 왜 저렇게 다리를 떡 벌리고 서서 가만히 쳐다만 볼까? 쏘라는 명령이 없어서 그러겠 지만, 친위대 군인이 언제 꼭 명령이 있어서 총을 갈겼던가.

코르차크는 일기장의 마지막 글에서 그 젊은 군인을 두고 이런 저런 추측을 해보았다. "어쩌면 민간인 시절 작은 마을의 교사였을 지도 모른다. 아니면 공증인이나 라이프치히의 거리 청소부, 쾰른의 웨이터였는지도. 내가 그에게 고개 숙여 인사하면 어떤 반응을 보 일까? 정답게 손을 흔들면? 어쩌면 그는 지금 상황이 어떻게 돌아가 는지도 모르고 있지 않을까? 먼 지방에서 바로 어제 전입해 왔을 수 도……."

한편 건물 구내에서 미샤 브루블레프스키와 소년 세 명은 코르차크가 담장 밖 독일군 철도 차량기지에 마련해준 일자리에 출근할 준비를 하고 있었다. 일행은 아침마다 호송을 받아 일터로 나가서 밤에 다시 호송을 받으며 돌아왔다. 일은 고됐지만, 가진 물건 몇 개나마 음식으로 교환할 기회가 있었다. 그들은 아무와도 이야기 나누지 않고 조용히 고아원을 나섰다. 평소와 같은 하루를 또 견뎌낼 생각뿐이었다.

7시 정각에 코르차크는 아침 식사를 하러 스테파, 교사들, 아이들과 함께 나무 테이블 앞에 앉았다. 언제나처럼 테이블들은 방 한가운데 있는 침구를 치우고 나서 그 자리에 식사 대형으로 한데 모아놓았다. 아침으로는 아마 감자 껍질이나 오래된 빵 껍질 정도를 먹었을 것이고, 커피 비슷하게 배합해 만든 음료를 조그만 머그잔에 따라 마셨을지도 모른다. 코르차크가 테이블을 치우려고 일어나려는데, 두 차례 요란한 호각 소리와 함께 그 공포의 호령이 고아원에 울려 퍼졌다. "알레 유덴 라우스(Alle Juden raus, 유대인들 다 나와)!"

독일의 전략은 아무것도 미리 알리지 않고 기습적으로 각 구역에 들이닥치는 것이었다. 그날 아침 계획은 소게토의 아동시설 대부분을 철수하는 것이었다. 실리스카 거리의 아랫동네는 이미 친위대와 우크라이나 보조 경찰 부대, 그리고 유대인 경찰에 의해 봉쇄되어 있었다.

코르차크와 스테파는 재빨리 일어나 아이들의 불안을 잠재웠다. 두 사람은 늘 그랬듯 본능적으로 손발을 맞췄다. 지금 각자 해야 할 일이 무엇인지 알고 있었다. 스테파는 교사들에게 신호를 보내 아이들이 짐 챙기는 것을 돕게 했다. 코르차크는 안뜰로 나가 유대인 경찰에게 아이들이 짐 쌀 시간을 달라고 했다. 그러면 밖에 질서

정연하게 줄을 세워놓겠다고 했다. 15분의 시간이 주어졌다.

코르차크는 그때 아이를 한 명이라도 숨길 생각이 없었을 것이다. 그는 최근 몇 주 동안 장롱 속에, 가짜 벽 뒤에, 침대 밑에 숨어 있던 사람들이 발각되어 창으로 내던져지고 총구에 밀려 거리로 끌려나오는 것을 수두룩하게 보았다. 지금 할 수 있는 일은 아이들과 교사들을 이끌고 미지의 운명을 맞는 것, 그리고 그 운명을 극복할 수 있기를 바라는 것밖에 없었다. 그 동부 지역이라는 곳에서 살아남는 사람이 조금이라도 있다면, 그게 그들이 되지 못하리라는 법이 있는가?

코르차크는 아이들을 조용히 네 줄로 서게 했다. 그러면서 마음속으로 기원했을 것이다. 앞으로 아무리 참담한 상황이 찾아올지라도 자신의 마력과 설득 기술로 아이들에게 먹일 빵과 감자 그리고 약까지 얻어낼 수 있기를. 무엇보다도, 아이들과 항상 함께하여 사기를 지켜줄 수 있기를. 앞으로 무슨 일이 닥치건 아이들의 앞길을 이끌어줄 수 있기를.

아이들이 두려움에 떨며 저마다 작은 물병, 제일 좋아하는 책, 일기장, 장난감 따위를 꼭 붙들고 줄을 서는 동안, 코르차크는 아이들을 안심시키려 애썼다. 하지만 무슨 말을 할 수 있었을까. 아이를 갑자기 놀라게 하지 않아야 한다는 것이 그의 평소 생각이었다. "위험하고 먼 길을 떠나려면 준비가 필요하다"고 했던 그였다. 아이들의 희망을 앗아가지 않고, 자기 자신의 희망을 앗아가지 않고 무슨 말을 할 수 있었을까? 어떤 이는 코르차크가 아이들에게 '꼬마 장미' 여름 캠프에 간다고 말했으리라 추측하기도 한다. 하지만 코르차크가 아이들에게 거짓말하지 않았으리라 보는 것이 타당해 보인다. 어쩌면, 지금 가는 곳에 '꼬마 장미' 캠핑장처럼 소나무와 자작나무가

마지막 행진―1942년 8월 6일

527

있을 수도 있다고 했을지 모른다. 그리고 나무가 있다면 틀림없이 새와 토끼와 다람쥐도 있을 거라고 했을지도 모른다.

그러나 아무리 상상력이 풍부한 코르차크라 해도 자신과 아이들 앞에 놓인 운명을 상상하지는 못했을 것이다. 그때까지 트레블링카에서 탈출한 사람은 한 명도 없었고, 당연히 진실을 전할 사람도 없었다. 그들이 가는 곳은 동부가 아니라 바르샤바 북동쪽 100킬로미터에 위치한 수용소였다. 그리고 도착하는 즉시 가스실에서 죽음을 맞을 운명이었다. 트레블링카 여행은 단 하룻밤의 잠자리도 예정되어 있지 않았다.

독일군이 인원을 점검했다. 아이 192명에 어른 10명. 코르차크는 수십 년간 수많은 도덕적 병사들을 키워낸 어린이 공화국에 이제 마지막으로 남은 초췌한 부대원들을 앞장서서 이끌었다. 한 팔에는 다섯 살 롬치아를 안았다. 다른 손으로는 아마 '로 행성' 이야기를 헌정받은 아이, 시모네크 야쿠보비치의 손을 잡았을 것이다.

스테파는 조금 뒤에서 아홉 살에서 열두 살 아이들을 이끌고 따라왔다. 그중엔 제 엄마처럼 검은 눈동자가 슬픈 기에나도 있었다. 오빠도 고아원에서 지냈던 에바 만델블라트, 엄마와 남지 않고 코르차크와 함께 가기로 한 할린카 핀혼손, 모세를 주제로 시를 썼던 야쿠프, 반질반질 광나는 상자를 든 레온, 죽은 형의 기도책을 든 미에테크, 화장실에 너무 오래 앉아 있던 아부시도 있었다.

성당 앞마당에서 놀게 해달라는 편지를 썼던 지그무시, 세미, 한카, 아로네크도 있었다. 늘 불안해하던 헬라, 천식을 달고 살던 큰한나, 결핵 환자처럼 창백하게 웃던 작은 한나, 악몽을 꾸던 멘델레크, 죽어가는 엄마 곁을 떠나지 않으려 하던 비통한 소년도 있었다. 아말 역을 맡았던, 바이올린을 든 아브라샤, 마법사 역의 예지크, 의사 역의 하이메크, 시장 역의 아데크, 그 밖에 〈우체국〉 공연에 참가했던 모든 아이들도 있었다. 모두 판 독토르의 뒤를 따라, 메시아 왕을 만나러 가는 여행길에 올랐다.

큰 아이 한 명은 마치우시 왕의 초록색 깃발을, 흰 바탕에 파란색 다윗의 별이 한쪽 면에 붙어 있는 그 깃발을 들고 있었다. 4킬로미터를 걷는 동안 큰 아이들이 깃발을 번갈아가며 들었다. 마치우시 왕이 자신의 왕국 거리를 지나 처형장으로 끌려가는 행렬 속에서 고개를 꼿꼿이 들고 있던 모습을, 아이들은 아마 기억했을 것이다.

교사들 중에는 고아원에서 자란 이들도 많았다. 롬치아의 엄마 루자 슈토크만은 꼭 자기 딸처럼 금발 머리를 가운데에 가르마를 타서 두 가닥으로 땋고 있었다. 코르차크의 일기를 타자로 쳤던 루자의 남동생 헨리크는 역시 금발에 운동을 잘하고 여자들에게 인기가 좋았다. (그는 바르샤바가 함락되기 전에 소련으로 피할 기회가 있었지만 재단사 아버지와 함께 있으려고 남았다.) 발비나 그지프는 어릴 적 고아원 인기투표에서 '왕'으로 뽑혔던 아이 펠릭스(그날 직장에 나가 고아원에 없었다)의 아내였다.

30년 동안 경리를 맡은 헨리크 아스테르블룸, 회계 담당인 도라 소콜니츠카, 인기 많은 재봉 교사이자 체조선수이기도 한 사비나 레이제로비치, 고아원 출신인 루자 리피에츠-야쿠보프스카, 그리고 고아원에서 20년 동안 일했고 코르차크가 받아주기 직전에 소아마비를 앓아 다리를 저는 나탈리아 포스도 있었다.

'작전'이 진행 중일 때는 인근 주민들을 집 앞에 나와 서 있게 했기 때문에 보도는 사람들로 빼곡했다. 코르차크와 아이들의 행렬이 고아원에서 점점 멀어져갈 때, 교사 중 한 명이 행진가를 부르기 시작했고, 이내 모든 사람이 따라 불렀다. "폭풍이 울부짖어도, 우리는

마지막 행진—1942년 8월 6일

당당히 행진하리니.”

　행렬은 실리스카 거리를 따라 몇 블록을 걸어 코르차크가 젊은 의사 시절 7년을 일했던 어린이병원을 지나갔고, 뒤이어 코르차크가 한밤중에 가난한 유대인 환자들을 찾아다니며 돌봤던 판스카 거리와 트바르다 거리를 지나갔다. 이곳 거리는 인적이 없었지만, 주민들은 커튼 뒤에 숨어 밖을 내다보았다. 유제프 발체라크는 그 전해에 게토에 있는 부모님과 함께 살기 위해 이곳으로 이주해 있었다. 그는 창문으로 행렬을 내다보고 숨을 삼켰다. “세상에! 코르차크 선생님이야!”

　아이들의 행렬은 약 1킬로미터를 걸어 그지보프스카 광장의 (마당에서 놀게 해달라고 편지를 썼던) 제성 성당에 이르렀고, 그곳에서 다른 수천 명과 합류했다. 대부분은 그날 아침 철수된 여러 보호시설에서 끌려온 아이들이었다. 인파는 소게토를 계속 지나 흐워드나 거리에 이르렀고, 그곳에서 대게토로 건너가는 다리에 올랐다. 목격자들에 따르면, 어린아이들은 울퉁불퉁한 자갈길에 발을 헛디디고 마구 떠밀리며 계단을 올랐다. 넘어지거나 중심을 잃고 계단을 내려가는 아이들도 적지 않았다. 다리 밑에서는 몇몇 폴란드인들이 “잘 가, 유대인들, 속이 시원하다!” 하고 외쳤다.

　코르차크와 아이들의 행렬은 카르멜리츠카 거리를 따라 걸으며, 〈작은 평론〉 사무실이 있던 노볼립키 거리를 건너, 코르차크가 목요일 밤마다 기자들을 데리고 갔던 소시지 가게를 지나갔다. 미하우 질베르베르크와 헨리에타 부부는 그때 노볼립키 거리와 스모차 거리 모퉁이에 있는 어느 집 지하실에 살고 있었고, 코르차크와 아이들이 지나갈 때 우연히 밖을 내다보았다. 그는 코르차크의 아이들이 다른 무리들과는 달리 경찰에게 맞거나 이리저리 떠밀리지 않고

아이들의 왕

있어 다행이라고 생각했다.

행렬은 지엘나 거리를 건너 파비아크 형무소를 지나갔고, 자멘호파 거리를 따라 게토의 북쪽 장벽을 향해 나아갔다. 어린아이들은 이제 뜨거운 햇볕에 지쳐가고 있었다. 발을 질질 끌며 쉬고 싶다, 목마르다, 덥다, 화장실 가고 싶다고 끙끙거렸다. 하지만 호송 중인 유대인 경찰들은 아이들을 멈추지 않고 계속 걷게 했다.

간호사 요안나 스바도시의 눈에 목적지를 향해 나아가는 아이들의 모습이 들어왔다. 그녀는 어머니를 도와 집하장 옆의 철수된 병원 안에 작은 의무실을 차리고 있었다. 사람을 죽이지 못해 안달하는 독일인들이 왜 그런 시설을 굳이 차리라고 하는지 그녀로선 알 수 없었다. 그들이 벌이는 일은 논리적인 이해가 불가능했다. 그녀는 이제 궁금해하지도 않고 그저 맡은 일을 생각 없이 할 뿐이었다. 나중에서야 의무실은 재정착에 대한 주민들의 의구심을 잠재우기 위한 위장 수단에 불과했음을 알게 되었다.

짐 상자를 풀고 있는데 누군가가 창밖을 흘긋 보고는 외쳤다. "코르차크 선생이야!" 코르차크도 잡혀가고 있다는 것인가? 코르차크도 이송 대상이라면, 누구도 남아 있지 못할 것이 분명했다.

유대인 경찰들이 코르차크 행렬의 양옆을 지키며 다른 인파와 섞이지 않게 호송하고 있었다. 코르차크가 한 아이를 안고 다른 한 아이의 손을 잡고 걷는 모습이 보였다. 두 아이에게 뭐라고 나지막하게 말하는 듯했다. 때때로 고개를 돌려 뒤따라오는 아이들에게도 격려의 말을 하고 있었다.

코르차크의 고아원도 이송되고 있다는 소식이 게토 내에 순식간에 퍼졌다. 가구 공장에서 일하고 있던 기에나의 오빠 사무엘도 소식을 듣고 뛰쳐나왔다. 동료 두 명이 그가 동생을 따라가지 못하게 막으려고 급하게 그를 뒤쫓았다. 사무엘은 일단 유대인위원회에 달려가 아브라함 게프네르에게 소식이 사실인지 물었다. 늘 능력이 넘쳐 보였던 게프네르는 의자에 구부정하게 파묻혀, 사실이라고 말했다.

"도와주세요. 기에나를 집하장에서 빼내주세요." 사무엘이 간청했다.

"불가능해." 게프네르가 들릴락 말락 하는 소리로 말했다. "어제 내 딸의 제일 친한 친구도 끌려갔어. 내가 수양딸이라고 불렀던 아이. 구할 수가 없었어."

사무엘이 나가려고 돌아서자 게프네르가 목소리를 높였다. "내가 만약 기에나를 빼낼 수 있다 해도 기에나가 거부할지도 몰라. 코르차크와 스테파, 그리고 다른 아이들과 함께 있는 편이 더 나을지도 몰라."

사무엘은 유대인위원회 사무실을 박차고 나와 집하장으로 향했다. 두 친구도 계속 그의 뒤를 쫓아갔다. 그러나 집하장으로 가는 길목에 미와 거리와 니스카 거리, 그리고 자멘호파 거리의 일부가 봉쇄되어 있었다. 그처럼 혈육을 구하려고 아우성치는 사람들의 인파 틈으로 비집고 들어가려 했지만 친구들이 그를 겨우 붙잡아 공장으로 다시 끌고 갔다.

그날 밤새 사무엘은 자리에 누워 어둠 속을 바라보며 기에나 생각뿐이었다. 집하장에서 동생이 어떤 기분이었을까? 무슨 생각을 했을까? 무서웠을까? 오빠가 보고 싶어 울었을까? 사무엘은 훗날 게토 봉기에 가담했고, 마이다네크 수용소와 아우슈비츠 수용소에서도 살아남았지만, 그때 동생을 구하지 못했던 무력함은 그를 평생 괴롭

아이들의 왕

532

혔다.

　게토 안은 아수라장이었지만, 아직 바깥으로 통하는 전화망이
완전히 끊기지는 않았다. 2년 전 코르차크를 파비아크 형무소에서
빼낼 수 있게 줄을 댔던 해리 칼리셰르가, 고아원 식구들이 모두 이
송되고 있는 것을 봤다고 이고르 네베를리에게 전화로 알렸다. 네베
를리는 곧장 마리나 팔스카에게 전화로 알렸고, 마리나는 네베를리
가 아내와 아홉 살 아들을 데리고 사는 아파트에 황급히 달려왔다.
마리나는 한참 동안 왔다 갔다 하더니 자리에 앉아 침묵했다. 마침
내 전화벨이 울리자 네베를리가 수화기를 낚아챘다.
　"집하장에 도착했네." 해리의 목소리였다. "이제 끝인 것 같아."
　"무슨 방법이라도 보이면 전화하게." 네베를리가 말했다.
　"선생님에게서 이제는 소식 듣지 못할 것이네." 마리나가 잠긴
목소리로 말했다. 그녀의 예측은 옳았다.

　게토를 빠져나가는 출입문에는 친위대와 우크라이나 보조 경찰
부대가 채찍과 총, 군견으로 무장하고 기다리고 있었다. 아이들은
난폭하게 떠밀리며 출입문을 통과해 아리아인 구역으로 나갔다. 철
도마차 선로를 건너 또 다른 출입문을 통과하니, 사방이 트인 흙땅
위로 보조 선로가 지나가고 있었다. 집하장이었다. 그곳에는 타오르
는 태양 아래 이미 수천 명이 울고불고 절규하고 기도하며 대기하고
있었다. 가족들이 보잘것없는 짐을 베갯잇과 자루에 싸 들고 서로
떨어질세라 다닥다닥 붙어 있었다. 엄마들은 아이들을 부둥켜안고
있었다. 노인들은 멍하니 앉아 있었다. 물도 음식도 용변 볼 곳도 없
었고, 독일군의 채찍과 욕설을 피할 곳도 없었다.

마지막 행진—1942년 8월 6일

유대인위원회 직원인 나훔 렘바는 집하장에 응급 치료소를 차려놓은 덕분에 그곳을 통해 몇 사람을 구해낼 수 있었다. 코르차크와 고아원 아이들이 오고 있다는 소식이 그의 귀에 들어온 것은 일행이 도착하기 직전이었다. 그는 코르차크 일행을 광장의 한쪽 구석, 나지막한 담벼락에 붙여 앉혔다. 담벼락 너머는 철수된 병원의 안뜰이었다. 그곳도 벌써 열차에 실릴 운명인 유대인들이 가득 들어차 있었다.

그날 렘바가 걱정해야 할 아이들은 코르차크의 아이들뿐만이 아니었다. 게토 곳곳의 아동시설에서 아이들과 교사들 4천 명이 몰려왔다. 하지만 코르차크의 아이들을 외면할 수는 없었다. 열차는 날마다 6천 명에서 1만 명을 실어 갔지만, 코르차크 일행을 정오까지만 붙들어둘 수 있다면, 그다음 날까지는 이곳에 둘 수 있을지도 몰랐다. 지금과 같은 미친 세상에서는 하루라도, 한 시간이라도 버는 게 의미가 있었다.

렘바는 코르차크를 한쪽으로 데리고 가, 함께 유대인위원회를 찾아가 개입을 요청하자고 재촉했다. 하지만 코르차크는 그럴 생각이 없었다. 이 끔찍한 곳에 아이들을 한순간이라도 놓고 떠나면 아이들이 공포에 질릴지도 모른다고 했다. 그런 위험을 감수할 수는 없다고 했다. 그리고 자신이 자리를 비운 동안 아이들이 실려 갈 위험도 있다고 했다.

"그때 화차에 적재가 시작되었다"고 렘바는 회고록에 적었다. "나는 일렬로 서서 주민들을 화차에 싣는 게토 경찰들 옆에서, 쿵쿵거리는 가슴을 안고 그 과정을 주시하며 내 지연 계획이 성공하기만을 빌었다."

독일인, 우크라이나인 경찰들이 사람들을 난폭하게 밀고 발길

질하며 소독약 냄새가 나는 화차에 쑤셔 넣었지만, 아직 공간이 좀 더 있었다. 바이올린 케이스를 든 훤칠한 청년이 한 친위대 장교에게 완벽한 독일어로 어느 차량에 실린 자기 어머니와 함께 타게 해달라고 애원했다. 장교는 조롱하듯 웃더니 말했다. "당신 연주 실력 보고 생각해보지." 청년은 바이올린을 꺼내 연주했다. 멘델스존의 진혼곡이었다. 광란의 광장 위에 선율이 흘렀다. 독일 장교는 재미가 시들해졌는지 청년에게 손짓으로 화차에 타라고 하더니 그가 올라타자 곧바로 문을 걸어 잠갔다.

곧이어 집하장을 담당하는 게토 경찰의 우두머리이자 잔학하기로 이름난 슈메를린크가 고아원 인원을 싣도록 명령했다. 렘바는 절망했다. 코르차크는 아이들에게 일어나라고 신호했다.

몇몇 사람에 따르면, 바로 그 순간 한 독일 장교가 인파를 뚫고 코르차크에게 다가와 쪽지 하나를 건넸다고 한다. 첸토스의 한 유력 회원이 그날 아침 코르차크를 대신해 게슈타포에 탄원을 넣었고, 그 결과 코르차크는 열외 허락을 받았지만 아이들은 받지 못했다는 것이다. 코르차크는 고개를 젓고는 독일 장교에게 가라고 손짓했다고 전해진다.

렘바의 회고록에 따르면 코르차크는 두 조로 나뉜 아이들 중 첫 번째 조를 이끌었고, 스테파는 두 번째 조를 이끌었다. 다른 모든 사람들이 정신을 놓고 비명을 질러대며 채찍에 쫓겨가는 아수라장 속에서, 아이들은 묵묵히 의연하게 네 줄을 맞춰 걸었다. "나는 그 광경을 평생 잊을 수 없다"고 렘바는 적었다. "그것은 열차에 탑승하기 위한 행진이 아니었다. 살인 정권에 항거하는, 침묵의 시위였다. …… 지금까지 그 누구도 본 적이 없는, 그런 행진이었다."

코르차크가 아이들을 차분하게 이끌고 가축 화차를 향해 걸어

마지막 행진—1942년 8월 6일

갈 때, 행렬 양옆을 지키고 선 유대인 경찰들이 본능적으로 경례를
했다. 독일인들이 렘바에게 저 사람이 누구냐고 묻자 렘바는 왈칵
눈물이 났다. 광장에 아직 남은 유대인들 사이에서 탄식의 울부짖음
이 새어 나왔다. 코르차크는 양손에 아이 손을 하나씩 잡고, 고개를
꼿꼿이 들고 걸었다. 두 눈은 특유의 시선으로, 정면을 응시하고 있
었다. 마치 저 멀리 무언가를 바라보듯이.

아이들의 왕

트레블링카 그리고 그 후

사람은 죽음을 끝이라고 생각하고 고심하지만,
죽음은 삶의 연속일 뿐이다. 또 다른 삶이다.
영혼의 존재를 믿지 않는 사람이라 해도, 육체가 푸른 잔디와
구름으로 계속 이어진다는 것은 부인할 수 없다.
우리는 결국 물과 먼지에 불과하니까.
《게토 일기》

1942년 8월 6일 바르샤바 게토에서 열차를 탄 코르차크와 스테파 그리고 아이들의 마지막 몇 시간에 대해서는, 생존자가 없어 이야기를 전할 사람이 없다. 열차의 목적지였던 트레블링카 절멸 수용소는 당시 이름프리트 에베를이라는 잔학한 의사가 지휘했다는 사실이 알려져 있을 뿐이다. 에베를은 이미 독일 본국에서 가스를 이용한 '안락사' 프로그램에 참여했던 경력자였지만, 트레블링카는 극도로 혼란 상태였다. 작은 가스실들이 쉼 없이 가동되며 엔진 배기가스로 만든 일산화탄소를 뿜어댔지만, 날마다 수천 명씩 실려 오는 인원을 제때 처리하기에는 무리였다. 많은 사람을 총살해야 했다. 시체가 곳곳에 산처럼 쌓여 부패해가다가 커다란 구덩이에 던져 넣어졌다.

"이대로 계속할 수는 없습니다. 전 더 못 하겠습니다. 중단시켜

주세요." 에베를은 루블린의 게슈타포 본부에 전화해 알렸다.

"생지옥이군." 8월 말 에베를의 후임으로 트레블링카에 온 프란츠 슈탕글은 말했다. 수 킬로미터 밖까지 악취가 진동했다. 다음 해 4월 슈탕글은 묻었던 시체를 모두 파내 '석쇠' 위에 올려 소각할 것을 명령했다. 재는 참호에 뿌리고 흙을 덮은 뒤 그 위에 상록수를 심었다.

8월 6일 오후 늦게 미샤가 고아원에 돌아왔을 때, 고아원은 온통 어질러져 있었다. 왼쪽 렌즈에 금이 간 코르차크의 안경이 침대 옆 협탁에 전날 밤 내려놓은 그대로 놓여 있었다. 방 안에는 서류가 사방에 흩어져 있었다. 미샤는 그날 고아원이 기습당하리라는 생각을 아무도 하지 못했을 것이라고 했다. 그는 전쟁에서 살아남았고, 폴란드군 대령으로 복무하던 중 1960년대 말 '반(反)시온주의'를 앞세운 탄압에 쫓겨 스웨덴으로 이주했다.

"코르차크 선생님과 아이들이 끌려간 다음 날, 한 빨간 머리 소년이 저희 집 문 앞에 와서 꾸러미를 놓고는 사라졌어요." 네베를리가 말했다. "저희 아파트에 두기는 위험하다는 생각에 곧장 비엘라니의 마리나 팔스카 선생님에게 가지고 갔어요. 같이 고아원 처마 밑에 적당한 위치를 골랐어요. 건물관리인 치호시 씨가 구덩이를 파고 벽돌로 마감했어요."

네베를리는 아우슈비츠에서 정치범으로 2년간 억류되어 있다가(그곳에서 그 빨간 머리 소년을 본 것 같기도 했다), 이제 공산권의 일부가 된 폴란드에서 새 삶을 시작했다. 그는 코르차크의 일기를 파내어 폴란드 작가협회에 전달했다. 스탈린 집권기에 코르차크는 '부르주아 교육자'로 격하되며 러시아 교육자 안톤 마카렌코가 추앙되었고, 일기는 한동안 출간되지 않았다.

1956년 해빙기를 맞고서야 네베를리는 야누시 코르차크의 글들을 출간할 수 있었지만, 일기는 별개의 책으로 나오지 않고 네 권짜리 작품집에 포함된 형태로 공개되는 데 그쳤다. 일기 원본, 즉 게토 고아원 시절 젊은 교사 헨리크가 타자로 쳐낸 원고는 현재 사라지고 없다. 코르차크 협회와 바르샤바의 문학박물관 두 곳 모두 말끔하게 타자된 원고를 각각 소장하고 있고, 저마다 원본으로 일컫고 있다.

전후 폴란드에 남은 몇 안 되는 유대인 교사 생존자 중 한 명인 이다 메르잔은, 일기가 섬세한 파란색 통초지⁺에 타자되었고 오타가 많았다고 말한다. 1950년대 중반에 자신과 한 여성이 함께 일기를 한 장 한 장 튼튼한 종이에 붙였고, 그것을 네베를리가 출판에 사용했다. 메르잔은 이렇게 말했다. "일기는 특별한 편집 없이 출판됐어요. 다만 이름 몇 개를 삭제하거나 약자 처리했지요. 전후에 러시아에서 폴란드로 귀국한 유대인들 중 새 정부의 요직에 오른 이들이 자기 친척들에 대한 코르차크의 비판적 언급이 실리는 것을 반대했어요. 그리고 일부 폴란드 관리들은 반공주의자였던 유제프 피우수트스키 같은 애국지사들에 대한 언급을 모두 삭제하려고 했어요."

메르잔과 네베를리 두 사람 다 사소한 세부 사항을 제외하고는 일기 원본의 내용을 함부로 수정하지 않았다고 한다. 일기 원본이 어디로 갔는지 메르잔은 알 수가 없다. "저보고 그만 찾으라고들 하

⁺ 通草紙, 두릅나무의 일종인 통초의 골속으로 만든 얇은 종이. 19세기 말에 중국에서 서양으로 전해지면서 'rice paper'로 알려졌다.

트레블링카 그리고 그 후

더군요. 아무리 찾아도 안 나올 거라고. 그래도 저희 세대가 다 세상을 뜨면 틀림없이 다시 나타날 것 같아요."

마리나 팔스카는 코르차크와 아이들이 트레블링카로 실려 간 뒤 절망에 빠지지 않으려고 애썼다. 유대인 아이들도 계속 숨기고 있었다. 한 유대인 아이는 게토 봉기 때 원장 선생님이 고아원 옥상에서 하늘을 바라보고 있는 모습을 보았다. 불길이 치솟는 하늘 위로 베개며 매트리스에서 터져 나온 깃털들이 눈처럼 흩날리고 있었다. 그녀의 뺨에는 눈물이 흐르고 있었다. 하지만 마리나는 아이가 옆에 와 있는 것을 알아채고는 표정을 얼른 가다듬더니 아이를 자러 가라고 보냈다.

1944년 가을 바르샤바 봉기 때―도시 전체가 독일군에 파괴되고 소련 붉은 군대가 비스와강 건너편에서 관망하고 있던 무렵―마리나는 고아원 안에 병원을 차려 부상당한 폴란드 투사들이 치료받게 했다. 큰 남자아이들이 봉기군에 가담하여 싸우는 것을 허락하고, 밤마다 아이들이 돌아오길 기다리며 지새웠다. 여덟 명은 돌아오지 않았다.

마리나는 죽기 얼마 전, 한 독일군으로부터 고아원을 폴란드의 다른 지역으로 철수시킬 예정이라는 통보를 받았다. 그 독일군은 가기 전에 마리나의 손목을 붙잡더니 차고 있던 시계를 잡아채 가져갔다. 시계는 남편의 유품이었다. "마리나가 복도에서 몸싸움을 하면서 그 시계는 남편 것이라고 소리쳤어요." 교사였던 에우겐카가 말했다. "군인은 마리나를 총으로 치고 갔어요. 마리나는 시계를 잃고 망연자실했어요. 자신은 이사 갈 준비를 하지 않고 이런 말만 했어요. '아이들이 무거운 물건 들지 않게 하세요. 아이들을 잘 돌봐주세

아이들의 왕

540

요.' 마치 마지막 지시를 하는 듯했어요."

고아원 이사 전날인 1944년 10월 7일, 마리나가 갑자기 쓰러져 사람들이 위층으로 데리고 가 눕혔다. 에우겐카는 마리나의 얼굴이 새파래지는 것을 보고 오열했다. 의사가 말했다. "왜 우시오? 지금 죽는 사람이 얼마나 많은데." 마리나는 생의 마지막 한 시간 동안 고해성사를 청하지 않았다. 아이들과 직원들에게는 마리나가 심장마비로 죽었다고 전해졌다. 하지만 에우겐카를 비롯한 몇 사람은 그녀가 고아원을 떠나고 싶지 않아 청산가리를 삼켰다고 생각한다. 고아원 병원에서 죽은 폴란드 군인들의 시신은 자루에 넣어 묻었지만 마리나를 그렇게 할 순 없었다. 교사 네 명이 책상 몇 개를 가지고 관을 만들었다. 장례식은 독일군의 눈을 피해 밤에 안뜰에서 치렀다.

고아원 식구들은 트럭에 실려 폴란드 남부의 작은 마을로 옮겨졌고, 그곳에서 폴란드 고아들과 그 틈에 섞인 유대인 고아들은 구걸로 연명했다. 전쟁이 끝난 뒤 마리나 팔스카의 유해는 제대로 다시 안장되었고 고아원은 제 위치에 복원되었다. 고아원은 지금도 마리나 팔스카와 코르차크가 설계한 자치제도를 바탕으로 운영되고 있다.

전쟁이 끝나고 바르샤바의 살아남은 폴란드인·유대인 고아원 졸업생과 교사들은 코르차크 모임을 만들었다. 회원들은 정치 상황에 따라 불규칙적으로 모임을 가졌다. 코르차크는 유럽의 시인과 극작가들이 아이들과 함께한 그 마지막 행진을 작품 속에 묘사하면서 점차 전설적인 인물로 떠올랐다. 여러 나라에서 학교와 병원, 거리에 그의 이름을 붙였다. 유네스코에서는 1978~1979년을 '어린이의 해' 그리고 그의 탄생 100주년에 맞추어 '코르차크의 해'로 선포했다. 교황 요한 바오로 2세는 유대계·폴란드계 미국인 단체들의 공동 후원으로 뛰어난 어린이책을 선정해 시상하는 야누시 코르차크 문학 대회에 "각별한 지지"를 나타냈다.

1970년대 중반, 폴란드 정부는 정치적 고려에 따라 야누시 코르차크 국제협회를 설립, 코르차크의 교육사상을 전파하기 위한 학회를 매년 바르샤바에서 열기로 했다. 예지 쿠베르스키 교육부 장관이 협회장으로 임명되었다. 나는 바르샤바에서 이 코르차크 학회에 참가할 때면 때로 《마치우시 1세 왕》의 한 장면을 보고 있는 기분이 들기도 한다. 동구권과 서구권의 참가자들이 한자리에 모여 코르차크가 일생 동안 아우르고자 애썼던 정치적, 종교적 이념 차이를 뚜렷이 드러내면서도, 모두 한결같이 코르차크를 작가로서, 심리학자로서, 도덕교육자로서 재발견하고자 열성을 다하는 모습들이다.

이스라엘과 폴란드는 제각기 코르차크를 자국의 영웅으로 주장한다. 폴란드에서는 코르차크를, 가톨릭교 신자로 태어났더라면 지금쯤 성인의 반열에 올랐을 순교자로 여긴다. 이스라엘에서는 코르차크를, 유대 전설에서 맑은 영혼으로 세상을 구원받게 한다는 36명의 의인 중 한 명으로 떠받든다. 마치 부모가 공동친권을 행사하기라도 하듯, 두 나라는 상대국에서 코르차크 기념행사가 열릴 때마다 빠지지 않고 참석한다. 1967년 제3차 중동전쟁 이후 폴란드가 이스라엘과 외교 관계를 단절했음을 고려하면 이는 상당한 성의를 표현한 것이다. 바르샤바에서 열렸던 어느 학회에서 게토 봉기군 출신이었던 한 이스라엘 참가자는 화해의 뜻으로 폴란드에서는 코르차크를 유대인으로, 이스라엘에서는 코르차크를 폴란드인으로 부르자고 제안하기도 했다.

아이들의 왕

종전 후 한동안은 코르차크 일행을 싣고 트레블링카로 향하던 가축 화차가 탈선해 코르차크와 스테파, 아이들 모두 목숨을 건졌다는 소문이 돌기도 했다. 폴란드 곳곳의 작은 마을에서 그들을 보았다는 주장들이 있었다.

코르차크는 전쟁이 끝나면 자신은 무엇을 하며 살 것인가 하는 생각을 일기에 적은 적이 있다. "세상의 질서를, 또는 폴란드의 질서를 회복하는 일에 참여해달라는 요청을 받을지도 모른다. 내가 그런 일을 할 수 있을 리 없고, 그럴 생각도 없다. 어디 사무실에 나가 정해진 근무시간 지키고 사람들과 업무 협조하며 종노릇하는 일일 게 뻔하다. 책상 하나, 전화 하나, 팔걸이의자 하나 놓고 말이다. 자질구레한 일상의 문제에 매달려, 알량한 공명심에 사로잡힌 치졸한 인간들과 상대하며, 그들의 힘있는 친구들, 위계서열, 목표 따위와 씨름해야 할 것이다. 한마디로 구속이다. 나는 내 일을 내가 알아서 하고 싶다."

그는 또 갈릴래아 언덕 북쪽에 고아원을 짓는 상상도 해보았다. "식당과 생활관은 군대 막사 스타일로 넓게 짓고, '은둔용 오두막'도 조그맣게 지을 것이다. 나는 옥탑방을 아담하게 짓고 살 것이다. 벽을 유리로 지어 일출과 일몰을 하루도 놓치지 않을 것이고, 밤에 글 쓰다가 이따금씩 고개를 들어 별을 바라볼 것이다."

폴란드의 대도시 근교마다 남아 있는 절멸 수용소 터의 적막한 폐허들은, 희생자를 기리는 세계 각국 추모객들의 발길에 끝없이 다시 살아난다. 트레블링카도 그렇다. 나는 1983년에 코르차크 국제협회 회원들과 함께 전세 버스를 타고 바르샤바에서 100킬로미터를 이동해 트레블링카를 찾아갔다. 앞자리에는 나와 함께 유제프 발체라크와 이다 메르잔이 앉았다. 스웨덴에서 온 미샤 브루블레프스키도 함께 타고 있었다. 이스라엘에서 온 레온 하라리, 얀카 주크, 스타시에크 진그만, 이츠하크 벨페르도 함께 했다. 이고르 네베를리는 병환으로 오지 못했다. 유제프 아르논은 몇 해 전에 세상을 떴다.

우리가 탄 버스는 비스와강을 따라 올라갔다. 정오의 햇살이 한가로이 내리쬐는 작은 마을들을 지나, 소들이 풀 뜯는 들판을 지나, 양가죽 코트로 유명한 소도시를 지나, 철로 위에 덩그러니 놓인 텅 빈 가축 화차들을 지나갔다.

마침내 "트레블링카(Treblinka)"라는 마을 표지판이 나타나 수용소가 몇 킬로미터 남지 않았음을 알렸고, 버스는 이내 소나무와 자작나무가 양옆으로 빽빽하게 들어찬 좁은 길에 들어섰다. 원시림처럼 울창한 숲의 아름다움은, 자연도 이곳에서 일어난 비극을 빨리 덮어버리고 싶다고 말하는 듯했다. 몇 년 전에 한 폴란드 언론인과 함께 자동차로 이곳을 찾았을 때, 딱 이 지점에서 길을 잃은 적이 있었다. 그때 다행히 한 남자가 말이 끄는 달구지에 감자를 싣고, 손자를 함께 태우고 지나갔다. 우리는 손을 흔들어 그를 세우고 옛날 수용소 터가 어디냐고 물었다.

"다 기억납니다." 남자가 말했다. "우리 동네 언덕배기에서 다 봤어요. 제가 소 치는 목동이었거든요. 열차가 와서 섰고, 사람들이 내렸어요. 도망가려는 사람들도 있었어요. 두들겨 패고. 총으로 쏘고. 아이고, 끔찍했어요. 아무도 할 수 있는 게 없었지요. 바람이 동쪽에서 불면 도저히 견디기가 힘들었어요. 서쪽에서 불면 그래도 참을 만했고요. 우크라이나 간수들이 술 먹고 행패 부릴까 봐 부녀자와 아이들은 다 친척 집으로 피신시켰어요." 그는 수용소 터로 가는 방향을 일러주었다. 그러고는 가던 길을 갔다. 달구지에 손자와 감자를 싣고.

이번에 우리 일행이 탄 버스는 전혀 헤매지 않고, 큰 나무들이 우거진 숲길을 따라 트레블링카로 향했다. 버스에서 내리자 보이스카우트와 걸스카우트의 야누시 코르차크 활동단 단원들이 죽 늘어서 맞아주었다. 우리는 저마다 전세 버스를 타고 온 수백 명의 다른 방문객과 함께 '기차역'에서 기념식이 시작되기를 기다렸다. 기차역은 유럽 곳곳에서 실려 온 지친 유대인들에게 이곳이 동부 재정착지로 가는 길의 경유지라고 속이기 위한 가짜 역사였다. 바늘이 멎어 있는 시계, 표를 팔지 않는 매표소, 모든 것이 가짜였다.

폴란드 관계자들의 연설이 끝나고, 우리는 확성기로 요란하게 울려대는 군가를 들으며, 옛 철로 자리에 놓인 돌 선로를 따라 죽음의 수용소로 걸어갔다. 트레블링카 수용소는 아우슈비츠 같은 수용소와 달리 남아 있는 것이 없다. 감시탑도, 철조망 울타리도, 막사도, 여행 가방 무더기도, 아이들 신발 더미도 없다. 한때 이 자리에 있던 거대한 살육장은 일 년쯤 가동된 뒤 일꾼으로 부리던 유대인 포로들의 반란으로 일부 불에 탔고, 얼마 뒤 나치의 결정으로 흔적을 남기지 않고 깨끗이 파괴, 인멸되었다.

전쟁이 끝나고 세월이 좀 지나서 파헤쳐진 옛 수용소 터에 넓은 추모공원이 조성되었다. 폴란드의 여러 채석장에서 가져온 1만 7천 개의 돌이 놓였다. 돌들은 이곳에서 죽음을 맞은 1백만 명이 실려 온 마을, 도시, 나라를 상징한다. 희생자는 집시 1천 명을 제외하면 모두 유대인이었다.

돌 선로가 끝난 곳은 우크라이나 간수와 친위대원들이 채찍과 총을 휘두르며 유대인들을 가축 화차에서 끌어내리던 지점이었다. 내리고 나면 남자는 오른쪽으로, 여자와 아이는 왼쪽으로 나뉘어 '탈의실'로 이동했다. 남자는 옷을 벗고 신발 두 짝을 한데 묶고, 여자는 거기에 머리까지 깎이고 나면, '샤워실'에 들어가 소독받을 준비가 끝났다.

우리는 그들이 벌거벗은 채 채찍에 맞아가며 다섯 줄로 이동해 갔던 지점으로 걸어갔다. 그곳에서 그들은, 나치가 '천국으로 가는 길'이라 불렀던 좁은 울타리 길로 들어가 가스실로 향했다.

우리는 시체들을 거대한 '석쇠'에 올려 소각했던 구덩이 위에 깔린 검은 돌들을 바라보았다.

우리는 바르샤바 출신 희생자들을 기리는 큰 추모석을 지나갔다. 휑한 벌판을 지키는 유령 보초들처럼 서 있는 1만 7천 개의 돌들 사이에서, 우리는 어느 돌 앞에 모여 섰다. 이곳에서 유일하게 사람 이름이 새겨진 돌이었다.

야누시 코르차크(헨리크 골트슈미트)
그리고 아이들

야누시 코르차크의 아동 권리 선언

야누시 코르차크는 아동 권익의 옹호자로서, 제네바 국제연맹 회의(1924)와 국제연합 총회(1959)에서 아동 권리 선언을 채택하기 오래전부터 아동 권리 선언의 필요성을 언급했다. 그가 구상한 선언은 선의의 호소가 아닌 행동의 요구였으며, 그의 죽음과 함께 미완으로 남았다.《아이를 사랑하는 법》과《아이의 존중받을 권리》를 비롯한 코르차크의 저작에서 가려 뽑은 내용을 토대로, 코르차크가 가장 중요하게 생각했던 권리들을 정리해보았다.

◇ 아이는 사랑받을 권리가 있다
"아이를 사랑하라. 자기 아이만 사랑하지 말고."
◇ 아이는 존중받을 권리가 있다
"반짝이는 눈망울, 반반한 이마, 아이다운 열정, 자신감에 대한 존중을 요구하자. 왜 흐릿한 눈빛, 주름진 이마, 헝클어진 흰머리, 지친 체념이 더 존중받아야 하는가?"
◇ 아이는 최적의 환경에서 성장하고 발전할 권리가 있다
"우리는 요구한다. 굶주림, 추위, 눅눅함, 악취, 인구과밀, 인구과잉을 해소해달라고."
◇ 아이는 현재에 살 권리가 있다

"아이는 미래의 사람이 아니라 현재의 사람이다."
◇ 아이는 자기답게 살 권리가 있다
"아이는 당첨 번호가 찍혀 있는 복권이 아니다."
◇ 아이는 실수할 권리가 있다
"어른도 바보가 많은데 아이라고 없겠는가."
◇ 아이는 실패할 권리가 있다
"우리는 완벽한 아이에 대한 기만적 갈망을 내려놓아야 한다."
◇ 아이는 진지하게 대우받을 권리가 있다
"누가 아이에게 아이의 의견과 동의를 구하는가?"
◇ 아이는 있는 그대로의 모습으로 인정받을 권리가 있다
"아이들은 작은 인간으로서 시장가치가 거의 없다."
◇ 아이는 소망하고 요구하고 요청할 권리가 있다
"아이들이 클수록 어른의 요구와 아이의 욕구는 점점 격차가 벌어진다."
◇ 아이는 비밀을 가질 권리가 있다
"아이들의 비밀을 존중하라."
◇ 아이는 거짓말하고 속이고 훔치는 행동을 해볼 권리가 있다
"아이에게 거짓말하고 속이고 훔칠 권리를 주지 않는다."
◇ 아이는 가진 물건과 가진 돈을 존중받을 권리가 있다
"누구나 자신의 소유물에 대한 권리가 있다. 아무리 사소하고 하찮은 것일지라도."
◇ 아이는 교육받을 권리가 있다
◇ 아이는 자신의 믿음에 반하는 교육적 압력을 거부할 권리가 있다
"우리가 아이들의 상식과 인간성을 짓밟아 굴복시킬 수 없다는 것은 인류의 행운이다."

아이들의 왕

548

◇ 아이는 불의에 항의할 권리가 있다

"우리는 폭정을 끝내야 한다."

◇ 아이는 어린이 법정에서 서로 간에 판결하고 판결받을 권리가
있다

"우리가 아이들의 행동, 움직임, 생각, 계획을 판단할 유일한
사람이다. …… 어린이 법정은 반드시 필요할 수밖에 없으며,
50년 뒤에는 모든 학교와 보육시설에 법정이 있을 것이다."

◇ 아이는 소년사법제도 내에서 변호받을 권리가 있다

"비행을 저지른 아이도 아이다. …… 불행히도, 가난이 낳는 고
통은 '이'처럼 퍼진다. 가학성, 범죄, 상스러움, 흉악함이 가난에
서 빚어진다."

◇ 아이는 자신의 슬픔을 존중받을 권리가 있다

"조약돌 하나를 잃은 슬픔이라 할지라도."

◇ 아이는 하느님과 교감을 나눌 권리가 있다

◇ 아이는 어린 나이에 죽을 권리가 있다

"어머니는 아이를 깊이 사랑하는 만큼 아이에게 어린 나이에 죽
을 권리를 줄 수밖에 없다. 한두 번 봄을 맞은 뒤 삶을 끝낼 권리
를. …… 모든 묘목이 나무로 자라나는 것은 아니다."

야누시 코르차크의 아동 권리 선언

야누시 코르차크(헨리크 골트슈미트)의 어린 시절 모습으로,
《마치우시 1세 왕》의 권두 삽화로 썼다. "이 사진을 실은 이유는
제가 정말로 왕이 되고 싶었을 때의 모습이 중요해서예요."

여름 캠프에서 유대인 아이에게 글 읽기를 가르치고 있다(1907년경).

의대 교복 차림인 야누시 코르차크와 스테파니아(스테파) 빌친스카.
두 사람이 처음 만났을 1909년 무렵.

크로흐말나 거리 92번지 '고아들의 집(Dom Sierot)'

고아원 강당 겸 식당.

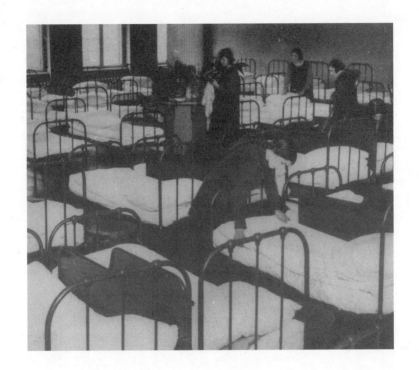

생활관.

주방과 욕실.

마리나 팔스카(1920년경).

프루슈쿠프 '우리들의 집(Nasz Dom)'에서 아이들과 함께 한
마리나 팔스카(1924년경).

프루슈쿠프 '우리들의 집' 뒤뜰에서 공놀이하는 아이들.

'우리들의 집'이 비엘라니로 옮겨 간 뒤
건물 뒤쪽 눈밭에서 노는 아이들(1929년경).

'꼬마 장미' 여름 캠프의 오두막.

캠프에서 교사, 아이들과 함께(1927년).

'고아들의 집' 안뜰에서 아이들과 함께(1930년대 초).

'우리들의 집' 아이들과 함께(1935년경).

아이들의 합주를 지휘하는 야누시 코르차크(1930년경).

밤나무 아래 앉아(1935년경).

스테파니아 빌친스카(1935년경).

에인 하로드 키부츠에서 아기를 안은
스테파니아 빌친스카(1931년).

에인 하로드 키부츠에서(1934년).

하쇼메르 하트자이르 학생들과 함께(1939년).

마지막 '꼬마 장미' 캠프에서 감자를 깎는 아이들(1940년).

바르샤바 게토에서
야누시 코르차크의
마지막 사진(1941년).

바르샤바 유대인 묘지의 아버지 묘 근처에 놓인 야누시 코르차크의 조각상.
(작은 사진: 비톨트 야로스와프 슐레츠키 제공)

트레블링카 수용소 터에 조성된 추모공원.
야누시 코르차크와 아이들의 추모석 제막식(1978년).

왼쪽부터 이고르 네베를리(베른트 그라우프너 제공), 이다 메르잔,
유제프 아르논, 미하우 브루블레프스키.

주요 참고문헌 및 약호

야누시 코르차크의 주요 저서를 최초 출판본 기준으로 정리했다. 일부 제목 앞의 머리글자는 주석에서 지칭하기 위한 약호다. 제목은 한국어, 폴란드어, 영어 순으로 표기했다. 모든 책은 특별히 언급하지 않으면 폴란드어 책이다.

〈어느 길로?〉 *Którędy? (Which Way?)*, 미출간 희곡, 1899.

《거리의 아이들》 *Dzieci ulicy (Children of the Street)*, Warsaw, 1901.

《횡설수설》 *Koszałki opałki (Stuff and Nonsense)*, Warsaw, 1905.

CDR 《응접실의 아이》 *Dziecko salonu (Child of the Drawing Room)*, Warsaw, 1906.

MJS 《모시키, 요스키, 스룰레》 *Mośki, Joski i Srule (Moshki, Joski, and Srule)*, Warsaw, 1910.

《유스키, 야시키, 프란키》 *Józki, Jaśki i Franki (Jozki, Jaski, and Franki)*, Warsaw, 1911.

《영광》 *Sława (Glory)*, Warsaw, 1913.

《아기》 *Bobo (Baby)*, Warsaw, 1914.

CB 《나비의 고백》 *Spowiedź motyla (Confessions of a Butterfly)*. 《아기》《불운한 일주일》과 함께 단행본 *Bobo*로 묶여 출판됨. Warsaw, 1914.

《불운한 일주일》 *Feralny tydzień (The Unlucky Week)*, Warsaw, 1914.

SWJK 《교육의 순간》 *Momenty wychowawcze (Educational Moments: Helcia, Stefan)*, Warsaw, 1919. 영역으로는 다음에 수록: *Selected Works of Janusz Korczak*, ed. Martin Wolins, Warsaw, reproduced in Springfield, Virginia, 1967, trans. Jerzy Bachrach.

HTL 《아이를 사랑하는 법》 *Jak kochać dzieci (How to Love a Child)* (Part Ⅰ: Warsaw, 1919; Part Ⅱ: Warsaw, 1920). 영역으로는 *SWJK*에 수록. 국역판: 《어떻게 아이들을 사랑해야 하는가》, 송순재·안미현 옮김, 내일을여는책, 2011.

《하느님과 홀로 마주하며—기도하지 않는 사람을 위한 기도문》 *Sam na sam z Bogiem: Modlitwy tych, którzy się nie modlą (Alone with God: Prayers of*

Those Who Don't Pray), Warsaw, 1922. 국역판:《홀로 하나님과 함께》, 송순재 · 김신애 옮김, 내일을여는책, 2001.

KM 《마치우시 1세 왕》 *Król Maciuś Pierwszy* (*King Matt the First*), Warsaw, 1922. 영역판: trans. Richard Lourie, New York, 1986. 국역판:《마치우시 왕 1세》, 이지원 옮김, 시공주니어, 2017.

《무인도의 마치우시 왕》 *Król Maciuś na wyspie bezludnej* (*King Matt on the Desert Island*), Warsaw, 1923.

《꼬마 제크의 파산》 *Bankructwo małego Dżeka* (*The Bankruptcy of Little Jack*), Warsaw, 1924.

WIALA 《다시 아이가 된다면》 *Kiedy znów będę mały* (*When I Am Little Again*), Warsaw, 1926.

CRR 《아이의 존중받을 권리》 *Prawo dziecka do szacunku* (*The Child's Right to Respect*), Warsaw, 1929. 영역으로는 *SWJK*에 수록.

RI 《인생의 법칙》 *Prawidła życia* (*Rules of life*), Warsaw, 1930.

SM 《광인들의 의회》 *Senat szaleńców* (*Senate of Madmen*), Warsaw, 1931.

《마법사 카이투시》 *Kajtuś czarodziej* (*Kajtus the Magician*), Warsaw, 1934. 국역판:《카이투스》, 송순재 · 손성현 옮김, 북극곰, 2017.

《고집 센 아이─루이 파스퇴르의 일생》 *Uparty chłopiec: Życie Ludwika Pasteura* (*The Stubborn Boy: The Life of Louis Pasteur*), Warsaw, 1938.

《성찰》 *Refleksje* (*Reflections*), Warsaw, 1938.

《모세》 *Mojżesz* (*Moses*), Palestine, 1939.

《헤르셰크의 세 여행》 *Trzy wyprawy Herszka* (*The Three journeys of Hershkele*), Warsaw, 1939.

HP 《유머러스한 교육학》 *Pedagogika żartobliwa* (*Humorous Pedagogy*), Warsaw, 1939.

GD 《게토 일기》 *Pamiętnik* (*The Ghetto Diary*), Warsaw, 1957. 영역판은 2종: (1) *Ghetto Diary*, New York: Holocaust Library, 1978, trans. Jerzy Bachrach and Barbara Krzywicka, Vedder. (2) *The Warsaw Ghetto Memoirs of Janusz Korczak*, Washington, D.C.: The University Press of America, 1978, trans. E. P. Kulawiec.

다음은 코르차크의 주요 작품 선집과 코르차크에 관한 책이다. 모두 약호를 배정했다.

MD   *Mister Doctor: The Life of Janusz Korczak*. 영역판: trans. Romuald Jan Kruk and Harold Cresswell, London: Peter Davies, 1965.

CWJK *Wybor Pism* (*Collected Works of Janusz Korczak*), ed. Igor Newerly, Warsaw, 1957-1958.

LL   *Zywe wiazanie* (*Living Links*). 이고르 네베를리의 회고록.

RJK *Wspomnienia O Januszu Korczaku* (*Reminiscences of Janusz Korczak*), Warsaw, 1981.

JKGY *Janusz Korczak, the Ghetto Years*, by Yitzhak Perlis. 영역판: trans. Avner Tomaschoff, Israel, 1972.

LR   *Maly Przeglad* (*Little Review*).

WDAC *The Warsaw Diary of Adam Czerniakow*, eds. Raul Hilberg, Stanislaw Staron, Josef Kermisz; trans. Stanislaw Staron and the staff of Yad Vashem, New York, 1979.

MZWD *A Warsaw Diary, Michael Zylberberg*, London, 1969. 미하우 질베르베르크의 일기. 영어로 출간. 책에 포함되지 않은 이디시어 일기 원고도 참고했음. Israel, Yad Vashem Archives.

폴란드어 책에서 발췌한 대목은 폴란드인 조력자들의 직역으로 이 책에 사용했다. 번역의 대부분을 함께 검토해준 리처드 루리에게 감사드린다. 그리고 *SWJK*와 *GD*(1)에 실린 번역은 허락을 받고 리처드 루리의 도움으로 다수 수정하여 인용했다. (영역판을 참고한 경우에는 우리말로 적절히 옮겼다─옮긴이).

주석은 본문의 해당 쪽 번호와 함께 제시했다.

1장 응접실의 아이

27. "세상을 바꾸겠다는 대담한 계획" | *GD*.
27. 그는 자기가 태어난 해를 정확히 알지 못했다 | *GD*.
28. 폴란드 땅을 나눠 가졌다 | 폴란드의 영토는 1772년, 1793년, 1795년 세 차례에 걸쳐 분할되었다.
28. 축복 서한 | 야누시 코르차크가 팔레스타인의 단 골딩이라는 아기에게 보낸 축복 서한, 1934년 12월 5일: "나는 잃어버린 글이 너무 많아. 그래도 내가 태어났을 때 받은 랍비의 축복 편지는 아직도 갖고 있단다." 다음 책도 참고: Hanna Mortkowicz-Olczak, *Mister Doctor: The Life of Janusz Korczak*, trans. Romuald Jan Kruk and Harold Cresswell, London: Peter

Davies, 1965. Original edition: *Janusz Korczak*, Cracow, 1949.

28. "엄격한 여군 부대" | *GD.*

29. "비밀을 품거나" | *HTL.*

29. 가난한 아이들은 지저분한 데다 | *HTL.*

29. "아이란 움직여야 하는 존재" | Janusz Korczak, "Podworko"(〈안뜰〉), Opieka nad dzieckiem(〈아동 양육〉), no. 3, Warsaw, 1925.

29. "쟤는 야망이 없어" | *GD.*

29. "그 인형은 그냥 인형이 아니라" | *WIALA.*

29. "아이들의 놀이는 시시한 행동이 아니다" | *WIALA.*

30. 아버지는 몇 시간이고 앉아 | *GD.*

30. "분출구를 찾지 못한 감정은 몽상이 된다" | *HTL.*

30. "그래서 여자아이가 숲을 걷고 있었어요" | *HTL.*

31. 프랑스인 가정교사 | *CB.*

32. 아담 미츠키에비치 | Adam Mickiewicz(1798~1855).

32. 수염이 따가운 | *HTL.*

32. 아들의 귀를 꽤 세게 잡아당기곤 했는데 | *GD.*

32. 불같이 화를 냈다 | *HTL.*

33. "어머니가 아이들을 남편 손에 맡기기 꺼려한" | *GD.*

33. 성탄극 | *GD.*

35. 성탄 인형극 | *GD.*

36. "종교라는 불가사의한 문제" | *GD.*

36. 카나리아 | *GD.*

37. "나도 결국 유대인이었고" | *GD.*

2장 혈통

38. 친할아버지 헤르시 골트슈미트 | *GD.* Hersz Goldszmit(1805~1872). 유대인 병원(Szpital Starozakonnych)의 2급 외과 의사였다(《폴란드 왕국 의사 및 약제사 명단》, 1839). 첫 부인 하나 에이세르(Chana Ejser)가 1867년에 사망한 뒤 사라와 결혼해 아들 칼을 두었다(흐루비에슈프 인구동태통계 기록). 흐루비에슈프의 유대인 정착은 1444년에 시작되었고, 1939년 제2차 세계대전 발발 시점에 유대인 인구는 7,500명이었으나 (*Encyclopedia judaica*), 1983년에 본 저자가 방문했을 때 유대인 인구는 전무했다. 유대인 묘지는 폐허가 되어 시멘트 추모 명판 하나만 남아 있었

다. 유명했던 목조 회당은 파괴되었다. 유대인 병원이었던 소박한 2층 건물은 진료소로 운영 중이다. 이디시어와 히브리어로 된 다음 책을 참고: *Hrubieszow Memorial Book*, Israel, 1962.

38. '하스칼라' | 모제스 멘델손(Moses Mendelssohn)의 사상에 기초해 18세기 말에 베를린에서 창설된 유대인 계몽운동. 참고: Jacob Katz, *Out of the Ghetto: The Social Background of Jewish Emancipation, 1770-1870*, New York, 1978.

38. 유대인들은 중세 시대 폴란드 왕들의 후의로 폴란드에 정착했지만 | 유대인 초기 역사에 관한 영어 문헌은 다음을 참고: Bernard D. Weinryb, *The Jews of Poland: A Social and Economic History of the Jewish Community in Poland from 1100-1800*, Philadelphia, 1972; Salo W. Baron, *A Social and Religious History of the Jews*, New York, 1952; S. M. Dubnow, *An Outline of Jewish History*, New York, 1925; Max I. Dimont, *Jews, God and History*, New York, 1962.

38. 여전히 사회에서 고립된 삶을 살고 있었다 | 역사학자 알렉산데르 헤르츠(Aleksander Hertz)는 미국에서 흑인들이 그랬던 것처럼, 폴란드에서 유대인들이 뚜렷한 카스트를 이루었다고 믿었다. 그가 정의하는 카스트는 나름의 종교, 법, 언어, 도덕, 문화적 규칙 들을 갖추고 사회 위계상 특정한 위치를 점유하는 폐쇄된 집단이다. 폴란드에서는 귀족이 상류 계급이자 특권 카스트였고, 농민과 시민, 유대인은 하층 계급이자 낮은 서열이었다. 헤르츠는 이 같은 신분 구분이 완전히 경직되어 있지는 않았다는 단서를 달았다. 오직 집시들만 집단과 개인을 막론하고 최하층 계급에 머물렀다. 저자 인터뷰, 뉴욕 퀸스, 1983. 그의 저서 참고: *Jews in Polish Culture*, Evanston, 1987, trans. Richard Lourie. 추가 참고: Celia S. Heller, *On the Edge of Destruction: Jews of Poland Between the Two World Wars*, New York, 1977. 헬러는 폴란드인들이 유대인을 본질적으로 열등하다고 여겼으며 카스트 개념이 제1, 2차 세계대전 사이의 기간 동안 폴란드 유대인의 상황을 이해하는 데 유용하다고 본다.

39. 히브리어로 발행되는 지역신문 | *The Hamaggid*(《전령(傳令)》), no. 7, 1865. 2. 하스칼라 운동가들(마스킬림)은 유대인들의 옛 언어인 히브리어를 부활시켜 사용했다. 참고: Maria Falkowska, "Social Work Traditions in the Goldszmit Family," *Bulletin of the International Janusz Korczak Society*, Warsaw, 1982.

39. 장남 루드비크가 … 개종하면서 | "루드비크 골트슈미트, 1849년에 18세

의 나이로 개종." 가톨릭 개종 기록서: Teodor Jeske-Choinski, *Neofici Polscy*, Warsaw, 1904.

39. 여러 사업에 힘을 쏟았다 | *GD*.

40. 유제프 골트슈미트 | Józef Goldszmit(1844~1896). 루블린 인구동태통계 기록의 출생증명서(바르샤바 코르차크 연구회 기록보관소에서 열람 가능).

40. 야쿠프 골트슈미트 | Jakub Goldszmit(1848~?) 같은 출처. 야쿠프의 사망 시기는 알려져 있지 않다. 1894년에 필라델피아로 여행한 것으로 바르샤바 폴란드과학원 문학연구소 기록에 나와 있다. 유대인 또는 폴란드인 인명사전들에 그의 저서는 언급되어 있으나 사망 시기는 나와 있지 않다.

40. 19세기 낭만주의 시인 3인방 | 아담 미츠키에비치(Adam Mickiewicz, 1798~1855), 율리우시 스워바츠키(Juliusz Słowacki, 1809~1849), 지그문트 크라신스키(Zygmunt Krasiński, 1812~1859).

41. 〈이스라엘 민족〉 | *Izraelita*. 유대인 사회의 문화생활과 사회생활을 다룬 잡지(1866~1912). 유제프의 바르샤바 상경기는 1866년 11월 호의 통신원 칼럼에 실림. 사진과 함께 서술된 폴란드 유대인 생활사(1864~1939)는 다음을 참고: Lucjan Dobroszycki and Barbara Kirshenblatt-Gimlett, *Images Before My Eyes*, New York, 1977.

41. 폴란드 사회에 동화된 일부 계층 | '동화(assimilated)'와 '문화변용(acculturated)'에는 미묘한 차이가 있고 각 개념 안에서도 다양한 수준이 존재한다(본문에서는 구분하지 않고 모두 '동화'로 옮겼다―옮긴이). 역사학자 루챤 도브로시츠키(Lucjan Dobroszycki)의 정의에 따르면, 문화변용 유대인은 출생지의 문화 속에서 교육받았으나 유대교의 종교 관습을 유지하는 이를 가리킨다. 한편 동화 유대인은 폴란드에서 모세 신앙 유대인으로 불리던 이들로, 문화변용이 더욱 진행되어 종교 의례를 따르지 않기도 하지만 여전히 유대인으로서의 정체성을 유지하는 이를 가리킨다(저자 인터뷰, 뉴욕, 1987). 역사학자 알렉산데르 헤르츠에 따르면 동화의 시대는 19세기 후반에 유대인들이 종교를 유지한 채 기존 카스트를 탈피하고자 시도하면서 시작되었다. 유대인들은 기존 카스트의 규칙을 거부하면서 카스트 외부의 규칙과 관습에 동화되기 시작했다. *Jews in Polish Culture*, Evanston, 1987.

41. 폴란드어 기술학교 몇 곳의 운영 기금을 모금했다 | 〈바르샤바 기술학교에 대한 제언〉, *Izraelita*, no. 4, 1868: 〈바르샤바의 모세 신앙 아이들을 보호해야 할 절실한 필요성에 대해〉, *Izraelita*, no. 34, 1869.

아이들의 왕

42. 모지스 몬티피오리 | 19세기《유명한 유대인들의 초상》(*Wizerunki wsła-wionych Żydów*) 시리즈의 제1권. 1869년에 나온 제2권의 주인공은 나폴레옹 밑에서 일했던 재정가 아실 풀드(Achilles Fould, 1799~1867). 야쿠프는 〈유명한 유대인들에 대한 기고문〉을 〈이스라엘 민족〉 14호(1867)에 실었다. 야쿠프는 또 흐루비에슈프를 오스트리아 정부로부터 사들인 자선가이자 정치가 스타니스와프 스타시츠(Stanisław Staszic, 1755~836)에 대한 논고도 썼다. 일부 역사가는 스타시츠를 반유대주의자로 보지만, 야쿠프 골트슈미트는 그가 흐루비에슈프에서 폴란드인과 유대인에게 동일한 경제적 혜택을 제공한 것을 높이 평가했다.

42. 유제프와 야쿠프는 글쓰기를 통해 | 두 형제는 가난한 이들을 돕는 순수한 삶을 살았지만 잘 알려지지 않은 유대인들에 대한 글을 기고했다. 유제프는 이탈리아의 유대인 의사들(*Izraelita*, no. 3, 1869)과 스페인 유대인들의 최후 역사(*Izraelita*, nos. 4-13, 1869)에 관해 기고했다. 1868년에 야쿠프는 자선가 마티아스 베르소흔(Matias Bersohn)의 의뢰로 루블린의 16세기 유대인 묘지에 관한 논고를 썼다. 목적은 묘지가 부근의 가톨릭 묘지와 수도원보다 연대가 이전인지 알아보려는 것이었다. 결과는 50년 이전으로 확인되었다. 야쿠프는 이 작업을 〈이스라엘 민족〉 30호(1875)에 언급한다. 묘지는 제2차 세계대전 중 나치의 유대인 집단 학살이 벌어진 장소로 나치에 의해 완전히 파괴되었다.

43. 그 어색하고 딱딱한 소설들 | Józef Goldszmit, *Córka handlarza, Obrazek z czasów ostatniej epidemii w Warszawie*, Warsaw, 1868. 유제프가 24세에 쓴 《가게 주인의 딸》이란 작품으로, 바르샤바의 빈곤 유대인 수천 명의 목숨을 앗아간 1867년 콜레라 창궐을 배경으로 한 감상적 러브스토리다. 역시 감상적인 시 〈어머니의 무덤에서〉를 곁들여 어머니에게 헌정했다. Jakub Goldszmit, *Dramat rodzinny*, Warsaw, 1881. 야쿠프가 25세에 쓴 《가족극》이란 작품으로, 여성 예속에 항의하는 메시지를 담고 있다. 존 스튜어트 밀(John Stuart Mill) 같은 서구권 자유주의 사상가들이 파고든 주제였고, 밀의 저서는 폴란드 지식인층에 널리 알려져 있었다. 학대받고 아기를 키우려다가 매춘에 내몰린 여인을 주인공으로 한 이야기다. 야쿠프는 1883년에 허버트 스펜서(Herbert Spencer)의 《웃음의 생리학》(*Physiology of Laughter*)을 독일판에서 폴란드어로 번역하기도 했다.

43. 왜 실패할 수밖에 없었는지 | 야코브 샤츠키(Jaakov Shatzki)는 폴란드 유대인 문학이 "두 연구가, 야쿠프와 유제프 골트슈미트 형제" 같은 작가들이 노력했음에도 독일 유대인 문학만큼 인기를 얻지 못했다고 지적한

주석

다. *Geshikhte fun Yidn in Warshe*, vol. 3, New York: YIVO, 1953, pp. 301-6. 이디시어.

43. 당시 최고로 유명했던 폴란드인 작가들 | 두 형제는 소설가 볼레스와프 프루스(Bolesław Prus, 1847~1912)와 루블린에서 같은 김나지움에 다녔다. 야쿠프는 1863년 봉기 후 드레스덴에 정치범 피신처를 설치한 역사소설가 유제프 이그나치 크라셰프스키(Józef Ignacy Kraszewski, 1812~1887)와 편지를 주고받았다. 크라셰프스키는 야쿠프에게 언젠가는 폴란드인 아이들과 유대인 아이들이 같은 학교에 다니리라는 믿음을 피력했다.

43. 유대교 〈책력(冊曆)〉 | *Kalendarz dla Izraelitów na rok, 1881-1882*, Warsaw, 1881. 야쿠프는 1882년의 〈루블린 책력〉과 1883년과 1884년의 〈바르샤바 가족 책력〉도 편집했다. 야쿠프는 즈워트니츠키(Złotnicki)라는 필명으로 이 무렵 수많은 정기간행물에 글을 기고했다.

43. 재력가들을 단단히 화나게 했다 | 야코브 샤츠키, 앞의 출처, vol. 3, pp. 301-2.

43. 탈무드 이혼법 | *Wykład prawa rozwodowego podług ustaw mojżeszowo-tal-mudycznych z ogólnym poglądem na ich rozwój i uwzględnieniem przepisów obowiązujących*, Warsaw, 1871. 스타니스와프 차르노프스키(Stanisław Czarnowski)가 머리말을 썼다.

44. 칼리시에 유대 결혼법을 강의하러 간 일 | 마리아 팔코프스카(Maria Falkowska), 저자 인터뷰, 바르샤바, 1979.

44. 아돌프 겡비츠키 | Adolf Gębicki. 부고, *Izraelita*, 1877. 에밀리아 겡비츠카(Emilia Gębicka). 부고, *Izraelita*, 1892. 4. 1.

45. 외할머니 | 겡비츠키 부부의 묘는 풀이 무성한 유대인 묘지에서 발견되지 않고 있다가 1986년 늦봄에 유대인묘지관리 사회위원회 회장 얀 야기엘스키(Jan Jagielski)에 의해 코르차크의 아버지 묘와 함께 발견되었다. 코르차크 외할머니의 결혼 전 성(도이처, Deutscher)도 그때 처음 알려졌다. 코르차크의 부계와 모계 혈육 모두 전쟁 중 절멸한 것으로 보인다. 1956년에 루블린에 사는 나이 든 여성이 자신이 코르차크의 사촌이라고 주장한 일이 있다. 코르차크 연구회에서는 그 여성에게 코르차크의 저작에 대한 모든 권리를 포기한다는 약속을 받고 그 대가로 아파트를 주었다. (마리아 팔코프스카, 저자 인터뷰, 1986) 그 여성은 현재 사망한 것으로 추정된다. 그 외에는 상속자가 나타난 적이 없다.

아이들의 왕

46. "엄격하고 따분하고 억압적인" | *WIALA.* 헨리크 골트슈미트는 프레타 거리의 슈무를라 초등학교에 다녔다. 4학년 때 김나지움 입학을 준비하기 위한 과정이었다.
46. 헨리크의 기억에 평생 남았다 | *WIALA.*
47. "어른들의 세상은 어지럽게 빨리 돌아간다" | *HTL.*
47. 아버지의 정신병이 처음으로 발병했다 | *CD, CB.*
48. 독서는 구세주와도 같았다 | *CD, CB.*
48. "품위를 잃었다" | *CB.*
49. 자위행위가 해롭다는 믿음 | 코르차크는 자위행위가 발작이나 기침처럼 의사의 치료를 받아야 하는 증상이며 '완치'가 가능하다고 적었다. Janusz Korczak, "Obserwacja jednego przypadku, onanizm chłopca", *Szkola specjalna*, no. 3, 1936.
50. 유제프 골트슈미트의 병세가 악화되어 | 유제프가 어느 정신병원에 수용되었는지에 관한 기록은 없으나, 유제프 정도의 지위라면 트보르키가 거의 확실해 보인다. 본 저자는 유제프의 기록을 찾아보려고 1981년에 트보르키를 방문했지만, 보이치에흐 모출스키 원장은 1914년에 러시아가 환자와 병원 문서가 독일의 손에 넘어가는 것을 막으려고 병원을 카잔으로 철수시켰으며 전쟁 후에는 환자도 문서도 다시 찾을 수 없었다고 설명했다.
51. 의사의 "생색내는 듯한" 미소 | *SM.* 극은 1931년에 바르샤바의 아테네움 극장에서 상연되었다.
51. 아버지의 망토 | 다음에 실린 코르차크의 글: *Spoleczentwo*, no. 3, 1908.
51. "전당포는 인생과 같다" |《횡설수설》, *CWJK* 수록.
52. 아이들을 편안하게 해주는 요령 | 교사용 주석,〈스테판〉,《교육의 순간》, *SWJK.*
52.〈고르디우스의 매듭〉| *Kolce*, no. 39, Warsaw, 1896.
53. 유제프 골트슈미트는 … 세상을 떠났다 | 부고, *Izraelita*, 1896. 5. 23.
53. 스스로 목숨을 끊었을 가능성 | 코르차크 초기의 자전적 소설《응접실의 아이》에 권총 자살을 언급한 곳이 몇 군데 있다. 그리고 그의 미출간 소설〈자살〉도 있다. 모든 정황을 고려할 때 유제프가 스스로 목숨을 끊었을 수도 있다는 추측이 가능하다.
54. 어머니는 집에 하숙생을 받을 수 있도록 | *Izraelita*, 1896. 9. 23. 집 주소

는 '노보 세나토르스카 거리 6번지 11호'라고 되어 있다.

54. "광인의 아들" | *GD.*
54. 어느 유명한 편집장 | 〈프라브다〉(*Prawda*)의 편집장이던 비평가 알렉산데르 시비엥토호프스키(Aleksander Świętochowski). *MD.*
55. "시인의 가슴에 상처를" | *CB.*

4장 어느 길로?

56. 응모작은 가작으로 입선했지만 | *Echo muzyczne*, 1899. 4. 14.
56. 전해지는 이야기에 따르면 | *LL.*
56. 《야누시 코르차크와 무사의 딸 이야기》 | *Historia o Janaszu Korczaku i o pięknej miecznikównie*, Warsaw, 1879.
56. 유제프 이그나치 크라셰프스키 | Józef Ignacy Kraszewski(1812~1887). 소설 300편을 포함해 저서 총 700권을 남겼다. 참고: Julian Krzyzanowski, *A History of Polish Literature*, Warsaw, 1978; Czeslaw Milosz, *The History of Polish Literature*, Berkeley, 1983.
56. 필명을 써야 한다는 요건은 없었고 | 〈음악의 메아리〉(*Echo muzyczne*)에 실린 수상자 명단에 필명을 쓴 사람은 두 명뿐이었고, 그중 한 명이 헨리크 골트슈미트였다.
57. "스승님, 저를 받아주십시오." | 흥미롭게도 코르차크의 《나비의 고백》에는 어린 화자가 크라셰프스키에게 자신을 받아달라고 호소하는 부분이 있다. 코르차크의 〈어느 길로?〉는 1863년 〈바르샤바 평론〉에 실린 크라셰프스키의 기고문 〈어느 길로?〉에서 제목을 따왔을 가능성이 있다. 그해에 크라셰프스키는 정치활동으로 러시아 당국의 블랙리스트에 오르자 드레스덴으로 이주했다. 그와 편지를 주고받던 사람 중 야쿠프 골트슈미트도 있었다. 야쿠프는 때때로 즈워트니츠키(Złotnicki)라는 필명을 썼다. 즈워토(złoto)는 '금'이라는 뜻.
57. "청년 시절로부터 탈출했다" | 라디오 인터뷰, 1933.
57. 수백 편의 평론과 수필 | 코르차크는 1896년부터 1907년까지, 즉 18세에서 27세까지 600편의 기고문을 썼다. 기고문이 실린 폴란드 정기간행물은 다음과 같다. 〈만인의 독서실〉(*Czytelnia dla Wszystkich*), 〈가시〉(*Kolce*), 〈목소리〉(*Głos*), 〈폴란드 일보〉(*Kurier Polski*), 〈방랑자〉(*Wędrowiec*), 〈교육 평론〉(*Przegląd Pedagogiczny*), 〈의학 비평〉(*Krytyka Lekarska*), 〈사회 평론〉(*Przegląd Społeczny*), 그리고 〈세계〉(*Świat*)

아이들의 왕

58. 레온 리기에르 | *RJK*에 실린 회고.

58. "체호프는 의사이면서도 위대한 작가" | 코르차크는 나중에 게토 시절 이렇게 적는다. "나는 작가 중에서는 위대한 사회 진단가이자 임상가, 체호프에게 가장 빚이 많다."〈이력서〉, *JKGY*.

59. "내 손바닥에 털이 나기 전에" | 마르타 오스노스(Marta Osnos), 저자 인터뷰, 뉴욕시, 1984. 마르타 오스노스는 의사이자 사회운동가 지그문트 비호프스키(Zygmunt Bychowski)의 딸.

59. 스테판 제롬스키 | Stefan Żeromski(1864~1925). "폴란드 문학의 양심"이라 불렸다. 참고: Czeslaw Milosz, *The History of Polish Literature*, Berkeley, 1983.

60. "허름한 신발, 해져서 반들거리는 바지" | *CDR*.

60. "그때 제가 … 거짓말이었어요." | "Nikt"(〈아무도〉), *Czytelnia dla Wszystkich*, no. 24, 1899. 6. 15. 폴란드어.

61. "내 관심사는 … 아이들의 삶을 개선하는 문제" | *Kolce*, no. 1, 1901.

62. 얀 브와디스와프 다비트 | Jan Władysław Dawid(1858~1914).

62. 야드비가 슈차빈스카 다비트 | Jadwiga Szczawińska Dawid(1864~1910).

63. 조피아 나우코프스카 | Zofia Nałkowska(1884~1954).

63. 어느 날 일기에는 | 1899년 12월 1일.

64. 코르차크는 특히 페스탈로치를 | Janusz Korczak, 〈아동―19세기 동포애 개념의 발달〉, *Czytelnia dla Wszystkich*, no. 52, 1899.

64. 바츠와프 나우코프스키 | Wacław Nałkowski(1856~1911).

65. 스테파니아 솀포워프스카 | Stefania Sempołowska(1870~1943).

65. '무료 대출 도서관' | 무료대출도서관 자선협회는 무료로 도서 대출이 가능한 도서관 몇 곳을 세웠다. 많은 폴란드인과 유대인이 자원봉사자로 함께 일했다. 코르차크는 "무료 대출 도서관에서 몇 년 일하는 동안 관찰거리가 풍성했다"고 적었다(〈이력서〉, *JKGY*). 또한 1902년에 코르차크와 도서관에서 함께 일한 헬레나 보빈스카(Helena Bobińska)의 회고 참고 (*RJK*). Marek Jaworski, *Janusz Korczak*, Warsaw, 1978.

65. "감방 신세를 실컷" | *GD*.

5장 재갈 물린 영혼

66. 루드비크 리친스키 | Ludwik Liciński(1874~1908).

67. 조피아는 보드카를 병째 마시고 | Zofia Nałkowska, *Pamietniki 1899-*

1905, Warsaw, 1975. 1903년의 일기.

67. "개처럼 울부짖던" | *CDR*.

67. "푸들이 된 꿈을 꿨다" | *CDR*.

67. 《응접실의 아이》 | *Dziecko salonu*, Warsaw, 1906. 〈목소리〉지에 연재, 1904~1905.

69. 의사 자격을 취득하자마자 | 코르차크는 1904년 11월에 의대를 졸업하고(*Izraelita*, 1904) 1905년 3월에 학위를 받았다(나치 문서, 1940. 9. 20., 코르차크 연구회 기록보관소, 바르샤바)

69. 느닷없이 끌려온 | 그의 입대 소식은 〈개인사 알림〉, *Izraelita*, 1905. 6. 26., 1905. 7월에 실림.

69. "전쟁은 온몸의 질병을 드러낸다" | Janusz Korczak, "O wojnie. W pociągu sanitarnym"(〈전쟁의 기록―병원열차에서〉), *Głos*, no. 48, 49, 1905.

70. "내가 중국에 간 게 아니라 중국이 내게 왔다" | *Mały Przegląd*, no. 14, 1927.

71. '이워야'라는 네 살 아이를 만나 | *GD*.

71. 보드카와 아편 냄새가 풀풀 풍기는 선생 | *Mały Przegląd*, no. 14, 1927.

72. "어떤 이유에서든 전쟁에 나서기 전에" | *LL*.

6장 어린이병원

73. 비평가들은 그를 폴란드 문학의 샛별로 칭송하며 | 스타니스와프 브조조프스키는 코르차크를 문화적, 문학적으로 당대의 가장 흥미로운 작가 중 한 명이라고 평했다. Stanisław Brzozowski, "Janusz Korczak", *Przeglad Spoleczny*, 1906. 4. 28. 율리안 크시자노프스키는 1978년에 코르차크의 작품을 평하며 오늘날 읽히는 책은 코르차크의 어린이책뿐이라고 지적한다. 그는 코르차크의 "탁월한" 소설《응접실의 아이》가 젊은 자연주의 작가들에게 당시의 사회문제를 다룰 수 있는 길을 열어주었다고 평한다. Julian Krzyzanowski, *A History of Polish Literature*, Warsaw, 1978.

74. 실리스카 거리에 있는 어린이병원 | 베르소흔 바우만 어린이병원. 1878년 6월 28일에 은행가이자 자선가 마예르 베르소흔(Majer Bersohn, 1832~1908)과 부인 하야(Chaja)가 사위 살로몬 바우만(Salomon Bauman), 딸 파울리나(Paulina)와 함께 설립했다. 개원할 당시 병상 수는 20개였고 가난한 유대인 아이들을 진료했지만, 규모가 바르샤바 최대 수준인 응급실은 종교에 관계없이 모든 아이들을 무상으로 치료해주었다.

1930년에 2층이 증축된 것을 보고 코르차크는 동화 속의 집 같다고 말했다. 지금도 어린이병원으로 운영되고 있다. 병원 직원들과의 인터뷰, 1981. Henryk Korszczor, *Kartki z Historii Żydów w Warszawie XIX-XX w*, Warsaw, 1979.

74. "단조롭고 고된 일" | *GD*.

74. "우리 노인네" | *GD*.

74. 어머니는 아들이 자주 마차를 타고 … 다니는 것에 놀랐다 | *GD*.

75. "선생님, 잠깐만 기다려주시겠어요?" | *GD*.

76. 다정하게 대하는 환자들은 가난한 이들뿐이었다 | *GD*.

76. "탈무드에 적혀" | *GD*.

76. 이상주의적인 젊은 의사 | *GD*. 코르차크는 "정직한" 의사가 되기 위한 자신의 분투를 글로 묘사하기도 했다. 〈단상(斷想)〉, *Medical Critique*, nos. 10, 11, 12, 1906. 필자 이름은 H. Goldszmit로 되어 있다.

76. 한번은 한 어머니가 병실에 | 아다 하가리, 저자 인터뷰, 이스라엘, 1981.

76. 또 어떤 아픈 아이는 | 미로스와바 술초바의 진술, 코르차크 연구회 기록보관소, 바르샤바.

76. 헨리크 그린베르크라는 이는 | Henryk Grynberg, 저자 인터뷰, 바르샤바, 1981년 10월.

77. 어느 평론에서 격앙된 논조로 | *Medical Critique*, nos. 7-8, 9-10, 1906; no. 2, 1907. *Wiedza*, no. 2, 1908; no. 1, 1909. 참고: 코르차크에 대한 스타니스와프 브조조프스키의 기고문, *Przegląd Społeczny*, 1906. 4. 28.

77. "젖가슴은 어머니의 것이 아니라 아기의 것" | *Pediatric Review*, 1911.

77. "조개껍질처럼" 그에게 밀려오는 | *GD*.

77. "작은 병원. 추운 겨울의 기억이다." | *Jednodniówka Towarzystwa Przyjaciół Dzieci*(《아동친구회의 하루 기록》), Warsaw, 1925.

78. "죽음 앞에서 더없이 의연하고 성숙하며 현명했던 아이의 모습" | 야누시 코르차크의 〈이력서〉, 유대인위원회 인사과에 제출한 신청서, 1942. 2. 9., *JKGY*.

78. "엄마 아빠가 없는 낯선 병원에서" | 마르타 오스노스(Marta Osnos), 저자 인터뷰, 뉴욕, 1984.

78. 조피아라는 여자아이 | 이고르 네베를리(Igor Newerly), *LL*.

79. "우리는 도대체 언제" | 이고르 네베를리, *SWJK*의 머리말.

79. "그렇게 불쌍하면 학생이 내려가서" | *HP*.

주석

80. 캠프협회에 자원봉사를 신청해놓았다 | 코르차크는 이때의 경험을 〈이스라엘 민족〉(1904, 7호)에 기고했다. 1933년에는 〈작은 평론〉(*Maly Przeglad*, 41호)에 이렇게 적었다. "저는 학생 때 여름 캠프에서 일했습니다. 그곳에서 만났던 아이들이 가을에 제게 찾아왔고, 그렇게 해서 제 아파트에서 어린이 클럽이 꾸려졌습니다."

80. 그가 배정받은 캠프는 | 폴란드에서는 1882년에 빈곤아동을 위한 캠프 제도가 마련되었다. 코르차크가 지도교사로 일한 유대인 캠프는 1902년에 자선가 미하우 엔델만이 설립했다. 코르차크는 유대인위원회에 보낸 신청서에 이렇게 적기도 했다. "저는 미하우프카의 마르키에비치 여름 캠프에서 지도교사로 일할 때 처음 유대인 아이들을 접했습니다." *JKGY*.

81. "그곳에서 나는 아이들의 집단을 처음으로" | *HTL*.

81. "나는 가슴에 꽃이나 꽂고" | *HTL*.

82. "나는 교육 분야라면 초심자가 아니었다" | *HTL*.

83. "인생에는 두 왕국이 있다" | *MJS*.

83. "어제는 미개인" | *HTL*.

84. 지나가던 농부가 | *MJS*.

84. "폴란드어가 숲의 푸른빛과 밀밭의 황금빛으로" | *MJS*.

84. 이디시어도 마찬가지였다 | *MJS*.

88. '중재 법원' | 역사학자 스테판 보워신(Stefan Wołoszyn), 저자 인터뷰, 바르샤바, 1981. 참고: I. Newerly, A. Kaminski, and W. Zelazko, *Samorząd uczniowski w systemie wychowawczym Korczaka*(《코르차크 교육제도의 어린이 자치》), Warsaw, 1962. 참고: Jolanta Switalski-Ebersman, *Die politische-kulturelle Entwicklung Polens(1813-1939) und Janusz Korczaks Beitrag für die Erneuerung der Erziehung* (〈폴란드 정치문화 발달사(1813~1939)와 야누시 코르차크의 교육적 업적〉), 박사학위논문, Stettin, Poland.

88. 브로니스와프 트렌토프스키 | Bronisław Trentowski(1808~1869).

89. 베를린으로 떠난 것은 | H. Goldszmit, *Wrażenia z Berlina*(〈베를린에서 느낀 인상〉), *Medical Critique*, nos. 10-12, 1907. 베른트 그라우프너(Bernd Graubner)의 조사에 따르면 코르차크는 헴리히 핑켈슈타인(Hemrich Finkelstein)의 지도로 슈미트-갈리슈 재단 보육원과 시립 고아원에서 일했고, 아돌프 바긴슈키(Adolf Baginski)의 지도로 프리드리히 황제 및 황후 어린이병원에서 일했다. Bernd Graubner, 저자 인터뷰, 바르샤바,

아이들의 왕

1986. 참고: Janusz Korczak, *Zeugnisee einer lebendigen Pädagogik*, ed. Eried-helm Beiner, Heinsberg, West Germany, 1982.

91. 《유스키, 야시키, 프란키》 | 초등학교 4학년용 책으로 나온 1984년판에는 흥미롭게도 "올레크가 운다. 눈물방울마다 예수가 슬프게 매달린 십자가가 담겨 있다"는 대목이 "올레크가 운다. 눈물방울마다 성스럽다"로 바뀌어 있다.

92. 유대인 아이들과 폴란드인 아이들을 비교해달라고 하자 | Janusz Korczak, "Dziecko żydowskieopinia rzeczoznawcy"(〈유대 아동—전문가의 소견〉), *Miesięcznik Żydowski*, no. 3, 1933.

93. 스테파니아(스테파) 빌친스카를 만나게 된다 | '고아들의 집'에서 교사 수련생으로 있었고 팔레스타인으로 이주한 뒤 코르차크와 오랜 기간 편지를 주고받은 유제프 아르논(Józef Arnon)은, 스테파가 1908년에 스위스에서 유학하던 중 코르차크를 만난 것으로 알고 있었다. 그러나 스텔라 엘리아스베르크(Stella Eliasberg)와 이고르 네베를리는 두 사람이 바르샤바에서 처음 만났다고 말했다.

8장 결심

94. 코르차크는 뒤쪽에 서서 | 스텔라 엘리아스베르크의 일기.

94. 한 주 내내 열심히 외운 시를 | 마리아 코노프니츠카(Maria Konopnicka, 1842~1910)의 시였을 것으로 추정된다. 억압받는 이들의 시인이자 어린이책 작가로, 그녀가 쓴 판타지 동화에 《고아 매리와 땅속 요정들》(*O krasnoludkach i sierotce Marysi*) 등이 있다. 참고: Julian Krzyzanowski, *A History of Polish Literature*, Warsaw, 1978.

94. "열 살 인생의 무게를 훌쩍 뛰어넘는" | *HTL*.

95. 열렬한 폴란드 애국자였던 어머니는 | 며느리 이레나(Irena) 엘리아스베르크 빌친스카와의 인터뷰, 1981년 10월.

97. "교육자적 사랑" | Joseph Arnon, "The Passion of Janusz Korczak," *Midstream*, 1973. 5.

97. 루이라는 이가 어떤 사람이었는지 | 저자는 1986년에 바르샤바 유대인 묘지를 방문해 유제프 골트슈미트의 묘 근처에서 발견되었다는 유제프 루이의 묘비 파편을 보았다. 안나의 혼인증명서는 존재하지 않으며, 남편의 성을 알 수 있는 유일한 자료는 코르차크가 루이 파스퇴르에 대한 자신의 책을 "안나 루이(Anna Lui)"에게 헌정한 문구뿐이다. 〈바르샤바 일

보〉(1909. 7. 24.)에 실린 유제프 루이의 부고는 다음과 같다. "짧았지만 가혹했던 고통 끝에 7월 22일, 39세의 나이로 운명했다. 유족으로 부인, 누이들, 장모, 매부들(매부 또는 처남—옮긴이)을 남겼다." 유족에 장인이 언급되지 않았고(유제프 골트슈미트는 죽고 난 뒤였다), 마르타 엘리아스베르크(Marta Eliasberg)의 회고에 따르면 안나가 일찍 남편을 여의었다고 하는 것으로 보아, 유제프 루이가 안나의 남편이었을 것으로 강력히 추측된다. 이고르 네베를리는 루이가 매독에 걸렸고 자살했다고 코르차크가 자신에게 말했던 것을 기억한다.

98. 루드비크 크시비츠키 | Ludwik Krzywicki(1859~1941). Konstantin Krzeczkowski, *Zarys życia i pracy Ludwika Krzywickiego*, Warsaw, 1939. 폴란드어. *LL*도 참고.

99. "개혁을 꿈꾸는 그의 열망에 부응하지 못했다" | Erik Erikson, *Gandhi's Truth*, New York: W. W. Norton, 1969.

99. "제가 교육자가 된 것은" | *LL*.

99. "내가 목표를 이루고자 선택한 길은" | *HTL*.

100. 의술을 저버리게 되는 것이 아닌가 | *HTL*. 코르차크는 나중에 《게토 일기》에 자신이 의술을 저버린 것 같다고 적었다.

100. "의사가 환자의 열, 기침, 메스꺼움을 대하듯" | 〈서언(序言)〉, 《교육의 순간》, *SWJK*.

100. "아이의 영혼을 다듬는 조각가" | *GD*.

100. '인생 학교' | Szkola życia. 1907~1908년에 〈사회〉(*Spoleczentwo*)지에 실렸으며, 통합 재구성되어 다음 《작품 선집》에 수록되었다. *Pisma wybrane*, ed. Aleksander Lewin, Warsaw, 1978.

101. "내가 끝내 파헤치지 못한" | Isaac Bashevis Singer, *Shosha*, New York, 1978.

102. "큰 의미가 있는 경험" | *HTL*. 후에 그는 사생활이 없는 막사 스타일로 생활관을 지은 것을 후회하며 이렇게 적었다. "나중에 혹시 층을 하나 더 지을 수 있다면 호텔식 구조로 하고 싶다. 중앙의 복도 양옆으로 작은 방들이 있는 형태로." 전쟁 후에 고아원은 개축되어 큰 생활관이 작은 침실들로 바뀌었다.

103. 엘리아스베르크 부부의 네 딸 중 맏딸인 헬레나는 | 헬레나 엘리아스베르크 시르쿠스(Helena Eliasberg Syrkus), 저자 인터뷰, 바르샤바, 1979.

103. 지인들에게 들려주기도 했다 | 마리아 찹스카(Maria Czapska)의 회고, *RJK*.

아이들의 왕

103. 베를린은 그에게 … 가르쳤지만 | *HTL.*

105. 런던을 출발해 근교의 포리스트힐을 | Janusz Korczak, "Forest Hill," *Świattlo*, no. 2, 1912. 코르차크는 방문한 고아원의 이름을 밝히지 않았지만, 당시 포리스트힐에 '직업훈련원(industrial home)'으로 불리던 고아원은 인접한 두 곳이 있었으며, 각각 샤프츠버리 하우스(Shaftesbury House, 1873년 설립)와 루이즈 홈(Louise Home, 1881년 설립)이었다. 참고: "Forest Hill," *Concern magazine*, Philip Veerman, 1987. 3.

106. "러시아 치하에서 … 노예" | 코르차크가 모셰 제르탈(Mosze Zertal)에게 보낸 편지, 1937. 3. 30.

106. "어린이를 위해, 어린이의 권리를 지키며" | 같은 출처.

107. "우리는 제정신이 아닌 영혼으로부터" | 코르차크가 쓴 《하느님과 홀로 마주하며―기도하지 않는 사람을 위한 기도문》에 수록된 예술가의 기도.

9장 어린이 공화국

108. "몸은 꽁꽁 얼고 마음은 들뜬" | *HTL.*

109. 철제 침대 | "The Passion of Janusz Korczak," *Midstream*, 1973. 3; 이고르 네베를리와 이다 메르잔(Ida Merzan)의 인터뷰.

110. 스테파도 처음 몇 해는 너무 바빠서 | 스테파 빌친스카가 야쿠프 에인펠트(Jakub Einfeld)에게 보낸 편지, 팔레스타인, 1934.

110. 인생에서 가장 힘든 한 해였다고 | *HTL.*

110. "식탁을 반질반질하게 닦는 것이" | *HTL.*

112. "기초가 없으니 건물이 지붕째 주저앉지" | *HTL.*

112. 그리고리 슈무클레르 | Grigori Schmukler, 저자 인터뷰, 브라이턴비치, 뉴욕, 1983.

113. "어젯밤에 자면서 무슨 이야기 했어?" | *HTL.*

113. 코르차크는 처음으로 아이를 주인공으로 | 하나 키르슈너(Hana Kirschner), 저자 인터뷰, 바르샤바, 1981년 11월.

114. "아이들 숨소리의 교향곡" | *HTL.*

114. 한번은 여덟 살 남자아이가 | 연필로 적은 미출간(연대 미상) 저작의 일부. 다음 문헌에 인용됨: *Myśl pedagogiczna Janusza Korczaka Nowe żró-dła*(《야누시 코르차크의 교육사상》), ed. Maria Falkowska, Warsaw, 1983.

115. 모이시가 흐느끼는 소리를 듣고 | *HTL.*

주석

116. 실제로 아이들은 고아원을 벗어나 | 고아원 신문 〈주간 고아들의 집〉에 실린 글. 야니나 모르트코비치(코르차크의 책을 출판하던 야쿠프 모르트코비치의 부인)와 스테파니아 셈포워프스카가 편집장으로 있던 어린이 주간지 〈햇살〉(WSłońcu)에 1914년에 실렸다. 〈햇살〉지는 1916년부터 셈포워프스카가 단독으로 편집장을 맡았다. 시인 율리안 투빔(Julian Tuwim)과 소설가 스테판 제롬스키(Stefan Zeromski) 같은 유명한 작가 다수가 〈햇살〉지에 글을 썼다.

117. '교육용 저널리즘' 강좌 | HTL.

117. "신문이 있으면" | WSłońcu, 1913.

117. "여러분, 이곳에 처음 왔을 때 생각나세요?" | 같은 출처.

119. 이미 있던 옛날이야기를 즐겨 들려주곤 했다 | 코르차크가 가장 즐겨 했던 이야기는 프랑스 작가 샤를 페로(Charles Perrault, 1628~1703)의 《장화 신은 고양이》였다. 폴란드어로는 1693년에 같은 작가의 《잠자는 숲속의 공주》《빨간 두건》《신데렐라》와 함께 번역되었다.

119. "나는 세상을 늘 장애물의 관점에서 생각했다" | WIALA.

119. "진짜 있었던 이야기예요?" | HTL.

120. "겸손의 교훈" | MJS.

121. "문틈으로 스며드는 거리의 사악한 속삭임" | HTL.

121. 당시 바르샤바에 사는 유대인이 30만 명으로 | 1900년에서 1910년 사이에 그 수가 25퍼센트 증가했다. 참고: Henryk Wereszycki, Historia polityczna Polski 1864-1918, Paris, 1979.

121. 한 과격한 민족주의자는 | GD.

121. 또 다른 폴란드 지인은 | GD.

121. 〈세 개의 지류〉 | Janusz Korczak, "Trzy prady," Spoleczentwo, no. 42, 1910.

123. 헤르만 코엔 | 참고: Essays from Martin Buber's Journal, Der Jude, 1916-1928, ed. Arthur A. Cohen, Tuscaloosa, Alabama, 1980.

10장 아이를 사랑하는 법

125. 은행에서 250루블 이상은 인출 요청을 거부했다 | RJK에 실린 한나 모르트코비치-올차크(Hanna Mortkowicz-Olczak)의 회고.

125. 야쿠프 모르트코비치 | Jakub Mortkowicz(1876~1931).

125. 야니나 모르트코비치 | Janina Mortkowicz(1875~1960).

126. 에스테르카 베인트라우프 | 그녀의 사진은 고아원의 '정숙실'에 놓여 있

었다. 출신 배경에 관해서는 알려진 것이 없다. 스테파와 코르차크 사이의 딸이라는 근거 없는 소문이 있었다.

126. "광란의 환각 속에 진군하는 악마들" | 〈스테판〉,《교육의 순간》, *SWJK*.

127. 한 눈먼 유대인 노인 | *GD*.

127. "고통받는 이들은 유대인뿐만이 아니다" | Janusz Korczak, "Z Wojny"(〈전장에서〉), *Nowy Dziennik*, 1918. 7. 15.

127. 《아이를 사랑하는 법》 | 흥미롭게도 이 책은 레닌의 부인 나데즈다 크룹스카야(N. K. Krupskaya)에 의해 1922년에 러시아어로 번역되었다.

128. 독립된 존재로 여겨야만 한다는 것이다 | 코르차크가 투철하게 지지했던 아이의 존중받을 권리는 현대 교육가들의 지지를 받고 있다. 일례로 참고: John Holt, *Escape from Childhood: The Needs and Rights of Children*, New York, 1974; Alice Miller, *The Drama of the Gifted Child (Formerly Prisoners of Childhood)*, New York, 1983. 다음도 참고: Patricia Anne Piziali(학위논문), "A Comparison of Janusz Korczak's Concept of the Rights of the Child with Those of Other Selected Child Advocates", George Washington University, 1981; Edwin Kulawiec, "Janusz Korczak: Champion of Children," *Childhood Education*, October 1979.

131. "총칼과 검열관과 첩자들의 삼엄한 감시망" | 〈스테판〉,《교육의 순간》, *SWJK*.

131. 아련한 향수에 젖었다 | *RJK*에 실린 스타니스와프 제미스(Stanisław Żemis)의 회고.

131. 유독 스테판이 그의 눈에 들어온 것은 왜였을까? | 스테판 이야기의 출처는 코르차크의 에세이 〈스테판〉,《교육의 순간》, *SWJK*.

11장 슬픈 부인

142. 3일간 휴가 | 야니나 페레티아트코비치(Janina Peretiatkowicz)의 진술, *RJK*. 페레티아트코비치가 이고르 네베를리에게 보낸 편지, 1963.

143. 마리나 팔스카 | Maryna Falska(1878~1944). 마리나 팔스카의 초기 생애에 관한 정보는 이고르 네베를리의 인터뷰와 그의 저서 *LL*, 그리고 이다 메르잔이 제공한 자료에 큰 도움을 받았다.

146. "눈이 퉁퉁 붓도록 울었다" | *MD*.

146. 보호소에서 자고 갈 때도 많았다 | Z. 프시고다(Z. Przygoda), 토론토에서 저자와의 전화 인터뷰, 1986.

147. "권총을 내게 겨누며" | *MD*.
148. "키예프, 혼돈의 도가니" | 키예프에 관한 배경 정보는 당시 키예프에 살았던 예지 미하워프스키(전 주미 폴란드 대사)와 故 조지 키스티아코프스키, 그리고 군역사학자 빌 풀러에게 큰 도움을 받았다. 참고: Richard W. Watt, *Bitter Glory: Poland and Its Fate, 1918-1939*, New York, 1979; Norman Davies, *God's Playground*, vol. 2, New York, 1982.
148. "단 하루도 거르지 않고" | *HTL*.
148. 마리아 몬테소리 | Maria Montessori(1870~1952).
148. 몬테소리 유치원 | 〈헬치아〉,《교육의 순간》, *SWJK*.
149. "노트 속에" | 〈서언〉,《교육의 순간》, *SWJK*.
153. 마리나와 아이들에게 작별 인사를 했다 | *MD*.

12장 독립

157. "아들 돌아올 날" | *MD*.
158. "구름같이 달려와 나를 둘러쌌다" | *HTL*.
159. "우리는 이제 아저씨의 관심 밖이었다" | 헬레나 엘리아스베르크 시르쿠스, 저자 인터뷰, 바르샤바, 1979. 10.
159. 유제프 피우수트스키 | Józef Piłsudski(1867~1935). 연대자유노조에서 활동한 어느 애국자가 유제프 피우수트스키에 관해 논의한 흥미로운 내용은 다음을 참고: Adam Michnik, *Letters from Prison and Other Essays*, Berkeley, 1985.
160. 법률 체계가 네 가지였고 | Norman Davies, *God's Playground*, vol. 2, New York, 1982.
161. 프루슈쿠프라는 소도시에 | 고아원 '우리들의 집'의 프루슈쿠프 시절에 관한 정보는 건물관리인이었던 브와디스와프 치호시(Władysław Cichosz)와 전후 비엘라니에서 원장을 지낸 지스와프 시에라츠키(Zdzisław Sieradzki)에게서 큰 도움을 받았다. 저자 인터뷰, 바르샤바, 1979.
162. 집기도 책임지고 마련해주었다 | 코르차크가 프루슈쿠프 고아원 주간 신문에 쓴 글.
163. "우리는 아직 예금계좌라는 게 없었다" | 마리나 팔스카, 고아원 신문.
164. "역사가 아무리 나라의 운명을 지배할지라도" | "Święto wiosny"(〈봄의 축제〉), *Gazeta Polska*, 1919. 5. 3.
165. 예비역 소령으로 복무하라는 명령 | 코르차크의 이름은 다음에 실려 있

아이들의 왕

다. *Rocznik oficerski*(〈장교용 교범〉), Warsaw, 1924.

166. 눈앞의 사물이 둘로 보였다 | *HTL.*

166. 어머니는 이미 돌아가신 뒤였다 | *GD.*

166. "그래도 더없이 행복하게 가신 것이다" | Phyllis Crosskurth, *Havelock Ellis: A Biography*, New York, 1980.

166. "동생이 파리에서 돌아오자" | *GD.*

167. 어머니의 묘는 유대인 묘지의 외딴 구석 | 이 글을 쓰는 현재 코르차크 어머니의 묘는 풀이 무성한 채 관리가 되지 않고 있는 유대인 묘지에서 아직 발견되지 않고 있다. 부고에 따르면 그곳에 묻힌 것은 맞다(*Kurier Poranny*, no. 42, 1920. 2. 12) 코르차크의 아버지와 조부모의 묘를 찾아낸 유대인묘지관리 사회위원회 회장 얀 야기엘스키에 따르면, 티푸스로 죽은 사람은 전염을 막기 위해 별도의 구역에 묻었다고 한다.

167. 티푸스로 고열을 앓던 중 | *GD.*

168. "왜 나지?" | *GD.*

170. 폴란드는 그 어느 때보다 기도가 절실히 필요한 상황 | 참고: Richard M. Watt, *Bitter Glory: Poland and Its Fate, 1918-1939*, New York, 1979; Norman Davies, *God's Playground*, vol. 2, New York, 1982.

170. "더럽고 분열된" | "Dziecko i Wiosna"(〈아이와 봄〉), *Religia Dziecka*(〈아이라는 종교〉), *CWJK*, vol. 3.

171. "바르샤바는 내 것이고" | *GD.*

13장 마치우시 왕의 정신

172. "어른에게는 어머니가 필요하지 않을 거라고 아이들은 생각하지요" | *RL.*

174. 코르차크의 《에밀》이라는 평가 | 스테판 보워신, 저자 인터뷰, 바르샤바, 1981.

178. 그는 수면 가스에 정신을 잃고 | 결국 가스에 독살당하는 코르차크의 운명에 대한 복선으로 읽힐 수도 있는 대목.

178. 사형 집행을 유예시켰다는 것 | 도스토옙스키가 총살형 집행 직전에 사면되었던 것에서 착안한 것으로 보인다.

181. "모든 숭고한 개혁가의 영원한 비극" | 이고르 네베를리, 저자 인터뷰, 바르샤바, 1981.

주석

182. "마치우시 왕은 왜" | 이고르 네베블리와 이다 메르잔, 저자 인터뷰, 바르
    샤바 1979, 1981.
183. '꼬마 잭' 이야기 | 《꼬마 잭의 파산》
185. "꽃밭이 잡초로 무성해지지 않게" | *HTL.*
185. 유전 관련 수수께끼를 거론했다 | *HTL.*
185. "아이를 생각 없이 낳는 습관을 버려야" | Janusz Korczak, 〈출산에 대한
    우려〉, *Higiena i opieka nad dzieckiem*(〈위생과 육아〉), no. 5, Warsaw, 1927.
185. "아이가 잘 먹고 좋은 환경에서 지내면" | 헬레나 메렌홀츠(Helena Mer-
    enholc), 저자 인터뷰, 바르샤바, 1981.
186. "부인의 기관에서 바보 자격을 인정받기는" | 같은 출처.
186. "어떤 사람은 죽어서 돈이 이제 필요 없으니" | *MJS.*
187. "코르차크 선생님은 어디 계시오?" | 이다 메르잔, 저자 인터뷰, 바르샤
    바, 1981.
187. 이스라엘 진그만 | 저자 인터뷰, 텔아비브, 1979, 1981. 또한 《야누시 코
    르차크와 고아들》이라는 그의 저서 참고: Israel Zyngman, *Janusz Korczak
    Wśród Sierot*, Tel Aviv, 1976. 폴란드어.
191. 사라 크레메르 | Sara Kramer, 저자 인터뷰, 텔아비브, 1979.
192. 이발 도구를 의사의 수술 도구처럼 청결하고 | Janusz Korczak, "Strzyże-
    nie Włosów"(〈이발〉), *Opieka nad dzieckiem*(〈육아〉), no. 5, Warsaw, 1925.
194. "토요일 오후에 집에 갈 때" | 도바 보르베르고프(Doba Borbergow)의 회
    고, *RJK.*
194. 한나 뎀빈스카 | Hanna Dembińska, 저자 인터뷰, 텔아비브, 1981.
194. 가족이 위층까지 올라올 수 있는 때는 | 한나 뎀빈스카와 아담 뎀빈스키
    (Adam Dembiński), 저자 인터뷰, 텔아비브, 1981. 두 사람은 고아원에서
    같이 지냈고 제2차 세계대전 중에 결혼했다.
194. 아홉 살짜리 말썽꾸러기 남자아이 | *HTL.*
197. "별일 없어?" | *HTL.*
197. "혀 좀 보자" | 이다 메르잔, 저자 인터뷰, 바르샤바, 1983.
197. 가끔은 줄넘기나 | 사라 나디브(Sara Nadiv), 저자 인터뷰, 텔아비브,
    1981.
198. "나한테 애들이 엉겨 붙은 게" | 이다 메르잔, 저자 인터뷰, 바르샤바,
    1983.

아이들의 왕

198. "발효 케이크처럼 넓적했고" | 요나 보치안(Jona Bocian), 저자 인터뷰, 텔아비브, 1981.

15장 야수를 길들이다

201. "똥은 냄새나니 만지지 말라" | J. 도디우크(J. Dodiuk)의 회고, *RJK*. 코르차크는 군대 등에서 배운 지저분한 표현을 즐겨 썼다. 또 성인 친구들과 저속한 농담도 곧잘 주고받았다.

201. "성격에 결함이 있는 아이는" | 〈다양한 유형의 아이에 관해〉, 1928. 10., *SWJK*.

202. "누가 세탁과 세탁부에 대한 두 권짜리 책을 썼다 해도" | 〈꿈이 큰 교사〉, 1938. 8., *SWJK*.

203. "위험한 미치광이" | 유제프 아르논에게 보낸 편지, 1938. 7. 8.

203. "이론을 통해" | 〈이론과 실제〉, 〈특별한 학교〉, 1924. 1., *SWJK*.

203. "나는 공부하다 보니 의사가 되었고" | 조피아 자이만스카(Zofia Zaimanska)의 회고, *RJK*.

204. "자, 뭐에 걸래?" | 이고르 네베를리와 이다 메르잔, 저자 인터뷰, 바르샤바, 1979, 1981.

205. "해결책은 심리학뿐 아니라" | *HTL*. 코르차크의 교육 체계를 논하는 영어 문헌은 다음을 참고: Shimon Frost, "Janusz Korczak: Friend of Children," *Moral Education Forum Magazine*, vol. 8, no. 1, Hunter College, City University of New York, Spring 1983; Moses Stambler, "Janusz Korczak: His Perspectives on the Child," *The Polish Review*, vol. 25, no. 1, 1980; 다음도 참고: "Janusz Korczak Symposium," with T. Bird, F. Gross, G. Z. F. Berday, E. J. Czerwinski, H. Grynberg, *The Polish Review*, vol. 24, no. 1, 1979. 코르차크의 삶과 업적 전반을 다룬 흥미로운 폴란드어 평론 모음은 다음을 참고: *Janusz Korczak, życie i dzieło*, Warsaw, 1978.

206. "부끄럽지도 않니!" | *HR*.

207. 한나 뎀빈스카 | 한나 뎀빈스카, 저자 인터뷰, 텔아비브, 1981.

208. "불치병과 씨름하는 외과 의사" | *HTL*.

209. "돈 몇 푼이면 아무 데서나 살 수 있는 엽서가" | Ida Merzan, *Pan Doktor i Pani Stefa*(《의사 선생님과 마담 스테파》), Warsaw, 1979.

210. "그런 것들에는 다 과거의 추억이나 미래의 염원이" | *HTL*.

211. 고아원 아이들과 여름 캠프를 떠나는 꿈을 | '꼬마 장미(Różyczka, 루지

치카)' 땅은 막시밀리안 콘(Maksymilian Cohn) 부부가 1921년에 기증했다. 처음 몇 해는 주거시설이 미비하여 남자아이와 여자아이가 한 달씩 따로 다녀왔다. 첫해에는 코르차크의 유대인 고아원, 기독교 고아원 아이들이 함께 캠프에 참가했다. 그러나 두 고아원 이사회에서 모두 항의하여 그 후로는 그러지 못했다. 이다 메르잔, 저자 인터뷰, 바르샤바, 1983.

212. 코르차크가 모래바닥에 팔자 좋게 누워 있다가 | 시몬 아가시(Szymon Agasi), 저자 인터뷰, 텔아비브, 1981.

16장 정의 실현을 위해

215. "소송 사건 하나를 지켜보면" | *HTL.*

218. "내가 왜 쪼그만 애한테 재판을" | *HTL.*

222. 어느 토요일 오후 | 스타시에크 이스라엘 진그만, 저자 인터뷰, 텔아비브, 1979, 1981.

227. "안타깝지만 우리가 해줄 수 있는 건" | 〈주간 고아들의 집〉에 실린 것을 〈햇살〉(1919) 12호에서 인용.

228. 여자아이들은 가정교사나 가정부, 보모 자리를 알아보았다 | 스테파 빌친스카가 로즈 지젠슈테인(Rose Zyzensztejn)에게 보낸 편지, 1929. 12. 12.

228. "고아원에서 지내던 시절이 정말 그리웠어요" | 이츠하크 벨페르(Yitzhak Belfer), 저자 인터뷰, 텔아비브, 1981.

229. "돌아다니다 결국 강가의 공원 벤치에 누워" | 요한 누트키에비치(Johann Nutkiewicz), 저자 인터뷰, 텔아비브, 1981.

230. 코르차크는 청구서를 한 번도 보내는 법이 없었기에 | Franek Piotrowski, *Tygodnik Polski*, London, 1973. 9.

230. "비행을 저지른 아이도 아이다" | 〈이론과 실제〉, 〈특별한 학교〉, 1924. 1., *SWJK.*

231. 어느 소년이 살인 사건을 저질렀을 때 | 〈스타니스와프 람피시의 재판〉, *Nasz Przegląd*, no. 142, 1927. 5. 25.

17장 청어여 영원하라!

233. "아이의 심장" | Maria Grzegorzewska, *Listy do Młodego nauczyciela*(《젊은 교사에게 보내는 편지》), Warsaw, 1958.

아이들의 왕

234. 페이가 립시츠 | Feiga Lipshitz Bieber. *Memorial Book*, Kibbutz Ein Harod, 1971.

235. 교육자의 사랑이란 | Joseph Arnon, "Educational System of Janusz Korczak", Teachers Union, Israel, 1971. 영어.

235. 보모 할머니와 건설 인부가 | *GD*.

235. 장래 교육자감을 알아볼 수 있느냐는 질문에 | 이다 메르잔, 저자 인터뷰, 바르샤바, 1981.

236. 이다 메르잔 | 저자 인터뷰, 바르샤바, 1981, 1983. 참고: Ida Merzan, *Pan Doktor i Pani Stefa*, Warsaw, 1979.

237. 미샤 브루블레프스키 | Misza Wróblewski, 저자 인터뷰, 스톡홀름, 1979, 1981; 바르샤바, 1983.

238. 유제프 아르논 | 본인의 회고, 야드 바솀 기록보관소, 예루살렘, 1969. 7.

241. "이보게 선생" | "The Passion of Janusz Korczak," *Midstream*, 1973. 5.

241. "선생, 자네는 교육을" | 같은 출처.

241. 얀카 주크 | Janka Żuk, 저자 인터뷰, 텔아비브, 1979, 1981.

242. "내가 자네에게 고함을 칠 때는" | 사비나 담(Sabina Damm)에게 보낸 편지, 1939. 2. 5.

243. 신뢰와 진실성이 부족하다고 보았다 | "Trzy Kwadranse z Korcza-kiem"(〈코르차크와의 45분〉), *Nasz Przegląd*, no. 11, 1933. 필자 여러 명이 공동 집필한 기사로, 필자는 "루드비크(Ludwik) 외"로 되어 있다.

243. "우리도 자네들에게 더 많은 걸 허락하고 싶네" | 부르사 강론, 20호, 게토 투사의 집 기록관. 코르차크가 부르사에 전한 말들은 코르차크가 1920년대 중반에 부르사 간행물에 실은 20편의 강론에서 따온 것이다. 스테파가 팔레스타인의 지인에게 우편으로 부쳐 지금까지 전해진다.

243. 〈부르사의 수난〉 | 부림절 연극 대본. 스테파가 20편의 강론과 함께 팔레스타인에 보냈다. 위 주석 참고.

248. "청어여 영원하라!" | 부르사 강론, 16호.

18장 마담 스테파

249. 1928년 어느 날 아침 | 이다 메르잔, 저자 인터뷰, 바르샤바, 1981.

251. "스테파가 지나갈 때는" | 이츠하크 벨페르, 저자 인터뷰, 텔아비브, 1981. 크로흐말나 시절 졸업생들의 인터뷰는 다음을 참고: Ronit Plot-nik(학위논문), "Stefa Wilczynska: The Mother of Orphans", Tel Aviv

University, 1979. 히브리어.

255. 엘리아스베르크가의 둘째 딸 이레나와 결혼했는데 | 이레나 엘리아스
베르크(Irena Eliasberg Wilcyznska, 1902~1982), 저자 인터뷰, 바르샤바,
1981. 이레나와 스타시는 1924년에 엘리아스베르크 부부가 참석하지 않
은 비종교적 혼인식을 치렀다. 이자크 엘리아스베르크는 스텔라보다 신
앙심이 깊어 개종을 인정하지 않았다. 이레나는 독실한 가톨릭 신자가 되
었다. 스타시와 이레나의 결혼식에 관한 정보는 현재 캐나다에 살고 있는
마르타 엘리아스베르크 헤이만과의 1987년 전화 인터뷰에 따름.

256. 유일하게 전해지는 글은 | 이 책은 바르샤바의 코르차크 연구회 기록보
관소에 있다.

257. 스텔라 엘리아스베르크에 따르면 | 본인의 회고, *RJK*.

257. "선생님이 외출하셨을 때 틀림없이" | 이고르 네베블리, 저자 인터뷰, 바
르샤바, 1983.

258. "스테파가 갑자기 제 옆에 서 있는 거예요" | 같은 출처.

19장 모든 진실을 나팔로 불 수는 없다

259. 알렉산드라 피우수트스카 | Aleksandra Piłsudska, *Rekolekcje*, London,
1960. 폴란드어.

260. "다른 사람도 아니고 코르차크다" | *MD*.

261. "우리는 다 친하게 지냈는데" | 미스 에우겐카(Eugenka), 저자 인터뷰,
바르샤바, 1981.

262. "얼음 조각 같은" | 마리아 타보리스카(Maria Taboryska)의 회고, *SWJK*.

263. 성(姓)으로 부르며 | 브와디스와프 치호시, 저자 인터뷰, 바르샤바, 1979.
10.

263. "마리나는 검은 드레스에 빳빳한 칼라" | 이고르 네베블리, 저자 인터뷰,
바르샤바, 1983.

264. "너희들 꼬리가 초록색인 젖소 본 적 있어?" | 스타니스와바 가브론스카
(Stanisława Gawrońska), 저자 인터뷰, 바르샤바, 1981. 소설가 스테판 제
롬스키의 딸 모니카 제롬스카(Monika Żeromska)는 어릴 때 코르차크의
질문이 바보 같다고 생각했다. 파티에서 아버지와 함께 코르차크를 만났
는데 그의 질문에 대답을 하지 않았다. 커서 코르차크의 훌륭함을 알게
되었을 때는 코르차크가 그녀와의 대화에 관심을 보이지 않았다. 저자 인
터뷰, 바르샤바, 1983.

아이들의 왕

265. "왜 그렇게 꼭 돈을 주세요?" | *MD.*

265. "넌 아무것도 몰라" | Aleksander Hertz, *Confessions of an Old Man*, London, 1979.

266. "턱수염 기른 작은 체구의 남자" | 스타니스와프 로골로프스키(Stanisław Rogolowski)의 회고, *SWJK.*

266. "버티거나 무너지거나 둘 중 하나였다" | 헨리카 켕지에르스카(Henryka Kędzierska)의 회고, *SWJK.*

269. "답하기 쉽지 않은 문제네요" | 스타니스와프 제미스의 공책.

270. "마음이 여리구나" | 가브론스카(Gawrońska), 앞의 출처.

271. "모든 진실을 나팔로 불 수는 없네" | Stefan Dziedzic, 전단지, State Institute of Pedagogy, 1934-1935.

271. "때리려면 때려봐요!" | 켕지에르스카, 앞의 출처.

20장 가장 행복했던 시절

274. 《다시 아이가 된다면》 | *WIALA.* 체스와프 미워시(Czesław Miłosz)는 코르차크의 "우화 같은 소설 속에 담긴 유머와 인간적 철학"을 논하며, 어른이 마술처럼 아이로 다시 돌아간다는 아이디어는 비톨트 곰브로비치(Witold Gombrowicz)의 소설 《페르디두르케》(*Ferdydurke*, 1938)에 등장한 것이라고 지적한다. Czeslaw Milosz, *The History of Polish Literature*, Berkeley, 1983.

276. "회색빛 비스와강, 널 사랑한다" | *CB.*

278. 〈폴란드 일보〉 | 학생판, 1925.

281. 마야 젤린게르 | Maja Zellinger, 저자 인터뷰, 기바트 하임 하메우차드 키부츠(Kibbutz Givat Haim Hameuchad), 1981.

282. 유제프 발체라크 | Józef Balcerak. 이하 발체라크를 출처로 표시한 것은 1979~1986년 저자가 네 차례 바르샤바를 방문했을 때 진행한 인터뷰를 가리킴.

284. 알렉산데르 라마티 | Alexander Ramati, 저자 인터뷰, 텔아비브, 1981.

284. 레온 하라리 | Leon Harari, 저자 인터뷰, 기바트 하임 하메우차드 키부츠, 1981; 바르샤바, 1983.

285. 카지미에시 뎅브니츠키 | Kazimierz Dębnicki, 저자 인터뷰, 바르샤바, 1979.

287. "지금 이 자리에" | *LR*, 1928. 10.

주석

287. 찰리 채플린과 버스터 키튼의 영화를 제일 좋아했지만 | 유제프 발체라크, 인터뷰.

287. "나는 세 번의 전쟁을 눈으로 보았다" | *RL*.

288. 지그문트 코라 | Zygmunt Kora, *SWJK*.

289. 아이들의 철자법과 문법 실력을 망치고 있다고 비판하는 | M. Fuks, 〈작은 평론〉, 〈유대역사학회 회보〉, 1929. 1~3월. 폴란드어.

289. "잡문은 해악이 없다" | M. Fuks, 〈유대역사연구회 회보〉, 1978. 1~3월.

289. 연애와 성 들 | *GD*.

290. "이런 생각이 들었습니다" | "Pamiętam"(〈기억합니다〉), *LR*. 10주년 기념호, no. 1, 1937.

21장 갈림길

294. "전형적인 부르주아 교육가라고 생각했어요" | 볼레크 드루키에르(Bolek Drukier), 저자 인터뷰, 뉴욕시, 1984.

294. "생각 자체는 좋지만" | 이츠하크 페를리스(Yitzhak Perlis), *CWJK*.

295. 혁명 사업이란 "따분할 정도로 독선적" | 같은 출처.

295. 졸업생들, 부르사, 경영진을 한자리에 모아 | Stella Eliasberg, "Historia Domu Sierot"(〈고아들의 집 역사〉), 미출간 일기. 어머니의 말년에 캐나다 밴쿠버에서 함께 산 막내딸 마르타 엘리아스베르크 헤이만이 저자에게 사본을 보냄.

297. "나를 어느 가로등에 목매달 생각인가?" | Ida Merzan, *Pan Doktor i Pani Stefa*, Warsaw, 1979.

298. 그 매춘부 중 한 명이 거리에서 | 아론(Aaron)과 도바 보르베르고프의 회고, *RJK*.

298. 회의장에 "우연히" 들렀다 | 유대민족기금에 보낸 편지, 1925, *CWJK*.

299. "내게는 '인간'의 문제" | 에스테르 부트코(Ester Budko)에게 보낸 편지, 1928.

300. "날개라도 달고 있지 않을까" | 모세 제르탈, 저자 인터뷰, 에인 셰메르 키부츠, 1981.

302. 《광인들의 의회》 | 바르샤바 아테네움 극장에서 1931년에 상연.

305. "남루한 재킷에 인부용 장화 차림" | 헨리크 슐레틴스키(Henryk Szletyński), 저자 인터뷰, 바르샤바, 1981.

307. 51회 상연을 끝으로 막을 내렸고 | 코르차크는 한 신문 인터뷰에서 원고

아이들의 왕

를 수정할 계획이라고 밝혔지만(*Głos Poranny*, no. 293, 1932) 대본은 결국 출판되지 않았다. 현재 전해지는 유일한 대본은 연출을 맡은 스타니스와바 페자노프스카(Stanisława Perzanowska)가 사용했던 것으로, 1944년 나치가 바르샤바를 파괴할 때 석탄 통에 숨겨져 보존되었다.

308. 톨스토이가 말한 '인생의 법칙'에서 착안한 | 코르차크는 고아원 서재에 톨스토이의 책을 많이 두고 있었다. 그중에는 톨스토이가 자신의 영지에서 소작농들의 자식을 가르치며 집필한《야스나야 폴랴나 학교 일기》도 있었다. 알렉산데르 레빈(Aleksander Lewin), 저자 인터뷰, 바르샤바, 1986. 레빈은 1930년대 말 청년 시절 고아원에서 교사로 있었고, 코르차크가 여동생 집으로 거처를 옮긴 뒤 서재 관리를 맡았다. 다음도 참고: Lewin, *Polityka*, no. 38, 1975.

22장 팔레스타인

코르차크의 두 차례 팔레스타인 방문에 관한 정보를 제공해준 이들은 다음과 같다. 타미 레비(Tami Levi), 리아나 립시츠 비에베르(Liana Lipshitz Bieber), 아자 로넨(Aza Ronen), 모셰 제르탈(Mosze Zertal), 제루바벨 길레아드(Zerubavel Gilead). 배경지식은 다음을 참고: Walter Laqueur, *A History of Zionism*, New York, 1976; Howard Morley, *The Course of Modern Jewish History*, New York, 1977; Amos Oz, *In the Land of Israel*, New York, 1983.

311. "얘들아, 내가 죽으면" | 사라 나디브와 사라 크라메르, 저자 인터뷰, 텔아비브, 1981.

311. "자네와 같이 갔더라면" | 스테파가 페이가에게 보낸 편지, 1930. 페이가는 스테파의 편지를 여행 가방에 넣어 침대 밑에 보관하다가 본인의 사망 직전 대부분 파기했다. 종이 파편이 일부 남았으나 날짜는 일부만 확인되며 게토 투사의 집 기록보관소에 보관되어 있다.

313. "실망스러운 마음도 살다 보면" | 페이가에게 보낸 편지, 1933.

315. "팔레스타인은 아이들에게 여전히 전설일 뿐" | 에스테르 부트코에게 보낸 편지, 1928. 12.

316. "만약 운명이 내게 팔레스타인에 가라고" | 유제프 아르논에게 보낸 편지, 1933. 5. 15.

316. "싸구려 가심" | 유제프 아르논에게 보낸 편지, 1934. 3. 20.

317. "고아원에 있으면 지치고 나이 든 느낌" | 유제프 아르논에게 보낸 편지,

1933. 11. 27.

318. 실험학교를 임시로 세우고 | 1932~1934. 반다 바신스카(Wanda Wasiń-ska), 저자 인터뷰, 바르샤바, 1983.

319. "세계를 돌아다니기엔 너무 많은 나이" | 유제프 아르논에게 보낸 편지, 1934. 3. 20.

321. "어떻게 방문객에게 돈 한 푼 안 받고" | 다비트 심호니(Dawid Simcho-ni)의 진술, 게토 투사의 집 기록보관소.

322. "유대인들의 두뇌가 쉬고 있다" | MD.

322. "첫 수사에 나선 젊은 탐정처럼" | 페이가의 딸인 하나 비에베르(Hana Bieber), 저자 인터뷰, 에인 하로드 키부츠, 1981.

322. "셰케트!" | 아자 로넨(Aza Ronen)의 강연, 야누시 코르차크 국제협회, 바르샤바, 1983.

323. 그의 강연 주제는 평소처럼 | Lila Basevitch, "The Party for Korczak", 1934, 게토 투사의 집 기록보관소.

326. "누구는 기억되고" | 유제프 아르논, 《야누시 코르차크―인격, 신조, 교육 업적》, 에인 하로드 키부츠 출판. 히브리어.

326. "그보다는 이곳 생활을 더 잘 아는 게" | 같은 출처.

23장 노(老)의사

328. 왠지 갑판에 올라가 | 에인 하로드 키부츠에 보낸 편지, 1934. 8.

328. "한 주가 눈 깜짝할 새에 지나간다" | 미아 심호니(Mia Simchoni)에게 보낸 편지, 1935. 12. 3.

329. 배우 스테판 야라치를 비롯한 벗들에게 | 제브 요스코비츠(Ze'ev Yosko-witz)와 아들 베니(Benny)에게 보낸 편지, 1935. 2. 17.

329. "내가 팔레스타인 체류를 통해 무엇을 얻었는지" | 같은 출처.

329. "라디오는 절대 책을 대체하지는 않겠지만" | 인터뷰, Kukła, no. 42, 1935.

329. 어린이 프로그램 편성에 관여하던 코르차크의 친구들 | 어린이국 국장 반다 타타르키에비치-마우코프스카(Wanda Tatarkiewicz-Małkowska), 〈안테나〉지 편집장 얀 피오트로프스키(Jan Piotrowski).

330. 코르차크는 심사숙고한 뒤 | 알렉산데르 헤르츠, 저자 인터뷰, 뉴욕 퀸스, 1982. 이고르 네베클리, 저자 인터뷰, 바르샤바, 1986.

330. 코르차크의 방송 스타일 | 마치에이 유제프 크비아트코프스키(Maciej Józef Kwiatkowski), 저자 인터뷰, 바르샤바, 1981.

아이들의 왕

331. 《장화 신은 고양이》 | Józef Mayen, *Radio i Literatura*, Wiedza Powszechna, 1965.

331. "아이들 앞에서 이야기를 할 때는" | 〈안테나〉 45호, 1935.

332. 특별 수용소 | 베레자 카르투스카(Bereza Kartuska) 형무소는 집단 수용소로 불리기는 했으나 나치 수용소의 개념은 아니었다. 우익 극단주의자, 우크라이나인, 공산주의자들을 수감했고 유명 정치인들도 수감되었다.

332. 전기를 써달라는 요청을 받고 … 거절 | GD.

332. '폴란드인은 울지 않는다' | 알렉산데르 헤르츠, 저자 인터뷰, 뉴욕 퀸스, 1982. 모셰 제르탈, 저자 인터뷰, 텔아비브, 1981.

333. 시몬 아가시 | 저자 인터뷰, 텔아비브, 1981.

336. "스테파가 아직 안 온 것 같다" | 나탈리아 비실리츠카(Natalia Wiślicka)의 회고, *RJK*.

338. "하늘에서 내려다보면" | 이다 메르잔, 저자 인터뷰, 바르샤바, 1983.

339. "하지만 그러면 아랍 아이들은?" | 모셰 제르탈에게 보낸 편지, 1937. 3. 30.

340. "위험성이 워낙 적으니 가겠네" | 모세스 사데크(Moses Sadek), 저자 인터뷰, 베르셰바, 1981.

341. 모든 위업은 산에서 이루어졌으니 | 유제프 아르논에게 보낸 편지, 1938. 1. 4.

343. "나는 노인이네" | 모셰 제르탈, 저자 인터뷰, 에인 셰메르 키부츠, 1981.

24장 모세의 냉엄한 진리

346. 공개적으로 알려진 사실이 거의 없다 | 이다 메르잔과 이고르 네베를리, 저자 인터뷰, 바르샤바, 1981, 1983; 엘라 프리드만(Ela Frydman), 저자 인터뷰, 텔아비브, 1981.

347. "선생의 교육 방법은" | Aleksandra Piłsudska, *Wspomnienia*, London, 1943. 폴란드어.

347. "나는 그때 침묵했던 나 자신을" | Franek Piotrowski, *Tygodnik Polski*, London, 1973. 9.

347. "나는 삶에 강한 애착을 느껴본 적이 없네" | 에스테르 부트코에게 보낸 편지, 1936. 12. 9.

348. "광야에서 40년을 살" 수 있는 나이가 | 야쿠프 주크(Jakób Żuk)에게 보낸 편지, 1936. 5.

주석

350. "나는 아이를 존중하라고 외쳤지만" | 에드윈 마르쿠제(Edwin Markuse)
에게 보낸 편지, 1937. 3. 30.

352. "위인들의 삶은 전설과도 같다" | 《고집 센 아이―루이 파스퇴르의 일
생》.

352. "진리를 찾기 위한 투쟁에" | 에드윈 마르쿠제에게 보낸 편지, 1937. 9. 14.

353. "히틀러의 광기" | Gedalyah Elkoshi, *Janusz Korczak*, Ghetto Fighters'
House, 1972. 히브리어 책, 영어 머리말.

353. "모세의 냉엄한 진리" | 팔레스타인의 〈작은 평론〉 기자들에게 보낸 편
지, 1936. 8. 23. 전체를 인용하면 다음과 같다. "모세의 냉엄한 진리, 예수
의 온화한 진리."

353. 모세에 관한 책 | 《모세》의 폴란드어 원본 원고는 유실되었으며, 히브
리어 번역으로 1939년에 〈말씀〉(*Omer*)지에 실렸다. 이다 메르잔이 이
를 히브리어에서 다시 폴란드어로 번역했고, 그 일부가 *Folkstyme*(이디시
어·폴란드어 신문, 바르샤바, 1980)과 〈야누시 코르차크 국제협회 회보〉
3~4호(바르샤바, 1982)에 실렸다. *CWJK*에도 실려 있다.

353. 또 다른 시리즈의 첫 번째 책이 될 예정 | 도브 사단(Dov Sadan)에게 보
낸 편지, 1937. 8. 8.

355. 안으로부터 "썻어내야" | 유제프 아르논에게 보낸 편지, 1937. 12. 30.

355. 안제이 스트루크 | 스테판 갈레츠키(Stefan Galecki, 1873~1937)의 필명.

355. 《지하의 사람들》 | *Ludzie podziemni*, 1908.

25장 외로움

357. "난 고아원 외의 삶이 거의 없어" | 페이가에게 보낸 편지, 1933. 10. 1.

358. "물론 고아원의 내 사무실은 계속 둘 것" | 페이가에게 보낸 편지, 1937.
2. 10.

358. 스테파의 아파트 | 미샤 브루블레프스키, 저자 인터뷰, 스톡홀름, 1981.

360. "난 죽기 전에 꼭 책 한 권 쓸 거야" | 같은 출처.

360. 페이가에게 아이를 낳으라고 권했다 | 하나 비에베르(페이가의 딸), 저
자 인터뷰, 에인 하로드 키부츠, 1981.

360. "남들은 이 시기를 다 문제없이 보낼 것 같지만" | 1937. 9. 25.

361. 불만을 공개적으로 드러내기도 했다 | 같은 출처.

361. "아기 태어났어요!" | 한나 뎀빈스카, 저자 인터뷰, 텔아비브, 1981.

361. "듣고 웃지 마" | 페이가에게 보낸 편지, 1937.

아이들의 왕

362. "선생님을 두고 떠나기가 참 쉽지 않다" | 페이가에게 보낸 편지, 1938.

362. "난 이스라엘 땅에 죽으러 가는" | 같은 출처.

363. "작별할 일이 두렵고" | 같은 출처.

363. "또 처참한 꼴로 끝날까 봐" | 에드윈 마르쿠제에게 보낸 편지, 1937. 11.

363. 처음 세 차례 방송 | '아이의 외로움' '청년의 외로움' '노인의 외로움', 〈안테나〉, 1938. 3월 2일, 7일, 16일. 에드윈 쿨라비에츠(Edwin Kulaviec)가 영역함.

364. "마담 스테파가 떠난 뒤로" | 야쿠프 주크에게 보낸 편지, 1938. 6. 22.

365. 아이들과 뱃놀이 갔던 이야기 | HP에 수록.

366. "노의사의 세 번째 이야기를 이렇게 마친다" | Ojciec cudzych dzieci(《남의 아이를 키우는 아버지》), Lodz, 1946.

367. 전국의 유대인 주민센터에서 강연을 요청해왔는데 | 에인 하로드의 지인들에게 보낸 편지(1937. 3. 30.)에 따르면, 코르차크는 1936년에 폴란드 남부 마을들을 방문하기 시작했다.

367. 열 살 소녀였던 라헬 부스탄 | Rachel Bustan, 저자 인터뷰, 핀 하미프라츠 키부츠, 1981.

368. "우리는 책에 나와 있지 않은 답을 찾으려고" | Dror Hehalutz Hatza-ir(〈하쇼메르 하트자이르 신문〉), Warsaw, 1938. 이디시어로 실렸고 히브리어 번역도 실렸다. 전쟁 후 원본 원고는 유실되었으므로 신문에 실린 내용이 폴란드어로 다시 번역되었다.

368. "유대인 할배, 앉으시지?" | 이 노면전차에서의 일화는 그 형태는 조금씩 달라도 이스라엘과 폴란드의 코르차키안들이 모두 들려주는 이야기다.

368. "지금 폴란드 가을이 아주 좋을 때네" | 모셰 제르탈, 저자 인터뷰, 핀 셰메르 키부츠, 1981.

369. 〈몽상〉 | 유대민족기금, 바르샤바, 1938.

372. "맥없이" 고아원에 들어서자 | 유제프 아르논에게 보낸 편지, 1938. 11. 22.

26장 아이라는 종교

373. "아이들을 위한 글을 쓰려면" | 사비나 담에게 보낸 편지, 1939. 2. 5.

373. "누가 알겠나?" | 같은 출처.

374. "대양을 누비는 배처럼" | 이츠하크 벨페르, 저자 인터뷰, 텔아비브, 1981.

374. "강한 폴란드어 악센트로" | 하나 비에베르와 아자 로넨, 저자 인터뷰, 린

하로드 키부츠, 1981.

376. "어른들에게 일하는 방법을 설명하기가" | *Maly Przeglad*, no. 20, 1939. 1.

376. "키부츠닉들은 누가 자기 아이들 교육하는 법을" | 제루바벨 길레아드, 저자 인터뷰, 에인 하로드 키부츠, 1981.

377. "예루살렘 구시가지에 방 하나" | 아다 하가리(Ada Hagari), 저자 인터뷰, 기바트 하임 키부츠, 1981.

377. "약속한 시간에 선생님이 오셨어요" | 모셰 제르탈, 저자 인터뷰, 에인 셰메르 키부츠, 1981.

378. 코르차크가 사는 아파트부터 들렀다 | 제루바벨 길레아드, 저자 인터뷰, 에인 하로드 키부츠, 1981.

379. "사랑은 무엇일까요?" | *RL.*

382. 〈아이라는 종교〉 | 미완성 원고였으며 유실되었다.

383. "7월은 황홀했네" | 유제프 아르논에게 보낸 편지, 1939. 8. 2.

384. 올림픽대회 | 어윈 바움(Irwin Baum), 저자 인터뷰, 뉴욕, 1984. 야레크 아브라모프-네베클리(Jarek Abramow-Newerly), 저자 인터뷰, 뉴욕, 1986.

384. "다람쥐 없는 나무는" | 유제프 아르논에게 보낸 편지, 1939. 8. 22.

385. "돈만 충분히 있으면" | 같은 출처.

27장 1939년 9월

389. "사악하고 수치스럽고 파괴적이던 전쟁 전 시기" | *GD.*

389. 퀴퀴한 폴란드군 군복을 꺼냈다 | 알렉산데르 비실리츠키(Alexander Wiślicki)는 코르차크와 함께 군복을 들고 재단사를 찾아갔던 일을 기억한다. 저자에게 보낸 편지, 1987. 2.

390. "우울함에 빠져서는 안 됩니다" | 〈우리 평론〉(*Nasz Przeglad*)에 실린 편지, 바르샤바, 1939. 9. 4.

391. "선생님은 아이들 이름을 부르면서" | 안토니 호이딘스키(Antoni Chojdyński), 저자 인터뷰, 바르샤바, 1981.

392. "살짝 구부정한 이" | 아드리안 체르민스키(Adrian Czermiński)의 기고문. *Stolica Capitol*, no. 45, Warsaw, 1962.

393. "얼른 피해야 되겠더라고" | 사미 고골(Sami Gogol), 저자 인터뷰, 텔아비브, 1981.

394. "여기서 뭐 하세요?" | 이레나 엘리아스베르크 빌친스카, 저자 인터뷰, 바

르샤바, 1981.

395. "참 평화롭구먼" | *ML*.

395. "부끄러워 고개를 들지 못할 것이다" | "Wiosna Przyjdzie"(〈봄은 오리라〉), 코르차크 연구회 기록보관소.

396. "우리는 그의 모습에 깜짝 놀라서" | *JKGY*.

397. "영구적인 법을 중히 여긴다" | 〈꼬마 산적〉, 〈특별한 학교〉, 1926, *SWJK*.

397. "유착, 파열, 흉터" | *GD*.

399. "늙은이로 살기는 힘들지만" | "Refleksje"(〈성찰〉), *Nasz Przeglad*, 1939. 1. 1.

399. "우리는 역사를 외면할 수 없습니다" | 〈유대인들이여!〉, 1939. 11., *JKGY*.

400. "광대 행세" | *GD*.

400. 죽을 사려고 줄 서서 기다리면서 | *WDAC*, 1940. 5. 12.

400. "내가 젊은 아가씨라면" | 같은 출처.

401. "자네 얼굴 보니 참 좋네" | 레온 리기에르(Leon Rygier)의 회고, *RJK*.

402. ORT | 직업지도훈련원(전 세계에서 활동하는 유대인 구호단체).

402. 스테파는 뿌듯하게 보고했다 | ORT에 제출한 보고서, 1940. 5., 게토 투사의 집 기록보관소.

403. "아이들이 전쟁에 별로 상심하지 않은 것 같다" | *GD*.

404. 이자크 엘리아스베르크의 기일 | 헬레나 엘리아스베르크 시르쿠스, 저자 인터뷰, 바르샤바, 1981. 스텔라 엘리아스베르크의 일기.

405. '꼬마 장미' 캠핑장으로 떠났다 | 아담 뎀빈스키, 저자 인터뷰, 텔아비브, 1981.

406. 코르차크는 등록 양식에 있는 그대로 썼다 | 서류에 서명한 날짜는 1940년 9월 20일.

407. 그러잖아도 확실치 않은 출생 연도 | 흥미롭게도 유네스코에서는 1978~1879년을 '코르차크의 해'로 선포해 '어린이의 해' 그리고 코르차크 탄생 100주년과 일치하게 했다.

407. "그럼 선물로 주시면 되잖소" | *WDAC*, 1940. 9. 16.

407. 엉뚱발랄한 자금 조달 계획 | 같은 출처, 1940. 9. 29.

28장 체포

409. "올 한 해 독일 당국은" | *JKGY*.

413. 요나 보치안 | 저자 인터뷰, 텔아비브, 1981.

주석

413. "마치 거대한 극단처럼" | *MD*.

414. 이삿날로 정한 11월 29일 | 《야누시 코르차크의 교육사상》, Warsaw, 1983. 폴란드어.

414. 폴란드인 수위 피오트르 잘레프스키 | 이고르 네베를리, 저자 인터뷰, 1983.

414. 코를 너무 세게 꼬집더라도 | 아담 뎀빈스키, 저자 인터뷰, 텔아비브, 1981.

415. 상부에 신고하겠다고 고함쳤다 | 이고르 네베를리, 저자 인터뷰, 바르샤바, 1983, 1986. 사비 고골, 저자 인터뷰, 텔아비브, 1981.

416. 파비아크 형무소 | 파비아크 형무소는 일부가 전후에 복원되었다. 독일에 의해 투옥, 살해되었던 수감자들의 당시 실상이 전시되어 있다.

417. 뇌물로 사람을 빼내는 게 가능했다 | 이러한 거래가 정확히 어떻게 이루어졌는지는 분명치 않다. 이고르 네베를리, 저자 인터뷰, 바르샤바, 1983, 1986. 역사학자 에마누엘 린겔블룸(Emmanuel Ringelblum)의 다음 책을 참고: *Notes from the Warsaw Ghetto*, New York, 1974. Trans. Jacob Sloan. 1942년 1월 기록분.

417. 코르차크가 창백하고 쇠약한 모습으로 | 《야누시 코르차크의 교육사상》.

418. "독일 사람들 앞에서 어떻게" | 요나 보치안, 저자 인터뷰, 텔아비브, 1981. 이고르 네베를리, 저자 인터뷰, 1983.

419. 거리로 통하는 출입문을 봉쇄하고 | *MZWD*. 바르샤바 게토 곳곳을 걸어서 탐색한 경험을 상세히 적은 이디시어 원본 원고의 번역도 참고(예루살렘, 야드 바셈 기록보관소).

419. "폴란드 귀족"처럼 | Dr. M. Lenski, *Khayei hayehudim b'geto Varsha*(《바르샤바 게토 내 유대인의 삶−어느 의사의 회고록》), Jerusalem, 1961. 히브리어.

29장 게토

420. "게토에서의 삶은 그 누구에게도" | 미샤 브루블레프스키, 저자 인터뷰, 스톡홀름, 1981. 게토에서 직접 생활한 경험을 담은 그 밖의 참고문헌은 다음과 같다. Mary Berg, *Warsaw Ghetto: A Diary*, New York, 1945; Alexander Donat, *The Holocaust Kingdom: A Memoir*, New York, 1963; Vladka Meed, *On Both Sides of the Wall: Memoirs from the Warsaw Ghetto*, Israel, 1977; Janina Bauman, *Winter in the Morning*, New York, 1986; Abraham

Shulman, *The Case of Hotel Polski*, New York, 1982. 소설: Uri Orlev, *The Lead Soldiers*, New York, 1980.

420. 미하우 질베르베르크 | 이 장(章)의 내용은 미하우 질베르베르크(Michael Zylberberg)의 《바르샤바 일기》(*A Warsaw Diary*, 약호 *MZWD*)를 기반으로 했다. 또 부인 헨리에타 질베르베르크(Henrietta Zylberberg)의 인터뷰(런던, 1986. 10. 5.)도 참고했다.

433. "고아원은 깨끗하고 잘 정돈돼 있었지만" | 로마나 릴리엔스테인(Romana Lilienstein)의 진술, 게토 투사의 집 기록보관소.

30장 만인은 평등하다

436. "코르차크 대신 그녀가 오면 우리는 안도했다" | 아브라함 베르만(Abraham Berman)의 진술, 게토 투사의 집 기록보관소.

436. "말라비틀어진 건포도" | 요나 보치안, 저자 인터뷰, 텔아비브, 1981.

437. "여력이 되면" | 레온 글루즈만(Leon Gluzman), 제4회 야누시 코르차크 문학대회 기념사, 뉴욕, 1986. 11. 13.

438. 코르차크가 빈 자루를 걸머지고 나타났다 | 존 아우어바크(John Auerbach), 저자 인터뷰, 스도트 얌 키부츠, 1981. 그리고 뉴욕, 1985. 아우어바크는 게토를 탈출했고, 사망한 폴란드인 화부(火夫) 행세를 하며 독일 유조선에서 강제 노동을 했으며, 나중에 이스라엘로 이주했다. 지금은 영어로 활동하는 유명한 작가다.

440. 달변가로서 폴란드어에 이디시어와 히브리어까지 구사했고 | 간츠바이흐에 관해 그나마 알려진 정보는 바르샤바 게토에 관한 이스라엘 구트만(Yisrael Gutman)의 종합서를 참고: *The Jews of Warsaw, 1939-1943*, Bloomington, 1982. Ina Friedman이 히브리어에서 영역.

441. 린겔블룸에 따르면 | Emmanuel Ringelblum, *Notes from the Warsaw Ghetto*, New York, 1974. 1941년 6월 기록분. 간츠바이흐가 설립한 아동구호위원회에 코르차크가 관련되었다고 전하는 유일한 자료다.

441. 코르차크는 독일의 러시아 침공을 앞두고 득의양양했다 | *MZWD*.

442. "왜 독일은 런던에 폭격하고" | 린겔블룸의 같은 책.

442. "부자들이 녹고 있다!" | 같은 책, 1941. 3. 18., 1941. 5. 11.

31장 우리 아이들은 살아야 합니다

주석

603

449. "우리 영혼이 비유대인의 얼굴을 그리워하고 있다" | Chaim Kaplan, *The Warsaw Ghetto of Chaim Kaplan*, New York, 1973. 초판 제목은 *Scroll of Agony*, New York, 1965. Abraham I. Katsh가 히브리어에서 영역. 1942년 6월 18일 기록분. 카플란은 전쟁 전에 선구적인 히브리어 초등학교를 설립하기도 했으며, 게토가 해체되기 전에 일기를 밀반출시켰다. 카플란은 부인과 함께 1942년 12월 또는 1943년 1월에 트레블링카에서 사망한 것으로 추정된다.

449. 마리아 찹스카 | Maria Czapska, *Tygodnik Powszechny*, no. 15, 1945.

451. 카지미에시 뎀브니츠키 | 저자 인터뷰, 1979, 1981. 뎀브니츠키는 사망 직전인 1985년 논란을 낳은 책《가까이에서 본 코르차크》(*Korczak z bliska*)를 출간해 코르차크를 아는 폴란드인과 유대인들 양쪽에서 비난을 받았다. 책에서 그는 자신이 게토에서 코르차크를 마지막으로 만났던 일에 대해서, 본 저자를 비롯한 여러 사람과의 인터뷰에서 했던 진술의 상당 부분을 뒤집고 있다. 그는 코르차크가 스테파와 아이들을 두고 게토를 빠져나오라는 자신의 제안을 생각해보기로 약속했다고 주장했다.

453. 때로 코르차크는 죽어가는 아이 옆에 무릎을 꿇고 | 전쟁 중 아이들이 겪은 참상에 대한 진술은 다음을 참고. Kiryl Sosnowski, *The Tragedy of Children under Nazi Rule*, Warsaw, 1962.

454. "병원은 너무 환자가 많아" | 미에치스와프 코발스키(Mieczysław Kowalski) 대령, 저자 인터뷰, 바르샤바, 1983.

454. 어느 날 코발스키의 귀에 | 같은 출처. 이고르 네베를리를 비롯한 사람들은 코발스키 대령이 그때 파비아크에 투옥될 뻔했던 코르차크를 구해주었다는 이야기를 믿지 않는다. 라울 힐베르크(Raul Hilberg)는 당시 바르샤바 전체의 의료를 담당했던 빌헬름 하겐(Wilhelm Hagen)이 여기에 개입했을 가능성은 적다고 본다. 코발스키의 진술을 검증할 다른 자료는 존재하지 않는다.

455. "이 안 주면 돈 못 줘" | 브와디스와프 치호시, 저자 인터뷰, 바르샤바, 1979.

457. "수염이 성성한 노인" | *Maly Przeglad*, 1926. 12. 3.

458. 〈그때가 오리라〉 | *Maly Przeglad*, 1929. 11. 29.

458. "코르차크 선생님이 나무를" | 테오도로 니에비아돔스키(Teodor Niewiadomski)의 진술, *Polski magazyn radiowo telewizyjny*, 1980. 11. 2.

아이들의 왕

32장 마지막 유월절

461. 편지를 유대인위원회에 보냈다 | 날짜는 1942. 2. 9. *JKGY* 참고.

461. 체르니아쿠프에게 농담하기도 했다 | *WDAC*, 1940. 9. 16.

462. "오물과 피와 악취에 뒤덮이는" | *GD*.

463. "전쟁이 끝나고 세월이 지나면" | *GD*.

463. '우유 한 방울' | 안나 마르골리스(Anna Margolis)의 진술, *RJK*.

463. 의사들 모임에서 발표해 | 코르차크는 굶주림이 인체에 미치는 영향을 연구하는 의사들 모임과 교류가 있었다. *Doctors in the Ghetto: Studies by Jewish Physicians in the Warsaw Ghetto*, ed. Myron Winick, New York, 1979.

464. "자네는 이 일을 해주는 것만 해도" | 같은 책.

464. "생(生)의 아름다운 시간" | *JKGY*.

465. 경단 속에서 견과가 나온 아이 | 슐로모 나델(Shlomo Nadel), 저자 인터뷰, 이스라엘 라믈라, 1979. 나델은 1930년 열 살 때 수프 속에서 찾은 견과가 행운을 가져다준 덕분에 자신이 전쟁 중에 러시아를 통과해 이스라엘로 건너갈 수 있었다고 믿고 있다.

33장 게토 일기—1942년 5월

478. 아홉 살 기에나 | 기에나 구트만(Giena Gutman, 본명)의 이야기는 1979년에서 1987년까지 예루살렘과 뉴욕에서 가진 몇 번의 인터뷰를 통해 그녀의 오빠에게서 들은 내용이다. 오빠는 이름을 공개하기를 원하지 않으며, 사무엘이란 이름은 가명이다.

480. "자전거택시 운전사도 벌어먹고 살아야지" | *GD*.

481. "거긴 물건 떼어 올 자리는 아니오" | *GD*.

483. 간츠바이흐는 용케 몸을 피했다 | 간츠바이흐는 집단 이송 중 다시 모습을 드러냈으며, 아리아인 구역의 정보를 밀고하고 있다는 소문이 있었다. 그의 이후 운명에 대해선 알려진 바가 없다. Yisrael Gutman, *The Jews of Warsaw, 1939-1940*, Bloomington, 1982.

34장 기이한 일들

이 장(章)에서 인용한 내용은 야누시 코르차크의 《게토 일기》(*GD*)와 아담 체르니아쿠프가 쓴 《아담 체르니아쿠프의 바르샤바 일기》(*WDAC*)에서 가져왔다.

주석

490. 지금까지도 그늘에 가려진 인물인 안나 | 안나가 게토 안에 거주했는지는 알려져 있지 않다. 코르차크가 1942년 6월 말에 처음 안나에게 편지를 쓴 것으로 보아, 게토 안에 살다가 어떻게 빠져나간 것으로 추측된다. 안나가 언제 어떻게 사망했는지도 알려져 있지 않다.

35장 우체국

이 장(章)의 내용은 대부분 다음 문헌에 기반한 것이다. 야누시 코르차크, 《게토 일기》(GD); 아담 체르니아쿠프, 《아담 체르니아쿠프의 바르샤바 일기》(WDAC); Emmanuel Ringelblum, *Notes from the Warsaw Ghetto*, New York, 1974.

496. 《우체국》 | Rabīndranāth Tagore, *The Post Office*, London, 1968. Trans. Devebrata Mukerjea, (First edition), 1914. 윌리엄 버틀러 예이츠(W. B. Yeats)의 서문이 다음과 같이 실려 있다. "죽어가는 아이가 갈구하고 얻어낸 해방은 다른 것이 아니라 타고르 선생이 어느 새벽에 축제에서 귀가하는 군중의 소란 속에서 '뱃사공, 강 건너로 나를 데려다주오'라는 민요의 한 소절을 듣고 떠올렸다던 바로 그 해방인 것이다. 비록 아이는 죽어서 얻지만, 그 해방은 삶의 어느 순간에나 찾아올 수 있는 것이니, '나'라는 존재가 '영혼과 어우러질' 수 없는 이득을 더 이상 탐하지 않고 '내 모든 일은 당신의 것'(《수행(修行)》, 162~163쪽)이라고 말할 수 있게 되는 순간에 늘 찾아오는 것이다. 무대 위에서 이 소품은 아주 완벽한 짜임새를 보여주며, 공감하는 관객에게 평온한 감정을 전해준다."

497. 니나 크시비츠카 | 이다 메르잔, 저자 인터뷰, 바르샤바, 1983.

497. 남동생 스타시 이야기를 하니 | 스타시는 이레나와 함께 바르샤바의 아리아인 구역에서 살았고, 1943년 1월에 폐암으로 사망했다. 이레나는 언니 헬레나와 함께 전쟁 후에도 바르샤바에 계속 살았다.

500. 죽음이 곧 메시아라고 믿건 | Isaac Bashevis Singer, *The Family Moskat*, New York, 1950. 이디시어에서 A. H. Gross가 영역. 소설의 마지막 구절은 다음과 같다. "죽음이 곧 메시아다. 그것이 진실이다."

504. 상하수도 검사관으로 위장해 | 이고르 네베블리, 저자 인터뷰, 바르샤바, 1983, 1986. 또 SWJK에 실린 네베블리의 머리말을 참고.

36장 어제의 무지개

아이들의 왕

606

이 장(章)의 내용은 대부분 다음 문헌에 기반한 것이다. 야누시 코르차크,《게토 일기》(GD); 아담 체르니아쿠프,《아담 체르니아쿠프의 바르샤바 일기》(WDAC); Raul Hilberg, *The Destruction of the European Jews*, New York, 1985; Jacob Apenszlak (ed.), *The Black Book of Polish Jewry*, The American Federation for Polish Jews, 1943. 홀로코스트를 다룬 그 밖의 책으로는 다음을 참고: Nora Lewin, *The Holocaust: The Destruction of European Jewry, 1933-1945*, New York, 1973; Lucy Dawidowicz, *The War Against the Jews, 1933-1945*, New York, 1975; Martin Gilbert, *The Holocaust: A History of the Jews of Europe During the Second World War*, New York, 1985.

512. 새벽에 체르니아쿠프의 장례식이 | 라울 힐베르크, 저자 인터뷰, 웰플리트, 1983.

512. "하느님은 아담 체르니아쿠프에게" | 펠리차 체르니아쿠프(Felicja Czerniaków)가 얀 쇼슈키에스(Jan Szoszkies)에게 보낸 편지, 코르차크 연구회 기록보관소. 참고: Leonard Tushnet, *Pavement of Hell*, New York, 1971; Nora Lewin, *The Holocaust: The Destruction of European Jewry, 1933-1945*, New York, 1973.

513. 마레크 에델만 | Hanna Krall, *Shielding the Flame: An Intimate Conversation with Dr. Marek Edelman, the Last Surviving Leader of the Warsaw Ghetto Uprising*, New York, 1986. Trans. Joanna Stasinska and Lawrence Weschler.

520. 코르차크가 어느 날 오후 자기 집 문을 두드리더니 | 스텔라 엘리아스베르크의 회고, *RJK*. 스텔라는 강제 이송이 진행되던 시기에 한 폴란드인 친구와 팔짱을 끼고 레슈노 거리의 양쪽에 걸쳐 있는 법원 청사 건물을 통해 게토를 빠져나왔다. 셋째 딸 안나 엘리아스베르크는 게토를 떠나는 것이 두려워 1943년 1월에 자살했다. 스텔라는 1944년 바르샤바 봉기 이후 시골에서 폴란드인으로 행세하며 지냈다. 전쟁이 끝나고 2년 뒤 캐나다 밴쿠버로 건너가 그곳의 막내딸 가족과 함께 살았다. 차녀 이레나 엘리아스베르크 빌친스카와 장녀 헬레나 엘리아스베르크 시르쿠스는 둘 다 남편을 잃고 바르샤바에서 말년을 함께 살았다.

522. "착각에 끝까지 빠져 있었다" | 같은 출처.

37장 마지막 행진─1942년 8월 6일

526. 미샤 브루블레프스키와 소년 세 명은 | 미샤 브루블레프스키, 저자 인터

뷰, 스톡홀름, 1981.

527. 아이를 한 명이라도 숨길 생각이 없었을 것이다 | 조지프 하이엄스(Joseph Hyams)의 책《미나리아재비 꽃밭》(*A Field of Buttercups*, Englewood Cliffs, New Jersey, 1968)에 따르면, 그날 이송 작업에 참여했던 한 유대인 경찰이 화장실에 한 남자아이가 총검을 들고 숨어 있는 것을 보았다.

528. 에바 만델블라트 | 히르슈 만델블라트(Hirsch Mandelblatt, 오빠), 저자 인터뷰, 뉴욕, 1984, 1986.

528. 지그무시, 세미, 한카, 아로네크도 있었다 | 그날 코르차크와 함께 마지막 행진을 한 아이들 192명의 이름은 알 수 없다. 본문에 적은 이름들은 코르차크의 일기에 언급되었거나 생존한 혈육 또는 지인들이 알려준 이름에 한했다.

535. 바이올린 케이스를 든 훤칠한 청년 | Miriam Biederman, *Youth Under the Shadow of Death*, Tel Aviv. 히브리어.

에필로그: 트레블링카 그리고 그 후

537. 1942년 8월 6일 | 이날로부터 3년 뒤인 1945년 8월 6일, 히로시마에 첫 원폭이 투하된다. 저자는 코르차크의 전기 작업을 하기 전 히로시마에 관한 책을 썼기에, 고아원의 최후가 8월 6일이었다는 사실이 더욱 비극으로 다가올 수밖에 없었다.

537. 작은 가스실들 | 프란츠 주호멜(Franz Suchomel) 친위대 하사와 알프레트 슈피스(Alfred Spiess) 독일 검사의 트레블링카 재판(프랑크푸르트, 1960) 당시 진술. 출처는 클로드 란즈만(Claude Lanzmann)의 다큐멘터리 영화 〈쇼아〉(*Shoah*, 뉴욕, 1985)의 텍스트. 다음도 참고: Gitta Sereny, *Into That Darkness*, New York, 1983.

537. "이대로 계속할 수는 없습니다" | *Shoah*.

539. 말끔하게 타자된 원고 | 저자는 코르차크 일기의 타자 원본, 즉 전쟁 중 팔스카의 고아원에 숨겼던 원고를 소장하고 있는 것으로 알려진 보관소들에 특별히 방문했다. 바르샤바의 문학박물관 관장은 소장하고 있는 원고가 원본이 아니라는 데 놀라워했다. 박물관에서 원고를 입수했을 때 내용은 보지 않았다고 했다.

540. 한 유대인 아이는 게토 봉기 때 | 저자 인터뷰, 텔아비브, 1981.

540. 마리나는 죽기 얼마 전 | 미스 에우겐카와 안토니 호이딘스키, 저자 인터뷰, 바르샤바, 1983.

아이들의 왕

608

541. 시인과 극작가들이 … 마지막 행진을 작품 속에 묘사하면서 | 가장 유명한 희곡은 독일 작가 에트빈 쥘파누스(Edwin Sylvanus),《코르차크 선생과 아이들》, 1979. 그 밖에 다음 희곡이 있다. 캐나다 작가 개브리엘 이매뉴얼(Gabriel Emanuel),《밤의 아이들》, 1985; 미국 작가 마이클 브래디(Michael K. Brady),〈코르차크의 아이들〉, 미출간 원고, 1981; 폴란드 출신 작가 타마라 카렌(Tamara Karren),《저 사람이 누구요?》, 연도 미상. 홀로코스트를 다룬 극작품에 관한 본인의 학위논문을 참고하게 해준 개리 하이서러에게 감사드린다.

가장 유명한 시들은 다음과 같다. 예지 피초프스키(Jerzy Ficowski), 〈42년 8월 5일―야누시 코르차크를 추모하며〉, 1981; 브와디스와프 슐렌겔(Władysław Szlengel),〈나는 오늘 야누시 코르차크를 보았네―찢어진 일기장, 작전 중에, 1942년 8월〉(슐렌겔은 1943년 바르샤바 게토 봉기 때 사망했다. 이 시는 처음 한 지하신문에 〈…베스테르플라테를 지키기 위해〉라는 제목으로 실렸는데, 베스테르플라테는 독일 군함의 포격을 7일간 버틴 군수보급창 설치지이며, 이 시는 영웅적 저항의 상징이 되었다.); 안토니 스워님스키(Antoni Słonimski),〈야누시 코르차크의 노래〉; 스테파니아 네이(Stefania Ney),〈야누시 코르차크에 대하여〉, 1947.

542. 한 이스라엘 참가자는 화해의 뜻으로 | 베냐민 아놀리크(Benjamin Anolik), 야누시 코르차크 국제협회 학회, 바르샤바, 1979.

545. 넓은 추모공원 | 추모석들은 폴란드 남부의 채석장에서 가져온 것이다. 트레블링카 추모비는 그단스크 미술 아카데미의 두 교수 프란치셰크 두셴코(Franciszek Duszeńko)와 아담 하웁트(Adam Haupt)가 제작했다.

546. 유일하게 사람 이름이 새겨진 돌 | 코르차크의 추모석은 1978년 5월 31일에 트레블링카에서 제막식을 통해 공개되었다.

그 밖에 트레블링카 관련 참고할 만한 문헌: Jean-François Steiner, *Treblinka*, New York, 1967; Gitta Sereny, *Into That Darkness*, New York, 1983; Tadeusz Borowski, *This Way to the Gas, Ladies and Gentlemen*, New York, 1976; Claude Lanzmann, *Shoah*, New York, 1985.

찾아보기

찾아보기

아이들의 왕

옮긴이 | 홍한결

한국외대 통번역대학원을 나와 책 번역가로 일하고 있다. 쉽게 읽히고 오래 두고 보고 싶은 책을 만들고 싶어 한다. 옮긴 책으로 《인듀어런스》《오래된 우표, 사라진 나라들》 《인간의 흑역사》《소리 잃은 음악》 들이 있다.

아이들의 왕 야누시 코르차크

1판 1쇄 | 2020년 2월 27일

글쓴이 | 베티 진 리프턴   옮긴이 | 홍한결
펴낸이 | 조재은   편집부 | 김명옥 육수정
영업관리부 | 조희정 정영주

펴낸곳 | (주)양철북출판사
등록 | 2001년 11월 21일 제25100-2002-380호
주소 | 서울시 마포구 양화로8길 17-9
전화 | 02-335-6407   팩스 | 0505-335-6408
전자우편 | tindrum@tindrum.co.kr
ISBN | 978-89-6372-311-2 03990   값 | 27,000원

편집 | 김명옥   디자인 | 표지 김선미   본문 육수정

잘못된 책은 바꾸어 드립니다.